소장유물자료집 14

조선후기 한성부 토지·가옥 매매문서 1

중부·동부 편

Land and House Transaction Records
of Hanseong-bu Prefecture in the Late Joseon Period (1)

Central and Eastern Districts

총괄

최병구 박현욱

기획

홍승주 송철호

자료정리

허인선 박수정

교정

송철호 허인선 박수정 박지현
유주연 홍유진 김아람 이혜지
장소영 심희진 김하영

사진

최인호 최찬식 신성민

협조

장은혜 김재경 나신균 안미경

번역

한국동시통역연구소

북디자인

에픽

인쇄

가을기획

자료 해제 및 원문 정서

전경목(한국학중앙연구원 명예교수)
최연숙(한국국학진흥원 연구사업팀장)
노인환(한국학중앙연구원 장서각 고문서연구실)
박하늘(한국학중앙연구원 장서각 자료보존관리팀)

일러두기

1. 이 책은 서울역사박물관 소장 조선시대 한성부 토지·가옥 매매문서 가운데 중부와 동부 지역 고문서 304점의 도판과 해제를 수록한 것이다.
2. 점련문서 및 동일한 매물에 관한 문서를 정리하여 중부 7개, 동부 21개의 목차로 구성하였다.
3. 문서의 명칭은 작성 시기, 발급자, 문서 분류명을 조합하였다.
4. 목차의 명칭은 문서 묶음 중 가장 오래된 문서의 명칭과 매물의 소재지 등을 조합하여 표현하였다.
5. 개별 문서의 크기는 세로×가로(cm)로 표기하였으며, 점련문서의 경우 별도로 표기하였다.
6. 원문은 고문서 도판의 모양대로 표기하되, 세로쓰기는 가로쓰기로 변경하였다.
7. 원문의 행 표시는 도판을 기준으로 하되 일부는 문서 작성 순서를 따랐다.
8. 추정이 가능한 글자는 ( ) 안에 추정 글자를 표기하였다.
9. 오자가 분명한 경우에는 [ ] 안에 추정 글자를 표기하였다.
10. 훼손, 결락된 글자는 ■로 표기하였고, 판독할 수 없는 글자는 □로 표기하였다.
11. 수결은 (着押), (着名)으로 표기하였고, 기타 서명 방식은 (手掌), (手寸) 등으로 표기하였다.
12. 인문은 [ ] 안에 표기하였다.

차례 Contents

Preface

Upon King Taejo's relocation of the Joseon Dynasty's capital to Hanyang, Seoul became the center of politics, economy, and culture. The palace and central government offices—symbols of royal authority—were established there, while grain taxes and products from all over the country were moved to Seoul. Amidst such an abundance of commodities, markets began operating, and Hanyang took on the features of a commercial city. People flocked to Hanyang, either after passing the state examination or in search of other opportunities.

Gradually, the capital city became densely filled with houses, and a suburban agricultural area was formed outside the capital to support the people of Hanyang. As the population grew, so did real estate sales. Some bought land or houses to use as their residence or business, while others sold them because their family fortune declined or to buy better properties elsewhere.

The people of Hanyang made sure to write contracts when conducting real estate transactions. When a contract was established, the buyer applied for notarization of ownership with Hanseong-bu. The Hanseong-bu government recognized the buyer's ownership by listening to the seller's and witness' statements and judging whether they were true. Documents written in the process of buying and selling real estate included the contract (明文), the application (所志), the affidavit (招辭), and the public certificate (立案). These documents are important materials that show the reality of the Hanyang people's real estate sales.

Each year, the Seoul Museum of History selects artifacts related to Seoul that are of high artistic and academic value and publishes a collection catalogue. This time, over the course of two years, the museum plans to introduce the land and house transaction records written by the people of Hanyang from the 17th to 19th centuries. First, in 2023, we will publish volume one containing about 300 documents from the central and eastern districts of the capital, and in 2024, we will publish volume two of documents from the western, southern, and northern districts. Through these historical documents, we hope to examine vivid depictions—yet to be recorded in history—of the lives of the people of bygone Seoul and contribute to future research on Hanseong-bu during the Joseon Dynasty.

December 2023

Choi Byung Goo

Director of the Seoul Museum of History

발간사

조선 태조의 한양 천도 이래 서울은 수도이자 정치·경제·문화의 중심이 되었습니다. 왕권을 상징하는 궁궐과 중앙관서가 설치되었고, 전국 각지의 세곡과 물산이 서울로 옮겨졌습니다. 풍부한 물자를 바탕으로 시전이 운영되어 상업도시의 면모를 갖추었으며, 사람들은 과거 급제와 새로운 기회를 찾아 한양으로 모여들었습니다.

점차 도성 안에는 빽빽하게 집이 들어섰고, 도성 밖에는 한양 사람들을 위한 근교 농업 지역이 형성되었습니다. 인구 증가에 따라 부동산 매매도 활발해졌습니다. 어떤 이는 생계와 거주를 위해 토지와 가옥을 샀고, 어떤 이는 가세가 어려워져서, 또는 다른 곳의 더 좋은 매물을 사기 위한 목적으로 부동산을 팔았습니다.

한양 사람들은 부동산을 매매하면서 반드시 계약서를 작성하였습니다. 계약이 성립하면 매수인은 한성부에 소유권 공증을 신청했습니다. 한성부에서는 매도인과 증인의 진술을 듣고 사실 여부를 판단하여 매수인의 소유권을 인정해주었습니다. 이처럼 부동산의 매매 과정에서 작성한 문서들을 명문(明文: 계약서), 소지(所志: 신청서), 초사(招辭: 진술서), 입안(立案: 공증서)이라고 합니다. 이 고문서들은 한양 사람들의 부동산 매매 실상을 보여주는 중요한 자료입니다.

서울역사박물관은 매년 서울에 관한 예술적·학술적 가치가 높은 유물을 선정하여 소장유물 자료집으로 발간해왔습니다. 이번에는 17세기부터 19세기까지 작성된 한양 사람들의 토지와 가옥 매매문서를 2년에 걸쳐 소개하고자 합니다. 먼저 2023년에 한성부 중부와 동부 지역의 고문서 300여 점을 수록한 제1권을 발간하고, 2024년에 서부·남부·북부 지역의 고문서를 모아 제2권으로 발간할 예정입니다. 고문서를 통해 그간 역사에 기록되지 않은 옛 서울 사람들의 생생한 모습을 살펴보고, 향후 조선시대 한성부 연구에 도움이 되기를 기대합니다.

2023년 12월

서울역사박물관장 최 병 구

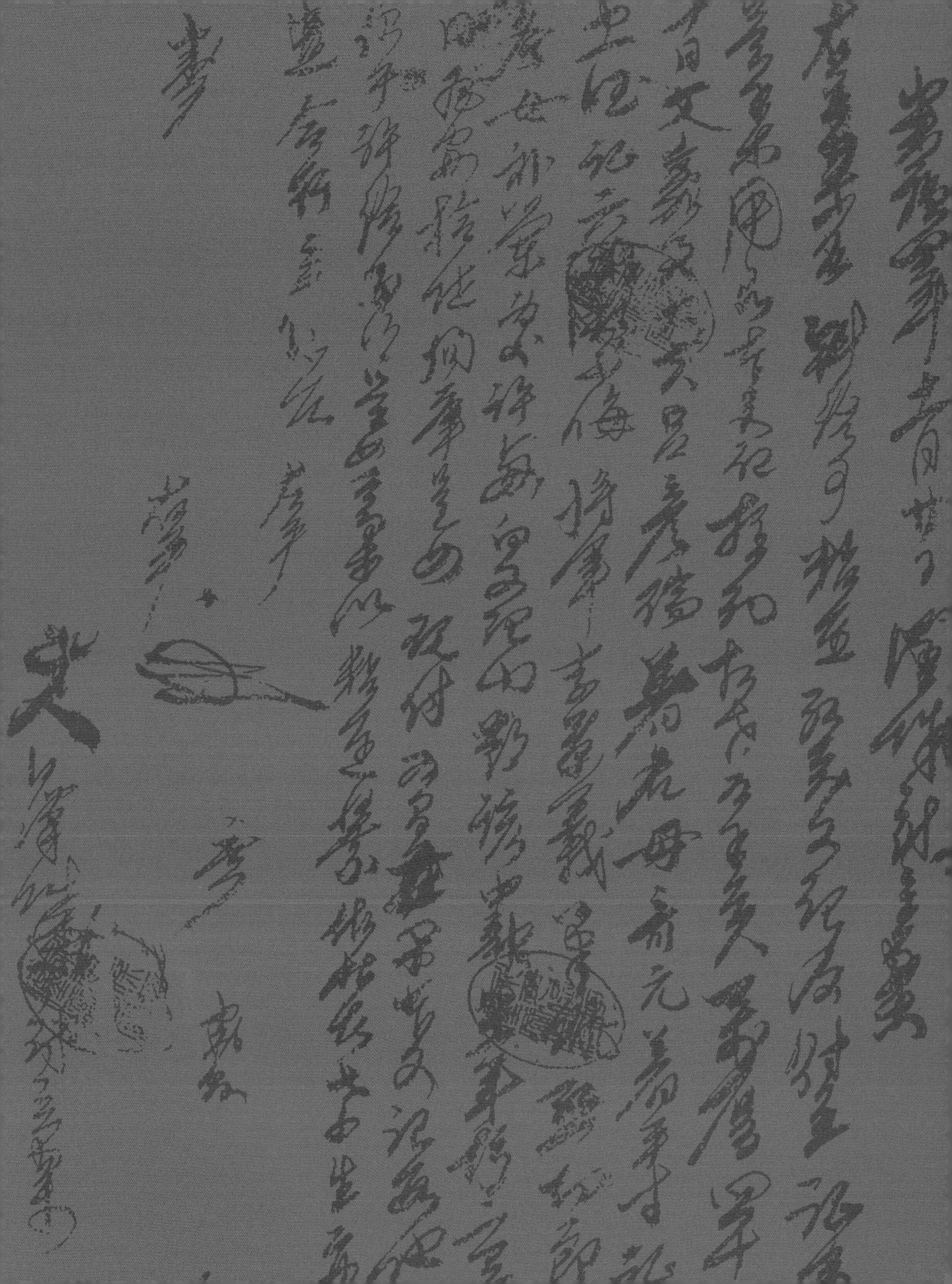

中部

중부

1. 1631년 양녀 복란 명문 등 회화정동 가옥매매문서
2. 1714년 조모 송씨 분재기 등 회화동 가옥매매문서
3. 1730년 김차명 처 박씨 명문 등 흑립전계 가옥매매문서
4. 1776년 상전 김 패자 등 대묘동계 가옥매매문서
5. 1891년 이흥운 발괄 등 대사동계 가옥매매문서
6. 1894년 이덕요 명문 등 관인방계 가옥매매문서
7. 병오년 상전 이 패자 등 대묘동계 가옥매매문서

001

1631년 양녀 복란 명문 등 회화정동 가옥매매문서

1631~1732년 | 59.6×1025.2

1631년부터 1732년까지 한성부 중부 견평방에 소재한 가옥을 거래한 매매 명문과 한성부에서 발급한 사급입안 등 31점의 문서가 연결되어 있는 점련 문서이다. 이 가옥은 101년간 7번 이상의 거래가 이루어졌는데, 그 가운데 6번의 거래 관련 문서가 온전하게 남아있다. 즉 매도인과 매수인 사이에 주고 받은 계약서인 명문, 매수인이 관의 공증을 받기 위해 입안을 신청한 문서인 소지, 매도인과 증인 및 필집 등이 거래 사실을 한성부에 진술한 초사, 한성부에서 발급한 사급입안이 각각 6점씩 남아있다. 1730년 김상서 처 한 조이와 한필주 사이에 이루어진 거래와 관련한 문서는 명문만 남아있다.

가옥의 첫 번째 소유주는 복란이며, 그는 1631년 효생에게 가옥을 매도하였다. 1635년 효생은 다시 홍춘호에게 가옥을 매도하였으며, 홍춘호의 사위인 이인장이 다음 소유자가 되었다. 이인장은 1660년에 가옥의 소유권을 송유선에게 넘겼고, 1671년 송유선은 김종진에게 가옥을 매도하였으며, 1672년 김종진이 사망하면서 그 계모인 김 조이가 박태건에게 매도하였다. 이후 고제현을 거쳐 김상서의 처인 한 조이로 소유주가 변경되었고, 한 조이는 1730년 한필주에게 가옥을 매도하였다. 마지막으로 1732년 한필주는 바리전의 대방도중에게 가옥을 매도하였으며, 이를 통해 문서상 최종적인 가옥의 소유자가 대방도중이었음을 알 수 있다.

처음 복란이 효생에게 매도한 가옥은 와가(기와집) 5칸에 공대(집터) 11칸이었으나, 4년 후 효생이 홍춘호에게 매도할 때는 공대 11칸이 초가 3칸과 공대 8칸으로 변경되었다. 1660년 이인장이 송유선에게 매도할 때는 초가 3칸이 와가로 개조되어 와가 8칸, 공대 8칸의 구성이 되었다. 이후 가옥 구성은 고제현이 소유할 때까지 변함이 없었고, 김상서에게로 매도되면서 다른 여러 가옥들과 합쳐져 흥정방 18칸, 신구와가 36칸, 공대 25칸이 되었다. 김상서 처 한 조이는 이 중에서 월천 흥정방 18칸과 공대 11칸을 한필주에게 매도하고, 한필주는 같은 가옥 구성으로 대방도중에게 매도하였다.

가옥의 매매가격은 정은자 150냥으로 거래되다가 1671년에는 은자 120냥, 1672년에는 은자 100냥에 거래되었고, 1730년 이후로 다시 정은자 160냥으로 거래되었다.

견평방 전의감동계 회화정동은 현재의 서울특별시 종로구 공평동 일원에 해당하며 괴동이라고도 불린다.

거래	순서	문서명	매매가격	내용
A	1	1631년 양녀 복란 명문	정은자 150냥	효생에게 가옥 매도 - 중부 견평방이리 괴화정동 와가 5칸, 공대 11칸
	2	1631년 효생 소지	-	한성부에 입안 신청
	3	1631년 복란 초사	-	한성부에 매매 사실 진술
	4	1631년 증인 이효신 등 초사	-	한성부에 매매 사실 진술
	5	1631년 한성부 입안	-	효생에게 매매 사실을 공증하는 입안 발급

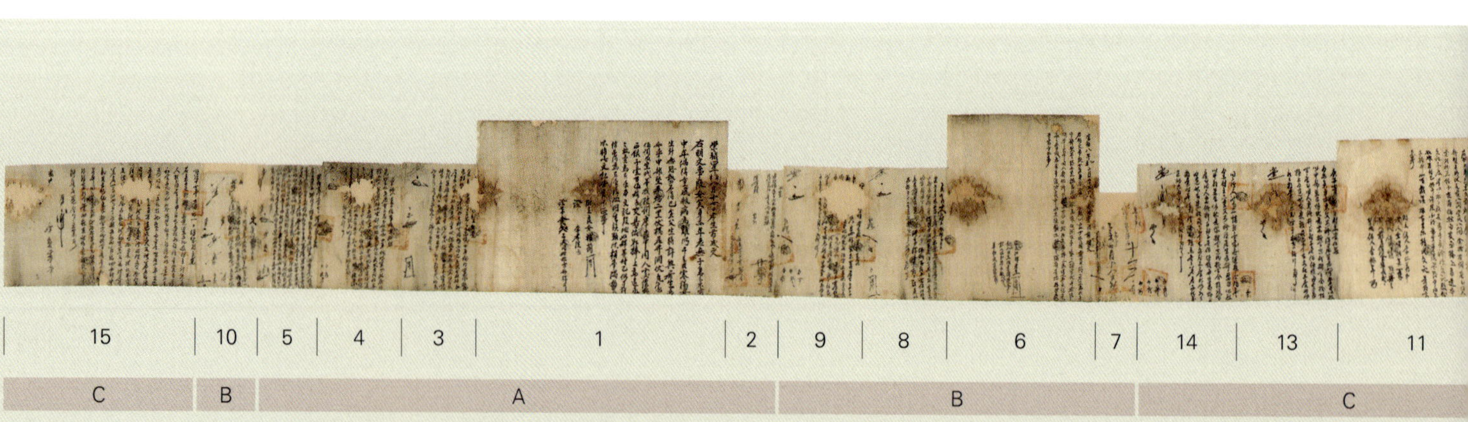

거래	순서	문서명	매매가격	내용
	6	1635년 사비 효생 명문	정은자 150냥	홍춘호에게 가옥 매도 - 중부 견평방이리 괴화정동 와가 5칸, 초가 3칸, 공대 8칸
	7	1635년 홍춘호 소지	-	한성부에 입안 신청
B	8	1635년 사비 효생 초사	-	한성부에 매매 사실 진술
	9	1635년 증인 최득황 등 초사	-	한성부에 매매 사실 진술
	10	1635년 한성부 입안	-	홍춘호에게 매매 사실을 공증하는 입안 발급
	11	1660년 보인 이인장 명문	정은자 150냥	송유선에게 가옥 매도 - 중부 견평방 와가 8칸, 공대 8칸
	12	1660년 송유선 소지	-	한성부에 입안 신청
C	13	1660년 이인장 초사	-	한성부에 매매 사실 진술
	14	1660년 증인 홍효일 등 초사	-	한성부에 매매 사실 진술
	15	1660년 한성부 입안	-	송유선에게 매매 사실을 공증하는 입안 발급
	16	1671년 첨지 송유선 명문	은자 120냥	서리 김종진에게 가옥 매도 - 중부 견평방이리 와가 8칸, 공대 8칸
	17	1672년 서리 김종진 소지	-	한성부에 입안 신청
D	18	1672년 첨지 송유선 초사	-	한성부에 매매 사실 진술
	19	1672년 증인 송유양 등 초사	-	한성부에 매매 사실 진술
	20	1672년 한성부 입안	-	김종진에게 매매 사실을 공증하는 입안 발급
	21	1672년 고 김민천 후처 김 조이 명문	은자 100냥	박태건에게 가옥 매도 - 중부 견평방이리 전의감동계 회화정동 와가 8칸, 공대 8칸
	22	1672년 박태건 소지	-	한성부에 입안 신청
E	23	1672년 고 김민천 처 김 조이 초사	-	한성부에 매매 사실 진술
	24	1672년 증인 이정민 등 초사	-	한성부에 매매 사실 진술
	25	1672년 한성부 입안	-	박태건에게 매매 사실을 공증하는 입안 발급
F	26	1730년 고 김상서 처 한 조이 명문	정은자 160냥	한필주에게 가옥 매도 - 중부 견평방 전의감동계 회화정동 월천 흥정방 18칸, 공대 11칸
	27	1732년 한필주 명문	정은자 160냥	바리전 대방도중에게 가옥 매도 - 중부 견평방 전의감동계 회화정동 월천 흥정방 18칸, 공대 11칸
	28	1732년 바리전 대방도중 소지	-	한성부에 입안 신청
G	29	1732년 한필주 초사	-	한성부에 매매 사실 진술
	30	1732년 증인 이세번 등 초사	-	한성부에 매매 사실 진술
	31	1732년 한성부 입안	-	바리전 대방도중에게 매매 사실을 공증하는 입안 발급

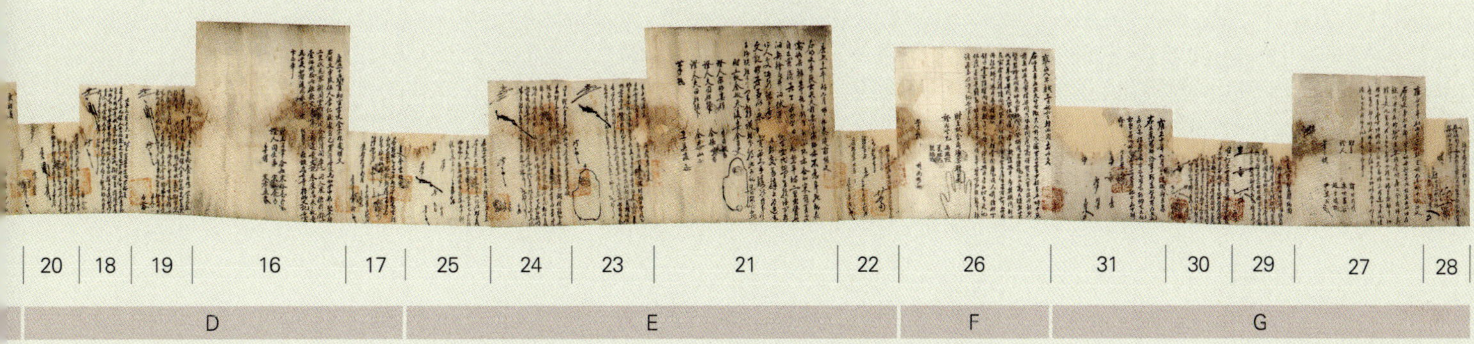

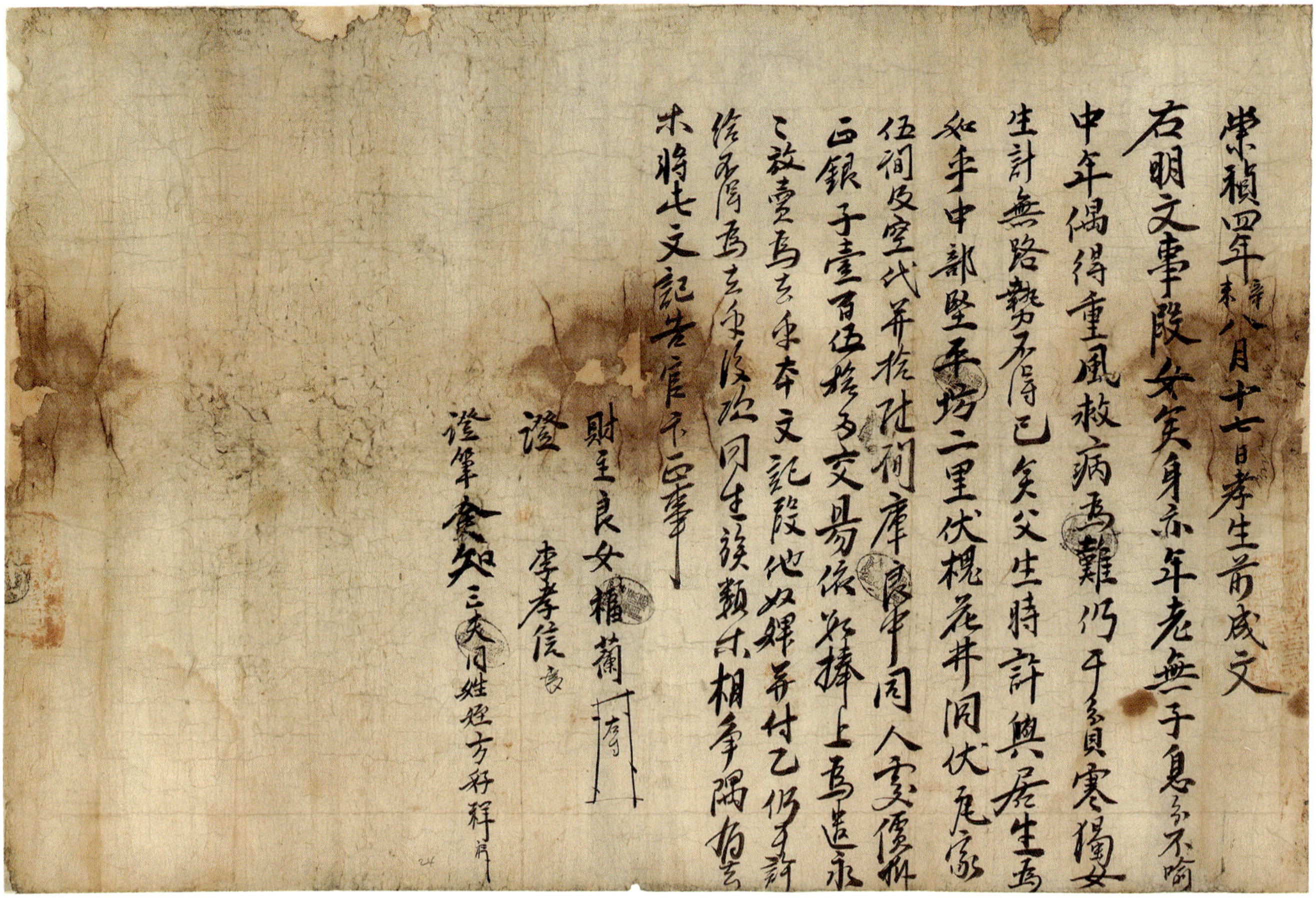

001-01

1631년 양녀 복란 명문

53.2×85.9

1631년(인조 9) 8월 17일에 양녀良女 복란福蘭이 효생孝生에게 가옥을 매도하면서 작성하여 준 명문明文이다. 복란은 부친이 살아있을 때 분재받아 거주해온 가옥을 정은자正銀子 150냥을 받고 매도하였다. 복란이 가옥을 매도하게 된 사유는 나이 들어 자식이 없고, 중풍을 앓게 되어 치료가 어려우며, 가난한 독녀獨女로서 생계의 방도가 없어서라고 하였다. 매도한 가옥은 중부中部 견평방이리堅平坊二里 괴화정동槐花井洞에 있는 와가瓦家 5칸과 공대空垈 11칸 등 총 16칸 규모였다. 복란은 본문기本文記에 해당 가옥뿐 아니라 다른 노비들의 내역이 포함되어 있으므로 효생에게 지급하지 못한다고 하였다. 본문기는 해당 가옥의 전래 경위가 기재된 이전의 문서를 가리키는 것으로서, 복란이 부친으로부터 받은 재산 상속 문서, 즉 분재기分財記를 말한다. 이효신李孝信이 증인으로, 방호상方好祥이 증인 겸 필집으로 참여하였다.

(01) 崇禎四年辛未八月十七日 孝生前 成文
(02) 右明文事段 女矣身亦 年老無子息分不喩
(03) 中年偶得重[中]風 救病爲難仍于 貧寒獨女
(04) 生計無路 勢不得已 矣父生時 許與居生爲
(05) 如乎 中部 堅平坊二里伏 槐花井洞伏 瓦家
(06) 伍間及空代 幷拾陸間庫良中 同人處 價折
(07) 正銀子壹百伍拾兩 交易依數捧上爲遣 永
(08) 永放賣爲去乎 本文記段 他奴婢幷付乙仍于 許
(09) 給不得爲去乎 後次同生族類等 相爭隅有去
(10) 等 將此文記 告官卞正事
(11) 財主 良女 福蘭(右寸)
(12) 證 李孝信(着名)
(13) 證筆 僉知 三夫同姓姪 方好祥(着名)

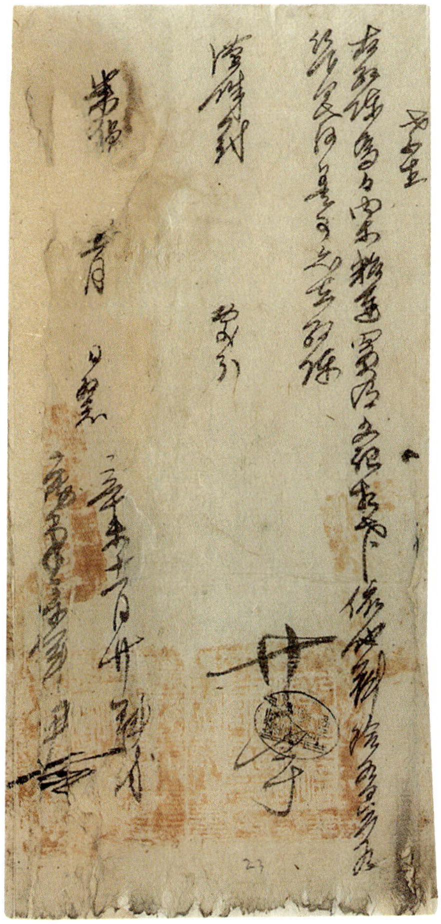

001-02

1631년 효생 소지

38.2×18.6

1631년(인조 9) 11월에 효생이 한성부漢城府에 올린 입안신청 소지所志이다. 소지와 함께 점련粘連한 매매명문을 검토하여 이에 대한 사급입안斜給立案을 발급해줄 것을 요청하였다. 하단에 기재되어 있는 '입卄'은 소지의 접수일인 20일을 의미하고, '우宇'는 한성부 낭청郎廳 중 입안 업무를 담당할 방장房掌을 표기한 것이다. 한성부에 제출한 입안 신청 소지에는 이 문서와 같이 천자문 순서에 따라 천天, 지地, 현玄, 황黃, 우宇, 주宙를 표기하는데, 각각 이방吏房, 호방戶房, 예방禮房, 병방兵房, 형방刑房, 공방工房의 육방을 의미한다. 한성부 관제의 변화에 따라 차이가 있으나 서윤庶尹, 판관判官, 참군參軍, 주부主簿 등 한성부 낭청 관원들이 관직 서열에 따라 각 방장을 담당하였다. 이 문서의 담당 방장인 참군參軍 윤尹이 같은 날 입안 발급을 처리하고 문서 마지막에 수결을 하였다.

(01) 孝生
(02) 右所陳爲白內等 粘連買得文記相考 依他斜給爲白只爲
(03) 行下向敎是事亦在 所陳
(04) 漢城府 處分
(05) 崇禎■■(四年)十一月 日 所志
(06) 卄 宇
(07) 辛未十一月卄 斜付
(08) 房掌 參軍 尹(着押)
[漢城府印]

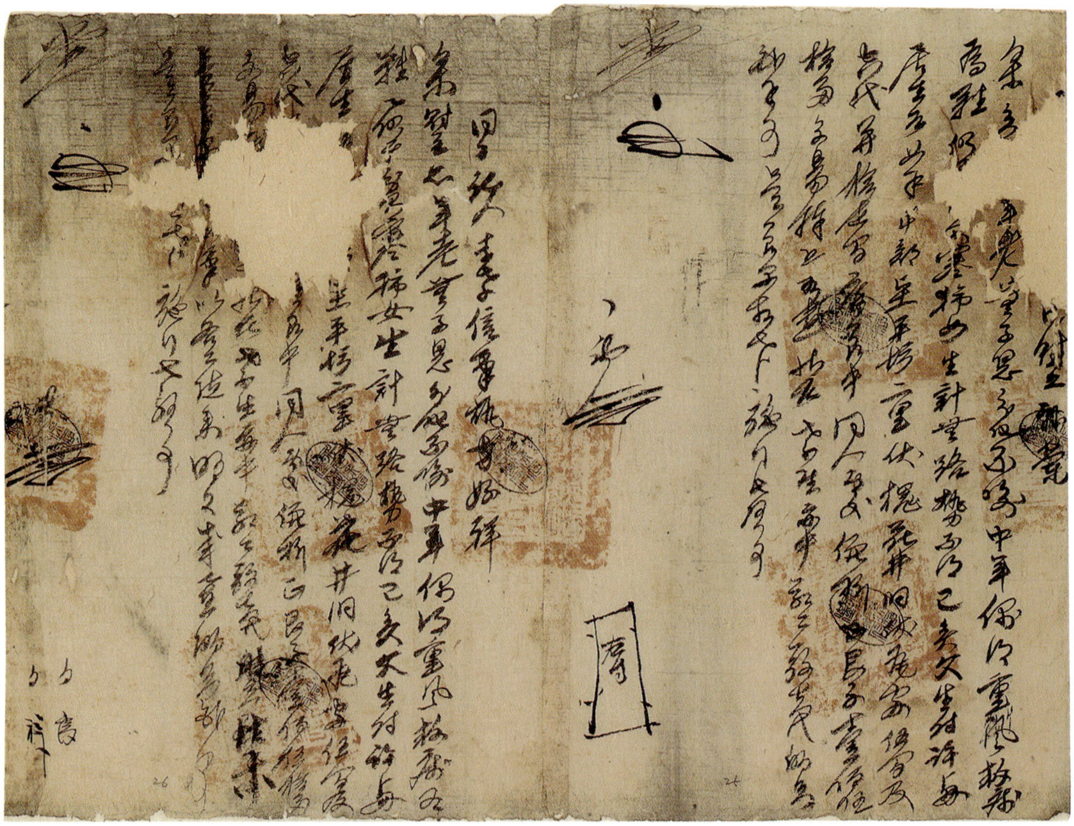

001-04

1631년 증인 이효신 등 초사

39.6×26.7

(01)　　同日 證人 李孝信 筆執 方好祥
(02)　白等 財主亦 年老無子息㐲不喩 中年偶得重[中]風 救病爲
(03)　難乙仍于 貧寒獨女 生計無路 勢不得已 矣父生時 許與
(04)　居生■…■ 堅平坊二里伏 槐花井洞伏 瓦家伍間及
(05)　空代■…■庫良中 同人處 價折正艮[銀]子壹佰伍拾兩
(06)　交易■…■ 狀者孝生亦中 永永放賣■…■
(07)　■…■筆以 各各隨參 明文成置 的只臥乎事
(08)　是良厼 相考施行敎事
(09)　　　　　　　　　　　　白(着名)
(10)　　　　　　　　　　　　白(着名)
(11)　堂上(着押) 郎廳(着押)
[漢城府印]

001-03

1631년 복란 초사

39.6×25.6

(01)　　■…■ 財主 朴蘭
(02)　白等 矣■年老 無子息㐲不喩 中年偶得重[中]風 救病
(03)　爲難仍■(于) 貧寒獨女 生計無路 勢不得已 矣父生時 許與
(04)　居生爲如乎 中部 堅平坊二里伏 槐花井洞伏 瓦家伍間及
(05)　空代 幷拾陸間庫良中 同人處 價折正艮[銀]子壹佰伍
(06)　拾兩 交易捧上爲遣 狀者孝生亦中 永永放賣的只
(07)　臥乎事是良厼 相考施行敎事
(08)　　　　　　　　　　(右寸)
(09)　堂上(着押) 郎廳(着押)
[漢城府印]

1631년(인조 9) 11월에 재주財主 복란과 증인 이효신 등이 가옥매매 사실을 한성부에 진술한 초사招辭이다. 복란은 부친으로부터 분재받아 거주한 중부 견평방의 가옥을 가난과 중풍 치료 등을 이유로 효생에게 매도한 것이 사실임을 진술하였다. 이효신과 방호상은 복란과 효생의 거래에 증인과 필집으로 참여하여 명문을 작성한 것이 사실임을 진술하였다.

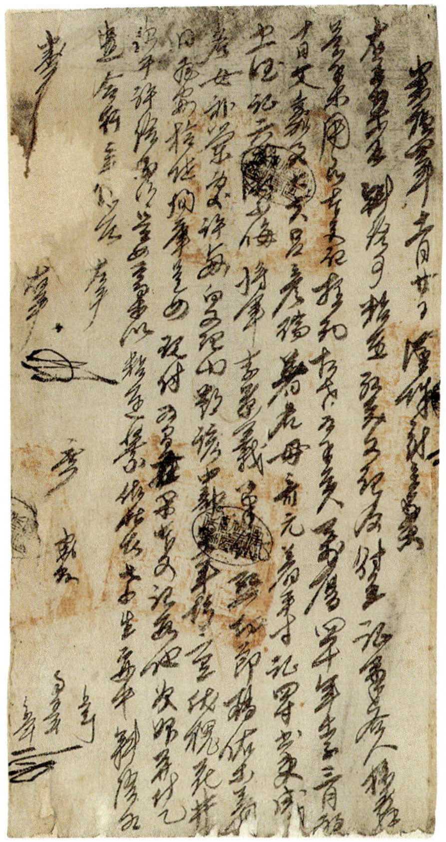

001-05

1631년 한성부 입안

38.5×20.2

1631년(인조 9) 11월 20일에 한성부에서 효생에게 가옥매매 사실을 공증하여 발급한 입안이다. 한성부에서는 효생의 입안신청 소지에 따라 함께 점련된 매매명문과 재주 및 증인의 초사를 확인하고, 본문기의 내용을 검토하여 입안을 발급하였다. 본문기는 1612년(광해군 4) 3월 10일에 복란이 부모로부터 받은 분재기를 가리킨다. 분재기에는 복란이 부모로부터 분재받은 가옥이 기재되어 있으며, 복란의 부친 여언서呂彦瑞와 모친 기원奇元의 서명과 수촌手寸이 있었다. 분재기의 작성에는 6촌 이경의李景義가 증인으로, 조우趙佑가 필집으로 참여하였다. 한성부에서는 본문기를 통해 가옥의 전래 경위를 확인하였다. 또한 분재기에 거래 대상이 아닌 노비 등이 함께 기재되어 있어 효생에게 지급할 수 없음을 인정하여 최종적으로 효생에게 사급입안을 발급하였다.

(01) 　崇禎四年十一月卄日 漢城府立案
(02) 右立案爲斜給事 粘連所志文記 及財主証筆各人招辭
(03) 是乎等用良 本文記推納相考爲乎矣 萬曆四十年壬子三月初
(04) 十日 父嘉善大夫呂彦瑞着名 母奇元着手寸 証四寸書吏成
(05) 忠國 証六寸禦侮將軍李景義 筆執啟功郎趙佑等着
(06) 名 女朴蘭處 許與白文記內 節該 中部 堅平坊二里伏 槐花井
(07) 洞 瓦家拾陸間庫是如 現付爲有在果 本文記段 他奴婢幷付乙
(08) 仍于 許給不得是如有等以 粘連葉作 狀者孝生亦中 斜給爲
(09) 遣 合行立案者
(10) 　　左尹　　　　　　　　參軍
(11) 判尹　　　　　庶尹　判官　兼參軍
(12) 　　右尹(着押)　　　　　　參軍(着押)
[漢城府印]

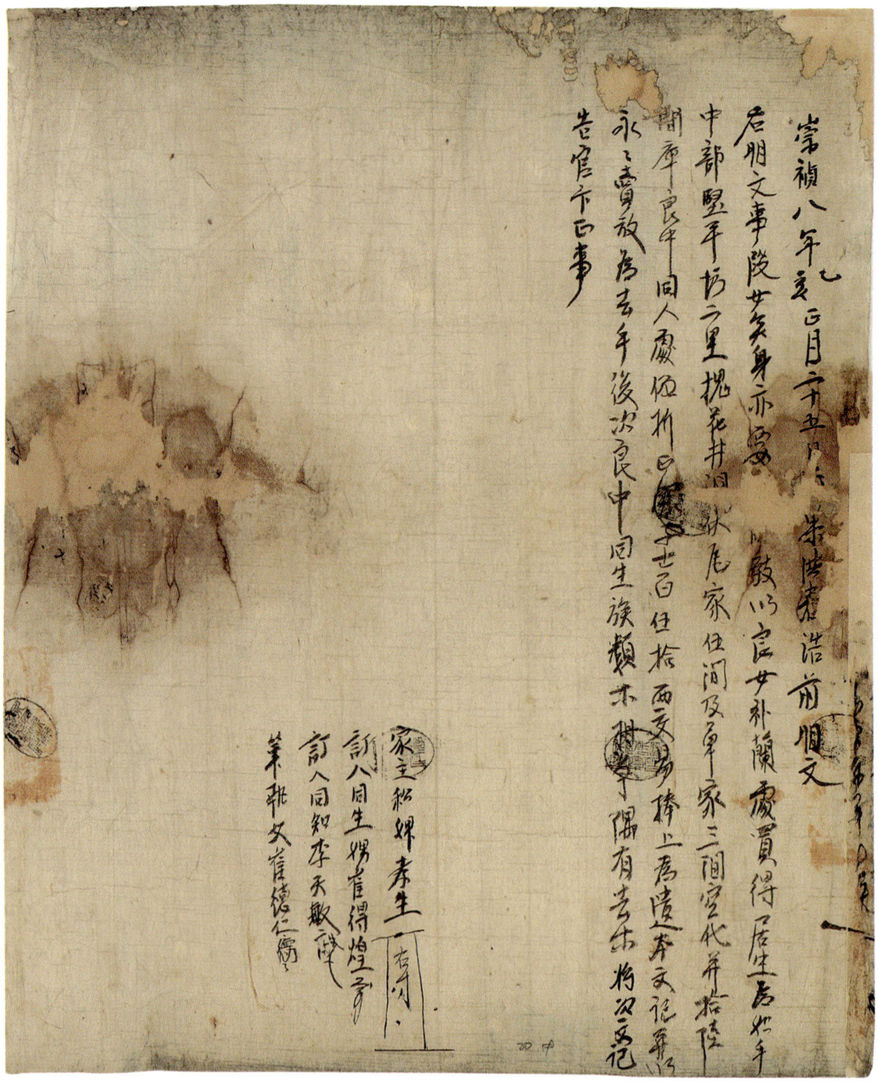

001-06

1635년 사비 효생 명문

56.7×51.7

1635년(인조 13)에 1월 25일에 사비私婢 효생이 홍춘호洪春浩에게 가옥을 매도하면서 작성하여 준 명문이다. 효생은 양녀 복란에게 매수하여 거주했던 가옥 등을 홍춘호에게 정은자 150냥에 매도하였다. 매도한 가옥은 중부 견평방이리 괴화정동에 있는 와가 5칸, 초가草家 3칸과 공대 8칸으로 총 16칸 규모이다. 효생은 본 매매명문과 함께 본문기도 홍춘호에게 양도하였다. 증인으로는 오라비 최득황崔得煌과 이천민李天敏이 참여하였고, 부친 최덕인崔德仁이 필집으로서 문서를 작성하였다. 효생은 최씨 성의 부친과 오라비가 있으며, 비교적 고액의 가옥을 매매하고 있음에도 신분이 사비로 기재되어 있어 독특한 사례라고 할 수 있다.

(01) 崇禎八年乙亥正月二十五日 ■果 洪春浩前 明文
(02) 右明文事段 女矣身亦 要■■(用所)致以 良女福蘭處 買得居生爲如乎
(03) 中部 堅平坊二里 槐花井洞伏 瓦家伍間及草家三間空代幷拾陸
(04) 間庫良中 同人處 價折正銀子壹百伍拾兩 交易捧上爲遣 本文記幷以
(05) 永永賣放[放賣]爲去乎 後次良中 同生族類等 相爭隅有去等 將次文記
(06) 告官卞正事
(07) 家主 私婢 孝生(右寸)
(08) 訂人 同生娚 崔得煌(着名)
(09) 訂人 同知 李天敏(着名)
(10) 筆執 父 崔德仁(着名)
[漢城府印]

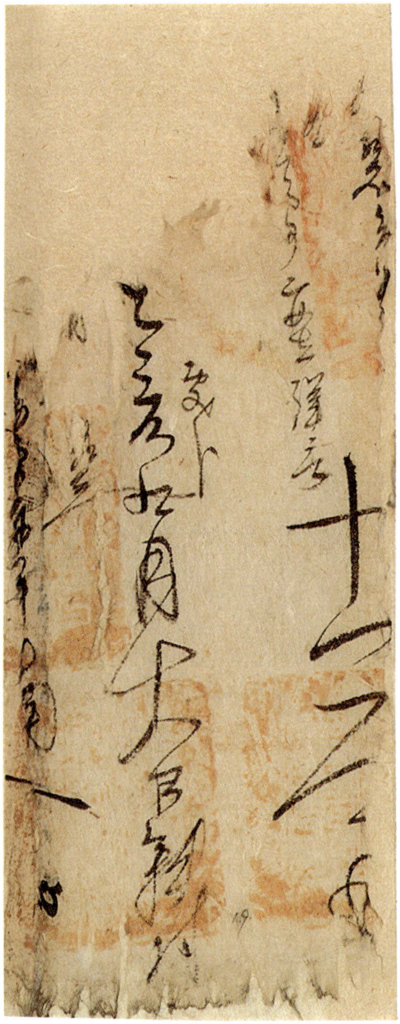

001-07

1635년 홍춘호 소지

32.2×14.3

1635년(인조 13)에 홍춘호가 한성부에 올린 입안신청 소지이다. 문서의 상당 부분이 결락缺落되어 있으나 같은 을해년 9월 18일에 작성된 초사가 있으므로 소지의 발급자를 홍춘호로 추정할 수 있다. 소지의 접수일은 11일이고, 담당 방장을 기재한 자호는 '주宙'로 추정된다. 방장 참군 남南이 을해년 9월 18일에 입안 발급을 처리하였다.

(01) ■…■
(02) ■…■所志矣■…■
(03) ■…■事亦在 謹言
(04) ■…■ 處分
(05) ■…■月 日 所志
(06) 十■■(一宙)
(07) 乙亥九月十八日 斜付
(08) 房掌 參軍 南(着押)
[漢城府印]

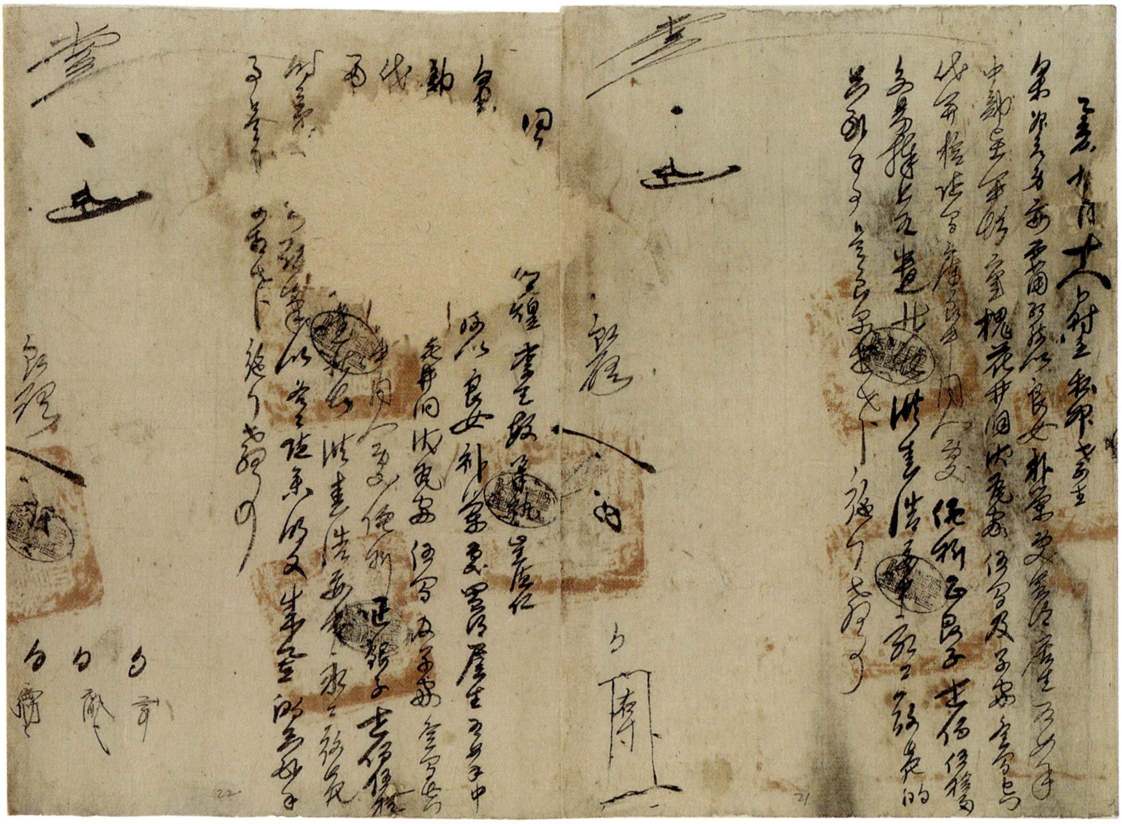

001-09

1635년 증인 최득황 등 초사

39.4×27.8

(01)　　同日 ■…■(崔)得煌 李天敏 筆執 崔德仁
(02) 白等 ■…■(要用所)致以 良女福蘭處 買得居生爲如乎 中
(03) 部■…■(堅平坊二里 槐)花井洞伏 瓦家伍間及草家參間空
(04) 代■…■(良)中 同人處 價折正銀子壹佰伍拾
(05) 兩■…■(遺) 狀者洪春浩亦中 永永放賣
(06) 時■…■ 證筆以 各各隨參 明文成置 的只臥乎
(07) 事是良尒 相考施行敎事
(08)　　　　　　　　　　　　白(着名)
(09)　　　　　　　　　　　　白(着名)
(10)　　　　　　　　　　　　白(着名)
(11) 堂上(着押) 郎廳(着押)
[漢城府印]

001-08

1635년 사비 효생 초사

39.4×27.8

(01)　　乙亥九月十八日 財主 私婢 孝生
(02) 白等 婢矣身亦 要用所致以 良女福蘭處 買得居生爲如乎
(03) 中部 堅平坊二里 槐花井洞伏 瓦家伍間及草家參間空
(04) 代 幷拾陸間庫良中 同人處 價折正良(銀)子壹佰伍拾兩
(05) 交易捧上爲遣 狀者洪春浩亦中 永永放賣的
(06) 只臥乎事是良尒 相考施行敎事
(07)　　　　　　　　　　　　白(右寸)
(08) 堂上(着押) 郎廳(着押)
[漢城府印]

1635년(인조 13) 9월 18일에 재주 효생과 증인 최득황 등이 가옥매매 사실을 한성부에 진술한 초사이다. 효생은 양녀 복란으로부터 매수하여 거주한 중부 견평방 소재 가옥을 홍춘호에게 매도한 것이 사실임을 진술하였다. 최득황과 이천민, 최덕인은 효생과 홍춘호의 거래에 증인과 필집으로 참여하여 명문을 작성한 것이 사실임을 진술하였다.

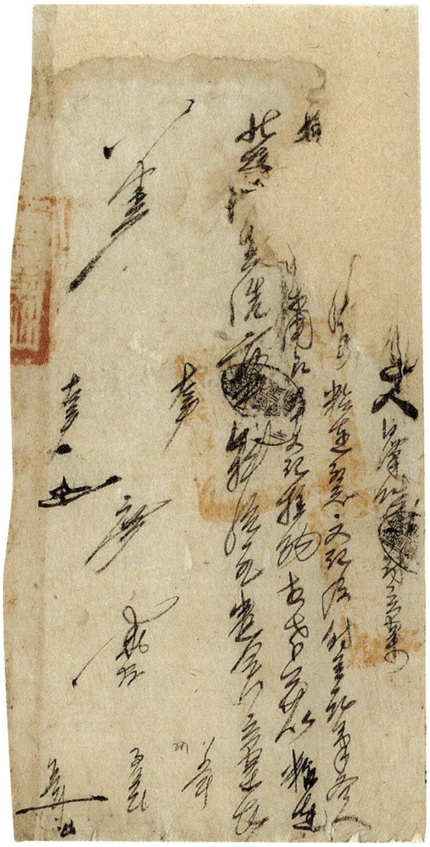

001-10

1635년 한성부 입안

38.7×20.0

1635년(인조 13) 9월 18일에 한성부에서 홍춘호에게 가옥매매 사실을 공증하여 발급한 입안이다. 한성부에서는 홍춘호의 입안 신청에 의해 매매 명문과 재주 및 증인 등의 초사를 확인하고 해당 가옥의 전래 경위가 기재된 본문기의 내용을 검토하여 입안을 발급하였다. 문서가 일부 결락되어 발급연월을 확인할 수 없으나, 함께 점련되어 있는 명문과 초사 등을 통해 1635년 9월에 발급되었음을 알 수 있다.

(01) ■…■十八日 漢城府立案
(02) ■…■(給事) 粘連所志文記 及財主証筆各人
(03) 招■…■等用良 本文記推納相考並以 粘連
(04) 狀者■■(洪春)浩亦中 斜給爲遣 合行立案者
(05) 　　左尹　　　　　　　參軍
(06) 判尹　　　　　庶尹　判官　兼參軍
(07) 　　右尹(着押)　　　　　參軍(着押)
[漢城府印]

001-11

1660년 보인 이인장 명문

47.0×54.0

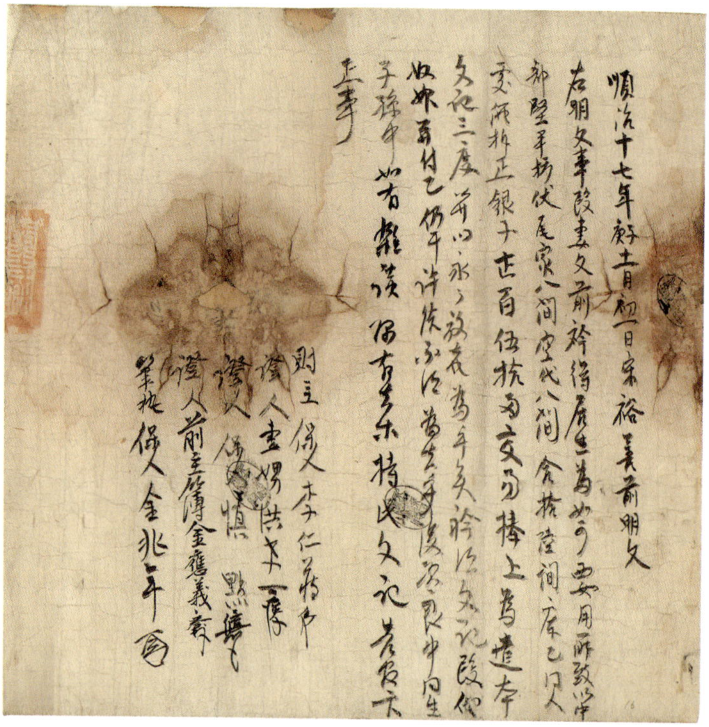

1660년(현종 1) 11월 1일에 이인장李仁莊이 송유선宋裕善에게 가옥을 매도하면서 작성하여 준 명문이다. 이인장은 장인으로부터 분재받아 거주한 가옥을 송유선에게 정은자 150냥을 받고 매도하였다. 매도한 가옥은 중부 견평방에 있는 와가 8칸과 공대 8칸으로 총 16칸이다. 매매 명문과 함께 본문기 3장을 양도하였으며 분재문서인 깃득문기衿得文記는 다른 노비 내역이 함께 기재되어 있으므로 지급하지 않았다. 처남 홍효일洪孝一, 신점愼點, 김응의金應義가 증인으로, 보인保人 김조년金兆年이 필집으로 참여하였다.

(01) 順治十七年庚子十一月初一日 宋裕善前 明文
(02) 右明文事段 妻父前 衿得居生爲如可 要用所致以 中
(03) 部 堅平坊伏 瓦家八間 空代八間 合拾陸間庫乙 同人
(04) 處 價折正銀子壹百伍拾兩 交易捧上爲遣 本
(05) 文記三度幷以 永永放賣爲乎矣 衿得文記段 他
(06) 奴婢幷付乙仍于 許給不得爲去乎 後次良中 同生
(07) 子孫中 如有雜談隅有去等 持此文記 告官卞
(08) 正事
(09) 財主 保人 李仁莊(着名)
(10) 證人 妻娚 洪孝一(着名)
(11) 證人 保人 愼點(着名)
(12) 證人 前主簿 金應義(着名)
(13) 筆執 保人 金兆年(着名)

001-12

1660년 송유선 소지

38.7×21.2

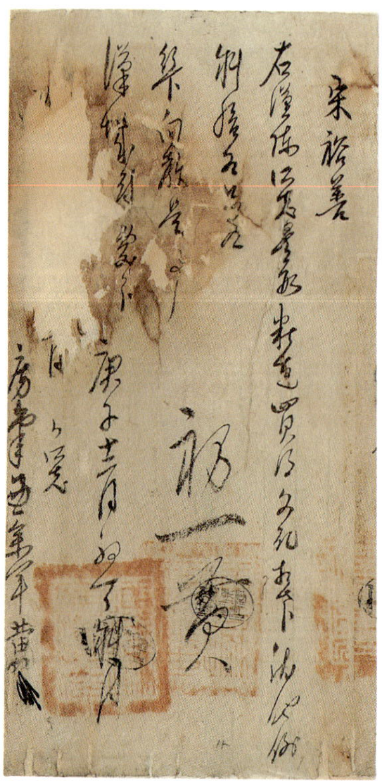

1660년(현종 1)에 송유선이 한성부에 올린 입안신청 소지이다. 소지에 점련하여 제출하는 매득문기買得文記를 검토하여 이에 대한 사급입안을 발급해줄 것을 요청하였다. 소지의 접수일은 1일이고, 황黃 즉 병방兵房에서 입안 발급을 담당하였다. 담당 방장인 겸참군兼參軍 황黃은 같은 날 입안 발급을 처리하였다.

(01) 宋裕善
(02) 右謹陳所志矣段 粘連買得文記相考 依他例
(03) 斜給爲只爲
(04) 行下向教是事
(05) 漢城府 處分
(06) ■…■月 日 所志
(07) 初一 黃
(08) 庚子十二月初一日 斜付
(09) 房掌 兼參軍 黃(着押)
[漢城府印]

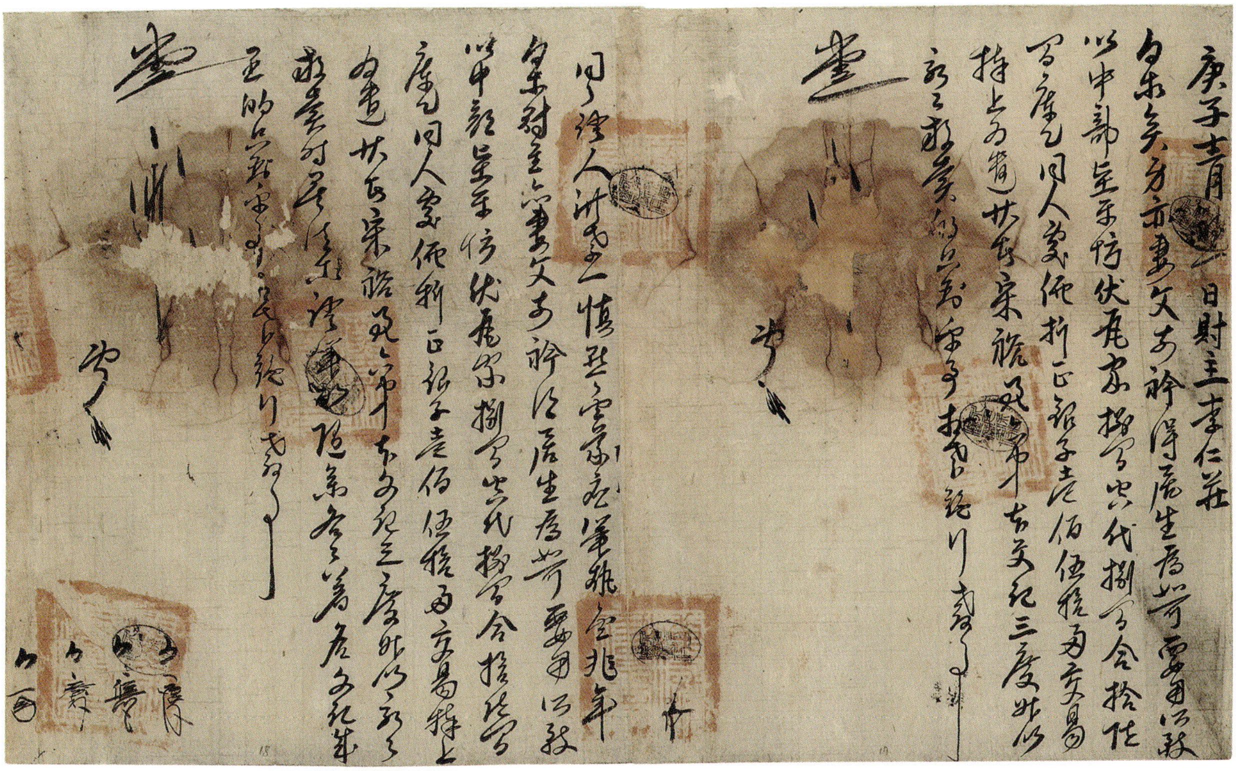

001-14

1660년 증인 홍효일 등 초사

40.6×35.1

(01)　同日 證人 洪孝一 愼點 金應義 筆執 金兆年
(02) 白等 財主亦 妻父前 衿得居生爲如可 要用所致
(03) 以 中部 堅平坊伏 瓦家捌間 空代捌間 合拾陸間
(04) 庫乙 同人處 價折正銀子壹佰伍拾兩 交易捧上
(05) 爲遣 狀者宋裕善亦中 本文記三度幷以 永永
(06) 放賣時 矣徒等 證筆以隨參 各各着名 文記成
(07) 置 的只臥乎事 相考施行敎事
(08) 白(着名)
(09) 白(着名)
(10) 白(着名)
(11) 白(着名)
(12) 堂上(着押) 郞廳(着押)
[漢城府印]

001-13

1660년 이인장 초사

40.6×34.1

(01)　庚子十二月初一日 財主 李仁莊
(02) 白等 矣身亦 妻父前 衿得居生爲如可 要用所致
(03) 以 中部 堅平坊伏 瓦家捌間 空代捌間 合拾陸
(04) 間庫乙 同人處 價折正銀子壹佰伍拾兩 交易
(05) 捧上爲遣 狀者宋裕善亦中 本文記三度幷以
(06) 永永放賣的只臥乎事 相考施行敎事
(07) 白(着名)
(08) 堂上(着押) 郞廳(着押)
[漢城府印]

1660년(현종 1) 12월 1일에 재주 이인장과 증인 홍효일 등이 가옥매매 사실을 한성부에 진술한 초사이다. 이인장은 장인으로부터 분재받아 거주한 견평방의 가옥을 송유선에게 매도한 것이 사실임을 진술하였다. 홍효일과 신점, 김응의, 김조년 등은 이인장과 송유선의 거래에 증인과 필집으로 참여하여 명문을 작성한 것이 사실임을 진술하였다.

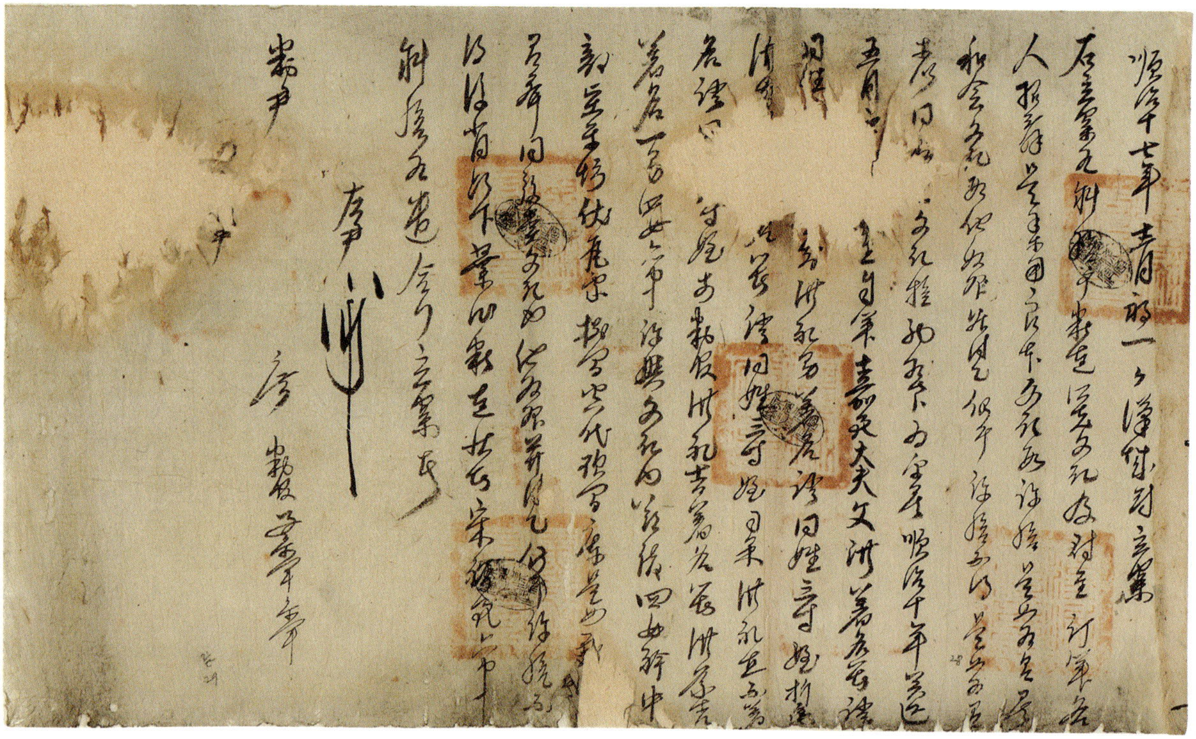

001-15

1660년 한성부 입안

38.7×65.5

1660년(현종 1) 12월 1일에 한성부에서 송유선에게 가옥매매 사실을 공증하여 발급한 입안이다. 한성부에서는 송유선의 입안신청 소지에 따라 함께 점련된 매매명문과 재주 및 증인 등의 초사를 확인하고, 본문기의 내용을 검토하여 입안을 발급하였다. 매도자 이인장이 화회문기和會文記는 해당 가옥의 분재 사실 외에도 노비 분재 내역이 함께 기재되어 있어 매수자인 송유선에게 지급할 수 없다고 하였다. 한성부에서는 화회문기를 확인하고 내용을 입안에 기재하였다. 이 화회문기는 1653년(효종 4) 5월에 부친 홍춘호가 자녀들에게 재산을 나누어주기 위해 작성한 문서로서 넷째 딸, 곧 이인장의 처에게 중부 견평방에 있는 와가 8칸과 공대 9칸을 분재한 내역이 기재되어 있으며, 매매 대상이 아닌 노비 내역도 함께 기재되어 있어 송유선에게 지급할 수 없음을 인정하였다. 대신 분재기 뒷면에 가옥 매매 사실을 기재하는 '배탈背頉'을 하고 최종적으로 송유선에게 사급입안을 발급하였다. 조선시대에는 매매 계약이 성립한 후 새롭게 작성한 매매명문인 신문기와 해당 재산의 전래 경위가 적힌 구문기舊文記를 매수인에게 함께 양도해야 했다. 구문기는 본문기라고 불리기도 하며, 주로 재산 상속 문서인 분재기와 이전의 거래문서인 명문이 구문기에 해당한다. 만약 구문기에 매매 대상 외의 다른 재산이 함께 기재되어 매수인에게 양도할 수 없는 경우, 구문기 뒷면에 매도한 재산의 내역을 기재하여 이에 대한 관의 입안을 받았는데, 이를 배탈사급입안背頉斜給立案이라고 한다.

(01) 　順治十七年十二月初一日 漢城府立案
(02) 右立案爲斜給事 粘連所志文記 及財主訂筆各
(03) 人招辭是乎等用良 本文記段 許給是如爲有矣
(04) 和會文記段 他奴婢幷付乙仍于 許給不得是如爲有
(05) 等以 同■■(和會)文記 推納相考爲乎矣 順治十年癸巳
(06) 五月■…■ 自筆 嘉善大夫父洪着名署 證
(07) 同姓■…■知洪礼男着名 證 同姓三寸姪折衝
(08) ■…■名署 證 同姓三寸姪司果洪礼直不着
(09) 名 證■■■(同姓三)寸姪前判官洪礼吉着名署 洪義吉
(10) 着名 一男四女亦中 許與文記內 節該 四女衿 中
(11) 部 堅平坊伏 瓦家捌間 空代玖間庫是如■■
(12) 有齊 同放賣文記內 他奴婢幷付乙仍于 許給不
(13) 得 後背頉下 葉作粘連 狀者宋裕善亦中
(14) 斜給爲遣 合行立案者
(15) 　　左尹(着押)
(16) 判尹 　　　　庶尹 判官 兼參軍 參軍
(17) 　　■(右)尹
[漢城府印]

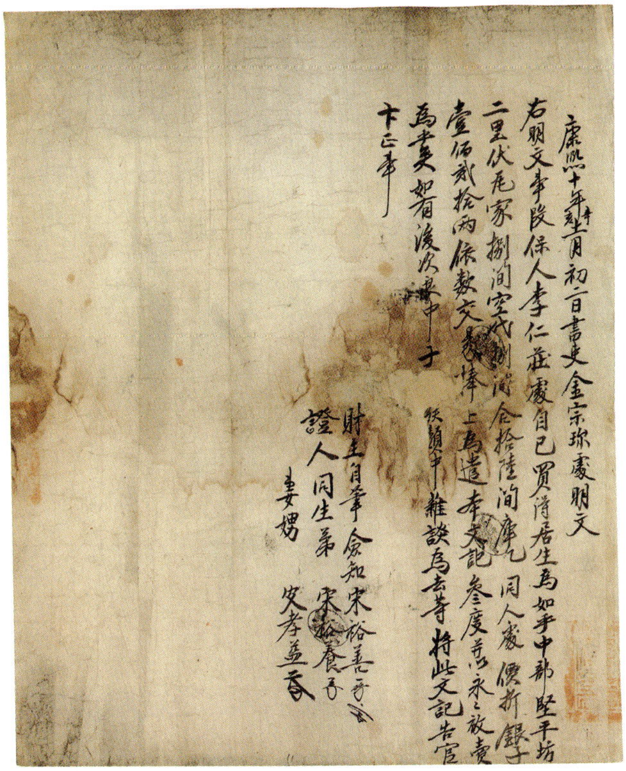

001-16

1671년 첨지 송유선 명문

58.2×53.2

1671년(현종 12) 11월 2일에 첨지僉知 송유선이 서리書吏 김종진金宗珎에게 가옥을 매도하면서 작성하여 준 명문이다. 송유선은 이인장으로부터 매수하여 거주했던 가옥을 김종진에게 은자 120냥에 매도하였다. 매도한 가옥은 중부 견평방이리에 있는 와가 8칸과 공대 8칸으로 총 16칸이다. 송유선은 매매명문과 함께 본문기 3장을 김종진에게 양도하였다. 동생 송유양宋裕養과 처남 피효익皮孝益이 증인으로 참여하였고 재주인 송유선이 직접 명문을 작성하였다.

(01) 康熙十年辛亥十一月初二日 書吏 金宗珎處明文
(02) 右明文事段 保人李仁莊處 自己買得居生爲如乎 中部 堅平坊
(03) 二里伏 瓦家捌間 空代捌間 合拾陸間庫乙 同人處 價折銀子
(04) 壹佰貳拾兩 依數交易捧上爲遣 本文記參度幷以 永永放賣
(05) 爲乎矣 如有後次良中 子■(孫)族類中 雜談爲去等 將此文記 告官
(06) 卞正事
(07) 財主 自筆 僉知 宋裕善(着名)(着押)
(08) 證人 同生弟 宋裕養(着名)
(09) 妻娚 皮孝益(着名)

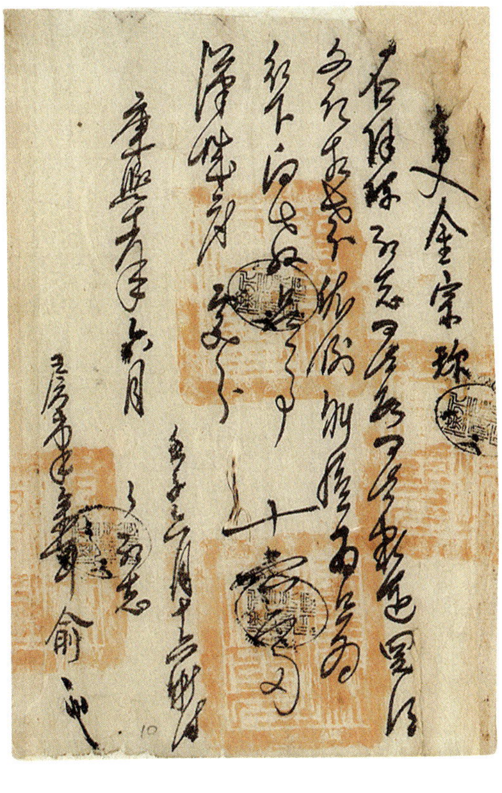

001-17

1672년 서리 김종진 소지

27.0×20.0

1672년(현종 13) 6월에 김종진이 한성부에 올린 입안신청 소지이다. 소지와 함께 점련한 매매명문을 검토하여 이에 대한 사급입안을 발급해줄 것을 요청하였다. 소지의 접수일은 16일이고, 주宙, 즉 공방工房에서 입안 발급을 담당하였다. 담당 방장인 참군 유兪가 같은 날 입안 발급을 처리하였다.

(01) 書吏 金宗珎
(02) 右謹陳所志矣段 矣粘連買得
(03) 文記相考 依例斜給爲只爲
(04) 行下向敎是事
(05) 漢城府 處分
(06) 康熙十一年六月 日 所志
(07) 十六 宙
(08) 壬子六月十六 斜付
(09) 房掌 參軍 兪(着押)
[漢城府印]

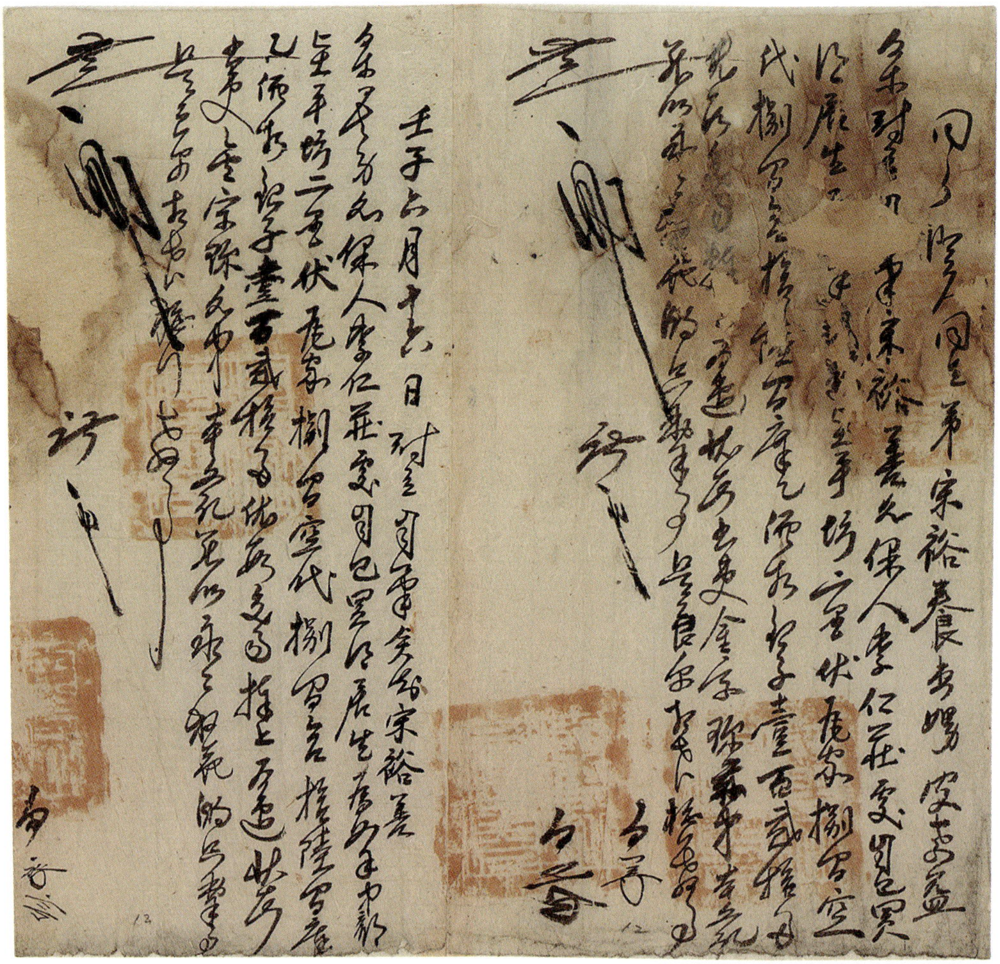

001-18

1672년 첨지 송유선 초사

37.7×17.8

(01) 壬子六月十六日 財主 自筆 僉知 宋裕善
(02) 白等 矣身亦 保人李仁莊處 自己買得居生爲如乎 中部
(03) 堅平坊二里伏 瓦家捌間 空代捌間 合拾陸間庫
(04) 乙 價折銀子壹百貳拾兩 依數交易捧上爲遣 狀者
(05) 書吏金宗珎亦中 本文記並以 永永放賣的只臥乎事
(06) 是良尒 相考施行敎事
(07)   白(着名)(着押)
(08) 堂上(着押) 郎廳(着押)
[漢城府印]

001-19

1672년 증인 송유양 등 초사

37.8×22.0

(01) 同日 證人 同生弟 宋裕養 妻娚 皮孝益
(02) 白等 財主自筆宋裕善亦 保人李仁莊處 自己買
(03) 得居生■…■(爲如乎) ■■(中部)堅平坊二里伏 瓦家捌間 空
(04) 代捌間 合拾陸間庫乙 價折銀子壹百貳拾兩
(05) 依數交易捧■(上)爲遣 狀者書吏金宗珎亦中 本文記
(06) 幷以 永永放賣的只臥乎事是良尒 相考施行敎事
(07)   白(着名)
(08)   白(着名)
(09) 堂上(着押) 郎廳(着押)
[漢城府印]

1672년(현종 13) 6월 16일에 재주 송유선과 증인 송유양 등이 가옥매매 사실을 한성부에 진술한 초사이다. 송유선은 이인장으로부터 매수한 가옥을 김종진에게 매도한 것이 사실임을 진술하였다. 송유양과 피효익은 송유선과 김종진의 거래에 증인으로 참여한 것이 사실임을 진술하였다.

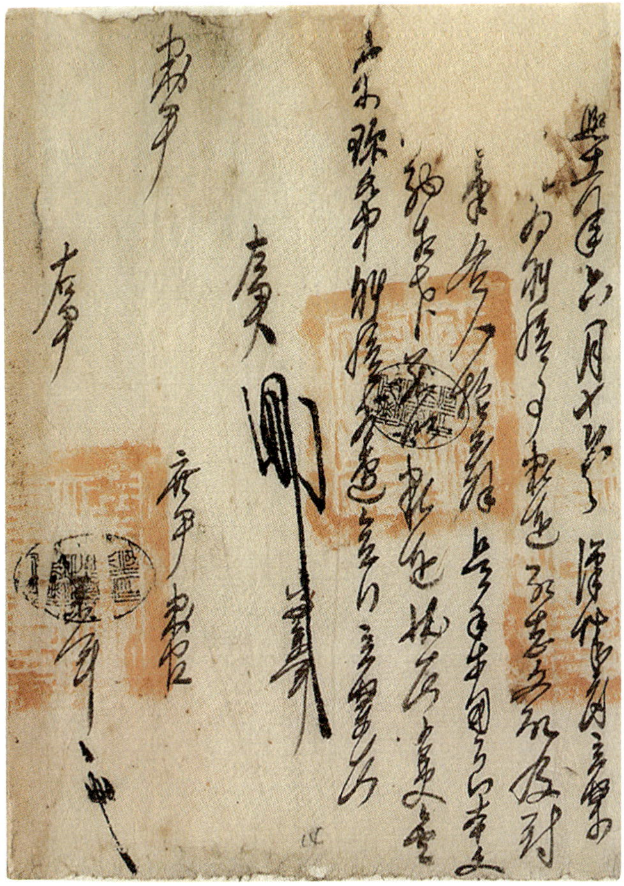

001-20

1672년 한성부 입안

26.7×21.9

1672년(현종 13) 6월 16일에 한성부에서 김종진에게 가옥매매 사실을 공증하여 발급한 입안이다. 한성부에서는 입안신청 소지와 매매명문, 재주 및 증인의 초사를 확인하고 본문기를 제출받아 가옥의 전래 경위를 검토한 후 최종적으로 김종진에게 사급입안을 발급하였다.

(01) ■(康)熙十一年六月十六日 漢城府立案
(02) ■■■(右立案)爲斜給事 粘連所志文記 及財
(03) ■■(主證)筆各人招辭是乎等用良 本文
(04) ■■(記推)納相考 幷以粘連 狀者書吏金
(05) 宗珎亦中 斜給爲遣 合行立案者
(06) 左尹(着押) 兼參軍
(07) 判尹 庶尹 判官
(08) 右尹 參軍(着押)
[漢城府印]

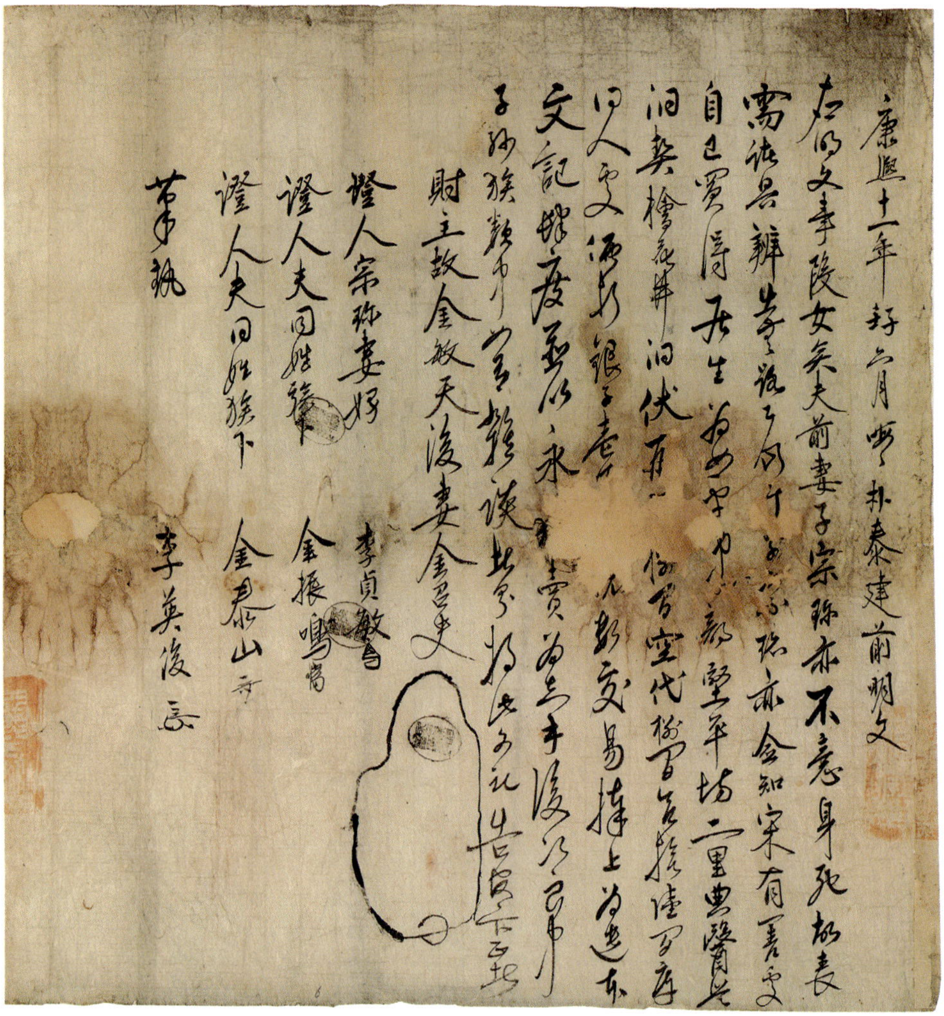

001-21

1672년 고 김민천 후처 김 조이 명문

59.6×66.0

1672년(현종 13) 6월 30일에 고故 김민천金敏天의 후처後妻 김金 조이召史가 박태건朴泰建에게 가옥을 매도하면서 작성하여 준 명문이다. 김 조이는 의붓아들인 김종진이 갑자기 사망하자 그 장례비를 마련하기 위해 김종진의 가옥을 은자 100냥을 받고 박태건에게 매도하였다. 매도한 가옥은 김종진이 송유선으로부터 매수하여 거주한 곳으로서 중부 견평방이리 전의감동계典醫監洞契 회화정동檜花井洞에 있는 와가 8칸 및 공대 8칸, 총 16칸 규모이다. 김 조이는 매매명문과 함께 본문기 4장을 박태건에게 양도하였다. 김종진의 처남 이정민李貞敏, 남편의 조카인 김진명金振鳴, 김태산金泰山이 거래의 증인으로 참여하였고, 이영준李英俊이 문서를 작성하였다.

(01) 康熙十一年壬子六月晦日 朴泰建前 明文
(02) 右明文事段 女矣夫前妻子宗珎亦 不意身死 故喪
(03) 需諸具 辨[辦]出無路乙仍于 子宗珎亦 僉知宋有善處
(04) 自己買得居生爲如乎 中部 堅平坊二里 典醫監
(05) 洞契 檜花井洞伏 瓦■(家)捌間 空代捌間 合拾陸間庫
(06) 同人處 價折銀子壹■■(百兩) ■(依)數交易捧上爲遣 本
(07) 文記肆度並以 永■■(永放)賣爲去乎 後次良中
(08) 子孫族類中 如有雜談者 則將此文記 告官卞正者
(09) 財主 故金敏天後妻 金召史(手掌)
(10) 證人 宗珎 妻娚 李貞敏(着名)
(11) 證人 夫同姓族下 金振鳴(着名)
(12) 證人 夫同姓族下 金泰山(着名)
(13) 筆執 李英俊(着名)

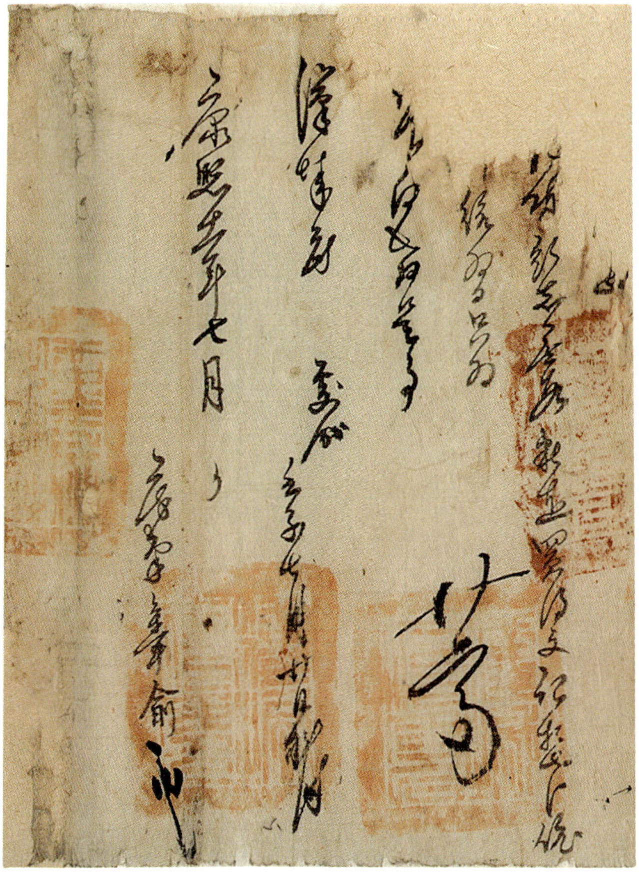

001-22

1672년 박태건 소지

27.3×23.6

1672년(현종 13) 7월에 박태건이 한성부에 올린 입안신청 소지이다. 소지와 함께 점련한 매매명문을 검토하여 이에 대한 사급입안을 발급해줄 것을 요청하였다. 소지의 접수일은 20일이고, 주亩, 즉 공방에서 입안 발급을 담당하였다. 담당 방장인 참군 유兪가 같은 날 입안 발급을 처리하였다. 문서가 결락되어 발급자를 확인할 수 없으나, 점련된 문서를 통해 박태건으로 추정할 수 있다.

(01) ■…■
(02) ■(右)謹陳所志矣段 粘連買得文記相考 依
(03) ■…■ ■(斜)給爲白只爲
(04) ■(行)下向教是事
(05) 漢城府 處分
(06) 康熙十一年七月 日
(07) 卄 亩
(08) 壬子七月卄日 斜付
(09) 房掌 參軍 兪(着押)
[漢城府印]

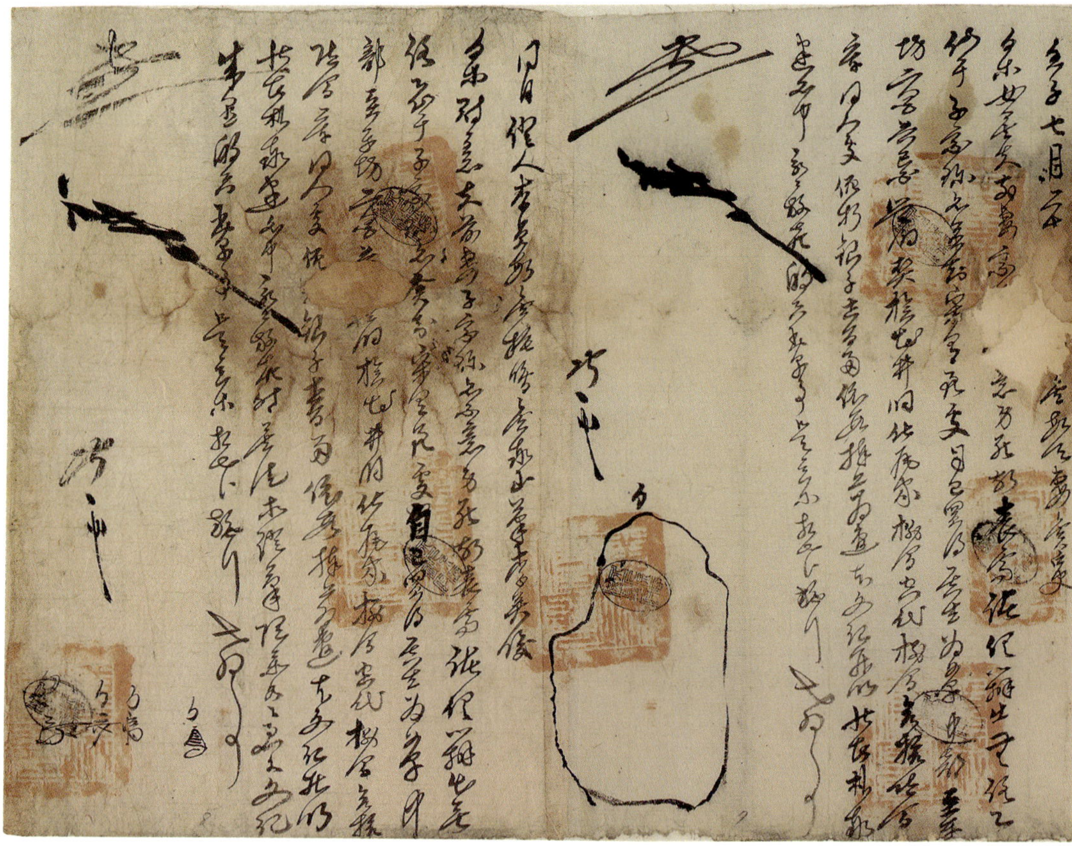

001-24

1672년 증인 이정민 등 초사

43.3×29.0

(01) 同日 證人 李貞敏 金振鳴 金泰山 筆 李英俊
(02) 白等 財主亦 夫前妻子宗㢱亦 不意身死 故喪需諸俱 辦出無
(03) 路乙仍于 子宗㢱亦 僉知宋有善處 自己買得居生爲如乎 中
(04) 部 堅平坊二里■…■(典醫監)洞 檜花井洞伏 瓦家捌間 空代捌間 合拾
(05) 陸間庫 同人處 價■銀子壹百兩 依數捧上爲遣 本文記幷以
(06) 狀者朴泰建亦中 永永放賣時 矣徒等 證筆隨參 各各着名 文記
(07) 成置 的只臥乎事是良尒 相考施行敎事
(08) 白(着名)
(09) 白(着名)
(10) 白(着名)
(11) 白(着名)
(12) 堂上(着押) 郎廳(着押)
[漢城府印]

001-23

1672년 고 김민천 처 김 조이 초사

43.3×28.3

(01) 壬子七月二十■…■ 金敏天妻 金召史
(02) 白等 女矣夫前妻宗■■■(㢱亦不)意身死 故喪需諸俱 辦出無路乙
(03) 仍于 子宗㢱亦 僉知宋有善處 自己買得居生爲如乎 中部 堅平
(04) 坊二里 典醫監洞契 檜花井洞伏 瓦家捌間 空代捌間 合拾陸間
(05) 庫 同人處 價折銀子壹百兩 依數捧上爲遣 本文記幷以 狀者朴泰
(06) 建亦中 永永放賣的只臥乎事是良尒 相考施行敎事
(07) 白(手掌)
(08) 堂上(着押) 郎廳(着押)
[漢城府印]

1672년(현종 13) 7월에 재주 김 조이와 증인 이정민 등이 가옥매매 사실을 한성부에 진술한 초사이다. 김 조이는 의붓아들 김종진의 갑작스러운 사망으로 그가 거주하던 중부 견평방 소재 가옥을 박태건에게 매도한 것이 사실임을 진술하였다. 이정민, 김진명, 김태산, 이영준은 김 조이와 박태건의 거래에 증인과 필집으로 참여하여 명문을 작성한 것이 사실임을 진술하였다.

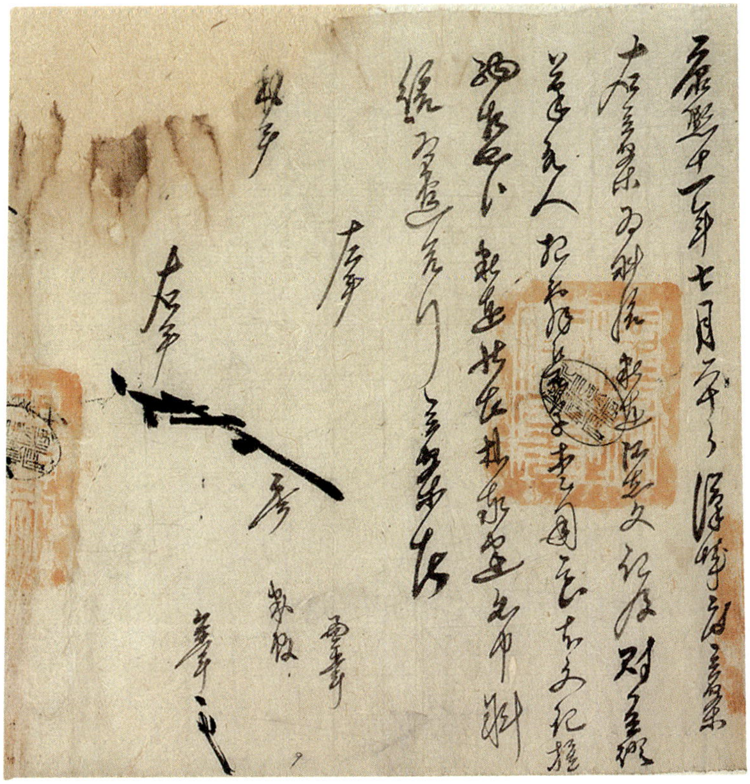

001-25

1672년 한성부 입안

27.0×30.8

1672년(현종 13) 7월 20일에 한성부가 박태건에게 가옥매매 사실을 공증하여 발급한 입안이다. 한성부에서는 박태건의 입안 신청에 따라 명문, 재주 및 증인의 초사를 확인하고 본문기를 제출받아 가옥의 전래 경위를 확인하여 최종적으로 박태건에게 사급입안을 발급하였다.

(01) 康熙十一年七月二十日 漢城府立案
(02) 右立案爲斜給 粘連所志文記 及財主證
(03) 筆各人招辭是乎等乙用良 本文記推
(04) 納相考粘連 狀者朴泰建亦中 斜
(05) 給爲遣 合行立案者
(06) 左尹 兼參軍
(07) 判尹 庶尹 判官
(08) 右尹(着押) 參軍(着押)
[漢城府印]

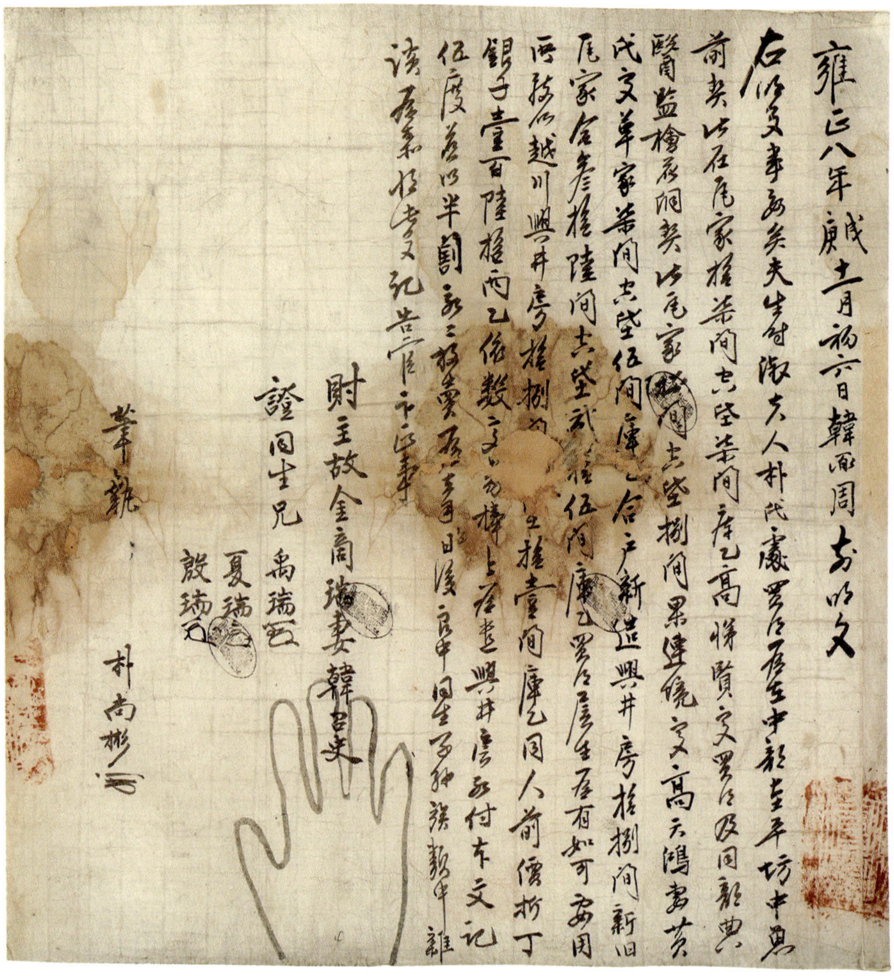

001-26

1730년 고 김상서 처 한 조이 명문

53.1×58.7

1730년(영조 6) 11월 6일에 고 김상서金商瑞의 처 한韓 조이가 한필주韓弼周에게 가옥을 매도하면서 작성하여 준 명문이다. 한 조이는 박씨朴氏, 고제현高悌賢, 고천홍高天鴻 처 황씨黃氏 등에게서 매수한 가옥들 중 일부를 합호合戶하여 새로 가옥을 만들고 거주하다가 정은자丁銀子 160냥을 받고 한필주에게 매도하였다. 매도한 가옥은 중부 견평방에 소재한 홍정방興井房 18칸과 공대 11칸이다. 한 조이는 명문과 함께 홍정방 가옥이 기재된 본문기 5장을 함께 한필주에게 양도하였다. 김상서의 형 김우서金禹瑞, 김하서金夏瑞, 김은서金殷瑞가 증인으로 참여하였고, 박상빈朴尙彬이 필집으로서 문서를 작성하였다.

(01) 雍正八年庚戌十一月初六日 韓弼周前 明文
(02) 右明文事段 矣夫生時 淑夫人朴氏處 買得爲在 中部 堅平坊中 魚
(03) 前[廛]契伏在 瓦家拾柒間 空垈柒間庫乙 高悌賢處買得 及同部 典
(04) 醫監檜花洞契伏 瓦家捌間 空垈捌間果 連境處 高天鴻妻黃
(05) 氏處 草家柒間 空垈伍間庫乙 合戶新造興井房拾捌間 新舊
(06) 瓦家 合參拾陸間 空垈貳拾伍間庫乙 買得屋生爲有如可 要用
(07) 所致以 越川興井房拾捌間 ■■(空垈)拾壹間庫乙 同人前 價折丁
(08) 銀子壹百陸拾兩乙 依數交易捧上爲遣 興井房所付本文記
(09) 伍度並以 半割永永放賣爲去乎 日後良中 同生子孫族類中 雜
(10) 談爲去等 將此文記 告官卞正事
(11) 財主 故金商瑞妻 韓召史(手掌)
(12) 證 同生兄 禹瑞(着名)
(13) 夏瑞(着名)
(14) 殷瑞(着名)
(15) 筆執 朴尙彬(着名)

001-27

1732년 한필주 명문

49.6×49.3

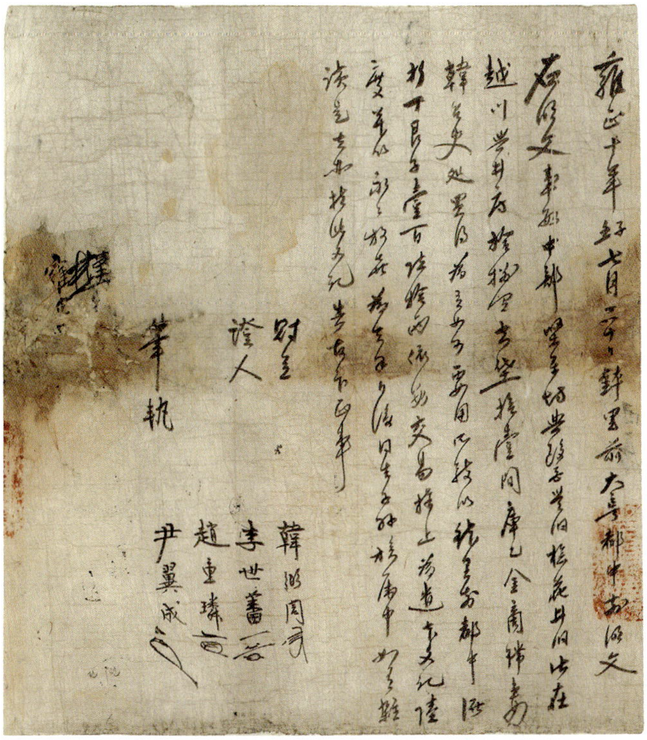

1732년(영조 8) 7월 20일에 한필주가 바리전鉢里廛 대방도중大房都中에게 가옥을 매도하면서 작성해 준 명문이다. 한필주는 김상서 처 한 조이로부터 매수하였던 가옥을 정은자 160냥을 받고 바리전 대방도중에 매도하였다. 매도한 가옥은 중부 견평방 전의감동계 회화정동에 있는 월천越川 흥정방 18칸과 공대 11칸이다. 한필주는 명문과 함께 본문기 6장을 함께 양도하였다. 이세번李世蕃과 조중린趙重璘이 증인으로, 윤익성尹翼成이 필집으로 거래에 참여하였다.

(01) 雍正十年壬子七月二十日 鉢里前[廛] 大房都中前 明文
(02) 右明文事段 中部 堅平坊 典醫監洞 檜花井洞伏在
(03) 越川興井房拾捌間 空垈拾壹間庫乙 金商瑞妻
(04) 韓召史處 買得爲有如可 要用所致以 鉢里前[廛]都中 價
(05) 折丁良[銀]子壹百陸拾兩 依數交易捧上爲遣 本文記陸
(06) 度幷以 永永放賣爲去乎 日後同生子孫族屬中 如有雜
(07) 談是去等 持此文記 告官卞正事
(08) 財主 韓弼周(着名)
(09) 證人 李世蕃(着名)
(10) 趙重璘(着名)
(11) 筆執 尹翼成(着名)

001-28

1732년 바리전 대방도중 소지

36.1×16.8

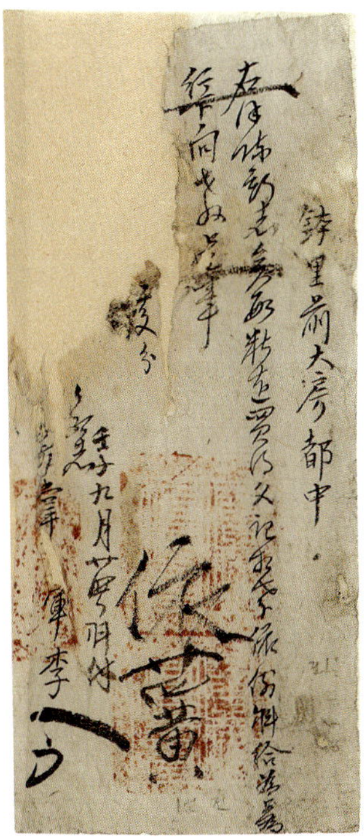

1732년(영조 8)에 바리전 대방도중이 한성부에 올린 입안신청 소지이다. 소지와 함께 점련한 매매명문을 검토하여 이에 대한 사급입안을 발급해줄 것을 요청하였다. 소지의 접수일은 24일이고 황黃, 즉 병방에서 입안 발급을 담당하였다. 한성부 당상관은 '그대로 시행하라(依)'는 처결을 내렸고, 담당 방장 참군 이李가 같은 날 입안 발급을 처리하였다.

(01) 鉢里前[廛] 大房都中
(02) 右謹陳所志矣段 粘連買得文記相考 依例斜給爲只爲
(03) 行下向敎是事
(04) ■…■(漢城府) 處分
(05) ■■■■(雍正十年)■■ 日 所志
(06) 依 卄四 黃
(07) ■■(堂上(着押))
(08) 壬子九月卄四日 斜付
(09) 房掌 ■(參)軍 李(着押)
[漢城府印]

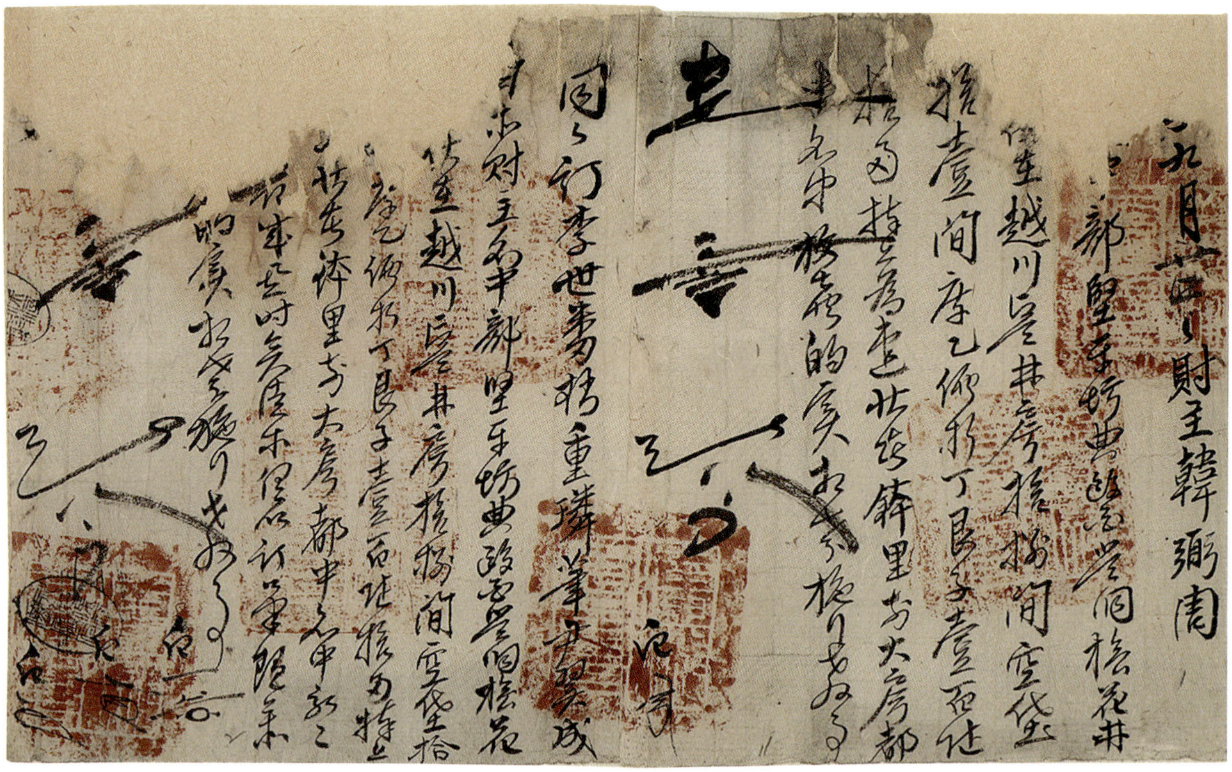

001-30

1732년 증인 이세번 등 초사

27.2×23.0

(01) 同日 訂 李世蕃 趙重璘 筆 尹翼成
(02) 白等 財主亦 中部 堅平坊 典醫監洞 檜花
(03) ■■(井洞)伏在 越川興井房拾捌間 空垈拾
(04) ■■(壹間)庫乙 價折丁良[銀]子壹百陸拾兩 捧上
(05) ■■(爲遣) 狀者鉢里前[廛]大房都中亦中 永永
(06) ■■成置時 矣徒等 俱以訂筆隨參
(07) ■■的實 相考施行敎事
(08) 白(着名)
(09) 白(着名)
(10) 白(着名)
(11) 堂上(着押) 郞廳(着押)
[漢城府印]

001-29

1732년 한필주 초사

27.0×21.8

(01) ■■九月卄四日 財主 韓弼周
(02) ■■(白等) 中部 堅平坊 典醫監洞 檜花井
(03) ■■伏在 越川興井房拾捌間 空垈
(04) 拾壹間庫乙 價折丁良[銀]子壹百陸
(05) 拾兩 捧上爲遣 狀者鉢里前[廛]大房都
(06) 中亦中 放賣的實 相考施行敎事
(07) 白(着名)
(08) 堂上(着押) 郞廳(着押)
[漢城府印]

1732년(영조 8) 9월 24일에 재주 한필주와 증인 이세번 등이 가옥매매 사실을 한성부에 진술한 초사이다. 한필주는 바리전 대방도중에 중부 견평방 소재 가옥을 매도한 것이 사실임을 진술하였다. 이세번과 조중린, 윤익성은 한필주와 바리전 대방도중 간의 거래에 증인과 필집으로 참여하여 명문을 작성한 것이 사실임을 진술하였다.

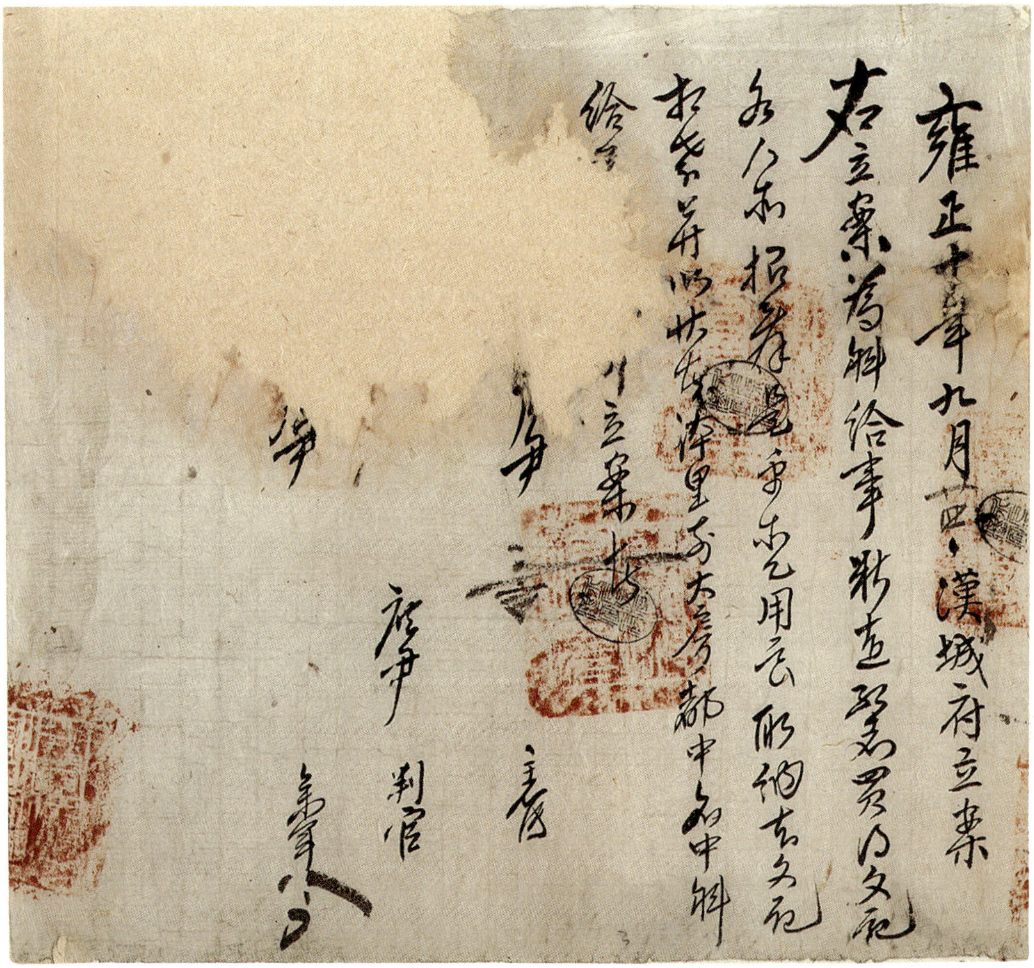

001-31

1732년 한성부 입안

35.4×45.0

1732년(영조 8) 9월 24일에 한성부에서 바리전 대방도중에게 가옥매매 사실을 공증하여 발급한 입안이다. 한성부는 대방도중의 입안신청 소지에 따라 점련된 매매명문과 재주 및 증인 등의 초사를 검토하고 본문기를 제출받아 가옥의 전래 경위를 확인하여 최종적으로 사급입안을 발급하였다.

(01)　　雍正十年九月廿四日 漢城府立案
(02)　右立案爲斜給事 粘連所志買得文記
(03)　各人等招辭是乎等乙用良 取納本文記
(04)　相考幷以 狀者鉢里前[廛]大房都中亦中 斜
(05)　給■■(爲遣) ■■(合行)立案者
(06)　　　　　　左尹(着押)　　　　主簿
(07)　■■(判尹)　　　　　　　庶尹　判官
(08)　　　　　　右尹　　　　　　參軍(着押)
[漢城府印]

002

1714년 조모 송씨 분재기 등 회화동 가옥매매문서

1714~1893년 | 85.4×1081.4

1714년부터 1893년까지 중부 견평방 전의감계에 소재한 가옥을 거래한 매매명문과 한성부에서 발급한 사급입안 등 23점의 문서가 연결되어 있는 문서이다. 1714년 조모 송씨가 장손 이덕하에게 재산을 분재한 허여문기를 시작으로, 이후 1893년까지 19차례의 가옥매매 내역이 기재된 명문이 연결되어 있다. 이 중에서 1753년 이동엽이 이광복에게 가옥을 매도한 경우에는 거래 관련 문서 가운데 초사와 사급입안도 함께 남아있다. 즉, 이 점련문서는 1점의 허여문기와 19점의 명문, 2점의 초사, 1점의 한성부 입안으로 구성되어 있다.

179년간 짧게는 1년, 길게는 24년 만에 거래가 이루어졌으며, 평균적으로는 약 10년에 1번 정도 거래가 이루어졌다. 1714년부터 1786년 거래까지는 와가 21칸, 공대 51칸으로 매물의 구성에 변함이 없었으나, 1787년에는 와가 22칸, 1801년에는 와가 24칸, 1820년에는 와가 25.5칸으로 변화하였다. 이후 1845년까지 5번의 거래에서 가옥의 구성은 동일하게 유지되었으나 1864년 서관신이 이석윤에게 매도할 때는 와가 40칸, 공대 80칸, 신조 2칸으로 구성이 크게 변경되었다. 1872년 거래에서는 다시 와가 27.5칸, 공대 50칸이 매도되었고, 1893년에는 와가 28칸, 공대 50칸이 매도되었다.

매매가격은 1724년부터 1777년까지 정은자 290~300냥에 거래되었고, 1784년부터 1787년까지는 동전 700~800냥에 매매되었다. 1792년부터는 이전보다 가격이 높아져 정은자 400냥에서 550냥의 가격으로 거래되었다. 1820년부터 1830년까지는 동전 1,500냥에 매도되었고, 1845년에는 동전 1,800냥으로 거래되었다. 이후 가격이 급등하여 1864년에 동전 4,300냥으로 매매되었으며, 마지막 1893년에는 동전 28,000냥으로 가격이 정해졌다.

견평방 전의감동계 회화동은 현재의 서울특별시 종로구 공평동 일원에 해당하며 괴동이라고도 불린다.

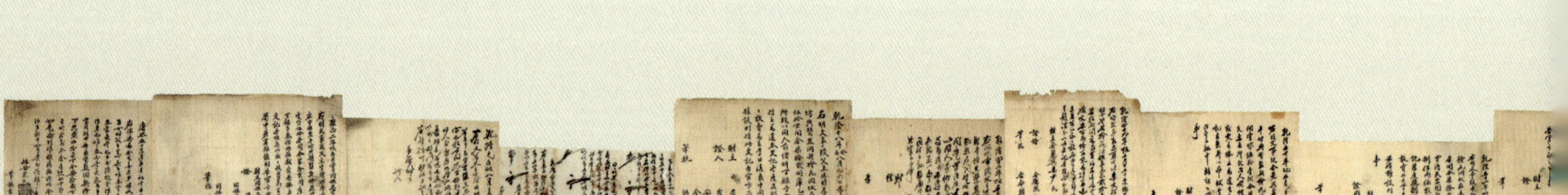

1 | 2 | 3 | 7 | 6 | 5 | 4 | 8 | 9 | 10 | 11

순서	문서명	매매가격	내용
1	1714년 조모 송씨 분재기	-	장손 이덕하에게 가옥 분재 - 중부 견평방 전의감동계 회화동 와가 21칸, 공대 51칸
2	1724년 이덕하 명문	정은자 300냥	숙부 이유강에게 가옥 매도 - 중부 견평방 전의감계 회화정동 와가 21칸, 공대 51칸
3	1736년 이덕행 명문	정은자 300냥	이근실에게 가옥 매도 - 중부 견평방 전의감동계 회화정동 와가 21칸, 공대 51칸
4	1753년 이동엽 명문	정은자 290냥	이광복에게 가옥 매도 - 중부 견평방 전의감동계 회화동 와가 21칸, 공대 51칸
5	1755년 이동엽 초사	-	한성부에 매매 사실 진술
6	1755년 증인 최언도 등 초사	-	한성부에 매매 사실 진술
7	1755년 한성부 입안	-	이광복에게 매매 사실을 공증하는 입안 발급
8	1777년 이문상 명문	정은자 300냥	김여흥에게 가옥 매도 - 중부 견평방 전의감동 회화동 와가 21칸, 공대 51칸
9	1784년 김여흥 처 윤씨 명문	전문 700냥	이덕부에게 가옥 매도 - 중부 견평방 전의감계 회화동 와가 21칸, 공대 51칸
10	1785년 이덕부 명문	전문 800냥	이희인에게 가옥 매도 - 중부 견평방 전의감계 회화동 와가 21칸, 공대 51칸
11	1786년 이희인 명문	전문 800냥	유원철에게 가옥 매도 - 중부 견평방 전의감계 회화동 와가 21칸, 공대 51칸
12	1787년 유원철 명문	전문 800냥	조종철에게 가옥 매도 - 중부 견평방 전의감계 괴화동 와가 22칸, 공대 51칸
13	1792년 이씨 명문	정은자 400냥	오상린에게 가옥 매도 - 중부 견평방 전의감계 회화동 와가 22칸, 공대 51칸
14	1801년 오덕린 자 오언묵 명문	정은자 550냥	유대완에게 가옥 매도 - 중부 견평방 전의감계 회화동 와가 24칸, 공대 51칸
15	1803년 유덕량 명문	정은자 500냥	고윤항에게 가옥 매도 - 중부 견평방 전의감계 회화동 와가 20칸, 공대 51칸
16	1820년 고치원 명문	전문 1,500냥	서익철에게 가옥 매도 - 중부 견평방 전의감계 회화동 와가 25.5칸, 공대 51칸
17	1826년 서익철 명문	전문 1,500냥	이시풍에게 가옥 매도 - 중부 견평방 전의감계 회화동 와가 25.5칸, 공대 51칸
18	1828년 이시풍 명문	전문 1,500냥	김성기에게 가옥 매도 - 중부 견평방 전의감계 회화동 와가 25.5칸, 공대 51칸
19	1830년 김성기 명문	전문 1,500냥	김재성에게 가옥 매도 - 중부 견평방 전의감계 회화동 와가 25.5칸, 공대 51칸
20	1845년 김재성 명문	전문 1,800냥	서관신에게 가옥 매도 - 중부 견평방 전의감계 회화동 와가 25.5칸, 공대 51칸
21	1864년 서관신 명문	전문 4,300냥	이석윤에게 가옥 매도 - 중부 견평방 전의감계 와가 40칸, 공대 80칸, 신조 2칸 * 배탈: 박계환에게 15.5칸 부분 매도
22	1872년 이석윤 명문	전문 3,900냥	김 조이에게 가옥 매도 - 중부 견평방 전의감계 와가 27.5칸, 공대 50칸
23	1893년 김 조이 명문	전문 28,000냥	미상의 매수인에게 가옥 매도 - 중부 견평방 전의감계 와가 28칸, 공대 50칸

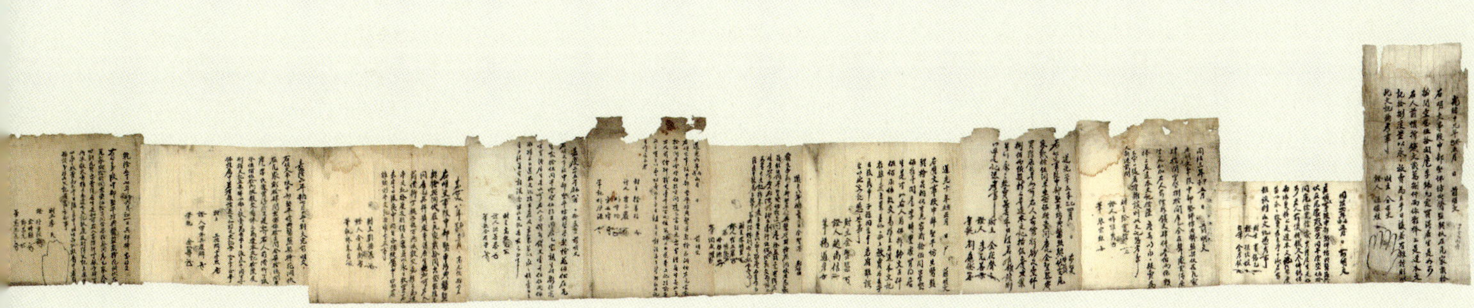

13 | 14 | 15 | 16 | 17 | 18 | 19 | 20 | 21 | 22 | 23

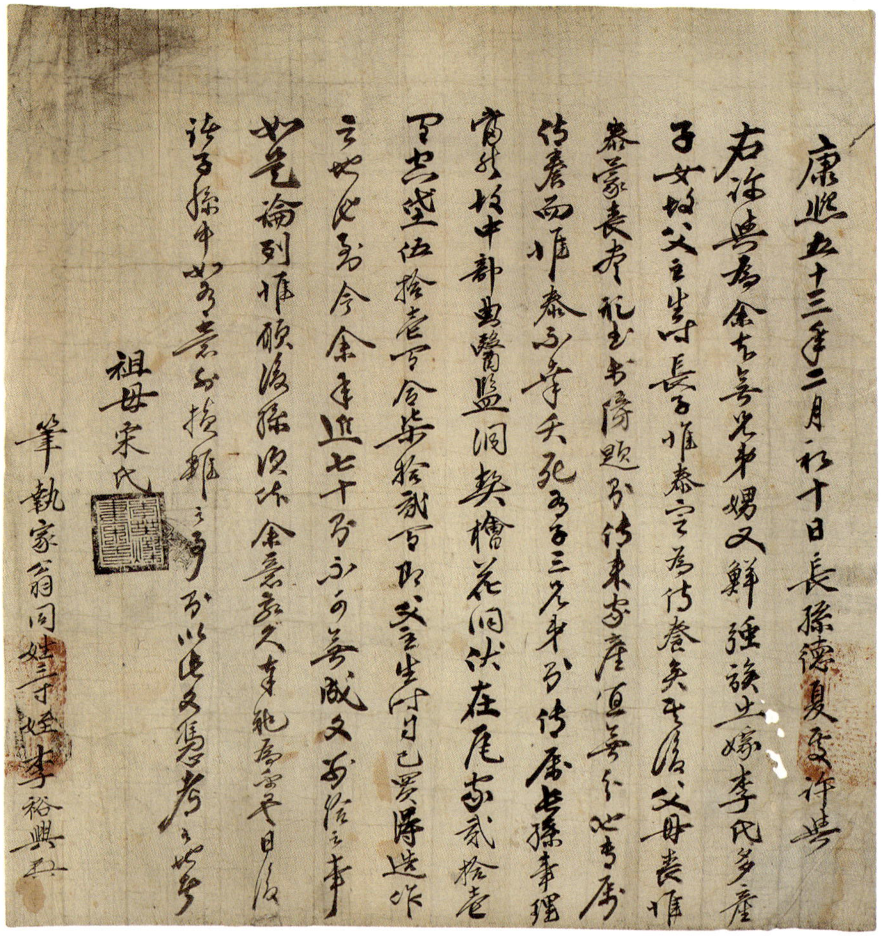

002-01

1714년 조모 송씨 분재기

51.9×50.0

1714년(숙종 40) 2월 10일에 조모 송씨宋氏가 장손 이덕하李德夏에게 재산을 별급하면서 작성하여 준 분재기이다. 송씨는 친정아버지가 생전에 매득하여 건축한 가옥을 이덕하에게 증여하였다. 가옥은 중부 견평방 전의감동계 회화동檜花洞에 있는 와가 21칸과 공대 51칸으로 총 72칸 규모이다. 송씨는 친정에 다른 형제가 없어서 자신의 장자 이유태李惟泰를 시양손侍養孫으로 들였는데, 부모 상을 당하자 유태가 외손봉사外孫奉祀를 하였으므로 친정의 가산家産을 주는 것이 마땅하나, 불행히도 유태가 일찍 사망하여 그 아들인 장손 덕하에게 해당 가산을 증여한다고 하였다. 남편의 조카인 이유흥李裕興이 필집으로 참여하였다.

송씨의 남편은 이영찬李英燦이며 효령대군孝寧大君의 후손이다.

(01)　康熙五十三年二月初十日 長孫 德夏處 許與
(02) 右許與爲 余本無兄弟娚 又鮮强族 出嫁李氏 多産
(03) 子女 故父主生時 長子惟泰 定爲侍養矣 其後父母喪 惟
(04) 泰蒙喪盡禮 書於傍題 則傳來家産 宜無分他 專屬
(05) 侍養 而惟泰不幸夭死 有子三兄弟 則傳屬長孫 事理
(06) 當然 故中部 典醫監洞契 檜花洞伏在 瓦家貳拾壹
(07) 間 空垈伍拾壹間 合柒拾貳間 卽父主生時 自己買得造作
(08) 之地也 到今余年近七十 則不可無成文別給之事
(09) 如是論列 惟願後孫 須体余意 永久奉祀爲乎矣 日後
(10) 諸子孫中 如有意外橫雜之事 則以此文 憑考之地者
(11) 祖母 宋氏[李英燦妻宋氏]
(12) 筆執 家翁同姓三寸姪 李裕興(着名)

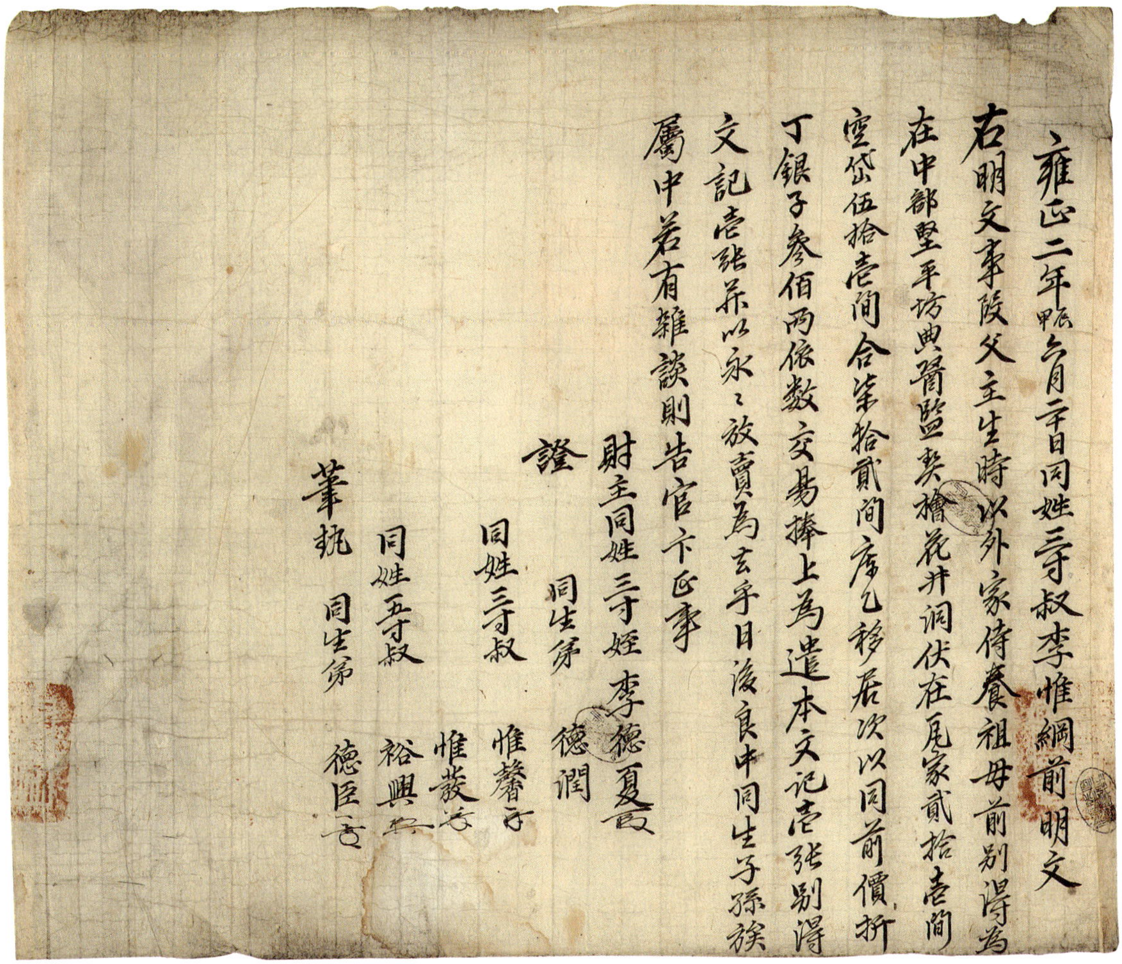

002-02

1724년 이덕하 명문

53.8×63.5

1724년(경종 4) 6월 20일에 이덕하가 숙부 이유강李惟綱에게 가옥을 매도하면서 작성하여 준 명문이다. 이덕하는 거처를 옮기기 위하여 부친이 생전에 봉양한 외조모外祖母로부터 별득別得, 즉 특별히 증여받은 가옥을 이유강에게 정은자 300냥에 매도하였다. 매도한 가옥은 중부 견평방 전의감계典醫監契 회화정동에 있는 와가 21칸과 공대 51칸으로 총 72칸이다. 매매명문과 본문기 1장, 별득문기別得文記 1장을 함께 양도하였다. 동생 이덕윤李德潤, 숙부 이유형李惟馨과 이유발李惟發, 이유흥이 증인으로, 동생 이덕신李德臣이 필집으로 참여하였다.

(01) 雍正二年甲辰六月二十日 同姓三寸叔 李惟綱前 明文
(02) 右明文事段 父主生時 以外家侍養祖母前 別得爲
(03) 在 中部 堅平坊 典醫監契 檜花井洞伏在 瓦家貳拾壹間
(04) 空岱[垈]伍拾壹間 合柒拾貳間庫乙 移居次以 同前 價折
(05) 丁銀子參佰兩 依數交易捧上爲遣 本文記壹張 別得
(06) 文記壹張幷以 永永放賣爲去乎 日後良中 同生子孫族
(07) 屬中 若有雜談 則告官卞正事
(08) 財主 同姓三寸姪 李德夏(着名)
(09) 證 同生弟 德潤
(10) 同姓三寸叔 惟馨(着名)
(11) 惟發(着名)
(12) 同姓五寸叔 裕興(着名)
(13) 筆執 同生弟 德臣(着名)

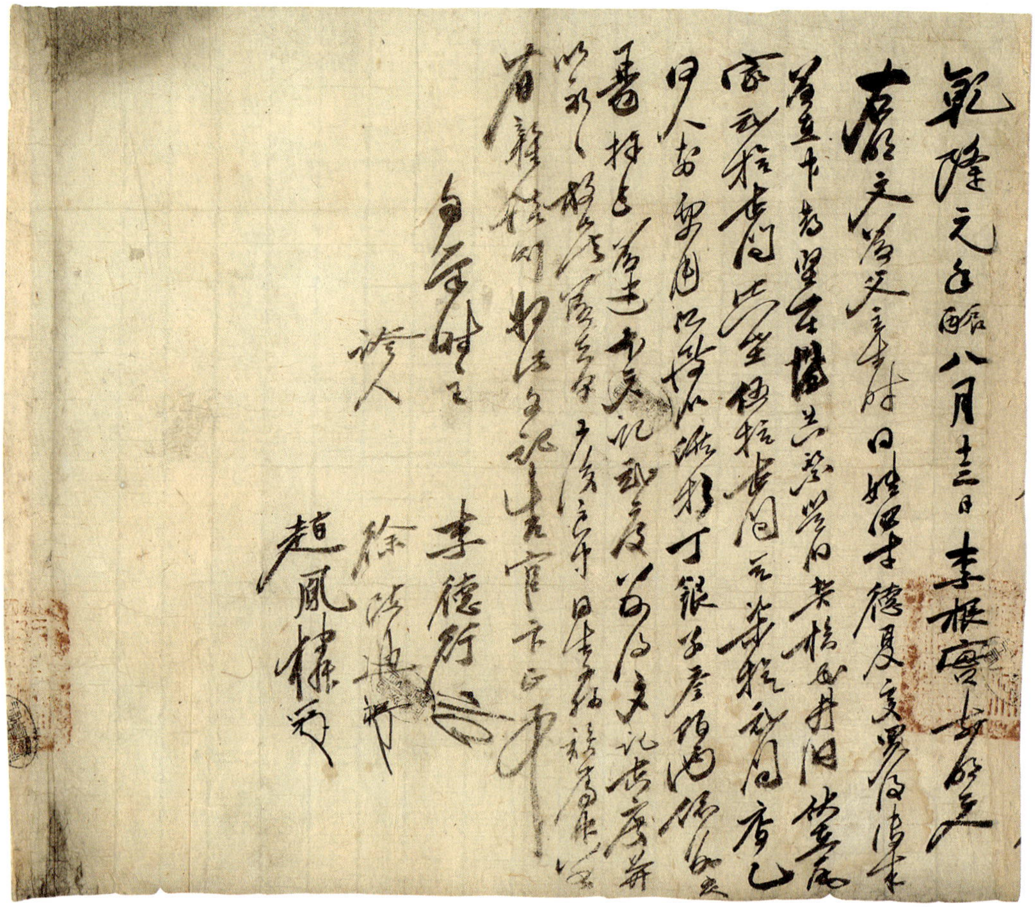

002-03

1736년 이덕행 명문

45.4×53.9

1736년(영조 12) 8월 13일에 이덕행李德行이 이근실李根實에게 가옥을 매도하면서 작성하여 준 명문이다. 이덕행은 긴요하게 쓸 일이 있어서 부친이 생전에 사촌 이덕하로부터 매수한 가옥을 이근실에게 정은자 300냥에 매도하였다. 매물은 중부 견평방 전의감계 회화정동에 있는 와가 21칸과 공대 51칸으로 총 72칸이다. 매매명문과 본문기 2장 및 별득문기 1장을 함께 양도하였다. 서치적徐致迪과 조봉린趙鳳獜이 증인으로 참여하였으며, 재주인 이덕행이 직접 명문을 작성하였다.

(01) 乾隆元年丙辰八月十三日 李根實前 明文
(02) 右明文爲 父主生時 同姓四寸德夏處 買得傳來
(03) 爲在 中部 堅平坊 典醫監洞契 檜花井洞伏在 瓦
(04) 家貳拾壹間 空垈伍拾壹間 合柒拾貳間庫乙
(05) 同人前 要用所致以 價折丁銀子參佰兩 依數交
(06) 易捧上爲遣 本文記貳度 別得文記壹度幷
(07) 以 永永放賣爲去乎 日後良中 同生子孫族屬中 若
(08) 有雜談 則將此文記 告官卞正事
(09) 自筆 財主 李德行(着名)
(10) 證人 徐致迪(着名)
(11) 趙鳳獜(着名)

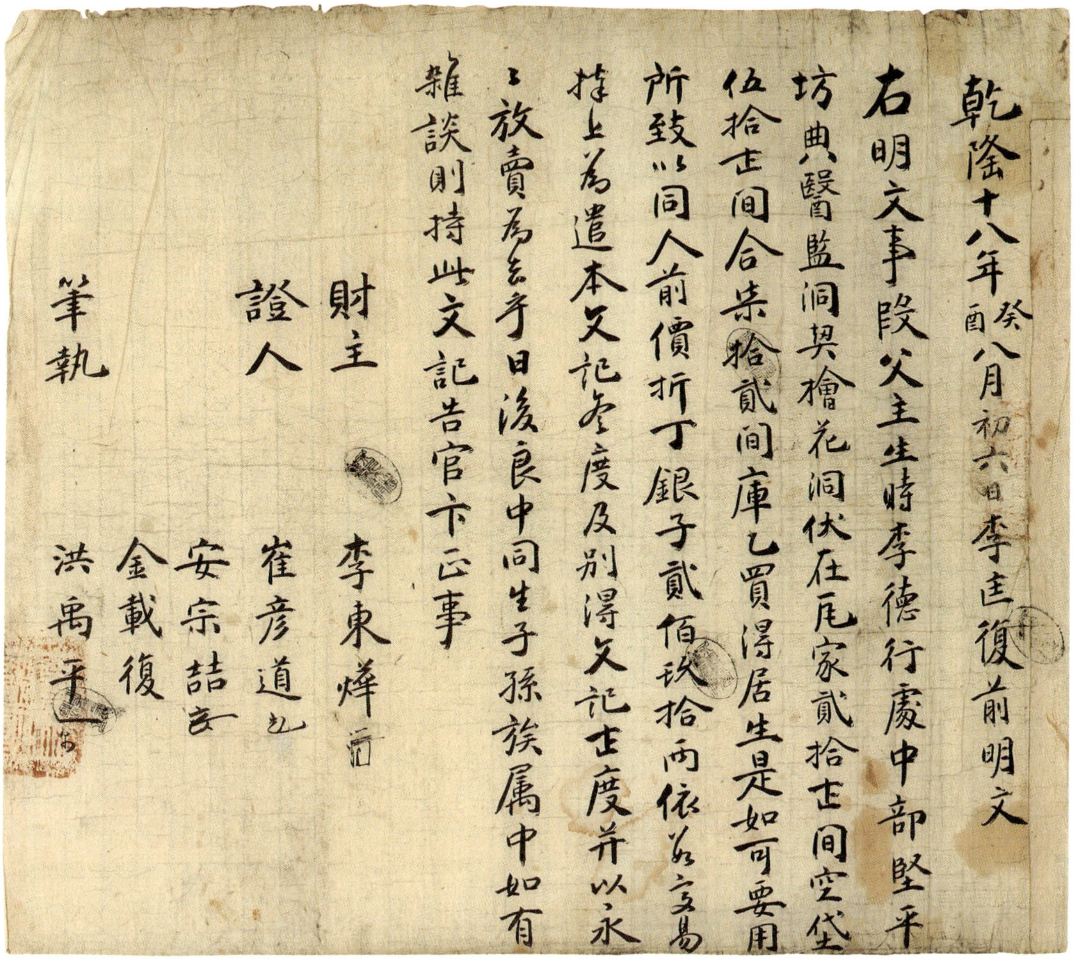

002-04

1753년 이동엽 명문

53.5×59.2

1753년(영조 29) 8월 6일에 이동엽李東燁이 이광복李匡復에게 가옥을 매도하면서 작성하여 준 명문이다. 이동엽은 긴요하게 쓸 일이 있어서 부친이 생전에 이덕행으로부터 매수하여 거주했던 가옥을 이광복에게 정은자 290냥에 매도하였다. 방매한 가옥은 중부 견평방 전의감계 회화동에 있는 와가 21칸과 공대 51칸으로 총 72칸이다. 매매명문과 본문기 3장 및 별득문기 1장을 함께 양도하였다. 최언도崔彦道, 안종철安宗喆, 김재복金載復이 증인으로, 홍우평洪禹平이 필집으로 참여하였다.

(01) 乾隆十八年癸酉八月初六日 李匡復前 明文
(02) 右明文事段 父主生時 李德行處 中部 堅平
(03) 坊 典醫監洞契 檜花洞伏在 瓦家貳拾壹間 空垈
(04) 伍拾壹間 合柒拾貳間庫乙 買得居生是如可 要用
(05) 所致以 同人前 價折丁銀子貳佰玖拾兩 依數交易
(06) 捧上爲遣 本文記參度 及別得文記壹度幷以 永
(07) 永放賣爲去乎 日後良中 同生子孫族屬中 如有
(08) 雜談 則持此文記 告官卞正事
(09) 財主 李東燁(着名)
(10) 證人 崔彦道(着名)
(11) 安宗喆(着名)
(12) 金載復
(13) 筆執 洪禹平(着名)

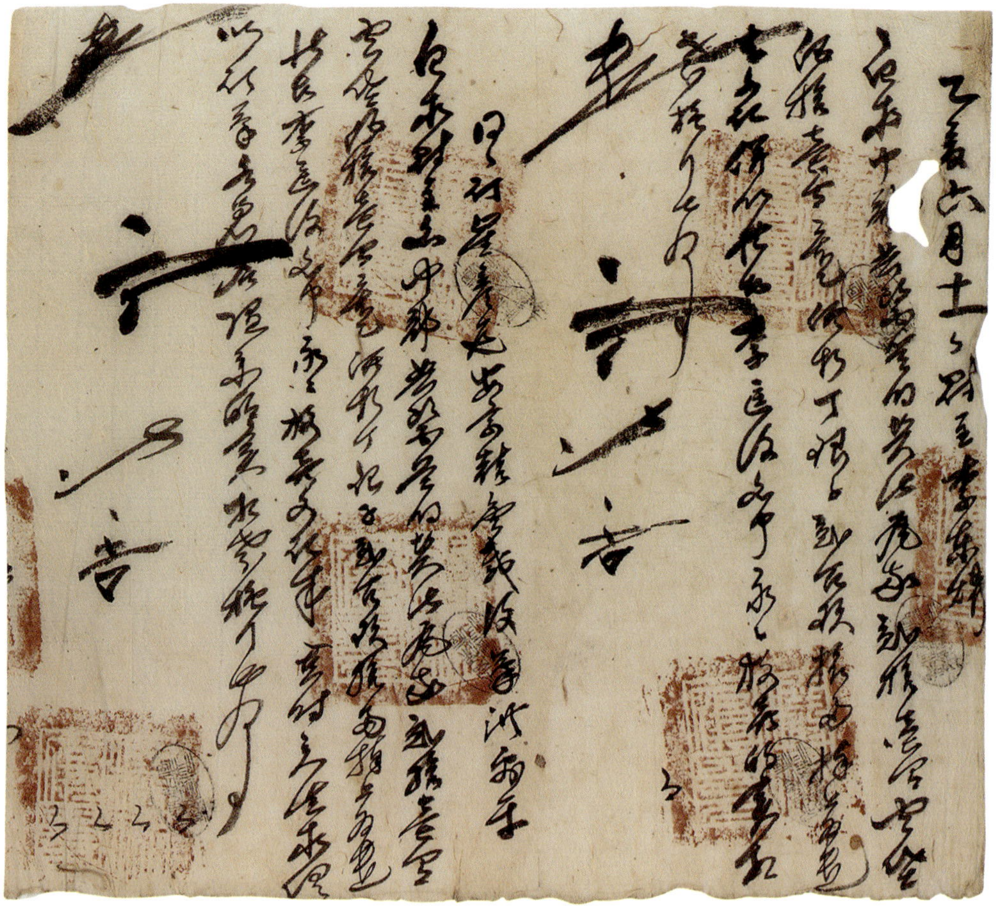

002-06

1755년 증인 최언도 등 초사

36.3×22.0

(01) 　　同日 訂 崔彦道 安宗喆 金載復 筆 洪禹平
(02) 白等 財主亦 中部 典醫監洞契伏 瓦家貳拾壹間
(03) 空垈伍拾壹間庫乙 價折丁銀子貳百玖拾兩 捧上爲遣
(04) 狀者李匡復亦中 永永放賣 文記成置時 矣徒等 俱
(05) 以訂筆各着名隨參的實 相考施行敎事
(06) 　　　　　　　　　　　　　　　白
(07) 　　　　　　　　　　　　　　　白
(08) 　　　　　　　　　　　　　　　白
(09) 　　　　　　　　　　　　　　　白
(10) 堂上(着押) 郎廳(着押)
[漢城府印]

002-05

1755년 이동엽 초사

36.3×18.9

(01) 　　乙亥六月十一日 財主 李東燁
(02) 白等 中部 典醫監洞契伏 瓦家貳拾壹間 空垈
(03) 伍拾壹間廛 價折丁銀子貳百玖拾兩 捧上爲遣
(04) 本文記併以 狀者李匡復亦中 永永放賣的實 相
(05) 考施行敎事
(06) 　　　　　　　　　　　　　　　白
(07) 堂上(着押) 郎廳(着押)
[漢城府印]

1755년(영조 31) 6월 11일에 재주 이동엽과 증인 최언도 등이 가옥매매 사실을 진술한 초사이다. 이동엽은 중부 전의감동계에 있는 와가 21칸과 공대 51칸, 총 72칸을 이광복에게 정은자 290냥에 방매한 것이 사실임을 진술하였다. 최언도, 안종철, 김재복, 홍우평은 이동엽과 이광복의 거래에 증인과 필집으로 참여하였음을 진술하였다.

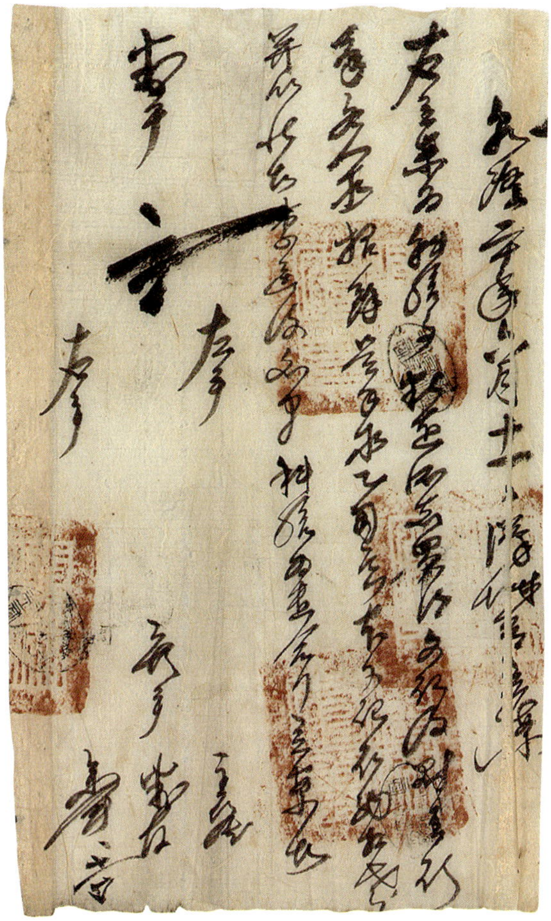

002-07

1755년 한성부 입안

36.3×21.0

1755년(영조 31) 6월 11일에 한성부에서 이광복에게 가옥매매 사실을 공증하며 발급한 입안이다. 본 문서에는 점련되어 있지 않아 확인할 수 없지만, 이광복은 이동엽에게 매수한 가옥에 대한 입안신청 소지를 한성부에 제출한 것으로 보인다. 이에 한성부에서는 소지에 점련된 매매명문, 재주와 증인 및 필집의 초사, 그리고 관에 납부한 본문기의 내용을 확인하여 해당 토지의 전래 경위를 파악한 후 최종적으로 입안을 발급하였다.

(01)　　乾隆二十年六月十一日 漢城府立案
(02)　右立案爲斜給事 粘連所志買得文記 及財主訂
(03)　筆各人等招辭是乎等乙用良 本文記取納相考
(04)　幷以 狀者李匡復亦中 斜給爲遣 合行立案者
(05)　　　　　左尹　　　主簿
(06)　判尹(着押)　　庶尹　判官
(07)　　　　　右尹　　　參軍(着押)
[漢城府印]

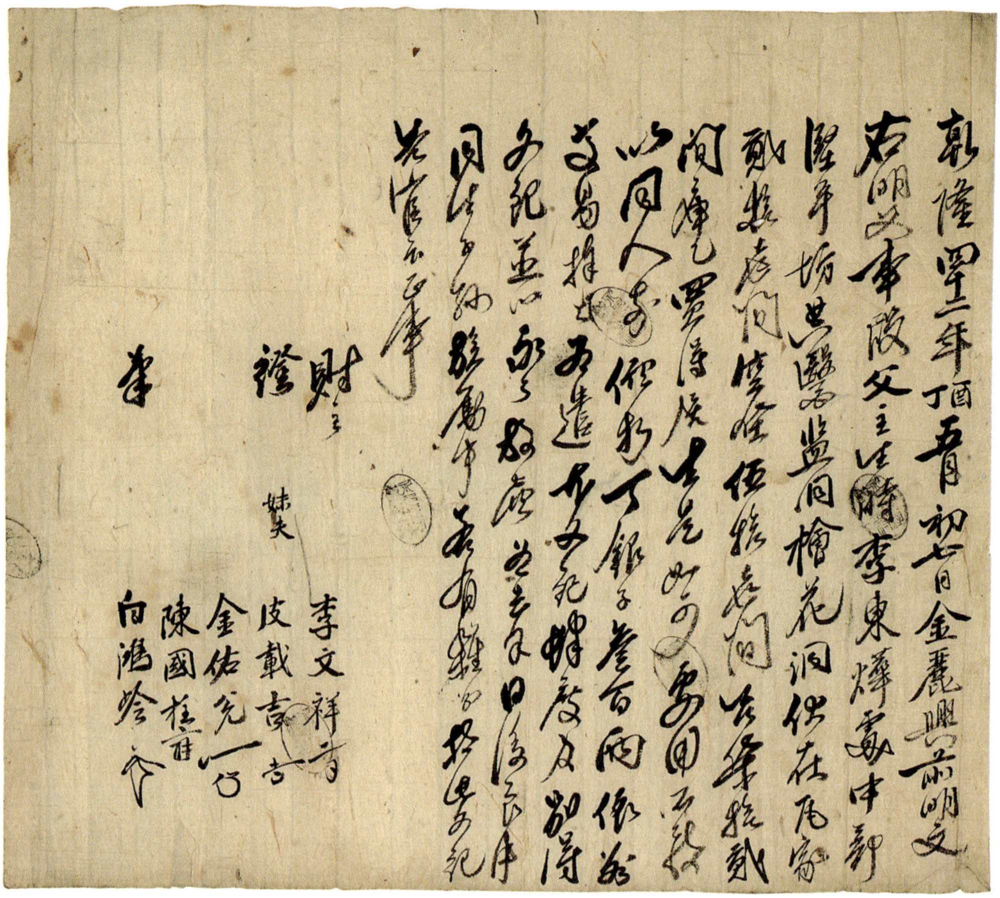

002-08

1777년 이문상 명문

46.8×53.8

1777년(정조 1) 5월 7일에 이문상李文祥이 김여흥金麗興에게 가옥을 매도하면서 작성하여 준 명문이다. 이문상은 긴요하게 쓸 일이 있어서 부친 이광복이 생전에 이동엽으로부터 매수하여 거주한 가옥을 김여흥에게 정은자 300냥에 매도하였다. 매물은 중부 견평방 전의감계 회화동에 있는 와가 21칸과 공대 51칸으로 총 72칸이다. 매매명문과 본문기 4장 및 별득문기를 함께 양도하였다. 매부妹夫 피재길皮載吉과 김우태金佑兌, 진국주陳國柱가 증인으로, 백홍령白鴻呤이 필집으로 참여하였다.

(01) 乾隆四十二年丁酉五月初七日 金麗興前 明文
(02) 右明文事段 父主生時 李東燁處 中部
(03) 堅平坊 典醫監洞 檜花洞伏在 瓦家
(04) 貳拾壹間 空垈伍拾壹間 合柒拾貳
(05) 間庫乙 買得居生是如可 要用所致
(06) 以 同人前 價折丁銀子參百兩 依數
(07) 交易捧上爲遣 本文記肆度 及別得
(08) 文記並以 永永放賣爲去乎 日後良中
(09) 同生子孫族屬中 若有雜 則持此文記
(10) 告官卞正事
(11) 財主 李文祥(着名)
(12) 證 妹夫 皮載吉(着名)
(13) 金佑兌(着名)
(14) 陳國柱(着名)
(15) 筆 白鴻呤(着名)

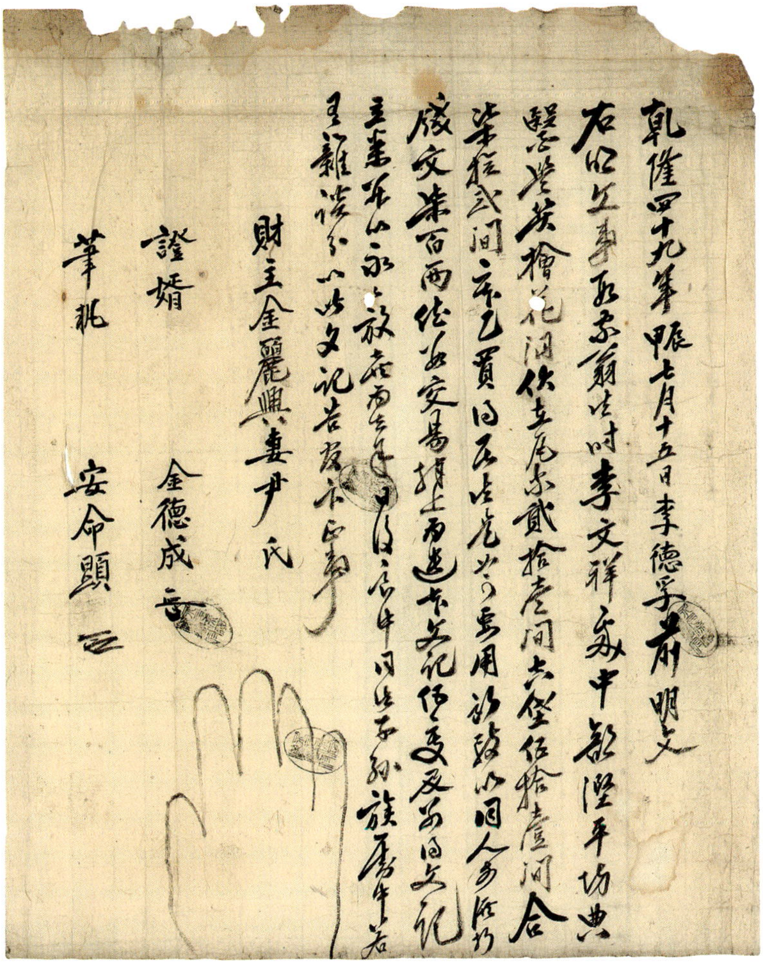

002-09

1784년 김여홍 처 윤씨 명문

56.4×44.0

1784년(정조 8) 7월 15일에 김여홍 처 윤씨尹氏가 이덕부李德孚에게 가옥을 매도하면서 작성하여 준 명문이다. 윤씨는 긴요하게 쓸 일이 있어서 남편이 생전에 이문상으로부터 매수하여 거주했던 가옥을 이덕부에게 전문錢文, 곧 동전 700냥에 매도하였다. 매물은 중부 견평방 전의감계 회화동에 있는 와가 21칸과 공대 51칸으로 총 72칸이다. 매매명문과 본문기 5장, 별득문기 및 입안을 함께 양도하였다. 사위 김덕성金德成이 증인으로, 안명현安命顯이 필집으로 참여하였다.

(01) 乾隆四十九年甲辰七月十五日 李德孚前 明文
(02) 右明文事段 家翁生時 李文祥處 中部 堅平坊 典
(03) 醫監契 檜花洞伏在 瓦家貳拾壹間 空垈伍拾壹間 合
(04) 柒拾貳間庫乙 買得居生是如可 要用所致以 同人前 價折
(05) 錢文柒百兩 依數交易捧上爲遣 本文記伍度 及別得文記
(06) 立案幷以 永永放賣爲去乎 日後良中 同生子孫族屬中 若
(07) 有雜談 則以此文記 告官卞正事
(08) 　　財主 金麗興妻 尹氏(手掌)
(09) 　　證 婿　　金德成(着名)
(10) 　　筆執　　安命顯(着名)

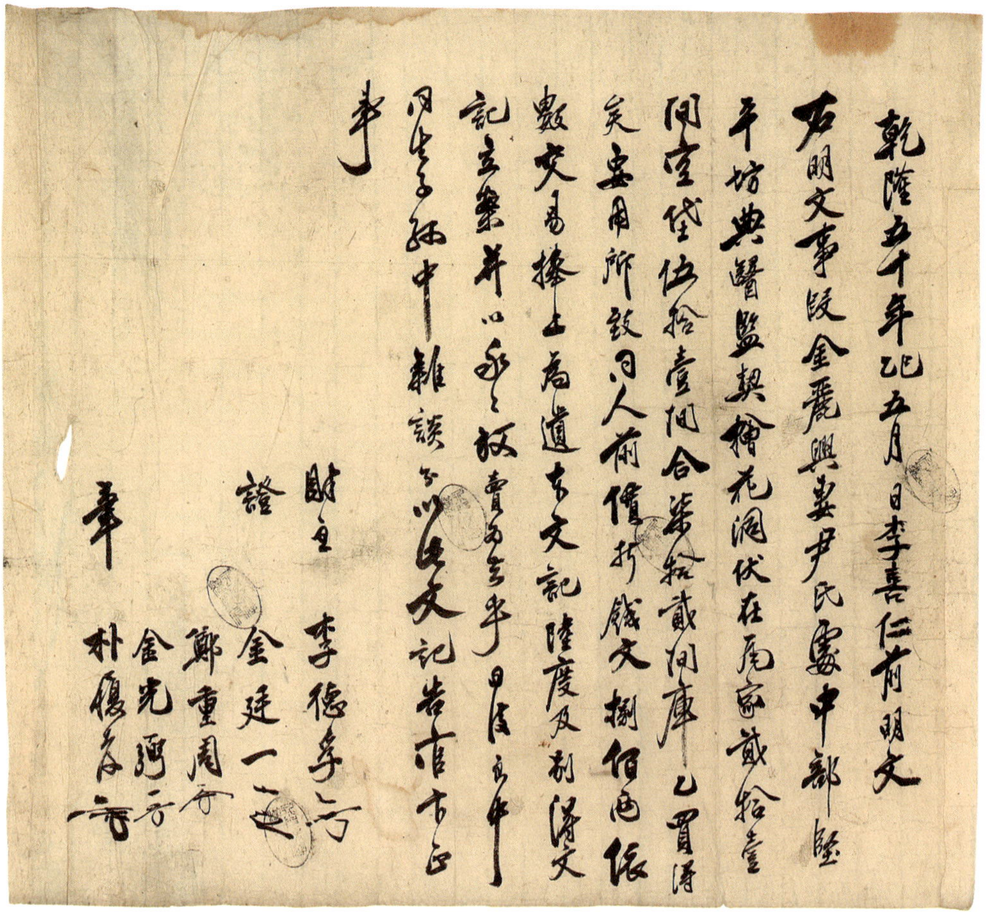

002-10

1785년 이덕부 명문

48.6×52.5

1785년(정조 9) 5월에 이덕부가 이희인李喜仁에게 가옥을 매도하면서 작성하여 준 명문이다. 이덕부는 긴요하게 쓸 일이 있어서 김여흥 처 윤씨로부터 매수하여 거주한 가옥을 이희인에게 전문 800냥에 매도하였다. 매물은 중부 견평방 전의감계 회화동에 있는 와가 21칸과 공대 51칸으로 총 72칸이다. 매매명문과 본문기 6장, 별득문기 및 입안을 함께 양도하였다. 김정일金廷一, 정중주鄭重周, 김광필金光弼이 증인으로, 박이효朴履孝가 필집으로 참여하였다.

(01)　乾隆五十年乙巳五月 日 李喜仁前 明文
(02) 右明文事段 金麗興妻尹氏處 中部 堅
(03) 平坊 典醫監契 檜花洞伏在 瓦家貳拾壹
(04) 間 空垈伍拾壹間 合柒拾貳間庫乙 買得
(05) 矣 要用所致 同人前 價折錢文捌佰兩 依
(06) 數交易捧上爲遣 本文記陸度 及別得文
(07) 記立案幷以 永永放賣爲去乎 日後良中
(08) 同生子孫中 雜談則以此文記 告官卞正
(09) 事
(10)　　　財主 李德孚(着名)
(11)　　　證　金廷一(着名)
(12)　　　　　鄭重周(着名)
(13)　　　　　金光弼(着名)
(14)　　　筆　朴履孝(着名)

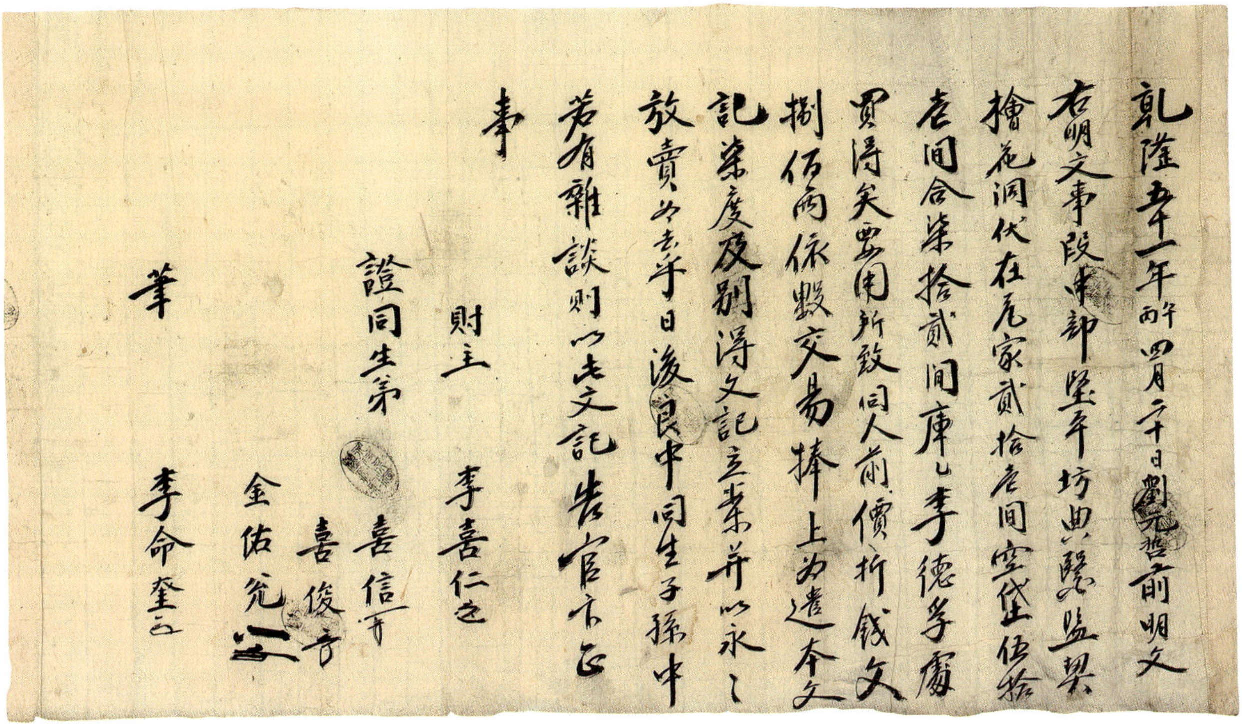

002-11

1786년 이희인 명문

38.7×68.2

1786년(정조 10) 4월 20일에 이희인이 유원철劉元哲에게 가옥을 매도하면서 작성하여 준 명문이다. 이희인은 이덕부로부터 매수하여 거주했던 가옥을 유원철에게 전문 800냥에 매도하였다. 매물은 중부 견평방 전의감계 회화동에 있는 와가 21칸과 공대 51칸으로 총 72칸이다. 매매명문과 본문기 7장 및 별득문기, 입안을 함께 양도하였다. 동생 이희신李喜信, 이희준李喜俊, 김우태가 증인으로, 이명규李命奎가 필집으로 참여하였다.

(01) 乾隆五十一年丙午四月二十日 劉元哲前 明文
(02) 右明文事段 中部 堅平坊 典醫監契
(03) 檜花洞伏在 瓦家貳拾壹間 空垈伍拾
(04) 壹間 合柒拾貳間庫乙 李德孚處
(05) 買得矣 要用所致 同人前 價折錢文
(06) 捌佰兩 依數交易捧上爲遣 本文
(07) 記柒度 及別得文記立案幷以 永永
(08) 放賣爲去乎 日後良中 同生子孫中
(09) 若有雜談 則以此文記 告官卞正
(10) 事
(11) 財主 李喜仁(着名)
(12) 證 同生弟 喜信(着名)
(13) 喜俊(着名)
(14) 金佑兌(着名)
(15) 筆 李命奎(着名)

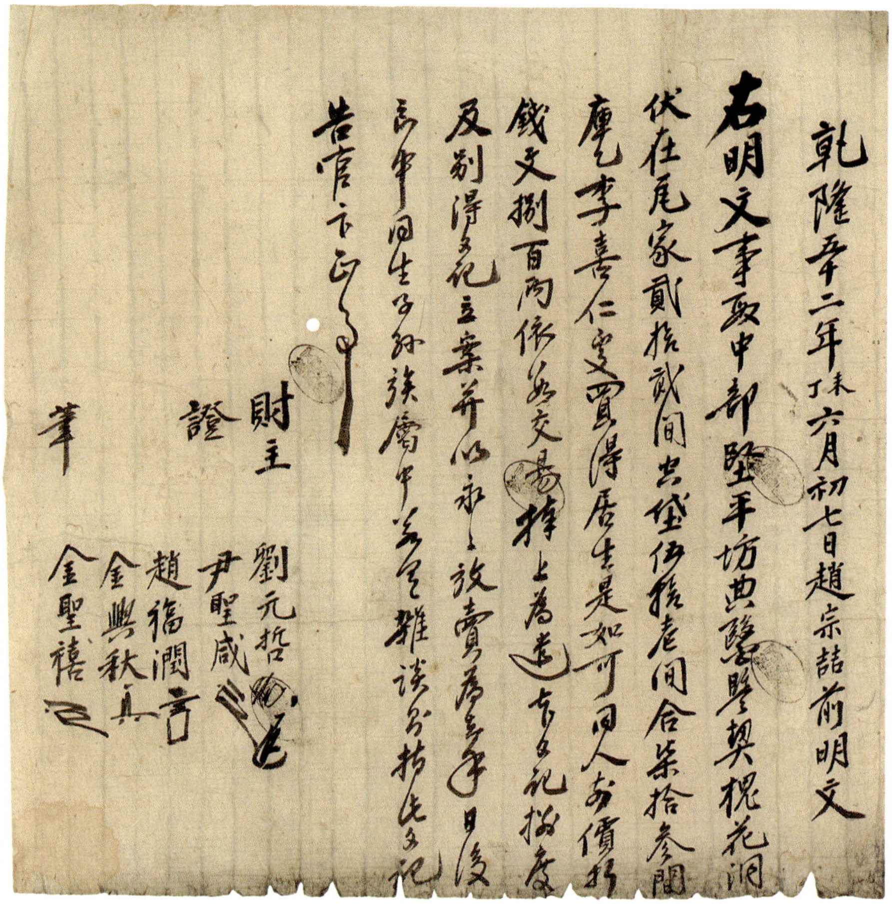

002-12

1787년 유원철 명문

49.5×50.6

1787년(정조 11) 6월 7일에 유원철이 조종철趙宗喆에게 가옥을 매도하면서 작성하여 준 명문이다. 유원철은 이희인으로부터 매수하여 거주했던 가옥을 조종철에게 전문 800냥에 매도하였다. 매물은 중부 견평방 전의감계 괴화동에 있는 와가 22칸과 공대 51칸으로 총 73칸이다. 매매명문과 본문기 8장 및 별득문기, 입안을 함께 양도하였다. 윤성함尹聖咸, 조복윤趙福潤, 김흥추金興秋가 증인으로, 김성희金聖禧가 필집으로 참여하였다.

(01) 乾隆五十二年丁未六月初七日 趙宗喆前 明文
(02) 右明文事段 中部 堅平坊 典醫監契 槐花洞
(03) 伏在 瓦家貳拾貳間 空垈伍拾壹間 合柒拾參間
(04) 庫乙 李喜仁處 買得居生是如可 同人前 價折
(05) 錢文捌百兩 依數交易捧上爲遣 本文記捌度
(06) 及別得文記立案幷以 永永放賣爲去乎 日後
(07) 良中 同生子孫族屬中 若有雜談 則持此文記
(08) 告官卞正事
(09) 財主 劉元哲(着名)(着押)
(10) 證 尹聖咸(着名)
(11) 趙福潤(着名)
(12) 金興秋(着名)
(13) 筆 金聖禧(着名)

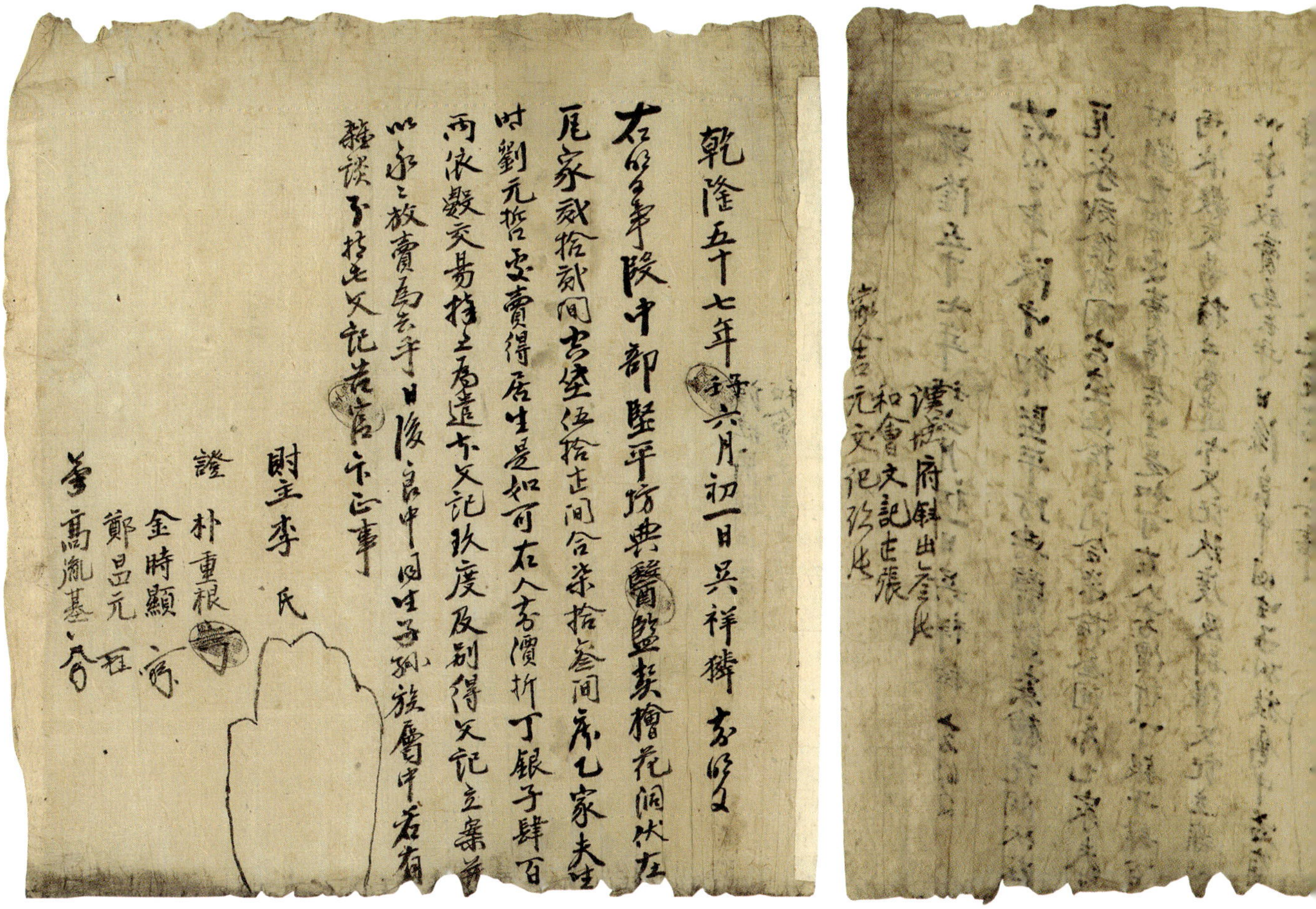

002-13

1792년 이씨 명문

54.3×49.3

1792년(정조 16) 6월 1일에 이씨李氏가 오상린吳祥獜에게 가옥을 매도하면서 작성하여 준 명문이다. 이씨는 남편이 생전에 유원철으로부터 매수하여 거주했던 가옥을 오상린에게 정은자 400냥에 매도하였다. 매물은 중부 견평방 전의감계 회화동에 있는 와가 22칸과 공대 51칸으로 총 73칸이다. 매매명문과 본문기 9장 및 별득문기, 입안을 함께 양도하였다. 박중근朴重根, 김시현金時顯, 정창원鄭昌元이 증인으로, 고윤기高胤基가 필집으로 참여하였다.

(01) 乾隆五十七年壬子六月初一日 吳祥獜處 明文
(02) 右明文事段 中部 堅平坊 典醫監契 檜花洞伏在
(03) 瓦家貳拾貳間 空垈伍拾壹間 合柒拾參間庫乙 家夫生
(04) 時 劉元哲處 賣[買]得居生是如可 右人前 價折丁銀子肆百
(05) 兩 依數交易捧上爲遣 本文記玖度 及別得文記立案幷
(06) 以 永永放賣爲去乎 日後良中 同生子孫族屬中 若有
(07) 雜談 則持此文記 告官卞正事
(08) 財主 李氏(手掌)
(09) 證 朴重根(着名)
(10) 金時顯(着名)
(11) 鄭昌元(着名)
(12) 筆 高胤基(着名)

(背面)

漢城府斜出參張

和會文記壹張

家舍元文記玖張

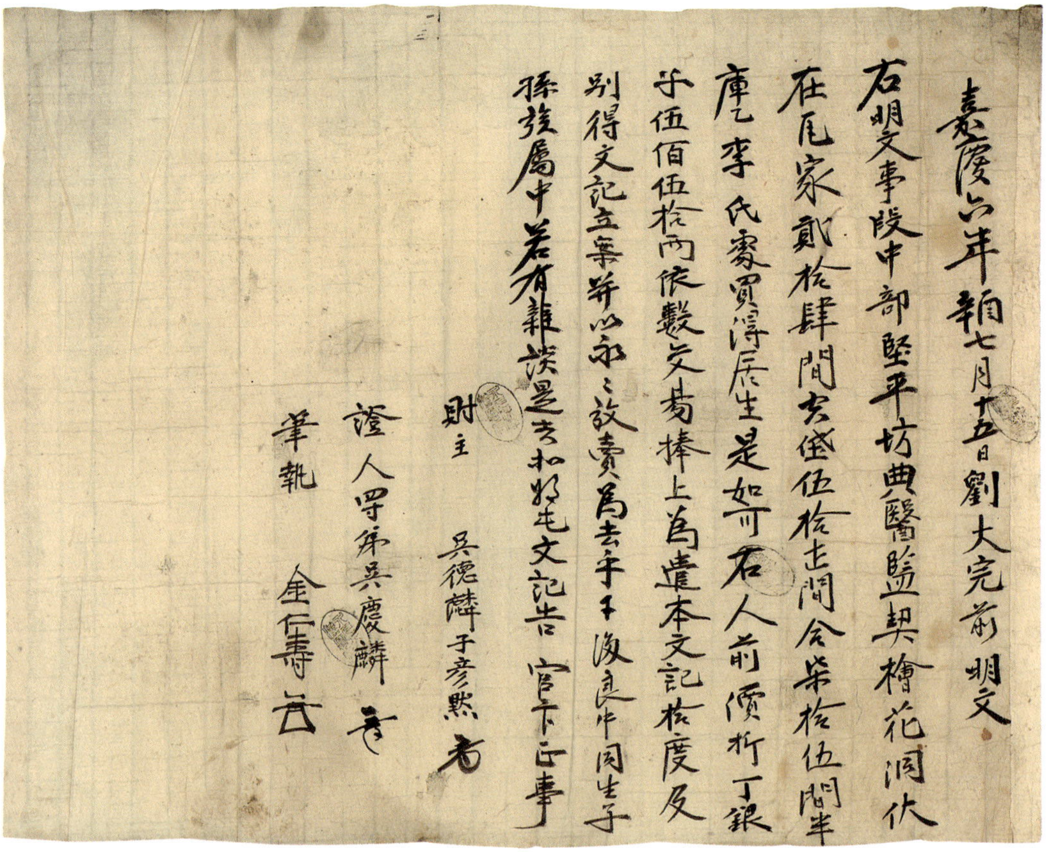

002-14

1801년 오덕린 자 오언묵 명문

49.3×60.2

1801년(순조 1) 7월 15일에 오덕린吳德麟의 아들인 오언묵吳彦默이 유대완劉大完에게 가옥을 매도하면서 작성하여 준 명문이다. 오언묵은 이씨로부터 매수하여 거주했던 가옥을 유대완에게 정은자 550냥에 매도하였다. 매물은 중부 견평방 전의감계 회화동에 있는 와가 24칸과 공대 51칸이다. 매매명문과 본문기 10장 및 별득문기, 입안을 함께 양도하였다. 사촌동생인 오경린吳慶麟이 증인으로, 김인수金仁壽가 필집으로 참여하였다.

(01) 嘉慶六年辛酉七月十五日 劉大完前 明文
(02) 右明文事段 中部 堅平坊 典醫監契 檜花洞伏
(03) 在 瓦家貳拾肆間 空垈伍拾壹間 合柒拾伍間半
(04) 庫乙 李氏處 買得居生是如可 右人前 價折丁銀
(05) 子伍佰伍拾兩 依數交易捧上爲遣 本文記拾度 及
(06) 別得文記立案幷以 永永放賣爲去乎 日後良中 同生子
(07) 孫族屬中 若有雜談是去等 將此文記 告官卞正事
(08) 財主 吳德麟子 彦默(着名)
(09) 證人 四寸弟 吳慶麟(着名)
(10) 筆執 金仁壽(着名)

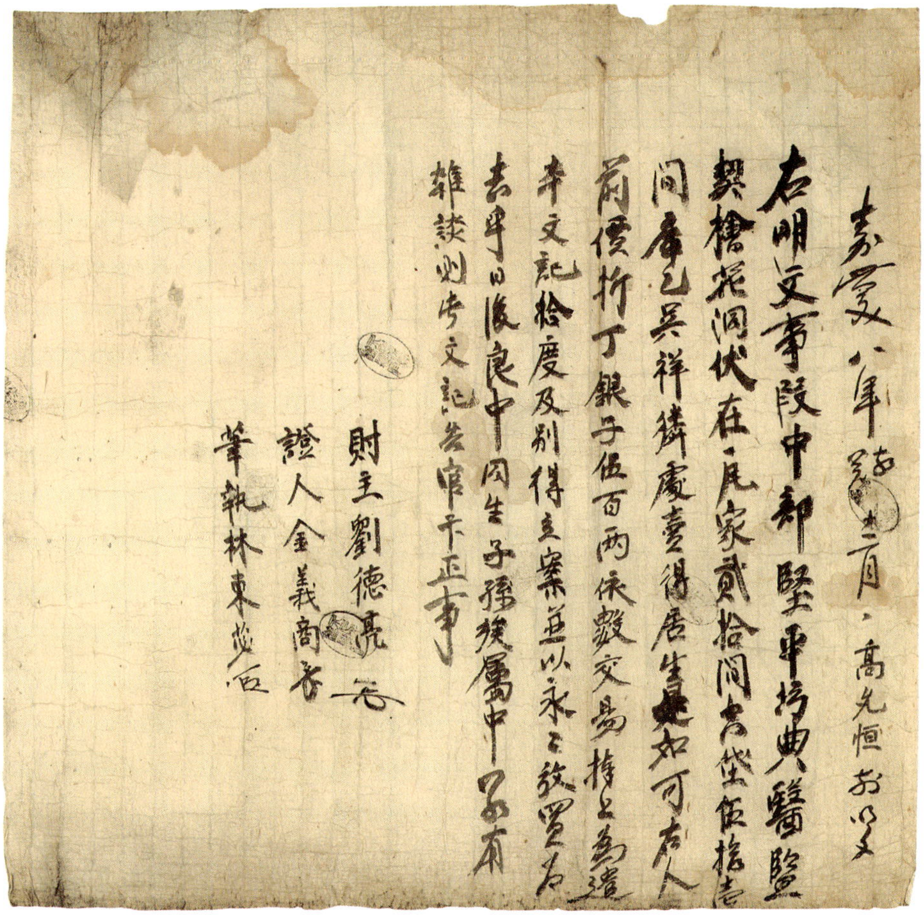

002-15

1803년 유덕량 명문

55.7×57.3

1803년(순조 3) 12월에 유덕량劉德亮이 고윤항高允恒에게 가옥을 매도하면서 작성하여 준 명문이다. 유덕량은 오상린으로부터 매수하여 거주했던 가옥을 고윤항에게 정은자 500냥에 매도하였다. 매물은 중부 견평방 전의감계 회화동에 있는 와가 20칸과 공대 51칸이다. 매매명문과 본문기 10장 및 별득문기, 입안을 함께 양도하였다. 김의상金義商이 증인으로, 임동필林東苾이 필집으로 참여하였다.

(01) 嘉慶八年癸亥十二月日 高允恒前 明文
(02) 右明文事段 中部 堅平坊 典醫監
(03) 契 檜花洞伏在 瓦家貳拾間 空垈伍拾壹
(04) 間庫乙 吳祥獜處 賣[買]得居生是如可 右人
(05) 前 價折丁銀子伍百兩 依數交易捧上爲遣
(06) 本文記拾度 及別得立案並以 永永放買[賣]爲
(07) 去乎 日後良中 同生子孫族屬中 若有
(08) 雜談 則此文記 告官卞正事
(09) 財主 劉德亮(着名)
(10) 證人 金義商(着名)
(11) 筆執 林東苾(着名)

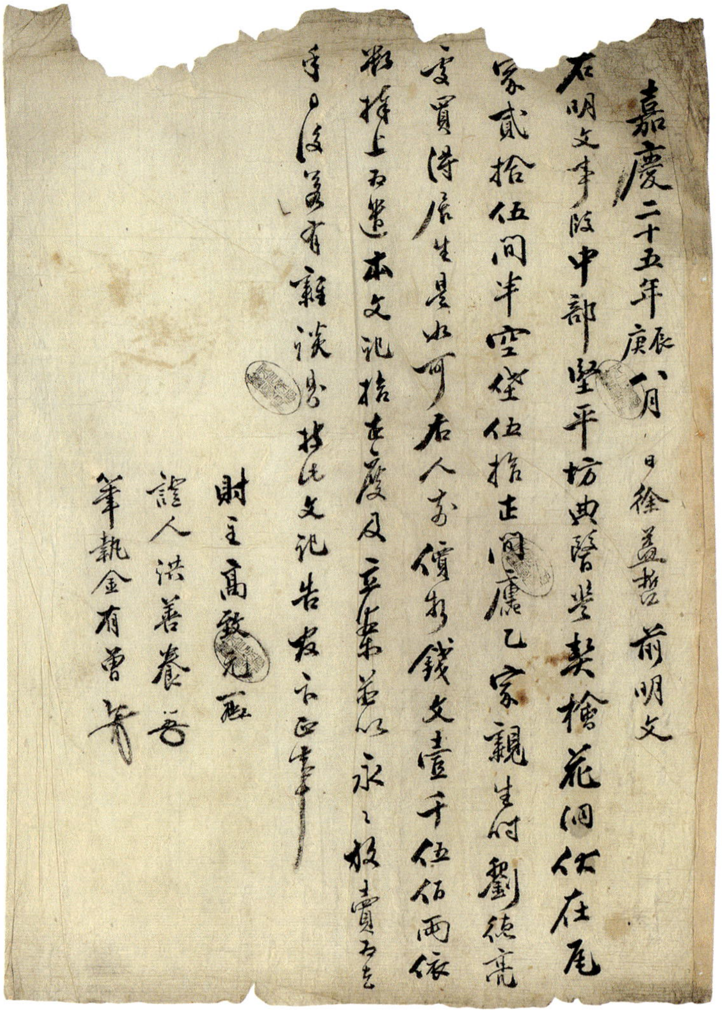

002-16

1820년 고치원 명문

58.3×43.5

1820년(순조 20) 8월에 고치원高致元이 서익철徐益哲에게 가옥을 매도하면서 작성하여 준 명문이다. 고치원은 부친이 생시에 유덕량으로부터 매수하여 거주했던 가옥을 서익철에게 전문 1,500냥에 매도하였다. 매물은 중부 견평방 전의감계 회화동에 있는 와가 25.5칸과 공대 51칸이다. 매매명문과 본문기 11장 및 입안을 함께 양도하였다. 홍선양洪善養이 증인으로, 김유증金有曾이 필집으로 참여하였다.

(01)　嘉慶二十五年 庚辰八月 日 徐益哲前 明文
(02) 右明文事段 中部 堅平坊 典醫監契 檜花洞伏在 瓦
(03) 家貳拾伍間半 空垈伍拾壹間廛乙 家親生時 劉德亮
(04) 處 買得居生是如可 右人前 價折錢文壹千伍佰兩 依
(05) 數捧上爲遣 本文記拾壹度及立案並以 永永放賣爲去
(06) 乎 日後若有雜談 則持此文記 告官卞正事
(07) 財主 高致元(着名)
(08) 證人 洪善養(着名)
(09) 筆執 金有曾(着名)

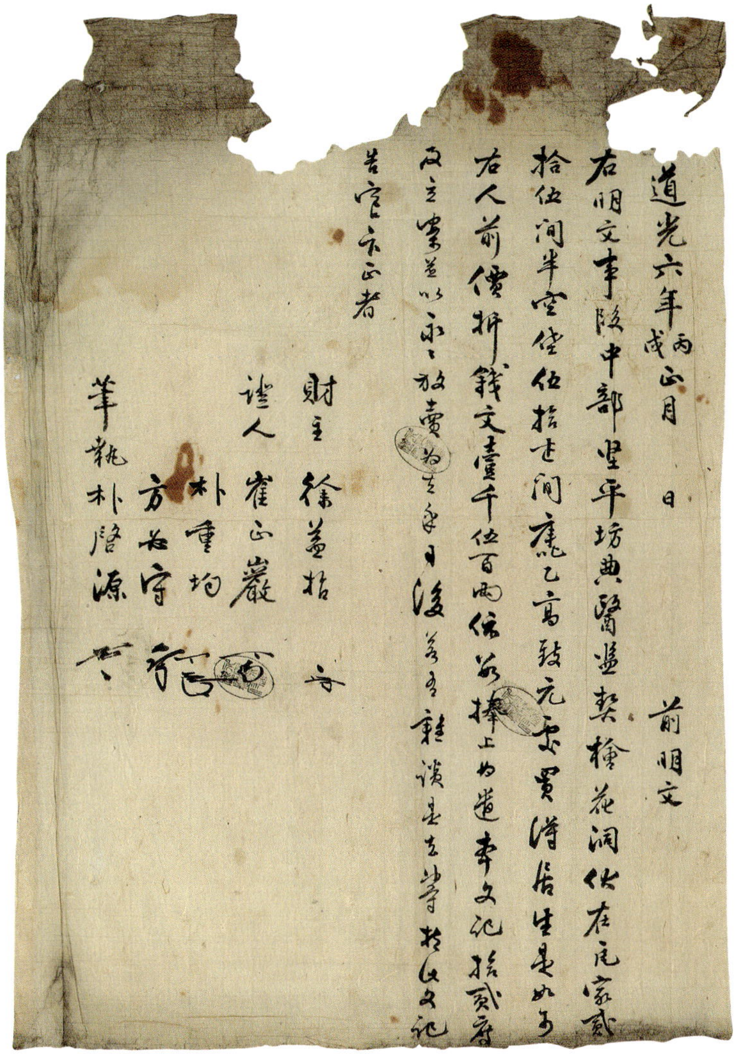

002-17

1826년 서익철 명문

64.9×45.0

1826년(순조 26) 1월에 서익철이 가옥을 매도하면서 작성한 명문이다. 서익철은 고치원으로부터 매수하여 거주했던 가옥을 미상의 매수인에게 전문 1,500냥에 매도하였다. 매물은 중부 견평방 전의감계 회화동에 있는 와가 25.5칸과 공대 51칸이다. 매매명문과 본문기 12장 및 입안을 함께 양도하였다. 최정암崔正巖, 박중균朴重均, 방필수方必守가 증인으로, 박계원朴啓源이 필집으로 참여하였다. 매수인이 기재되어 있지 않지만, 이후의 명문을 통해 이시풍李時豊임을 알 수 있다.

(01) 道光六年丙戌正月 日　　　　前 明文
(02) 右明文事段 中部 堅平坊 典醫監契 檜花洞伏在 瓦家貳
(03) 拾伍間半 空垈伍拾壹間麃乙 高致元處 買得居生是如可
(04) 右人前 價折錢文壹千伍百兩 依數捧上爲遣 本文記拾貳度
(05) 及立案並以 永永放賣爲去乎 日後若有雜談是去等 持此文記
(06) 告官卞正者
(07) 　　　　財主 徐益哲(着名)
(08) 　　　　證人 崔正巖(着名)
(09) 　　　　　　朴重均(着名)
(10) 　　　　　　方必守(着名)
(11) 　　　　筆執 朴啓源(着名)

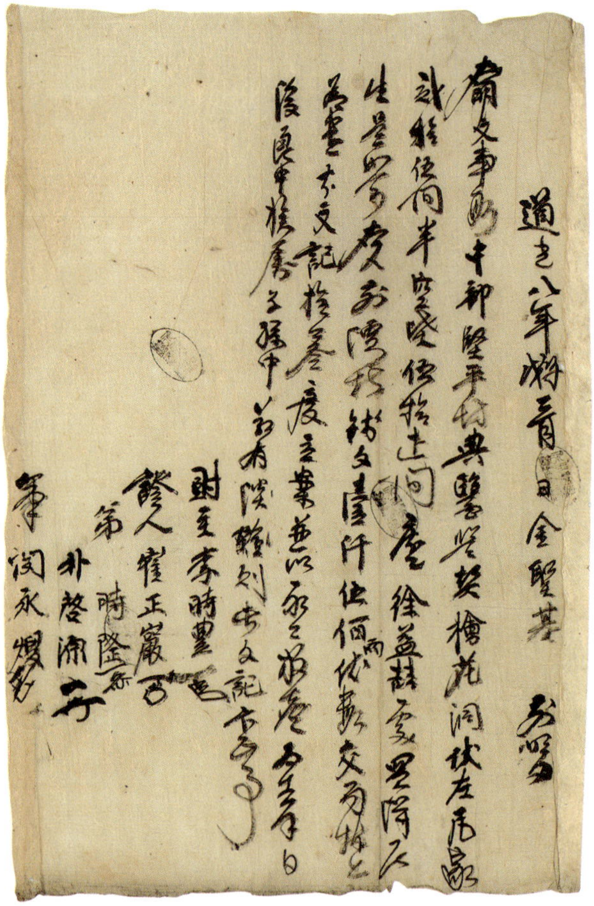

002-18

1828년 이시풍 명문

53.6×34.5

1828년(순조 28) 3월에 이시풍이 김성기金聖基에게 가옥을 매도하면서 작성하여 준 명문이다. 이시풍은 서익철로부터 매수하여 거주했던 가옥을 김성기에게 전문 1,500냥에 매도하였다. 매물은 중부 견평방 전의감계 회화동에 있는 와가 25.5칸과 공대 51칸이다. 매매명문과 본문기 13장 및 입안을 함께 양도하였다. 최정암, 동생 이시륭李時隆, 박계원이 증인으로, 민영환閔永煥이 필집으로 참여하였다.

(01) 道光八年戊子三月 日 金聖基前 明文
(02) 右明文事段 中部 堅平坊 典醫監契 檜花洞伏在 瓦家
(03) 貳拾伍間半 空垈伍拾壹間廛 徐益喆處 買得居
(04) 生是如可 右人前 價折錢文壹仟伍佰兩 依數交易捧上
(05) 爲遣 本文記拾參度立案並以 永永放賣爲去乎 日
(06) 後良中 族屬子孫中 若有雜談 則此文記卞正事
(07) 財主 李時豊(着名)
(08) 證人 崔正巖(着名)
(09) 第 時隆(着名)
(10) 朴啓源(着名)
(11) 筆 閔永煥(着名)

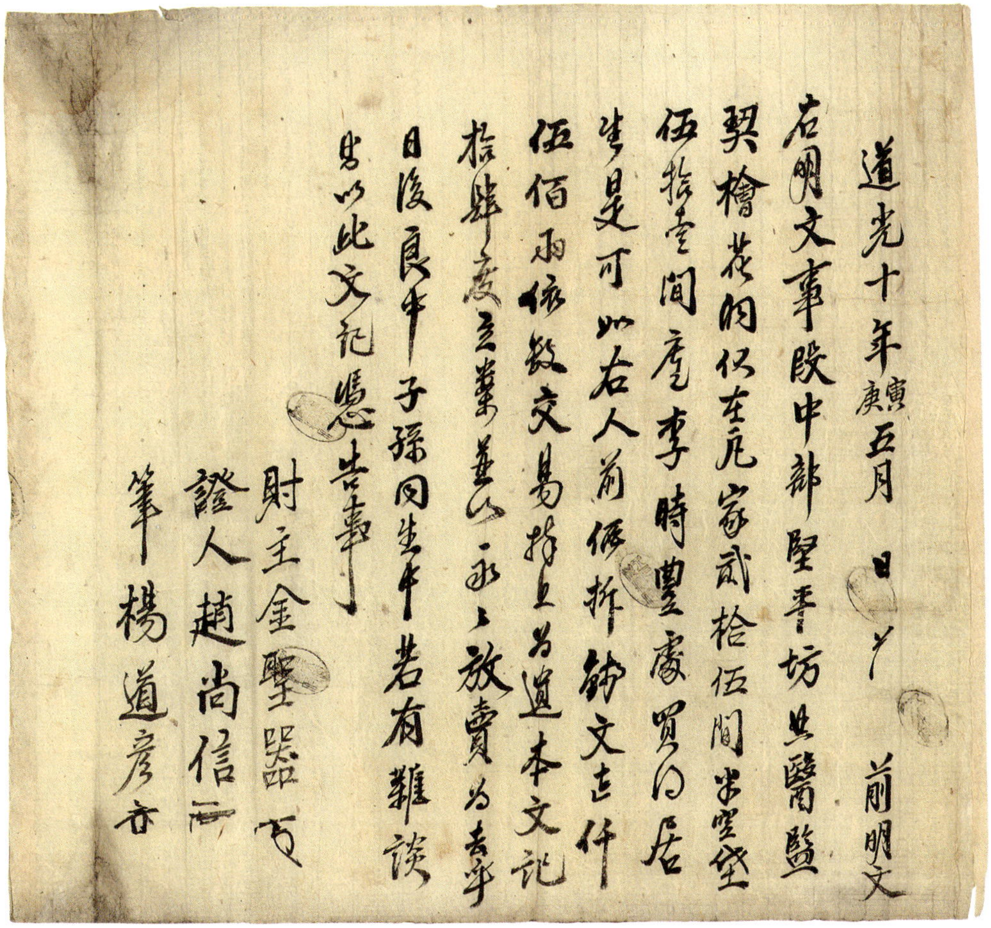

002-19

1830년 김성기 명문

54.8×57.5

1830년(순조 30) 5월에 김성기가 작성한 명문이다. 김성기는 이시풍으로부터 매수하여 거주했던 가옥을 미상의 매수인에게 전문 1,500냥에 매도하였다. 매물은 중부 견평방 전의감계 회화동에 있는 와가 25.5칸과 공대 51칸이다. 매매명문과 본문기 14장 및 입안을 함께 양도하였다. 조상신趙尙信이 증인으로, 양도언楊道彦이 필집으로 참여하였다. 매수인이 기재되어 있지 않지만, 이후의 명문을 통해 김재성金在聲임을 알 수 있다.

(01) 道光十年庚寅五月 日 前 明文
(02) 右明文事段 中部 堅平坊 典醫監
(03) 契 檜花洞伏在 瓦家貳拾伍間半 空垈
(04) 伍拾壹間庫乙 李時豊處 買得居
(05) 生是可如[如可] 右人前 價折錢文壹仟
(06) 伍佰兩 依數交易捧上爲遣 本文記
(07) 拾肆度立案並以 永永放賣爲去乎
(08) 日後良中 子孫同生中 若有雜談
(09) 則以此文記憑告事
(10) 財主 金聖器(着名)
(11) 證人 趙尙信(着名)
(12) 筆 楊道彦(着名)

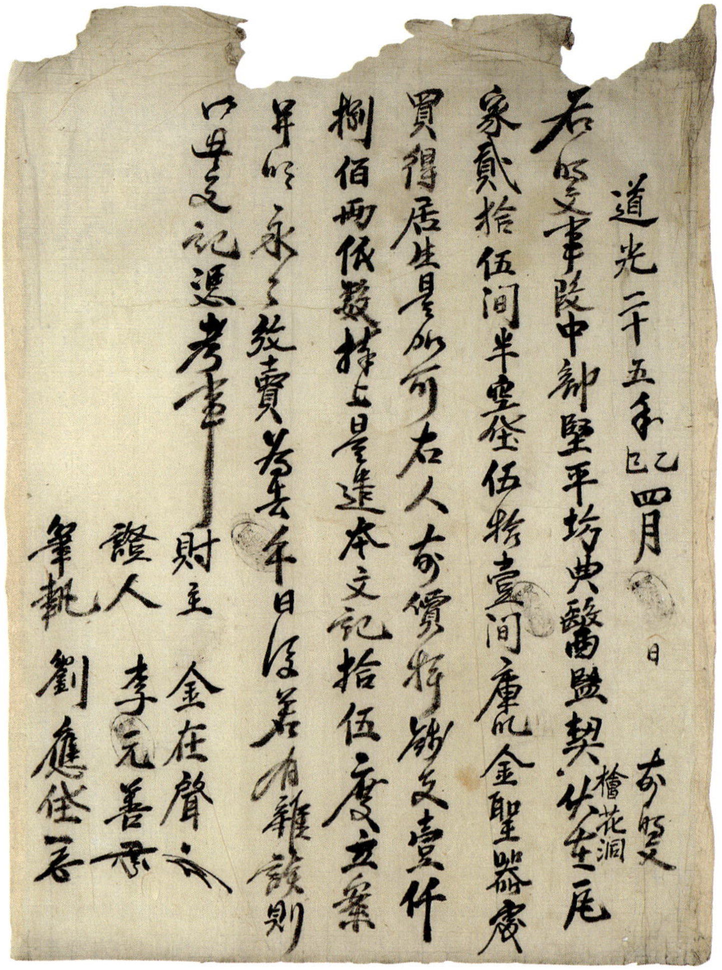

002-20

1845년 김재성 명문

60.4×44.0

1845년(헌종 11) 4월에 김재성이 가옥을 매도하면서 작성한 명문이다. 김재성은 김성기로부터 매수하여 거주했던 가옥을 미상의 매수인에게 전문 1,800냥에 매도하였다. 매물은 중부 견평방 전의감계 회화동에 있는 와가 25.5칸과 공대 51칸이다. 매매명문과 본문기 15장 및 입안을 함께 양도하였다. 이원선李元善이 증인으로, 유응대劉應垈가 필집으로 참여하였다. 매수인이 기재되어 있지 않지만, 이후의 명문을 통해 서관신徐寬信임을 알 수 있다.

(01)　　道光二十五年乙巳四月 日　　前 明文
(02) 右明文事段 中部 堅平坊 典醫監契 檜花洞伏在 瓦
(03) 家貳拾伍間半 空垈伍拾壹間庫 金聖器處
(04) 買得居生是加可 右人前 價折錢文壹仟
(05) 捌佰兩 依數捧上是遣 本文記拾伍度立案
(06) 幷以 永永放賣爲去乎 日後若有雜談 則
(07) 以此文記憑考事
(08)　　　　　財主 金在聲(着名)
(09)　　　　　證人 李元善(着名)
(10)　　　　　筆執 劉應垈(着名)

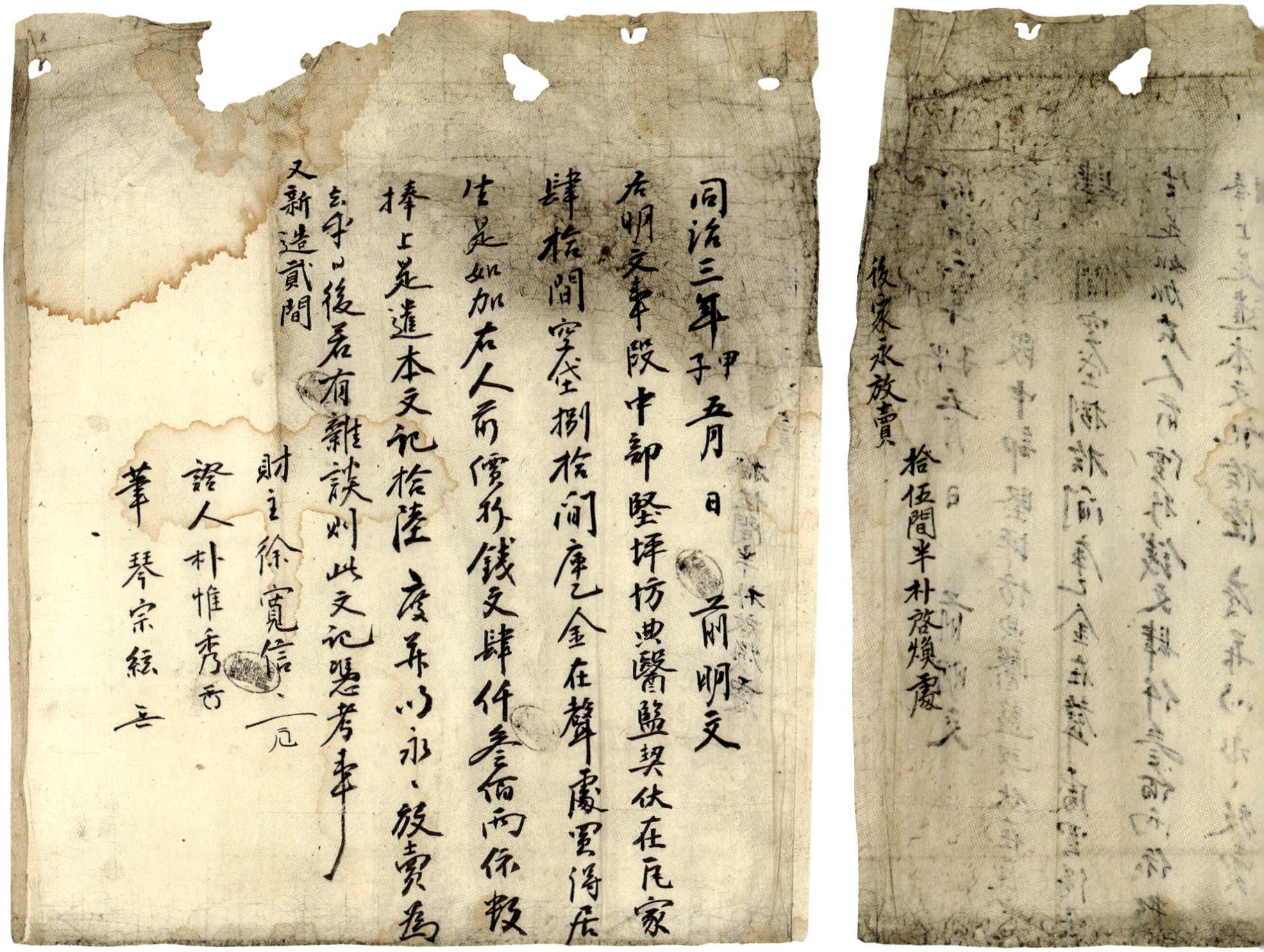

002-21

1864년 서관신 명문

61.7×51.5

1864년(고종 1) 5월에 서관신이 가옥을 매도하면서 작성한 명문이다. 서관신은 김재성으로부터 매수하여 거주했던 가옥을 미상의 매수인에게 전문 4,300냥에 매도하였다. 매물은 중부 견평방 전의감계에 있는 와가 40칸과 공대 80칸, 새로 지은 것 2칸이다. 매매명문과 본문기 16장을 함께 양도하였다. 박유수朴惟秀가 증인으로, 금종현琴宗絃이 필집으로 참여하였다. 매수인이 기재되어 있지 않지만, 이후의 명문을 통해 이석윤李錫允임을 알 수 있다. 명문의 말미末尾에 "신조 2칸新造貳間"이라는 구절이 추가로 기재되었으며, 문서의 뒷면에는 15.5칸을 박계환朴啓煥에게 매도하였다는 내용이 있다.

(01) 同治三年甲子五月 日 前 明文
(02) 右明文事段 中部 堅坪坊 典醫監契伏在 瓦家
(03) 肆拾間 空垈捌拾間庫乙 金在聲處 買得居
(04) 生是如加 右人前 價折錢文肆仟參佰兩 依數
(05) 捧上是遣 本文記拾陸度幷以 永永放賣爲
(06) 去乎 日後若有雜談 則此文記憑考事
(07) 又新造貳間
(08) 財主 徐寬信(着名)
(09) 證人 朴惟秀(着名)
(10) 筆 琴宗絃(着名)

(背面)

拾伍間半 朴啓煥處

後家 永放賣

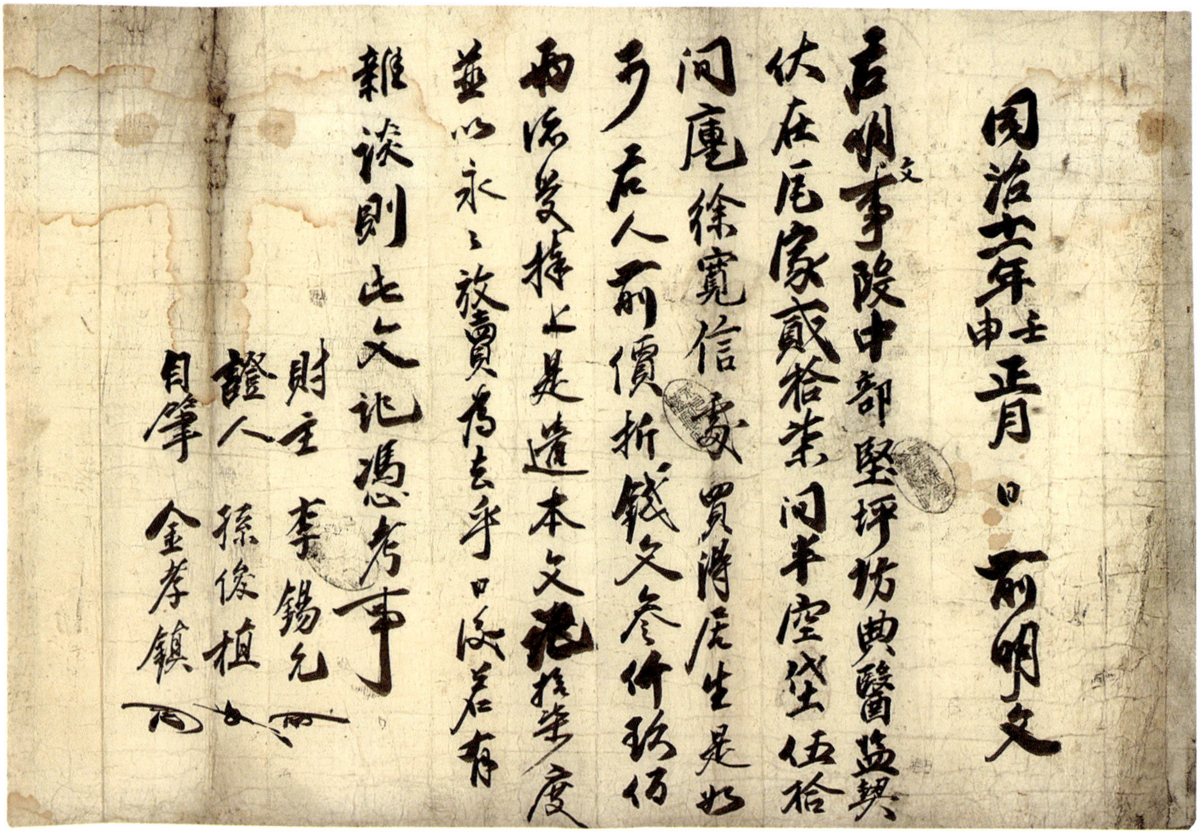

002-22

1872년 이석윤 명문

38.4×52.1

1872년(고종 9) 1월에 이석윤이 가옥을 매도하면서 작성한 명문이다. 이석윤은 서관신으로부터 매수하여 거주했던 가옥을 미상의 매수인에게 전문 3,900냥에 매도하였다. 매물은 중부 견평방 전의감계에 있는 와가 27.5칸과 공대 50칸이다. 매매명문과 본문기 17장을 함께 양도하였다. 손준식孫俊植이 증인으로, 김효진金孝鎭이 필집으로 참여하였다. 매수인이 기재되어 있지 않지만, 이후의 명문을 통해 김金 조이임을 알 수 있다.

(01) 同治十一年壬申正月 日 前 明文
(02) 右明文事段 中部 堅坪坊 典醫監契
(03) 伏在 瓦家貳拾柒間半 空垈伍拾
(04) 間庫乙 徐寬信處 買得居生是如
(05) 可 右人前 價折錢文參仟玖佰
(06) 兩 依受[數]捧上是遣 本文記拾柒度
(07) 並以 永永放賣爲去乎 日後若有
(08) 雜談 則此文記憑考事
(09) 財主 李錫允(着名)
(10) 證人 孫俊植(着名)
(11) 自筆 金孝鎭(着名)

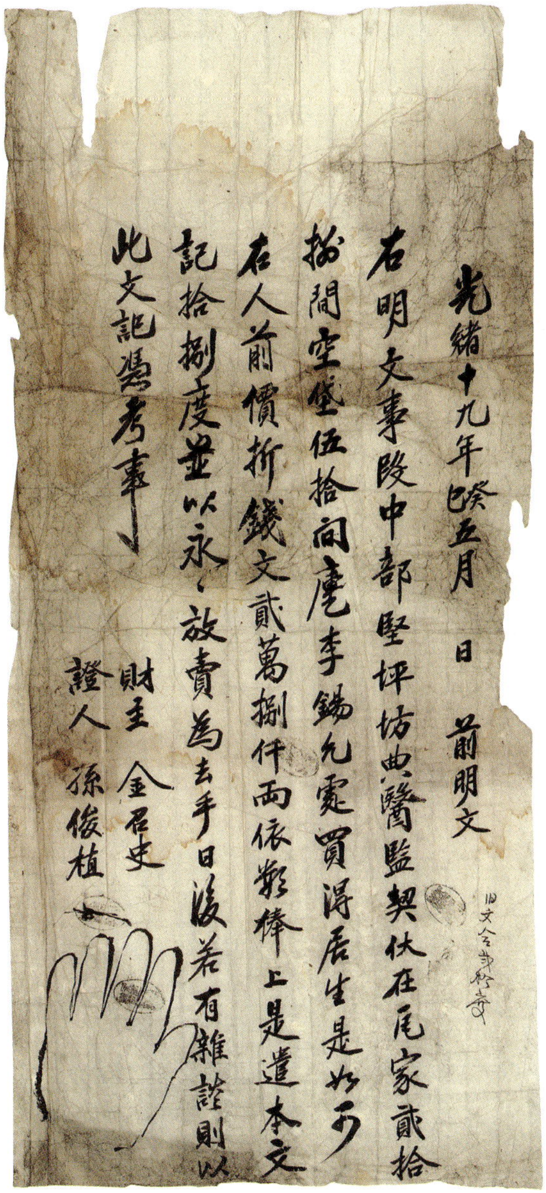

002-23

1893년 김 조이 명문

85.4×39.6

1893년(고종 30) 5월에 김 조이가 작성한 명문이다. 김 조이는 이석윤으로부터 매수하여 거주했던 가옥을 미상의 매수인에게 전문 28,000냥에 매도하였다. 매물은 중부 견평방 전의감계에 있는 와가 28칸과 공대 50칸이다. 매매명문과 본문기 18장을 함께 양도하였다. 손준식이 증인으로 참여하였다. 매수인은 기재되어 있지 않다.

(01)　光緖十九年癸巳五月 日　前 明文 (舊文合貳拾度)
(02) 右明文事段 中部 堅坪坊 典醫監契伏在 瓦家貳拾
(03) 捌間 空垈伍拾間庫 李錫允處 買得居生是如可
(04) 右人前 價折錢文貳萬捌仟兩 依數捧上是遣 本文
(05) 記拾捌度並以 永永放賣爲去乎 日後若有雜談 則以
(06) 此文記憑考事
(07)　　　　財主 金召史(手掌)
(08)　　　　證人 孫俊植(着名)

003

1730년 김차명 처 박씨 명문 등 흑립전계 가옥매매문서

1730~1802년 | 57.5×596.8

1730년부터 1802년까지 한성부 중부 장통방 흑립전계에 있는 가옥을 거래한 매매명문 12점으로 구성된 점련문서이다. 1730년 김차명 처 박씨 명문부터 1798년 오국선 명문까지 11점의 문서가 연결되어 있으며 마지막 문서인 1802년 이 조이 명문은 분리되어 있다. 점련된 11점의 문서는 모두 앞부분에 한 사람의 것으로 보이는 수결이 표기되어 있다.

『경국대전』「호전」의 규정에 따르면 토지나 가옥을 매매하였을 때 100일 이내에 관에 고하여 공증문서인 입안을 발급받아야 했다. 그러나 입안 발급에 따른 수수료 부담 등을 이유로 입안을 발급받지 않는 사례도 적지 않았다. 이 문서 또한 12번의 가옥 거래가 이루어지는 동안 입안은 전혀 발급받지 않은 것으로 보인다.

72년간 12차례의 거래가 이루어졌으므로 약 6년에 1번꼴로 가옥이 거래되었음을 알 수 있다. 가장 짧은 거래 기간은 1732년에서 1733년까지의 1년이고, 1764년부터 1798년까지는 34년 만에 거래되었다. 거래 기간 중 가옥의 구성은 두 차례 변화하였다. 최초 거래 시의 가옥은 행랑 2칸, 초가 11칸, 와가 4칸이었으나 1733년 김진택이 최씨에게 매도할 때 13칸의 행랑와가로 새로 개조하였다. 이후 행랑와가 13칸, 공대 7칸의 규모로 거래되다가 다시 1798년 오국선이 이씨에게 매도할 때는 와가 13칸, 새로 만든 와가 4칸, 공대 3칸으로 개조되었다.

가옥의 가격은 처음에는 은자 60냥, 65냥에 거래되었으나 1733년 행랑와가로 개조하면서 은자 140냥으로 두 배 이상 상승하였다. 이후 1748년까지 130~140냥 정도에 거래되었고, 1758년에는 은자 대신 동전 250냥에 거래되었다. 1798년에 와가를 새로 만들면서 가격이 두 배 정도 상승한 400냥에 거래되었으며, 1802년에는 450냥까지 상승하였다. 1733년의 가격 상승 요인은 초가를 와가로 개조하였기 때문으로 보이며, 1798년의 가격 상승요인은 공대에 와가를 새로 지었기 때문으로 보인다.

장통방은 현재의 서울특별시 중구 남대문로 1가와 종로구 종로 1·2·3가, 서린동, 장사동, 묘동, 봉익동, 관수동 각 일원에 해당한다. 장통방 흑립전계는 조선시대에 시전이 위치했던 지역으로서 이 문서에서 거래된 행랑와가는 상업용 가옥이었을 가능성이 높다.

1 2 3 4 5 6

순서	문서명	매매가격	내용
1	1730년 김차명 처 박씨 명문	정은자 60냥	이수장에게 가옥 매도 - 중부 장통방 흑립전계 행랑 2칸, 초가 11칸, 자기 개조 와가 4칸
2	1732년 이수장 명문	정은자 65냥	김진택에게 가옥 매도 - 중부 장통방 흑립전계 행랑 2칸, 초가 11칸, 자기 개조 와가 4칸
3	1733년 김진택 명문	정은자 140냥	최씨에게 가옥 매도 - 중부 장통방 흑립전계 자기 개조 와가 4칸, 자기 신개조 와가 9칸
4	1736년 권도형 명문	정은자 140냥	김이장에게 가옥 매도 - 중부 장통방 흑립전계 행랑 신조 와가 13칸, 공대 7칸
5	1738년 김이장 명문	정은자 130냥	이정윤에게 가옥 매도 - 중부 장통방 흑립전계 행랑와가 13칸, 공대 7칸
6	1741년 이정윤 명문	정은자 130냥	박춘성에게 가옥 매도 - 중부 장통방 흑립전계 행랑와가 13칸, 공대 7칸
7	1746년 박춘성 명문	정은자 130냥	홍시석에게 가옥 매도 - 중부 장통방 흑립전계 행랑와가 13칸, 공대 7칸
8	1748년 홍시석 명문	정은자 135냥	전씨에게 가옥 매도 - 중부 장통방 흑립전계 행랑와가 13칸, 공대 7칸
9	1758년 전성도 명문	전문 250냥	정덕화에게 가옥 매도 - 중부 장통방 흑립전계 행랑와가 13칸, 공대 7칸
10	1764년 정덕화 명문	전문 200냥	오귀재에게 가옥 매도 - 중부 장통방 흑립전계 행랑와가 13칸, 공대 7칸
11	1798년 오국선 명문	전문 400냥	이씨에게 가옥 매도 - 중부 장통방 흑립전계 와가 13칸, 신조 와가 4칸, 공대 3칸
12	1802년 이 조이 명문	전문 450냥	원흥손에게 가옥 매도 - 중부 장통방 흑립전계 와가 13칸, 신조 와가 4칸, 공대 4칸

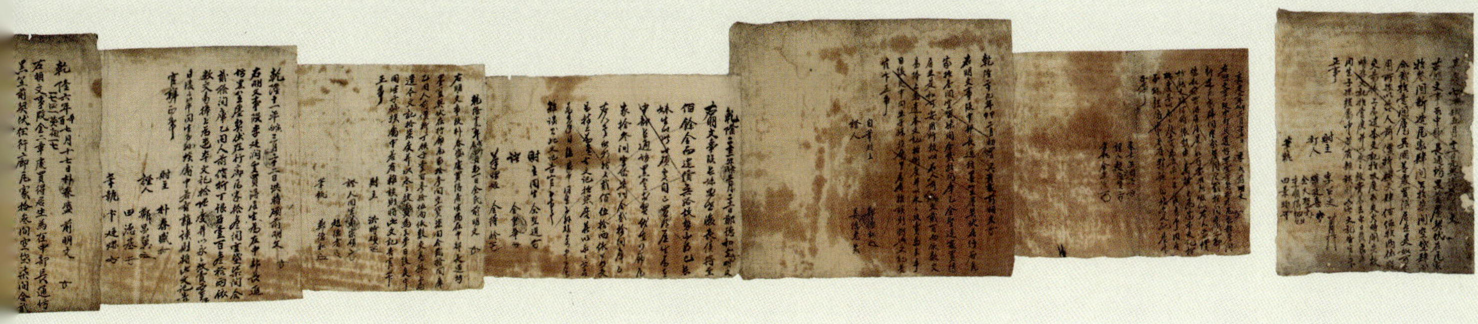

7 8 9 10 11 12

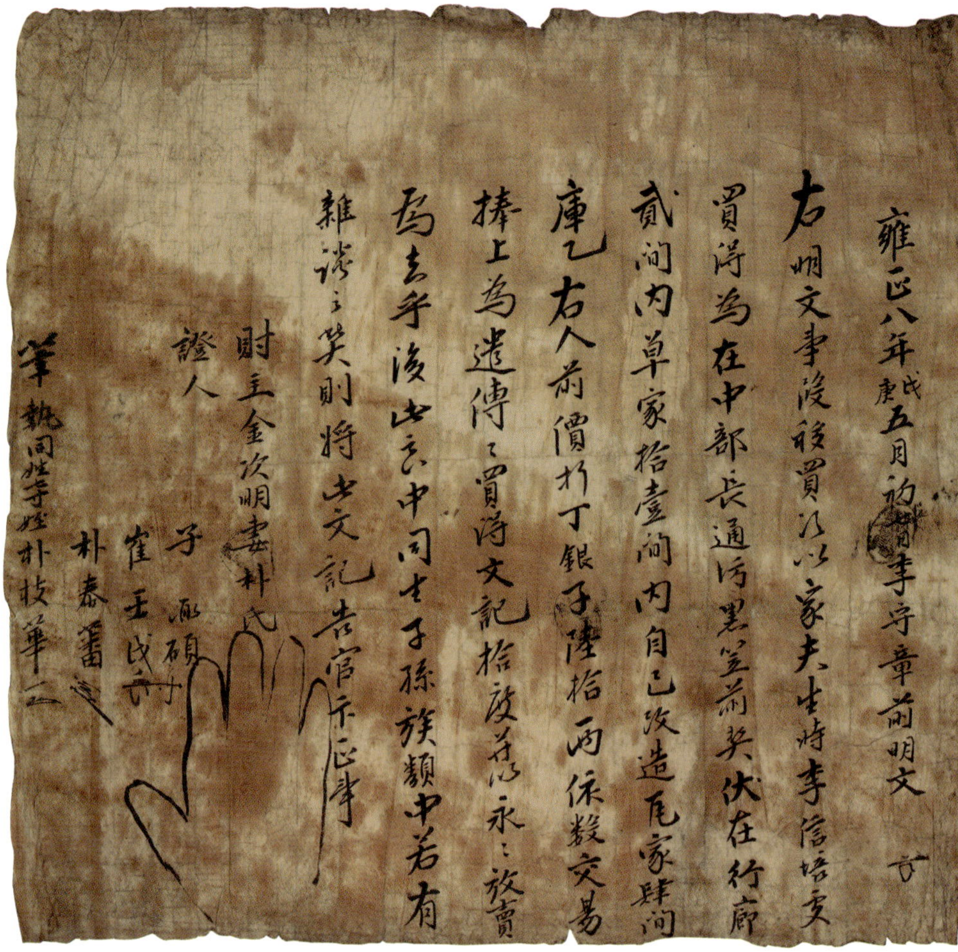

003-01

1730년 김차명 처 박씨 명문

55.1×58.3

1730년(영조 6) 5월 7일에 김차명金次明의 처 박씨朴氏가 이수장李守章에게 가옥을 매도하면서 작성하여 준 명문이다. 박씨는 다른 매물을 사기 위해 남편이 살아 있을 때 이신배李信培로부터 구매한 가옥을 이수장에게 정은자 60냥에 매도하였다. 매물은 중부 장통방長通坊 흑립전계黑笠廛契에 있는 행랑行廊 2칸, 초가 11칸, 스스로 개조한 와가 4칸이다. 박씨는 명문과 함께 전래받은 매득문기 10장을 함께 이수장에게 양도하였으나 본 점련문서에는 그에 해당하는 문서들은 남아있지 않다. 아들 김필석金弼碩과 최임술崔壬戌, 박태번朴泰蕃이 증인으로, 박지화朴枝華가 문서를 작성하는 필집으로 참여하였다.

(01) 雍正八年庚戌五月初七日 李守章前 明文 (着名)
(02) 右明文事段 移買次以 家夫生時 李信培處
(03) 買得爲在 中部 長通坊 黑笠前[廛]契伏在 行廊
(04) 貳間內 草家拾壹間內 自己改造瓦家肆間
(05) 庫乙 右人前 價折丁銀子陸拾兩 依數交易
(06) 捧上爲遣 傳傳買得文記拾度幷以 永永放賣
(07) 爲去乎 後此良中 同生子孫族類中 若有
(08) 雜談之獘 則將此文記 告官卞正事
(09) 財主 金次明妻 朴氏(手掌)
(10) 證人 子 弼碩(着名)
(11) 崔壬戌(着名)
(12) 朴泰蕃(着名)
(13) 筆執 同姓七寸姪 朴枝華(着名)

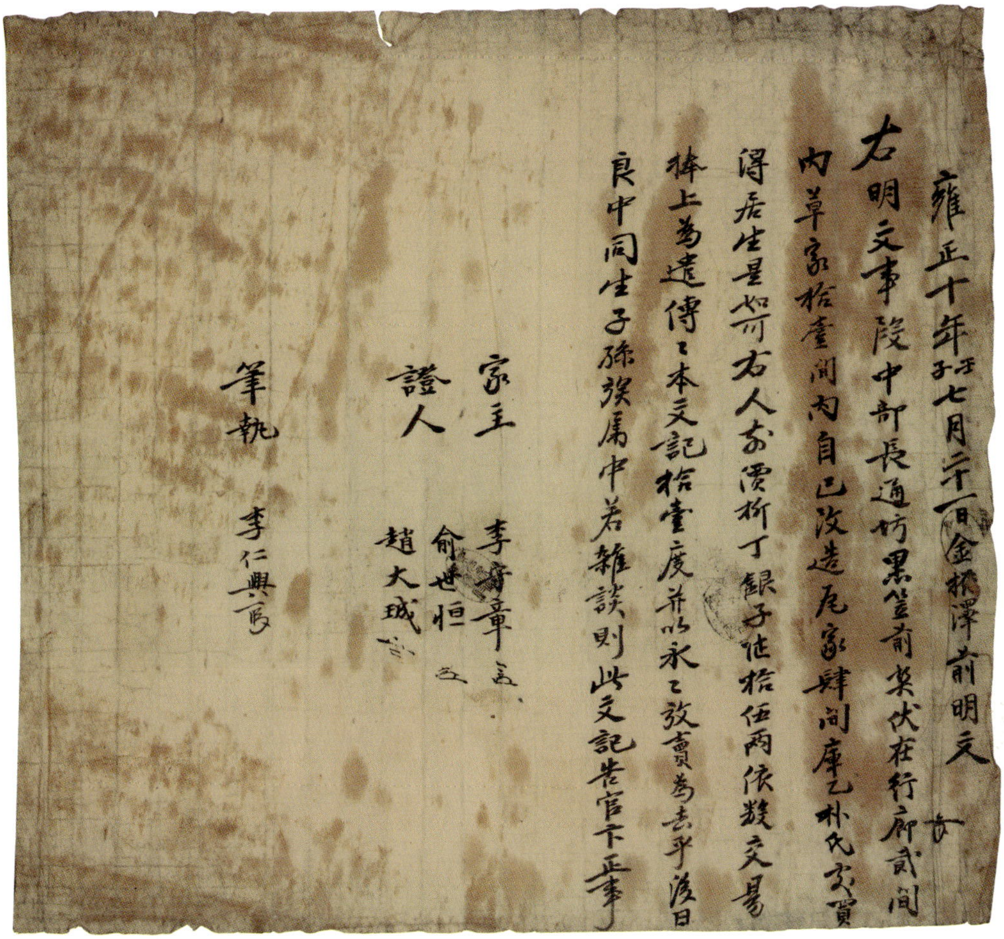

003-02

1732년 이수장 명문

53.0×58.7

1732년(영조 8) 7월 21일에 이수장이 김진택金振澤에게 가옥을 매도하면서 작성하여 준 명문이다. 이수장은 박씨로부터 매수하여 거주했던 가옥을 김진택에게 정은자 65냥에 매도하였다. 매물은 중부 장통방 흑립전계에 있는 행랑 2칸, 초가 11칸, 개조 와가 4칸이다. 이수장은 명문과 함께 이전의 거래문서들인 본문기 11장을 함께 양도하였으나 본 점련문서에는 1730년(영조 6)에 작성한 명문만 남아있다. 유세항兪世恒과 조대성趙大珹이 증인으로, 이인흥李仁興이 필집으로 명문 작성에 참여하였다.

(01) 雍正十年壬子七月二十一日 金振澤前 明文 (着名)
(02) 右明文事段 中部 長通坊 黑笠前[廛]契伏在 行廊貳間
(03) 內 草家拾壹間內 自己改造瓦家肆間庫乙 朴氏處 買
(04) 得居生是如可 右人前 價折丁銀子陸拾伍兩 依數交易
(05) 捧上爲遣 傳傳本文記拾壹度幷以 永永放賣爲去乎 後日
(06) 良中 同生子孫族屬中 若雜談 則此文記 告官卞正事
(07) 家主 李守章(着名)
(08) 證人 兪世恒(着名)
(09) 趙大珹(着名)
(10) 筆執 李仁興(着名)

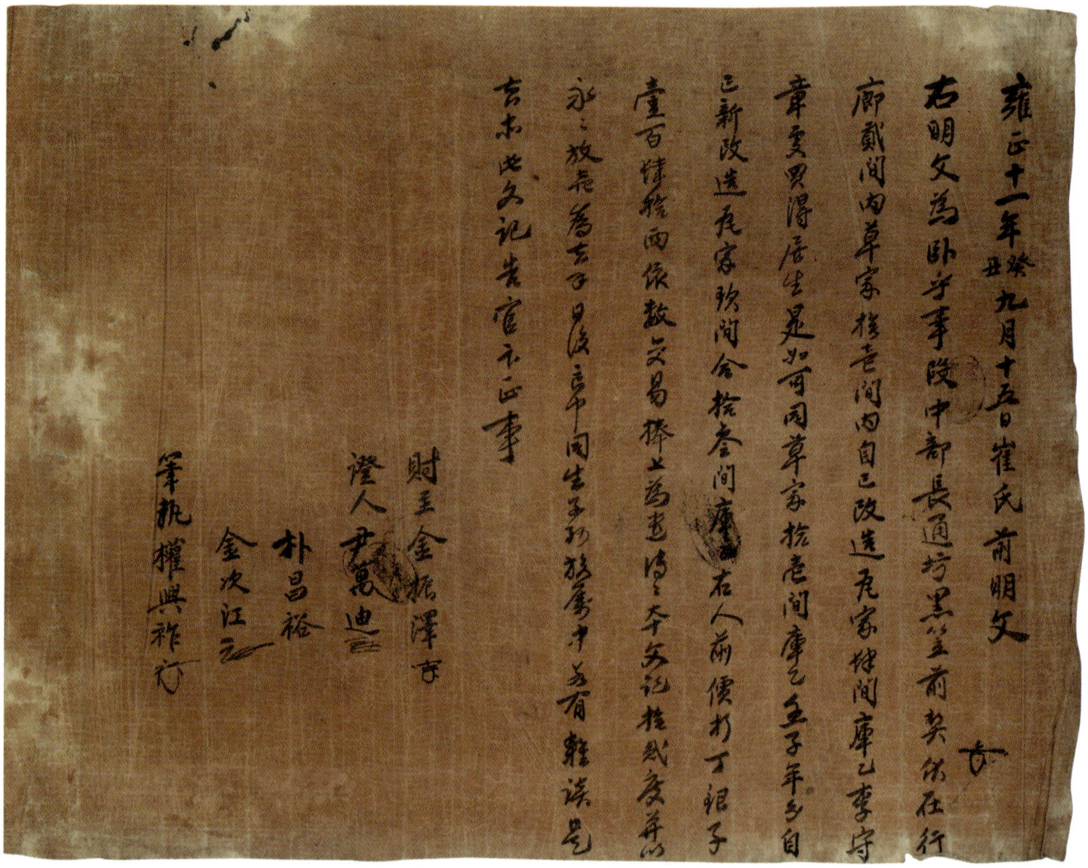

003-03

1733년 김진택 명문

47.6×62.3

1733년(영조 9) 9월 15일에 김진택이 최씨崔氏에게 가옥을 매도하면서 작성하여 준 명문이다. 김진택은 1732년(영조 8) 이수장으로부터 매수한 가옥 중 초가를 9칸의 와가로 새로 개조하여 총 13칸 규모의 가옥으로 변경한 후 1733년 최씨에게 매도하였다. 가옥의 가격은 정은자 140냥으로 1년 전 매수한 가격인 정은자 65냥에 비해 2배 이상 상승하였다. 김진택은 최씨에게 이전의 거래문서인 본문기 12장을 함께 양도하였으나 2장 외에는 남아있지 않다. 윤만적尹萬迪, 박창유朴昌裕, 김차강金次江이 증인으로, 권흥조權興祚가 필집으로 명문 작성에 참여하였다.

(01) 雍正十一年癸丑九月十五日 崔氏前 明文 (着名)
(02) 右明文爲臥乎事段 中部 長通坊 黑笠前[廛]契伏在 行
(03) 廊貳間內 草家拾壹間內 自己改造瓦家肆間庫乙 李守
(04) 章處 買得居生是如可 同草家拾壹間庫乙 壬子年分 自
(05) 己新改造瓦家玖間 合拾參間庫乙 右人前 價折丁銀子
(06) 壹百肆拾兩 依數交易捧上爲遣 傳傳本文記拾貳度幷以
(07) 永永放賣爲去乎 日後良中 同生子孫族屬中 若有雜談是
(08) 去等 此文記 告官卞正事
(09) 財主 金振澤(着名)
(10) 證人 尹萬迪(着名)
(11) 朴昌裕
(12) 金次江(着名)
(13) 筆執 權興祚(着名)

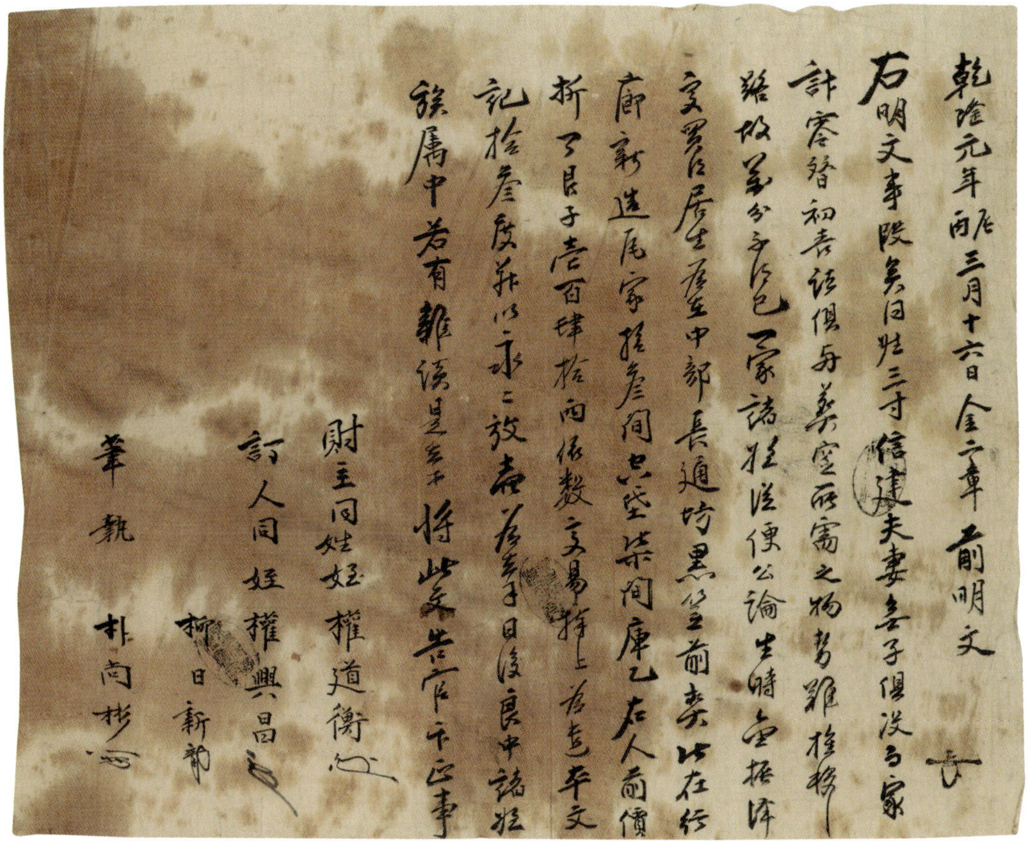

003-04

1736년 권도형 명문

40.8×51.3

1736년(영조 12) 3월 16일에 권도형權道衡이 김이장金二章에게 가옥을 매도하면서 작성하여 준 명문이다. 권도형의 삼촌인 권신건權信建 부부가 모두 사망하자 장례비용을 마련하기 위해 집안의 조카들이 논의하여 삼촌이 생시에 김진택으로부터 매수하여 거주했던 가옥을 김이장에게 정은자 140냥에 매도하였다. 1733년 김진택 명문에서 해당 가옥의 매수자는 최씨로 기재되어 있는데, 삼촌 권신건의 처가 최씨인 것으로 보인다. 매물은 중부 장통방 흑립전계에 있는 행랑 형태의 새로 지은 와가 13칸과 공대 7칸으로 총 20칸이다. 매수인에게 명문과 함께 본문기 13장을 양도하였다. 권흥창權興昌과 류일신柳日新이 증인으로, 박상빈朴尙彬이 필집으로 참여하였다.

(01) 乾隆元年丙辰三月十六日 金二章前 明文 (着名)
(02) 右明文事段 矣同姓三寸信建夫妻 無子俱沒 而家
(03) 計零替 初喪諸俱 與葬窆所需之物 勢難推移之
(04) 路 故萬分不得已 一家諸姪 從便公論 生時 金振澤
(05) 處 買得居生爲在 中部 長通坊 黑笠前[廛]契伏在 行
(06) 廊新造瓦家拾參間 空垈柒間庫乙 右人前 價
(07) 折丁艮[銀]子 壹百肆拾兩 依數交易捧上爲遣 本文
(08) 記拾參度幷以 永永放賣爲去乎 日後良中 諸姪
(09) 族屬中 若有雜談是去等 將此文 告官卞正事
(10) 財主 同姓姪 權道衡(着名)
(11) 訂人 同姪 權興昌(着名)
(12) 柳日新(着名)
(13) 筆執 朴尙彬(着名)

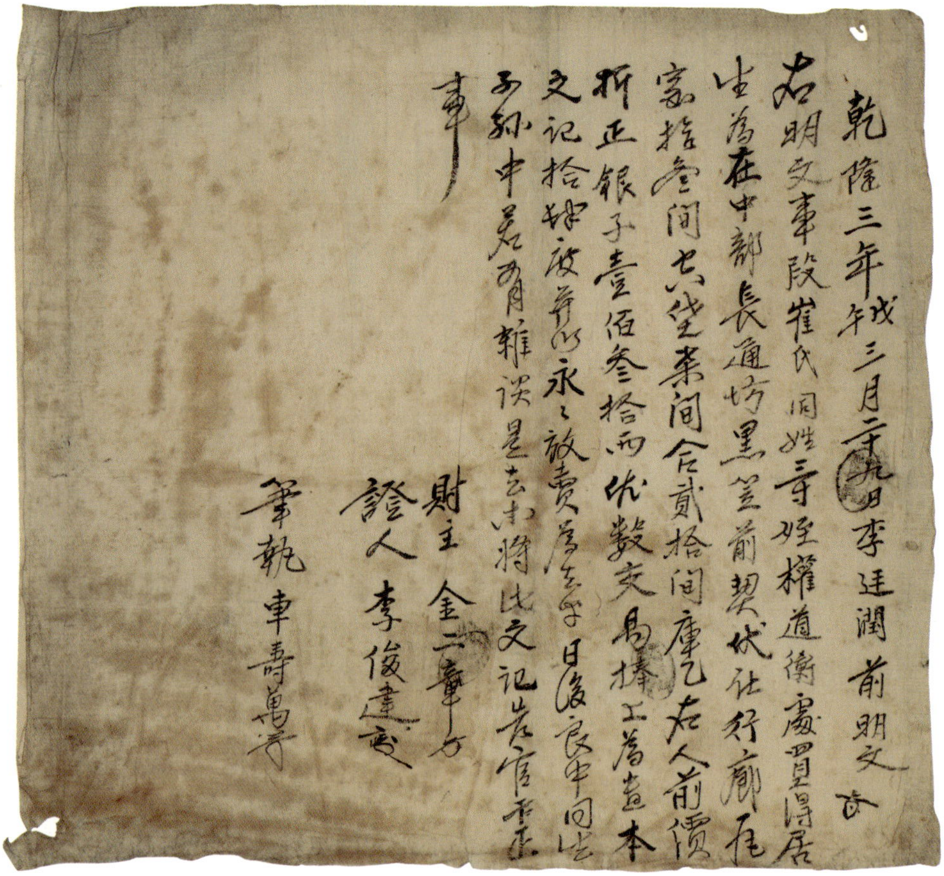

003-05

1738년 김이장 명문

51.3×56.5

1738년(영조 14) 3월 29일에 김이장이 이정윤李廷潤에게 가옥을 매도하면서 작성하여 준 명문이다. 매물은 최씨의 조카 권도형으로부터 매수한 가옥이며, 중부 장통방 흑립전계에 있는 행랑와가 13칸과 공대 7칸으로 총 20칸 규모이다. 김이장은 이정윤으로부터 정은자 130냥을 받고 가옥을 매도하였으며, 명문과 함께 본문기 14장을 양도하였다. 이준건李俊建이 증인으로, 차수만車壽萬이 필집으로 참여하였다.

(01) 乾隆三年戊午三月二十九日 李廷潤前 明文 (着名)
(02) 右明文事段 崔氏同姓三寸姪權道衡處 買得居
(03) 生爲在 中部 長通坊 黑笠前[廛]契伏在 行廊瓦
(04) 家拾參間 空垈柒間 合貳拾間庫乙 右人前 價
(05) 折正銀子壹佰參拾兩 依數交易 捧上爲遣 本
(06) 文記拾肆度幷以 永永放賣爲去乎 日後良中 同生
(07) 子孫中 若有雜談是去等 將此文記 告官卞正
(08) 事
(09) 財主 金二章(着名)
(10) 證人 李俊建(着名)
(11) 筆執 車壽萬(着名)

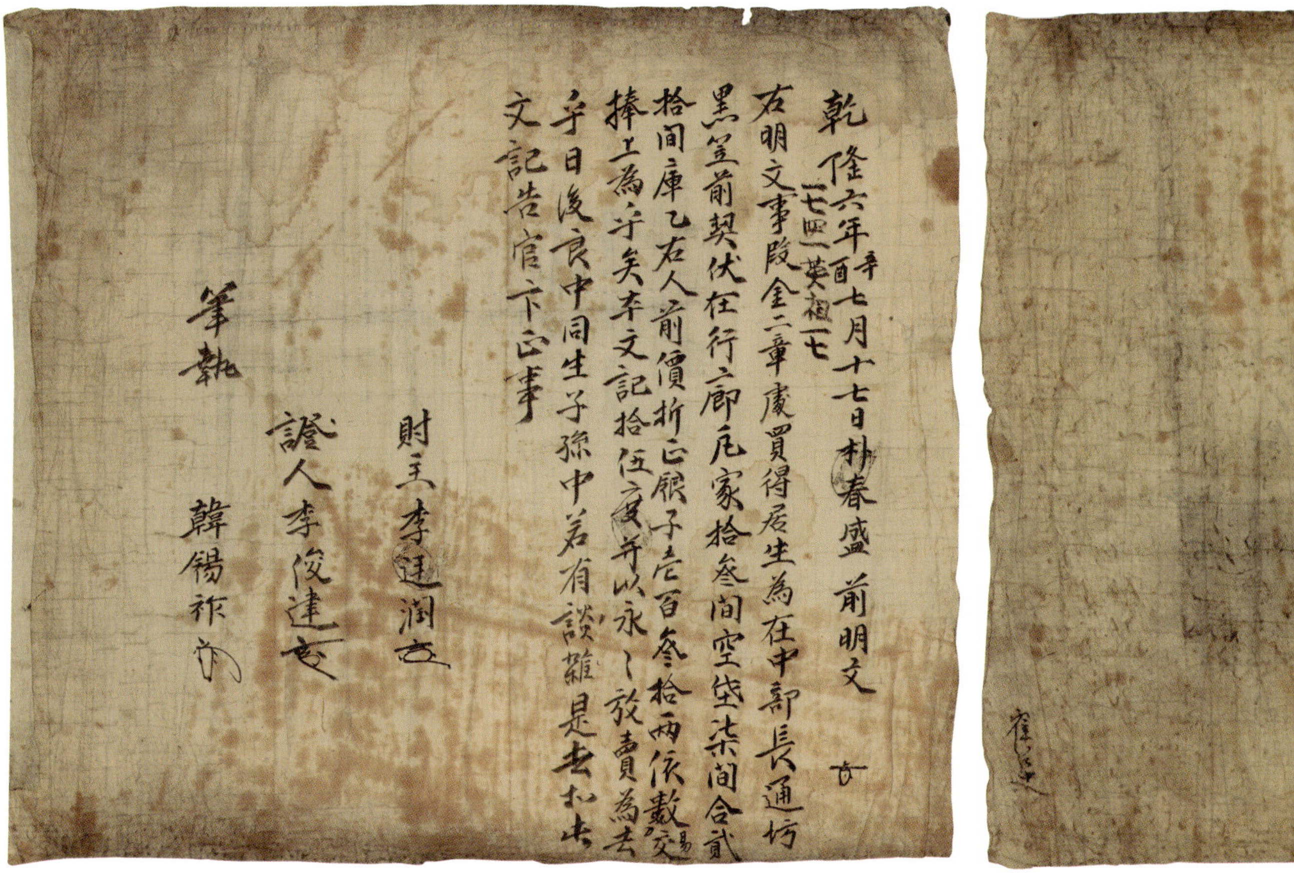

003-06

1741년 이정윤 명문

57.5×66.3

1741년(영조 17) 7월 17일에 이정윤이 박춘성朴春盛에게 가옥을 매도하면서 작성하여 준 명문이다. 매물은 김이장으로부터 매수한 가옥이며, 중부 장통방 흑립전계에 있는 행랑와가 13칸과 공대 7칸으로 총 20칸 규모이다. 이정윤은 박춘성으로부터 정은자 130냥을 받고 가옥을 매도하였으며, 명문과 함께 본문기 15장을 양도하였다. 이준건이 증인으로, 한석조韓錫祚가 필집으로 참여하였으며, 이준건은 1738년 김이장 명문에도 증인으로 참여하였다.

(01) 乾隆六年辛酉七月十七日 朴春盛前 明文 (着名)
(02) 右明文事段 金二章處 買得居生爲在 中部 長通坊
(03) 黑笠前[廛]契伏在 行廊瓦家拾參間 空垈柒間 合貳
(04) 拾間庫乙 右人前 價折正銀子壹百參拾兩 依數交易
(05) 捧上爲乎矣 本文記拾伍度幷以 永永放賣爲去
(06) 乎 日後良中 同生子孫中 若有雜談是去等 此
(07) 文記 告官卞正事
(08) 財主 李廷潤(着名)
(09) 證人 李俊建(着名)
(10) 筆執 韓錫祚(着名)

(背面)
崔召史

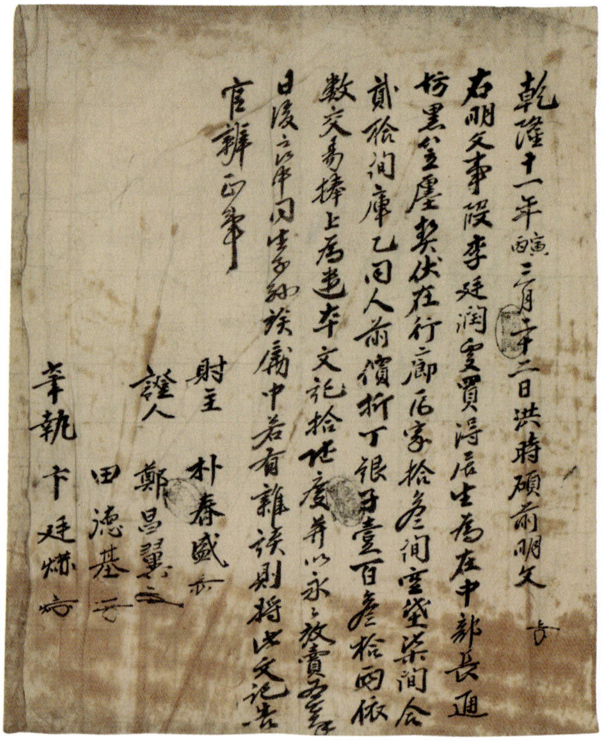

003-07

1746년 박춘성 명문

52.5×45.4

1746년(영조 22) 3월 22일에 박춘성이 홍시석洪時碩에게 가옥을 매도하면서 작성하여 준 명문이다. 매물은 이정윤으로부터 매수한 가옥이며, 중부 장통방 흑립전계에 있는 행랑와가 13칸과 공대 7칸으로 총 20칸 규모이다. 박춘성은 홍시석으로부터 정은자 130냥을 받고 가옥을 매도하였으며, 명문과 함께 본문기 16장을 양도하였다. 정창익鄭昌翼과 전덕기田德基가 증인으로, 변정혁卞廷𤎅이 필집으로 참여하였다.

(01) 乾隆十一年丙寅三月二十二日 洪時碩前 明文 (着名)
(02) 右明文事段 李廷潤處 買得居生爲在 中部 長通
(03) 坊 黑笠廛契伏在 行廊瓦家拾參間 空垈柒間 合
(04) 貳拾間庫乙 同人前 價折丁銀子壹百參拾兩 依
(05) 數交易捧上爲遣 本文記拾陸度幷以 永永放賣爲去乎
(06) 日後良中 同生子孫族屬中 若有雜談 則將此文記 告
(07) 官辨正事
(08) 財主 朴春盛(着名)
(09) 證人 鄭昌翼(着名)
(10) 田德基(着名)
(11) 筆執 卞廷𤎅(着名)

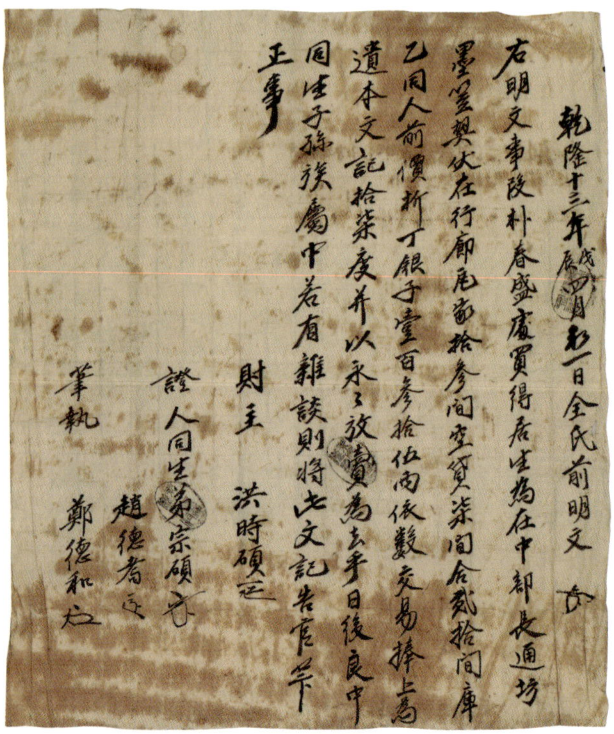

003-08

1748년 홍시석 명문

46.3×39.5

1748년(영조 24) 4월 1일에 홍시석이 전씨全氏에게 가옥을 매도하면서 작성하여 준 명문이다. 매물은 박춘성으로부터 매수한 가옥이며, 중부 장통방 흑립전계에 있는 행랑와가 13칸과 공대 7칸으로 총 20칸 규모이다. 홍시석은 전씨에게 정은자 135냥을 받고 가옥을 매도하였으며, 명문과 함께 본문기 17장을 양도하였다. 동생 홍종석洪宗碩과 조덕구趙德耉가 증인으로, 정덕화鄭德和가 필집으로 참여하였다.

(01) 乾隆十三年戊辰四月初一日 全氏前 明文 (着名)
(02) 右明文事段 朴春盛處 買得居生爲在 中部 長通坊
(03) 墨[黑]笠契伏在 行廊瓦家拾參間 空貸[垈]柒間 合貳拾間庫
(04) 乙 同人前 價折丁銀子壹百參拾伍兩 依數交易捧上爲
(05) 遣 本文記拾柒度幷以 永永放賣爲去乎 日後良中
(06) 同生子孫族屬中 若有雜談 則將此文記 告官芐[卞]
(07) 正事
(08) 財主 洪時碩(着名)
(09) 證人 同生弟 宗碩(着名)
(10) 趙德耉(着名)
(11) 筆執 鄭德和(着名)

003-09

1758년 전성도 명문

42.3×55.0

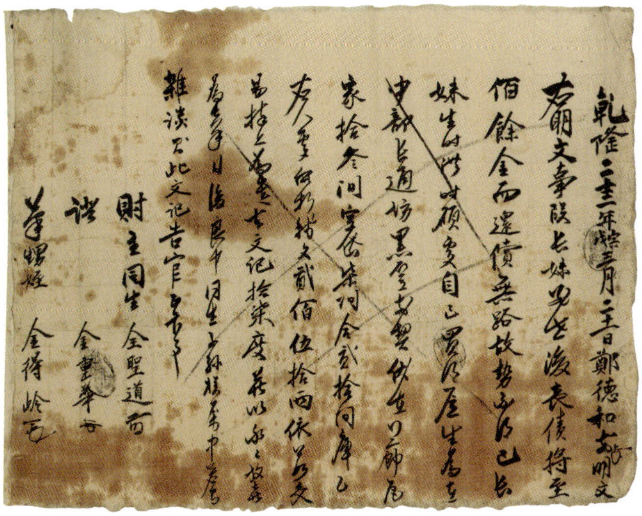

1758년(영조 34) 3월 21일에 재주의 동생인 전성도全聖道가 정덕화에게 가옥을 매도하면서 작성하여 준 명문이다. 전성도는 큰 누이의 별세 후 쌓인 상채喪債를 갚기 위해 큰 누이 생전에 홍시석으로부터 매수한 가옥을 매도하는 것이라고 사유를 밝혔다. 매물은 중부 장통방 흑립전계에 있는 행랑와가 13칸과 공대 7칸으로 총 20칸 규모이다. 전성도는 전문 250냥을 받고 정덕화에게 가옥을 매도하였으며, 명문과 함께 본문기 17장을 양도하였다. 김중화金重華가 증인으로, 생질甥姪 김득령金得呤이 필집으로 참여하였다.

(01) 乾隆二十三年戊寅三月二十一日 鄭德和前 明文 (着名)
(02) 右明文事段 長妹別世後 喪債將至
(03) 佰餘金 而還償無路 故勢不得已 長
(04) 妹生時 洪時碩處 自己買得居生爲在
(05) 中部 長通坊 黑笠前[廛]契伏在 行廊瓦
(06) 家拾參間 空岱[垈]柒間 合貳拾間庫乙
(07) 右人處 價折錢文貳佰伍拾兩 依數交
(08) 易 捧上爲遣 本文記拾柒度幷以 永永放賣
(09) 爲去乎 日後良中 同生子孫族屬中 若有
(10) 雜談 則此文記 告官正卞事
(11) 財主 同生 全聖道(着名)
(12) 證 金重華(着名)
(13) 筆 甥姪 金得呤(着名)

003-10

1764년 정덕화 명문

53.1×58.5

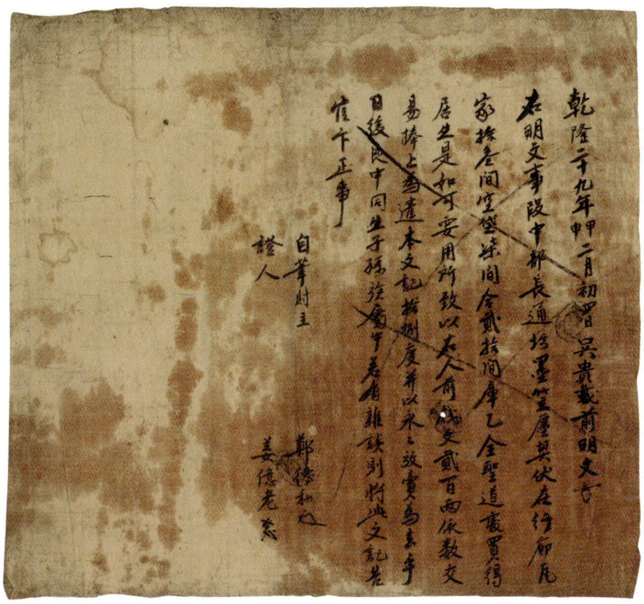

1764년(영조 40) 2월 4일에 정덕화가 오귀재吳貴載에게 가옥을 매도하면서 작성하여 준 명문이다. 매물은 전성도로부터 매수하여 거주한 가옥이며, 중부 장통방 흑립전계에 있는 행랑와가 13칸과 공대 7칸으로 총 20칸 규모이다. 정덕화는 전문 200냥을 받고 오귀재에게 가옥을 매도하였으며, 명문과 함께 본문기 18장을 양도하였다. 재주인 정덕화가 직접 명문을 작성하였고, 강억로姜億老가 증인으로 참여하였다.

(01) 乾隆二十九年甲申二月初四日 吳貴載前 明文 (着名)
(02) 右明文事段 中部 長通坊 墨[黑]笠廛契伏在 行廊瓦
(03) 家拾參間 空垈柒間 合貳拾間庫乙 全聖道處 買得
(04) 居生是如可 要用所致以 右人前 錢文貳百兩 依數交
(05) 易捧上爲遣 本文記拾捌度幷以 永永放賣爲去乎
(06) 日後良中 同生子孫族屬中 若有雜談 則將此文記 告
(07) 官卞正事
(08) 自筆 財主 鄭德和(着名)
(09) 證人 姜億老(着名)

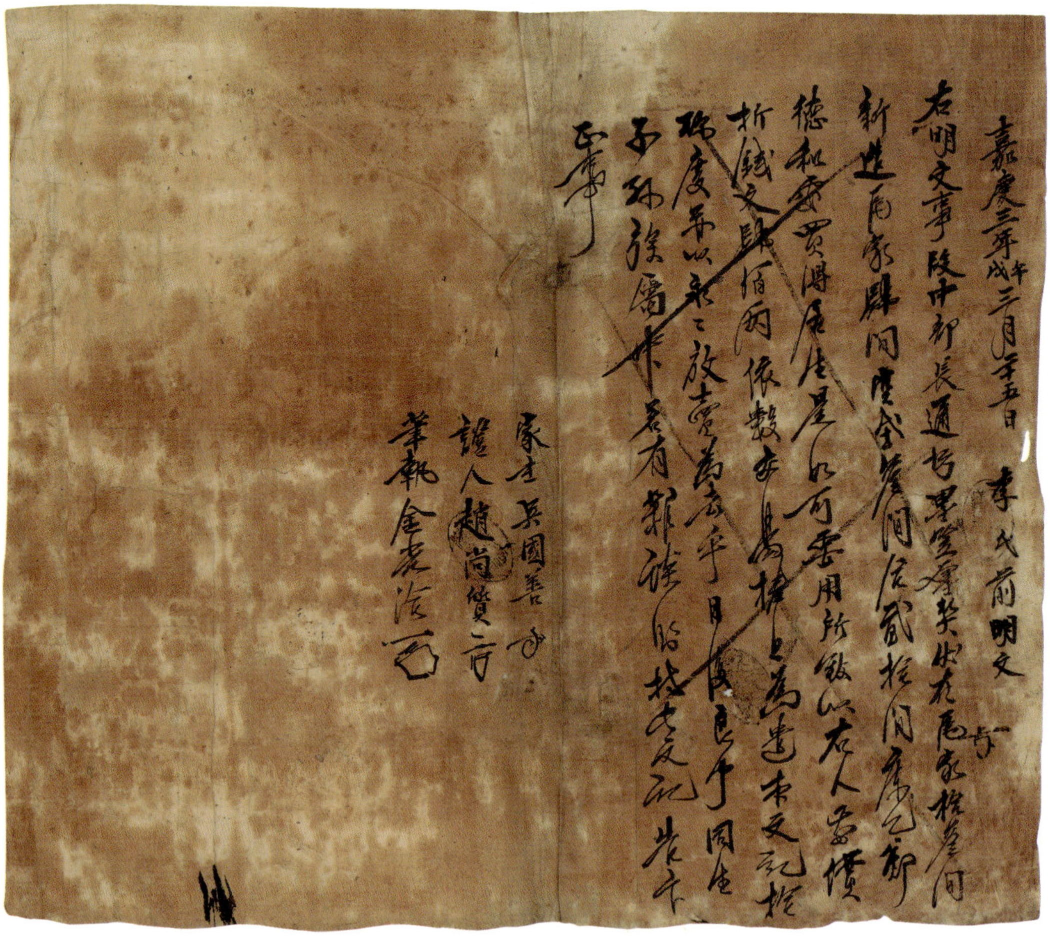

003-11

1798년 오국선 명문

42.4×52.0

1798년(정조 22) 3월 25일에 오국선吳國善이 이씨李氏에게 가옥을 매도하면서 작성하여 준 명문이다. 매물은 정덕화로부터 매수하여 거주한 가옥이며, 중부 장통방 흑립전계에 있는 와가 13칸과 신조新造 와가 4칸, 공대 3칸으로 총 20칸 규모이다. 1764년 정덕화 명문에서 매수인은 오귀재로 기재되어 있는데, 오국선은 그 자손인 것으로 보인다. 오국선은 전문 400냥을 받고 이씨에게 가옥을 매도하였으며, 명문과 함께 본문기 19장을 양도하였다. 조상질趙尙質이 증인으로, 김광흡金光洽이 필집으로 참여하였다.

(01) 嘉慶三年戊午三月二十五日 李氏前 明文 (着名)
(02) 右明文事段 中部 長通坊 黑笠廛契伏在 瓦家拾參間
(03) 新造瓦家肆間 空垈參間 合貳拾間庫乙 鄭
(04) 德和處 買得居生是如可 要用所致以 右人前 價
(05) 折錢文肆佰兩 依數交易捧上爲遣 本文記拾
(06) 玖度幷以 永永放賣爲去乎 日後良中 同生
(07) 子孫族屬中 若有雜談 則持此文記 告卞
(08) 正事
(09) 家主 吳國善(着名)
(10) 證人 趙尙質(着名)
(11) 筆執 金光洽(着名)

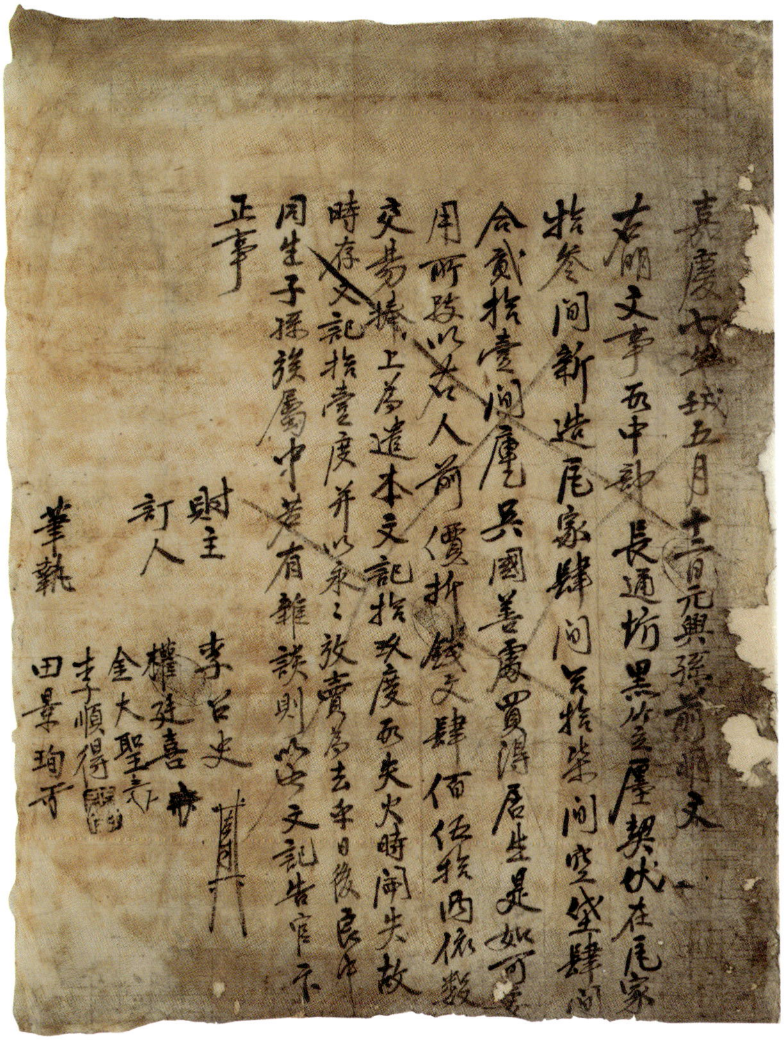

003-12

1802년 이 조이 명문

55.7×43.3

1802년(순조 2) 5월 12일에 이李 조이가 원흥손元興孫에게 가옥을 매도하면서 작성하여 준 명문이다. 매물은 오국선으로부터 매수하여 거주한 가옥이며, 중부 장통방 흑립전계에 있는 와가 13칸과 신조 와가 4칸, 공대 4칸으로 총 21칸 규모이다. 이 조이는 전문 450냥을 받고 가옥을 매도하였으며, 본문기 19장 중에서 화재로 소실된 문서를 제외하고 11장을 양도하였다. 권정희權廷喜, 김대성金大聖, 이순득李順得이 증인으로, 전경순田景珣이 필집으로 참여하였다.

(01) 嘉慶七年壬戌五月十二日 元興孫前 明文
(02) 右明文事段 中部 長通坊 黑笠廛契伏在 瓦家
(03) 拾參間 新造瓦家肆間 合拾柒間 空垈肆間
(04) 合貳拾壹間庫乙 吳國善處 買得居生是如可 要
(05) 用所致以 右人前 價折錢文肆佰伍拾兩 依數
(06) 交易捧上爲遣 本文記拾玖度段 失火時閪失 故
(07) 時存文記拾壹度幷以 永永放賣爲去乎 日後良中
(08) 同生子孫族屬中 若有雜談則 以此文記 告官卞
(09) 正事
(10) 財主 李召史(左寸)
(11) 訂人 權廷喜(着名)
(12) 金大聖(着名)
(13) 李順得(印)
(14) 筆執 田景珣(着名)

004

1776년 상전 김 패자 등 대묘동계 가옥매매문서

1776~1782년 | 67.3×332.6

1776년부터 1782년까지 한성부 중부 정선방 대묘동계에 있는 가옥과 집터를 매매한 명문 3점과 패자 5점이 연결된 점련문서이다. 조선시대 양반은 노비에게 매물의 거래를 대행하도록 위임하기도 하였다. 이러한 경우 매매 권한을 위임하는 문서를 명문과 함께 작성하였는데, 이를 패자 또는 패지라고 한다. 매매를 위임하고 실제 거래가 이루어진 경우, 명문과 함께 패자도 매수인에게 양도하였다. 본 점련문서의 경우 패자는 5점, 명문은 3점이 남아있다.

1779년 상전 신 패자와 1781년 상전 민 패자는 명문 없이 패자만 남아있으나, 재주가 계속 바뀌고 있는 것을 볼 때 실제 매매가 이루어진 것으로 보인다. 6년간 5차례 매매가 이루어졌으므로 거래가 빈번하였음을 알 수 있다.
매물은 중부 정선방 대묘동계에 있는 와가 40.5칸, 초가 2칸, 공대 229칸이다. 1781년 패자부터 초당 2칸을 새로 만들고 공대는 227칸으로 줄었다. 매매 가격은 명문 3점 가운데 2점에만 기재되어 있으며 동전 840냥이다.
대묘동계는 현재의 서울특별시 종로구 봉익동 일부에 해당한다.

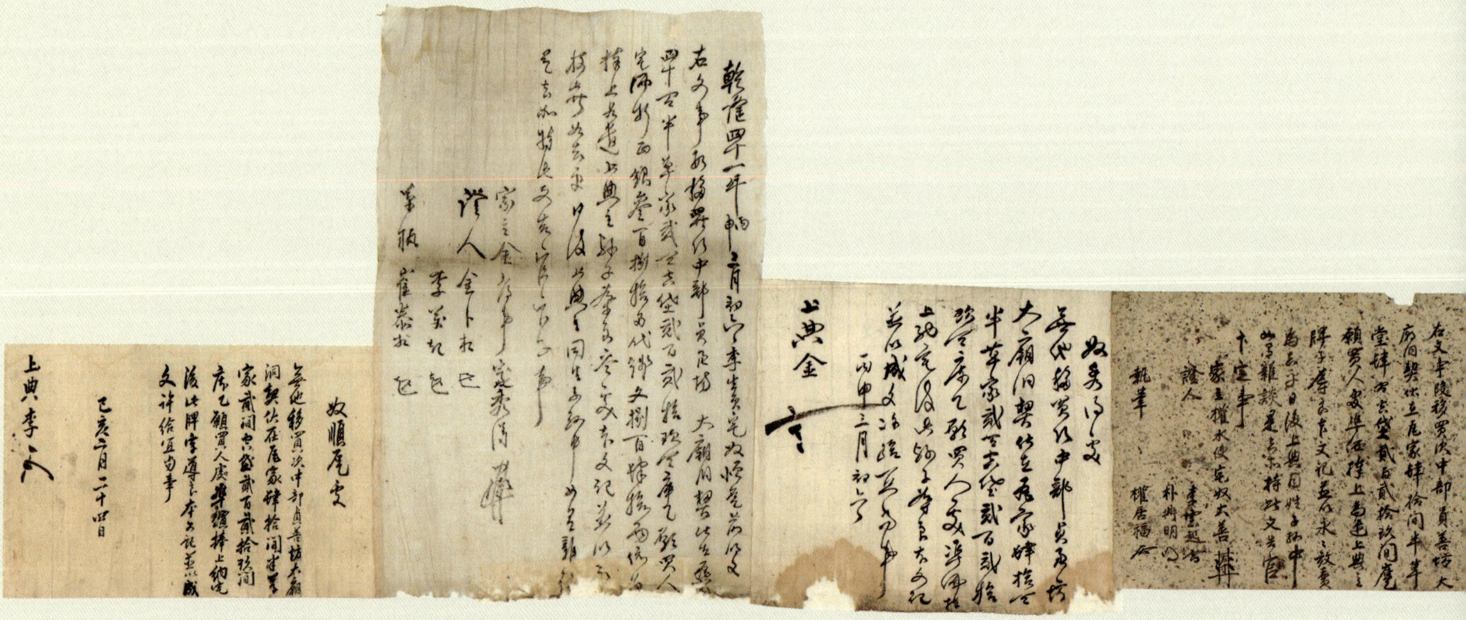

3 | 2 | 1 | 8

순서	문서명	매매가격	내용
1	1776년 상전 김 패자	-	노 수득에게 가옥 매도 권한을 위임 - 중부 정선방 대묘동계 와가 40.5칸, 초가 2칸, 공대 229칸
2	1776년 김 도사 댁 노 수득 명문	전문 840냥	이 생원 댁 노 순돌에게 가옥 매도 - 중부 정선방 대묘동계 와가 40.5칸, 초가 2칸, 공대 229칸
3	1779년 상전 이 패자	-	노 순돌에게 가옥 매도 권한을 위임 - 중부 정선방 대묘동계 와가 40.5칸, 초가 2칸, 공대 229칸
4	1779년 이 생원 댁 노 순돌 명문	전문 840냥	신 금성 댁 노 복노미에게 가옥 매도 - 중부 정선방 대묘동계 와가 40.5칸, 초가 2칸, 공대 229칸
5	1779년 상전 신 패자	-	노 복노미에게 가옥 매도 권한을 위임 - 중부 정선방 대묘동계 와가 40.5칸, 초가 2칸, 공대 229칸
6	1781년 상전 민 패자	-	노 득에게 가옥 매도 권한을 위임 - 중부 정선방 대묘동계 와가 40.5칸, 초가 2칸, 신조 초당 2칸, 공대 227칸
7	1782년 상전 권 패자	-	노 대선에게 가옥 매도 권한을 위임 - 중부 정선방 대묘동계 와가 40.5칸, 초가 2칸, 신조 초가 2칸, 공대 227칸
8	1782년 권 수사 댁 노 대선 명문	미상	이 삼화 댁 노 노미에게 가옥 매도 - 중부 정선방 대묘동계 와가 40.5칸, 초당 4칸, 공대 229칸

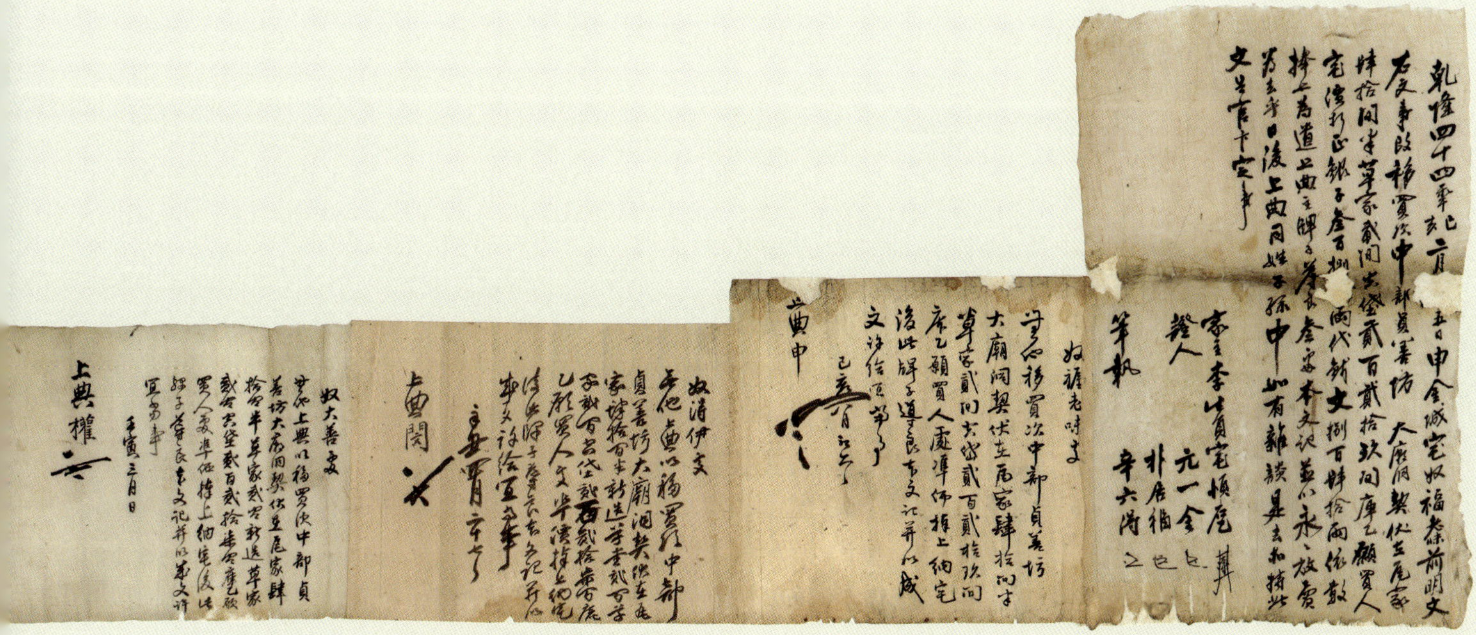

7 | 6 | 5 | 4

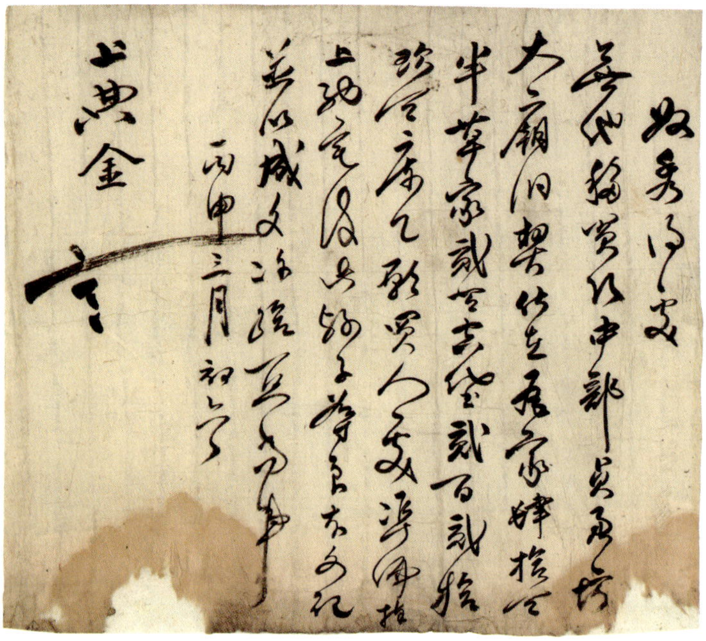

004-01

1776년 상전 김 패자

36.0×39.5

1776년(영조 52) 3월 6일에 상전 김金이 노奴 수득秀得에게 가옥의 매도를 위임하기 위해 작성하여 준 패자牌子이다. 매물은 중부 정선방貞善坊 대묘동계大廟洞契에 있는 와가 40.5칸, 초가 2칸, 공대 229칸이다. 매수를 원하는 사람에게 값을 받아 상전댁에 납부하고 패자, 본문기와 함께 명문을 작성하여 지급하라고 하였다.

(01) 奴 秀得處
(02) 無他 移買次 中部 貞善坊
(03) 大廟洞契伏在 瓦家肆拾間
(04) 半 草家貳間 空垈貳百貳拾
(05) 玖間庫乙 願買人處 準價捧
(06) 上納宅後 此牌子導良 本文記
(07) 並以 成文許給宜當事
(08) 丙申三月初六日
(09) 上典 金(着名)

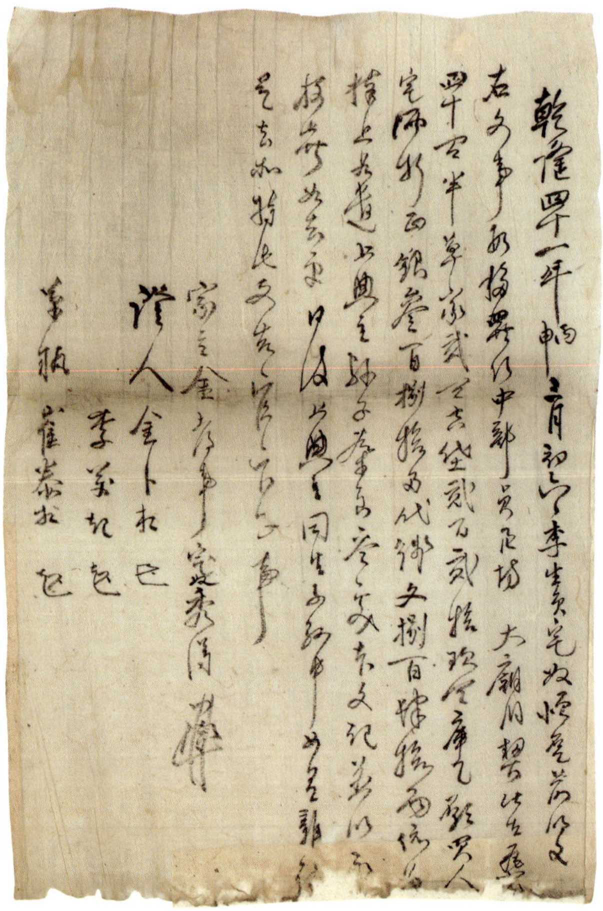

004-02

1776년 김 도사 댁 노 수득 명문

64.6×43.5

1776년(영조 52) 3월 6일에 김 도사都事 댁宅 노 수득이 이李 생원生員 댁 노 순돌順乭에게 가옥을 매도하면서 작성하여 준 명문이다. 매매 가격은 정은자 380냥을 환산한 전문 840냥이다. 매물은 중부 정선방 대묘동계에 있는 와가 40.5칸과 초가 2칸, 공대 229칸이다. 상전의 패자에 따라 매수인에게 세 곳의 본문기를 함께 양도하였다. 김복상金卜相과 이만기李萬起가 증인으로, 최태상崔泰相이 필집으로 참여하였다.

(01) 乾隆四十一年丙申三月初六日 李生員宅奴 順乭前 明文
(02) 右文事段 移買次 中部 貞善坊 大廟洞契伏在 瓦家
(03) 四十間半 草家貳間 空垈貳百貳拾玖間庫乙 願買人
(04) 宅 價折正銀參百捌拾兩 代錢文捌百肆拾兩 依數
(05) 捧上爲遣 上典主牌子導良 參處本文記並以 永■(永)
(06) 放賣爲去乎 日後 上典主同生子孫中 如有雜談
(07) 是去等 持此文 告官卞正事
(08) 家主 金都事宅奴 秀得(左寸)
(09) 證人 金卜相(着名)
(10) 李萬起(着名)
(11) 筆執 崔泰相(着名)

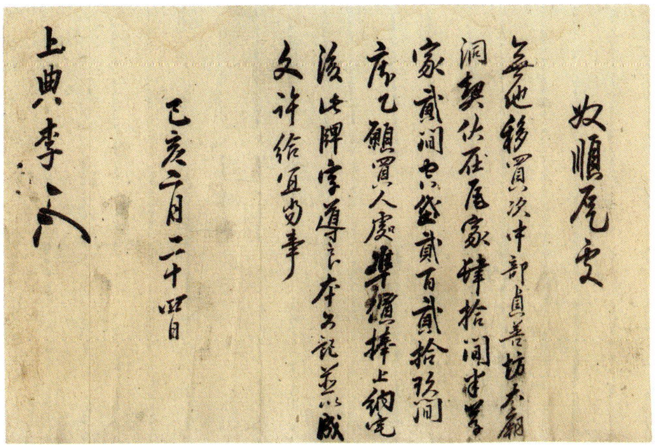

004-03

1779년 상전 이 패자

27.5×42.0

1779년(정조 3) 2월 24일에 상전 이가 노 순돌에게 가옥의 매도를 위임하기 위해 작성해 준 패자이다. 매물은 중부 정선방 대묘동계에 있는 와가 40.5칸, 초가 2칸과 공대 229칸이다. 매수를 원하는 사람에게 값을 받아 상전댁에 납부하고 패자, 본문기와 함께 명문을 작성하여 지급하라고 하였다.

(01) 　　奴 順乭處
(02) 無他 移買次 中部 貞善坊 大廟
(03) 洞契伏在 瓦家肆拾間半 草
(04) 家貳間 空垈貳百貳拾玖間
(05) 庫乙 願買人處 準價捧上納宅
(06) 後 此牌字導良 本文記並以 成
(07) 文許給宜當事
(08) 　　己亥二月二十四日
(09) 上典 李(着名)

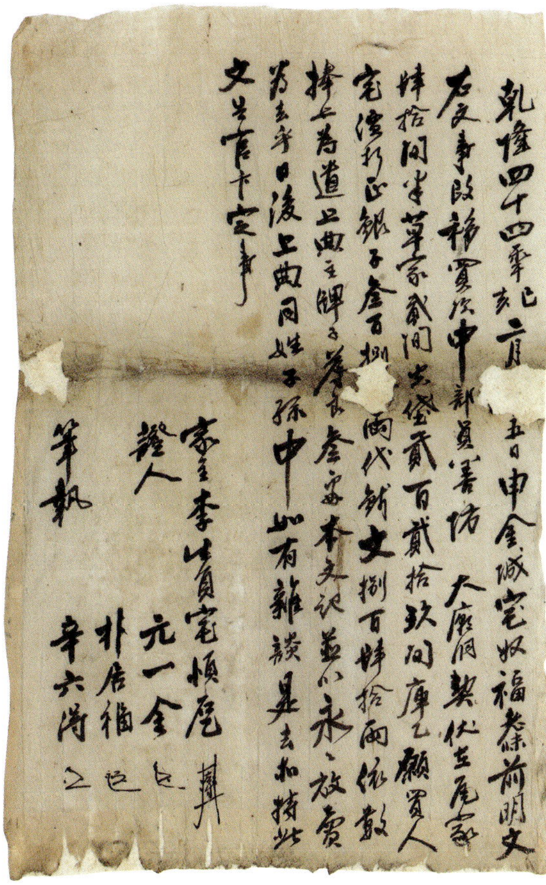

004-04

1779년 이 생원 댁 노 순돌 명문

67.3×42.5

1779년(정조 3) 2월 25일에 이 생원 댁 노 순돌이 신申 금성金城 댁 노 복노미福老味에게 가옥을 매도하면서 작성하여 준 명문이다. 순돌은 다른 매물을 사기 위해 전문 840냥을 받고 가옥을 매도하였다. 매물은 중부 정선방 대묘동계에 있는 와가 40.5칸과 초가 2칸, 공대 229칸이다. 상전의 패자에 따라 매수인에게 세 곳의 본문기를 함께 양도하였다. 원일금元一金과 박거복朴居福이 증인으로, 신육득辛六得이 필집으로 참여하였다.

(01) 　乾隆四十四季己亥二月■■(二十)五日 申金城宅奴 福老味前 明文
(02) 右文事段 移買次 中部 貞善坊 大廟洞契伏在 瓦家
(03) 肆拾間半 草家貳間 空垈貳百貳拾玖間庫乙 願買人
(04) 宅 價折正銀子參百捌■(拾)兩 代錢文捌百肆拾兩 依數
(05) 捧上爲遣 上典主牌子導良 參處本文記並以 永永放賣
(06) 爲去乎 日後 上典同姓子孫中 如有雜談是去等 持此
(07) 文 告官卞定事
(08) 　　　　　　　　家主 李生員宅 順乭(左寸)
(09) 　　　　　　　　證人 　　元一金(着名)
(10) 　　　　　　　　　　　　朴居福(着名)
(11) 　　　　　　　　筆執 　　辛六得(着名)

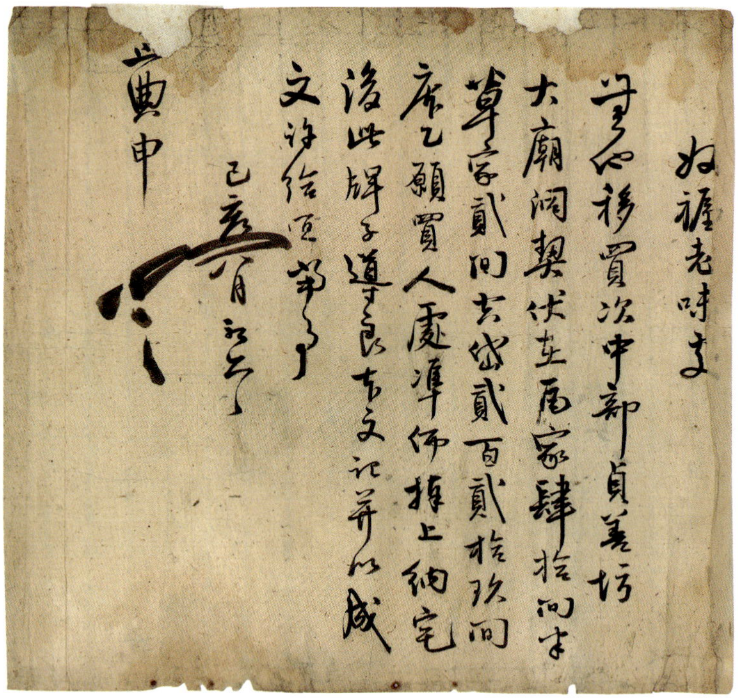

004-05

1779년 상전 신 패자

37.7×40.5

1779년(정조 3) 8월 6일에 상전 신이 노 복노미에게 가옥의 매도를 위임하기 위해 작성해 준 패자이다. 매물은 중부 정선방 대묘동계에 있는 와가 40.5칸과 초가 2칸, 공대 229칸이다. 매수를 원하는 사람에게 값을 받아 상전댁에 납부하고 패자, 본문기와 함께 명문을 작성하여 지급하라고 하였다.

(01) 　奴 福老味處
(02) 無他 移買次 中部 貞善坊
(03) 大廟洞契伏在 瓦家肆拾間半
(04) 草家貳間 空岱[垈]貳百貳拾玖間
(05) 庫乙 願買人處 準價捧上納宅
(06) 後 此牌子導良 本文記幷以 成
(07) 文許給宜當事
(08) 　　己亥八月初六日
(09) 上典 申(着名)

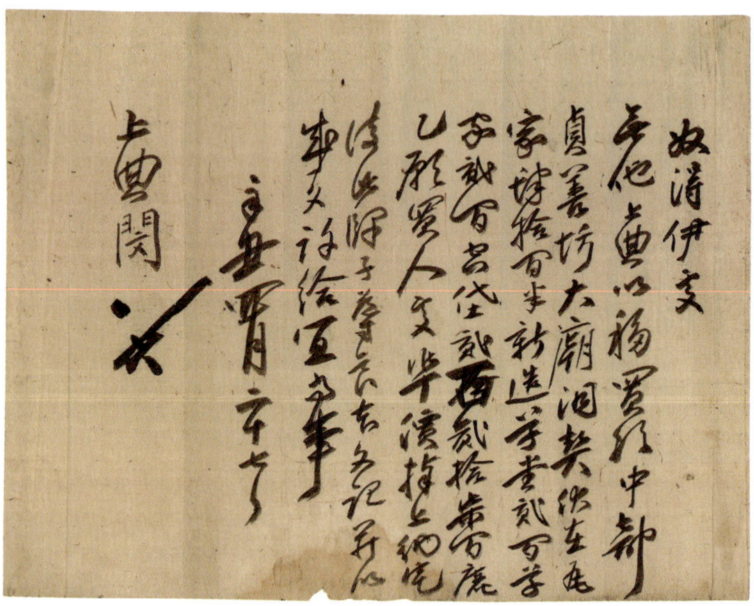

004-06

1781년 상전 민 패자

33.0×42.8

1781년(정조 5) 4월 27일에 상전 민閔이 노 득이得伊에게 가옥의 매도를 위임하기 위해 작성해 준 패자이다. 매물은 중부 정선방 대묘동계에 있는 와가 40.5칸, 초가 2칸, 신조 초당草堂 2칸과 공대 227칸이다. 매수를 원하는 사람에게 값을 받아 상전댁에 납부하고 패자, 본문기와 함께 명문을 작성하여 지급하라고 하였다.

(01) 　奴 得伊處
(02) 無他 上典 以移買次 中部
(03) 貞善坊 大廟洞契伏在 瓦
(04) 家肆拾間半 新造草堂貳間 草
(05) 家貳間 空垈貳百貳拾柒間庫
(06) 乙 願買人處 準價捧上納宅
(07) 後 此牌子導良 本文記幷以
(08) 成文許給宜當事
(09) 　辛丑四月二十七日
(10) 上典 閔(着名)

004-07

1782년 상전 권 패자

32.6×40.9

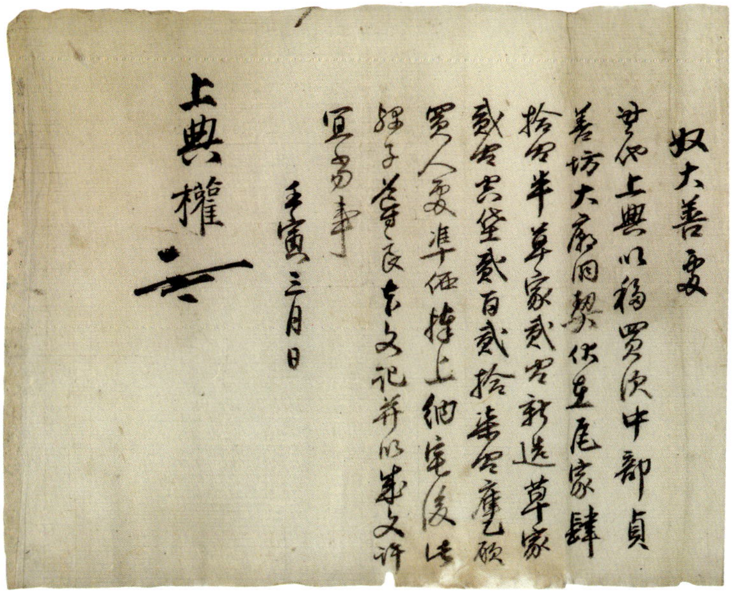

1782년(정조 6) 3월에 상전 권權이 노 대선大善에게 가옥의 매도를 위임하기 위해 작성해 준 패자이다. 매물은 중부 정선방 대묘동계에 있는 와가 40.5칸, 초가 2칸, 신조 초가 2칸과 공대 227칸이다. 매수를 원하는 사람에게 값을 받아 상전댁에 납부하고 패자, 본문기와 함께 명문을 작성하여 지급하라고 하였다.

(01)　　奴 大善處
(02)　無他 上典 以移買次 中部 貞
(03)　善坊 大廟洞契伏在 瓦家肆
(04)　拾間半 草家貳間 新造草家
(05)　貳間 空垈貳百貳拾柒間庫乙 願
(06)　買人處 準價捧上納宅後 此
(07)　牌子導良 本文記幷以 成文許
(08)　宜當事
(09)　　　壬寅三月 日
(10)　上典 權(着名)

004-08

1782년 권 수사 댁 노 대선 명문

32.8×46.3

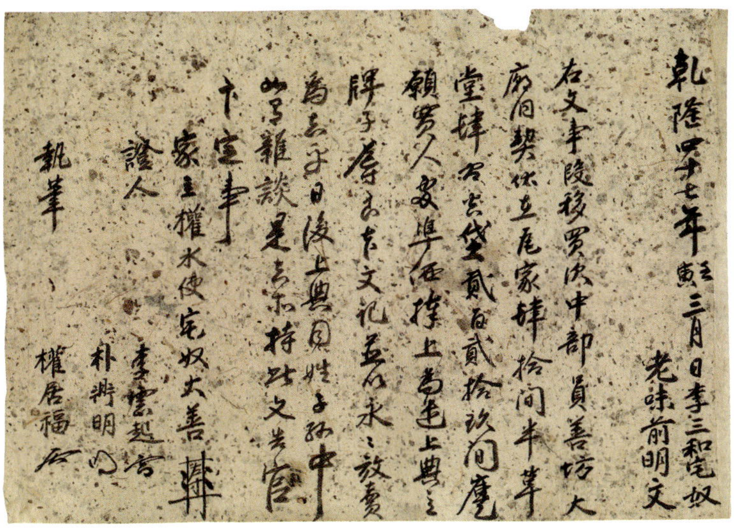

1782년(정조 6) 3월에 권 수사水使 댁 노 대선이 이李 삼화三和 댁 노노미老味에게 가옥을 매도하면서 작성하여 준 명문이다. 대선은 다른 땅을 사기 위해 가옥을 매도한다고 하였다. 매물은 중부 정선방 대묘동계에 있는 와가 40.5칸과 초당 4칸, 공대 229칸이다. 상전의 패자에 따라 매수인에게 본문기를 함께 양도하였다. 이운기李雲起와 박정명朴鼎明이 증인으로, 권거복權居福이 필집으로 참여하였다. 매물의 가격은 기재되어 있지 않다.

(01)　乾隆四十七年壬寅三月日 李三和宅奴
(02)　　　　　　　　　　老味前 明文
(03)　右文事段 移買次 中部 貞善坊 大
(04)　廟洞契伏在 瓦家肆拾間半 草
(05)　堂肆間 空垈貳百貳拾玖間庫
(06)　願買人處 準價捧上爲遣 上典主
(07)　牌子導良 本文記並以 永永放賣
(08)　爲去乎 日後 上典同姓子孫中
(09)　如有雜談是去等 持此文 告官
(10)　卞定事
(11)　　家主 權水使宅奴 大善(左寸)
(12)　　證人　　　李雲起(着名)
(13)　　　　　　　朴鼎明(着名)
(14)　　執筆　　　權居福(着名)

005

1891년 이흥운 발괄 등 대사동계 가옥매매문서

1891~1893년

1891년 이흥운이 중부 대사동계에 있는 가옥의 매매문서를 도난당하여 입지를 신청한 발괄 2점과 1892년과 1893년 해당 가옥을 거래한 매매명문 2점이다. 입지는 약식의 공증을 의미하며, 발괄은 일종의 청원서이다. 4점의 문서는 각각 분리되어 있으나 내용상 같은 가옥에 관한 것이다. 이흥운이 처음 소유했던 가옥은 와가 4칸과 공대 5칸이었으나 1892년 매도할 때는 초가 1칸이 증가하였다. 가옥의 매매가격은 1892년 동전 1,360냥이었으나 1년 후에는 동전 1,550냥으로 상승하였다.

매물이 위치한 관인방일패계는 대사동계에 속하였던 계로, 현재의 서울특별시 종로구 종로 2가, 관훈동, 인사동, 낙원동 각 일부에 해당한다.

순서	문서명	매매가격	내용
1	1891년 이흥운 발괄(중부)	-	한성부 중부에 서실문기 입지 신청 - 중부 대사동계 와가 4칸, 공대 5칸
2	1891년 이흥운 발괄(한성부)	-	한성부에 서실문기 입지 신청 - 중부 대사동계 와가 4칸, 공대 5칸
3	1892년 이흥운 명문	전문 1,360냥	미상의 매수인에게 가옥 매도 - 중부 관인방일패계 와가 4칸, 초가 1칸, 공대 5칸
4	1893년 오 조이 명문	전문 1,550냥	미상의 매수인에게 가옥 매도 - 중부 관인방일패계 와가 4칸, 초가 1칸, 공대 5칸

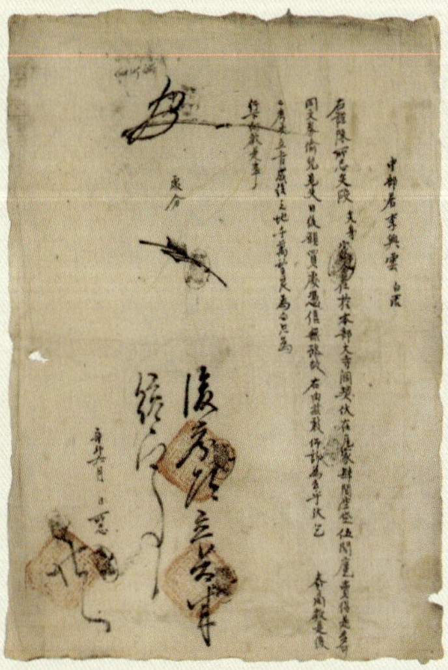

1

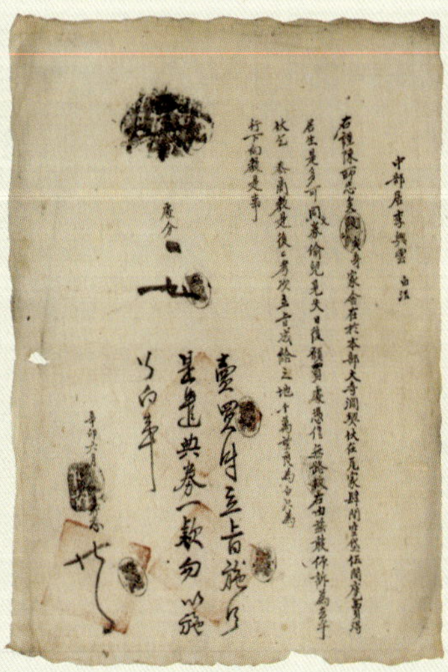

2

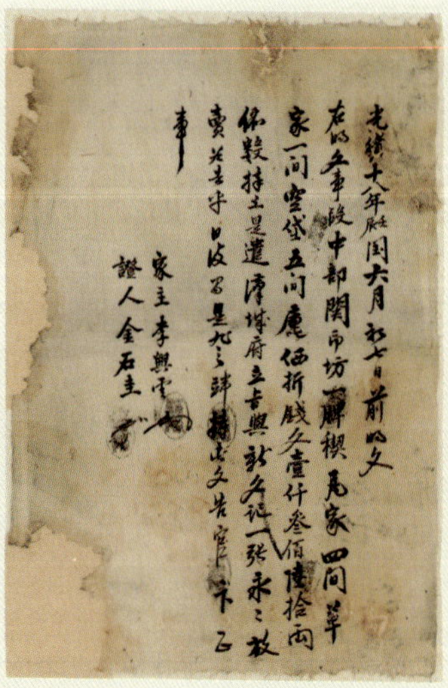

3

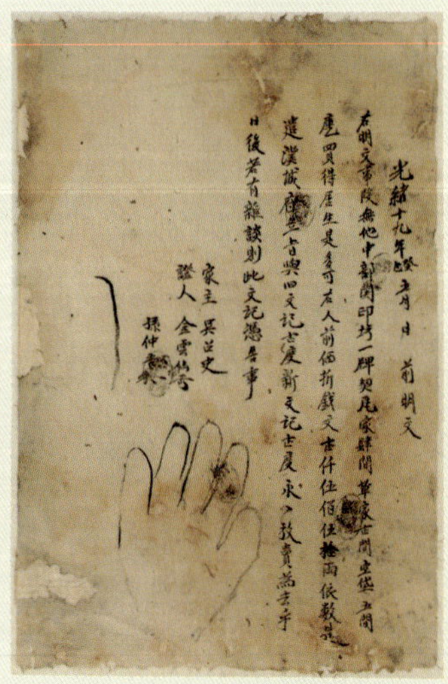

4

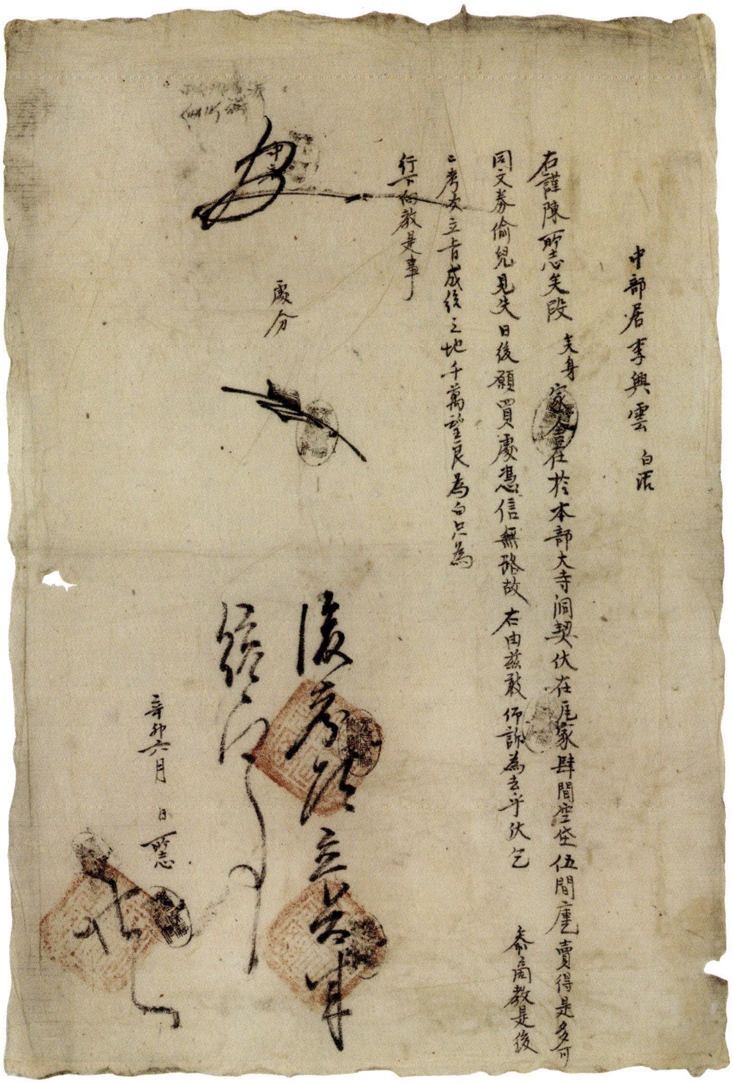

005-01

1891년 이흥운 발괄(중부)

61.7×43.1

신묘년 6월에 중부에 사는 이흥운李興雲이 분실 혹은 훼손된 문서를 의미하는 서실문기閪失文記에 대한 입지立旨를 신청하기 위해 중부에 올린 발괄白活이다. 이흥운은 중부 대사동계大寺洞契에 있는 와가 4칸과 공대 5칸을 매수하였는데, 매매문서를 도둑맞아서 추후 매수를 원하는 사람에게 증빙할 방법이 없으므로 후일 상고할 수 있도록 입지를 발급해 달라고 신청하였다. 중부에서는 '후일 상고할 수 있도록 입지를 발급할 일'이라는 처분을 내렸다. 1892년(고종 29)에 이흥운이 가옥을 매도하는 명문이 남아있으므로 신묘년은 그 이전인 1891년(고종 28)으로 추정된다. 뒷면에 기재되어 있는 김원일金元逸은 1899년 최순일 명문(006-03)에 기재된 매수인 김원일과 동일인으로 추정된다. 본 명문의 매물과 최순일 명문의 매물은 동일한 매물이거나 인접한 매물이었을 가능성이 있다.

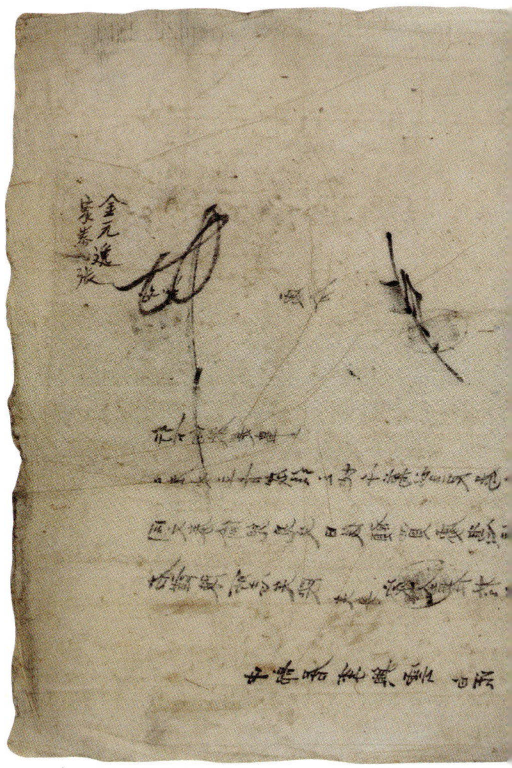

(01) 中部居 李興雲 白活

(02) 右謹陳所志矣段 矣身家舍 在於本部 大寺洞契伏在 瓦家肆間 空垈伍間慶 賣[買]得是多可

(03) 同文券偸兒見失 日後願買處 憑信無路 故右由 玆敢仰訴爲去乎 伏乞 參商敎是後

(04) 後考次 立旨成給之地 千萬望良爲白只爲

(05) 行下向敎是事

(06) 中部 處分

(07) 辛卯六月 日 所志

(08) 後考次 立旨成

(09) 給向事

(10) 卄日

(11) 官(着押)

(背面)

金元逸

家券■張

005-02

1891년 이홍운 발괄(한성부)

61.6×42.7

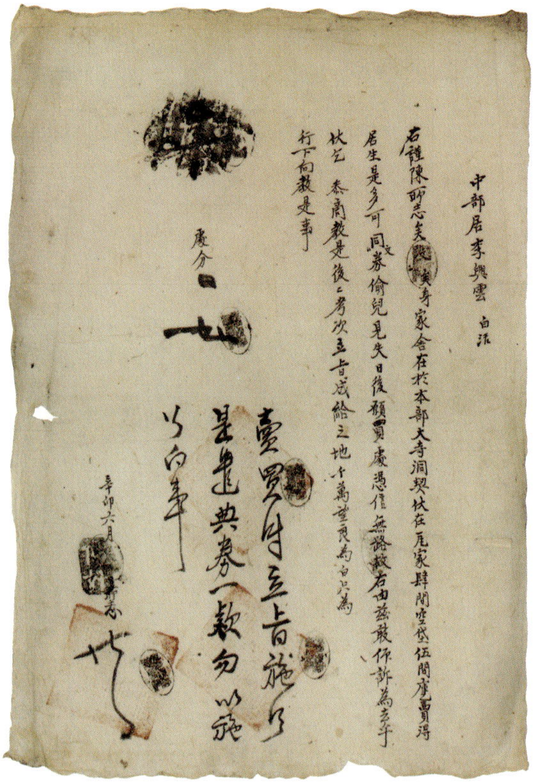

신묘년 6월에 중부에 사는 이홍운이 서실문기에 대한 입지를 신청하기 위해 한성부에 올린 발괄이다. 이홍운은 중부 대사동계에 있는 와가 4칸과 공대 5칸을 매수하였는데, 매매문서를 도둑맞아 잃어버려서 추후 매수를 원하는 사람에게 증빙할 방법이 없으므로 후일 상고할 수 있도록 입지를 발급해 달라고 신청하였다. 한성부에서는 '매매 시에 입지를 시행하고, 전권典券은 시행하지 말 일'이라는 처분을 내렸다.

(01) 中部居 李興雲 白活
(02) 右謹陳所志矣段 矣身家舍 在於本部 大寺洞契伏在 瓦家肆間 空垈伍間廛 賣[買]得
(03) 居生是多可 同文券偸兒見失 日後願買處 憑信無路 故右由 玆敢仰訴爲去乎
(04) 伏乞 參商教是後 後考次 立旨成給之地 千萬望良爲白只爲
(05) 行下向教是事
(06) 漢城府 處分
(07) 辛卯六月 日 所志
(08) 賣買時 立旨施行
(09) 是遣 典券一款 勿以施
(10) 行向事
(11) [防奸] 卄日
(12) □(着押)
[漢城府印]

005-03

1892년 이홍운 명문

56.2×39.4

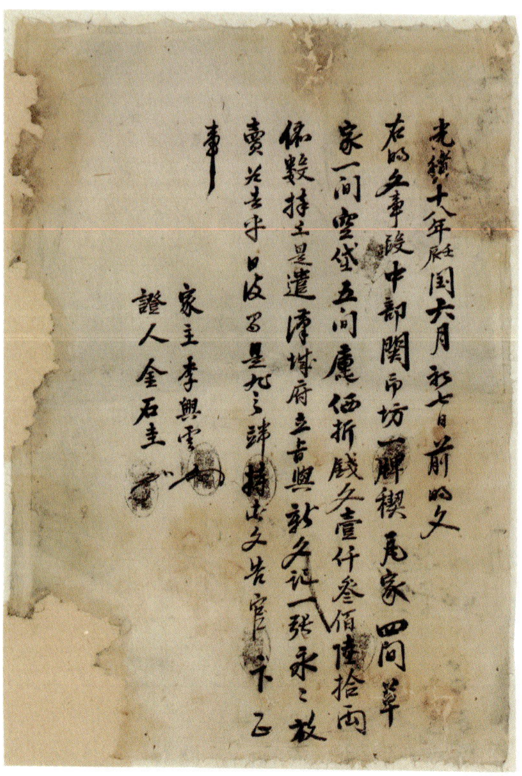

1892년(고종 29) 윤6월 7일에 이홍운이 가옥을 매도하면서 작성한 명문이다. 매물은 중부 관인방일패계寬仁坊一牌契에 있는 와가 4칸, 초가 1칸과 공대 5칸이다. 미상의 매수인에게 해당 가옥을 전문 1,360냥에 매도하였다. 가옥을 매도하면서 이 명문과 본문기에 해당하는 한성부 입지를 함께 양도하였다. 김석규金石圭가 증인으로 참여하였다.

(01) 光緖十八年壬辰閏六月初七日 前 明文
(02) 右明文事段 中部 關[寬]印[仁]坊一牌稧 瓦家四間 草
(03) 家一間 空垈五間廛 價折錢文壹仟參佰陸拾兩
(04) 依數捧上是遣 漢城府立旨與新文記一張 永永放
(05) 賣爲去乎 日後有是非之端 持此文 告官卞正
(06) 事
(07) 家主 李興雲(着名)
(08) 證人 金石圭(着名)

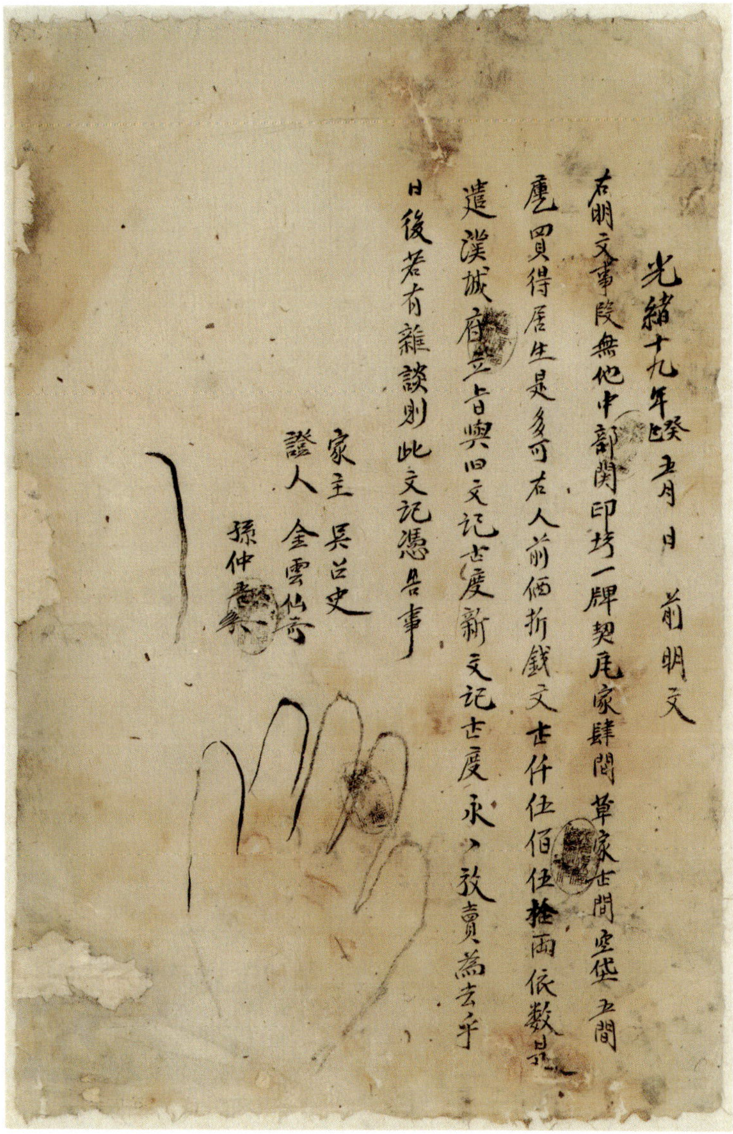

005-04

1893년 오 조이 명문

57.7×38.2

1893년(고종 30) 5월에 오吳 조이가 가옥을 매도하면서 작성한 명문이다. 매물은 중부 관인방일패계에 있는 와가 4칸, 초가 1칸과 공대 5칸이고, 미상의 매수인에게 전문 1,550냥에 매도하였다. 매물과 함께 한성부 입지와 구문기 1장, 신문기 1장을 양도하였다. 김운선金雲仙과 손중오孫仲吾가 증인으로 참여하였다.

(01) 光緖十九年癸巳五月 日 前 明文
(02) 右明文事段 無他 中部 關[寬]印[仁]坊一牌契 瓦家肆間 草家壹間 空垈五間
(03) 廛 買得居生是多[如]可 右人前 價折錢文壹仟伍佰伍拾兩 依數是
(04) 遣 漢城府立旨與舊文記壹度新文記壹度 永永放賣爲去乎
(05) 日後 若有雜談 則此文記 憑告事
(06) 家主 吳召史(手掌)
(07) 證人 金雲仙(着名)
(08) 孫仲吾(着名)
(09) 際

006

1894년 이덕요 명문 등 관인방계 가옥매매문서

1894~1899년

1894년과 1898년, 1899년에 중서 관인방계에 소재한 가옥을 매매한 명문 3점이다. 3점의 문서는 각각 분리되어 있으며 가옥을 구매한 매득인이 기재되어 있지 않아서 관련성이 불분명하다. 다만 1898년 이 조이 명문과 1899년 최순일 명문의 증인과 필집에 동일인이 등장하고 있어 동일한 매물을 거래한 명문으로 추정된다. 1894년 이덕요 명문에서 거래한 가옥은 초가 3칸과 공대 5칸이며 매매금액은 동전 900냥이었다. 1898년 이 조이 명문에서 거래한 가옥은 초가 2칸과 규모가 기재되지 않은 공대이며 매매금액은 500냥이었다. 1899년 최순일 명문에서 거래한 가옥은 초가 3칸과 공대 4칸이며 매매금액은 850냥이었다.

순서	문서명	매매가격	내용
1	1894년 이덕요 명문	전문 900냥	미상의 매수인에게 가옥 매도 - 중서 관인방계 초가 3칸, 공대 5칸
2	1898년 이 조이 명문	전문 500냥	미상의 매수인에게 가옥 매도 - 중서 관인방 대사동일패 초가 2칸, 공대
3	1899년 최순일 명문	전문 850냥	김원일에게 가옥 매도 - 중서 관인방 대사동일패계 초가 3칸, 공대 4칸

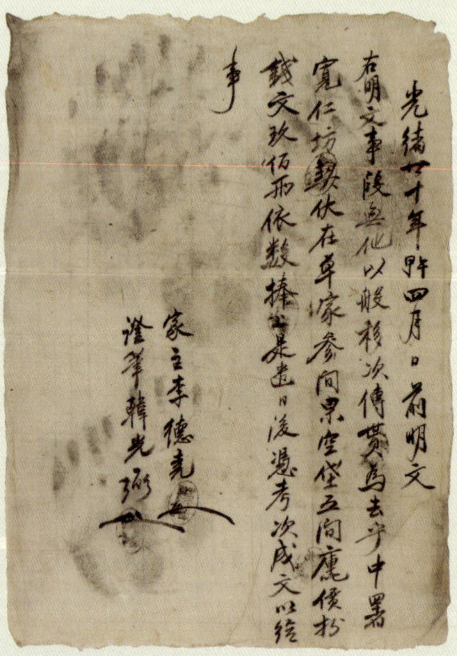

1

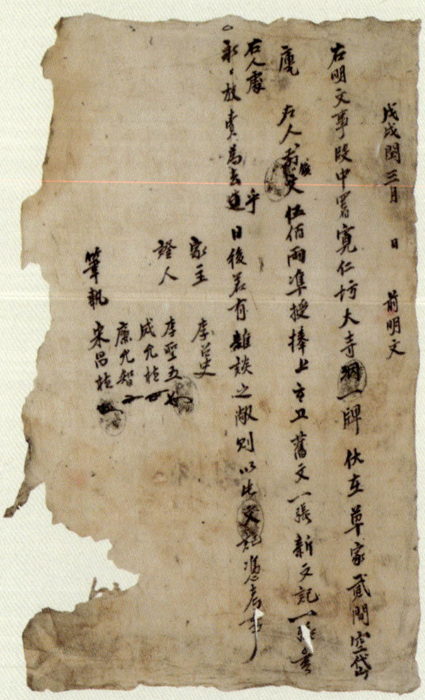

2

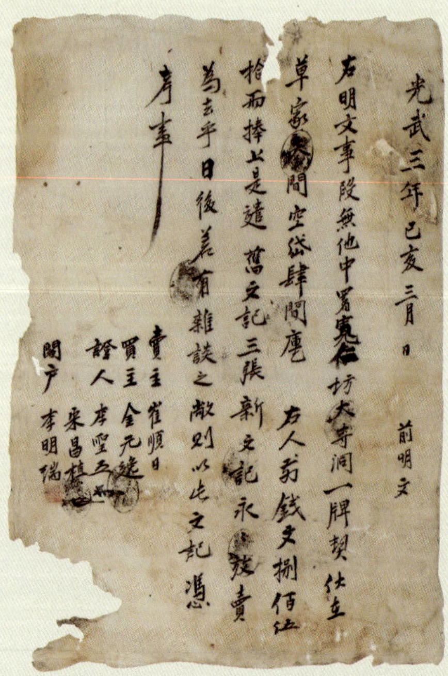

3

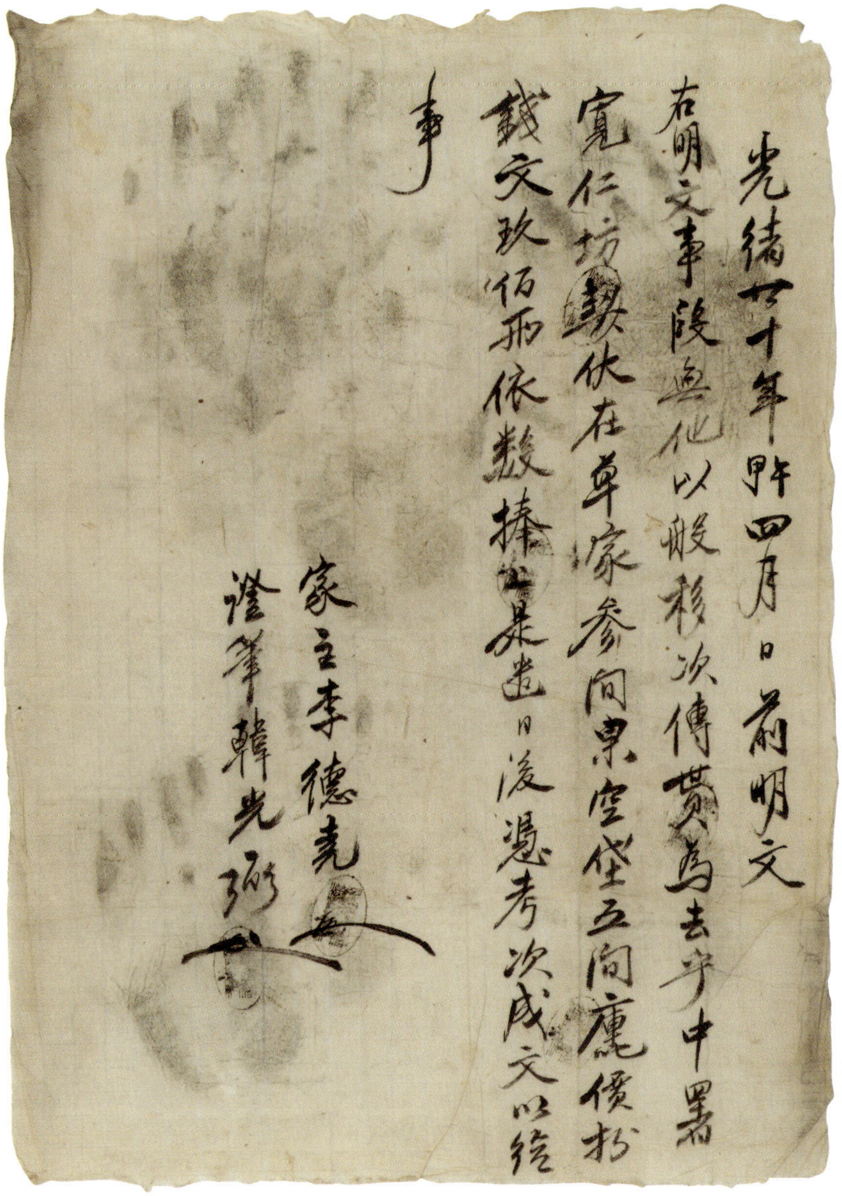

006-01

1894년 이덕요 명문

54.5×39.5

1894년(고종 31) 4월에 이덕요李德堯가 가옥을 매도하면서 작성한 명문이다. 이덕요는 이사하기 위해 전세傳貰를 살게 되었으므로 중서中署 관인방계에 있는 초가 3칸과 공대 5칸을 전문 900냥에 매도하였다. 한광필韓光弼이 증인과 필집을 맡았다.

(01) 光緖廿[二]十年甲午四月 日 前 明文
(02) 右明文事段 無他 以般移次 傳貰爲去乎 中署
(03) 寬仁坊契伏在 草家參間果 空垈五間廳 價折
(04) 錢文玖佰兩 依數捧上是遣 日後憑考次 成文以給
(05) 事
(06) 家主 李德堯(着名)
(07) 證筆 韓光弼(着名)

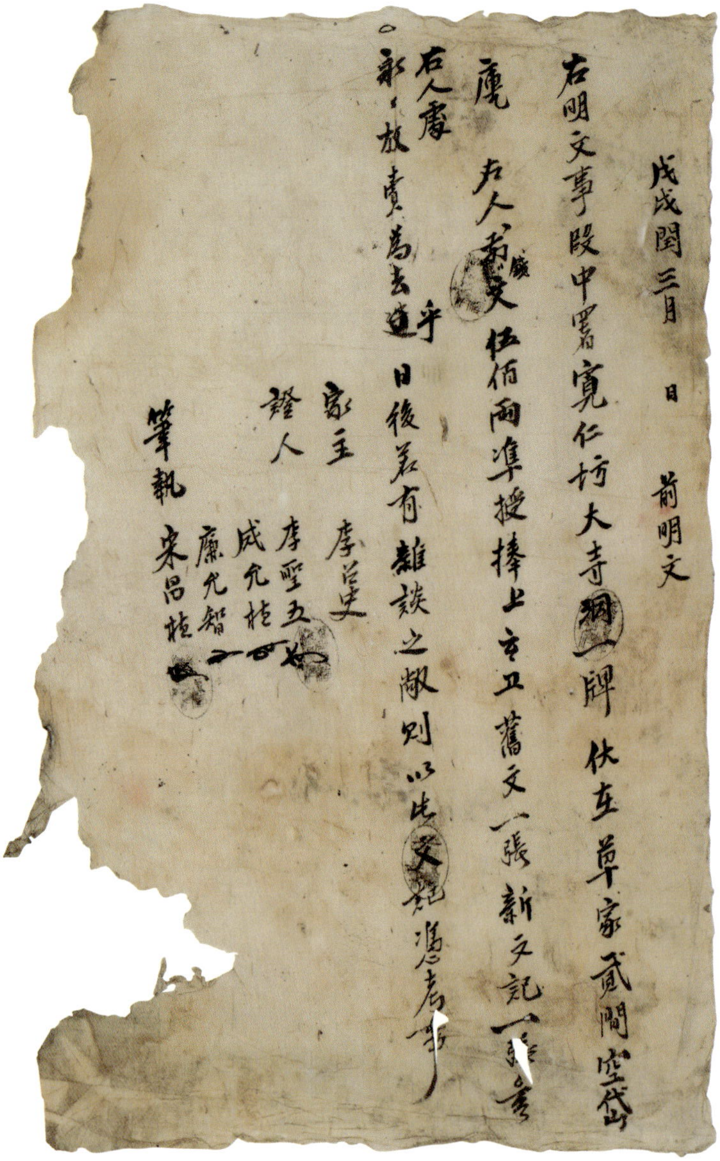

006-02

1898년 이 조이 명문

60.3×36.4

1898년(광무 2) 윤3월에 이李 조이가 가옥을 매도하면서 작성한 명문이다. 무술년은 매물의 소재지를 중서라고 표기한 것을 통해 1898년임을 유추할 수 있다. 1894년(고종 31) 갑오개혁 때 한성부 오부五部를 오서五署로 고쳤는데 중서는 그중 하나이다. 이 조이는 중서 관인방 대사동일패에 있는 초가 2칸과 공대를 전문 500냥에 매도하면서, 구문기 1장과 신문기新文記 1장을 함께 양도하였다. 이성오李聖五, 함윤식咸允植, 염윤지廉允智가 증인으로, 송창식宋昌植이 필집으로 참여하였다.

(01) 戊戌閏三月 日 前 明文
(02) 右明文事段 中署 寬仁坊 大寺洞一牌伏在 草家貳間 空岱
(03) 廛 右人前 錢文伍佰兩 準授捧上ᄒᆞ고 舊文一張 新文記一張을
(04) 右人處 永永放賣爲去■乎 日後 若有雜談之敝[弊] 則以此文記憑考事
(05) 家主 李召史
(06) 證人 李聖五(着名)
(07) 咸允植(着名)
(08) 廉允智(着名)
(09) 筆執 宋昌植(着名)

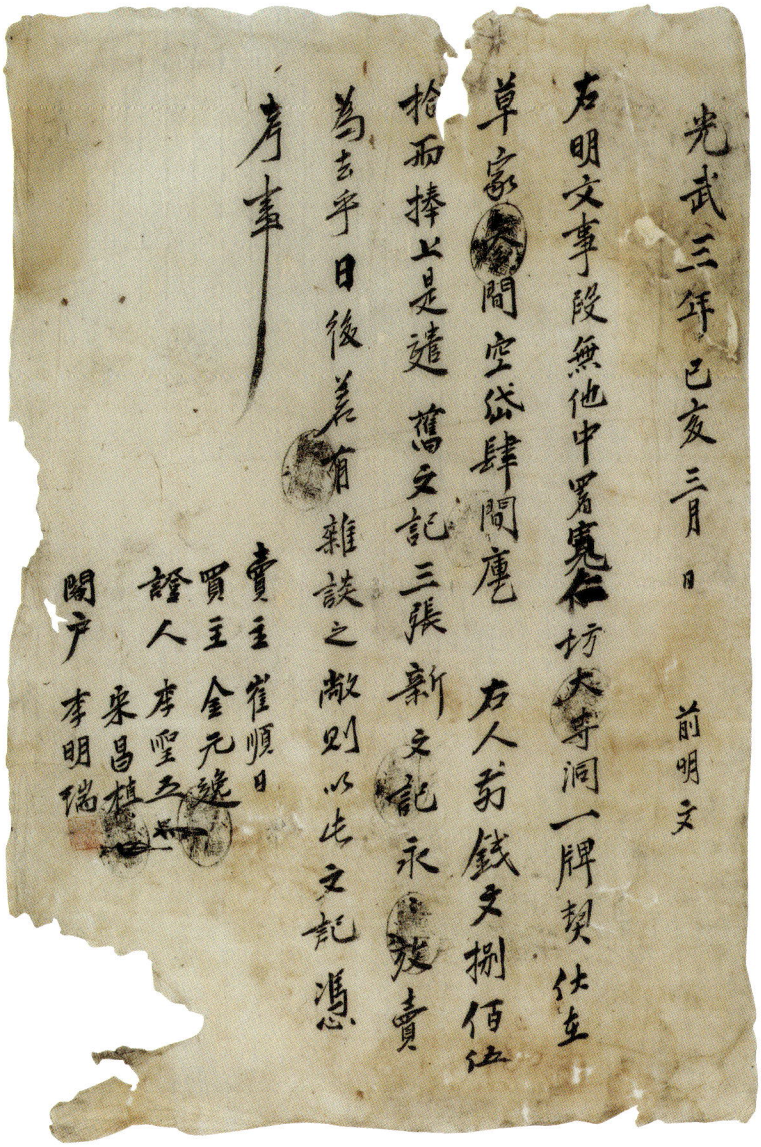

006-03

1899년 최순일 명문

52.2×35.4

1899년(광무 3) 3월에 최순일崔順日이 김원일金元逸에게 가옥을 매도하면서 작성하여 준 명문이다. 최순일은 중서 관인방 대사동일패계에 있는 초가 3칸과 공대 4칸을 전문 850냥에 매도하였고, 구문기 3장과 신문기를 함께 양도하였다. 1898년 이 조이 명문의 작성에도 참여하였던 이성오와 송창식이 증인으로 참여하였으며, 이명서李明瑞가 각호閣戶를 맡았다.

(01) 光武三年己亥三月 日 前 明文
(02) 右明文事段 無他 中署 寬仁坊 大寺洞一牌契伏在
(03) 草家參間 空岱肆間庫 右人前 錢文捌佰伍
(04) 拾兩捧上是遣 舊文記三張 新文記 永永放賣
(05) 爲去乎 日後 若有雜談之敝[弊] 則以此文記憑
(06) 考事
(07) 賣主 崔順日
(08) 買主 金元逸
(09) 證人 李聖五(着名)
(10) 宋昌植(着名)
(11) 閣戶 李明瑞[李明瑞信]

007

병오년 상전 이 패자 등 대묘동계 가옥매매문서

34.4×125.8

병오년 상전 이 패자, 계축년 상전 이 패자, 을묘년 상전 이 패자 총 3점이 연결되어 있는 문서이다. 병오년 상전 이 패자의 매물은 정선방 대묘동계에 있는 와가 40.5칸, 초가 2칸, 신조 초가 2칸, 공대 290칸이다. 소재지나 매물의 규모가 1776년 상전 김 패자 등 대묘동계 가옥매매 관련 문서와 유사하여 같은 매물을 거래한 문서인 것으로 추정된다. 그러나 함께 점련되어 있는 계축년 상전 이 패자와 을묘년 상전 이 패자의 매물은 훈도방 정승계에 있는 와가 37칸, 초가 4칸, 공대 393칸으로서 소재지가 다르고 가옥의 구성도 차이가 있어, 같은 매물인지 분명치 않다. 다만, 세 문서 모두 상전 이가 발급한 것으로 볼 때 한 집안에서 발급한 문서를 모아둔 것으로 보인다. 정승계는 현재의 서울특별시 중구 수표동, 을지로 3가, 입정동, 장교동 일부이며, 대묘동계는 종로구 봉익동 일부에 해당한다.

순서	문서명	매매가격	내용
1	병오년 상전 이 패자	-	노 영득에게 가옥 매도 권한을 위임 - 중부 정선방 대묘동계 와가 40.5칸, 초가 2칸, 신조 초가 2칸, 공대 290칸
2	계축년 상전 이 패자	-	노 성적에게 가옥 매도 권한을 위임 - 중부 정승계 와가 37칸, 초가 4칸, 공대 393칸
3	을묘년 상전 이 패자	-	노 성복에게 가옥 매도 권한을 위임 - 중부 정승계 와가 37칸, 초가 4칸, 공대 393칸

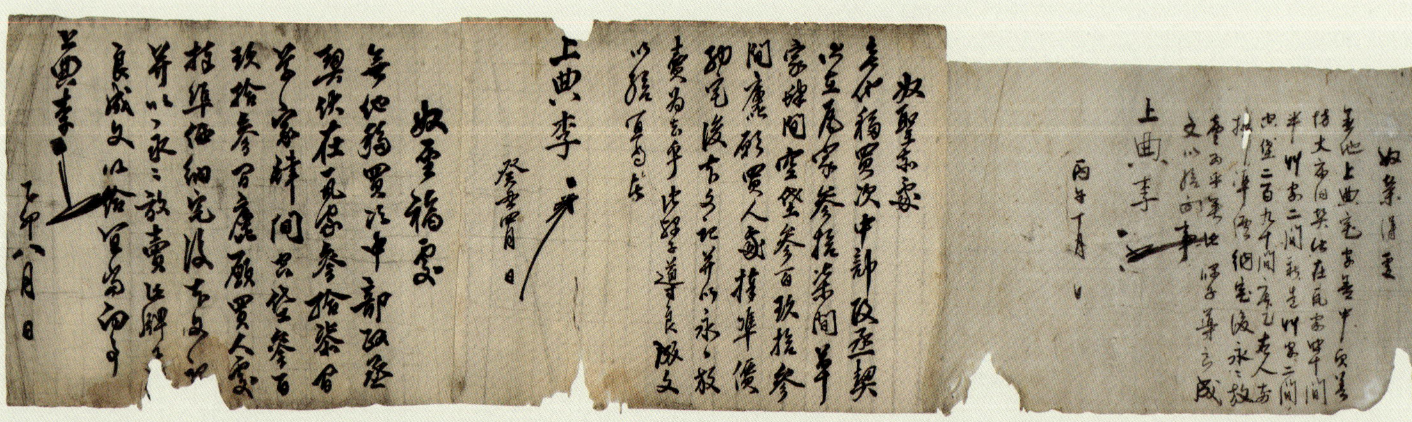

3 2 1

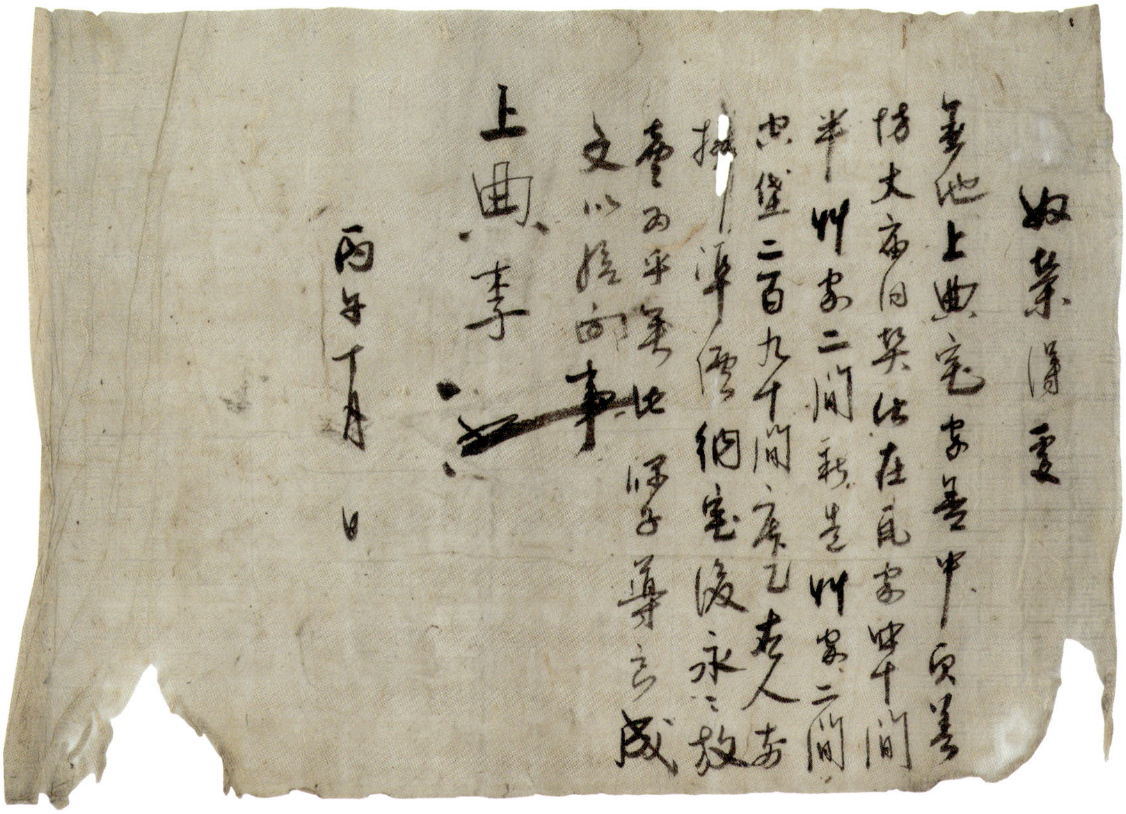

007-01

병오년 상전 이 패자

31.0×42.8

병오년 10월에 상전 이李가 노 영득榮得에게 가옥의 매도를 위임하기 위해 작성하여 준 패자이다. 매물은 중부 정선방 대묘동계에 있는 와가 40.5칸, 초가 2칸, 신조 초가 2칸과 공대 290칸이다. 매수를 원하는 사람에게 값을 받아 상전댁에 납부하고 가옥을 매도하며, 패자와 함께 명문을 작성하여 지급하라고 하였다.

(01) 奴 榮得處
(02) 無他 上典宅家舍 中貞善
(03) 坊 大廟洞契伏在 瓦家四十間
(04) 半 艸家二間 新造艸家二間
(05) 空垈二百九十間庫乙 右人前
(06) ■(捧)準價納宅後 永永放
(07) 賣爲乎矣 此牌子導良 成
(08) 文以給向事
(09) 上典 李(着名)
(10) 丙午十月 日

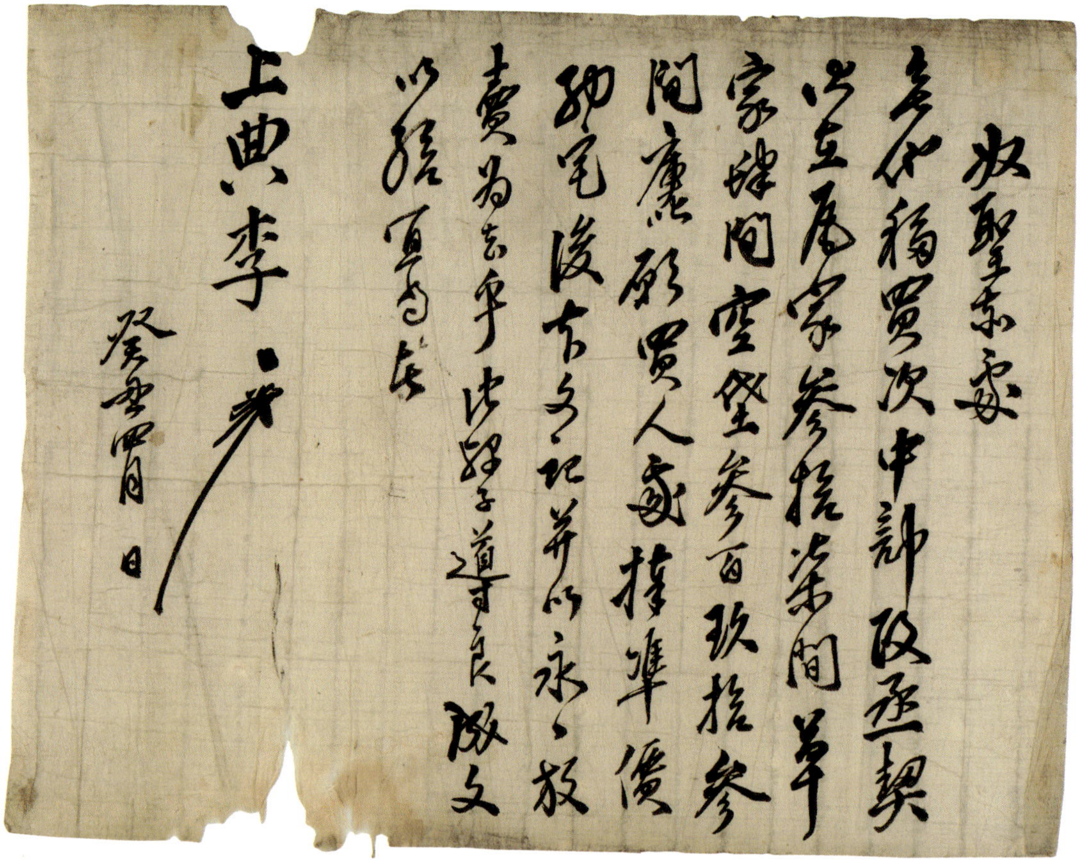

007-02

계축년 상전 이 패자

34.4×42.5

계축년 4월에 상전 이가 노 성적聖赤에게 가옥의 매도를 위임하기 위해 작성하여 준 패자이다. 매물은 중부 정승계政丞契에 있는 와가 37칸, 초가 4칸과 공대 393칸이다. 매수를 원하는 사람에게 값을 받아 상전댁에 납부하고 가옥을 매도하며, 본문기, 패자와 함께 명문을 작성하여 지급하라고 하였다.

(01)　　奴 聖赤處
(02)　無他 移買次 中部 政丞契
(03)　伏在 瓦家參拾柒間 草
(04)　家肆間 空垈參百玖拾參
(05)　間廛 願買人處 捧準價
(06)　納宅後 本文記幷以 永永放
(07)　賣爲去乎 此牌子導良 成文
(08)　以給宜當者
(09)　上典 李(着名)
(10)　　　　癸丑四月 日

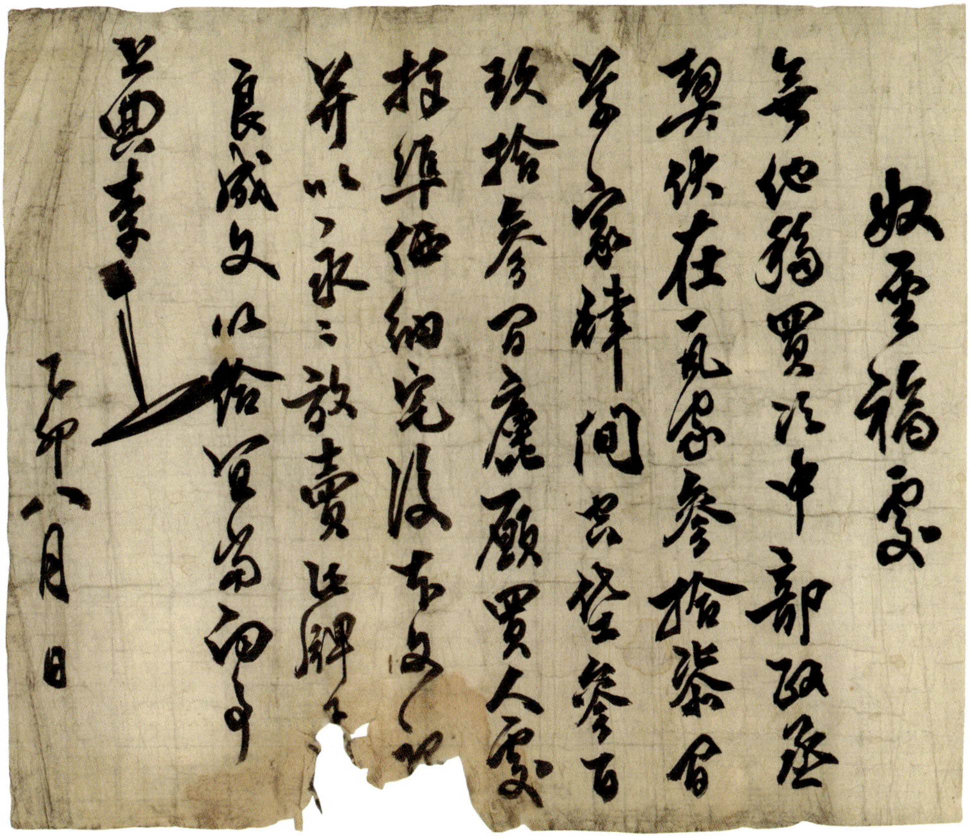

007-03

을묘년 상전 이 패자

33.5×39.8

을묘년 8월에 상전 이가 노 성복聖福에게 가옥의 매도를 위임하기 위해 작성하여 준 패자이다. 매물은 중부 정승계에 있는 와가 37칸, 초가 4칸과 공대 393칸이다. 매수를 원하는 사람에게 값을 받아 상전댁에 납부하고 가옥을 매도하며, 매수인에게 본문기, 패자와 함께 명문을 작성하여 지급하라고 하였다.

(01) 　奴 聖福處
(02) 無他 移買次 中部 政丞
(03) 契伏在 瓦家參拾柒間
(04) 草家肆間 空垈參百
(05) 玖拾參間廛 願買人處
(06) 捧準價納宅後 本文記
(07) 幷以 永永放賣 此牌子■(導)
(08) 良 成文以給宜當向事
(09) 上典 李(着名)
(10) 　　乙卯八月 日

乾隆四年己未十二月十八日金世漢前明文

右明文爲臥乎事段矣家夫永渡橋越邊處國山近處木花田

古餘字今霜字四標則東介山南陞上下西北介山處自己買

得耕食爲如可女孫息婚禮之付要用所出之物無處無路仍于

勢不得右人處價折錢文貳拾兩依數交易捧是遣本文記壹

度並以永永放賣爲去乎事有同生子孫族類中如有雜談是去等持此

文記告官卞正爲乎事

田主 卞召史

訂人 李枝建

朴重俊

筆執 洪萬衡

東部

동부

1. 1609년 통훈대부 서리 손연 명문 등 동대문 밖 토지매매문서
2. 1661년 유학 이위 명문 등 명철방 가옥매매문서
3. 1657년 운계도정 처 성주 이씨 분재기 등 왕십리 토지매매문서
4. 1693년 한수견 명문 등 왕십리 토지매매문서
5. 1694년 상전 경 패자 등 왕십리 토지매매문서
6. 1707년 정귀익 명문 등 동십리 토지매매문서
7. 1793년 상전 김 패자 등 마장리 토지매매문서
8. 1705년 상전 정 패자 등 영도교 토지매매문서
9. 1726년 가선대부 전 첨사 최두만 명문 등 영도교 토지매매문서
10. 1776년 한삼창 명문 등 영도교 토지매매문서
11. 1679년 출신 이태호 명문 등 안암동 토지매매문서
12. 1727년 상전 홍 패자 등 안암동 토지매매문서
13. 1728년 양익천 명문 등 안암동 토지매매문서
14. 1718년 홍상최 명문 등 건덕방 가옥매매문서
15. 1734년 상전 정경부인 이씨 패자 등 건덕방 대전매매문서
16. 1742년 김태화 명문 등 숭신방 토지매매문서
17. 1759년 심성진 소지 등 상가오리 토지매매문서
18. 1762년 상전 송 패자 등 창선방일리 가대매매문서
19. 1774년 한만근 자 한상오 명문 등 창선방계 가옥매매문서
20. 1828년 김익항 명문 등 경모궁이계 가옥 및 토지매매문서
21. 기타 문서

001

1609년 통훈대부 서리 손연 명문 등 동대문 밖 토지매매문서

1609~1765년 | 55.0×1163.5

1609년부터 1765년까지 한성부 동대문 밖 농지 거래에 관한 토지매매명문과 한성부 입안 등 36점이 점련되어 있는 문서이다. 이 문서에서 거래되고 있는 토지는 두 곳으로서, 하나는 7부 6속 면적의 미나리밭이고, 다른 하나는 4무 면적의 배추밭이다.

첫 번째 토지(A)인 미나리밭은 1609년에 서리 손연이 양녀 상이에게 목면 80필을 받고 처음 매도하였다. 상이가 입안을 신청하는 소지와 초사 등이 함께 점련되어 있으나 한성부에서 발급받은 입안은 없다. 계모인 상이로부터 미나리밭을 분재받은 류중립은 1673년에 한상세에게 매도하고 은자 30냥을 받았다. 1693년에는 한상세의 사위인 한경유가 황금찬으로부터 정은자 35냥을 받고 미나리밭을 매도하였으며, 이로부터 5년이 지난 1698년에 황금찬은 조승선에게 토지를 매도하고 정은자 35냥을 받았다. 다시 1706년에 조승선은 정은자 35냥을 받고 밭을 정일만에게 매도하였다. 1673년, 1693년, 1698년의 거래는 한성부 입안과 관련 문서가 함께 점련되어 있으며, 1706년의 거래는 명문만 남아있다.

두 번째 토지(B)인 배추밭에 관한 가장 오래된 문서는 1653년 오섬 분재기이다. 오섬은 셋째 딸 생이에게 배추밭과 서쪽의 공대 12칸을 분재하였다. 이후 1661년에 김외향이 어머니로부터 물려받은 배추밭 4무를 김계남에게 정은자 15냥을 받고 매도하였다. 김계남이 사망한 후 그의 처 김씨가 1673년에 한상세에게 정은자 15냥을 받고 토지를 매도하였으며, 이로부터 13년 후인 1686년에 한경유가 김계남 처 김씨로부터 전래된 토지를 김중기에게 정은자 15냥에 매도하였다. 마지막으로, 김중기가 1694년에 정시한에게 배추밭 4무를 팔고 정은자 15냥을 받았다.

두 토지는 1714년에 정일만에 의해 일괄 매도되기 시작했다. 정일만은 1706년에 조승선으로부터 매수한 미나리밭과 아버지 정시한으로부터 분재받은 배추밭을 박수원에게 정은자 45냥을 받고 판매하였다. 이때 방매한 배추밭은 4무에서 1무로 변동되었으며, 미나리밭은 당시 3무로 기재되었다. 이후 1731년 박 첨사 댁 노 월동이 능성부수 댁 노 상진에게 토지를 매도할 때 대금으로 은자 대신 동전 120냥을 받았다. 점련문서의 가장 마지막 문서는 1765년에 상전 이가 자신의 노 춘성에게 토지 매도를 대행하도록 위임한 패자이며, 그 외의 거래 관련 문서들은 남아있지 않다.

거래	순서	문서명	매매가격	내용
A1	1	1609년 통훈대부 서리 손연 명문	5승 목면 80필	양녀 상이에게 토지 매도 – 동대문 밖 황자 수근답 번전 7부 6속
	2	1609년 상이 소지	-	한성부에 입안 신청
	3	1609년 서리 손연 초사	-	한성부에 매매 사실 진술
	4	1609년 증인 김언준 등 초사	-	한성부에 매매 사실 진술
A2	5	1673년 류중립 명문	은자 30냥	한상세에게 토지 매도 – 동대문 밖 황자 수근 번전 7부 6속, 6무
	6	1673년 한상세 소지	-	한성부에 입안 신청
	7	1673년 류중립 초사	-	한성부에 매매 사실 진술
	8	1673년 증인 김호상 등 초사	-	한성부에 매매 사실 진술
	9	1673년 한성부 입안	-	한상세에게 매매 사실을 공증하는 입안 발급

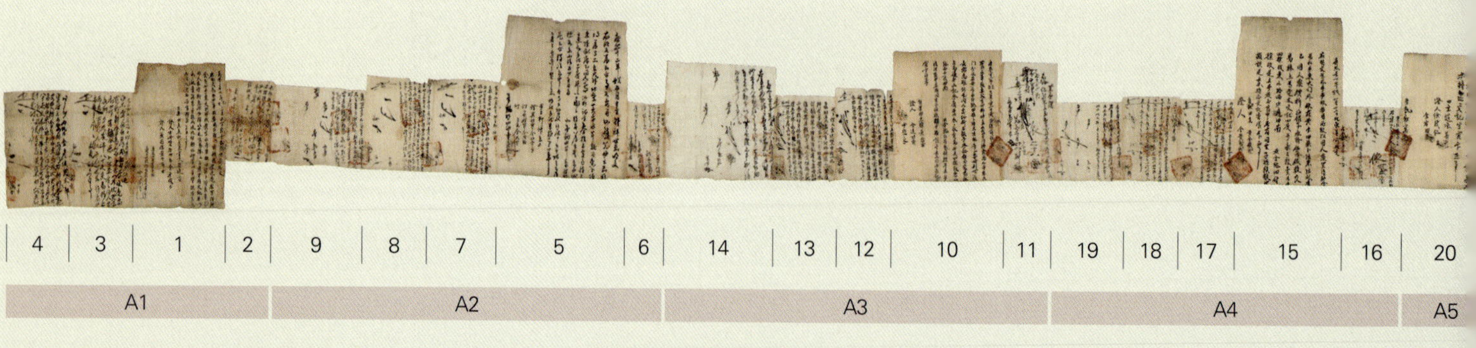

거래	순서	문서명	매매가격	내용
A3	10	1693년 한경유 명문	정은자 35냥	황금찬에게 토지 매도 - 동대문 밖 황자 수근 전답 7부 6속, 6무
	11	1693년 황금찬 소지	-	한성부에 입안 신청
	12	1693년 한경유 초사	-	한성부에 매매 사실 진술
	13	1693년 증인 김정망 등 초사	-	한성부에 매매 사실 진술
	14	1693년 한성부 입안	-	황금찬에게 매매 사실을 공증하는 입안 발급
A4	15	1698년 황금찬 명문	정은자 35냥	조승선에게 토지 매도 - 동대문 밖 황자 전 7부 6속, 6무
	16	1698년 통정 조승선 소지	-	한성부에 입안 신청
	17	1698년 황금찬 초사	-	한성부에 매매 사실 진술
	18	1698년 증인 김귀성 초사	-	한성부에 매매 사실 진술
	19	1698년 한성부 입안	-	조승선에게 매매 사실을 공증하는 입안 발급
A5	20	1706년 조승선 명문	정은자 35냥	정일만에게 토지 매도 - 동대문 밖 황자 전 7부 6속, 6무
B1	21	1653년 오섬 분재기	-	셋째 딸 생이에게 토지와 가옥 분재 - 황자 백채전 - 서변 공대 12칸
B2	22	1661년 김외향 명문	정은자 15냥	절충 김계남에게 토지 매도 - 황자 백채전 4무
B3	23	1673년 고 절충 김계남 처 김씨 명문	정은자 15냥	동지 한상세에게 토지 매도 - 황자 백채전 4무
	24	1673년 한상세 소지	-	한성부에 입안 신청
	25	1673년 김계남 처 김 조이 초사	-	한성부에 매매 사실 진술
	26	1673년 증인 용처하 등 초사	-	한성부에 매매 사실 진술
	27	1673년 한성부 입안	-	한상세에게 매매 사실을 공증하는 입안 발급
B4	28	1686년 한경유 명문	정은자 15냥	김중기에게 토지 매도 - 황자 백채전 4무
B5	29	1694년 김중기 명문	정은자 15냥	정시한에게 토지 매도 - 황자 백채전 4무
C1	30	1714년 정일만 명문	정은자 45냥	절충 박수원에게 토지 매도 - 동대문 밖 황자 백채전 4무(현재 1무) - 황자 전 7부 6속, 6무(현재 3무)
	31	1714년 박수원 소지	-	한성부에 입안 신청
	32	1714년 정일만 초사	-	한성부에 매매 사실 진술
	33	1714년 증인 정이만 등 초사	-	한성부에 매매 사실 진술
	34	1714년 한성부 입안	-	박수원에게 매매 사실을 공증하는 입안 발급
C2	35	1731년 박 첨사 댁 노 월동 명문	전문 120냥	능성부수 댁 노 상진에게 토지 매도 - 동대문 밖 황자 백채전 4무(현재 1무) - 황자 전 7부 6속, 6무(현재 3무)
C3	36	1765년 상전 이 패자	-	노 춘성에게 토지 매도 권한을 위임 - 동대문 밖 황자 백채전 4무(현재 1무) - 황자 전 7부 6속, 6무(현재 3무)

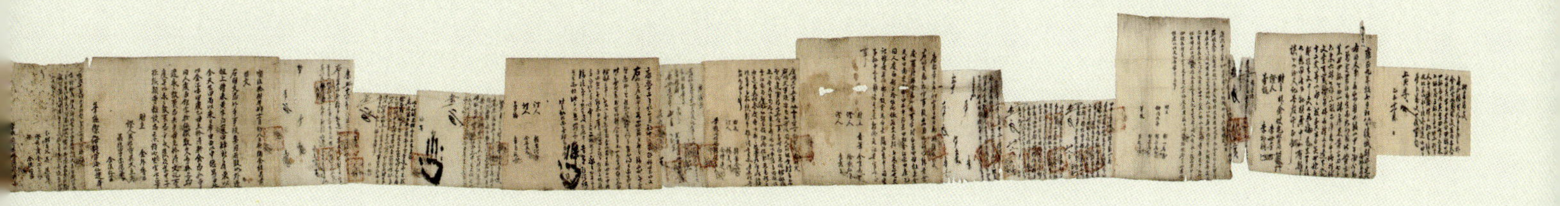

21	22	27	26	25	23	24	28	29	34	33	32	30	31	35	36
B1	B2	B3					B4	B5	C1					C2	C3

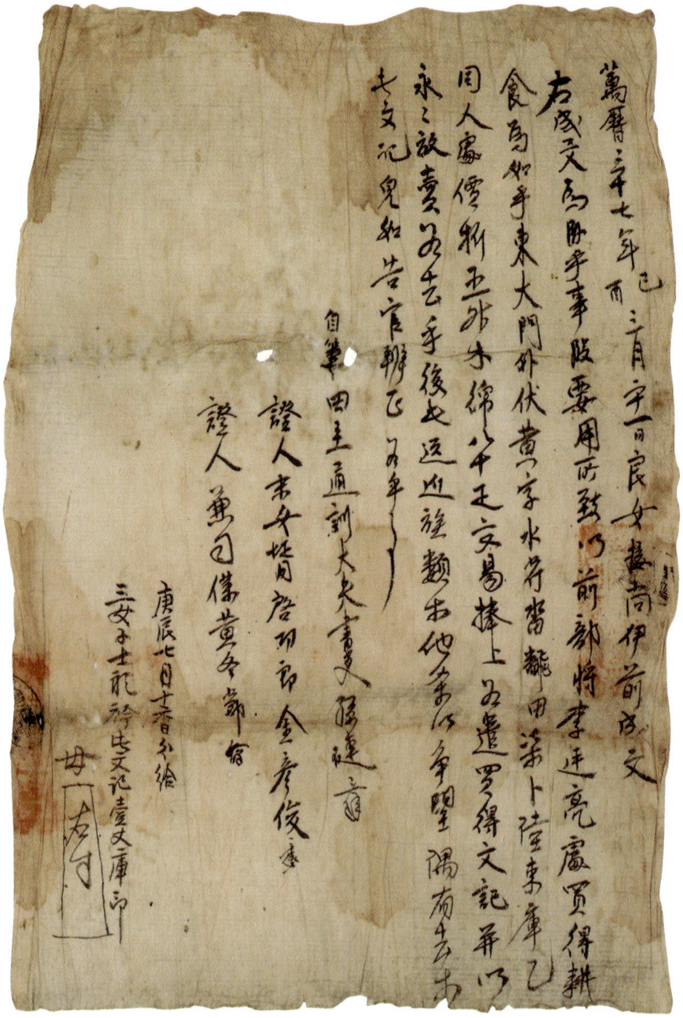

001-01

1609년 통훈대부 서리 손연 명문

48.4×35.2

1609년(광해군 1) 3월 21일에 손연孫連이 상이尙伊에게 토지를 매도하면서 작성하여 준 명문이다. 손연은 긴요하게 쓸 곳이 있어서 전 부장部將 이정량李廷亮에게 매수하여 경작해온 토지를 상이에게 매도하였다. 매물은 한성부 동대문 밖에 위치한 황자黃字 미나리논水芹畓의 번전飜田이며 면적은 7부負 6속束이다. 번전은 기존의 토지를 밭으로 바꾸었음을 뜻한다. 손연은 상이에게 5승五升 목면木綿 80필을 받고 이 미나리밭을 매도하였으며, 이전의 매득문기, 즉 본문기를 함께 양도하였다. 손연이 직접 명문을 작성하였고, 사위인 계공랑啟功郎 김언준金彦俊과 겸사복兼司僕 황동절黃冬節이 증인으로 참여하였다. 토지매매명문에는 해당 토지의 자호와 지번地番, 지목地目, 면적, 소출량, 사표四標 등 자세한 정보를 기입한다. 자호는 토지마다 천자문 순서대로 부여한 분류기호이고, 지번은 그 하위의 토지 번호이다. 지목은 논과 밭 등 토지의 종류이다. 면적은 결부법을 기본으로 하나 지목에 따라 두락지斗落只, 야미夜味, 일경日耕 등의 정보를 기입하기도 하였다. 이외에 양전 방향이나 토지의 품등, 형태, 길이 등을 추가하기도 하였다.

(01) 萬曆三十七年己酉三月二十一日 良女接 尙伊前 成文
(02) 右成文爲臥乎事段 要用所致以 前部將李廷亮處 買得耕
(03) 食爲如乎 東大門外伏 黃字 水芹畓飜田 柒卜陸束庫乙
(04) 同人處 價折五升木綿八十疋 交易捧上爲遣 買得文記幷以
(05) 永永放賣爲去乎 後此遠近族類等 他條以 爭望隅有去等
(06) 此文記皃如 告官辯正爲乎事
(07) 自筆 田主 通訓大夫·書吏 孫連(着名)
(08) 證人 末女壻 啟功郎 金彦俊(着名)
(09) 證人 兼司僕 黃冬節(着名)
(10) 庚辰七月十六日 分給
(11) 三女子 士礼衿 此文記壹丈庫 印
(12) 母(右寸)

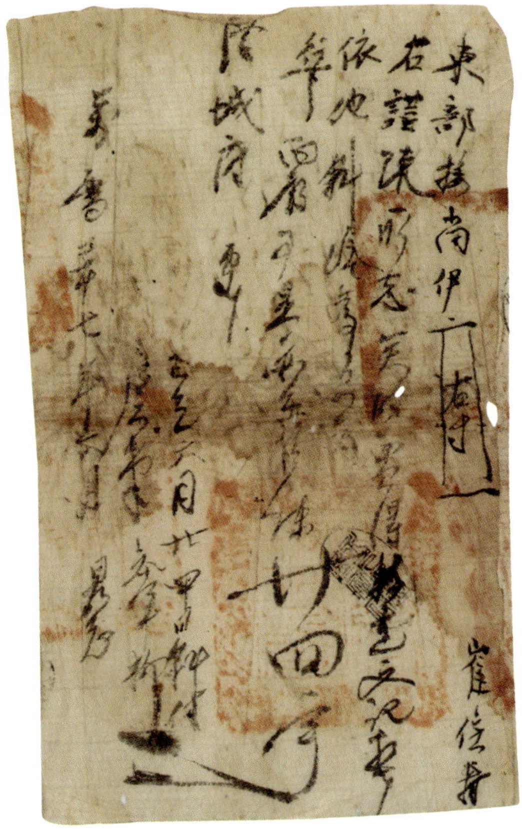

001-02

1609년 상이 소지

26.6×17.8

1609년(광해군 1) 6월에 상이가 한성부에 올린 입안신청 소지이다. 소지와 함께 점련하여 제출하는 명문을 검토하여 이에 대한 사급입안을 발급해 줄 것을 요청하였다. 소지의 접수일은 24일이고 우宇, 즉 형방에서 입안 발급을 담당하였다. 담당 방장인 참군 류柳가 같은 날 입안 발급을 처리하였다. 상이의 이름 아래에 최임수崔任壽의 이름이 기재되어 있는데 함께 소지를 올린 인물인지는 분명치 않다.

(01) 東部接 尙伊(右寸) 　　　崔任壽
(02) 右謹陳所志矣段 買得粘連文記相考
(03) 依他斜給爲白只爲
(04) 行下向敎事是亦在 所陳
(05) 漢城府 處分
(06) 萬曆三十七年六月 日 所志
(07) 　　　　　　　　　卄四 宇
(08) 　　　　　　己酉六月卄四日 斜付
(09) 　　　　　　房掌 參軍 柳(着押)
[漢城府印]

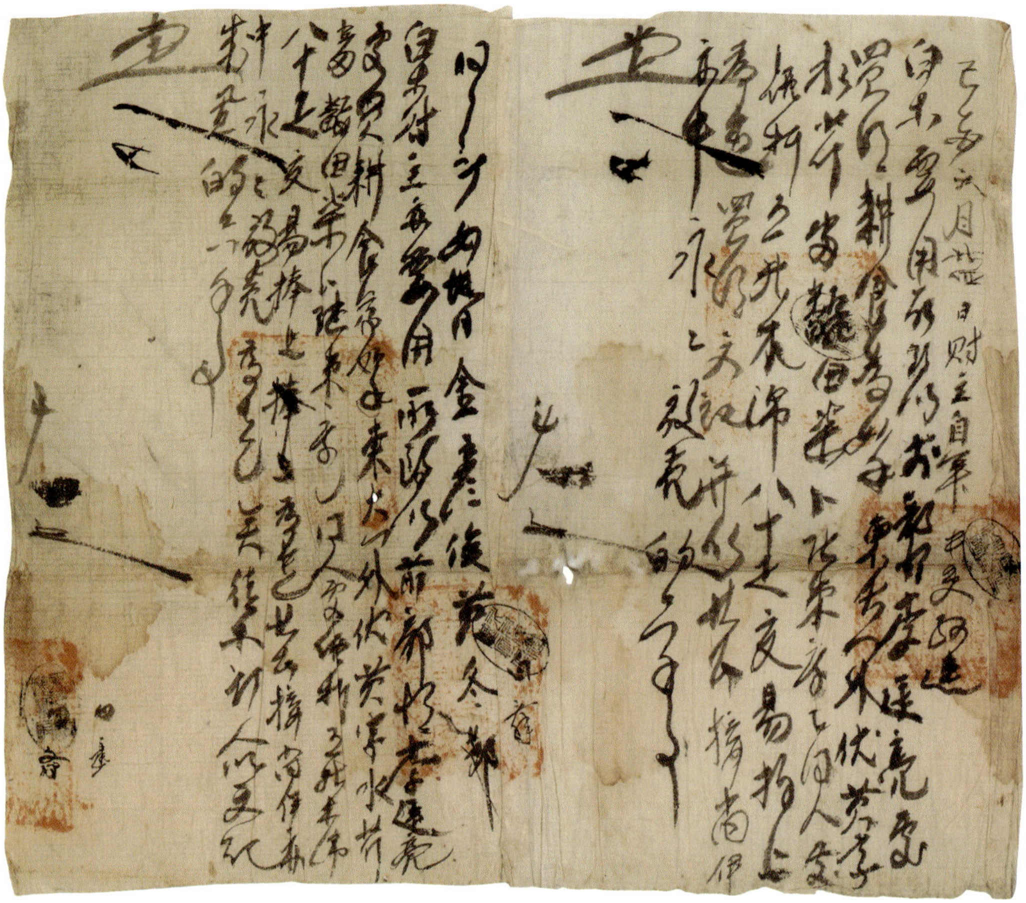

001-04

1609년 증인 김언준 등 초사

38.2×23.1

(01)　同日 訂 女壻 金彦俊 黃冬節
(02) 白等 財主亦 要用所致以 前部將李廷亮
(03) 處 買耕食爲如乎 東大門外伏 黃字 水芹
(04) 畓飜田 柒卜陸束庫乙 同人處 價折五升木綿
(05) 八十疋 交易捧上爲遣 狀者接尙伊亦
(06) 中 永永放賣爲去乙 矣徒等 訂人以 文記
(07) 成置的只乎事
(08) 　　　　　　　　　　白(着名)
(09) 　　　　　　　　　　白(着名)
(10) 堂上(着押)　郎廳(着押)
[漢城府印]

001-03

1609년 서리 손연 초사

38.2×24.5

(01)　己酉六月卄四日 財主 自筆 書吏 孫連
(02) 白等 要用所致以 前部將李廷亮處
(03) 買得耕食爲如乎 東大門外伏 黃字
(04) 水芹畓飜田 柒卜陸束庫乙 同人處
(05) 價折五升木綿八十疋 交易捧上
(06) 爲遣 買得文記幷以 狀者接尙伊
(07) 亦中 永永放賣的只乎事
(08) 　　　　　　　　白(着名)
(09) 堂上(着押)　郎廳(着押)
[漢城府印]

1609년(광해군 1) 6월 24일에 손연과 증인 김언준 등이 토지매매 사실을 한성부에 진술한 초사이다. 손연은 전 부장 이정량에게서 매수하여 경작해온 동대문 밖 소재 미나리밭 7부 6속을 상이에게 5승 목면 80필에 매도하고 매득문기를 함께 양도한 것이 사실임을 진술하였다. 김언준과 황동절은 손연의 거래에 증인과 필집으로 참여하여 명문을 작성한 것이 사실임을 진술하였다.

001-05

1673년 류중립 명문

53.7×50.4

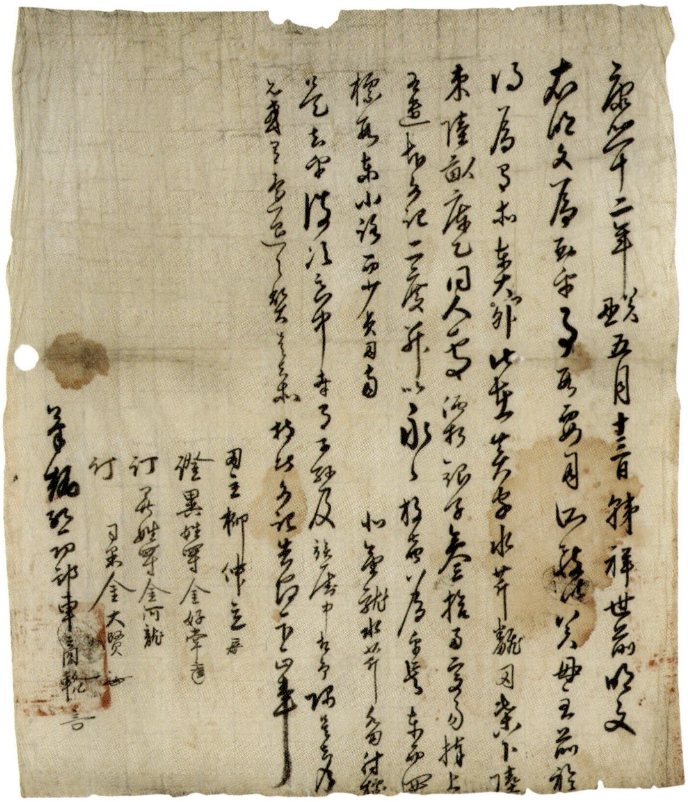

1673년(현종 14) 5월 13일에 류중립柳仲立이 한상세韓祥世에게 토지를 매도하면서 작성하여 준 명문이다. 류중립은 계모繼母로부터 물려받은 밭을 한상세에게 은자 30냥을 받고 매도하였으며 본문기 2장을 함께 양도하였다. 매물은 한성부 동대문 밖의 황자黃字 미나리밭이며 면적은 7부 6속, 6무畝였다. 토지의 사표四標는 동쪽에 작은 길이 있고, 서쪽에 소정少貞의 밭이 있으며, 북쪽에는 김용金龍의 미나리논이 있다고 하였다. 남쪽은 공란으로 두었다. 사촌 김호상金好常과 김하룡金河龍, 김대현金大賢이 증인으로, 차상로車商輅가 필집으로 참여하였다.

(01) 康熙十二年癸丑五月十三日 韓祥世前 明文
(02) 右明文爲臥乎事段 要用所致以 癸[繼]母主前 衿
(03) 得爲有等 東大門外伏在 黃字 水芹飜田 柒卜陸
(04) 東·陸畝庫乙 同人處 價折銀子參拾兩 交易捧上
(05) 爲遣 本文記二度幷以 永永放賣爲乎矣 東西四
(06) 標段 東小路 西少貞田 南　北金龍水芹畓 付標
(07) 是去乎 後次良中 幸有子孫及族屬中 相爭隅是去乃
(08) 亦或有還退之弊是去等 持此文記 告官卞正事
(09) 田主 柳仲立(着名)
(10) 證 異姓四寸 金好常(着名)
(11) 訂 異姓四寸 金河龍
(12) 訂 司果 金大賢(着名)
(13) 筆執 啟功郎 車商輅(着名)

001-06

1673년 한상세 소지

26.0×15.8

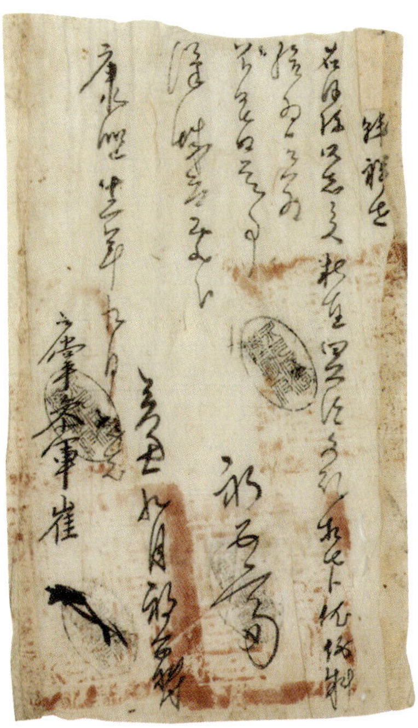

1673년(현종 14) 9월에 한상세가 한성부에 올린 입안신청 소지이다. 소지와 함께 점련한 매매명문을 검토하여 이에 대한 사급입안을 발급해줄 것을 요청하였다. 소지의 접수일은 5일이고, 공방에서 입안 발급을 담당하였다. 담당 방장인 참군 최崔가 같은 날 입안 발급을 처리하였다.

(01) 韓祥世
(02) 右謹陳所志矣 粘連買得文記相考 依例斜
(03) 給爲白只爲
(04) 行下向教是事
(05) 漢城府 處分
(06) 康熙十二年九月 日 所志
(07) 初五 宙
(08) 癸丑九月初五 斜付
(09) 房掌 參軍 崔(着押)
[漢城府印]

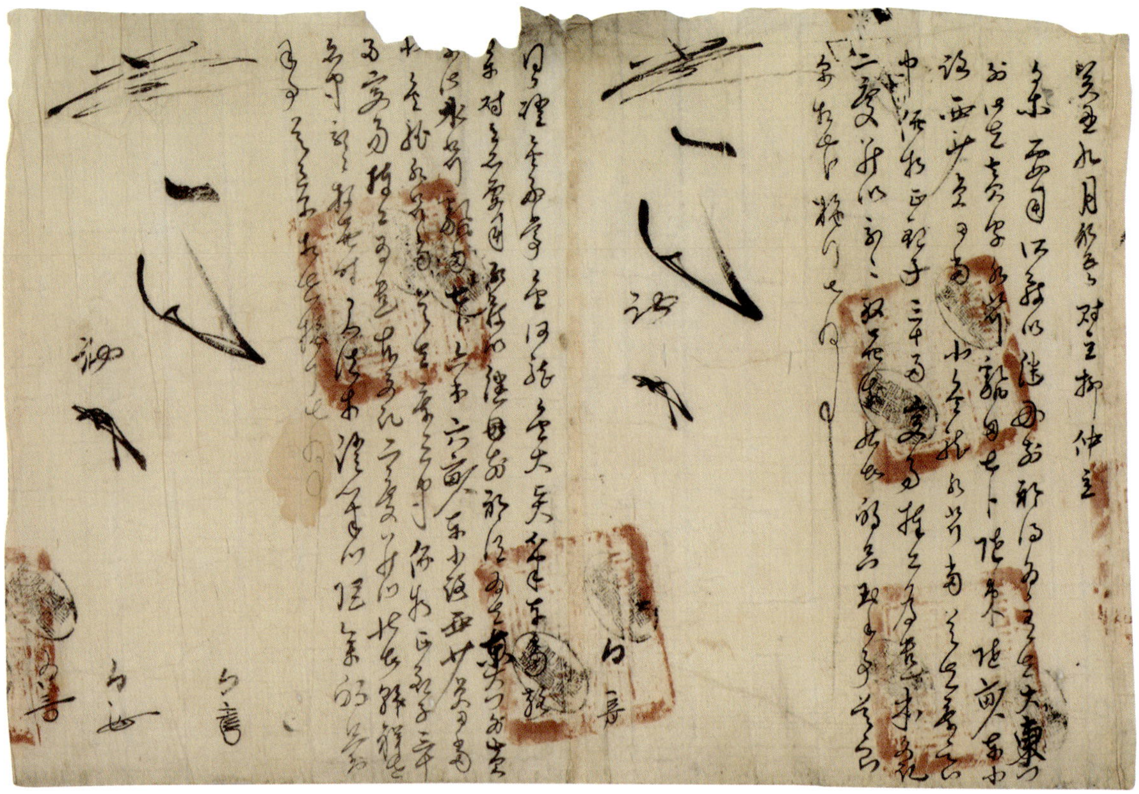

001-08

1673년 증인 김호상 등 초사

31.2×25.8

(01) 同日 證 金好常 金河龍 金大賢 筆 車商輅
(02) 白等 財主亦 要用所致以 繼母前 衿得爲在 東大門外 黃
(03) 字伏 水芹飜田 七卜六束·六畝 東小路 西少貞田 南
(04) 北金龍水芹畓是在庫良中 價折正銀子三十
(05) 兩 交易捧上爲遣 本文記二度幷以 狀者韓祥世
(06) 亦中 永永放賣時 矣徒等 證筆以隨參的只臥
(07) 乎事是良
(08) 白(着名)
(09) 白(着名)
(10) 白(着名)
(11) 堂上(着押) 郎廳(着押)
[漢城府印]

001-07

1673년 류중립 초사

31.4×25.6

(01) 癸丑九月初五日 財主 柳仲立
(02) 白等 要用所致以 繼母前 衿得爲白有在 東大門
(03) 外伏在 黃字 水芹飜田 七卜陸束·陸畝 東小
(04) 路 西少貞田 南 北金龍水芹畓是在庫良
(05) 中 價折正銀子三十兩 交易捧上爲遣 本文記
(06) 二度幷以 永永放賣於狀者 的只臥乎事是良
(07) 厼 相考施行敎事
(08) 白(着名)
(09) 堂上(着押) 郎廳(着押)
[漢城府印]

1673년(현종 14) 9월 5일에 류중립과 증인 김호상 등이 토지매매 사실을 한성부에 진술한 초사이다. 류중립은 계모로부터 물려받은 동대문 밖 소재 미나리밭 7부 6속, 6무를 한상세에게 정은자 30냥에 매도하고 본문기 2장을 함께 양도한 것이 사실임을 진술하였다. 김호상과 김하룡, 김대현, 차상로는 류중립의 거래에 증인과 필집으로 참여하여 명문을 작성한 것이 사실임을 진술하였다.

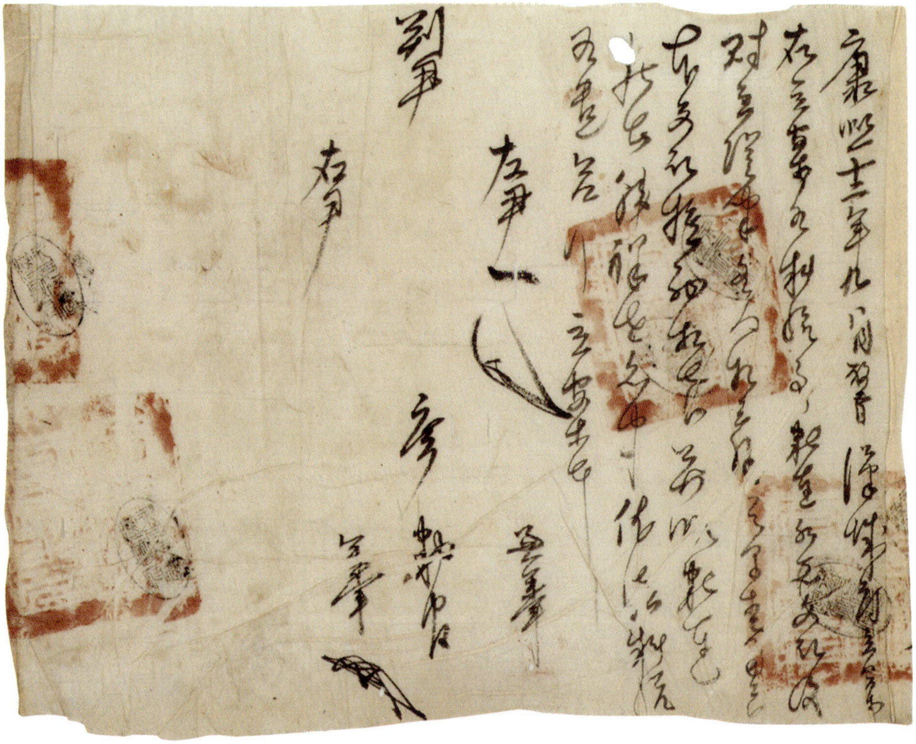

001-09

1673년 한성부 입안

26.0×35.2

1673년(현종 14) 9월 5일에 한성부에서 한상세에게 토지매매 사실을 공증하여 발급한 입안이다. 한성부는 한상세의 입안신청 소지와 점련하여 제출한 명문과 초사를 확인하고, 함께 관에 제출한 본문기의 내용을 검토하여 해당 토지의 전래 경위를 파악한 후 입안을 발급하였다.

(01) 康熙十二年九月初五日 漢城府立案
(02) 右立案爲斜給事 粘連所志文記 及
(03) 財主證筆各人招辭是乎等乙用良
(04) 本文記推納相考 幷以粘連
(05) 狀者韓祥世亦中 依法斜給
(06) 爲遣 合行立案者
(07) 左尹(着押) 兼參軍
(08) 判尹 庶尹 判官
(09) 右尹 參軍(着押)
[漢城府印]

001-10

1693년 한경유 명문

43.8×41.9

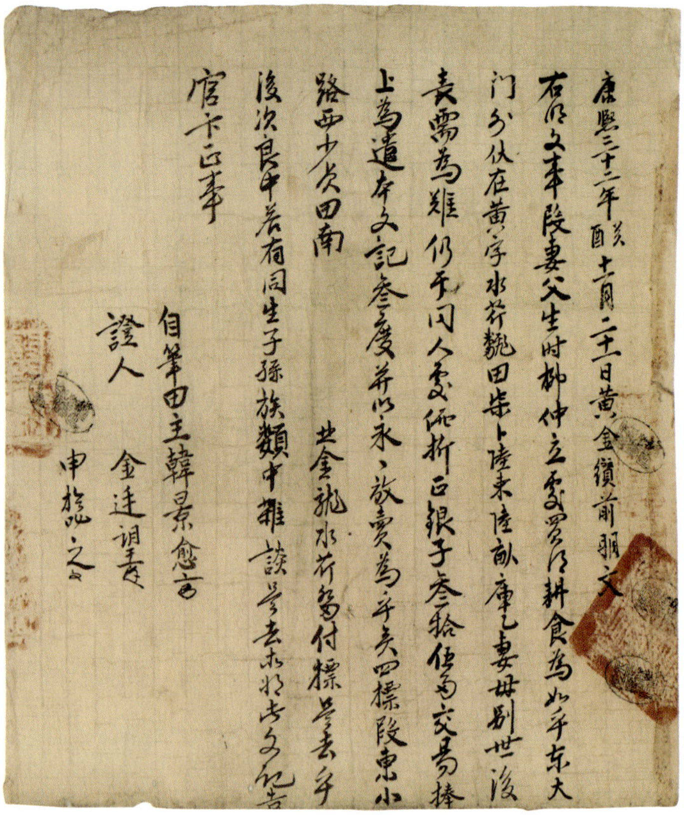

1693년(숙종 19) 11월 21일에 한경유韓景愈가 황금찬黃金纘에게 토지를 매도하면서 작성하여 준 명문이다. 한경유는 장모의 상례 비용으로 쓰기 위해 장인이 생전에 류중립으로부터 매수하여 경작해온 밭을 정은자 35냥에 황금찬에게 매도하였다. 매물은 한성부 동대문 밖에 소재한 황자黃字 미나리 번전 7부 6속, 6무이다. 명문을 발급하면서 본문기 3장을 함께 양도하였다. 김정망金廷望과 신엇지申旕之가 증인으로 참여하였으며, 매도자인 한경유가 직접 명문을 작성하였다.

(01) 康熙三十二年癸酉十一月二十一日 黃金纘前 明文
(02) 右明文事段 妻父生時 柳仲立處 買得耕食爲如乎 東大
(03) 門外伏在 黃字 水芹䉶田 柒卜陸束·陸畝庫乙 妻母別世後
(04) 喪需爲難仍于 同人處 價折正銀子參拾伍兩 交易捧
(05) 上爲遣 本文記參度幷以 永永放賣爲乎矣 四標段 東小
(06) 路 西少貞田 南 北金龍水芹沓 付標是去乎
(07) 後次良中 若有同生子孫族類中 雜談是去等 將此文記 告
(08) 官卞正事
(09) 自筆 田主 韓景愈(着名)
(10) 證人 金廷望(着名)
(11) 申旕之(着名)

001-11

1693년 황금찬 소지

39.2×22.4

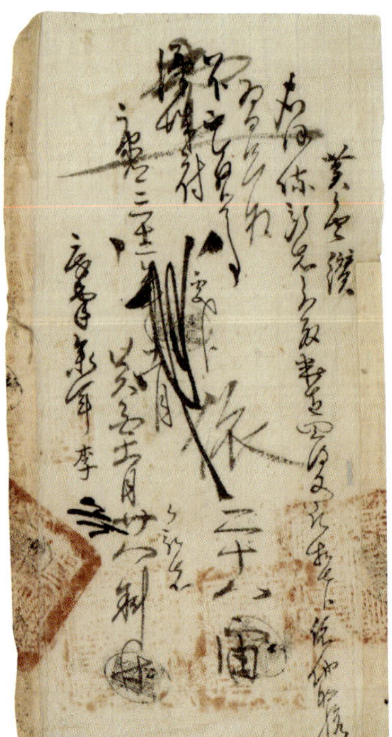

1693년(숙종 19) 11월에 황금찬이 한성부에 올린 입안신청 소지이다. 소지와 함께 점련한 매매명문을 검토하여 이에 대한 사급입안을 발급해줄 것을 요청하였다. 소지의 접수일은 28일이고, 공방에서 입안 발급을 담당하였다. 한성부 당상관이 '그대로 시행하라(依)'는 처결을 내렸고, 담당 방장 참군 이李는 같은 날 입안 발급을 처리하였다.

(01) 黃金纘
(02) 右謹陳所志矣段 粘連買得文記相考 依他斜給
(03) 爲白只爲
(04) 行下向敎是事
(05) 漢城府 處分
(06) 康熙三十二年十一月 日 所志
(07) 依 二十八 宙
(08) 堂上(着押)
(09) 癸酉十一月卄八 斜付
(10) 房掌 參軍 李(着押)
[漢城府印]

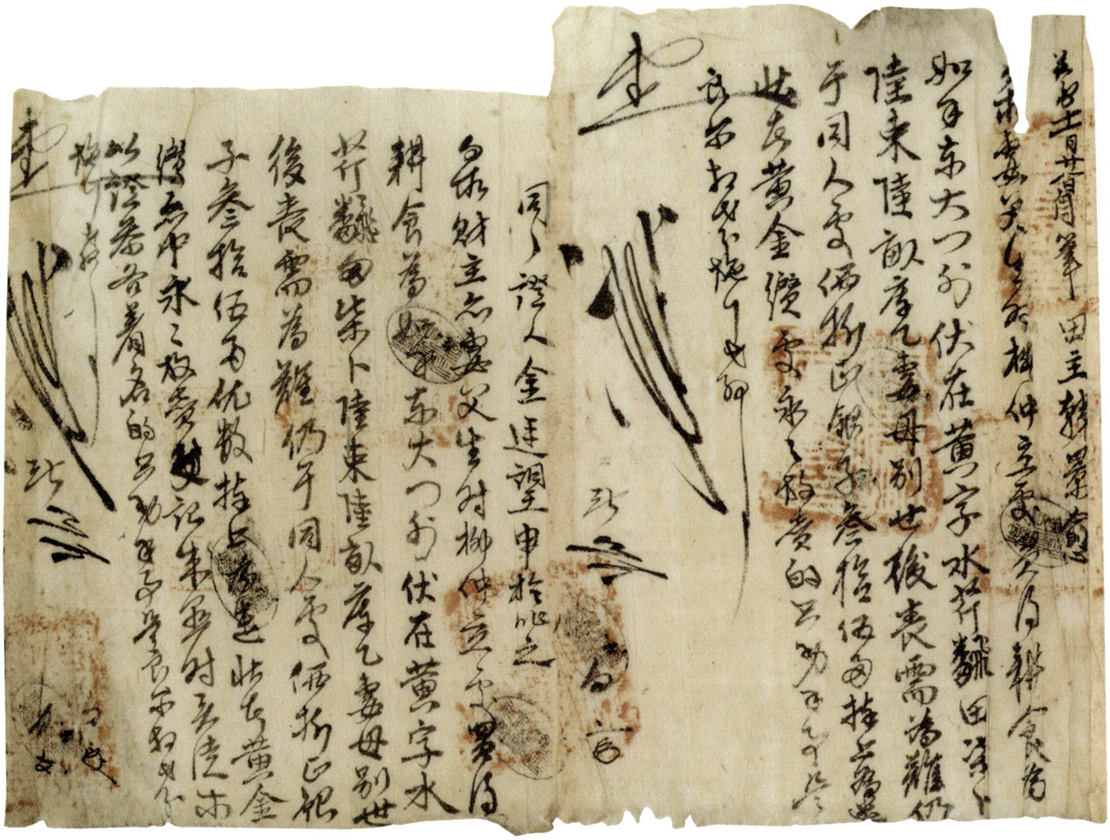

001-13

1693년 증인 김정망 등 초사

28.7×24.6

(01)　同日 證人 金廷望 申旕之
(02) 白等 財主亦 妻父生時 柳仲立處 買得
(03) 耕食爲如乎 東大門外伏在 黃字 水
(04) 芹麣田 柒卜陸束·陸畝庫乙 妻母別世
(05) 後 喪需爲難仍于 同人處 價折正銀
(06) 子參拾伍兩 依數捧上爲遣 狀者黃金
(07) 纘亦中 永永放賣 文記成置時 矣徒等
(08) 以證參各着名 的只臥乎事是良尔 相考
(09) 施行敎事
(10)　　　　　　　　　　　白(着名)
(11)　　　　　　　　　　　白(着名)
(12) 堂上(着押)　　郎廳(着押)
[漢城府印]

001-12

1693년 한경유 초사

30.1×23.2

(01) 癸酉十一月卄八日 自筆 田主 韓景愈
(02) 白等 妻父生時 柳仲立處 買得耕食爲
(03) 如乎 東大門外伏在 黃字 水芹麣田 柒卜
(04) 陸束·陸畝庫乙 妻母別世後 喪需爲難仍
(05) 于 同人處 價折正銀子參拾伍兩 捧上爲遣
(06) 狀者黃金纘處 永永放賣 的只臥乎事是
(07) 良尔 相考施行敎事
(08)　　　　　　　　　　　白(着名)
(09) 堂上(着押)　　郎廳(着押)
[漢城府印]

1693년(숙종 19) 11월 28일에 재주 및 증인과 필집이 토지의 방매 사실을 진술한 초사이다. 한경유는 장모의 상례 비용으로 쓰기 위해 한성부 동대문 밖에 위치한 황자黃字 미나리밭 7부 6속, 6무를 황금찬에게 정은자 35냥에 매도한 것이 사실임을 진술하였다. 김정망과 신엇지는 이 거래에 증인으로 참여한 것이 사실임을 진술하였다.

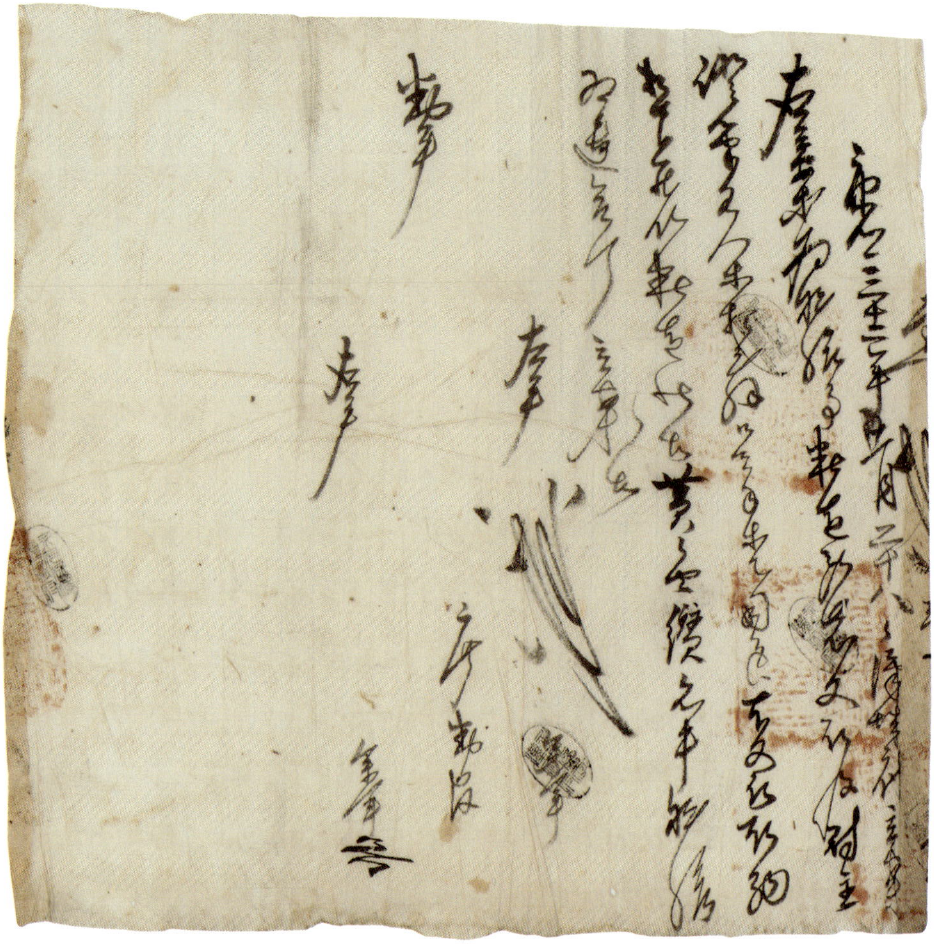

001-14

1693년 한성부 입안

39.6×44.5

1693년(숙종 19) 11월 28일에 한성부에서 황금찬에게 토지매매 사실을 공증하여 발급한 입안이다. 한성부는 황금찬의 입안신청 소지에 함께 점련된 매매명문과 재주 및 증인의 초사를 확인하고, 관에 제출한 본문기의 내용을 검토하여 해당 토지의 전래 경위를 파악한 후 입안을 발급하였다.

(01) 康熙三十二年十一月二十八日 漢城府立案
(02) 右立案爲斜給事 粘連所志文記 及財主
(03) 證筆各人等招辭是乎等乙用良 本文記取納
(04) 相考 幷以粘連 狀者黃金纘亦中 斜給
(05) 爲遣 合行立案者
(06) 左尹(着押) 參軍
(07) 判尹 庶尹 判官
(08) 右尹 參軍(着押)
[漢城府印]

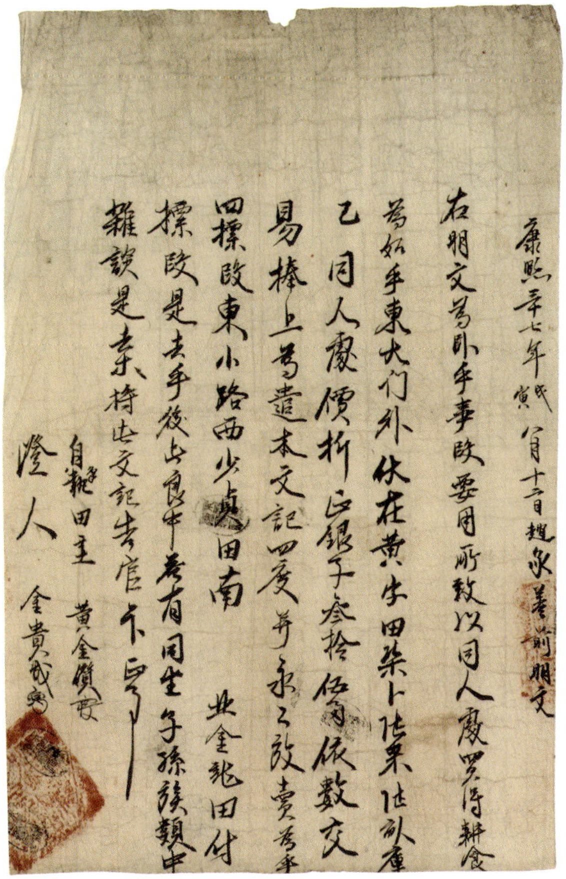

001-15

1698년 황금찬 명문

55.0×39.0

1698년(숙종 24) 8월 12일에 황금찬이 조승선趙承善에게 토지를 매도하면서 작성하여 준 명문이다. 황금찬은 한성부 동대문 밖에 소재한 황자黃字 밭 7부 6속, 6무를 정은자 35냥에 매도하였다. 토지의 사표는 동쪽으로 작은 길, 서쪽은 소정의 밭, 북쪽에는 김용의 밭이 있다고 하였다. 황금찬은 명문을 발급하면서 본문기 4장을 함께 양도하였다. 황금찬이 직접 명문을 작성하였고, 김귀성金貴成이 증인으로 참여하였다.

(01)　　康熙三十七年戊寅八月十二日 趙承善前 明文
(02)　右明文爲臥乎事段 要用所致以 同人處 買得耕食
(03)　爲如乎 東大門外伏在 黃字田 柒卜陸束·陸畝庫
(04)　乙 同人處 價折正銀子參拾伍兩 依數交
(05)　易捧上爲遣 本文記四度幷 永永放賣爲乎
(06)　四標段 東小路 西少貞田 南 北金龍田 付
(07)　標段是去乎 後此良中 若有同生子孫族類中
(08)　雜談是去等 持此文記 告官卞正事
(09)　　　　　　　自筆執 田主 黃金纘(着名)
(10)　　　　　　　證人　　　金貴成(着名)

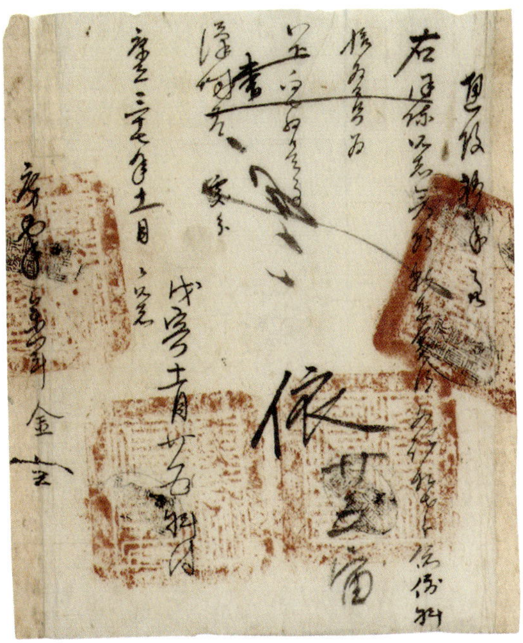

001-16

1698년 통정 조승선 소지

25.8×22.9

1698년(숙종 24) 11월에 통정通政 조승선이 한성부에 올린 입안신청 소지이다. 소지와 함께 점련한 매매명문을 검토하여 이에 대한 사급 입안을 발급해줄 것을 요청하였다. 소지의 접수일은 25일이고, 공방에서 입안 발급을 담당하였다. 한성부 당상관이 '그대로 시행하라(依)'는 처결을 내렸고, 담당 방장 참군 김金이 같은 날 입안 발급을 처리하였다.

(01)　　通政 趙承善
(02)　右謹陳所志矣段 粘連買得文記相考 依例斜
(03)　給爲白只爲
(04)　行下向敎是事
(05)　漢城府 處分
(06)　康熙三十七年十一月 日 所志
(07)　　　　　　　　　　　依　卄五 宙
(08)　　堂上(着押)
(09)　　　　　　　戊寅十一月卄五 斜付
(10)　　　　　房掌 參軍 金(着押)
[漢城府印]

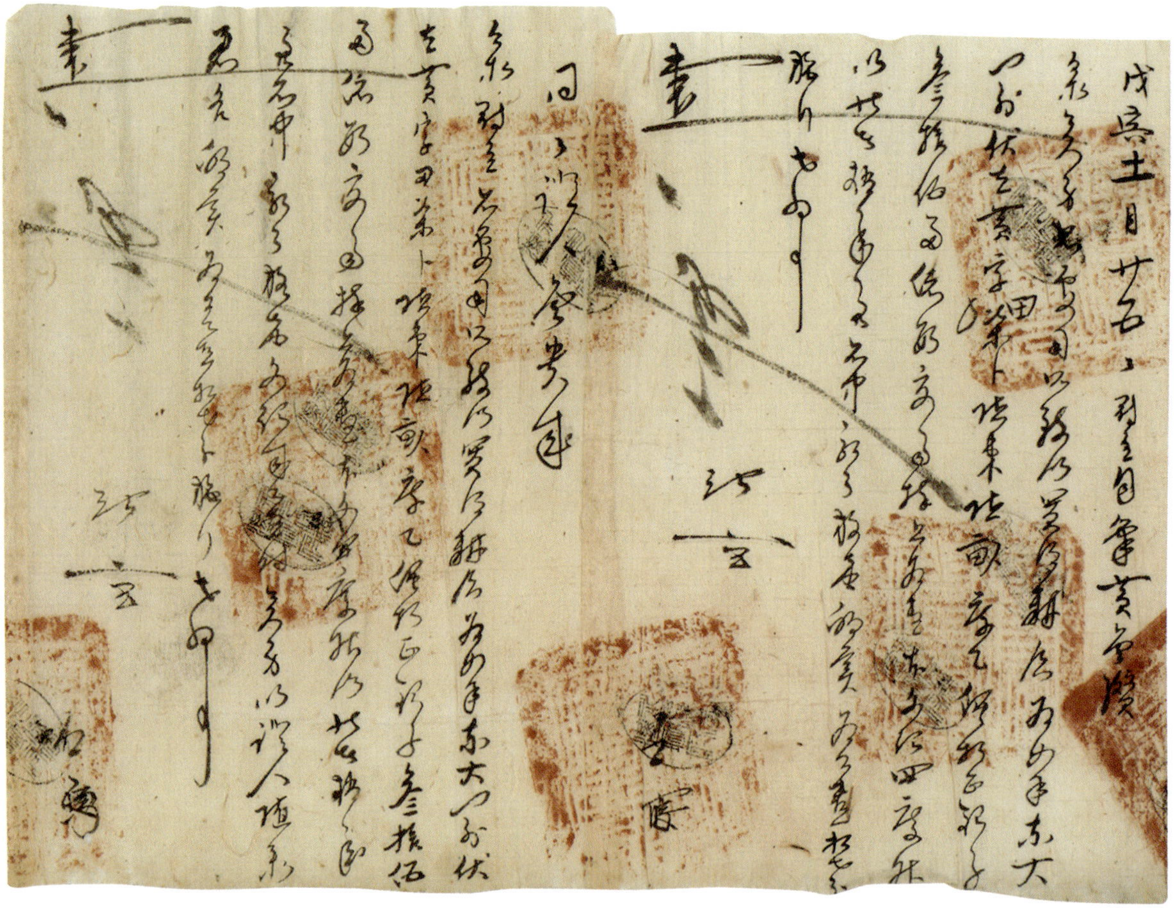

001-18

1698년 증인 김귀성 초사

27.7×21.8

(01)　同日 證人 金貴成
(02) 白等 財主亦 要用所致以 買得耕食爲如乎 東大門外伏
(03) 在 黃字田 柒卜陸束·陸畝庫乙 價折正銀子參拾伍
(04) 兩 依數交易捧上爲遣 本文四度幷以 狀者趙承
(05) 善亦中 永永放賣 文記成置時 矣身 以證人隨參
(06) 着名 的實爲有置 相考施行敎事
(07) 白(着名)
(08) 堂上(着押)　郎廳(着押)
[漢城府印]

001-17

1698년 황금찬 초사

27.3×20.6

(01) 戊寅十一月廿五日 財主 自筆 黃金纘
(02) 白等 矣身亦 要用所致以 買得耕食爲如乎 東大
(03) 門外伏在 黃字田 柒卜陸束·陸畝庫乙 價折正銀子
(04) 參拾伍兩 依數交易捧上爲遣 本文記四度幷
(05) 以 狀者趙承善亦中 永永放賣 的實爲白遣 相考
(06) 施行敎事
(07) 白(着名)
(08) 堂上(着押)　郎廳(着押)
[漢城府印]

1698년(숙종 24) 11월 25일에 황금찬과 증인 김귀성이 토지매매 사실을 한성부에 진술한 초사이다. 황금찬은 한성부 동대문 밖에 있는 밭 7부 6속, 6무를 조승선에게 정은자 35냥에 매도하였으며, 본문기 4장을 함께 양도한 것이 사실임을 진술하였다. 김귀성은 황금찬과 조승선의 거래에 증인으로 참여한 것이 사실임을 진술하였다.

001-19

1698년 한성부 입안

25.7×26.1

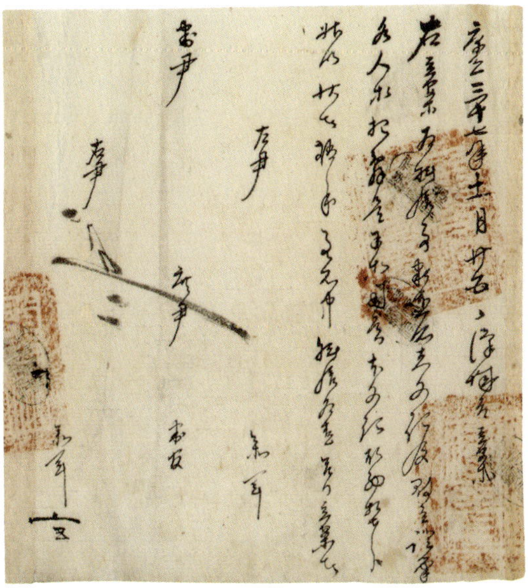

1698년(숙종 24) 11월 25일에 한성부에서 조승선에게 토지매매 사실을 공증하여 발급한 입안이다. 한성부는 조승선의 입안신청 소지에 점련된 매매명문과 재주 및 증인의 초사를 확인하고, 함께 관에 제출한 본문기의 내용을 검토하여 해당 토지의 전래 경위를 파악한 후 입안을 발급하였다.

(01) 康熙三十七年十一月卄五日 漢城府立案
(02) 右立案爲斜給事 粘連所志文記 及財主證筆
(03) 各人等招辭是乎等用良 本文記取納相考
(04) 幷以 狀者趙承善亦中 斜給爲遣 合行立案者
(05) 左尹 參軍
(06) 判尹 庶尹 判官
(07) 右尹(着押) 參軍(着押)
[漢城府印]

001-20

1706년 조승선 명문

43.7×54.2

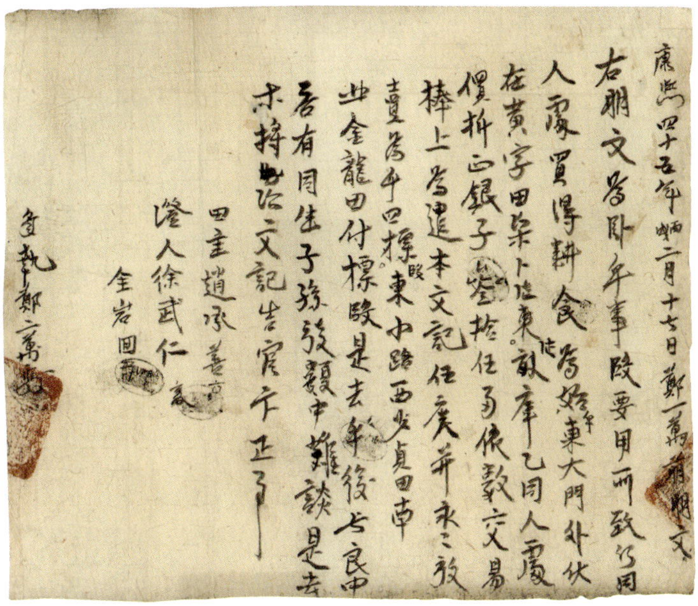

1706년(숙종 32) 2월 17일에 조승선이 정일만鄭一萬에게 토지를 매도하면서 작성하여 준 명문이다. 조승선은 본인이 매득하여 경작해온 밭을 정일만에게 정은자 35냥을 받고 매도하였다. 매물은 한성부 동대문 밖에 소재한 황자黃字 밭이며 면적은 7부 6속, 6무이다. 토지의 사표는 동쪽이 작은 길, 서쪽이 소정의 밭, 북쪽이 김용의 밭이다. 조승선은 명문을 발급하면서 본문기 5장을 함께 양도하였다. 서무인徐武仁과 전암회全岩回가 증인으로, 정이만鄭二萬이 필집으로 참여하였다.

(01) 康熙四十五年丙戌二月十七日 鄭一萬前 明文
(02) 右明文爲臥乎事段 要用所致以 同
(03) 人處 買得耕食爲始[如]乎 東大門外伏
(04) 在 黃字田 柒卜陸束·陸畝庫乙 同人處
(05) 價折正銀子參拾伍兩 依數交易
(06) 捧上爲遣 本文記伍度幷 永永放
(07) 賣爲乎 四標段 東小路 西少貞田 南
(08) 北金龍田 付標段是去乎 後此良中
(09) 若有同生子孫族類中 雜談是去
(10) 等 持次[此]文記 告官卞正事
(11) 田主 趙承善(着名)
(12) 證人 徐武仁(着名)
(13) 全岩回(着名)
(14) 筆執 鄭二萬(着名)

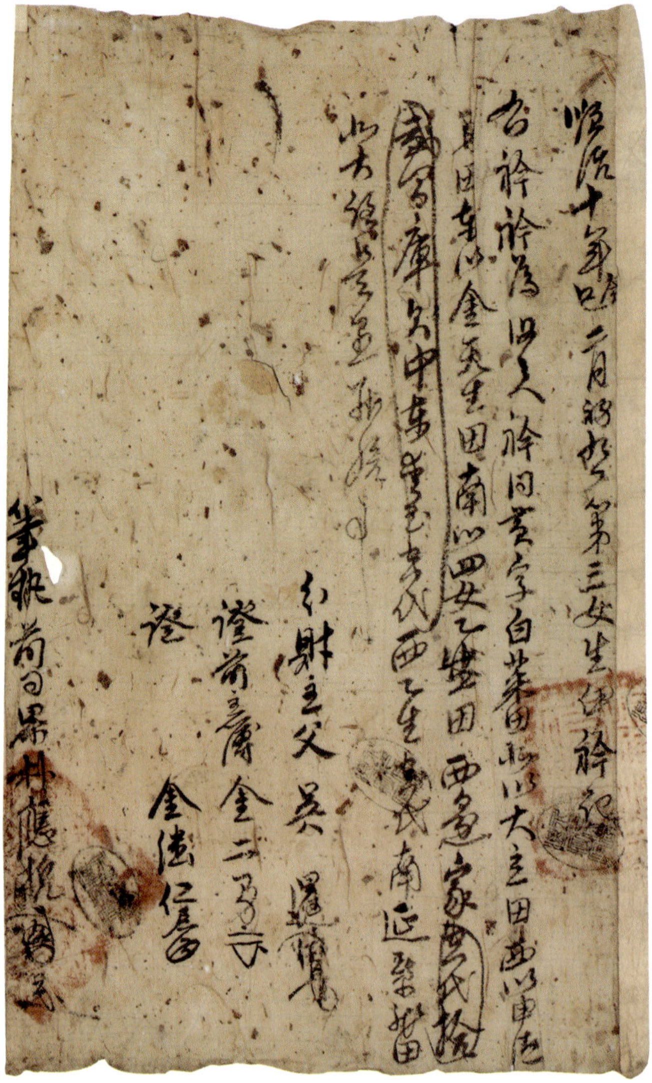

001-21

1653년 오섬 분재기

41.6×27.6

1653년(효종 4) 2월 9일에 아버지 오섬吳暹이 셋째 딸 생이生伊에게 토지를 물려주면서 작성하여 준 분재기이다. 이 문서는 깃기衿記로, 부모가 생시에 자식에게 재산을 나누어주면서 작성한 문서이다. 오섬은 셋째 딸 생이의 몫으로 황자黃字 백채전白菜田과 서쪽 집의 공대 12칸을 분재하였다. 분재한 밭의 사표 내용을 보면 북쪽이 대립大立의 밭, 서쪽이 신덕남申德男의 밭, 동쪽이 김천생金天生의 밭, 남쪽이 넷째 딸 을생乙生의 밭이다. 공대의 사표는 동쪽으로 애옥愛玉의 공대, 서쪽으로 을생의 공대, 남쪽으로 연번延繁의 밭, 북쪽으로 대로가 있었다. 김이남金二男과 김계인金繼仁이 증인으로, 박응철朴應哲이 필집으로 참여하였다.

(01) 順治十年癸巳二月初九日 第三女 生伊 衿記
(02) 右衿衿爲 汝矣衿 同黃字 白菜田 北以大立田 西以申德
(03) 男田 東以金天生田 南以四女乙生田 西邊家空代拾
(04) 貳間庫良中 東愛玉空代 西乙生空代 南延繁作田
(05) 北大路是置幷給事
(06) 分財主 父 吳 暹(着名)
(07) 證 前主簿 金二男(着名)
(08) 證 金繼仁(着名)
(09) 筆執 前司果 朴應哲(着名)(着押)

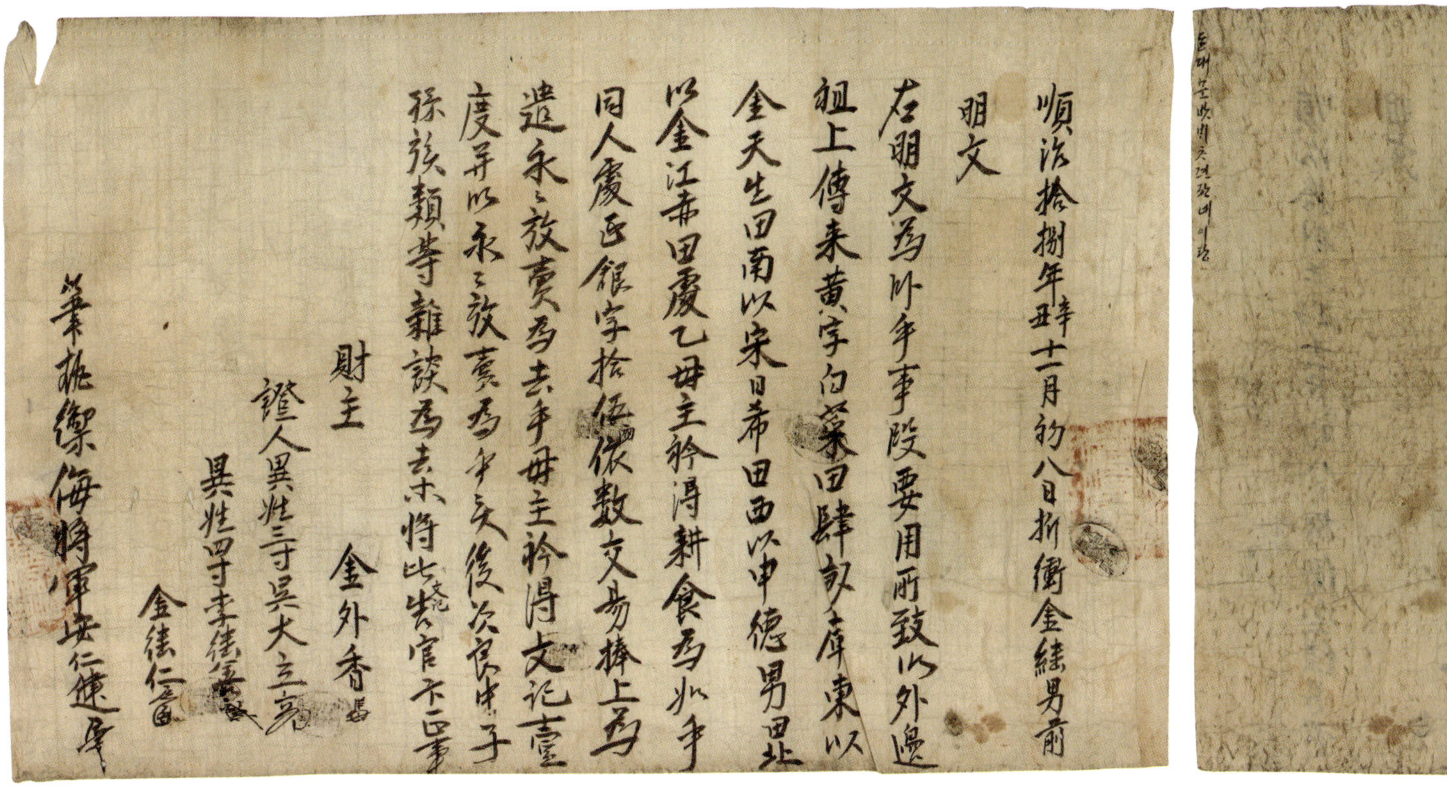

001-22

1661년 김외향 명문

42.6×70.4

1661년(현종 2) 11월 8일에 김외향金外香이 김계남金繼男에게 토지를 매도하면서 작성하여 준 명문이다. 김외향은 외가로부터 전래받은 토지를 정은자 15냥에 매도하였다. 해당 토지는 4무 면적의 백채전이며 김외향의 어머니가 분재받아 경작해온 곳이다. 김외향은 명문을 발급하면서 어머니의 분재기 1장을 함께 양도하였다. 오대립吳大立, 이계선李繼善, 김계인이 증인으로, 안인건安仁健이 필집으로 참여하였다.

(01) 順治拾捌年辛丑十一月初八日 折衝 金繼男前
(02) 明文
(03) 右明文爲臥乎事段 要用所致以 外邊
(04) 祖上傳來 黃字 白菜田 肆畝庫 東以
(05) 金天生田 南以宋日希田 西以申德男田 北
(06) 以金江赤田處乙 母主衿得耕食爲如乎
(07) 同人處 正銀字拾伍兩 依數交易捧上爲
(08) 遣 永永放賣爲去乎 母主衿得文記壹
(09) 度幷以 永永放賣爲乎矣 後次良中 子
(10) 孫族類等 雜談爲去等 將此文記 告官卞正事
(11) 財主 金外香(着名)
(12) 證人 異姓三寸 吳大立(着名)
(13) 異姓四寸 李繼善(着名)
(14) 金繼仁(着名)
(15) 筆執 禦侮將軍 安仁健(着名)

(背面)
동대문밧비ㅊ전판네이랑

001-23

1673년 고 절충 김계남 처 김씨 명문

44.1×59.7

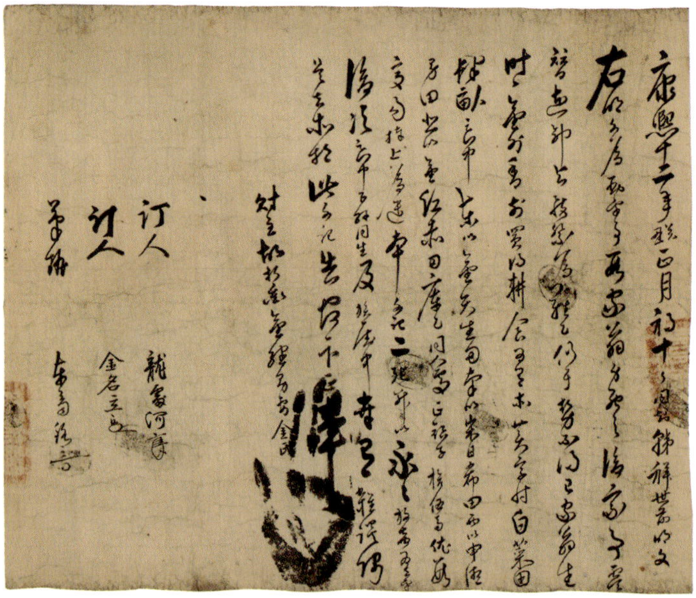

1673년(현종 14) 1월 10일에 김계남의 처 김씨金氏가 동지同知 한상세에게 토지를 매도하면서 작성하여 준 명문이다. 김씨는 남편이 사망한 후 가세가 기울어 연명하고 제사 지내기 어려워서, 남편이 생전에 김외향으로부터 매수한 토지를 정은자 15냥에 매도한다고 하였다. 매물은 4무 면적의 황자黃字 백채전이고, 사표는 동쪽이 김천생의 밭, 남쪽이 송일희宋日希의 밭, 서쪽이 신덕남의 밭, 북쪽이 김강적金江赤의 밭과 접하였다. 김씨는 명문을 발급하면서 본문기 2장을 함께 양도하였다. 용처하龍處河와 김명립金名立이 증인으로, 차상로가 필집으로 참여하였다.

(01) 康熙十二年癸丑正月初十日 同知 韓祥世前 明文
(02) 右明文爲臥乎事段 家翁身死之後 家事零
(03) 替 連命與致祭爲難乙仍于 勢不得已 家翁生
(04) 時 金外香前 買得耕食爲有等 黃字付 白菜田
(05) 肆畝良中 東以金天生田 南以宋日希田 西以申德
(06) 男田 北以金江赤田庫乙 同人處 正銀子拾伍兩 依數
(07) 交易捧上爲遣 本文記二張幷以 永永放賣爲去乎
(08) 後次良中 子孫同生及族屬中 若有雜談隅
(09) 是去等 持此文記 告官卞正事
(10) 財主 故折衝金繼男妻 金氏(手掌)
(11) 訂人 龍處河(着名)
(12) 訂人 金名立(着名)
(13) 筆執 車商輅(着名)

001-24

1673년 한상세 소지

41.6×19.5

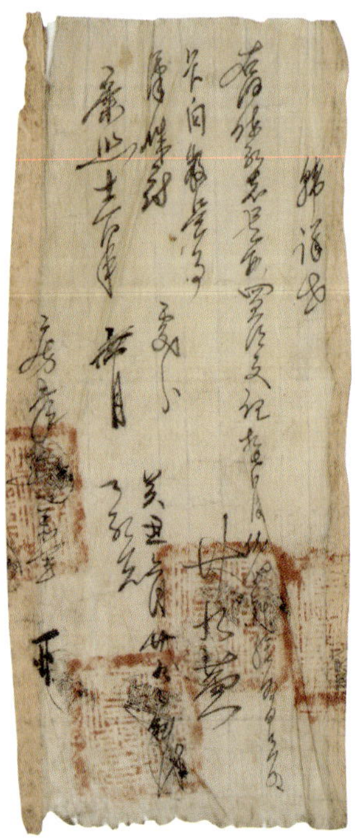

1673년(현종 14) 6월에 한상세가 한성부에 올린 입안신청 소지이다. 소지와 함께 점련한 매매명문을 검토하여 이에 대한 사급입안을 발급해줄 것을 요청하였다. 소지의 접수일은 29일이고, 병방이 입안 발급을 담당하였다. 담당 방장 겸참군이 같은 날 입안 발급을 처리하였다.

(01) 韓祥世
(02) 右謹陳所志矣段 買得文記相考後 依他斜給爲白只爲
(03) 行下向敎是事
(04) 漢城府 處分
(05) 康熙十二年六月 日 所志
(06) 廿九日 黃
(07) 癸丑六月廿九日 斜付
(08) 房掌 兼參軍 (着押)
[漢城府印]

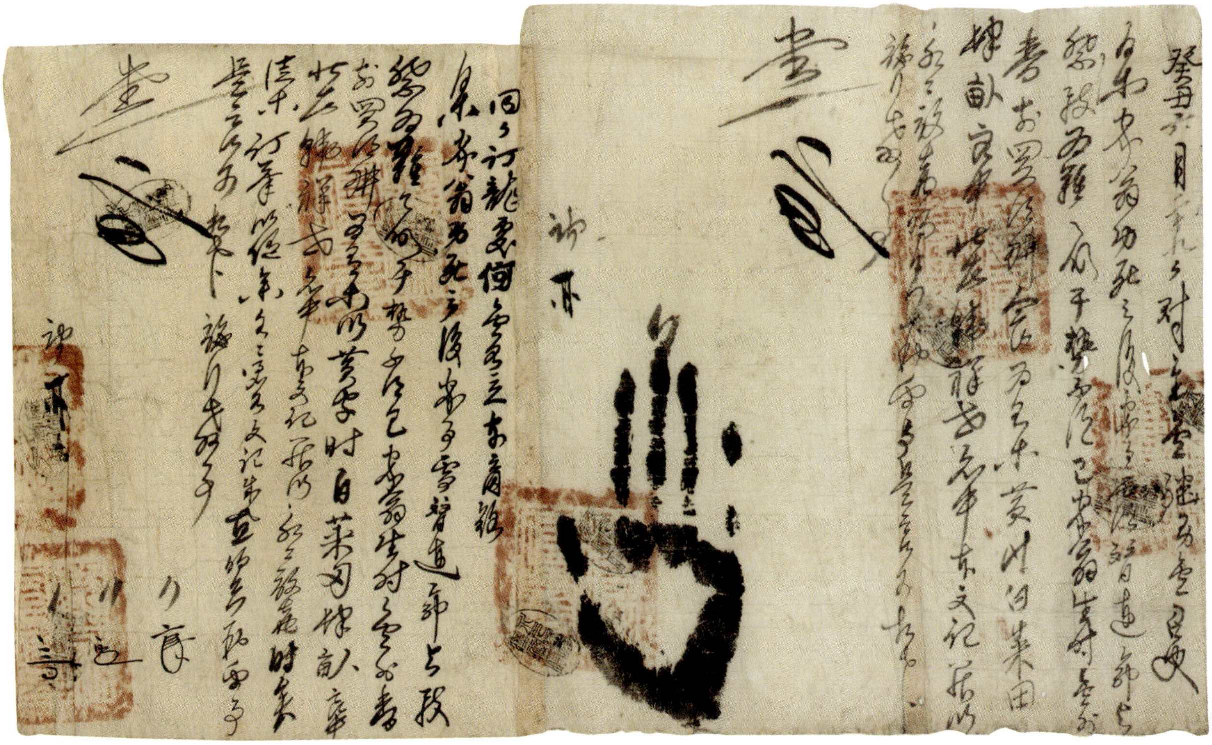

001-26

1673년 증인 용처하 등 초사

29.9×25.6

(01)　同日 訂 龍處何 金名立 車商輅
(02) 白等 家翁身死之後 家事零替 連命與致
(03) 祭爲難乙仍于 勢不得已 家翁生時 金外香
(04) 前 買得耕爲有等以 黃字時[付] 白菜田 肆畝良中
(05) 狀者韓祥世亦中 本文記幷以 永永放賣時 矣
(06) 徒等 訂筆以隨參 各着名 文記成置 的只臥乎事
(07) 是良尒 相考施行敎事
(08) 白(着名)
(09) 白(着名)
(10) 白(着名)
(11) 堂上(着押) 郎廳(着押)
[漢城府印]

001-25

1673년 김계남 처 김 조이 초사

32.9×41.4

(01)　癸丑六月二十九日 財主 金繼男 金召史
(02) 白等 家翁身死之後 家事零替 連命與
(03) 致祭爲難乙仍于 勢不得已 家翁生時 金外
(04) 香前 買得耕食爲有等 黃付 白菜田
(05) 肆畝良中 狀者韓祥世亦中 本文記幷以
(06) 永永放賣爲乎 的只臥乎事是良尒 相考
(07) 施行敎事
(08) 白(手掌)
(09) 堂上(着押) 郎廳(着押)
[漢城府印]

1673년(현종 14) 6월 29일에 김계남의 처 김 조이와 증인 용처하 등이 토지매매 사실을 한성부에 진술한 초사이다. 김 조이는 남편의 사망 후 가세가 어려워 남편 생전에 김외향에게 매수하여 경작해온 백채전 4무를 한상세에게 매도하고 본문기를 함께 양도한 것이 사실임을 진술하였다. 용처하와 김명립, 차상로는 김 조이와 한상세의 거래에 증인과 필집으로 참여하여 문서를 작성한 것이 사실임을 진술하였다.

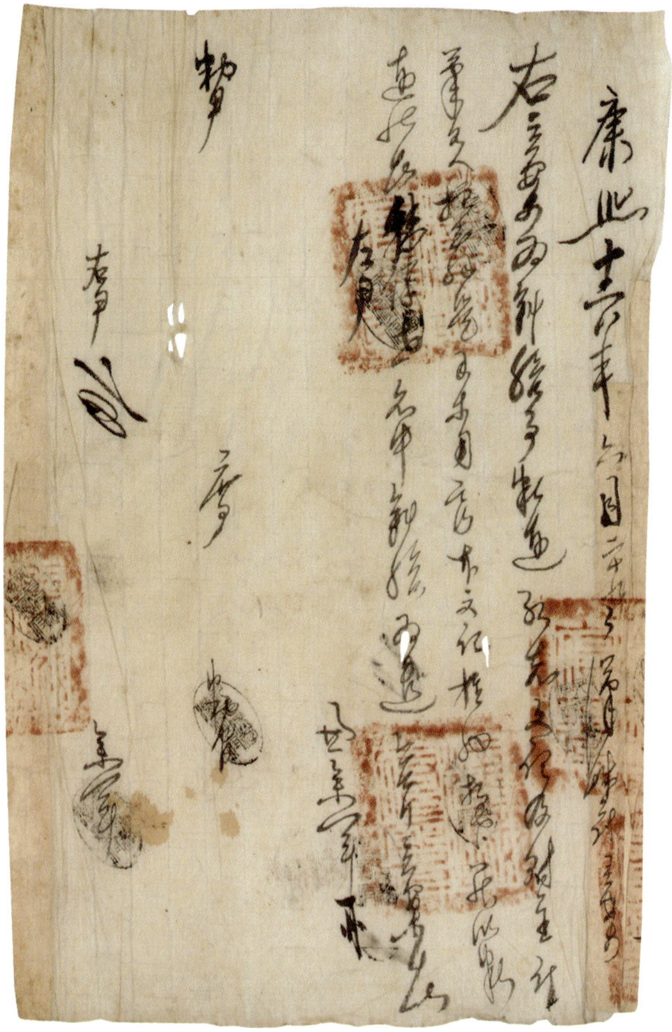

001-27

1673년 한성부 입안

41.3×30.4

1673년(현종 14) 6월 29일에 한성부에서 한상세에게 토지매매 사실을 공증하여 발급한 입안이다. 한성부는 한상세의 입안신청 소지에 함께 점련된 매매명문과 재주 및 증인과 필집의 초사를 확인하고, 관에 제출한 본문기의 내용을 검토하여 해당 토지의 전래 경위를 파악한 후 입안을 발급하였다.

(01)　康熙十二年六月二十九日 漢城府立案
(02) 右立案爲斜給事 粘連所志文記 及財主訂
(03) 筆各人招辭是乎等用良 本文記推納相考 幷以粘
(04) 連 狀者韓祥世亦中 斜給爲遣 合行立案者
(05)　　　左尹　　　　　　兼參軍(着押)
(06) 判尹　　　　　　庶尹　判官
(07)　　　右尹(着押)　　　　參軍
[漢城府印]

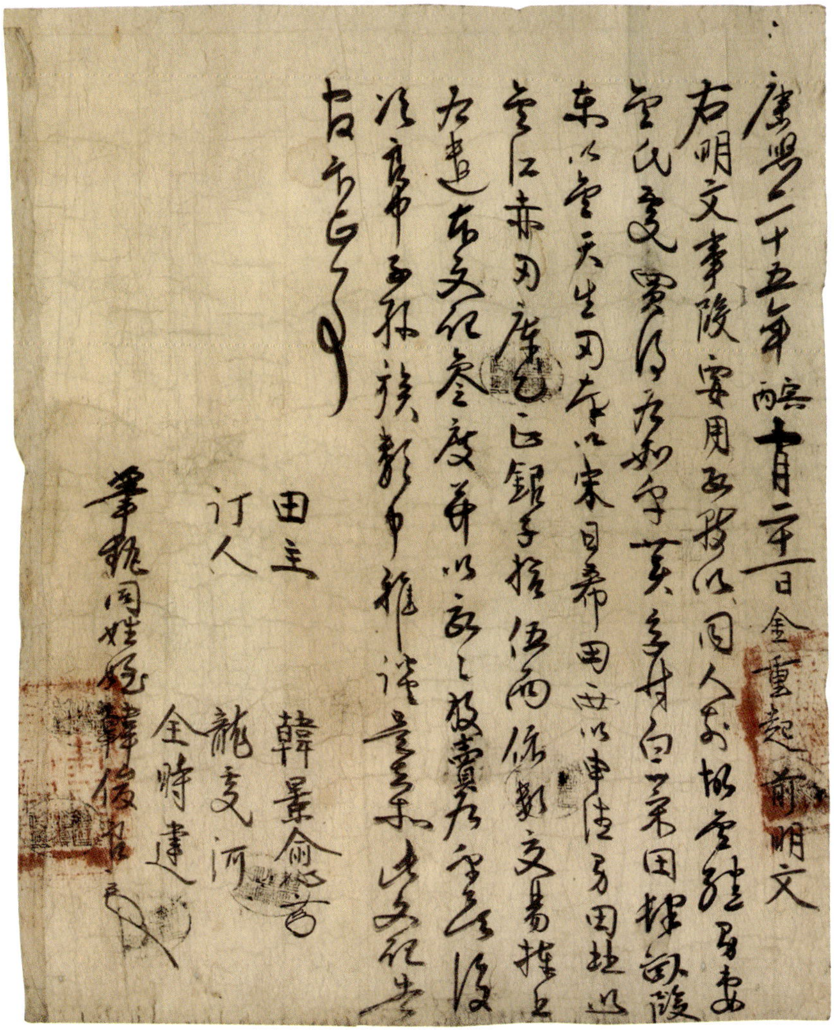

001-28

1686년 한경유 명문

42.6×38.0

1686년(숙종 12) 10월 21일에 한경유가 김중기金重起에게 토지를 매도하면서 작성하여 준 명문이다. 한경유는 김계남의 처 김씨에게 매수한 토지를 정은자 15냥에 매도하였다. 매물은 황자黃字 백채전 4무이다. 사표는 동쪽이 김천생의 밭, 남쪽이 송일희의 밭, 서쪽이 신덕남의 밭, 북쪽이 김강적의 밭이다. 용처하와 전시건全時建이 증인으로, 조카 한준량韓俊良이 필집으로 참여하였다. 용처하는 1673년 김계남 처 김씨 명문(001-23)에서도 증인으로 참여하였다. 한경유는 매물과 함께 본문기 3장을 김중기에게 양도하였다.

(01) 康熙二十五年丙寅十月二十一日 金重起前 明文
(02) 右明文事段 要用所致以 同人前 故金繼男妻
(03) 金氏處 買得爲如乎 黃字付 白菜田 肆畝段
(04) 東以金天生田 南以宋日希田 西以申德男田 北以
(05) 金江赤田庫乙 正銀子拾伍兩 依數交易捧上
(06) 爲遣 本文記參度幷以 永永放賣爲乎矣 後
(07) 次良中 子孫族類中 雜談是去等 此文記 告
(08) 官卞正事
(09) 田主 韓景愈(着名)
(10) 訂人 龍處河
(11) 全時建
(12) 筆執 同姓姪 韓俊良(着名)

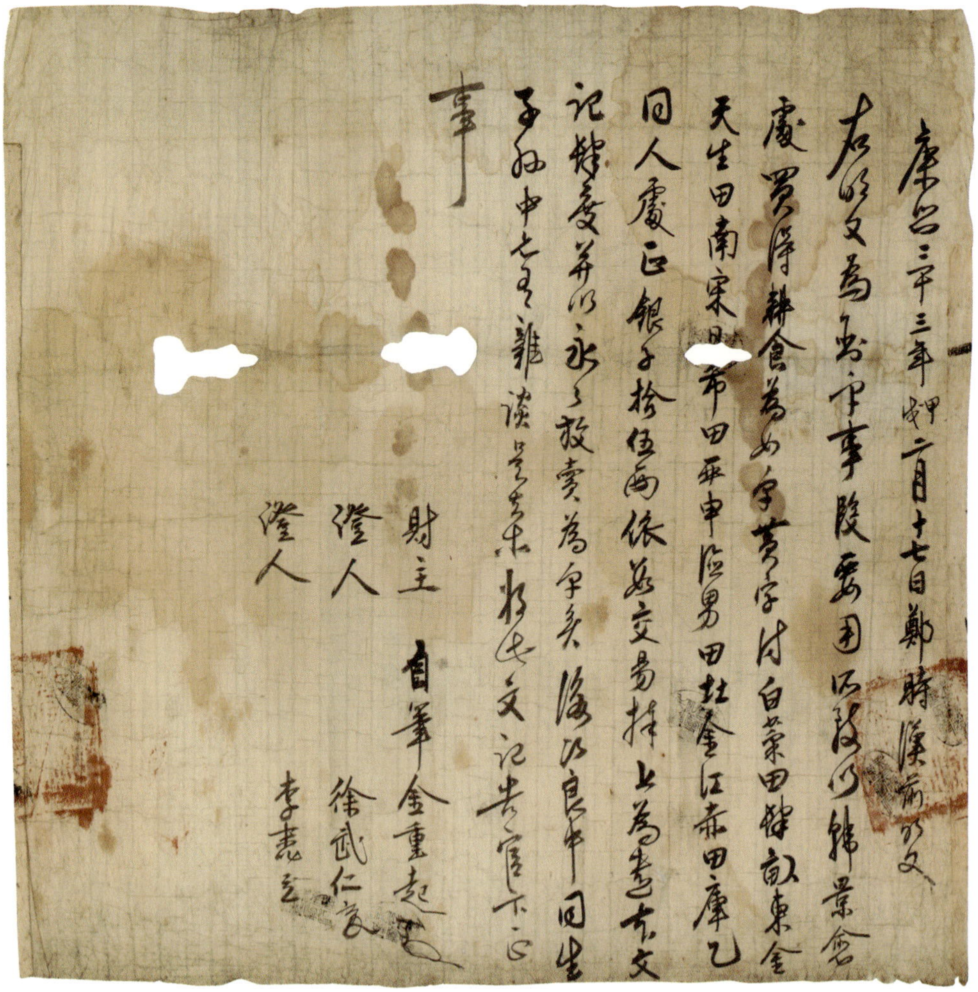

001-29

1694년 김중기 명문

49.6×57.6

1694년(숙종 20) 2월 17일에 김중기가 정시한鄭時漢에게 토지를 매도하면서 작성하여 준 명문이다. 김중기는 한경유로부터 매수하여 경작해 온 토지를 정은자 15냥에 매도하였다. 매물은 황자黃字 백채전이며 면적은 4무이다. 토지의 사표는 동쪽이 김천생의 밭, 남쪽이 송일희의 밭, 서쪽이 신덕남의 밭, 북쪽이 김강적의 밭이다. 김중기는 명문을 발급하면서 본문기 4장을 함께 양도하였다. 재주인 김중기가 직접 명문을 작성하였고, 서무인과 이말립李恣立이 증인으로 참여하였다.

(01) 康熙三十三年甲戌二月十七日 鄭時漢前 明文
(02) 右明文爲臥乎事段 要用所致以 韓景愈
(03) 處 買得耕食爲如乎 黃字付 白菜田 肆畝 東金
(04) 天生田 南宋日希田 西申德男田 北金江赤田庫乙
(05) 同人處 正銀子拾伍兩 依數交易捧上爲遣 本文
(06) 記肆度幷以 永永放賣爲乎矣 後次良中 同生
(07) 子孫中 亦有雜談是去等 將此文記 告官卞正
(08) 事
(09) 財主 自筆 金重起(着名)
(10) 證人 徐武仁(着名)
(11) 證人 李恣立

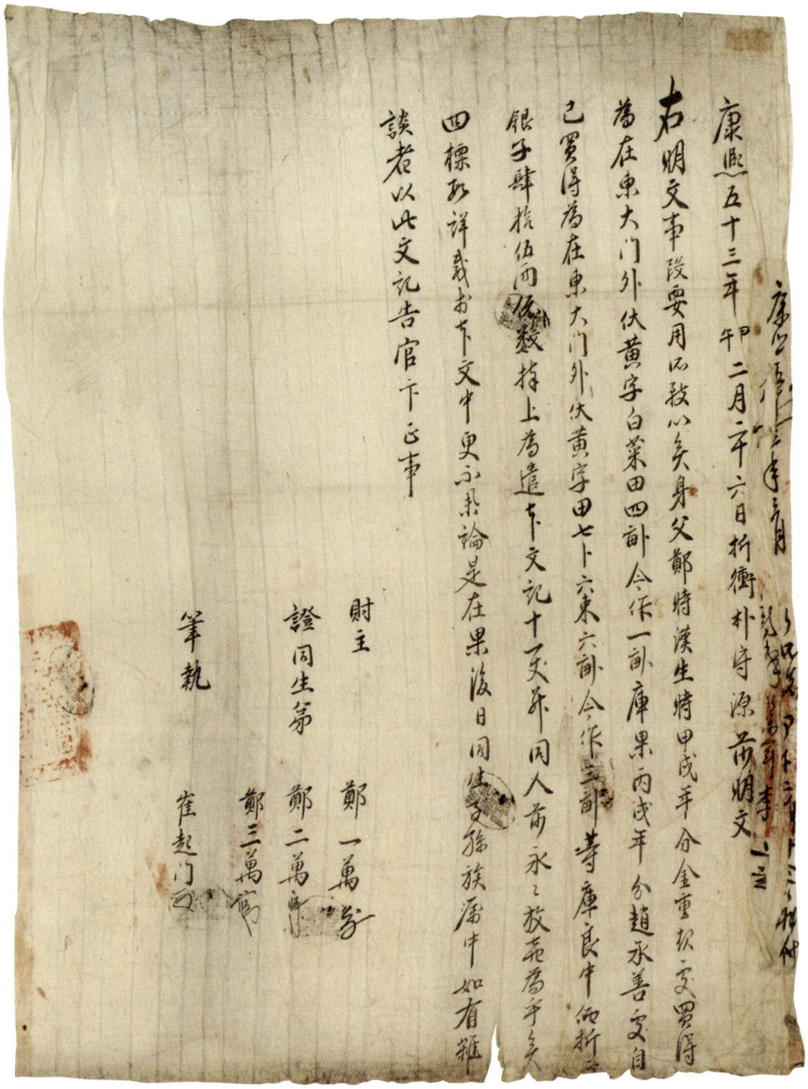

001-30

1714년 정일만 명문

55.0×51.3

1714년(숙종 40) 2월 26일에 정일만이 절충折衝 박수원朴守源에게 토지를 매도하면서 작성하여 준 명문이다. 정일만은 부친 정시한이 1694년(숙종 20) 김중기로부터 매수한 토지와 1706년(숙종 32) 조승선으로부터 매수한 토지를 정은자 45냥에 매도하였다. 첫 번째 매물은 동대문 밖에 소재한 황자黃字 백채전 4무(현재 1무) 면적의 토지이고, 두 번째 매물도 동대문 밖에 소재한 황자 밭으로 7부 6속, 6무(현재 3무) 면적의 토지이다. 정일만은 토지와 함께 본문기 11장을 박수원에게 양도하였다. 동생 정이만과 정삼만鄭三萬이 증인으로, 최기문崔起門이 필집으로 참여하였다. 정시한과 김중기의 매매는 1694년 김중기 명문(001-29)에서, 정일만과 조승선의 거래는 1706년 조승선 명문(001-20)에서 확인할 수 있다.

(01) 康熙五十三年甲午二月二十六日 折衝 朴守源前 明文
(02) 右明文事段 要用所致以 矣身父鄭時漢生時 甲戌年分 金重起處 買得
(03) 爲在 東大門外伏 黃字 白菜田 四畝 今作一畝庫果 丙戌年分 趙承善處 自
(04) 己買得爲在 東大門外伏 黃字田 七卜六束·六畝 今作三畝等庫良中 價折正
(05) 銀子肆拾伍兩 依數捧上爲遣 本文記十一丈幷 同人前 永永放賣爲乎矣
(06) 四標段 詳載於本文中 更不擧論是在果 後日同生子孫族屬中 如有雜
(07) 談者 以此文記 告官卞正事
(08) 財主 鄭一萬(着名)
(09) 證 同生弟 鄭二萬(着名)
(10) 鄭三萬(着名)
(11) 筆執 崔起門(着名)

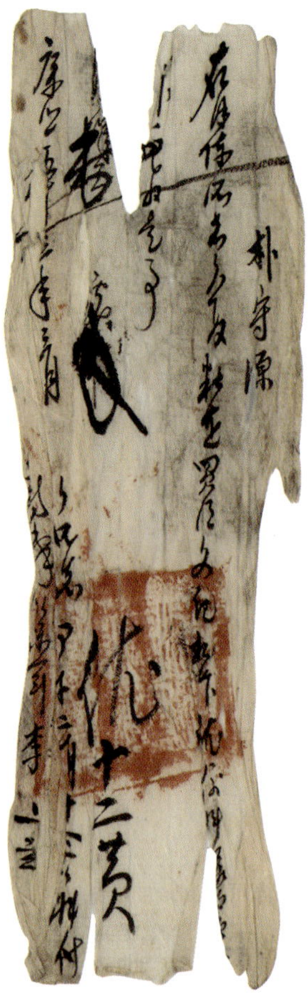

001-31

1714년 박수원 소지

37.2×15.0

1714년(숙종 40) 3월에 박수원이 한성부에 올린 입안신청 소지이다. 소지와 함께 점련한 매매명문을 검토하여 이에 대한 사급입안을 발급해줄 것을 요청하였다. 소지의 접수일은 12일이고, 병방이 입안 발급을 담당하였다. 한성부 당상관이 '그대로 시행하라(依)'는 처결을 내렸고, 담당 방장 참군 이李가 13일에 입안 발급을 처리하였다.

(01) 朴守源
(02) 右謹陳所志矣段 粘連買得文記相考 依例斜給爲白只爲
(03) 行下向敎是事
(04) 漢城府 處分
(05) 康熙五十三年三月 日 所志
(06) 依 十二 黃
(07) 堂上(着押)
(08) 甲午三月十三日 斜付
(09) 房掌 參軍 李(着押)
[漢城府印]

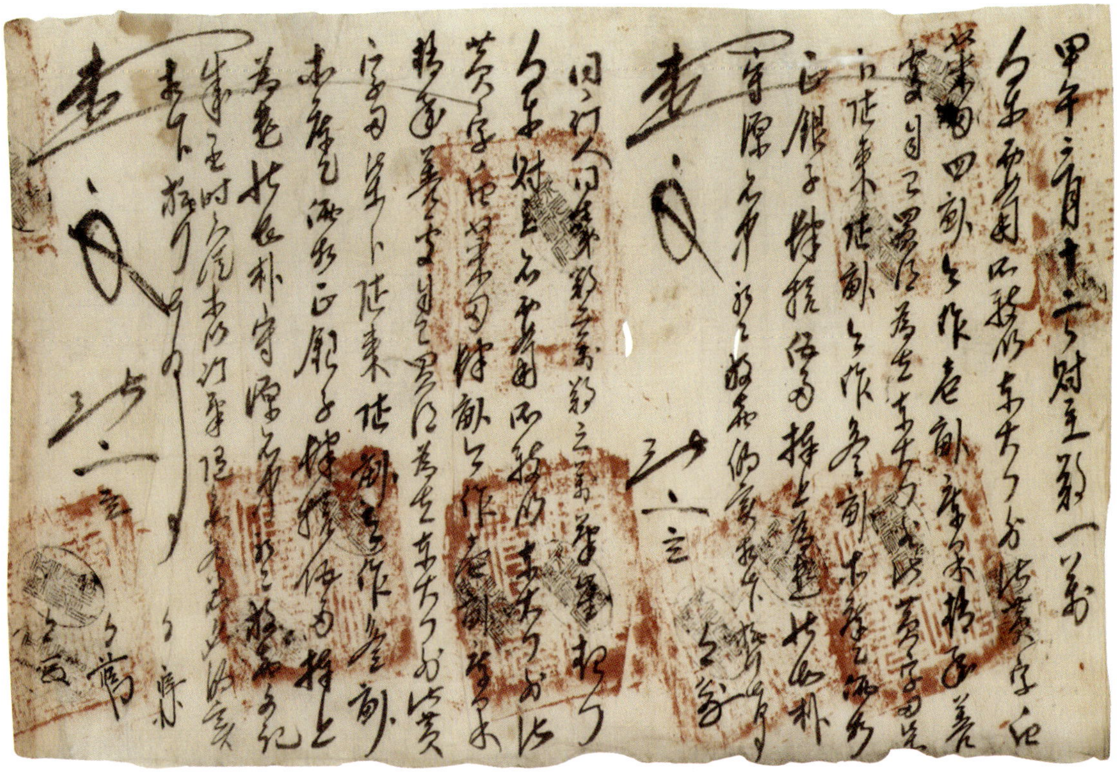

001-33

1714년 증인 정이만 등 초사

26.3×25.8

(01) 同日 訂人 同生弟 鄭二萬 鄭三萬 筆 崔起門
(02) 白等 財主亦 要用所致以 東大門外伏
(03) 黃字 白菜田 肆畝 今作壹畝庫果
(04) 趙承善處 自己買得爲在 東大門外伏 黃
(05) 字田 柒卜陸束·陸畝 今作參畝
(06) 等庫乙 價折正銀子肆拾伍兩 捧上
(07) 爲遣 狀者朴守源亦中 永永放賣 文記
(08) 成置時 矣徒等 以訂筆隨參各着名的實
(09) 相考施行敎事
(10) 白(着名)
(11) 白(着名)
(12) 白(着名)
(13) 堂上(着押) 郎廳(着押)
[漢城府印]

001-32

1714년 정일만 초사

26.3×22.7

(01) 甲午三月十二日 財主 鄭一萬
(02) 白等 要用所致以 東大門外伏 黃字 白
(03) 菜田 四畝 今作壹畝庫果 趙承善
(04) 處 自己買得爲在 東大門外伏 黃字田 柒
(05) 卜陸束·陸畝 今作參畝等庫乙 價折
(06) 正銀子肆拾伍兩 捧上爲遣 狀者朴
(07) 守源亦中 永永放賣的實 相考施行敎事
(08) 白(着名)
(09) 堂上(着押) 郎廳(着押)
[漢城府印]

1714년(숙종 40) 3월 12일에 정일만과 증인 정이만 등이 토지매매 사실을 한성부에 진술한 초사이다. 정일만은 아버지 정시한으로부터 전래받은 동대문 밖 소재 황자黃字 백채전 4무(현재 1무)와 조승선에게서 매수한 동대문 밖 소재 황자 밭 7부 6속, 6무(현재 3무)를 박수원에게 매도한 것이 사실임을 진술하였다. 정이만, 정삼만, 최기문은 정일만과 박수원의 토지거래에 증인과 필집으로 참여하여 문서를 작성한 것이 사실임을 진술하였다.

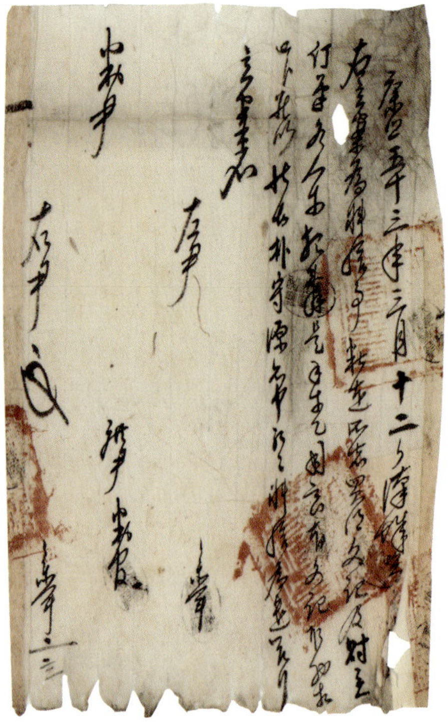

001-34

1714년 한성부 입안

37.1×27.3

1714년(숙종 40) 3월 12일에 한성부에서 박수원에게 토지매매 사실을 공증하여 발급한 입안이다. 한성부는 박수원의 입안신청 소지에 함께 점련된 매매명문과 재주 및 증인 등의 초사를 확인하고, 관에 제출한 본문기의 내용을 검토하여 해당 토지의 전래 경위를 파악한 후 입안을 발급하였다.

(01) 康熙五十三年三月十二日 漢城府立案
(02) 右立案爲斜給事 粘連所志買得文記 及財主
(03) 訂筆各人等招辭是乎等乙用良 本文記取納相
(04) 考幷以 狀者朴守源亦中 永永斜給爲遣 合行
(05) 立案者
(06) 左尹 參軍
(07) 判尹 庶尹 判官
(08) 右尹(着押) 參軍(着押)
[漢城府印]

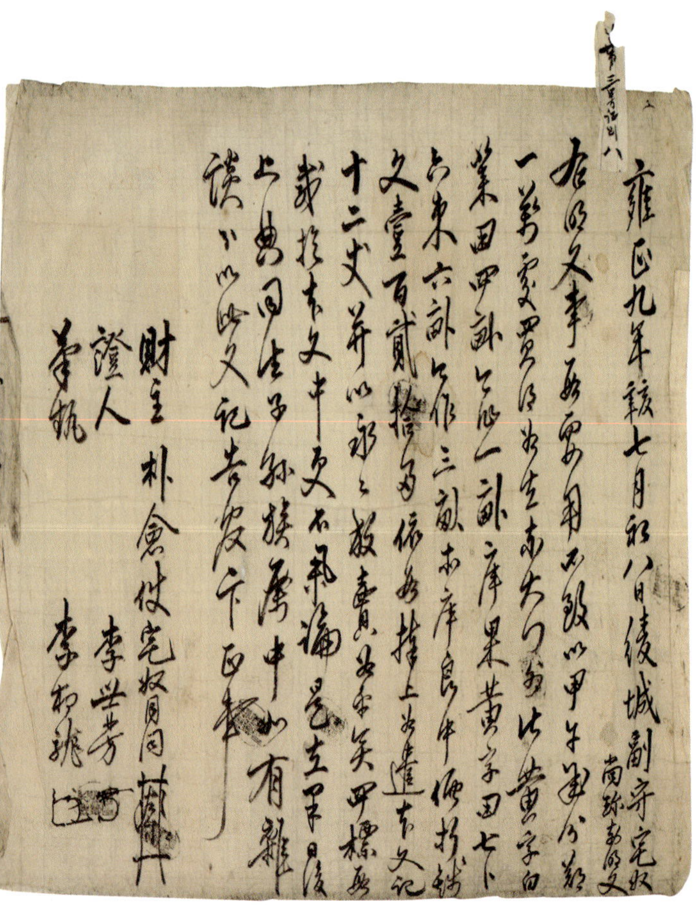

001-35

1731년 박 첨사 댁 노 월동 명문

48.1×60.5

1731년(영조 7) 7월 8일에 박朴 첨사僉使 댁 노 월동月同이 능성부수綾城副守 댁 노 상진商珎에게 토지를 매도하면서 작성하여 준 명문이다. 월동은 1714년(숙종 40) 정일만에게서 매수한 토지 2곳을 전문 120냥에 매도하였다. 매물은 동대문 밖의 황자黃字 백채전 4무(현재 1무)와 황자 밭 7부 6속, 6무(현재 3무)를 상진에게 매도하였다. 월동은 명문을 발급하면서 본문기 12장을 함께 양도하였다. 이세방李世芳이 증인으로, 이상룡李相龍이 필집으로 참여하였다.

(01) 雍正九年辛亥七月初八日 綾城副守宅奴
(02) 商珎前 明文
(03) 右明文事段 要用所致以 甲午年分 鄭
(04) 一萬處 買得爲在 東大門外伏 黃字 白
(05) 菜田 四畝 今作一畝庫果 黃字田 七卜
(06) 六束·六畝 今作三畝等庫良中 價折錢
(07) 文壹百貳拾兩 依數捧上爲遣 本文記
(08) 十二丈幷以 永永放賣爲乎矣 四標段
(09) 載於本文中 更不擧論是在果 日後
(10) 上典同生子孫族屬中 如有雜
(11) 談 則以此文記 告官卞正事
(12) 財主 朴僉使宅奴 月同(左寸)
(13) 證人 李世芳(着名)
(14) 筆執 李相龍(着名)

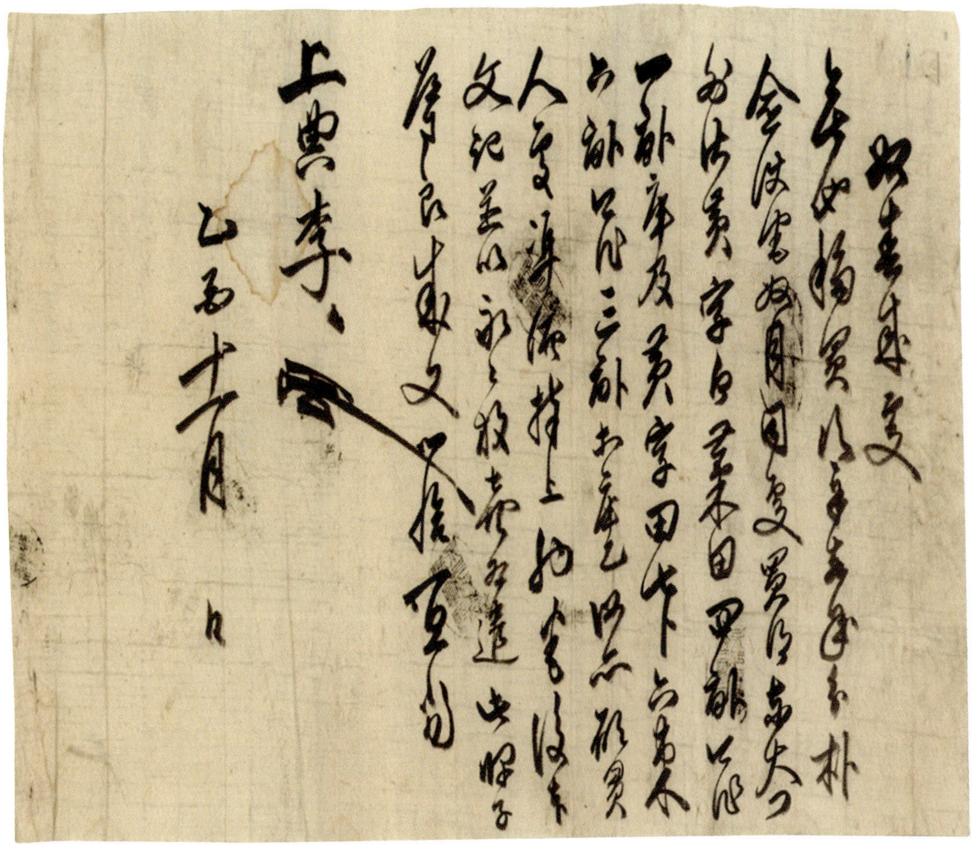

001-36

1765년 상전 이 패자

28.6×50.3

1765년(영조 41) 11월에 상전 이李가 노 춘성春成에게 토지 2곳의 매도를 위임하기 위해 발급한 패자이다. 매물은 동대문 밖에 있는 황자黃字 백채전 4무(현재 1무)와 황자 밭 7부 6속, 6무(현재 3무)이다. 매수인에게 값을 받아 상전댁에 납부하고, 패자의 내용에 따라 명문을 작성하여 본문기와 함께 지급하라고 하였다.

(01) 　奴 春成處
(02) 無他 移買次 辛亥年分 朴
(03) 僉使宅奴月同處買得 東大門
(04) 外伏 黃字 白菜田 四畝 今作
(05) 一畝庫 及黃字田 七卜六束·
(06) 六畝 今作三畝等庫乙 汝亦 願買
(07) 人處 準價捧上納宅後 本
(08) 文記並以 永永放賣爲遣 此牌子
(09) 導良 成文以給宜當
(10) 上典 李(着名)
(11) 　　乙酉十一月 日

002

1661년 유학 이위 명문 등 명철방 가옥매매문서

1661~1740년 | 56.0×799.4

1661년부터 1740년 이후까지 청녕위계 명철방에 소재한 가옥의 매매 관련 문서 23점이 연결된 점련문서이다. 가옥의 거래는 모두 네 차례 이루어졌는데, 매매명문과 입안 및 관련 문서가 모두 온전하게 남아있다. 그러나 표의 23번 문서는 상전이 매도를 위임하는 패자로서 그 외 매매와 관련된 문서는 남아 있지 않아 실제 거래가 이루어졌는지 알 수 없으며, 정확한 발급 시기 또한 미상이다. 다만, 패자의 발급자가 마지막 소유주와 성이 같은 조씨이며 마지막 문서군 옆에 점련되어 있으므로 1740년 이후에 작성되었을 것으로 추정된다. 문서에서 확인할 수 있는 매물의 최초 소유주는 이위인데, 그는 효령대군의 후손인 율원군 이종의 종손이었으며, 매물은 율원군 또는 그 후대의 종가 터였던 것으로 보인다. 이위는 1661년에 종가 터 500칸을 같은 집안의 이진에게 매도하였고, 이진의 양자로 입적된 이천게가 1685년에 윤형상에게 매도하였다. 1737년에는 윤 생원 댁에서 심 생원 댁으로 매도하였는데 와가 22칸과 초가 3칸을 신축하여 공대 500칸과 함께 매도하였다. 1740년에는 와가 22칸, 초가 6.5칸, 공대 500칸, 저가 3칸으로 매물이 변경되었다. 계유년 상전 조 패자에 기재된 매물은 공대 500칸과 와가 22칸, 초가 5칸이었다. 거래금액은 1661년에 백금 30냥이었으나, 1685년 은자 50냥, 1737년 전문 300냥, 1740년 전문 360냥으로 변화되었다.

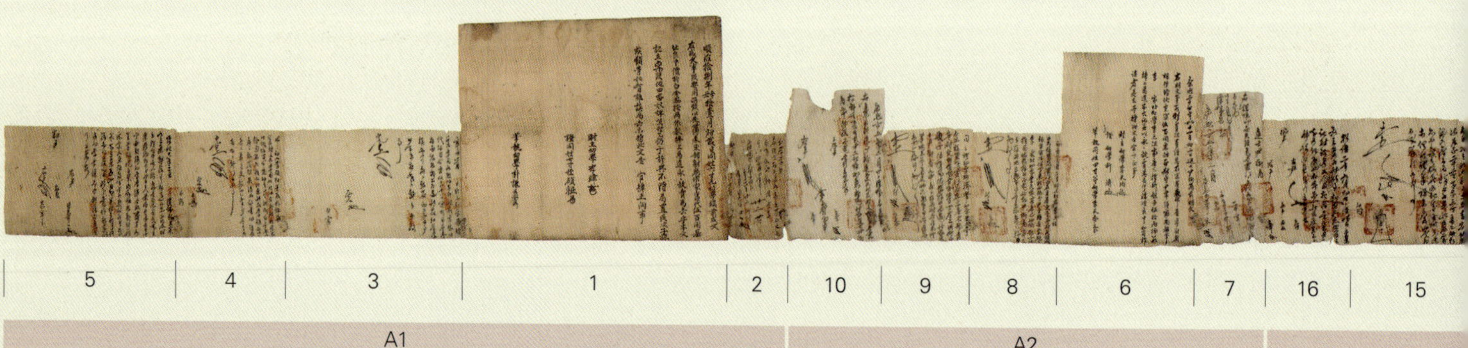

거래	순서	문서명	매매가격	내용
A1	1	1661년 유학 이위 명문	백금 30냥	6촌 형 유학 이진에게 토지 매도 - 동부 사청 종가 구대 500칸 터
	2	1661년 유학 이진 소지	-	힌성부에 입안 신청
	3	1661년 유학 이위 초사	-	한성부에 매매 사실 진술
	4	1661년 증인 이석지 등 초사	-	한성부에 매매 사실 진술
	5	1661년 한성부 입안	-	유학 이진에게 매매 사실을 공증하는 입안 발급
A2	6	1685년 유학 이천게 명문	은자 50냥	진사 윤형상에게 토지 매도 - 동부 청녕위계 명철방 공대 500칸
	7	1686년 진사 윤형상 소지	-	한성부에 입안 신청
	8	1686년 유학 이천게 초사	-	한성부에 매매 사실 진술
	9	1686년 증인 유학 유제 등 초사	-	한성부에 매매 사실 진술
	10	1686년 한성부 입안	-	진사 윤형상에게 매매 사실을 공증하는 입안 발급
A3	11	1737년 상전 윤 패자	-	노 충복에게 가옥 매도 권한을 위임 - 동부 청녕위계 명철방 공대 500칸 중 와가 22칸, 초가 3칸
	12	1737년 윤 생원 댁 노 충복 명문	전문 300냥	심 생원 댁 노 석만에게 가옥 매도 - 동부 청녕위계 명철방 신조 와가 22칸, 초가 3칸
	13	1737년 심 생원 노 석만 소지	-	한성부에 입안 신청
	14	1737년 윤 생원 노 충복 초사	-	한성부에 매매 사실 진술
	15	1737년 증인 정민 등 초사	-	한성부에 매매 사실 진술
	16	1737년 한성부 입안	-	노 석만에게 매매 사실을 공증하는 입안 발급
A4	17	1740년 상전 심 패자	-	차노 석만에게 가옥 매도 권한을 위임 - 동부 청녕위계 명철방 와가 22칸, 초가 6.5칸, 공대 500칸, 저가 3칸
	18	1740년 심 생원 댁 노 석만 명문	전문 360냥	조 생원 댁 노 임술에게 가옥 매도 - 동부 청녕위계 명철방 와가 22칸, 초가 6.5칸, 공대 500칸, 저가 3칸
	19	1740년 조 생원 노 임술 소지	-	한성부에 입안 신청
	20	1740년 심 생원 댁 노 석만 초사	-	한성부에 매매 사실 진술
	21	1740년 증인 사노 일봉 등 초사	-	한성부에 매매 사실 진술
	22	1740년 한성부 입안	-	조 생원 댁 노 임술에게 매매 사실을 공증하는 입안 발급
A5	23	계유년 상전 조 패자	-	차노 순이에게 가옥 매도 권한을 위임 - 동부 청녕위계 명철방 와가 22칸, 초가 5칸, 공대 500칸

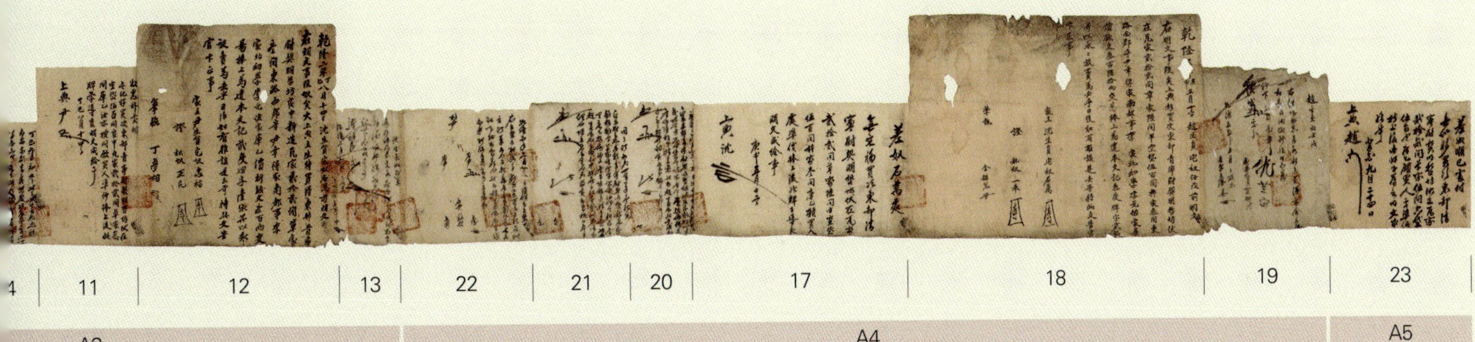

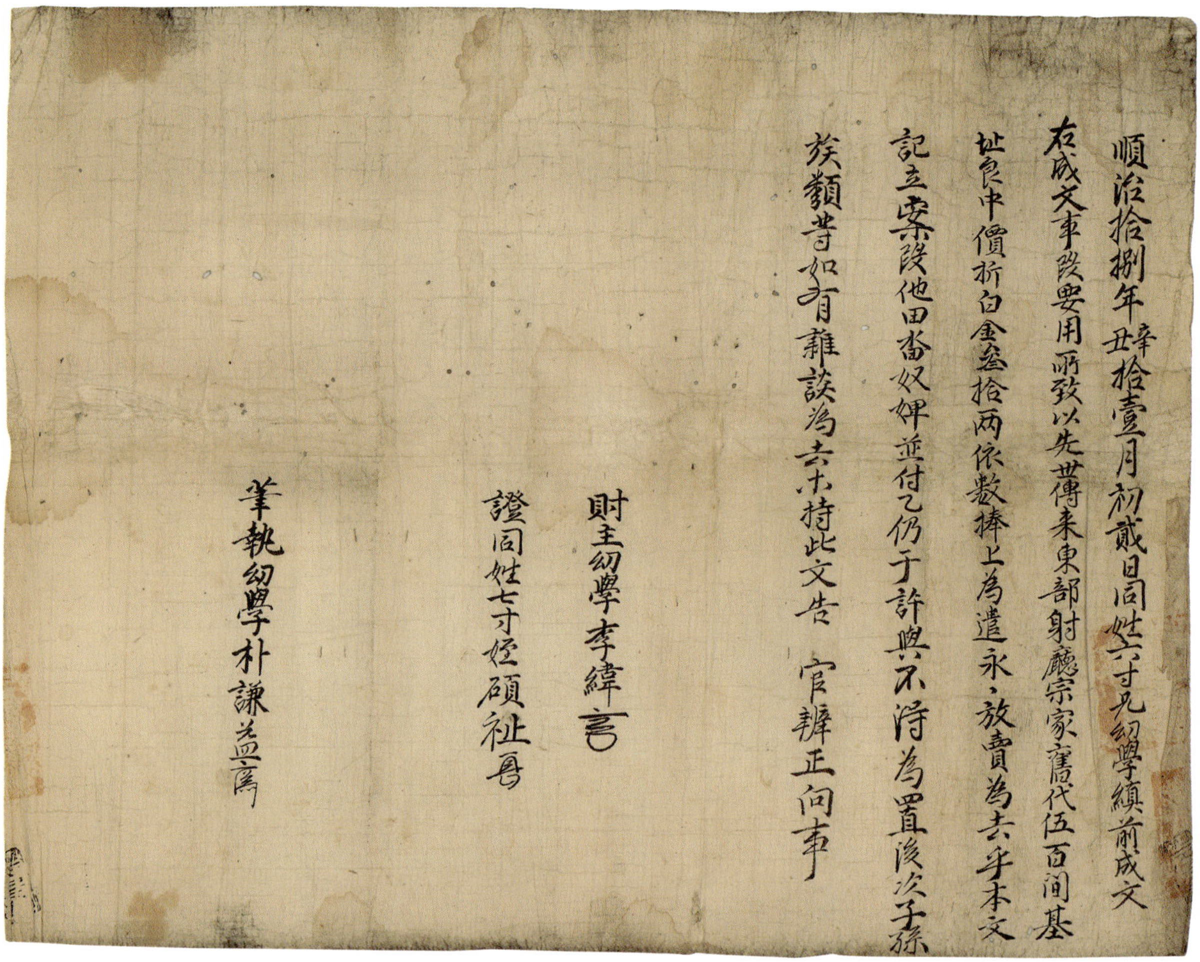

002-01

1661년 유학 이위 명문

56.2×73.3

1661년(현종 2) 11월 2일에 유학幼學 이위李緯가 6촌 형 이진李縝에게 가대를 매도하면서 작성하여 준 명문이다. 이위는 선대로부터 전해 내려온 동부 사청射廳 근처의 종가 옛터舊垈 500칸을 백금白金 30냥에 매도하였다. 본문기와 입안은 다른 전답 및 노비 내역이 기재되어 있어 양도하지 않는다고 하였다. 7촌 조카 이석지李碩祉가 증인으로, 유학 박겸익朴謙益이 필집으로 참여하였다. 이위는 태종(太宗, 재위 1400–1418)의 둘째 아들인 효령대군의 후손이며 율원군栗元君 이종李倧 가의 종손이었는데, 옛 종가 터를 같은 집안의 이진에게 매도한 것이다.

(01) 順治拾捌年辛丑拾壹月初貳日 同姓六寸兄 幼學 縝前 成文
(02) 右成文事段 要用所致以 先世傳來 東部 射廳 宗家舊代[垈]伍百間基
(03) 址良中 價折白金參拾兩 依數捧上爲遣 永永放賣爲去乎 本文
(04) 記立案段 他田畓奴婢並付乙仍于 許與不得爲置 後次 子孫
(05) 族類等 如有雜談爲去等 持此文 告官辨正向事
(06) 財主 幼學 李緯(着名)
(07) 證 同姓七寸姪 碩祉(着名)
(08) 筆執 幼學 朴謙益(着名)

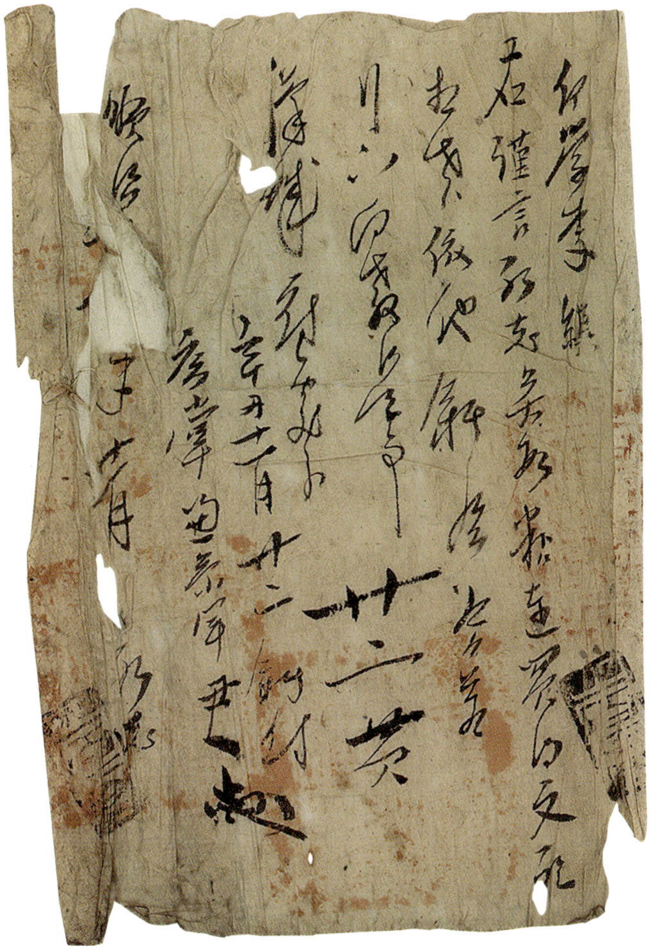

002-02

1661년 유학 이진 소지

27.1×18.6

1661년(현종 2) 11월에 유학 이진이 한성부에 올린 입안신청 소지이다. 소지와 함께 제출한 매득문기(명문)를 검토하여 규례대로 사급입안을 발급해줄 것을 요청하였다. 소지의 접수일은 22일이고, 병방에서 입안 발급을 담당하였다. 담당 방장인 겸참군 윤尹이 같은 날 입안 발급을 처리하였다.

(01) 幼學 李縝
(02) 右謹言所志矣段 粘連買得文記
(03) 相考 依他斜給爲白只爲
(04) 行下向敎是事
(05) 漢城府 處分
(06) 順治■■(十八)年十一月 日 所志
(07) 卄二 黃
(08) 辛丑十一月卄二 斜付
(09) 房掌 兼參軍 尹(着押)
[漢城府印]

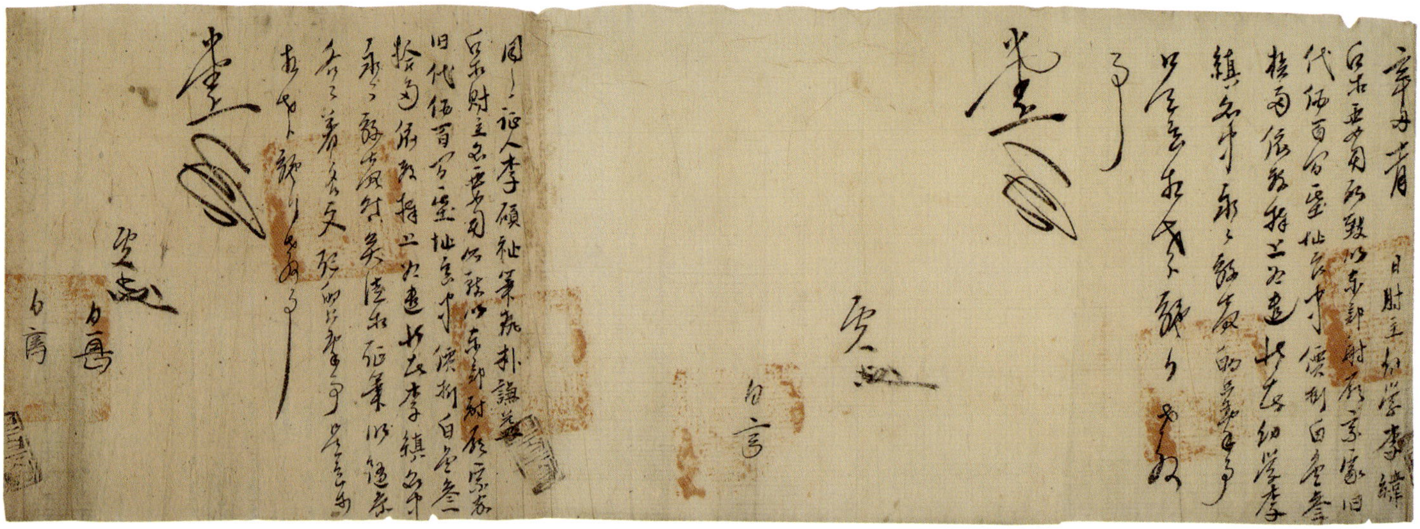

002-04

1661년 증인 이석지 등 초사

27.6×30.1

(01)　同日 証人 李碩祉 筆執 朴謙益
(02)　白等 財主亦 要用所致以 東部 射廳 宗家
(03)　旧代伍百間基址良中 價折白金參
(04)　拾兩 依數捧上爲遣 狀者李縝亦中
(05)　永永放賣時 矣徒等 証筆以隨參
(06)　各各着名文記 的只臥乎事是良厼
(07)　相考施行教事
(08)　　　　　　白(着名)
(09)　　　　　　白(着名)
(10)　堂上(着押) 郎廳(着押)
[漢城府印]

002-03

1661년 유학 이위 초사

28.0×50.2

(01)　辛丑十一月 日 財主 幼學 李緯
(02)　白等 要用所致以 東部 射廳 宗家旧
(03)　代伍百間基址良中 價折白金參
(04)　拾兩 依數捧上爲遣 狀者幼學李
(05)　縝亦中 永永放賣 的只臥乎事
(06)　是良 相考施行教
(07)　事
(08)　　　　　　白(着名)
(09)　堂上(着押) 郎廳(着押)
[漢城府印]

1661년(현종 2) 11월에 재주와 증인 및 필집이 가대의 매매 사실을 한성부에 진술한 초사이다. 재주인 이위는 동부 사청 근처에 있는 종가의 옛 집터 500칸을 백금 30냥에 이진에게 매도한 것이 사실임을 진술하였다. 이석지와 박겸익은 이위와 이진의 거래에 증인과 필집으로 참여한 것이 사실임을 진술하였다.

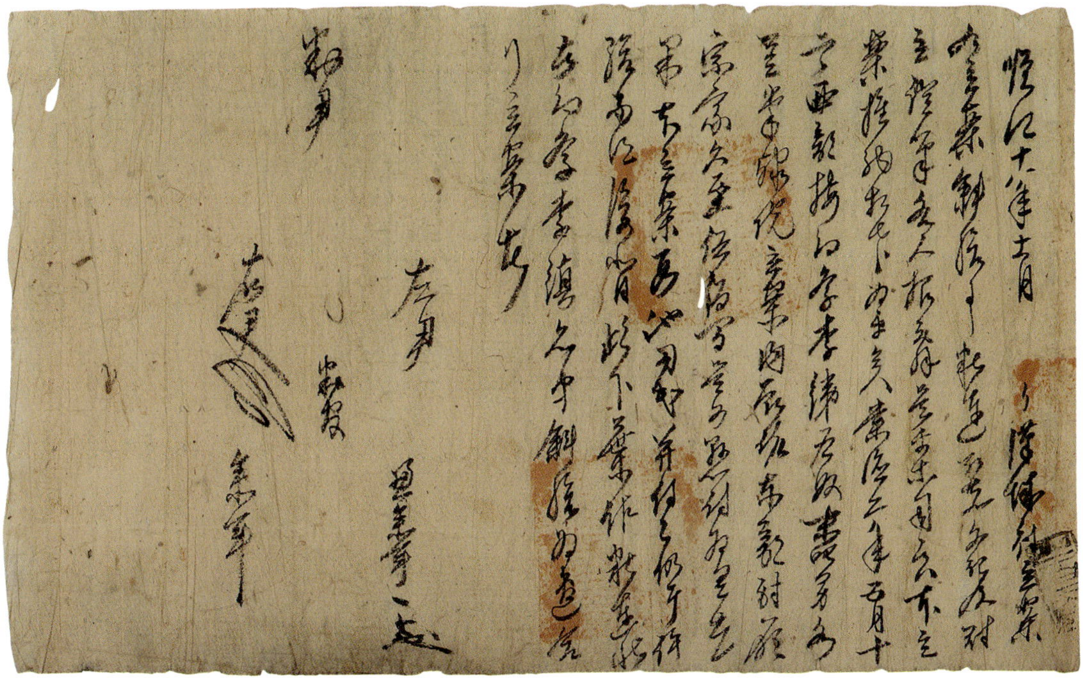

002-05

1661년 한성부 입안

28.3×47.4

1661년(현종 2) 11월에 한성부에서 유학 이진의 가대매매 사실을 공증하여 발급한 입안이다. 한성부에서는 사급입안의 발급을 위해 이위의 입안 신청 소지와 명문, 재주 및 증인의 초사를 검토하였다. 또한 일종의 본문기로서 1637년(인조 15)에 이위가 발급받은 장예원掌隸院 입안에 '동부 사청 종가 옛터 500칸'이라는 내용이 기재되어 있음을 확인하였다. 1637년 입안은 다른 전토와 노비가 함께 기재되어 있어서 이진에게 양도할 수 없으므로, 뒷면에 매물의 거래 내역을 표기하는 배탈을 하였고, 본 사급입안을 매매문서에 점련하여 이진에게 발급하였다.

(01) 順治十八年十一月 日 漢城府立案
(02) 右立案斜給事 粘連所志文記 及財
(03) 主證筆各人招辭是乎等用良 本立
(04) 案推納相考爲乎矣 崇德二年五月十
(05) 二日 西部接幼學李緯 戶奴悊男名
(06) 呈 掌隷院立案內 節該 東部 射廳
(07) 宗家久基伍佰間是如 懸付爲有在
(08) 果 本立案段 他田民幷付乙仍于 許
(09) 給不得 後背頉下 葉作粘連 狀
(10) 者幼學李纘亦中 斜給爲遣 合
(11) 行立案者
(12) 左尹 兼參軍(着押)
(13) 判尹 判官
(14) 右尹(着押) 參軍
[漢城府印]

002-06

1685년 유학 이천게 명문

47.5×38.7

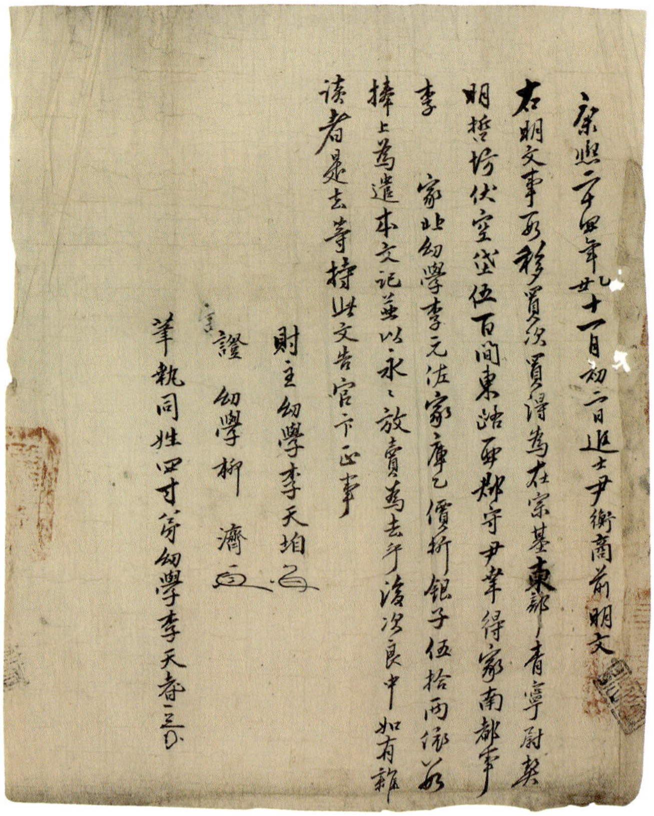

1685년(숙종 11) 11월 2일에 유학 이천게李天垍가 진사進士 윤형상尹衡商에게 공대를 매도하면서 작성하여 준 명문이다. 이천게는 다른 곳의 매물을 구입하기 위해 이전에 매수했던 공대를 은자 50냥에 매도하였다. 매물은 동부 청녕위계淸寧尉契 명철방明哲坊 소재 종가 터에 있는 500칸 규모의 공대였다. 사표는 동쪽에 길, 서쪽에 군수郡守 윤행득尹幸得의 집, 남쪽에 도사 이李의 집, 북쪽에 유학 이원좌李元佐의 집이 있었다. 이천게는 공대를 매도하면서 본문기를 윤형상에게 양도하였다. 유학 유제柳濟가 증인으로, 4촌 아우인 유학 이천기李天耆가 필집으로 참여하였다.

(01) 康熙二十四年乙丑十一月初二日 進士 尹衡商前 明文
(02) 右明文事段 移買次 買得爲在 宗基 東部 青寧尉契
(03) 明哲坊伏 空垈伍百間 東路 西郡守尹幸得家 南都事
(04) 李 家 北幼學李元佐家庫乙 價折銀子伍拾兩 依數
(05) 捧上爲遣 本文記並以 永永放賣爲去乎 後次良中 如有雜
(06) 談者是去等 持此文 告官卞正事
(07) 財主 幼學 李天垍(着名)
(08) 證 幼學 柳 濟(着名)
(09) 筆執 同姓四寸弟 幼學 李天耆(着名)

002-07

1686년 진사 윤형상 소지

37.8×18.5

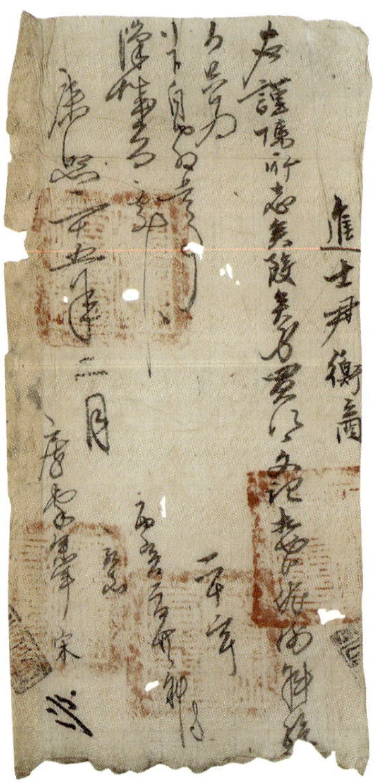

1686년(숙종 12) 2월에 진사 윤형상이 한성부에 올린 입안신청 소지이다. 윤형상은 전년도인 1685년(숙종 11) 11월 2일에 유학 이천게에게서 동부 청녕위계 명철방에 있는 공대 500칸을 매입하였고, 당시 작성한 매득문기를 소지와 함께 제출하여 사급입안 발급을 요청하였다. 소지의 접수일은 20일이고, 예방에서 입안 발급을 담당하였다. 담당 방장인 참군 송宋이 같은 날 입안 발급을 처리하였다.

(01) 進士 尹衡商
(02) 右謹陳所志矣段 矣身買得文記相考 依例斜給■(爲)
(03) 白只爲
(04) 行下向教是事
(05) 漢城府 處分
(06) 康熙二十五年二月 日 所志
(07) 二十 玄
(08) 丙寅二月卄日 斜付
(09) 房掌 參軍 宋(着押)
[漢城府印]

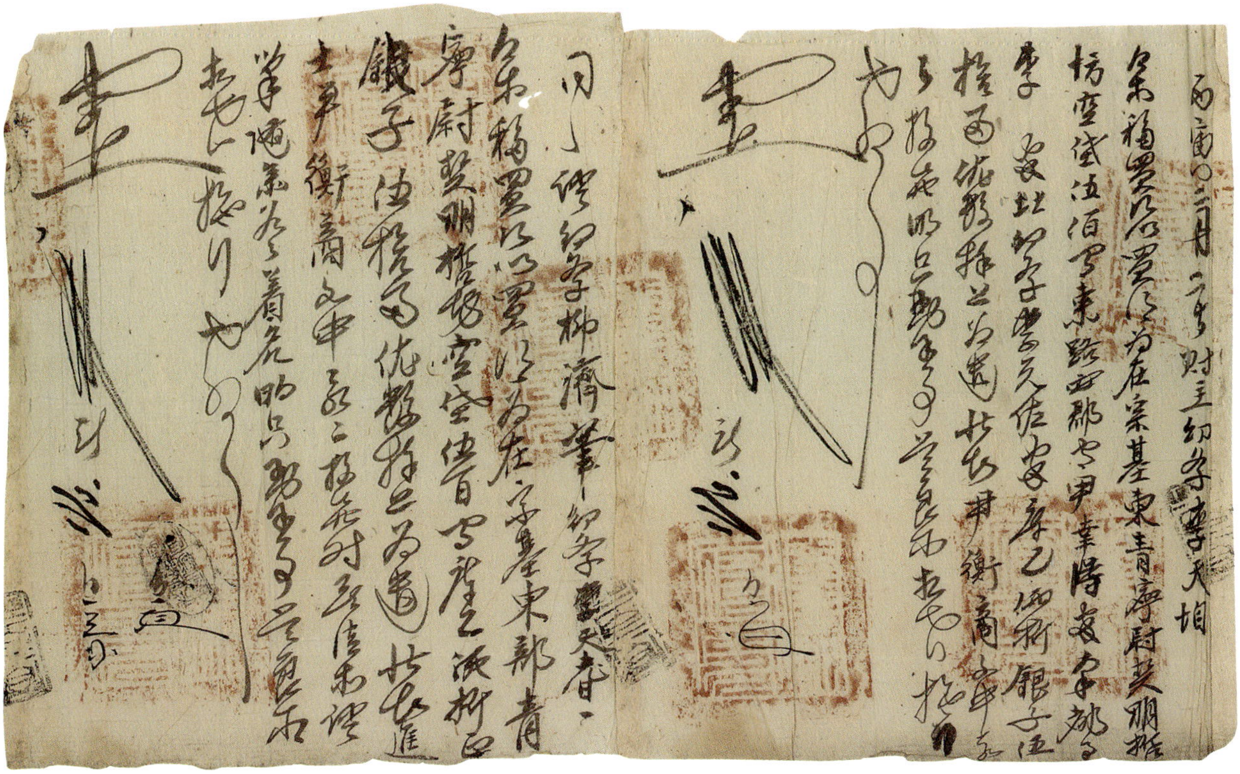

002-09

1686년 증인 유학 유제 등 초사

28.2×24.5

(01) 同日 證 幼學 柳濟 筆 幼學 李天耆
(02) 白等 移買次以 買得爲在 宗基 東部 靑
(03) 寧尉契 明哲坊 空垈伍百間庫乙 價折正
(04) 銀子伍拾兩 依數捧上爲遣 狀者進
(05) 士尹衡商亦中 永永放賣時 矣徒等 證
(06) 筆隨參 各各着名 的只臥乎事是良尒
(07) 相考施行敎事
(08) 白(着名)
(09) 白(着名)
(10) 堂上(着押) 郎廳(着押)
[漢城府印]

002-08

1686년 유학 이천게 초사

27.9×24.2

(01) 丙寅二月二十日 財主 幼學 李天堦
(02) 白等 移買次以 買得爲在 宗基 東靑寧尉契 明哲
(03) 坊 空垈伍佰間 東路 西郡守尹幸得家 南都事
(04) 李 家 北幼學李元佐家庫乙 價折銀子伍
(05) 拾兩 依數捧上爲遣 狀者尹衡商亦中 永
(06) 永放賣 的只臥乎事是良尒 相考施行
(07) 敎事
(08) 白(着名)
(09) 堂上(着押) 郎廳(着押)
[漢城府印]

1686년(숙종 12) 2월 20일 재주 이천게와 증인 유제 등이 매매사실을 진술한 초사이다. 이천게는 다른 곳의 매물을 사기 위해 동부 청녕위계 명철방에 있는 종가 터인 공대 500칸을 은자 50냥에 윤형상에게 매도한 것이 사실임을 진술하였다. 유제와 이천기는 당시 거래에 증인과 필집으로 참여하여 명문을 작성한 것이 사실임을 진술하였다.

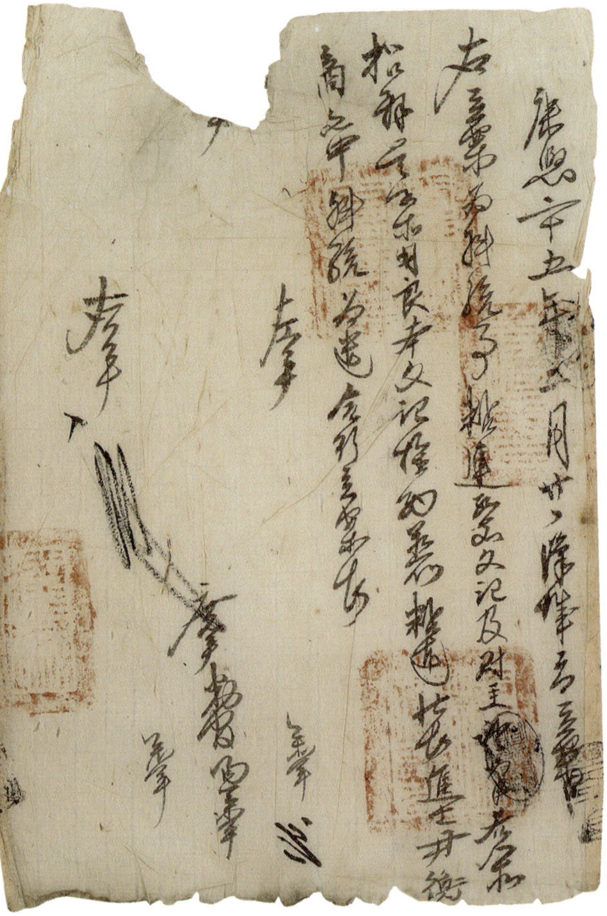

002-10

1686년 한성부 입안

38.3×27.8

1686년(숙종 12) 2월 20일에 한성부에서 윤형상에게 가대매매 사실을 공증하여 발급한 입안이다. 한성부는 윤형상의 입안신청 소지와 매매명문, 재주 및 증인과 필집의 초사를 확인하고, 관에 제출한 본문기를 검토하여 입안을 발급하였다.

(01) 康熙二十五年二月卄日 漢城府立案
(02) 右立案爲斜給事 粘連所志文記 及財主證筆各人等
(03) 招辭是乎等用良 本文記推納 並以粘連 狀者進士尹衡
(04) 商亦中 斜給爲遣 合行立案者
(05) 左尹 參軍(着押)
(06) ■■(判尹) 庶尹 判官 兼參軍
(07) 右尹(着押) 參軍
[漢城府印]

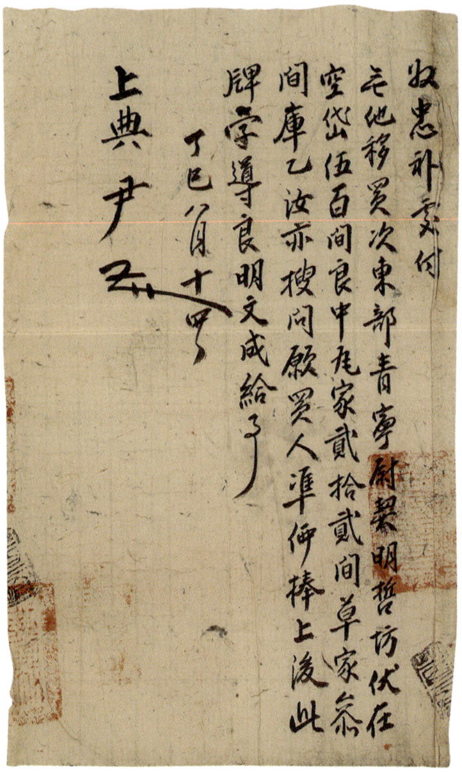

002-11

1737년 상전 윤 패자

43.7×26.2

1737년(영조 13) 8월 14일에 상전 윤尹이 노 충복忠朴에게 가옥의 매도를 위임하면서 작성해 준 패자이다. 상전 윤은 다른 매물을 구입하기 위해 동부 청녕위계 명철방에 있는 공대 500칸 중에서 와가 22칸, 초가 3칸을 매도하고자 하였다. 이에 상전은 노 충복에게 사고자 하는 사람을 수소문해서 값을 받고 이 패자에 따라 매매명문을 작성하여 지급하라고 하였다.

(01) 奴 忠朴處付
(02) 無他 移買次 東部 靑寧尉契 明哲坊伏在
(03) 空垈伍百間良中 瓦家貳拾貳間 草家參
(04) 間庫乙 汝亦搜問願買人 準價捧上後 此
(05) 牌字導良 明文成給事
(06) 丁巳八月十四日
(07) 上典 尹(着名)

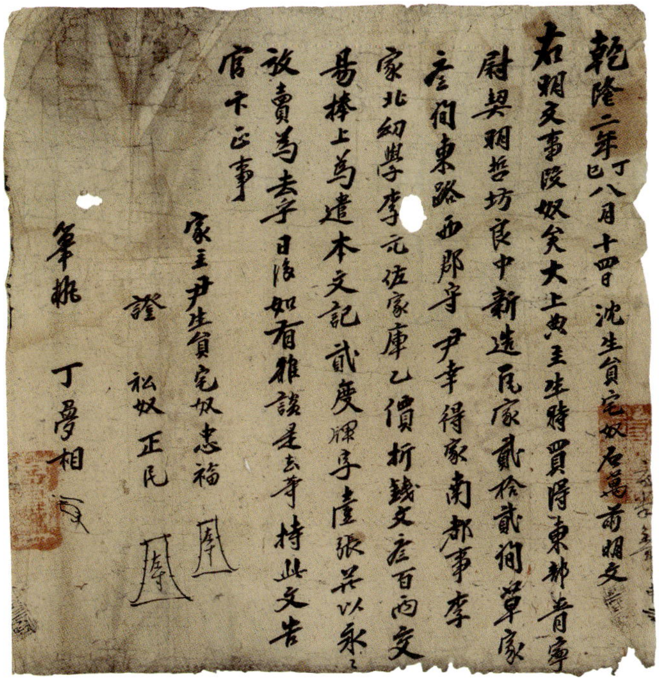

002-12

1737년 윤 생원 댁 노 충복 명문

54.2×53.0

1737년(영조 13) 8월 14일에 윤 생원 댁 노 충복이 심沈 생원 댁 노 석만石萬에게 가옥을 매도하면서 작성하여 준 명문이다. 충복은 상전이 생전에 매입한 2개의 가옥을 전문 300냥에 매도하였다. 매물은 동부 청녕위계 명철방에 있는 새로 지은 와가 22칸, 초가 3칸이다. 사표는 동쪽에 길이 있고, 서쪽은 군수 윤행득의 집, 남쪽은 도사 이 모某의 집, 북쪽은 유학 이원좌의 집이 있었다. 충복은 가옥을 매도하면서 본문기 2장과 상전의 패자 1장을 함께 양도하였다. 사노私奴 정민正民이 증인으로, 정몽상丁夢相이 필집으로 참여하였다.

(01)　乾隆二年丁巳八月十四日 沈生員宅奴 石萬前 明文
(02)　右明文事段 奴矣大上典主 生時買得 東部 靑寧
(03)　尉契 明哲坊良中 新造瓦家貳拾貳間 草家
(04)　參間 東路 西郡守尹幸得家 南都事李
(05)　家 北幼學李元佐家庫乙 價折錢文參百兩 交
(06)　易捧上爲遣 本文記貳度 牌字壹張幷以 永永
(07)　放賣爲去乎 日後 如有雜談是去等 持此文 告
(08)　官卞正事
(09)　　　家主 尹生員宅奴 忠福(左寸)
(10)　　　　　證　私奴 正民(左寸)
(11)　　　筆執　　丁夢相(着名)

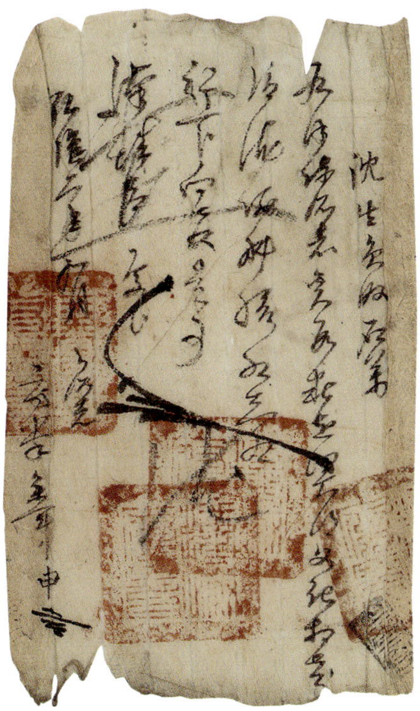

002-13

1737년 심 생원 노 석만 소지

33.9×20.7

1737년(영조 13) 9월에 심 생원 댁 노 석만이 한성부에 올린 입안신청 소지이다. 같은 해 8월 14일 윤 생원 댁의 노 충복으로부터 동부 청녕위계 명철방에 있는 와가 22칸과 초가 3칸을 매입할 때 작성한 매득문기를 소지와 함께 한성부에 제출하고, 이를 검토하여 사급입안을 발급해줄 것을 요청하였다. 한성부 당상이 '그대로 시행하라(依)'는 처결을 내리고 착압을 하였으며, 입안 발급을 담당한 방장 참군 신申이 마지막에 착압을 하였다.

(01)　沈生員奴 石萬
(02)　右謹陳所志矣段 粘連買得文記相考
(03)　後 依例斜給爲只爲
(04)　行下向敎是事
(05)　漢城府 處分
(06)　乾隆二年九月 日 所志
(07)　　　　依
(08)　堂上(着押)
(09)　　　　房掌 參軍 申(着押)
[漢城府印]

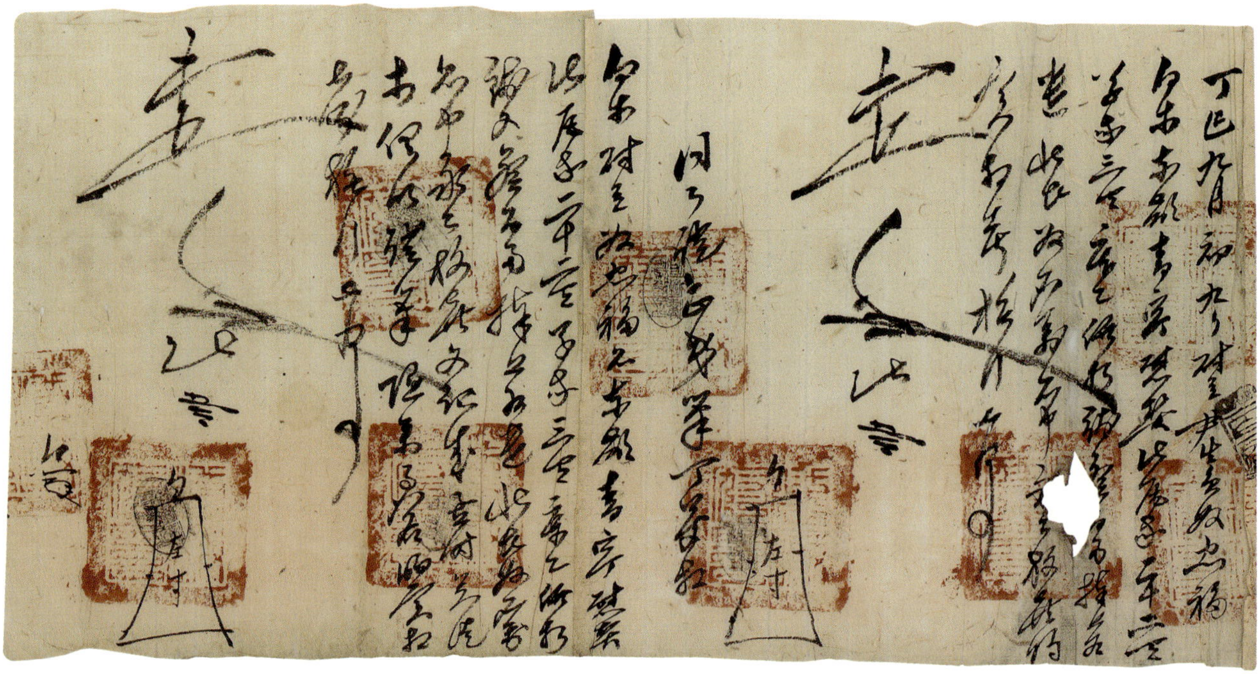

002-15

1737년 증인 정민 등 초사

31.6×35.5

(01) 同日 證 正民 筆 丁夢相
(02) 白等 財主奴忠福亦 東部 青寧尉契
(03) 伏 瓦家二十二間 草家三間庫乙 價折
(04) 錢文參百兩 捧上爲遣 狀者奴石萬
(05) 亦中 永永放賣 文記成置時 矣徒
(06) 等 俱以證筆隨參着名的實 相
(07) 考施行敎事
(08) 白(左寸)
(09) 白(着名)
(10) 堂上(着押) 郎廳(着押)
[漢城府印]

002-14

1737년 윤 생원 노 충복 초사

30.3×26.0

(01) 丁巳九月初九日 財主 尹生員奴 忠福
(02) 白等 東部 青寧尉契伏 瓦家二十二間
(03) 草家三間庫乙 價折錢參百兩 捧上爲
(04) 遣 狀者奴石萬亦中 永永放賣的
(05) 實 相考施行敎事
(06) 白(左寸)
(07) 堂上(着押) 郎廳(着押)
[漢城府印]

1737년(영조 13) 9월 9일 재주인 윤 생원의 노 충복과 증인 정민 등이 가옥의 매매 사실을 진술한 초사이다. 충복은 동부 청녕위계에 있는 와가 22칸, 초가 3칸의 가옥을 전문 300냥에 심 생원 댁 노 석만에게 매도한 것이 사실임을 진술하였다. 정민과 정몽상은 충복과 석만이 가옥을 거래하고 명문을 작성할 때 증인과 필집으로 참여한 것이 사실임을 진술하였다.

002-16

1737년 한성부 입안

31.6×23.5

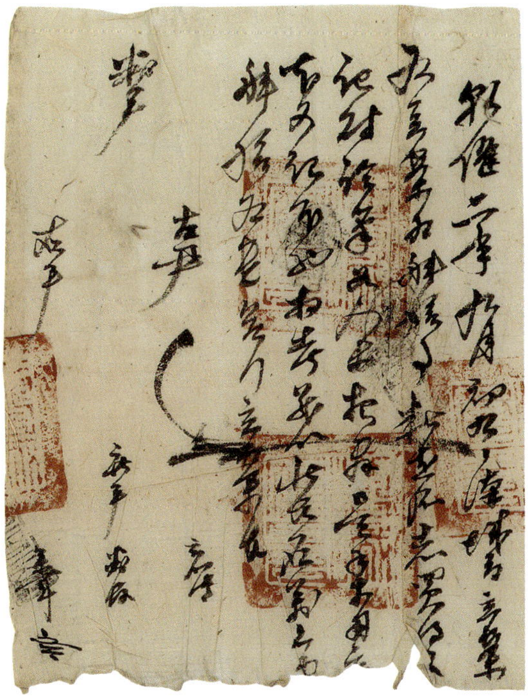

1737년(영조 13) 9월 9일에 한성부에서 심 생원 댁 노 석만에게 가옥의 매매 사실을 공증하여 발급한 입안이다. 한성부는 석만의 입안신청 소지와 매득문기, 재주 및 증인 등의 초사를 확인하고 본문기를 제출받아 검토하여 해당 가옥의 전래 경위를 파악한 후 석만에게 입안을 발급하였다.

(01)　乾隆二年九月初九日 漢城府立案
(02) 右立案爲斜給事 粘連所志買得文
(03) 記 財證筆各人等招辭是乎等用良
(04) 本文記取納相考幷以 狀者石萬亦中
(05) 斜給爲遣 合行立案者
(06)　　　左尹(着押)　　　主簿
(07) 判尹　　　　　庶尹　判官
(08)　　　右尹　　　　　參軍(着押)
[漢城府印]

002-17

1740년 상전 심 패자

33.3×56.0

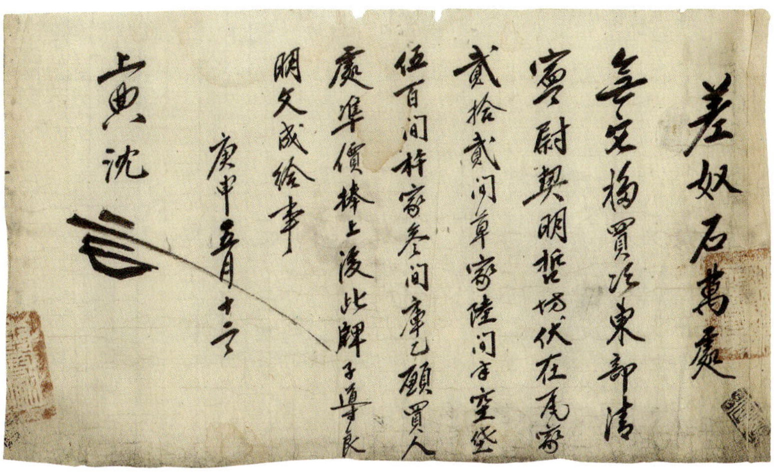

1740년(영조 16) 5월 12일에 상전 심이 차노差奴 석만에게 가옥의 매매를 위임하면서 작성해준 패자이다. 상전 심은 다른 매물을 구입하기 위해 동부 청녕위계 명철방에 소재한 와가 22칸, 초가 6.5칸, 공대 500칸, 저가杵家 3칸을 매도하고자 하였다. 상전 심은 석만에게 가옥을 사고자 하는 사람에게서 값을 받고 이 패자에 따라서 명문을 작성하여 지급하라고 하였다.

(01)　差奴 石萬處
(02) 無他 移買次 東部 清
(03) 寧尉契 明哲坊伏在 瓦家
(04) 貳拾貳間 草家陸間半 空垈
(05) 伍百間 杵家參間庫乙 願買人
(06) 處 準價捧上後 此牌子導良
(07) 明文成給事
(08)　　庚申五月十二日
(09) 上典 沈(着名)

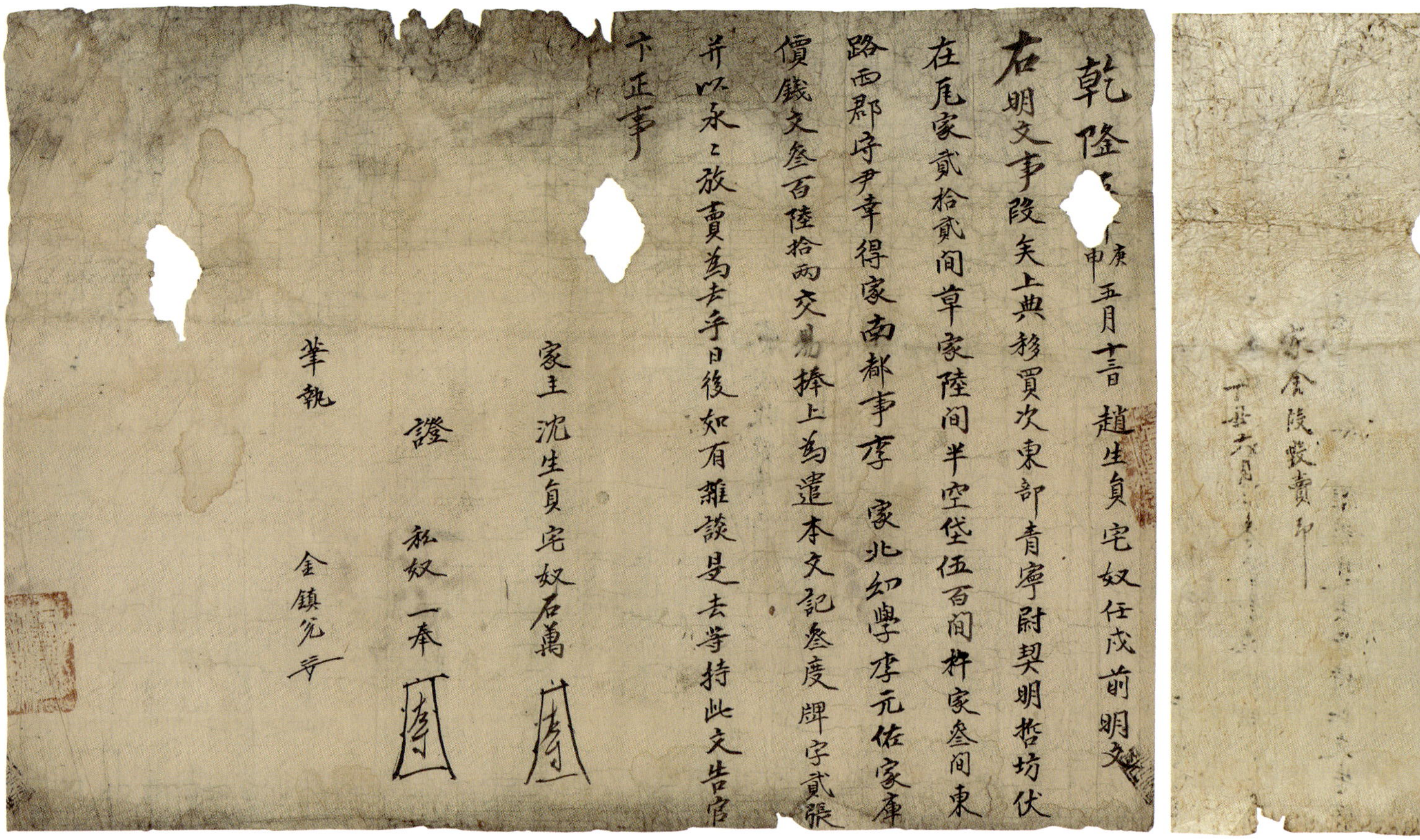

002-18

1740년 심 생원 댁 노 석만 명문

54.1×77.2

1740년(영조 16) 5월 13일에 심 생원 댁 노 석만이 조趙 생원 댁 노 임술任戌에게 가옥을 매도하면서 작성하여 준 명문이다. 석만은 자신의 상전이 다른 가옥을 구입하기 위해서라는 매도 사유를 밝히고, 동부 청녕위계 명철방에 있는 와가 22칸, 초가 6.5칸, 공대 500칸, 저가 3칸을 전문 360냥에 매도하였다. 가옥의 사표는 동쪽이 길, 서쪽이 군수 윤행득의 집, 남쪽이 이 도사의 집, 북쪽이 유학 이원좌의 집이다. 석만은 가옥을 매도하면서 본문기 3장과 패자 2장을 함께 양도하였다. 사노 일봉一奉이 증인으로, 김진태金鎭兌가 필집으로 참여하였다. 문서 뒷면에 정축년 6월 가옥을 훼철하여 매도하였다는 기록이 있다.

(01) 乾隆■■(五年)庚申五月十三日 趙生員宅奴 任戌前 明文
(02) 右明文事段 矣上典 移買次 東部 靑寧尉契 明哲坊伏
(03) 在 瓦家貳拾貳間 草家陸間半 空垈伍百間 杵家參間 東
(04) 路 西郡守尹幸得家 南都事李 家 北幼學李元佐家庫
(05) 價錢文參百陸拾兩 交易捧上爲遣 本文記參度 牌字貳張
(06) 幷以 永永放賣爲去乎 日後 如有雜談是去等 持此文 告官
(07) 卞正事
(08) 家主 沈生員宅奴 石萬(左寸)
(09) 證 私奴 一奉(左寸)
(10) 筆執 金鎭兌(着名)

(背面)
家舍段毁賣印
丁丑六月 日

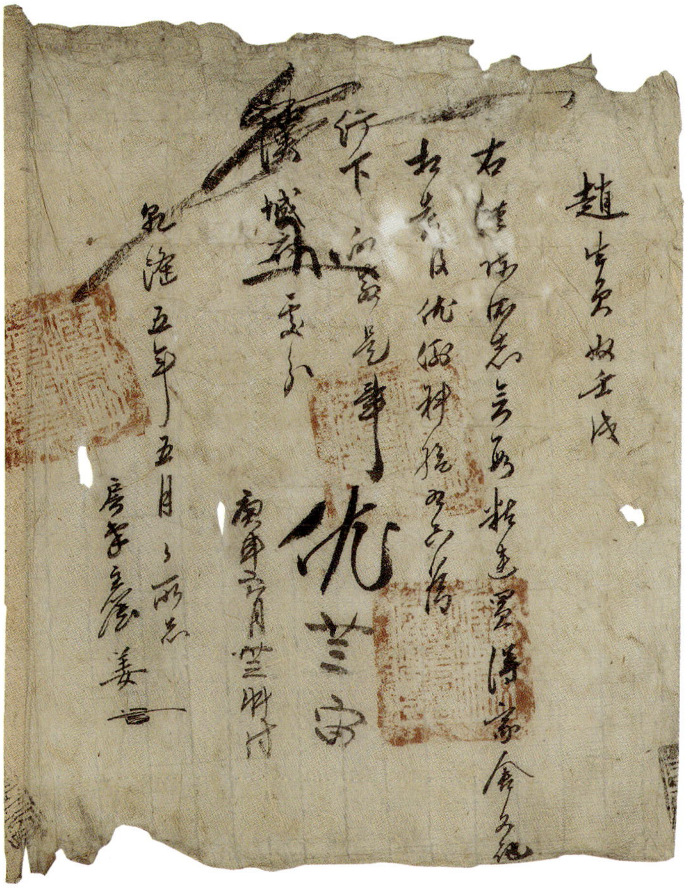

002-19

1740년 조 생원 노 임술 소지

40.7×44.1

1740년(영조 16) 5월에 조 생원 댁 노 임술이 한성부에 올린 입안신청 소지이다. 같은 달 13일에 심 생원 댁 노 석만에게서 동부 청녕위계 명철방에 있는 집들을 매입하였으며, 소지에 첨부한 매득문기를 확인하여 규례대로 사급입안을 발급해 줄 것을 요청하였다. 소지의 접수일은 23일이고, 공방에서 입안 발급을 담당하였다. 한성부 당상이 '그대로 시행하라(依)'는 처분을 내리고, 담당 방장인 주부 강姜이 6월 23일에 입안 발급을 처리하였다.

(01) 趙生員奴 壬戌
(02) 右謹陳所志矣段 粘連買得家舍文記
(03) 相考後 依例斜給爲只爲
(04) 行下向敎是事
(05) 漢城府 處分
(06) 乾隆五年五月 日 所志
(07) 依 廿三 宙
(08) 堂上(着押)
(09) 庚申六月廿三 斜付
(10) 房掌 主簿 姜(着押)
[漢城府印]

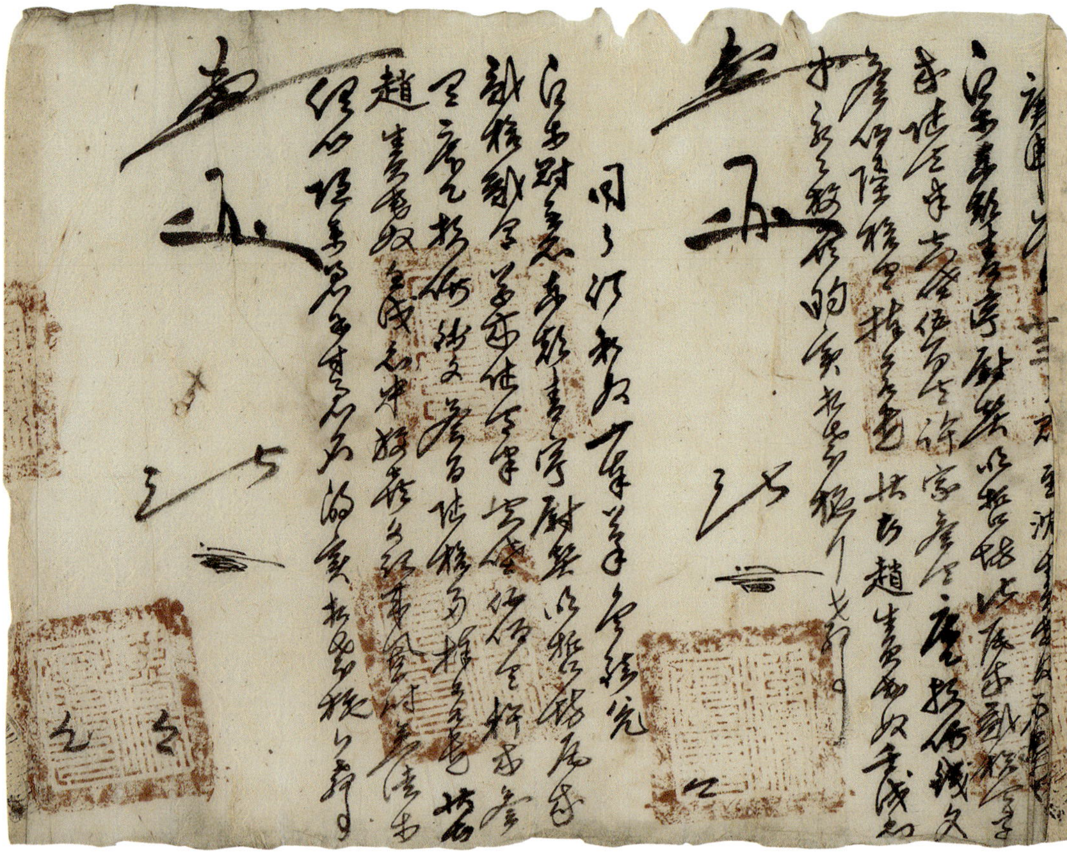

002-21

1740년 증인 사노 일봉 등 초사

32.7×25.7

(01) 　　同日 訂 私奴 一奉 筆 金鎭兌
(02) 白等 財主亦 東部 靑寧尉契 明哲坊 瓦家
(03) 貳拾貳間 草家陸間半 空垈伍佰間 杵家參
(04) 間庫乙 折價錢文參百陸拾兩 捧上爲遣 狀者
(05) 趙生員宅奴壬戌亦中 放賣文記成置時 矣徒等
(06) 俱以隨參 着手寸着名的實 相考施行敎事
(07) 　　　　　　　　　　白
(08) 　　　　　　　　　　白
(09) 堂上(着押) 郎廳(着押)
[漢城府印]

002-20

1740년 심 생원 댁 노 석만 초사

32.7×17.7

(01) 庚申六月卄三日 財主 沈生員宅奴 石萬
(02) 白等 東部 靑寧尉契 明哲坊伏 瓦家貳拾間 草
(03) 家陸間半 空垈伍百間 許[杵]家參間庫乙 折價錢文
(04) 參佰陸拾間[兩] 捧上爲遣 狀者趙生員宅奴壬戌亦
(05) 中 永永放賣的實 相考施行敎事
(06) 　　　　　　　　　　　　　　　白
(07) 堂上(着押) 郎廳(着押)
[漢城府印]

1740년(영조 16) 6월 23일에 재주 심 생원 댁 노 석만과 증인 일봉 등이 가옥매매 사실을 진술한 초사이다. 석만은 동부 청녕위계 명철방에 소재한 와가 22칸과 초가 6.5칸, 공대 500칸, 저가 3칸을 전문 360냥에 조 생원 댁 노 임술에게 매도한 것이 사실임을 진술하였다. 사노 일봉과 김진태는 심 생원 댁 노 석만의 가옥 거래에 증인과 필집으로 참여하여 명문을 작성한 것이 사실임을 진술하였다.

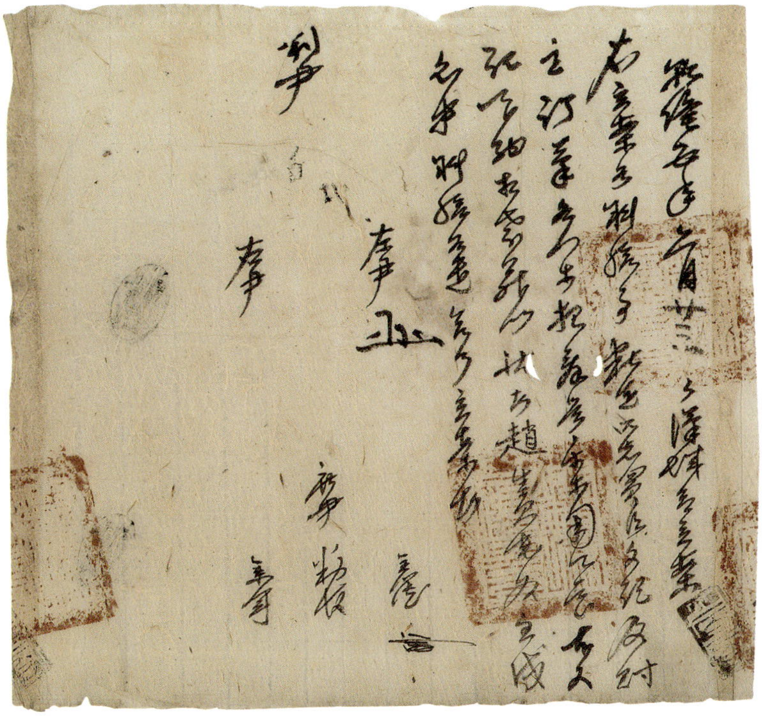

002-22

1740년 한성부 입안

32.5×35.4

1740년(영조 16) 6월 23일에 한성부에서 조 생원 댁 노 임술에게 가옥매매 사실을 공증하여 발급한 입안이다. 한성부에서는 임술의 입안신청 소지에 함께 점련된 매득문기와 재주 및 증인 등의 초사를 확인하고, 본문기를 제출받아 해당 가옥의 전래 경위를 파악한 후 입안을 발급하였다.

(01) 乾隆五年六月卄三日 漢城府立案
(02) 右立案爲斜給事 粘連所志買得文記 及財
(03) 主訂筆各人等招辭是乎等用乙良 本文
(04) 記取納相考 並以狀者趙生員宅奴壬戌
(05) 亦中 斜給爲遣 合行立案者
(06) 左尹(着押) 主簿(着押)
(07) 判尹 庶尹 判官
(08) 右尹 參軍
[漢城府印]

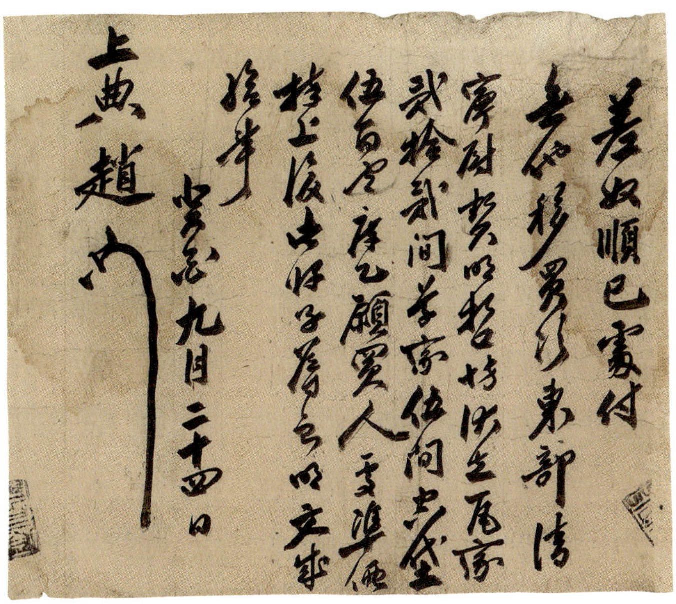

002-23

계유년 상전 조 패자

31.4×36.1

계유년 9월 24일에 상전 조가 차노 순이順已에게 가옥의 매도를 위임하면서 작성해 준 패자이다. 상전 조는 다른 매물을 구입하기 위해 동부 청녕위계 명철방에 있는 와가 22칸, 초가 5칸, 공대 500칸을 매도하고자 하였다. 상전 조는 순이에게 가옥을 사고자 하는 사람으로부터 값을 받고 이 패자에 따라서 명문을 작성하여 지급하라고 하였다.

(01) 差奴 順已處付
(02) 無他 移買次 東部 淸
(03) 寧尉契 明哲坊伏在 瓦家
(04) 貳拾貳間 草家伍間 空垈
(05) 伍百間庫乙 願買人處 準價
(06) 捧上後 此牌子導良 明文成
(07) 給事
(08) 癸酉九月二十四日
(09) 上典 趙(着名)

003

1657년 운계도정 처 성주 이씨 분재기 등 왕십리 토지매매문서

1675~1711년 | 61.3×351.3

1657년 분재기로부터 1711년 한성부 입안까지 분재기 1점, 패자 1점, 명문 2점, 소지 2점, 초사 4점, 입안 2점 등 총 12점의 문서로 구성된 점련문서이다. 왕십리 서쪽에 있는 토지의 상속과 매매 과정을 확인할 수 있다. 1657년 분재기는 운계도정 이타의 처 성주 이씨가 둘째 아들 창산감 이희현에게 왕십리에 있는 두 곳의 토지를 별급하면서 작성한 것이다. 이희현은 이 가운데 반일경 규모의 밭은 최유성에게 분할 매도하고, 나머지 대전은 1661년에 최득운에게 매도하면서 분재기도 양도하였다. 최득운은 다시 1673년에 이 토지를 김승연에게 매도하였고, 마지막으로 1711년경 강 조이가 토지의 소유주가 되었다. 1661년 거래는 입안을 제외한 문서들이 남아있고, 1673년 거래는 패자, 명문, 소지, 초사, 입안이 모두 남아있다. 마지막 거래는 1711년 한성부에서 강 조이에게 발급한 입안만이 남아있다. 매물인 대전은 본래 3부 3속, 조전경 규모의 면적이었으나 1673년 거래 시 9부, 반일경 규모로 확대되었고 사표도 일부 달라졌다.

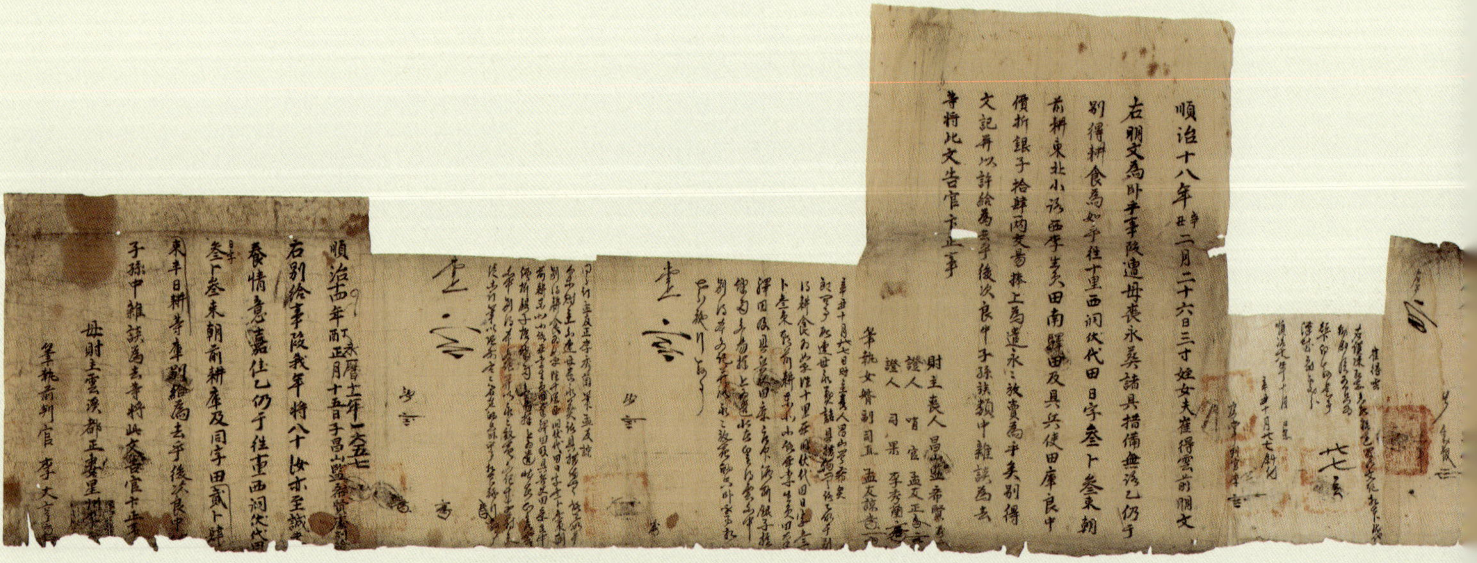

순서	문서명	매매가격	내용
1	1657년 운계도정 처 성주 이씨 분재기	-	창산감 이희현에게 토지 분재 - 왕십리 서동 대전 일자 3부 3속, 조전경 - 일자 전 2부 4속, 반일경 * 배탈: 최유성에게 부분 매도
2	1661년 창산감 이희현 명문	은자 14냥	조카사위 최득운에게 토지 매도 - 왕십리 서동 대전 일자 3부 3속, 조전경
3	1661년 최득운 소지	-	한성부에 입안 신청
4	1661년 창산감 이희현 초사	-	한성부에 매매 사실 진술
5	1661년 증인 맹우정 등 초사	-	한성부에 매매 사실 진술
6	1670년 상전 최 패자	-	노 인선에게 토지 매도 권한을 위임 - 왕십리 서북 대전 9부, 반일경
7	1673년 최 생원 댁 노 인선 명문	정은자 14냥	김승연에게 토지 매도 - 왕십리 서북 금자 대전 9부, 반일경
8	1673년 김승연 소지	-	한성부에 입안 신청
9	1673년 노 인선 초사	-	한성부에 매매 사실 진술
10	1673년 증인 서중창 등 초사	-	한성부에 매매 사실 진술
11	1673년 한성부 입안	-	김승연에게 매매 사실을 공증하는 입안 발급
12	1711년 한성부 입안	-	강 조이에게 매매 사실을 공증하는 입안 발급

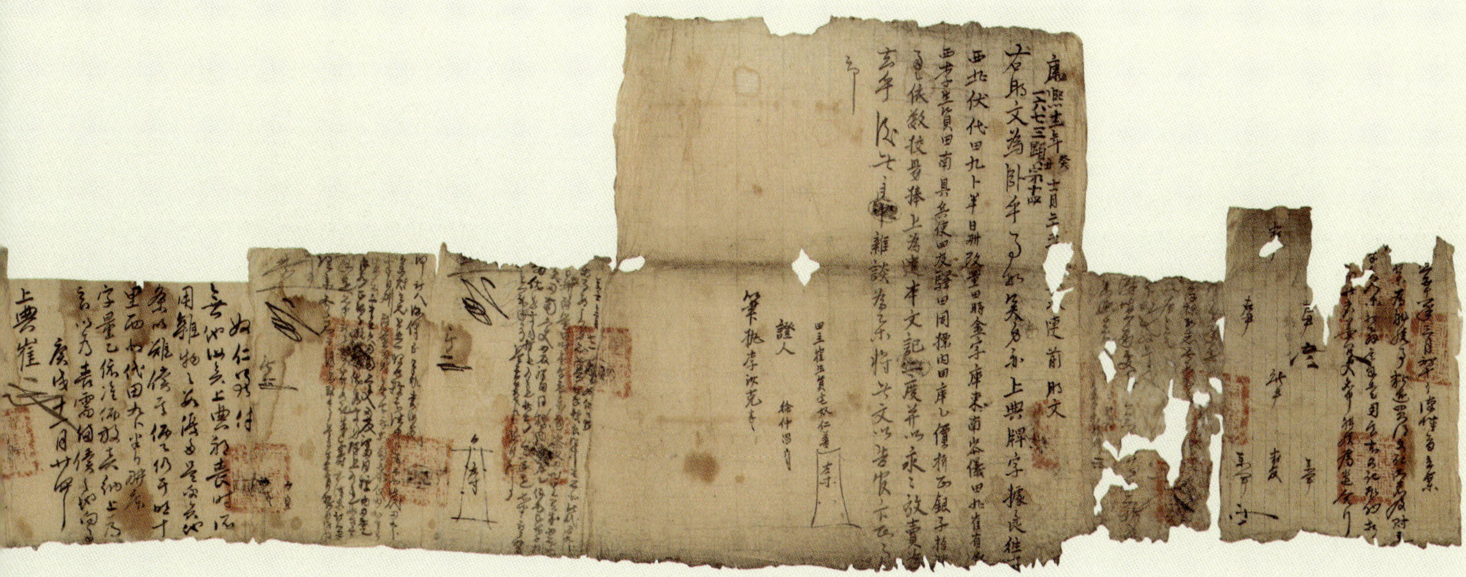

6 | 10 | 9 | 7 | 8 | 12

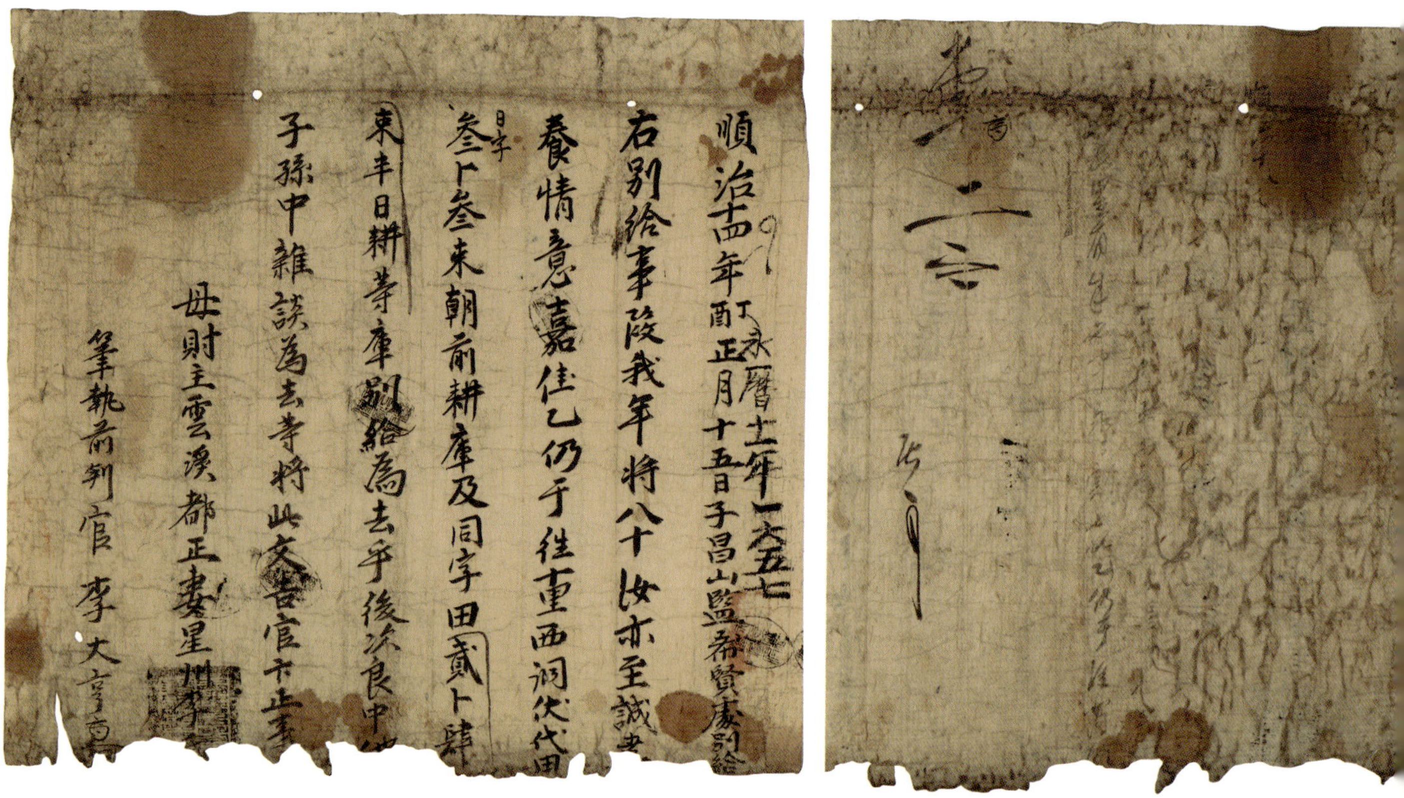

003-01

1657년 운계도정 처 성주 이씨 분재기

39.6×43.0

1657년(효종 8) 1월 15일에 운계도정雲溪都正 이타李鼉의 처 성주星州 이씨李氏가 아들 창산감昌山監 이희현李希賢에게 토지를 별급하며 작성한 분재기이다. 성주 이씨의 나이가 곧 80이 되는데, 이희현이 지극한 효성으로 봉양하였기에 왕십리 서동西洞에 있는 토지 두 곳을 별급한다고 하였다. 첫 번째 토지는 대전代田이고 자호字號는 일자日字, 면적은 3부 3속, 조전경朝前耕이다. 두 번째 토지는 같은 자호의 밭이며, 면적은 2부 4속, 반일경半日耕이다. 조전경과 반일경은 경작시간을 기준으로 토지의 면적을 산출한 것이다. 두 토지의 면적 합계는 5부 7속이다. 재주인 모친 성주 이씨는 인장을 답인하였고, 필집 이대형李大亨이 문서를 작성하고 착명着名과 착압을 하였다.

두 번째 토지는 효주爻周하여 지운 표시가 있고, 뒷면에 그에 관한 배탈입안이 기재되어 있으나 상당 부분 마모되었다. 이희현이 별급받은 토지 중 두 번째 토지를 최유성崔有成에게 분할 매도하고, 한성부로부터 배탈입안을 받은 것으로 보인다. 이후 1661년(현종 2) 2월에 이희현이 첫 번째 토지를 최득운崔得雲에게 매도하면서 이 분재기도 양도하였다.

이희현은 성종(成宗, 재위 1469-1494)의 서자인 무산군茂山君 이종李悰의 후손으로 왕실의 종친이다.

(01) 順治十四年丁酉正月十五日 子 昌山監 希賢處 別給

(02) 右別給事段 我年將八十 汝亦至誠孝

(03) 養 情意嘉佳乙仍于 往十里西洞伏 代田

(04) 日字 參卜參束·朝前耕庫 及同字田 貳卜肆

(05) 東·半日耕等庫 別給爲去乎 後次良中 他

(06) 子孫中 雜談爲去等 將此文 告官卞正事

(07) 母財主 雲溪都正妻 星州李氏(印)

(08) 筆執 前判官 李大亨(着名)(着押)

(背面)

順治十■…■

■…■(狀者)崔有成亦中 永永割賣乙仍于 後背■…■

事

堂上(着押) 郎廳(着押)

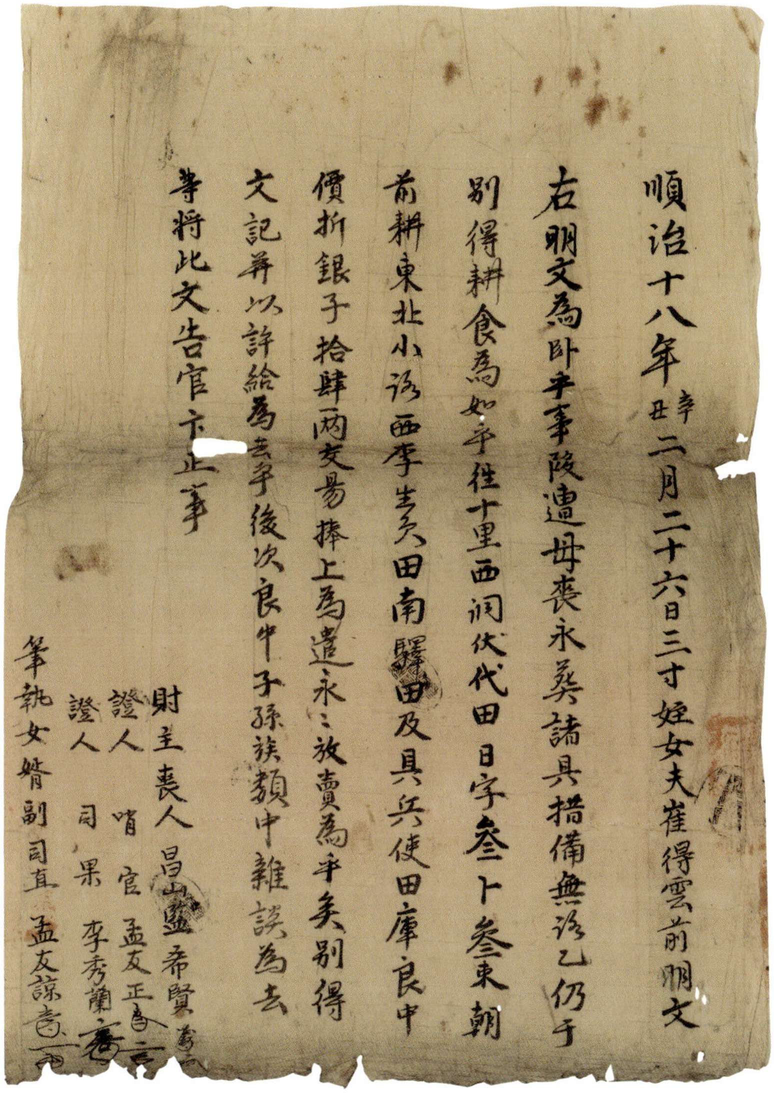

003-02

1661년 창산감 이희현 명문

60.0×43.8

1661년(현종 2) 2월 26일에 창산감 이희현이 조카사위인 최득운에게 토지를 매도하면서 작성하여 준 명문이다. 이희현은 모친상의 장례 물품을 마련할 방도가 없어서 1657년(효종 8) 별급받아 경작해온 왕십리의 토지 중 한 곳을 은자 14냥에 매도하였다. 매물은 왕십리 서동에 있는 대전이고, 자호는 일자日字, 면적은 3부 3속, 조전경이다. 사표 내용을 보면 동쪽과 북쪽에 작은 길이 있고, 서쪽에 이李 생원의 밭이 있으며, 남쪽에 역전驛田과 구具 병사兵使의 밭이 있다. 매물과 함께 모친으로부터 토지를 별급 받을 때 작성한 분재기를 최득운에게 지급하였다. 창산감 이희현과 함께 증인으로 초관哨官 맹우정孟友正, 사과司果 이수란李秀蘭이 참여하였고, 부사직副司直 맹우량孟友諒이 필집으로 문서를 작성하였다. 맹우량은 이희현의 사위이며, 맹우정은 맹우량의 동생이다. 토지를 매입한 최득운은 이희현의 형인 성산감星山監 이희신李希信의 사위이다.

(01) 順治十八年辛丑二月二十六日 三寸姪女夫 崔得雲前 明文
(02) 右明文爲臥乎事段 遭母喪 永葬諸具 措備無路乙仍于
(03) 別得耕食爲如乎 往十里西洞伏 代田 日字 參卜參束·朝
(04) 前耕 東北小路 西李生員田 南驛田及具兵使田庫良中
(05) 價折銀子拾肆兩 交易捧上爲遣 永永放賣爲乎矣 別得
(06) 文記 幷以許給爲去乎 後次良中 子孫族類中 雜談爲去
(07) 等 將此文 告官卞正事
(08) 財主 喪人 昌山監 希賢(着名)(着押)
(09) 證人 哨官 孟友正(着名)(着押)
(10) 證人 司果 李秀蘭(着名)■(着押)
(11) 筆執 女婿 副司直 孟友諒(着名)(着押)

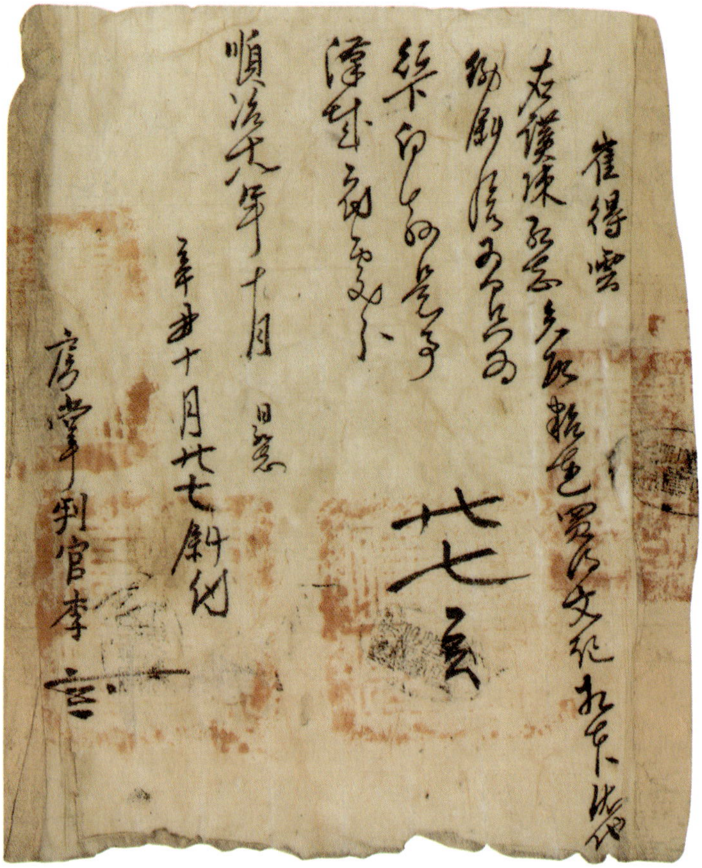

003-03

1661년 최득운 소지

25.7×19.0

1661년(현종 2) 10월에 최득운이 한성부에 올린 입안신청 소지이다. 소지와 함께 점련하여 제출하는 매득문기를 검토하여 사급입안을 발급해줄 것을 요청하였다. 매득문기는 창산감 이희현과 최득운 사이의 토지 거래 내역을 기재한 1661년 명문을 가리킨다. 소지의 접수일은 27일이고, 예방에서 입안 발급을 담당하였다. 같은 날 예방을 담당하는 판관 이李가 입안 발급을 처리하였다.

(01) 崔得雲
(02) 右謹陳所志矣段 粘連買得文記相考 依他
(03) 例 斜給爲只爲
(04) 行下向教是事
(05) 漢城府處分
(06) 順治十八年十月 日 所志
(07) 卄七 玄
(08) 辛丑十月卄七 斜付
(09) 房掌 判官 李(着押)
[漢城府印]

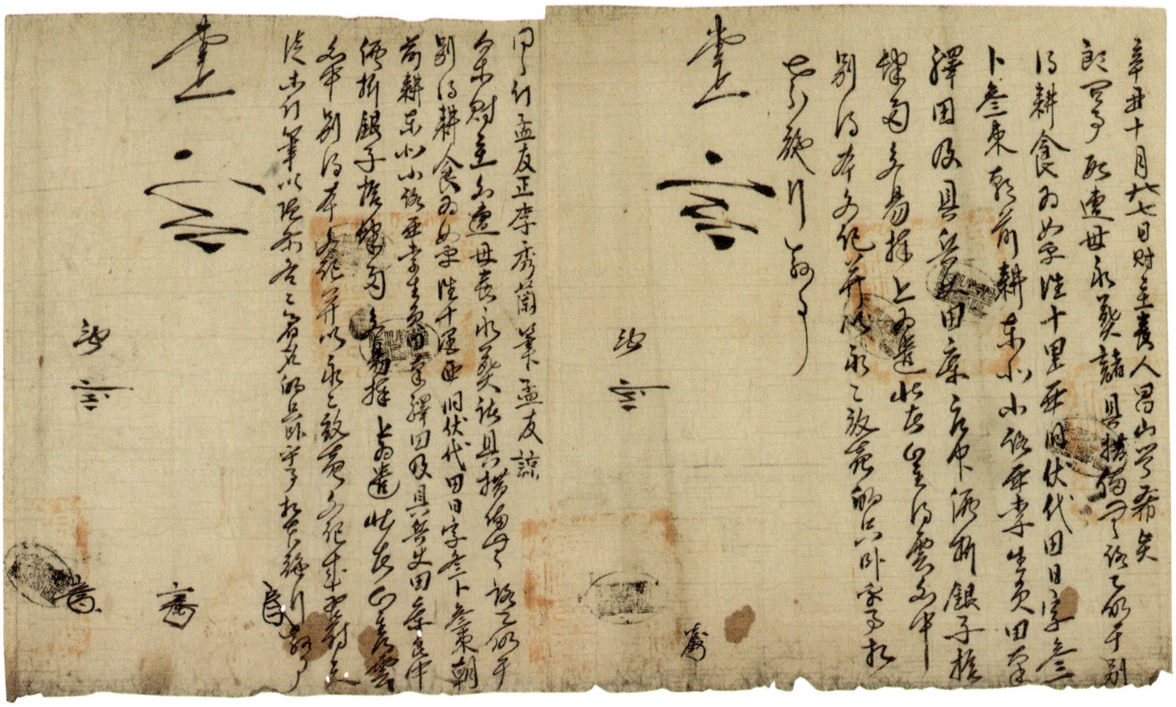

003-05

1661년 증인 맹우정 등 초사

32.7×28.0

(01) 同日 證 孟友正 李秀蘭 筆 孟友諒
(02) 白等 財主亦 遭母喪 永葬諸具 措備無路乙仍于
(03) 別得耕食爲如乎 往十里西洞伏 代田 日字 參卜參束·朝
(04) 前耕 東北小路 西李生員田 南驛田及具兵使田庫良中
(05) 價折銀子拾肆兩 交易捧上爲遣 狀者崔得雲
(06) 亦中 別得本文記幷以 永永放賣 文記成置時 矣
(07) 徒等 證筆以隨叅 各各着名 的只臥乎事 相考施行敎事
(08) (着名)
(09) (着名)
(10) (着名)
(11) 堂上(着押) 郎廳(着押)
[漢城府印]

003-04

1661년 창산감 이희현 초사

32.7×30.0

(01) 辛丑十月卄七日 財主 喪人 昌山監 希賢
(02) 節問事段 遭母 永葬諸具 措備無路乙仍于 別
(03) 得耕食爲如乎 往十里西洞伏 代田 日字 參
(04) 卜參束·朝前耕 東北小路 西李生員田 南
(05) 驛田及具兵使田庫良中 價折銀子拾
(06) 肆兩 交易捧上爲遣 狀者崔得雲亦中
(07) 別得本文記幷以 永永放賣 的只臥乎事 相
(08) 考施行敎事
(09) (着名)
(10) 堂上(着押) 郎廳(着押)
[漢城府印]

1661년(현종 2) 10월 27일에 창산감 이희현과 증인 맹우정 등이 토지매매 사실을 진술한 초사이다. 이희현은 모친상에 필요한 물품을 마련하기 위해 분재받아 농사짓던 왕십리 소재의 토지를 은자 14냥을 받고 최득운에게 매도한 것이 사실임을 진술하였다. 증인 맹우정과 이수란 및 필집 맹우량은 이희현이 최득운에게 토지를 매도할 때 자신들이 증인과 필집으로 참여한 것이 사실임을 진술하였다.

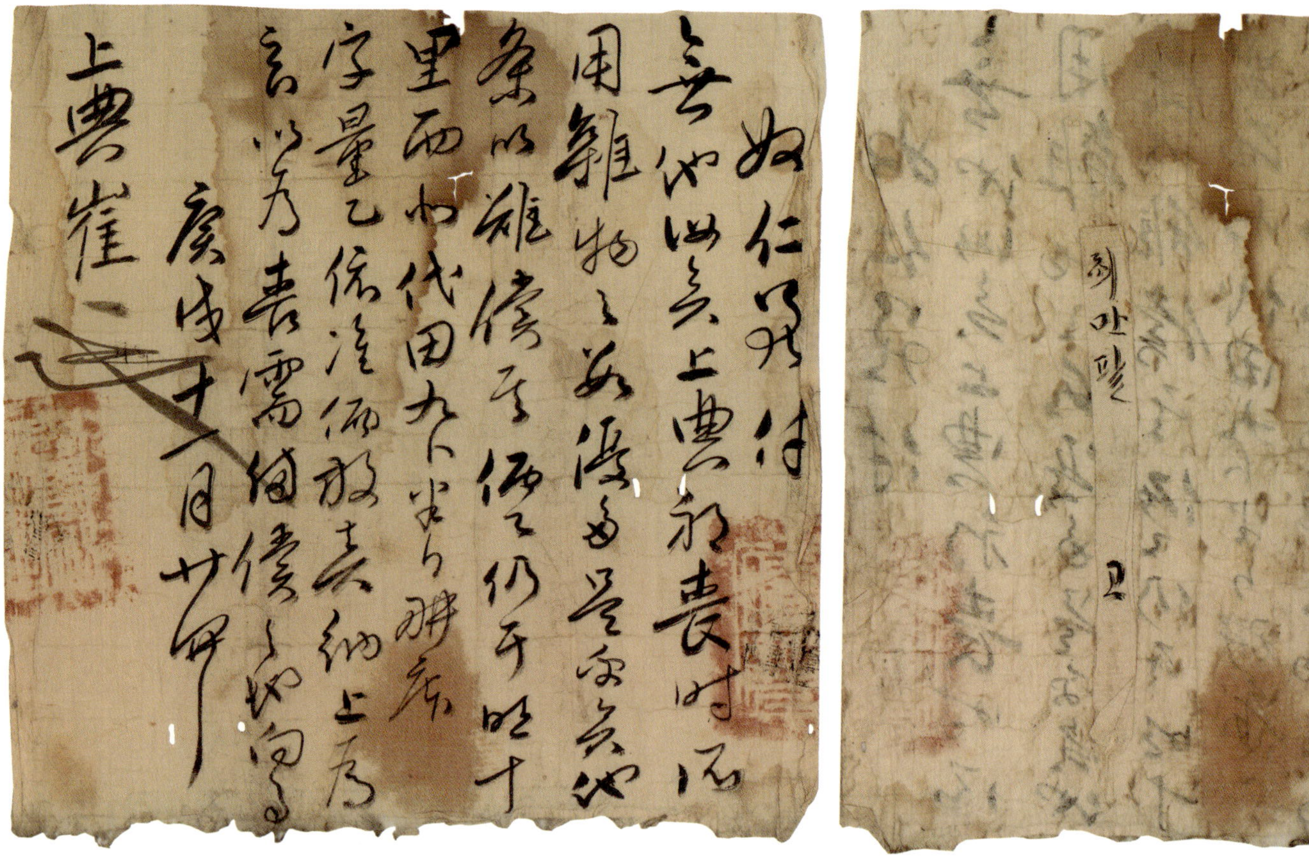

003-06

1670년 상전 최 패자

30.0×30.0

1670년(현종 11) 11월 24일에 상전 최가 노 인선仁善에게 토지매매를 위임하기 위해 작성한 패자이다. 초상初喪 때 사용한 물품들이 너무 많아서 다른 방법으로 값을 치를 수 없으니 왕십리 서북 지역에 소재한 대전을 매도하라는 내용이다. 토지의 면적은 9부, 반일경이며, 토지의 자호는 기재하지 않았다.

(01) 奴 仁善付
(02) 無他 汝矣上典 初喪時 所
(03) 用雜物之數 優多是乎矣 他
(04) 條以 難償其價乙仍于 旺[往]十
(05) 里西北 代田 九卜·半日耕庫
(06) 字量乙 依准價放賣納上爲
(07) 良 以爲喪需備償之地向事
(08) 庚戌十一月卄四日
(09) 上典 崔(着名)

(背面)
최만팔 고

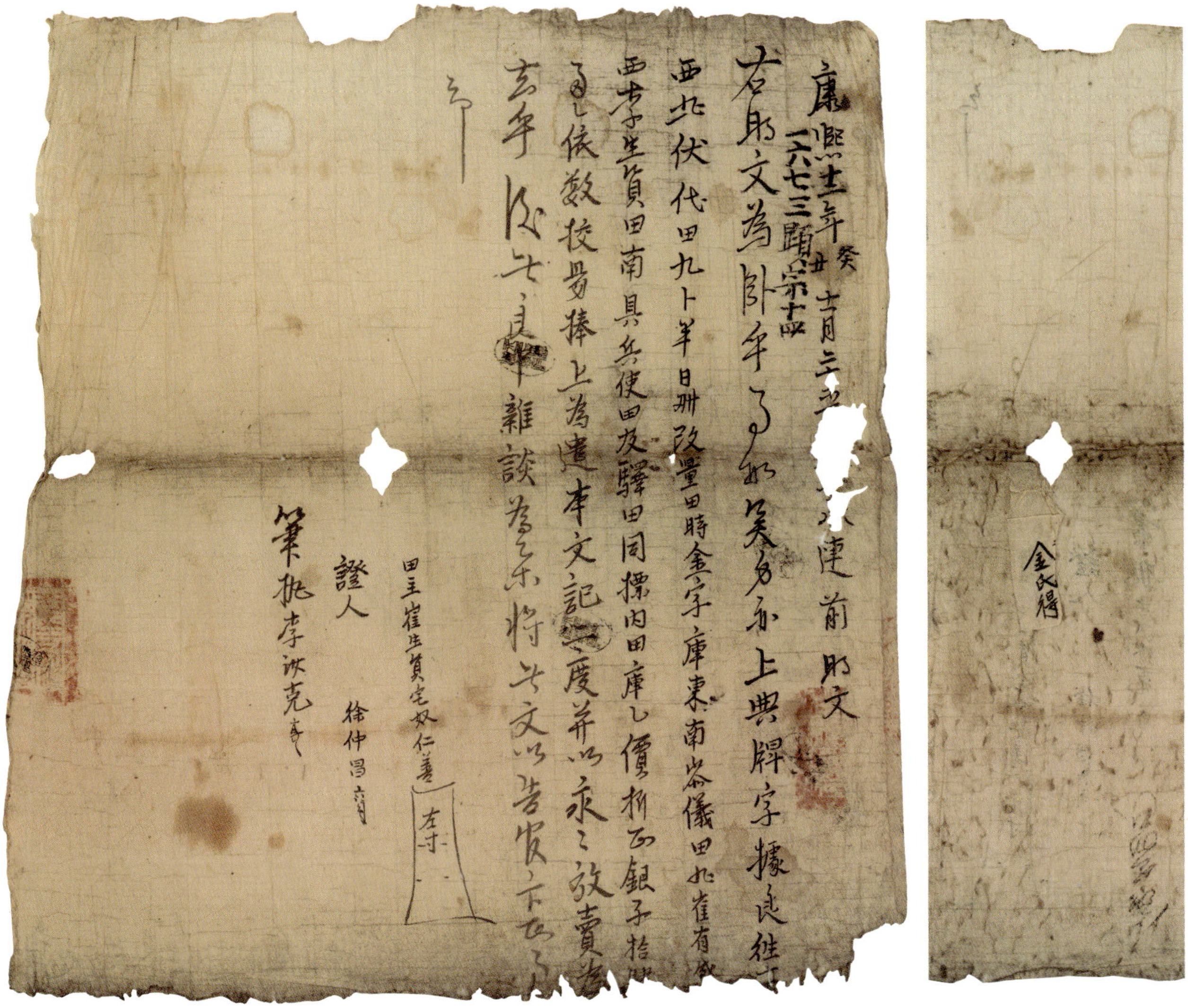

003-07

1673년 최 생원 댁 노 인선 명문

61.3×58.2

1673년(현종 14) 11월 25일에 최 생원 댁 노 인선이 김승연金承連에게 토지를 매도하면서 작성하여 준 명문이다. 매물은 왕십리 서북 지역에 소재한 대전이고, 면적은 9부, 반일경이며, 양전 후의 자호는 금자金字이다. 매매금액은 정은자 14냥이다. 사표는 동쪽과 남쪽이 참의叅議 밭, 북쪽이 최유성崔有成의 밭, 서쪽이 이 생원 밭, 남쪽이 구 병사의 밭과 역전이다. 매물과 함께 본문기 2장을 양도하였다. 노 인선이 서명 대신 좌촌左寸을 그렸고, 증인 서중창徐仲昌과 필집 이여극李汝克이 참여하였다.

(01) 康熙十二年癸丑十一月二十五■(日)■…■(金)承連前 明文
(02) 右明文爲臥乎事段 矣身亦 上典牌字據 良往十■(里)
(03) 西北伏 代田 九卜·半日耕 改量田時金字庫 東南叅儀田 北崔有成■(田)
(04) 西李生員田 南具兵使田及驛田 同標內田庫乙 價折正銀子拾肆
(05) 兩乙 依數捧[交]易捧上爲遣 本文記二度幷以 永永放賣爲
(06) 去乎 後此良中 雜談爲乙等 將此文以告官卞正事
(07) 印
(08) 田主 崔生員宅奴 仁善(左寸)
(09) 證人 徐仲昌(着名)
(10) 筆執 李汝克(着名)

(背面)
金氏得

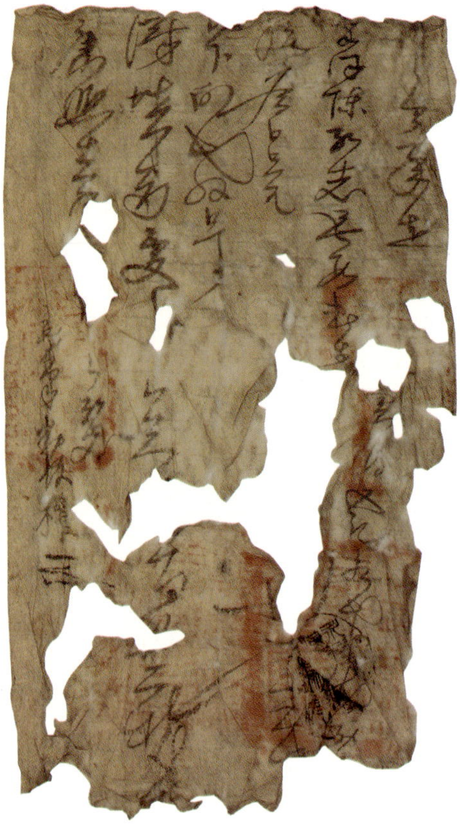

003-08

1673년 김승연 소지

28.8×17.0

1673년(현종 14)에 김승연이 한성부에 올린 입안신청 소지이다. 소지와 함께 점련하여 제출하는 매득문기를 검토하여 사급입안을 발급해줄 것을 요청하였다. 매득문기는 최 생원 댁과 김승연 사이의 토지 거래 내역을 기재한 1673년 명문을 가리킨다. 소지의 접수일은 22일이고, 예방에서 입안 발급을 담당하였다. 같은 날 예방 방장인 판관 권權이 입안 발급을 처리하였다.

(01) 金承連
(02) ■(右)謹陳所志矣段 粘連買得文記相考 依例
(03) ■(斜)給爲白只爲
(04) 行下向教是事
(05) 漢城府 處分
(06) 康熙十二■(年)■…■(月)日 所志
(07) 廿二 玄
(08) 癸■■■(丑十二)月廿二 斜■(付)
(09) 房掌 判官 權(着押)
[漢城府印]

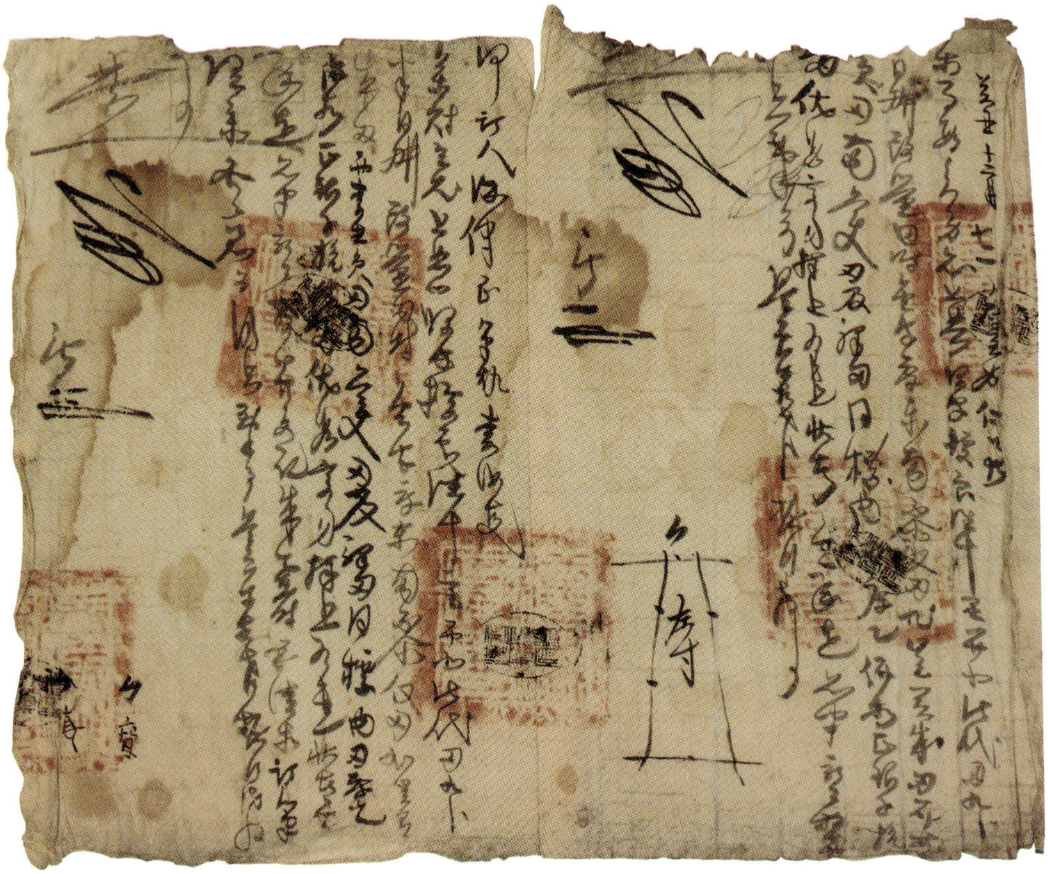

003-10

1673년 증인 서중창 등 초사

33.2×20.5

(01) 同日 訂人 徐仲昌 筆執 李汝克
(02) 白等 財主矣上典牌子據 良往十里西北伏 代[垈]田 九卜·
(03) 半日耕 改量田時金字庫 東南祭儀田 北崔有
(04) 成田 西李生員田 南兵使田及驛田 同標內田庫乙
(05) 價折正銀子拾肆兩 依數交易捧上爲遣 狀者金
(06) 承連亦中 永永放賣 文記成置時 矣徒等 訂筆
(07) 隨叅 各各着名 的只臥乎事是良尒 相考施行敎
(08) 事
(09) 白(着名)
(10) 白(着名)
(11) 堂上(着押) 郎廳(着押)
[漢城府印]

003-09

1673년 노 인선 초사

34.6×19.8

(01) 癸丑十二月卄二■(日) 財主 奴 仁善
(02) ■(白)等事段 矣身亦 上典牌字據 良往十里西北 代[垈]田 九卜·
(03) ■(半)日耕 改量田時金字庫 東南祭儀田 北崔有成田 西李
(04) ■(生)員田 南兵使田及驛田 同標內田庫乙 價折正銀子拾■(肆)
(05) 兩依數交易捧上爲遣 狀者金承連亦中 永永放賣
(06) ■(的)只臥乎事是良尒 相考施行敎事
(07) 白(左寸)
(08) 堂上(着押) 郎廳(着押)
[漢城府印]

1673년(현종 14) 12월 22일에 노 인선과 증인 서중창 등이 토지의 매도 사실을 진술한 초사이다. 노 인선은 상전의 패자에 따라 왕십리 서북에 있는 금자金字 9부, 반일경 면적의 대전을 정은자 14냥을 받고 김승연에게 매도한 것이 사실임을 진술하였다. 증인 서중창과 필집 이여극은 노 인선과 김승연의 거래에 자신들이 증인과 필집으로 참여하여 서명한 것이 사실임을 진술하였다.

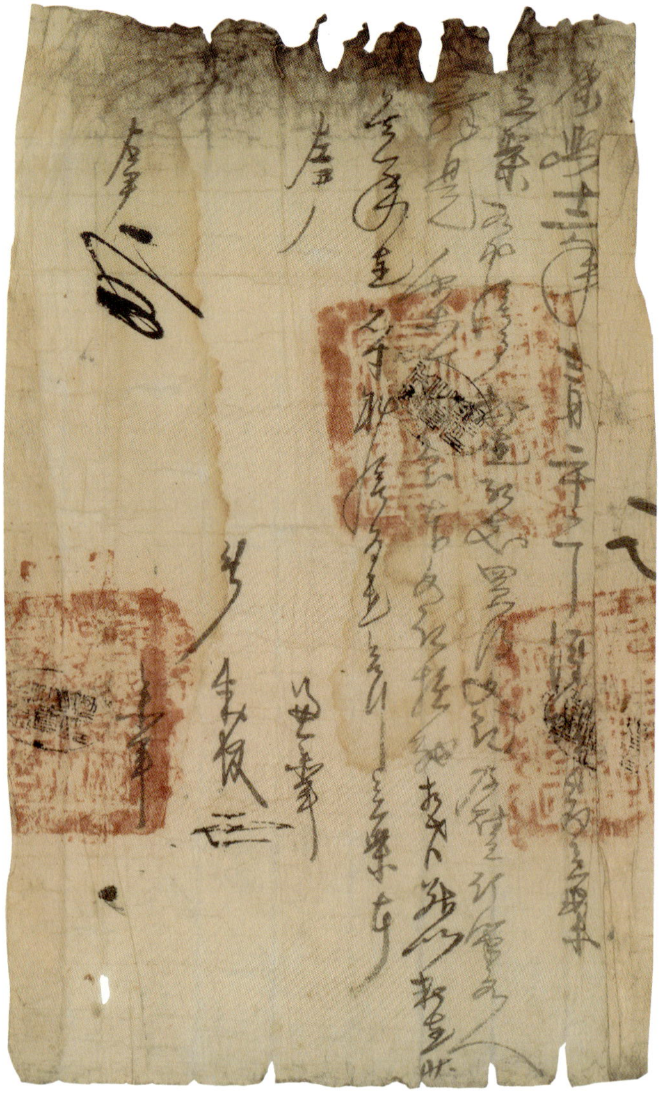

003-11

1673년 한성부 입안

34.3×20.0

1673년(현종 14) 12월 22일에 한성부에서 김승연에게 토지매매 사실을 공증하여 발급한 입안이다. 한성부는 입안신청 소지와 매매명문, 재주 및 증인 등의 초사를 검토하여 매매 사실을 확인하고, 본문기를 받아 해당 토지의 전래 경위를 확인한 후 김승연에게 입안을 발급하였다. 한성부 관원 중 입안 발급을 담당한 우윤右尹과 판관이 각각 서명하였다.

(01) 康熙十二年十二月二十二日 漢城府立案
(02) ■(右)立案爲斜給事 粘連所志買得文記 及財主證筆各人
(03) ■(招)辭是乎等用良 本文記推納相考 幷以粘連 狀■(者)
(04) 金承連亦中 斜給爲遣 合行立案者
(05) 左尹 兼參軍
(06) 判尹 庶尹 判官(着押)
(07) 右尹(着押) 參軍
[漢城府印]

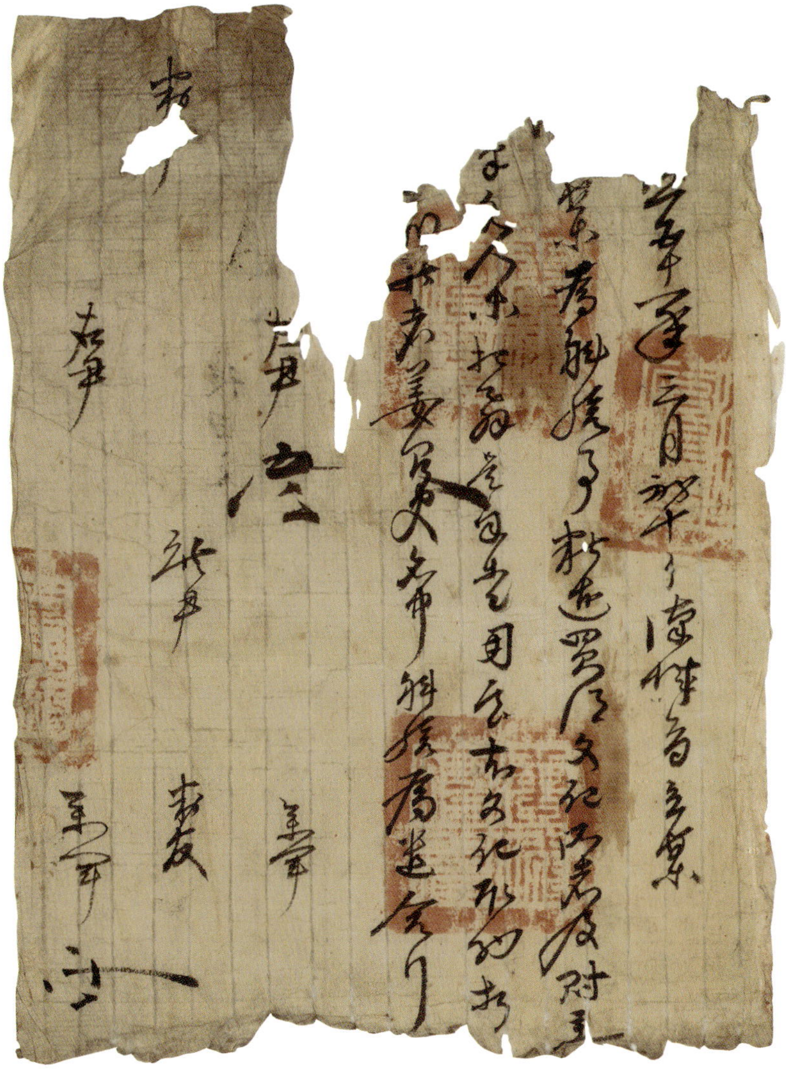

003-12

1711년 한성부 입안

38.0×28.0

1711년(숙종 37) 3월 10일에 한성부에서 강姜 조이에게 토지매매 사실을 공증하여 발급한 입안이다. 한성부는 입안신청 소지와 매매명문, 재주 및 증인 등의 초사를 검토하여 매매 사실을 확인하고, 본문기를 받아 해당 토지의 전래 경위를 확인한 후 강 조이에게 입안을 발급하였다. 한성부 관원 중 입안 발급을 담당한 좌윤左尹과 참군이 각각 서명하였다.

(01) ■■(康熙)五十年三月初十日 漢城府立案
(02) ■■(右立)案爲斜給事 粘連買得文記所志 及財主
(03) ■(證)筆各人等招辭是乎等乙用良 本文記取納相
(04) ■■■(考幷以) 狀者姜召史亦中 斜給爲遣 合行
(05) ■■■(立案者)
(06) 左尹(着押) 參軍
(07) 判尹 庶尹 判官
(08) 右尹 參軍(着押)
[漢城府印]

004

1693년 한수견 명문 등 왕십리 토지매매문서

1693~1873년 | 점련 ① 45.9×142.7, 점련 ② 55.7×328.5

왕십리에 소재한 토지 매매와 관련한 문서 26점이 연결된 점련문서이다. 이 문서들에서 확인되는 일련의 거래는 두 갈래로 나뉜다. 첫 번째(A)는 표 1번에서 23번 문서까지 해당한다. 1693년부터 1873년까지 왕십리 앞 천변에 있는 1일경 면적의 제39번 밭과 주변 토지를 대상으로 이루어진 10번의 거래에 대한 내용이다. 두 번째(B)는 표 24번부터 26번까지 3점의 명문이다. 2.5일경 면적의 밭을 대상으로 1829년부터 1861년까지 3번의 거래에 대한 내용이다. A와 B토지의 최종 소유주는 모두 홍기영이기에 이 문서들을 함께 보관한 것으로 보인다.

A계열의 토지는 10번의 거래가 이루어지는 동안 두 차례 매물의 변화가 있었다. 1693년과 1729년 거래에서는 왕십리 천변에 있는 제39번 밭 1곳만을 매물로 거래가 이루어졌고, 거래 금액은 전문 20냥과 25냥이었다. 그러나 1749년부터 1792년까지 5번의 거래에서는 7속 면적의 밭이 추가되었고, 거래 금액은 전문 50냥에서 85냥으로 정해졌으며, 매수인에게 지급하는 본문기도 2장이 추가되었다. 이후 1854년부터 1873년까지 3번의 거래에서는 기존의 7속 면적 밭 대신 4두락지 면적의 논이 추가되었다. 매물이 변경되면서 1854년의 거래금액은 전문 460냥으로 급격히 올랐고, 1873년에는 전문 850냥에 거래되었다. 본문기는 4장이 감소하여 1873년에 9장의 구문기(본문기)와 신문기 1장을 양도하였다고 했는데, A계열 매매명문의 숫자가 10점이므로 최종 거래 시의 문서들이 현재까지 전래된 것으로 보인다.

B계열의 토지는 1829년부터 1861년까지 3번의 거래가 이루어졌으며 박치준-이득춘-박성길-홍기영 순으로 소유주가 변경되었다. 매물의 변화는 없었으나, 매매금액은 전문 350냥에서 전문 700냥으로 상승하였다. 1861년의 마지막 거래에서 구문기 5장과 신문기 1장을 양도하였다고 했으나 B계열 매매문서는 3점만 현전하고 있다. B계열 토지의 사표는 1829년 명문에 '동쪽 길, 서쪽 홍천득 논, 남쪽 길, 북쪽 김삼월 밭'으로 기재되었고, 1857년 이득춘 명문에서는 '동쪽 길, 서쪽 이성옥 논, 남쪽 길, 북쪽 김삼월 밭'으로 기재되었다. 사표에서 확인되는 서쪽 논 소유주 변경이 A계열 토지 중 1854년 명문의 소유주 변경 정보와 동일하므로, A토지와 B토지가 서로 연접하고 있었을 것으로 보인다.

거래	순서	문서명	매매가격	내용
A1	1	1693년 한수견 명문	전문 20냥	조종이정에게 토지 매도 - 왕십리 앞 천변 성자 제39번 전 1일경, 4부
A2	2	1729년 조수징 등 명문	전문 25냥	김유창에게 토지 매도 - 왕십리 앞 천변 성자 제39번 전 1일경, 춘모 4두락지, 4부
	3	1730년 김유창 소지	-	한성부에 입안 신청
	4	1730년 조수징 등 초사	-	한성부에 매매 사실 진술
	5	1730년 증인 이득순 등 초사	-	한성부에 매매 사실 진술
	6	1730년 한성부 입안	-	김유창에게 매매 사실을 공증하는 입안 발급

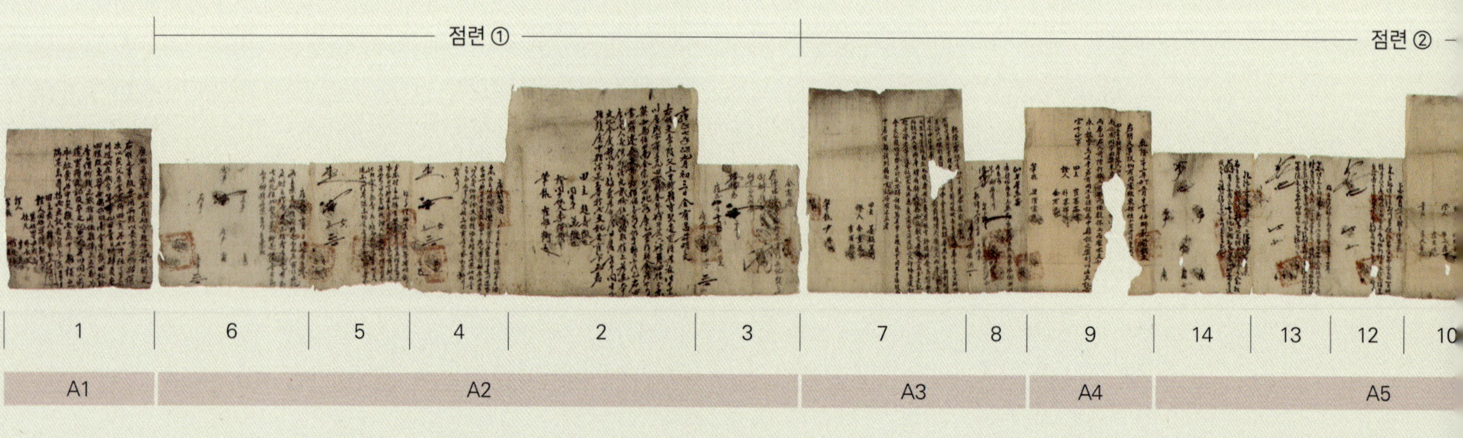

거래	순서	문서명	매매가격	내용
A3	7	1749년 강일만 명문	전문 50냥	최태륜에게 토지 매도 - 동부 왕십리 앞 천변 춘모 전 성자 제39번 전 1일경, 4두락지 - 이 밭 서남 근처 성자 전 7속
	8	1753년 최태륜 소지	-	한성부에 입안 신청
A4	9	1757년 최태륜 명문	전문 50냥	임사범에게 토지 매도 - 동부 왕십리 앞 천변 성자 제39번 전 1일경, 4두락지 - 이 밭 서남 근처 성자 전 7속
A5	10	1765년 임사범 명문	전문 50냥	이도성에게 토지 매도 - 동부 왕십리 앞 천변 성자 제39번 전 1일경, 4두락지 - 이 밭 서남 근처 성자 전 7속
	11	1765년 이도성 소지	-	한성부에 입안 신청
	12	1765년 임사범 초사	-	한성부에 매매 사실 진술
	13	1765년 증인 박삼만 등 초사	-	한성부에 매매 사실 진술
	14	1765년 한성부 입안	-	이도성에게 매매 사실을 공증하는 입안 발급
A6	15	1770년 이도성 명문	전문 80냥	양성기에게 토지 매도 - 동부 왕십리 앞 천변 성자 제39번 전 1일경 - 이 밭 서남 근처 성자 전 7부
	16	1792년 양성기 소지	-	한성부에 입안 신청
	17	1792년 이도성 초사	-	한성부에 매매 사실 진술
	18	1792년 증인 김태휘 등 초사	-	한성부에 매매 사실 진술
	19	1792년 한성부 입안	-	양성기에게 매매 사실을 공증하는 입안 발급
A7	20	1792년 양성기 명문	전문 85냥	홍천득에게 토지 매도 - 동부 왕십리 앞 천변 성자 제39번 전 1일경 - 이 밭 서남 근처 성자 전 7부
A8	21	1854년 홍천득 명문	전문 460냥	이성옥에게 토지 매도 - 동부 왕십리 앞 천변 성자 제39번 전 1일경, 답 4두락지
A9	22	1866년 이성옥 명문	전문 670냥	김재호에게 토지 매도 - 동부 왕십리 앞 천변 성자 제39번 전 1일경, 답 4두락지
A10	23	1873년 김재호 명문	전문 850냥	홍기영에게 토지 매도 - 동부 왕십리 앞 천변 성자 제39번 전 1일경, 답 4두락지
B1	24	1829년 박치준 명문	전문 350냥	이득춘에게 토지 매도 - 동부 왕십리 성자 전 2.5일경, 성자 답 4두락지
B2	25	1857년 이득춘 명문	전문 540냥	박성길에게 토지 매도 - 동부 왕십리 성자 전 2.5일경, 성자 답 4두락지
B3	26	1861년 박성길 명문	전문 700냥	홍기영에게 토지 매도 - 동부 왕십리 성자 전 2.5일경, 성자 답 4두락지

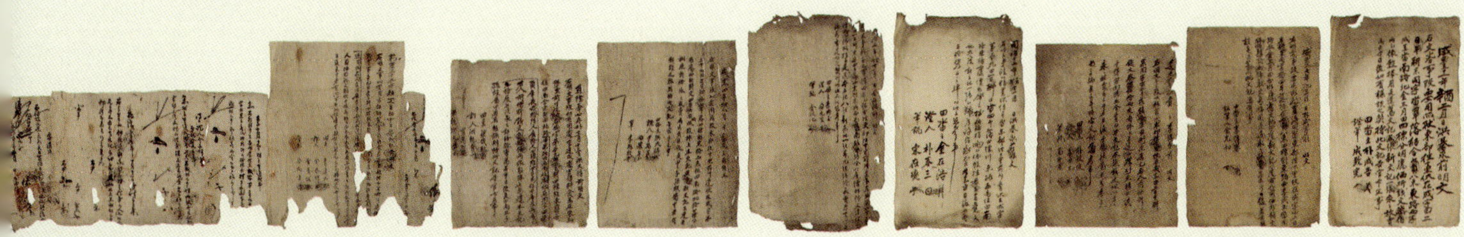

11 | 19 | 18 | 17 | 15 | 16 | 20 | 21 | 22 | 23 | 24 | 25 | 26

A6 | A7 | A8 | A9 | A10 | B1 | B2 | B3

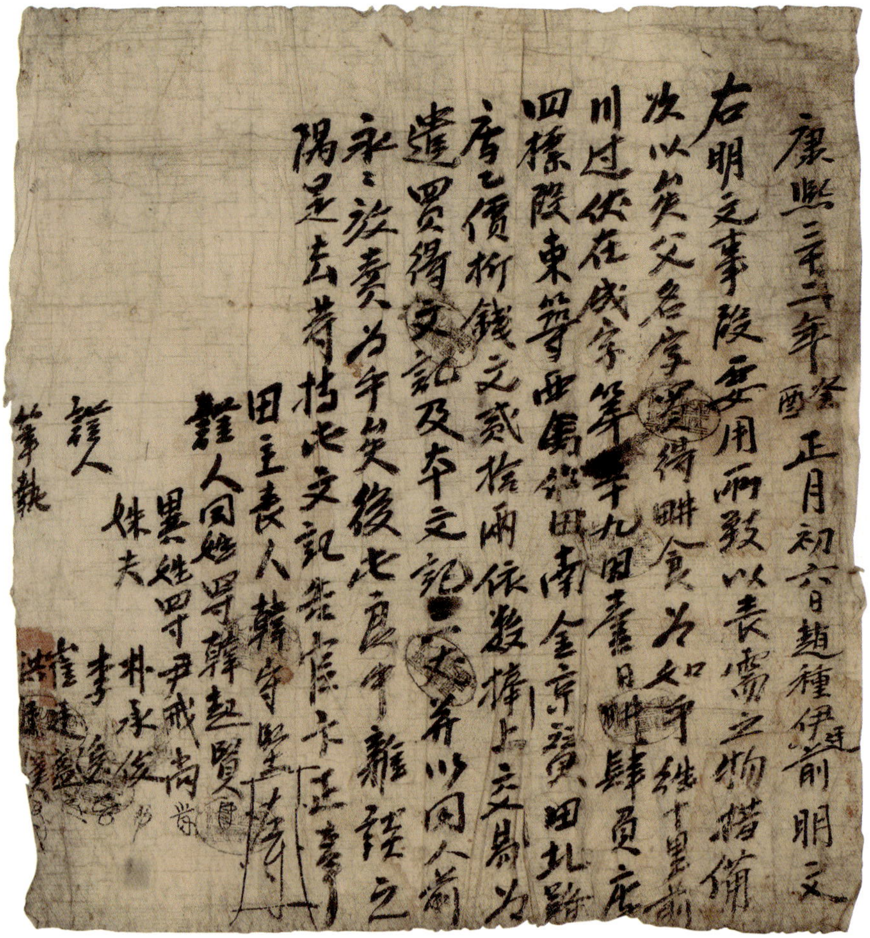

004-01

1693년 한수견 명문

41.4×39.1

1693년(숙종 19) 1월 6일에 한수견韓守堅이 조종이정趙種伊廷에게 토지를 매도하면서 작성하여 준 명문이다. 한수견은 장례 물품을 마련하기 위해서 부친 명의로 매수했던 토지를 전문 20냥에 매도하였다. 매물은 왕십리 앞 천변 소재의 성자成字 제39번 밭이고 면적은 1일경日耕, 4부이다. 사표는 동쪽이 축, 서쪽이 마위전馬位田, 남쪽이 김경찬金京贊의 밭, 북쪽이 길이다. 매득문기와 본문기 2장을 함께 양도하였다. 4촌 한기현韓起賢과 윤계상尹戒尙, 매부 박승준朴承俊, 이일李逸, 최정익崔廷益이 증인으로, 홍정한洪廷漢이 필집으로 참여하였다.

(01) 康熙三十二年癸酉正月初六日 趙種伊廷前 明文
(02) 右明文事段 要用所致以 喪需之物 措備
(03) 次以 矣父名字 買得畊食爲如乎 往十里 前
(04) 川邊伏在 成字 第三十九田 壹日耕·肆負庫
(05) 四標段 東築 西馬位田 南金京贊田 北路
(06) 庫乙 價折錢文貳拾兩 依數捧上交易爲
(07) 遣 買得文記及本文記二丈幷以 同人前
(08) 永永放賣爲乎矣 後此良中 雜談之
(09) 隅是去等 持此文記 告官卞正事
(10) 田主 喪人 韓守堅(左寸)
(11) 證人 同姓四寸 韓起賢(着名)
(12) 異姓四寸 尹戒尙(着名)
(13) 妹夫 朴承俊(着名)
(14) 證人 李逸(着名)
(15) 崔廷益(着名)
(16) 筆執 洪廷漢(着名)

004-02

1729년 조수징 등 명문

45.9×43.8

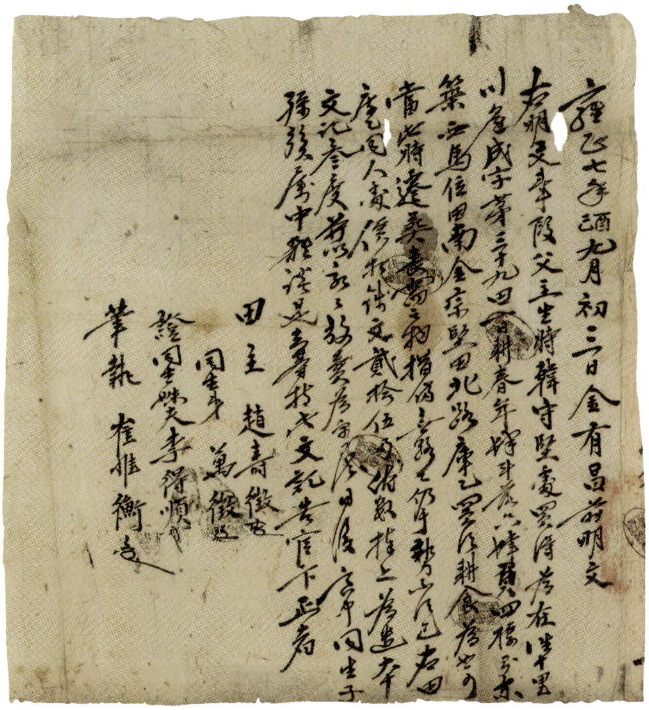

1729년(영조 5) 9월 3일에 조수징趙壽徵과 조만징趙萬徵 형제가 김유창金有昌에게 토지를 매도하면서 작성하여 준 명문이다. 이들은 이장移葬과 제수祭需 마련을 위해 부친이 생전에 한수견으로부터 매득한 토지를 전문 25냥에 매도하였다. 매물은 왕십리 천변에 소재한 성자成字 제39번 밭이다. 면적은 1일경이며 봄보리春牟를 경작하는 4두락지斗落只 4부 규모였다. 사표는 동쪽이 축, 서쪽이 마위전馬位田, 남쪽이 김종견金宗堅 밭, 북쪽이 길이다. 매부 이득순李得順이 증인으로, 최유형崔惟衡이 필집으로 참여하였다.

(01) 雍正七年己酉九月初三日 金有昌前 明文
(02) 右明文事段 父主生時 韓守堅處買得爲在 往十里
(03) 川邊 成字 第三十九田 一日耕·春牟肆斗落只·肆負 四標 則東
(04) 築 西馬位田 南金宗堅田 北路庫乙 買得耕食爲如可
(05) 當此時遷葬 喪需之物 措備無路乙仍于 勢不得已 右田
(06) 庫乙 同人處 價折錢文貳拾伍兩 依數捧上爲遣 本
(07) 文記參度幷以 永永放賣爲乎矣 日後良中 同生子
(08) 孫族屬中 雜談是去等 持此文記 告官卞正者
(09) 田主 趙壽徵(着名)
(10) 同生弟 萬徵(着名)
(11) 證 同生妹夫 李得順(着名)
(12) 筆執 崔惟衡(着名)

004-03

1730년 김유창 소지

28.4×23.8

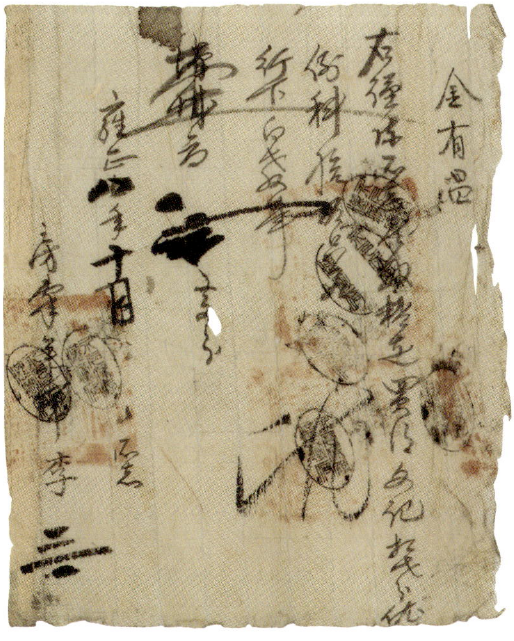

1730년(영조 6) 10월에 김유창이 한성부에 올린 입안신청 소지이다. 김유창은 전년 9월 3일에 조수징으로부터 왕십리 소재의 밭을 매입하였는데, 당시 작성한 매득문기를 소지와 함께 제출하여 이에 대한 사급입안을 발급해줄 것을 요청하였다. 한성부 당상관이 '그대로 시행하라(依)'는 처결을 내렸고, 담당 방장 참군 이李가 입안 발급을 처리하였다.

(01) 金有昌
(02) 右謹陳所志矣段 粘連買得文記相考 依
(03) 例斜給爲只爲
(04) 行下向敎事
(05) 漢城府 處分
(06) 雍正八年十月 日 所志
(07) 依
(08) 堂上(着押)
(09) 房掌 參軍 李(着押)
[漢城府印]

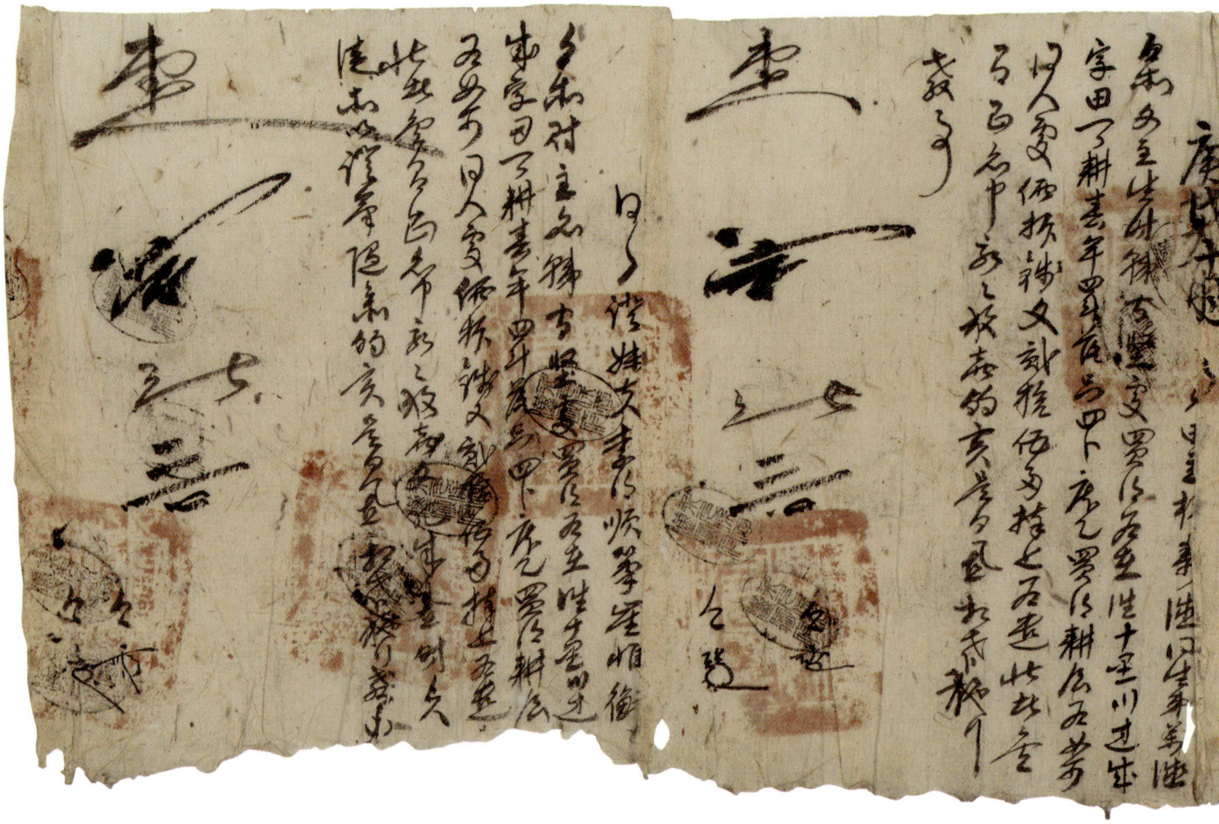

004-05

1730년 증인 이득순 등 초사

27.4×23.7

(01) 同日 證 妹夫 李得順 筆 崔惟衡
(02) 白等 財主亦 韓守堅處買得爲在 往十里川邊
(03) 成字田 一日耕·春牟四斗落只·四卜庫乙 買得耕食
(04) 爲如可 同人處 價折錢文貳拾伍兩 捧上爲遣
(05) 狀者金有昌亦中 永永放賣 文記成置時 矣
(06) 徒等 以證筆隨參 的實是白置 相考施行敎事
(07) 白(着名)
(08) 白(着名)
(09) 堂上(着押) 郎廳(着押)
[漢城府印]

004-04

1730년 조수징 등 초사

28.5×21.3

(01) 庚戌十月 日 田主 趙壽徵 同生弟 萬徵
(02) 白等 父主生時 韓守堅處買得爲在 往十里 川邊 成
(03) 字田 一日耕·春牟四斗落只·四卜庫乙 買得耕食爲如可
(04) 同人處 價折錢文貳拾伍兩 捧上爲遣 狀者金
(05) 有昌亦中 永永放賣 的實是白置 相考施行
(06) 敎事
(07) 白(着名)
(08) 白(着名)
(09) 堂上(着押) 郎廳(着押)
[漢城府印]

1730년(영조 6) 10월에 재주 조수징 형제와 증인 이득순 등이 토지매매 사실을 진술한 초사이다. 조수징 형제는 부친이 생시에 한수견으로부터 매득한 왕십리 소재 밭 1일경을 전문 25냥을 받고 김유창에게 매도한 것이 사실임을 진술하였다. 이득순과 최유형은 조수징 형제의 토지 거래에 증인과 필집으로 참여하여 명문을 작성한 것이 사실임을 진술하였다.

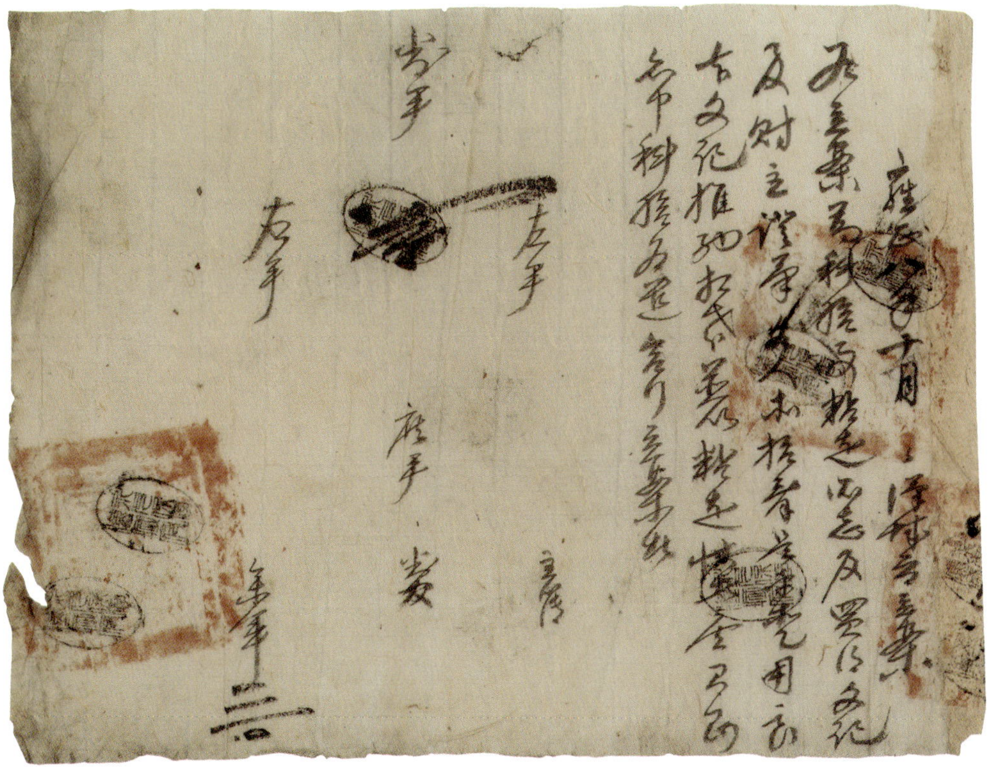

004-06

1730년 한성부 입안

26.7×33.3

1730년(영조 6) 10월에 한성부에서 김유창에게 토지매매 사실을 공증하여 발급한 입안이다. 한성부는 밭을 매입한 김유창의 입안신청 소지와 점련하여 제출한 매득문기 및 초사를 확인하고, 본문기의 내용을 검토하여 해당 토지의 전래 경위를 파악한 후 입안을 발급하였다.

(01) 雍正八年十月 日 漢城府立案
(02) 右立案爲斜給事 粘連所志及買得文記
(03) 及財主證筆各人等招辭是乎等乙用良
(04) 本文記推納相考 並以粘連 狀者金有昌
(05) 亦中 科[斜]給爲遣 合行立案者
(06) 左尹 主簿
(07) 判尹(着押) 庶尹 判官
(08) 右尹 參軍(着押)
[漢城府印]

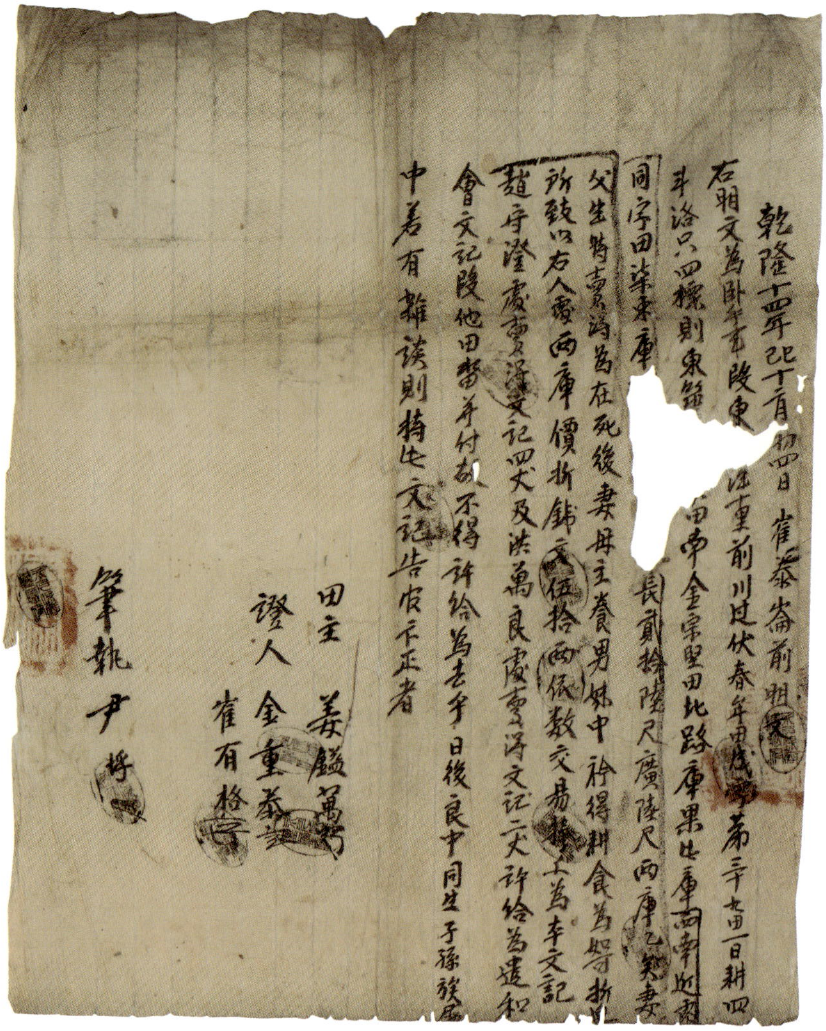

004-07

1749년 강일만 명문

55.4×43.6

1749년(영조 25) 12월 4일에 강일만姜鎰萬이 최태륜崔泰崙에게 토지를 매도하면서 작성하여 준 명문이다. 강일만은 장인이 생전에 매득한 토지를 분재받아 경작하다가 절박한 사정으로 전문 50냥에 매도한다고 하였다. 매물은 동부 왕십리 천변에 소재한 2곳의 토지이다. 첫 번째 토지는 봄보리밭으로 자호는 성자成字 39번이며, 면적은 1일경, 4두락지이다. 사표내용을 보면 동쪽이 축, 서쪽이 밭, 남쪽이 김종견의 밭, 북쪽이 길이다. 두 번째 토지는 첫 번째 밭의 서남쪽 근처에 있는 같은 자호의 밭으로 면적은 7속이며, 길이는 26척, 너비는 6척이다. 두 토지에 대한 구문기로 조수징으로부터 받은 매득문기 4장, 홍만량洪萬良으로부터 받은 매득문기 2장을 함께 양도하였다. 다만 처가로부터 분재받은 화회문기는 다른 전답 내역이 함께 기재되어 있어 양도하지 않았다. 김중태金重泰와 최유격崔有格이 증인으로, 윤부尹埒가 필집으로 참여하였다.

(01) 乾隆十四年己巳十二月初四日 崔泰崙前 明文
(02) 右明文爲臥乎事段 東■(部) 往十里 前川邊伏 春牟田 成字 第三十九田 一日耕·四
(03) 斗落只 四標 則東築 ■…■田 南金宗堅田 北路庫果 此庫西南近處
(04) 同字田 柒束庫 ■…■ 長貳拾陸尺廣陸尺 兩庫乙 矣妻
(05) 父生時賣[買]得爲在 死後 妻母主養男妹中 衿得耕食爲如可 折[切]迫
(06) 所致以 右人處 兩庫 價折錢文伍拾兩 依數交易捧上爲 本文記
(07) 趙守澄處賣得文記四丈 及洪萬良處賣得文記二丈 許給爲遣 和
(08) 會文記段 他田畓幷付 故不得許給爲去乎 日後良中 同生子孫族屬
(09) 中 若有雜談 則持此文記 告官卞正者
(10) 田主 姜鎰萬(着名)
(11) 證人 金重泰(着名)
(12) 崔有格(着名)
(13) 筆執 尹埒(着名)

004-08

1753년 최태륜 소지

36.3×18.1

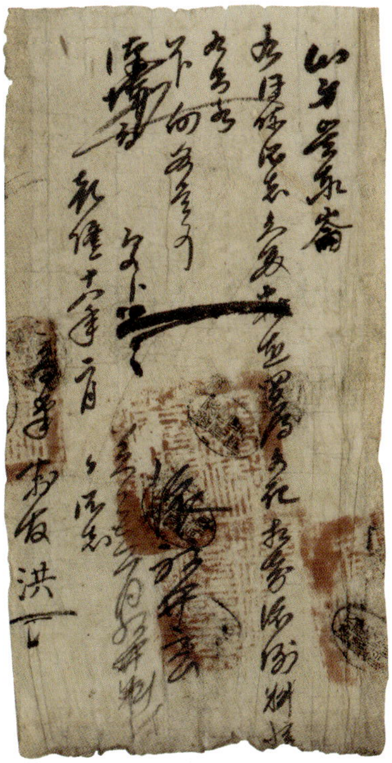

1753년(영조 29) 2월에 최태륜이 한성부에 올린 입안신청 소지이다. 최태륜은 1749년(영조 25) 12월 4일에 강일만으로부터 동부 왕십리 소재의 밭을 매입하였는데, 당시 작성한 매득문기(명문)를 소지와 함께 제출하여 이에 대한 사급입안 발급을 요청하였다. 소지의 접수일은 4일이고, 예방에서 입안 발급을 담당하였다. 한성부 당상관이 '그대로 시행하라(依)'는 처결을 내렸고, 담당 방장인 판관 홍洪이 같은 날 입안 발급을 처리하였으나, 당시 발급한 입안은 남아있지 않다.

(01) 出身 崔泰崙
(02) 右謹陳所志矣段 粘連買得文記相考 依例斜給
(03) 爲只爲
(04) 行下向敎是事
(05) 漢城府 處分
(06) 乾隆十八年二月 日 所志
(07) 依 初四 玄
(08) 堂上(着押)
(09) 癸酉二月初四 斜付
(10) 房掌 判官 洪(着押)
[漢城府印]

004-09

1757년 최태륜 명문

49.9×37.1

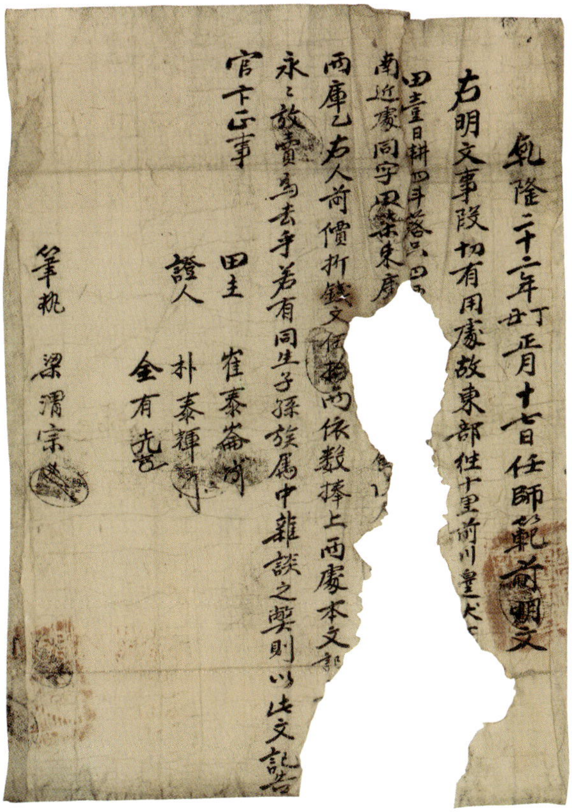

1757년(영조 33) 1월 17일에 최태륜이 임사범任師範에게 토지를 매도하면서 작성하여 준 명문이다. 최태륜은 긴히 쓸 곳이 있어 동부 왕십리 소재 토지를 전문 50냥에 매도하였다. 매물은 동부 왕십리 앞 천변에 소재한 2곳의 토지이다. 첫 번째 토지는 밭 1일경, 4두락지이고, 두 번째 토지는 밭 7속이다. 문서의 상당 부분이 결락되어 구체적인 정보를 확인할 수 없으나 면적으로 볼 때 최태륜이 1749년(영조 25) 매입한 토지와 동일한 것으로 보인다. 최태륜은 본문기도 함께 양도하였으나 구체적인 수량은 결락되어 확인할 수 없다. 박태휘朴泰輝와 김유광金有光이 증인으로, 양위종梁渭宗이 필집으로 참여하였다.

(01) 乾隆二十二年丁丑正月十七日 任師範前 明文
(02) 右明文事段 切有用處 故東部 往十里 前川邊伏■…■
(03) 田 壹日畊·四斗落只四■…■
(04) 南近處 同字田 柒束庫■…■
(05) 兩庫乙 右人前 價折錢文伍拾兩 依數捧上 兩處本文記■…■
(06) 永永放賣爲去乎 若有同生子孫族屬中雜談之弊 則以此文記 告
(07) 官卞正事
(08) 田主 崔泰崙(着名)
(09) 證人 朴泰輝(着名)
(10) 全有光(着名)
(11) 筆執 梁渭宗(着名)

004-10

1765년 임사범 명문

55.7×41.0

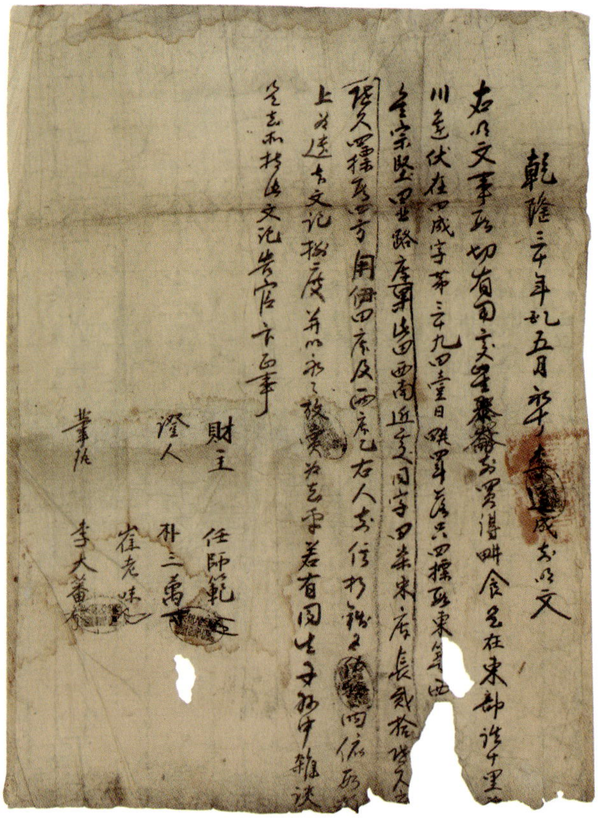

1765년(영조 41) 5월 10일에 임사범이 이도성李道成에게 토지를 매도하면서 작성하여 준 명문이다. 임사범은 최태륜으로부터 매득하여 경작하던 토지를 전문 50냥에 매도하였다. 매물은 동부 왕십리 앞 천변에 소재한 2곳의 토지이다. 첫 번째 토지는 밭으로 자호는 성자成字 제39번이며, 면적은 1일경, 4두락지이다. 사표는 동쪽이 축, 남쪽이 김종견의 밭, 북쪽이 길이다. 두 번째 토지는 첫 번째 밭 서남쪽 근처에 있는 같은 자호의 밭으로 면적은 7속이며, 길이는 26척, 너비는 6척이다. 사표는 사방 모두 용이用伊의 밭이다. 밭을 매도하면서 본문기 8장을 함께 양도하였다. 박삼만朴三萬과 최노미崔老味가 증인으로, 이대번李大蕃이 필집으로 참여하였다.

(01) 乾隆三十年乙酉五月初十日 李道成前 明文
(02) 右明文事段 切有用處 崔泰崙前 買得畊食是在 東部 往十里 ■(前)
(03) 川邊伏在 田 成字 第三十九田 壹日畊·四斗落只 四標段 東築 西■…■
(04) 金宗堅田 北路庫果 此田西南近處 同字田 柒束庫 長貳拾陸尺■(廣)
(05) 陸尺 四標段 四方用伊田庫及兩庫乙 右人前 價折錢文伍拾兩 依數捧
(06) 上爲遣 本文記捌度幷以 永永放賣爲去乎 若有同生子孫中雜談
(07) 是去等 持此文記 告官卞正事
(08) 財主 任師範(着名)
(09) 證人 朴三萬(着名)
(10) 崔老味(着名)
(11) 筆執 李大蕃(着名)

004-11

1765년 이도성 소지

37.9×16.4

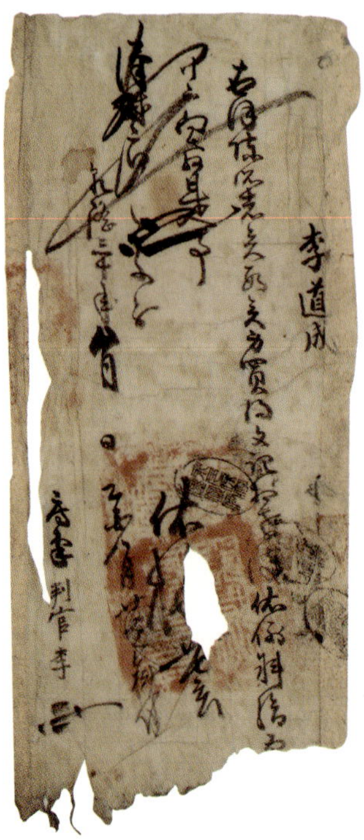

1765년(영조 41) 8월에 이도성이 한성부에 올린 입안신청 소지이다. 이도성은 같은 해 5월 10일에 임사범으로부터 동부 왕십리 소재의 밭을 매입하였으며, 당시 작성한 매득문기를 소지와 함께 제출하여 이에 대한 사급입안 발급을 요청하였다. 소지의 접수일은 27일이고, 예방에서 입안 발급을 담당하였다. 한성부 당상관이 '그대로 시행하라(依施)'는 처결을 내렸고, 담당 방장인 판관 이李가 같은 날 입안 발급을 처리하였다.

(01) 李道成
(02) 右謹陳所志矣段 矣身買得文記相考後 依例斜給爲■■■(白只爲)
(03) 行下向敎是事
(04) 漢城府 處分
(05) 乾隆三十年八月 日
(06) 依施 卄七 玄
(07) 堂上(着押)
(08) 乙酉八月卄七日 斜付
(09) 房掌 判官 李(着押)
[漢城府印]

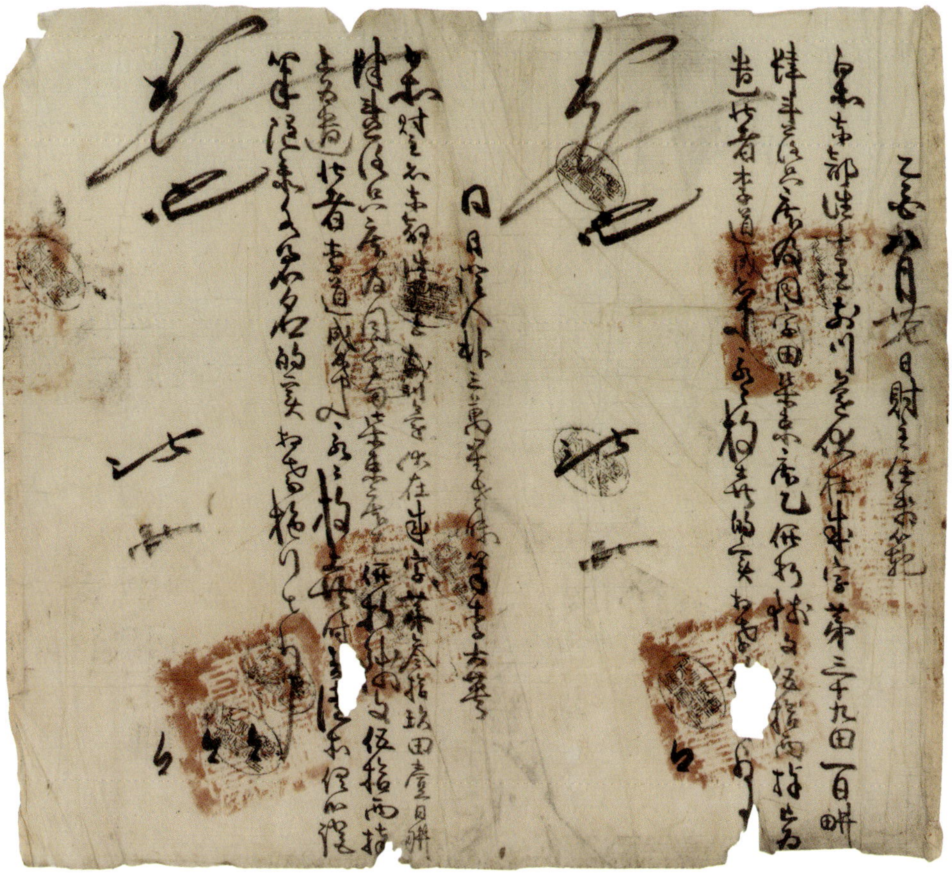

004-13

1765년 증인 박삼만 등 초사

38.7×23.0

(01) 同日 證人 朴三萬 崔老味 筆 李大蕃
(02) 白等 財主亦 東部 往十里 前川邊伏在 成字 苐參拾玖田 壹日畊·
(03) 肆斗落只庫 及同字田 柒束庫乙 價折錢文 伍拾兩 捧
(04) 上爲遣 狀者李道成亦中 永永放賣時 矣徒等 俱以證
(05) 筆隨參各着名的實 相考施行敎事
(06) 白
(07) 白
(08) 白
(09) 堂上(着押) 郎廳(着押)
[漢城府印]

004-12

1765년 임사범 초사

38.7×20.8

(01) 乙酉八月卄七日 財主 任師範
(02) 白等 東部 往十里 前川邊伏在 成字 第三十九田 一日畊·
(03) 肆斗落只庫 及同字田 柒束庫乙 價折錢文伍拾兩捧上爲
(04) 遣 狀者李道成亦中 永永放賣的實 相考■■(施行)敎事
(05) 白
(06) 堂上(着押) 郎廳(着押)
[漢城府印]

1765년(영조 41) 8월 27일에 재주 임사범과 증인 박삼만 등이 토지매매 사실을 진술한 초사이다. 임사범은 동부 왕십리 소재 성자成字 밭 2곳을 전문 50냥에 이도성에게 매도한 것이 사실임을 진술하였다. 박삼만과 최노미, 이대번은 임사범의 토지 거래에 증인과 필집으로 참여하여 명문을 작성한 것이 사실임을 진술하였다.

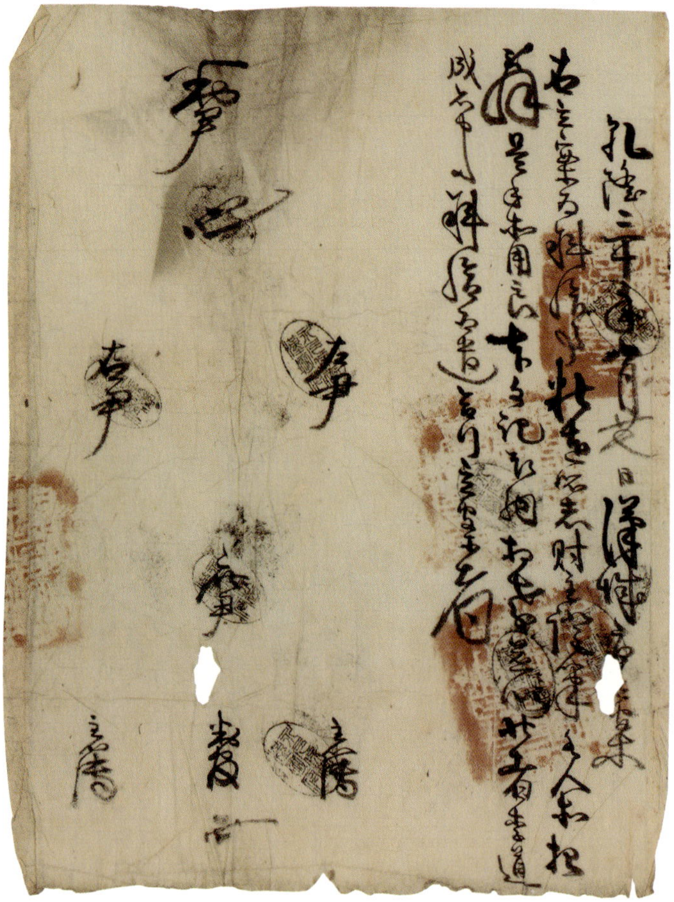

004-14

1765년 한성부 입안

39.0×29.4

1765년(영조 41) 8월 27일에 한성부에서 이도성의 토지매매 사실을 공증하여 발급한 입안이다. 한성부는 이도성의 입안신청 소지에 첨부된 재주와 증인 및 필집의 초사를 검토하고, 제출된 본문기의 내용을 검토하여 해당 토지의 전래 경위를 파악한 후 입안을 발급하였다.

(01) 乾隆三十年八月廿七日 漢城府立案
(02) 右立案爲斜給事 粘連所志 財主證筆各人等招
(03) 辭是乎等用良 本文記取納相考 並以狀者李道
(04) 成亦中 斜給爲遣 合行立案者
(05) 左尹 主簿
(06) 判尹(着押) 庶尹 判官(着押)
(07) 右尹 主簿
[漢城府印]

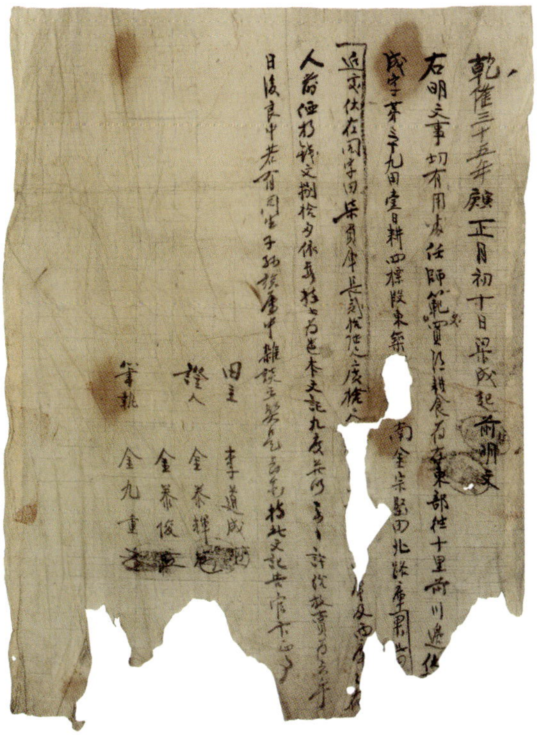

004-15

1770년 이도성 명문

50.7×38.2

1770년(영조 46) 1월 10일에 이도성이 양성기梁成起에게 토지를 매도하면서 작성하여 준 명문이다. 이도성은 임사범으로부터 매득하여 경작해온 토지를 전문 80냥에 매도하였다. 매물은 동부 왕십리 앞 천변에 소재한 2곳의 토지이다. 첫 번째 토지는 성자成字 제39번 밭으로 면적은 1일경이다. 사표는 동쪽이 축, 남쪽이 김종견의 밭, 북쪽이 길이다. 서쪽은 결락되어 확인할 수 없다. 두 번째 토지는 같은 자호의 밭으로 면적은 7부이며, 길이는 26척, 너비는 10척이다. 토지를 매도하면서 본문기 9장을 함께 양도하였다. 김태휘金泰輝와 김태준金泰俊이 증인으로, 김구중金九重이 필집으로 참여하였다.

(01) 乾隆三十五年庚寅正月初十日 梁成起前 明文
(02) 右明文事 切有用處 任師範處買得耕食是在 東部 往十里 前川邊伏■(在)
(03) 成字 第三十九田 壹日耕 四標段 東築 ■…■ 南金宗堅田 北路庫果 此田■…■
(04) 近處伏在 同字田 柒負庫 長貳拾陸尺廣拾尺 ■…■庫及兩庫乙 右
(05) 人前 價折錢文捌拾兩 依數捧上爲遣 本文記九度幷以 永永許給放賣爲去乎
(06) 日後良中 若有同生子孫族屬中 雜談之弊是去等 持此文記 告官卞正事
(07) 田主 李道成(着名)
(08) 證人 金泰輝(着名)
(09) 金泰俊(着名)
(10) 筆執 金九重(着名)
[漢城府印]

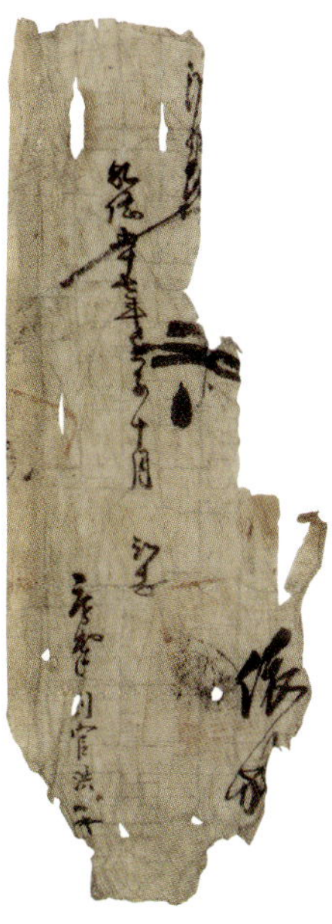

004-16

1792년 양성기 소지

36.7×13.0

문서의 앞부분이 결락되어 있으나, 함께 점련되어 있는 문서들을 통해 1792년(정조 16) 10월에 양성기가 올린 입안신청 소지로 추정할 수 있다. 양성기는 1770년(영조 46) 1월 10일에 이도성으로부터 동부 왕십리 소재의 밭을 매입하였고, 22년이 지난 1792년에 한성부의 사급입안 발급을 요청하였다. 한성부 당상이 '그대로 시행하라(依施)'는 처결을 내렸고, 담당 방장인 판관 홍洪이 입안 발급을 처리하였다.

(01) ■…■
(02) 乾隆五十七年壬子十月 所志
(03) 依施■…■
(04) ■■(着押)
(05) 房掌 判官 洪(着押)
[漢城府印]

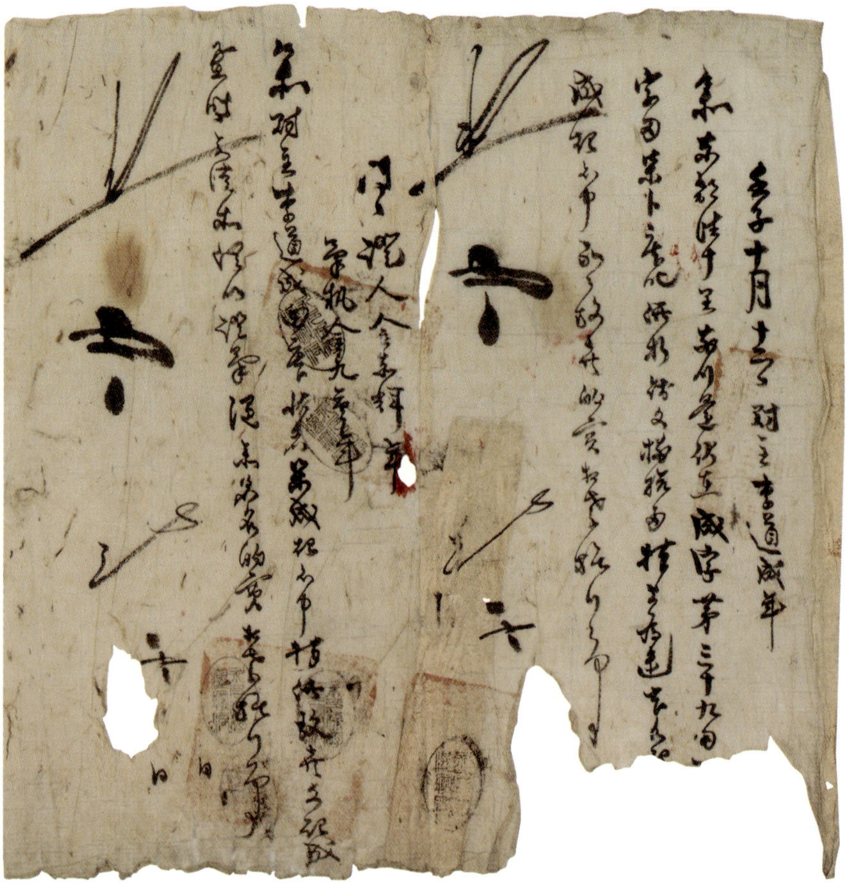

004-18

1792년 증인 김태휘 등 초사

37.5×20.2

(01) 同日 證人 金泰輝 年
(02) 筆執 金九重 年
(03) 白等 財主李道成田庫 狀者梁成起亦中 捧價放賣 文記成
(04) 置時 矣徒等 俱以證筆隨參着名的實 相考施行敎事
(05) 白
(06) 白
(07) 堂上(着押) 郎廳(着押)
[漢城府印]

004-17

1792년 이도성 초사

36.8×18.6

(01) 壬子十月十二日 財主 李道成 年
(02) 白等 東部 往十里 前川邊伏在 成字 第三十九田■…■
(03) 字田 柒卜廳 價折錢文捌拾兩捧上爲遣 本文記■…■
(04) 成起亦中 永永放賣的實 相考施行敎事
(05) ■(白)
(06) 堂上(着押) 郎廳(着押)
[漢城府印]

1792년(정조 16) 10월 12일 재주 이도성과 증인 김태휘 등이 토지매매 사실을 한성부에 진술한 초사이다. 이도성은 동부 왕십리 앞 천변에 소재한 성자成字 제39번 밭 등 2곳의 토지를 전문 80냥에 양성기에게 매도하고 본문기를 양도한 것이 사실임을 진술하였다. 김태휘와 김구중은 이도성이 토지매매를 하고 명문을 작성할 때 증인과 필집으로 참여한 것이 사실임을 진술하였다.

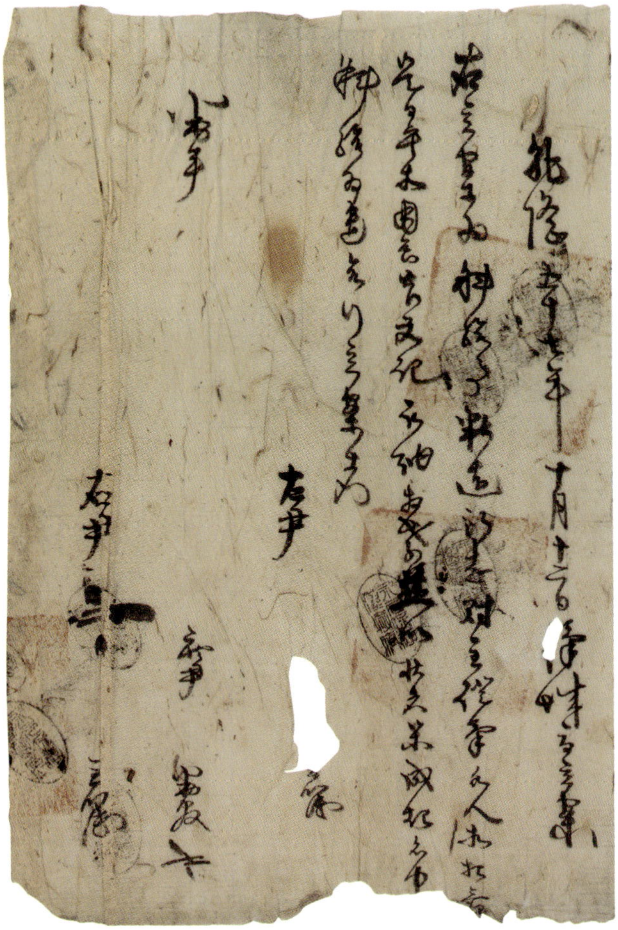

004-19

1792년 한성부 입안

37.2×24.7

1792년(정조 16) 10월 12일에 한성부에서 양성기의 토지매매 사실을 공증하여 발급한 입안이다. 한성부에서는 양성기의 입안신청 소지와 재주 및 증인과 필집의 초사를 확인하고, 관에 제출한 본문기의 내용을 검토하여 해당 토지의 전래 경위를 확인한 후 입안을 발급하였다.

(01) 乾隆五十七年十月十二日 漢城府立案
(02) 右立案爲斜給事 粘連所志 財主證筆各人等招辭
(03) 是白乎等用良 本文記取納相考 並以狀者梁成起亦中
(04) 斜給爲遣 合行立案者
(05) 左尹 主簿
(06) 判尹 庶尹 判官(着押)
(07) 右尹(着押) 主簿
[漢城府印]

004-20

1792년 양성기 명문

47.6×39.5

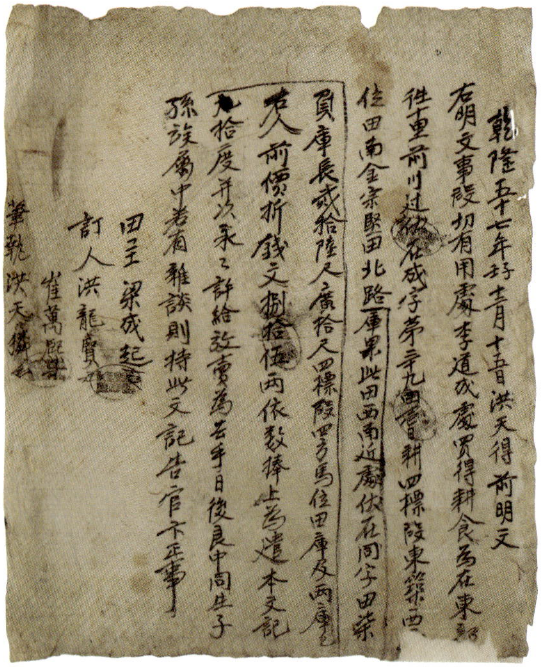

1792년(정조 16) 12월 15일에 양성기가 홍천득洪天得에게 토지를 매도하면서 작성하여 준 명문이다. 양성기는 이도성으로부터 매득하여 경작해온 토지를 전문 85냥에 매도하였다. 매물은 동부 왕십리 앞 천변에 소재한 2곳의 토지이다. 첫 번째 토지는 성자成字 제39번 밭으로 면적은 1일경이고 사표는 동쪽이 축, 서쪽이 마위전馬位田, 남쪽이 김종견의 밭, 북쪽이 길이다. 두 번째 토지는 첫 번째 밭의 서남쪽 근처에 있는 같은 자호의 밭으로 면적은 7부이고 길이는 26척, 너비는 10척이다. 사표는 사방 모두 마위전馬位田이다. 양성기는 토지를 매도하면서 본문기 10장을 함께 양도하였다. 홍용현洪龍賢과 최만희崔萬熙가 증인으로, 홍천린洪天獜이 필집으로 참여하였다.

(01) 乾隆五十七年壬子十二月十五日 洪天得前 明文
(02) 右明文事段 切有用處 李道成處買得耕食爲在 東部
(03) 往十里 前川邊伏在 成字 第三十九田 壹日耕 四標段 東築 西■(馬)
(04) 位田 南金宗堅田 北路庫果 此田西南近處伏在 同字田 柒
(05) 負庫 長貳拾陸尺 廣拾尺 四標段 四方馬位田庫及兩庫乙
(06) 右人前 價折錢文捌拾伍兩 依數捧上爲遣 本文記
(07) ■拾度幷以 永永許給放賣爲去乎 日後良中 同生子
(08) 孫族屬中 若有雜談 則持此文記 告官卞正事
(09) 田主 梁成起(着名)
(10) 證人 洪龍賢(着名)
(11) 崔萬熙(着名)
(12) 筆執 洪天獜(着名)

004-21

1854년 홍천득 명문

57.0×44.0

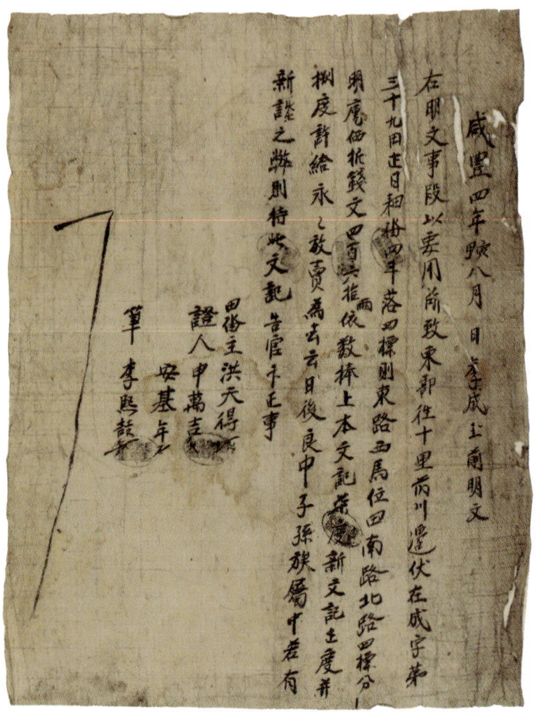

1854년(철종 5) 8월에 홍천득이 이성옥李成玉에게 토지를 매도하면서 작성하여 준 명문이다. 홍천득은 동부 왕십리에 천변에 소재한 토지를 전문 460냥에 매도하였다. 매물은 성자成字 제39번 밭 1일경과 논 4두락지이며 사표는 동쪽, 남쪽, 북쪽이 길이며, 서쪽은 마위전馬位田이다. 홍천득은 토지를 매도하면서 본문기 7장과 신문기, 즉 이 명문을 이성옥에게 양도하였다. 신만길申萬吉과 안기년安基年이 증인으로, 이희철李熙喆이 필집으로 참여하였다.

(01) 咸豐四年甲寅八月 日 李成玉前 明文
(02) 右明文事段 以要用所致 東部往十里前川邊伏在 成字 第
(03) 三十九田 壹日耕 畓四斗落 四標 則東路 西馬位田 南路 北路 四標分
(04) 明麃 價折錢文四百六拾兩 依數捧上 本文記柒度 新文記壹度 幷
(05) 捌度許給 永永放賣爲去云[乎] 日後良中 子孫族屬中 若有
(06) 新[雜]談之弊 則持此文記 告官卞正事
(07) 田畓主 洪天得(着名)
(08) 證人 申萬吉(着名)
(09) 安基年(着名)
(10) 筆 李熙喆(着名)
(11) 際

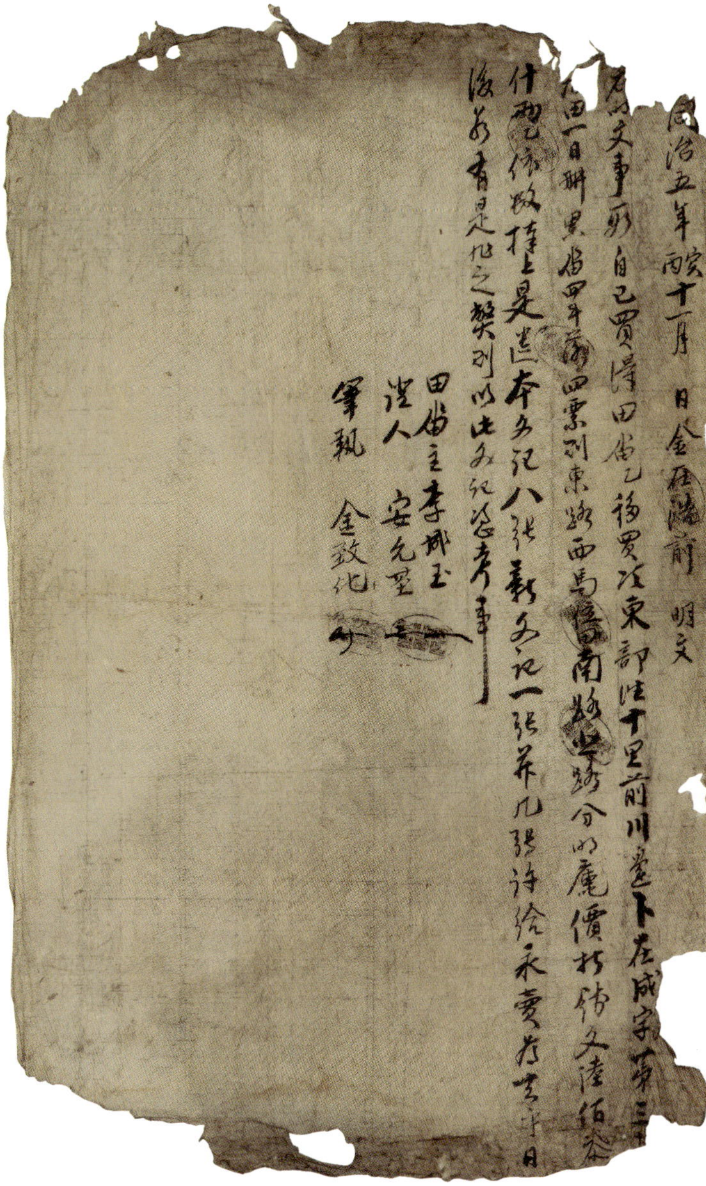

004-22

1866년 이성옥 명문

66.2×42.2

1866년(고종 3) 11월에 이성옥이 김재호金在浩에게 토지를 매도하면서 작성하여 준 명문이다. 이성옥은 다른 곳의 토지를 사기 위해 1854년(철종 5) 자신이 홍천득으로부터 매수한 토지를 전문 670냥에 매도하였다. 매물은 동부 왕십리 앞 천변에 소재한 성자成字 제39번 밭 1일경과 논 4두락지이다. 사표는 동쪽, 남쪽, 북쪽이 길이고 서쪽이 마위전馬位田이다. 이성옥은 토지를 매도하면서 본문기 8장과 신문기 1장을 양도하였다. 안윤기安允基가 증인으로, 김치화金致化가 필집으로 참여하였다.

(01) 同治五年丙寅十一月 日 金在浩前 明文
(02) 右明文事段 自己買得田畓乙 移買次 東部往十里前川邊卜[伏]在 成字 第三十
(03) 九田 一日畊果 畓四斗落 四標 則東路 西馬位田 南路 北路 分明廰 價折錢文陸佰柒
(04) 什兩乙 依數捧上是遣 本文記八張 新文記一張 幷九張許給 永賣爲去乎 日
(05) 後 若有是非之弊 則以此文記憑考事
(06) 田畓主 李成玉(着名)
(07) 證人 安允基(着名)
(08) 筆執 金致化(着名)

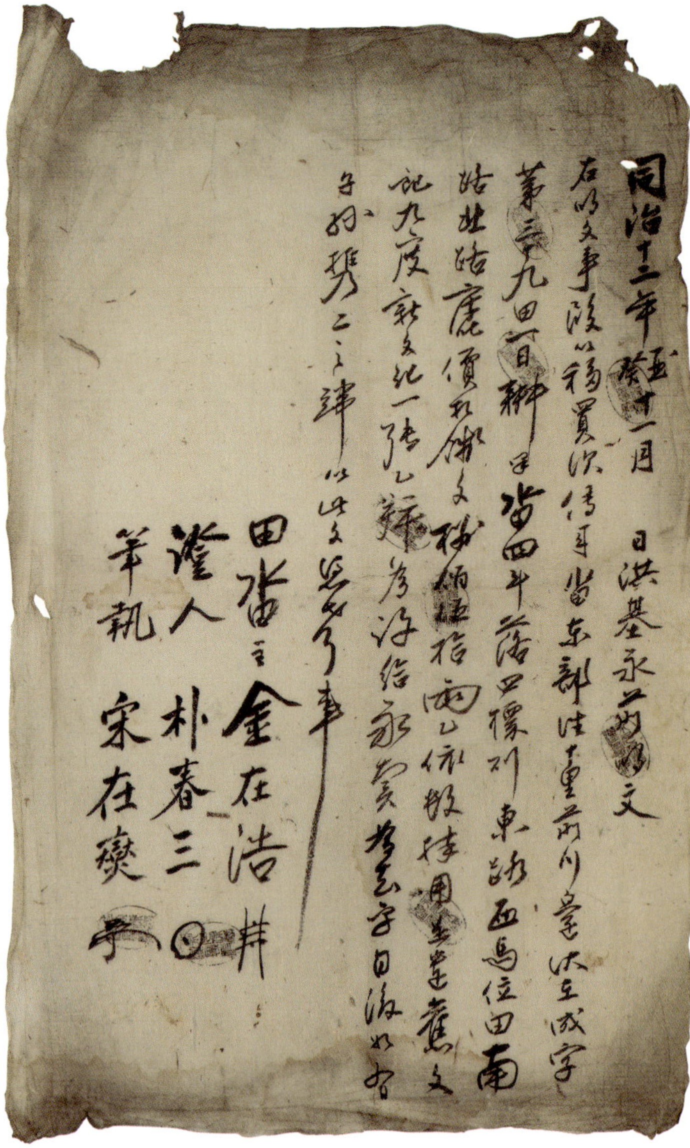

004-23

1873년 김재호 명문

65.5×41.2

1873년(고종 10) 11월에 김재호가 홍기영洪基永에게 토지를 매도하면서 작성하여 준 명문이다. 김재호는 다른 곳의 토지를 사기 위해 동부 왕십리 앞 천변에 소재한 토지를 전문 850냥에 매도하였다. 매물은 성자成字 제39번 밭 1일경과 논 4두락지이다. 사표는 동쪽, 남쪽, 북쪽이 길이고 서쪽이 마위전馬位田이다. 김재호는 이 토지를 '전래답傳來畓'이라고 표현하였으나 1866년(고종 3)에 이성옥으로부터 본인이 매입한 곳이다. 김재호는 토지를 매도하면서 구문기 9장과 신문기 1장을 양도하였다. 박춘삼朴春三이 증인으로, 송재섭宋在燮이 필집으로 참여하였다.

(01) 同治十二年癸酉十一月 日 洪基永前 明文
(02) 右明文事段 以移買次 傳來畓 東部 往十里 前川邊伏在 成字
(03) 第三十九田 一日耕果 畓四斗落 四標 則東路 西馬位田 南
(04) 路 北路應 價折錢文捌佰伍拾兩乙 依數捧用是遣 舊文
(05) 記九度 新文記一張乙 幷爲許給 永賣爲去乎 日後 如有
(06) 子孫携二之端 以此文憑考事
(07) 田畓主 金在浩(着名)
(08) 證人 朴春三(着名)
(09) 筆執 宋在燮(着名)

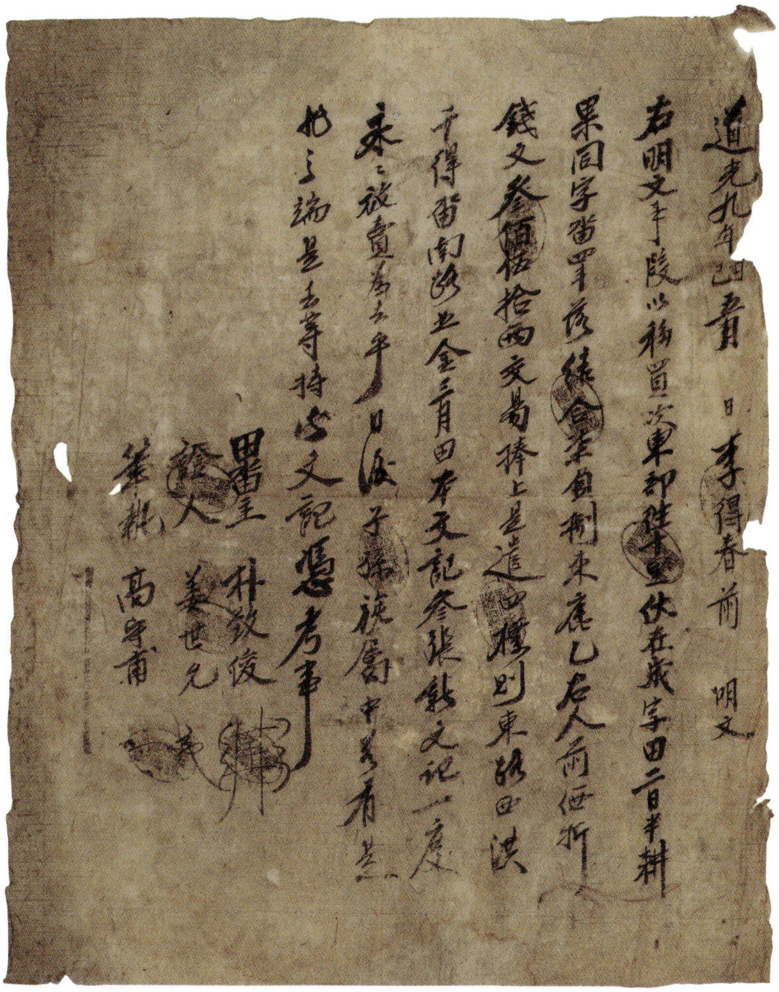

004-24

1829년 박치준 명문

50.3×40.1

1829년(순조 29) 5월에 박치준朴致俊이 이득춘李得春에게 토지를 매도하면서 작성하여 준 명문이다. 박치준은 다른 곳의 토지를 사기 위해 동부 왕십리에 있는 토지를 전문 350냥에 매도하였다. 매물은 성자成字 밭 2.5일경과 같은 자호의 논 4두락지로 합계 면적이 7부 8속이다. 사표는 동쪽 길, 서쪽 홍천득 논, 남쪽 길, 북쪽 김삼월金三月 밭이다. 박치준은 토지를 매도하면서 본문기 3장과 신문기 1장을 이득춘에게 양도하였다. 강세윤姜世允이 증인으로, 고수보高守甫가 필집으로 참여하였다.

(01) 道光九年己丑五月 日 李得春前 明文
(02) 右明文事段 以移買次 東部 往十里伏在 成字田 二日半耕
(03) 果 同字畓 四斗落結 合柒負捌束廳乙 右人前 價折
(04) 錢文參佰伍拾兩 交易捧上是遣 四標 則東路 西洪
(05) 天得畓 南路 北金三月田 本文記參張 新文記一度
(06) 永永放賣爲去乎 日後 子孫族屬中 若有是
(07) 非之端是去等 持此文記憑考事
(08) 田畓主 朴致俊(左寸)
(09) 證人 姜世允(着名)
(10) 筆執 高守甫(着名)

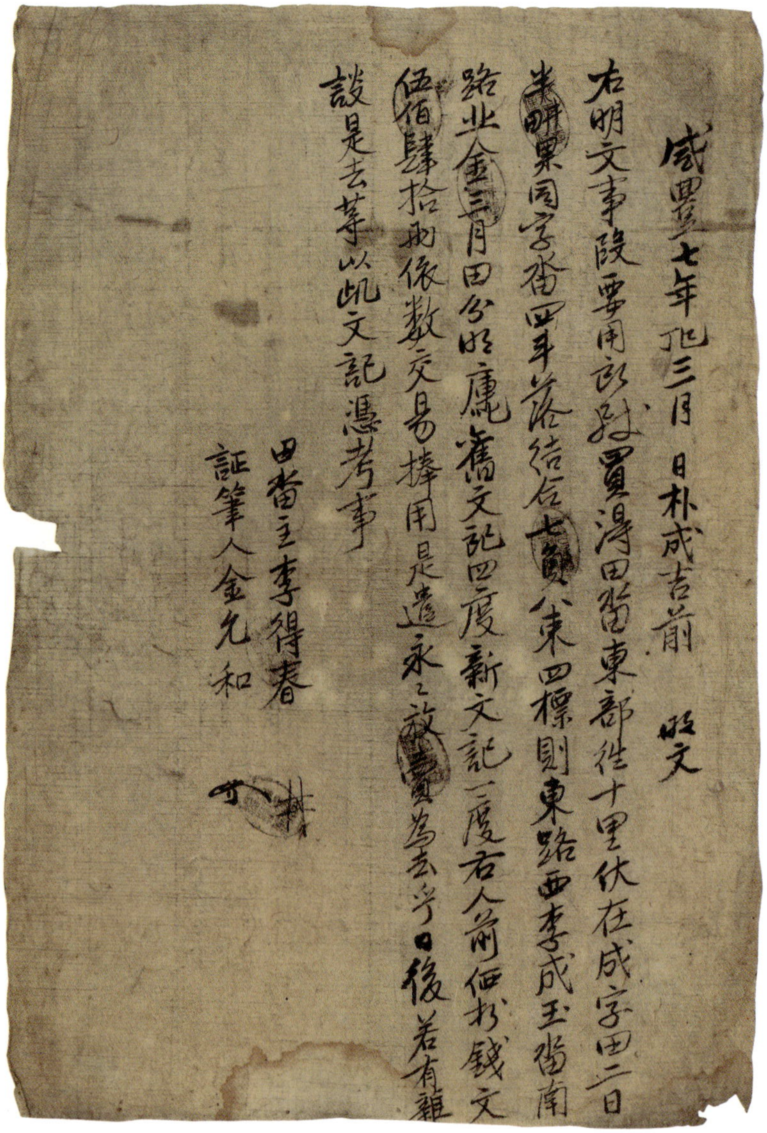

004-25

1857년 이득춘 명문

57.9×40.1

1857년(철종 8) 3월에 이득춘이 박성길朴成吉에게 토지를 매도하면서 작성하여 준 명문이다. 이득춘은 1829년(순조 29)에 박치준으로부터 매입한 토지를 전문 540냥에 매도하였다. 매물은 동부 왕십리에 소재한 성자成字 밭 2.5일경과 같은 자호의 논 4두락지로 합계 면적이 7부 8속이다. 사표는 동쪽 길, 서쪽 이성옥 논, 남쪽 길, 북쪽 김삼월 밭이다. 이득춘은 토지를 매도하면서 구문기 4장과 신문기 1장을 박성길에게 양도하였다. 김윤화金允和가 증인과 필집을 맡았다.

(01) 咸豐七年丁巳三月 日 朴成吉前 明文
(02) 右明文事段 要用所致 買得田畓 東部 往十里伏在 成字田 二日
(03) 半畊果 同字畓 四斗落結 合七負八束 四標 則東路 西李成玉畓 南
(04) 路 北金三月田 分明廳 舊文記四度 新文記一度 右人前 價折錢文
(05) 伍佰肆拾兩 依數交易捧用是遣 永永放賣爲去乎 日後 若有雜
(06) 談是去等 以此文記憑考事
(07) 田畓主 李得春(着名)
(08) 證筆人 金允和(着名)

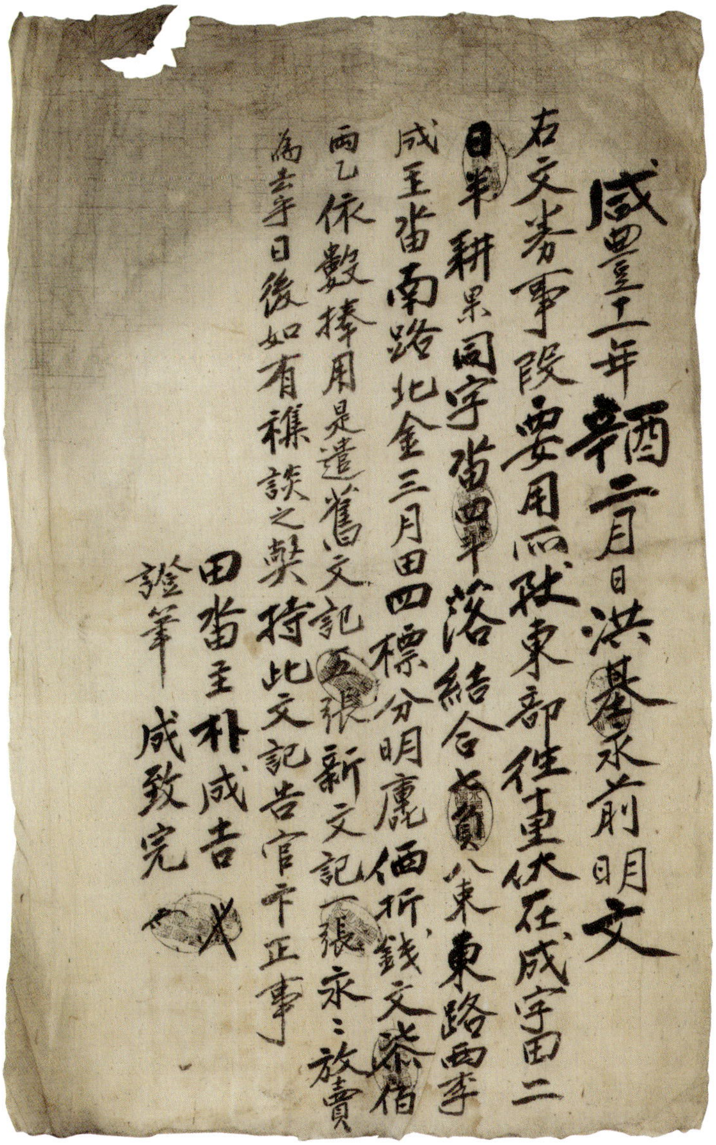

004-26

1861년 박성길 명문

60.5×39.4

1861년(철종 12) 2월에 박성길이 홍기영에게 토지를 매도하면서 작성하여 준 명문이다. 매물은 성자成字 밭 2.5일경과 같은 자호의 논 4두락지로 합계 면적이 7부 8속이다. 박성길은 이 토지를 전문 700냥에 매도하고 구문기 5장과 신문기 1장을 함께 양도하였다. 성치완成致完이 증인과 필집을 맡았다.

(01) 咸豐十一年辛酉二月 日 洪基永前 明文
(02) 右文券事段 要用所致 東部 往十里伏在 成字田 二
(03) 日半耕果 同字畓 四斗落結 合七負八束 東路 西李
(04) 成玉畓 南路 北金三月田 四標分明廛 價折錢文柒佰
(05) 兩乙 依數捧用是遣 舊文記五張 新文記一張 永永放賣
(06) 爲去乎 日後 如有褋談之弊 持此文記 告官卞正事
(07) 田畓主 朴成吉(着名)
(08) 證筆 成致完(着名)

005

1694년 상전 경 패자 등 왕십리 토지매매문서

1694~1722년 | 55.8×248.6

1694년부터 1722년까지 왕십리 인근에 소재한 토지의 거래와 관련한 문서 7점이 연결된 점련문서이다. 표 1번과 2번은 1695년 경 생원 댁과 김봉선의 농지 거래와 관련한 패자 및 명문이다. 경 생원 댁은 노 두창에게 위임하여 채답 1두락지를 전문 25냥에 매도하였다. 3번부터 7번까지 5점의 문서는 1721년 이유선 처 장 조이 등과 송차룡의 농지 거래와 관련한 문서들이다. 오간수문 밖의 조답 4두락지를 전문 70냥에 거래하고, 한성부로부터 입안을 발급받았다.

두 거래의 매물은 왕십리 인근 지역에 위치한 같은 자호의 농지라는 점은 동일하나, 지목이나 면적에서 차이가 있고, 1695년 거래의 매수자인 김봉선으로부터 1721년 거래의 재주에게로 토지가 전래된 경위가 확인되지 않는다. 또한 1721년 거래에서 언급된 본문기는 이유선 가의 분재기이며, 그 외의 문서를 본문기로 양도한 기록도 없다. 즉, 두 거래의 문서들은 형태상 연결되어 있으나, 내용적인 연관성이 부족하므로 개별적인 거래로 보아야 할 것이다.

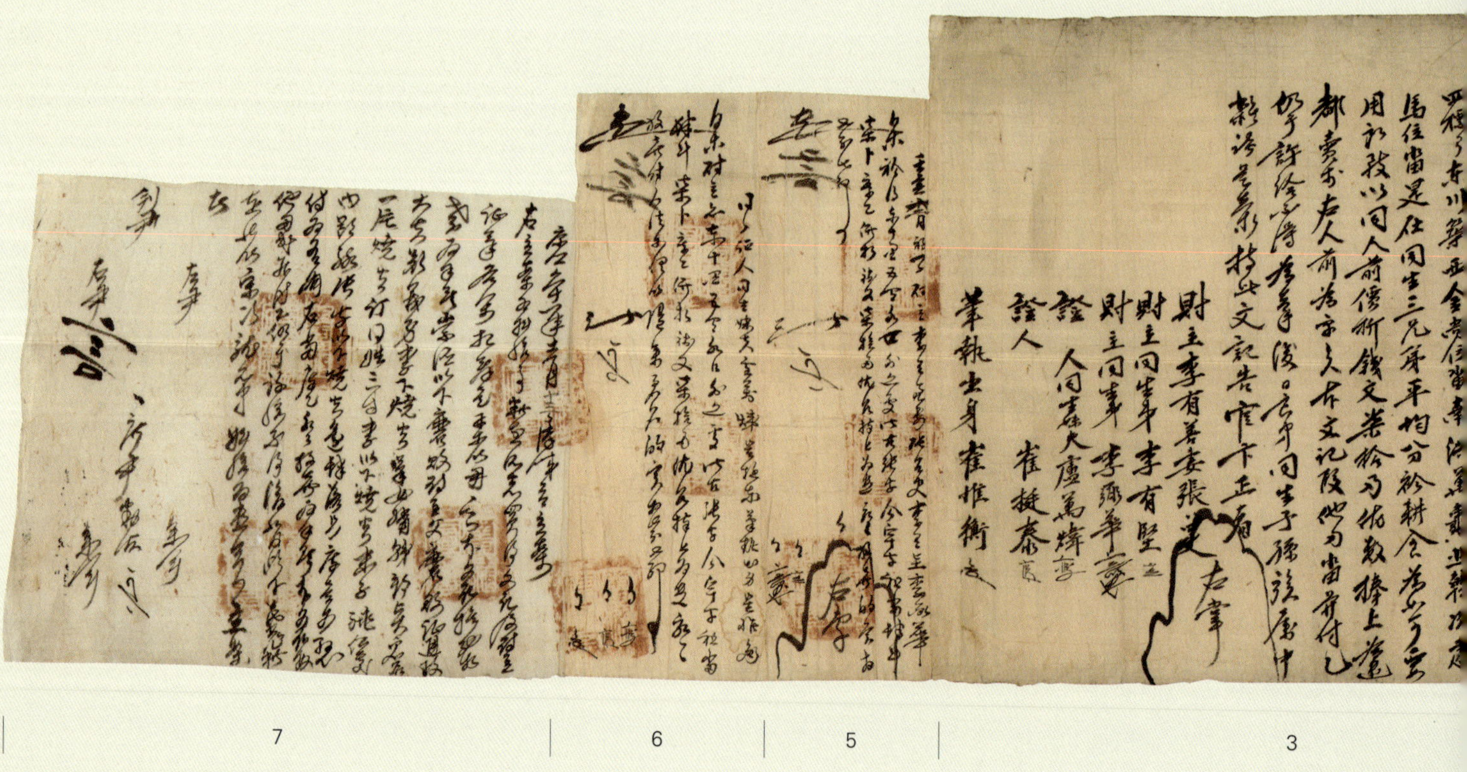

7 | 6 | 5 | 3

거래	순서	문서명	매매가격	내용
A	1	1694년 상전 경 패자	-	노 두창에게 토지 매도 권한을 위임 - 왕십리 채답 1두락지, 채전 조전경
	2	1695년 경 생원 댁 노 두창 명문	전문 25냥	김봉선에게 토지 매도 - 이간수문 밖 왕십리 중야 채답 1두락지, 우자 2부 2속
B	3	1721년 이유선 처 장 조이 등 명문	전문 70냥	송차룡에게 토지 매도 - 동십리 오간수문 밖 근처 우자 조답 4두락지, 7부
	4	1722년 송차룡 소지	-	한성부에 입안 신청
	5	1722년 이유선 처 장 조이 등 초사	-	한성부에 매매 사실 진술
	6	1722년 증인 노만위 등 초사	-	한성부에 매매 사실 진술
	7	1722년 한성부 입안	-	송차룡에게 매매 사실을 공증하는 입안 발급

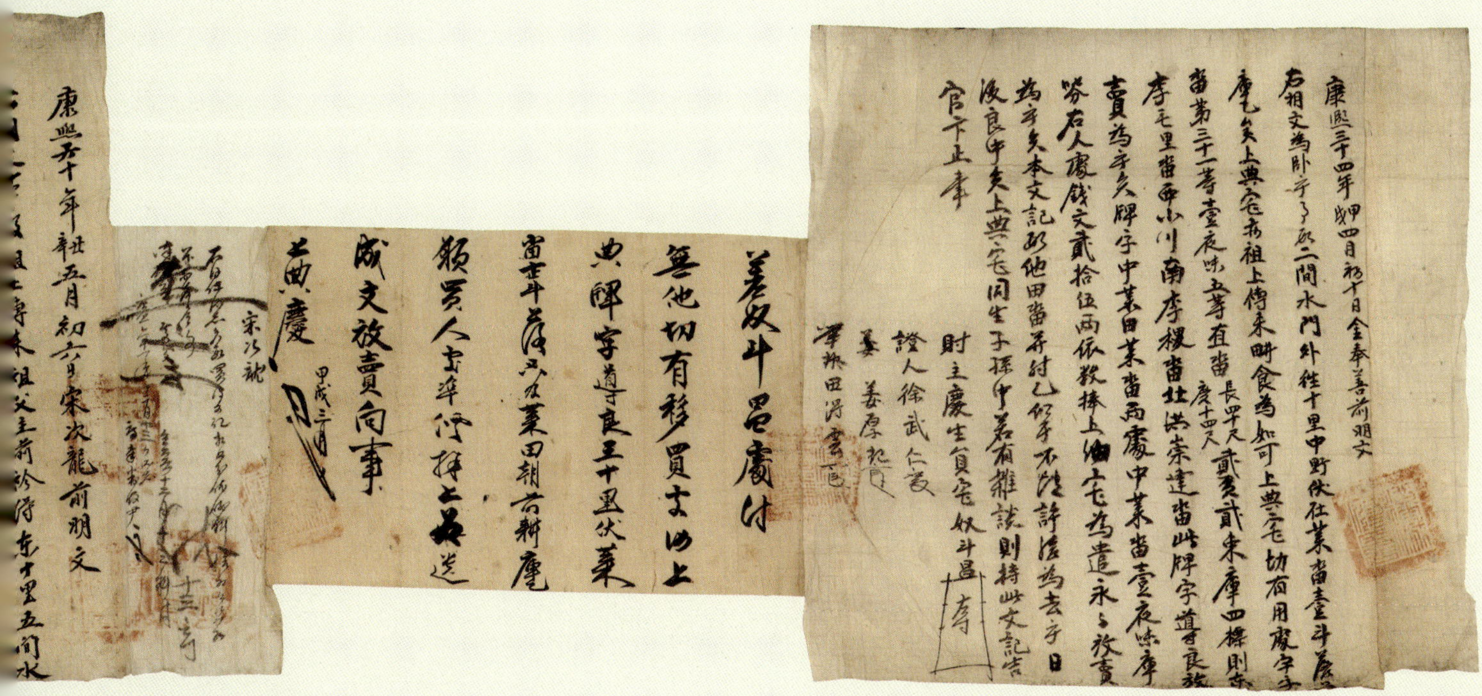

4　　1　　2

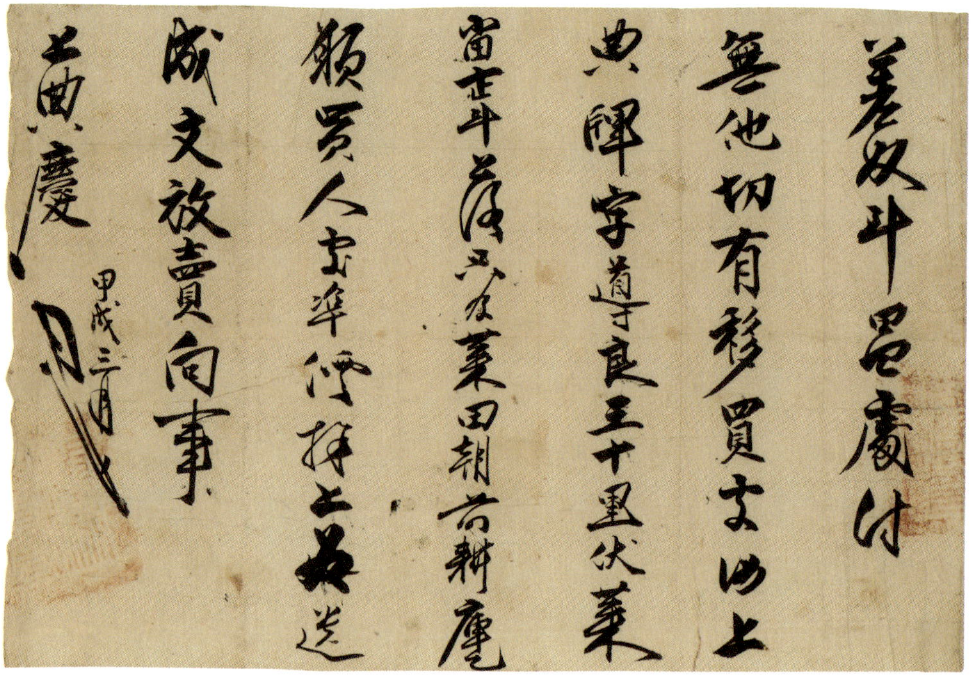

005-01

1694년 상전 경 패자

29.8×44.6

1694년(숙종 20) 3월에 상전 경慶이 노 두창斗昌에게 토지의 매매를 위임하기 위해 발급한 패자이다. 매물은 왕십리에 있는 1두락지 면적의 채답菜畓과 조전경 면적의 채전菜田이다. 긴히 다른 토지를 구매할 일 있어 매도한다고 하였으며, 매수를 원하는 사람을 찾아서 값을 받고 명문을 작성하여 매도하라고 하였다.

(01) 差奴 斗昌處付
(02) 無他 切有移買處 汝上
(03) 典牌字導良 王十里伏 菜
(04) 畓壹斗落只 及菜田朝前耕廛
(05) 願買人處 準價捧上爲遣
(06) 成文放賣向事
(07) 　　　甲戌三月日
(08) 上典 慶(着押)

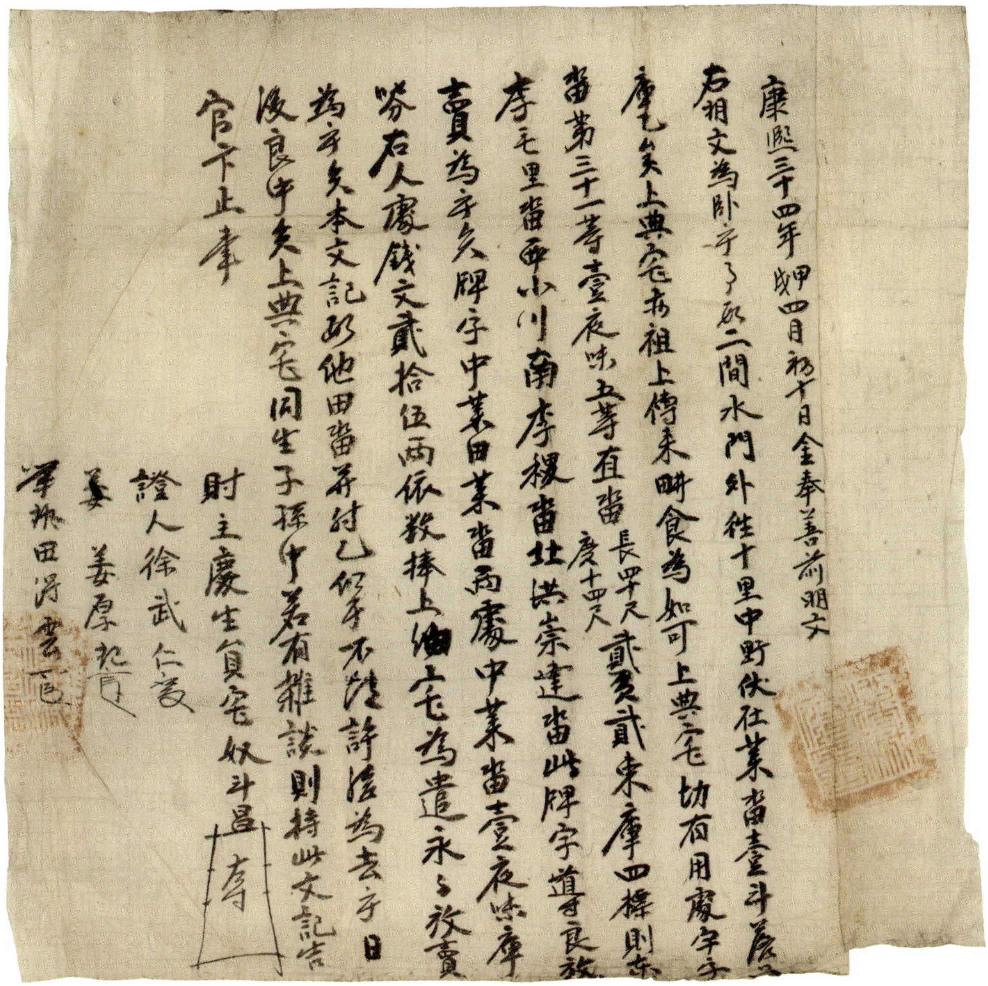

005-02

1695년 경 생원 댁 노 두창 명문

54.1×55.6

1694년(숙종 20) 4월 10일에 경 생원 댁의 노 두창이 김봉선金奉善에게 토지를 매도하면서 작성하여 준 명문이다. 노 두창은 상전댁이 조상 전래의 토지를 경작해오다가 긴히 쓸 곳이 있어서 토지를 매도한다고 하였다. 매물은 이간수문二間水門 밖 왕십리 중야中野에 있는 채답 1두락지이다. 토지 정보는 우자宇字 제31번 1야미夜味이며, 품등은 5등, 토지 형태는 직사각형 모양으로 길이 40척, 너비 14척이고 면적은 2부 2속이다. 매매금액은 전문 25냥이다. 사표는 동쪽이 이모리李毛里 논, 서쪽이 작은 개천, 남쪽이 이직李稷 논, 북쪽이 홍숭건洪崇建 논이다. 패자에 기재하였던 채답과 채전 중 채답 1두락지만 매도한다고 하였고, 본문기는 다른 전답이 기재되어 있어 양도하지 않았다. 서무인徐武仁과 강원기姜原起가 증인으로, 전득운田得雲이 필집으로 참여하였다.

(01) 康熙三十四年甲戌四月初十日 金奉善前 明文
(02) 右明文爲臥乎事段 二間水門外 往十里 中野伏在 菜畓 壹斗落只
(03) 庫乙 矣上典宅亦 祖上傳來 畊食爲如可 上典宅 切有用處 宇字
(04) 畓 第三十一等[番]壹夜味 五等·直畓·長四十尺廣十四尺·貳負貳束庫 四標則 東
(05) 李毛里畓 西小川 南李稷畓 北洪崇建畓 此牌字導良 放
(06) 賣爲乎矣 牌字中 菜田菜畓兩處中 菜畓壹夜味庫
(07) 昣 右人處 錢文貳拾伍兩 依數捧上納宅爲遣 永永放賣
(08) 爲乎矣 本文記段 他田畓幷付乙仍于 不得許給爲去乎 日
(09) 後良中 矣上典宅同生子孫中 若有雜談 則持此文記 告
(10) 官卞正事　　　　財主 慶生員宅奴 斗昌(左寸)
(11) 　　　　證人 徐武仁(着名)
(12) 　　　　姜原起(着名)
(13) 　　　　筆執 田得雲(着名)

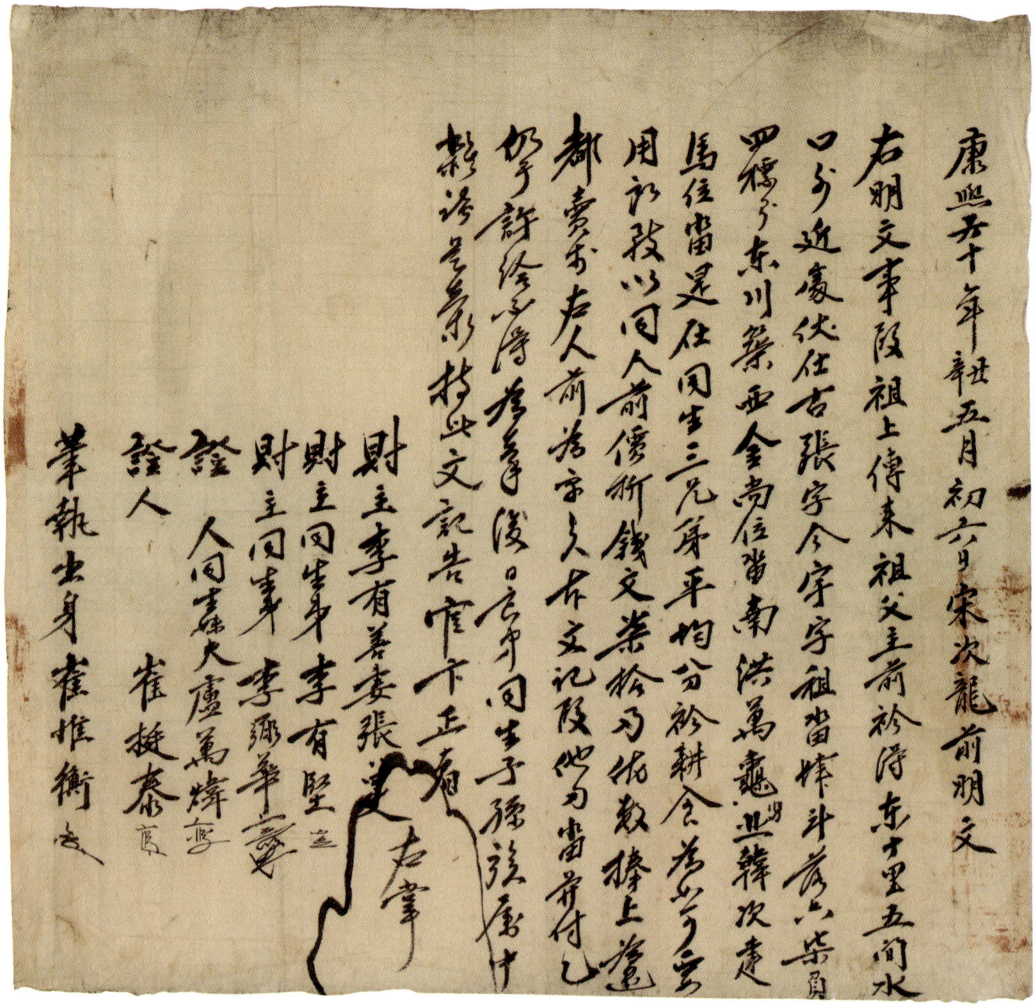

005-03

1721년 이유선 처 장 조이 등 명문

55.8×59.8

1721년(경종 1) 5월 6일에 재주 이유선李有善 처 장張 조이와 동생 이유견李有堅, 이필화李弼華가 송차룡宋次龍에게 토지를 매도하면서 작성하여 준 명문이다. 조부 몫으로 조상에게 전래받은 토지를 동생同生 3형제가 균등하게 나누어 경작하다가 송차룡에게 전문 70냥을 받고 매도하였다. 매물은 동십리東十里 오간수구五間水口 밖 근처에 있는 조답租畓이며, 자호는 이전에 장자張字였으나 현재 우자宇字로 변경되었고, 면적은 4두락지, 7부 규모이다. 사표는 동쪽이 개천둑, 서쪽이 김상위金尙位 논, 남쪽이 홍만구洪萬龜 논, 북쪽이 한차건韓次建 마위답馬位畓이다. 본문기는 다른 전답이 함께 기재되어 있어 양도하지 않았다. 노만위盧萬煒와 최정태崔挺泰가 증인으로, 최유형崔惟衡이 필집으로 참여하였다.

(01) 康熙六十年辛丑五月初六日 宋次龍前 明文
(02) 右明文事段 祖上傳來 祖父主前衿得 東十里 五間水
(03) 口外近處伏在 古張字 今宇字 租畓 肆斗落只·柒負
(04) 四標則東川築 西金尙位畓 南洪萬龜畓 北韓次建
(05) 馬位畓是在 同生三兄弟 平均分衿耕食爲如可 要
(06) 用所致以 同人前 價折錢文柒拾兩 依數捧上爲遣
(07) 都賣於右人前爲乎矣 本文記段 他田畓幷付乙
(08) 仍于 許給不得爲去乎 後日良中 同生子孫族屬中
(09) 雜談是去等 持此文記 告官卞正者
(10) 財主 李有善妻 張召史(右掌)
(11) 財主 同生弟 李有堅(着名)
(12) 財主 同生弟 李弼華(着名)
(13) 證人 同生妹夫 盧萬煒(着名)
(14) 證人 崔挺泰(着名)
(15) 筆執 出身 崔惟衡(着名)

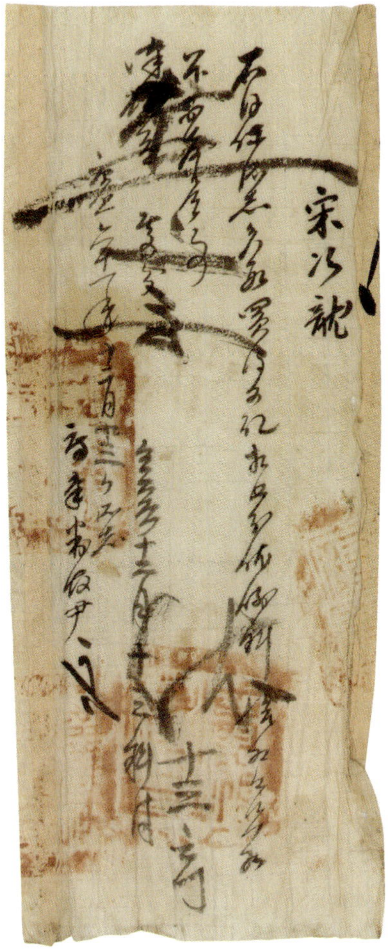

005-04

1722년 송차룡 소지

37.0×14.5

1722년(경종 2) 12월 13일에 송차룡이 한성부에 올린 입안신청 소지이다. 소지와 함께 제출한 매득문기를 검토하여 이에 대한 사급입안을 발급해줄 것을 요청하였다. 매득문기는 매도자 이유선 처 장 조이와 매수자 송차룡 사이의 토시 거래 내역을 작성한 명문을 말한다. 소지의 접수일은 13일이고, 예방에서 입안 발급을 담당하였다. 한성부 당상관은 '그대로 시행하라(依)'는 처분을 내렸고, 담당 방장인 판관 윤尹이 같은 날 입안 발급을 처리하였다.

(01) 宋次龍
(02) 右謹陳所志矣段 買得文記相考 依例斜給爲白只爲
(03) 行下向教是事
(04) 漢城府 處分
(05) 康熙六十一年十二月十三日 所志
(06) 依 十三 玄
(07) 堂上(着押)
(08) 壬寅十二月十三 斜付
(09) 房掌 判官 尹(着押)
[漢城府印]

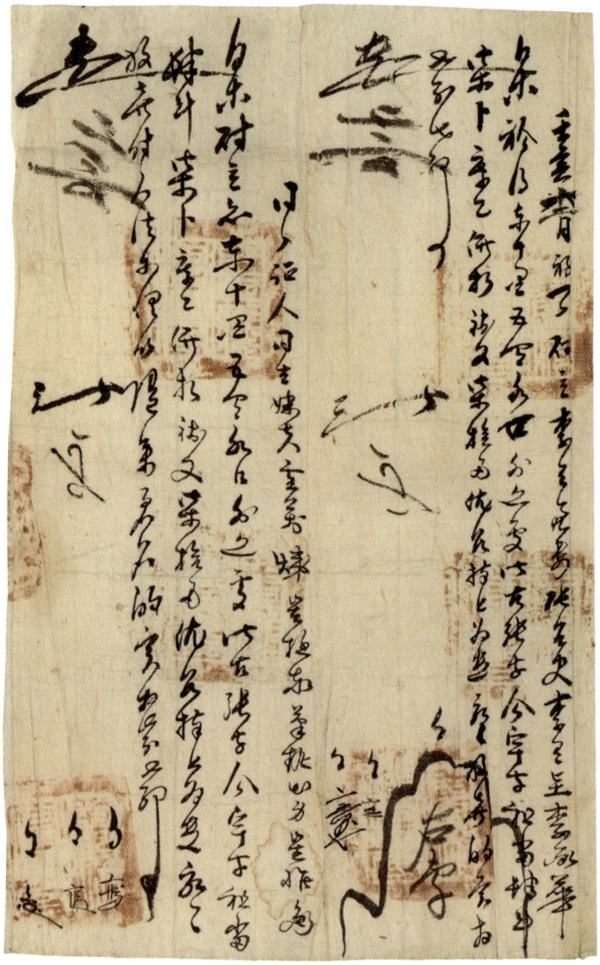

005-06

1722년 증인 노만위 등 초사

48.6×16.2

(01)　　　　同日 證人 同生妹夫 盧萬煒 崔挺泰 筆執 出身 崔惟衡
(02)　白等 財主亦 東十里五間水口外近處伏 古張字 今宇字 租畓
(03)　肆斗·柒卜庫乙 價折錢文柒拾兩 依數捧上爲遣 永永
(04)　放賣時 矣徒等 俱以隨參着名的實 相考敎事
(05)　　　　　　　　　　　　白(着名)
(06)　　　　　　　　　　　　白(着名)
(07)　　　　　　　　　　　　白(着名)
(08)　堂上(着押)　　　郞廳(着押)
[漢城府印]

005-05

1722년 이유선 처 장 조이 등 초사

48.8×14.6

(01)　　　壬寅十二月初一日 財主 李有善妻 張召史 李有堅 李弼華
(02)　白等 衿得東十里 五間水口外 近處伏 古張字 今宇字 租畓 肆斗·
(03)　柒卜庫乙 價折錢文柒拾兩 依數捧上爲遣 永永放賣的實 相
(04)　考敎事
(05)　　　　　　　　　　　　白(右掌)
(06)　　　　　　　　　　　　白(着名)
(07)　　　　　　　　　　　　白(着名)
(08)　堂上(着押)　　　郞廳(着押)
[漢城府印]

1722년(경종 2) 12월 1일에 재주와 증인 및 필집이 토지매매 사실을 한성부에 진술한 초사이다. 재주인 이유선 처 장 조이와 이유견, 이필화는 상속받은 동십리 오간수구 밖 근처에 있는 4두락지, 7부 면적의 논을 전문 70냥에 매도한 것이 사실임을 진술하였다. 노만위, 최정태, 최유형은 장 조이 등의 토지 거래에 증인과 필집으로 참여한 것이 사실임을 진술하였다.

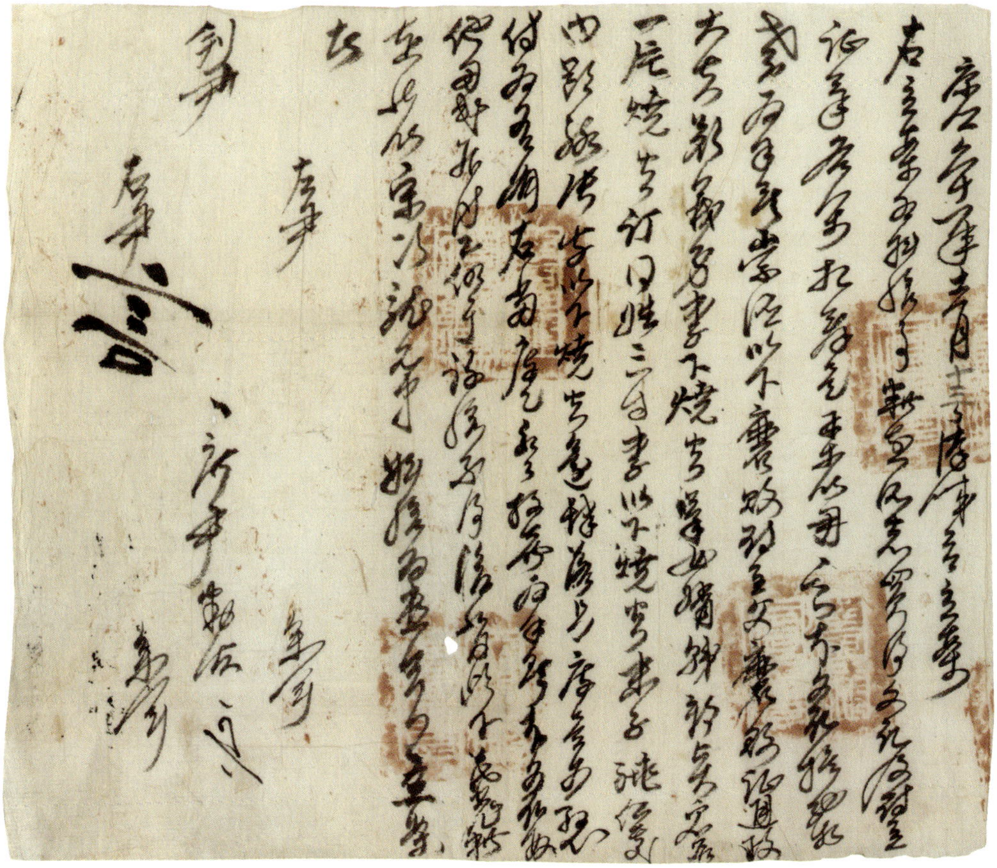

005-07

1722년 한성부 입안

39.3×47.0

1722년(경종 2) 12월 13일에 한성부에서 송차룡에게 토지매매 사실을 공증하여 발급한 입안이다. 송차룡의 입안신청 소지와 매득문기, 재주 및 증인의 초사를 확인하고, 관에 제출한 본문기의 내용을 검토하여 해당 토지의 전래 경위를 파악한 후 입안을 발급하였다. 한성부에서는 본문기인 이유선 가 분재기의 원문을 일부 옮기면서 마멸된 부분 및 소실된 부분을 표시하고, 매매대상 토지가 기재되었는지를 확인하였다. 본문기에는 매물 외에 다른 토지 내역이 기재되어 있어 양도하지 못하는 대신 뒷면에 매매 여부를 기재하는 배탈을 하고, 본 입안을 매매문서에 점련하여 송차룡에게 지급하였다.

(01) 　康熙六十一年十二月十三日 漢城府立案
(02) 右立案爲斜給事 粘連所志買得文記 及財主
(03) 證筆各人等招辭是乎等以用良 本文記推納相
(04) 考爲乎矣 崇德以下磨敗 財主父磨敗 證通政
(05) 大夫鄭義男李下燒失 筆女婿韓新賢着名
(06) 一片燒失 證同姓三寸李以下燒失 末子騑仁處
(07) 內 節該張字以下燒失 邊肆落只庫是如懸
(08) 付爲有齊 右畓庫乙 永永放賣爲乎矣 本文記段
(09) 他田民幷付乙仍于 許給不得 後背頉下 棄作粘
(10) 連 狀者宋次龍亦中 斜給爲遣 合行立案
(11) 者
(12) 　　左尹　　　　　參軍
(13) 判尹　　　　庶尹　判官(着押)
(14) 　　右尹(着押)　　　參軍
[漢城府印]

006

1707년 정귀익 명문 등 동십리 토지매매문서

1707~1892년

1707년부터 1892년까지의 동십리 마성 아래에 있는 토지를 매매한 명문 6점이다. 남아있는 명문은 6점이지만 실제 거래는 10회 이상 이루어진 것으로 보인다. 1707년 명문에 의하면 토지의 전 소유주인 김언진으로부터 정귀익이 토지를 매수하여 경작하다가 1707년에 김필선에게 매도하였다. 이후 소유주는 다시 이광서로 변경되었고, 이광서의 노로부터 신효영이 토지를 매수하였다가 1780년에 최천택에게 매도하였다. 최천택은 1년 후인 1781년 다시 박지윤에게 매도하였고, 박지윤은 1783년에 이 승지 댁 노 무응술에게 매도하였다. 이후 토지의 소유주는 조의홍으로 변경되었는데 그 사이의 내력은 불분명하다. 조의홍은 1866년 김명득에게 토지를 매도하고, 김명득은 1892년에 미상의 매수인에게 다시 토지를 매도하였다. 정리하면 소유주는 김언진 〉 정귀익 〉 김필선(1707) 〉 미상 〉 이광서 노 오장 〉 신효영 〉 최천택(1780) 〉 박지윤(1781) 〉 이 승지 댁 노 무응술(1783) 〉 조의홍 〉 김명득(1866) 〉 미상(1892)의 순서로 변경되었다. 매매금액은 비교적 변화가 많은 편이다. 1707년에는 정은자 20냥에 거래되었고, 이후 1780년에서 1783년까지 40냥, 45냥, 55냥에 거래되었다. 1866년에는 전문 120냥에 거래되었으며, 1892년에는 전문 3,500냥에 거래되었다. 매물은 동부 마장리 사근사 마성 아래에 있는 밭 반일경, 8부 4속이다. 매물이 있는 동부 마장리 사근사는 현재의 서울특별시 성동구 사근동 일대에 해당한다.

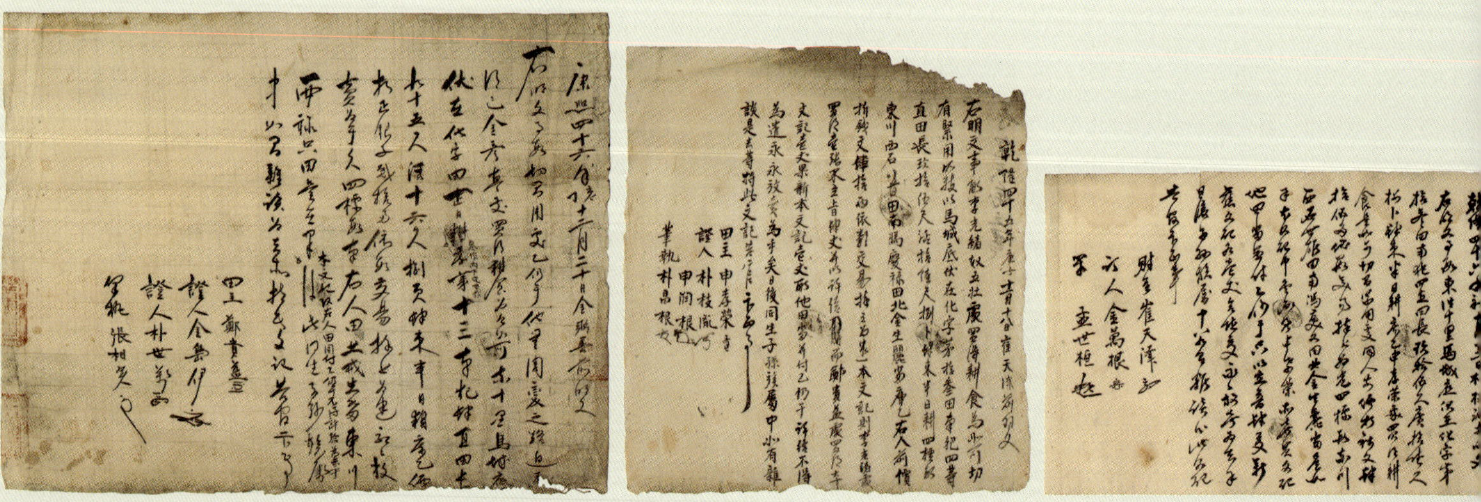

1 2 3

순서	문서명	매매가격	내용
1	1707년 정귀익 명문	정은자 20냥	김필선에게 토지 매도 - 동십리 마성저 화자 제13번 전 8부 4속, 반일경
2	1780년 신효영 명문	전문 40냥	최천택에게 토지 매도 - 마성저 화자 제13번 전 8부 4속, 반일경
3	1781년 최천택 명문	전문 45냥	박지윤에게 토지 매도 - 동왕십리 마성저 화자 제13번 전 8부 4속, 반일경
4	1783년 박지윤 명문	전문 55냥	이 승지 댁 노 무응술에게 토지 매도 - 동십리 마성저 화자 제13번 전 8부 4속, 반일경
5	1866년 조의홍 명문	전문 120냥	김명득에게 토지 매도 - 동부 마장리 사근사 마성저 화자 전 반일경, 8부 4속
6	1892년 김명득 명문	전문 3,500냥	미상의 매수인에게 토지 매도 - 동부 마장리 사근사 마성저 화자 전 반일경, 8부 4속

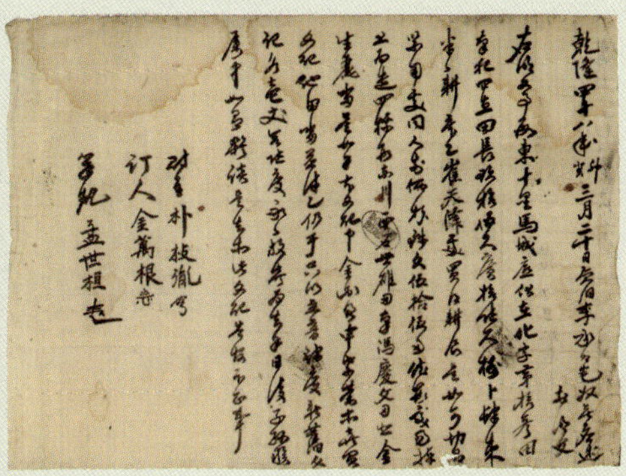

4

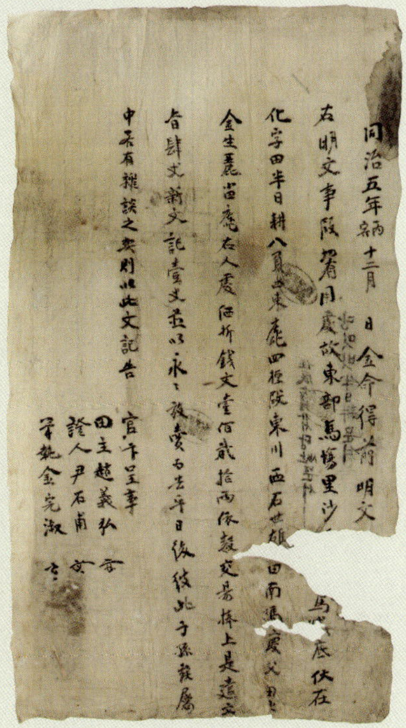

5

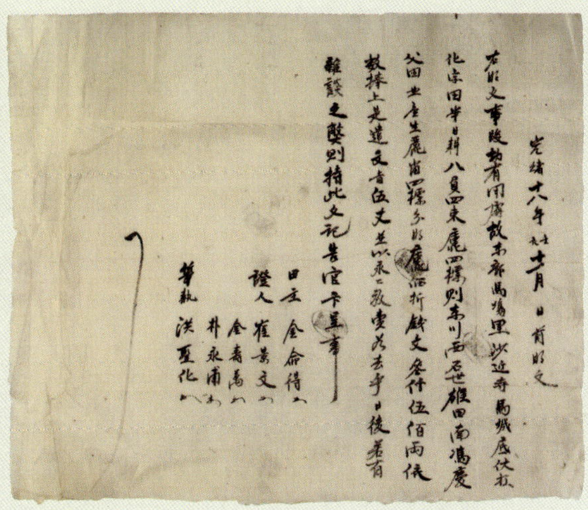

6

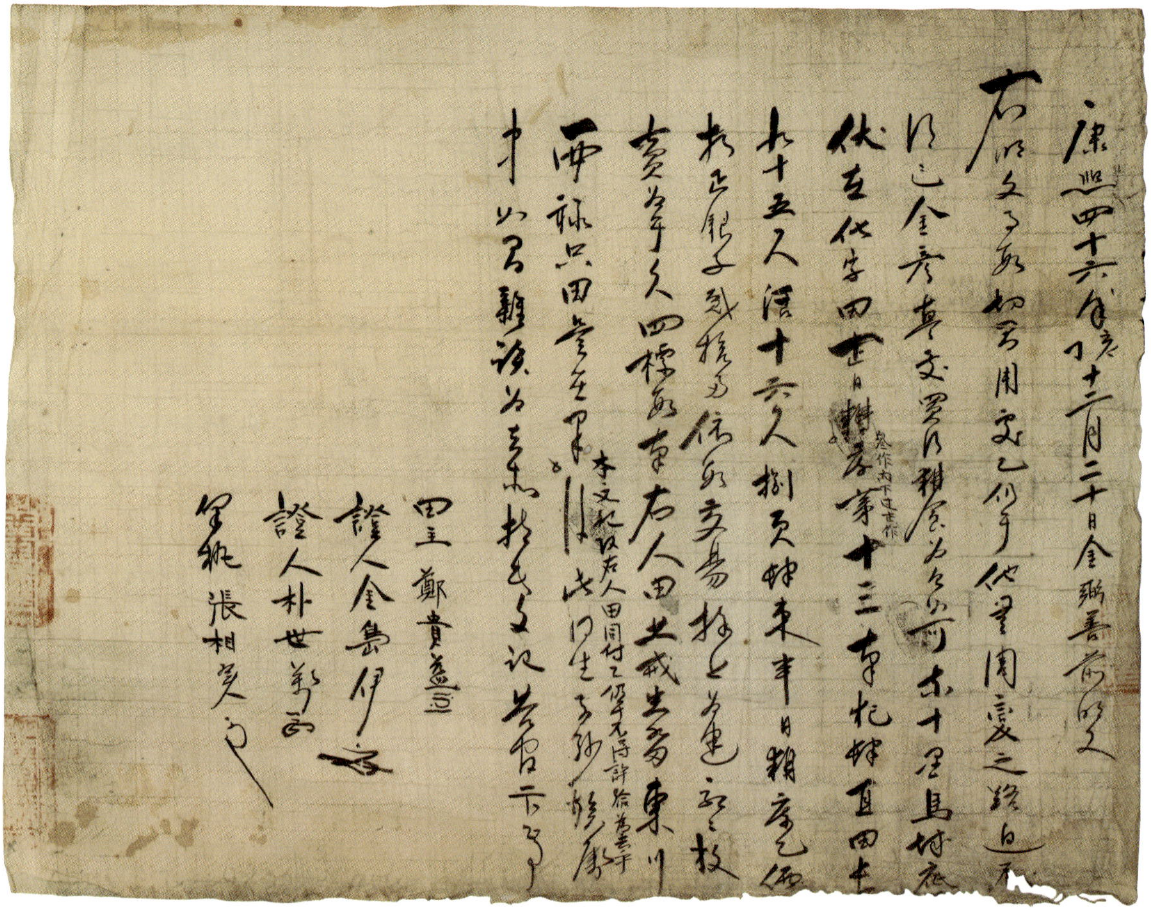

006-01

1707년 정귀익 명문

53.5×69.8

1707년(숙종 33) 12월 20일에 정귀익鄭貴益이 김필선金弼善에게 토지를 매도하면서 작성하여 준 명문이다. 정귀익은 급박하게 쓸 일이 있는데 달리 주선할 방도가 없어서, 김언진金彦眞에게서 매득하여 경작해온 토지를 정은자 20냥에 매도하였다. 매물은 동십리 마성馬城 밑에 있는 화자化字 밭 1일경 3필지 중에서 아래쪽에 있는 1필지 제13번 밭이다. 토지의 양전 방향犯向은 남범南犯이고, 품등은 4등이며 직사각형 모양의 밭이다. 길이는 95척, 너비는 16척이고, 면적은 8부 4속, 반일경이다. 사표는 남쪽이 김필선의 밭, 북쪽이 계생戒生의 논, 동쪽이 개천, 서쪽이 녹지祿只의 밭이다. 본문기는 김필선의 밭이 함께 기재되어 있어서 양도할 수 없다고 하였다. 김도이金島伊와 박세만朴世萬이 증인으로, 장상실張相實이 필집으로 참여하였다.

(01) 康熙四十六年丁亥十二月二十日 金弼善前 明文
(02) 右明文事段 切有用處乙仍于 他無周變之路 迫不
(03) 得已 金彦眞處 買得耕食爲白如可 東十里 馬城底
(04) 伏在 化字田 壹日耕·參作内 下邊壹作庫 第十三·南犯·肆·直田·長
(05) 九十五尺活十六尺·捌負肆束·半日耕庫乙 價
(06) 折正銀子貳拾兩 依數交易捧上爲遣 永永放
(07) 賣爲乎矣 四標段 南右人田 北戒生畓 東川
(08) 西祿只田是在果 本文記段 右人田 同付乙仍于 不得許給爲去乎 後此 同生子孫族屬
(09) 中 如有雜談爲去等 持此文記 告官卞正事
(10) 田主 鄭貴益(着名)
(11) 證人 金島伊(着名)
(12) 證人 朴世萬(着名)
(13) 筆執 張相實(着名)

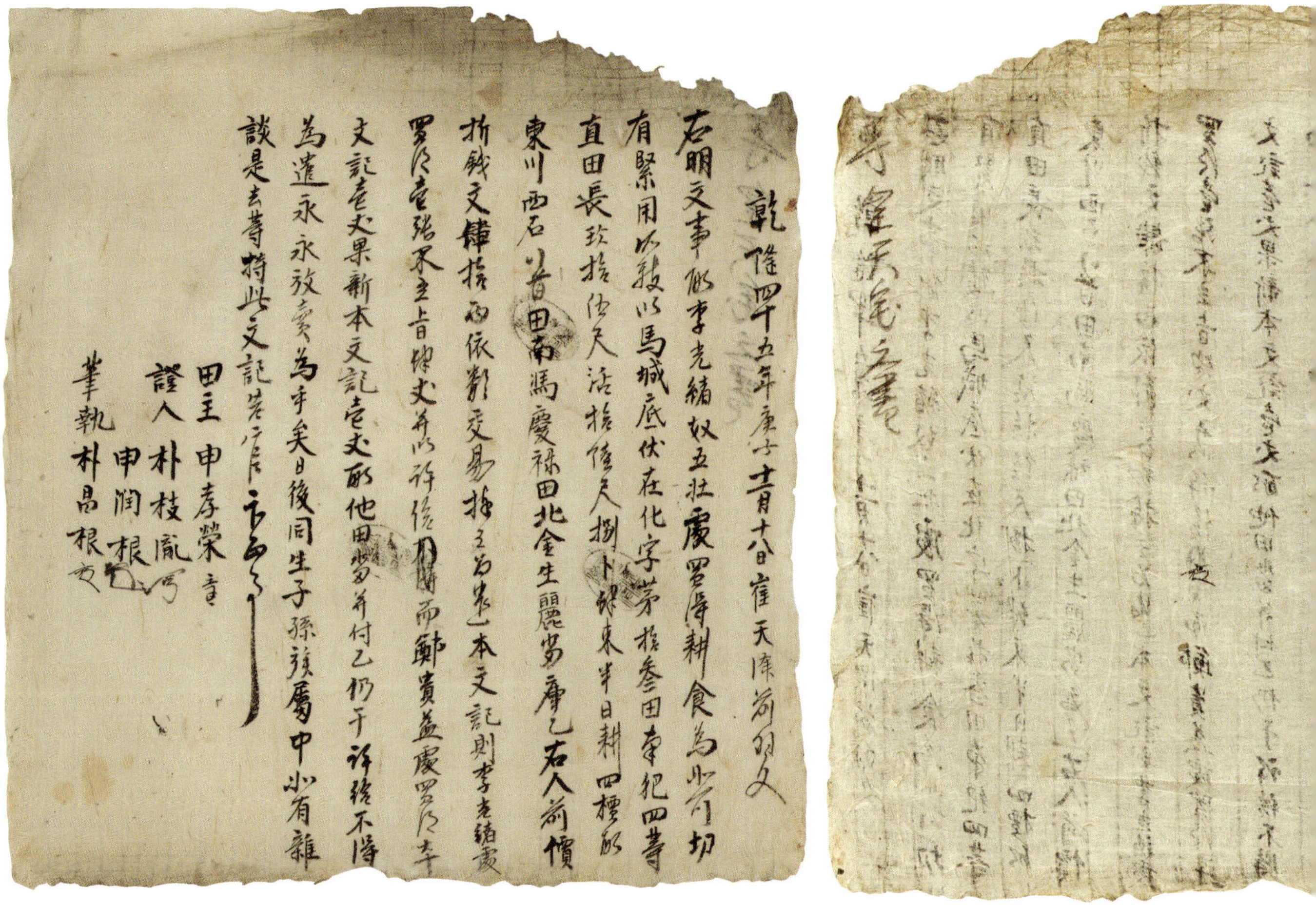

006-02

1780년 신효영 명문

45.1×41.4

1780년(정조 4) 11월 18일에 신효영申孝榮이 최천택崔天澤에게 토지를 매도하면서 작성하여 준 명문이다. 신효영은 이광서李光緖의 노 오장五壯으로부터 매득하여 경작해온 토지를 긴히 사용할 곳이 있어 전문 40냥에 매도하였다. 매물은 마성 밑에 있는 화자化字 13번 밭이다. 양전 방향은 남범이고, 품등은 4등이며 직사각형 모양의 밭으로 길이 95척, 너비 16척이다. 면적은 8부 4속, 반일경이다. 사표는 동쪽이 개천, 서쪽이 석행수石行首의 밭, 남쪽이 풍경록馮慶祿의 밭, 북쪽이 김생려金生麗의 논이다. 본문기로 이광서에게 매득한 문서 1장과 입지 4장을 양도하였다. 정귀익으로부터 매득한 본문기 1장과 새로운 본문기 1장은 다른 전답이 함께 기재되어 있어 양도할 수 없다고 하였다. 박지윤朴枝胤과 신윤근申潤根이 증인으로, 박창근朴昌根이 필집으로 참여하였다.

(01) 乾隆四十五年庚子十一月十八日 崔天澤前 明文
(02) 右明文事段 李光緖奴五壯處 買得耕食爲如可 切
(03) 有緊用所致以 馬城底伏在 化字 苐拾參田 南犯·四等·
(04) 直田·長玖拾伍尺活拾陸尺·捌卜肆束·半日耕 四標段
(05) 東川 西石行首田 南馮慶祿田 北金生麗畓庫乙 右人前 價
(06) 折錢文肆拾兩 依數交易捧上爲遣 本文記 則李光緖處
(07) 買得壹張果 立旨肆丈並以 許給■■(不得) 而鄭貴益處 買得本
(08) 文記壹丈果 新本文記壹丈段 他田畓幷付乙仍于 許給不得
(09) 爲遣 永永放賣爲乎矣 日後 同生子孫族屬中 如有雜
(10) 談是去等 持此文記 告官卞正事
(11) 田主 申孝榮(着名)
(12) 證人 朴枝胤(着名)
(13) 申潤根(着名)
(14) 筆執 朴昌根(着名)

(背面)
□崔天宅文書

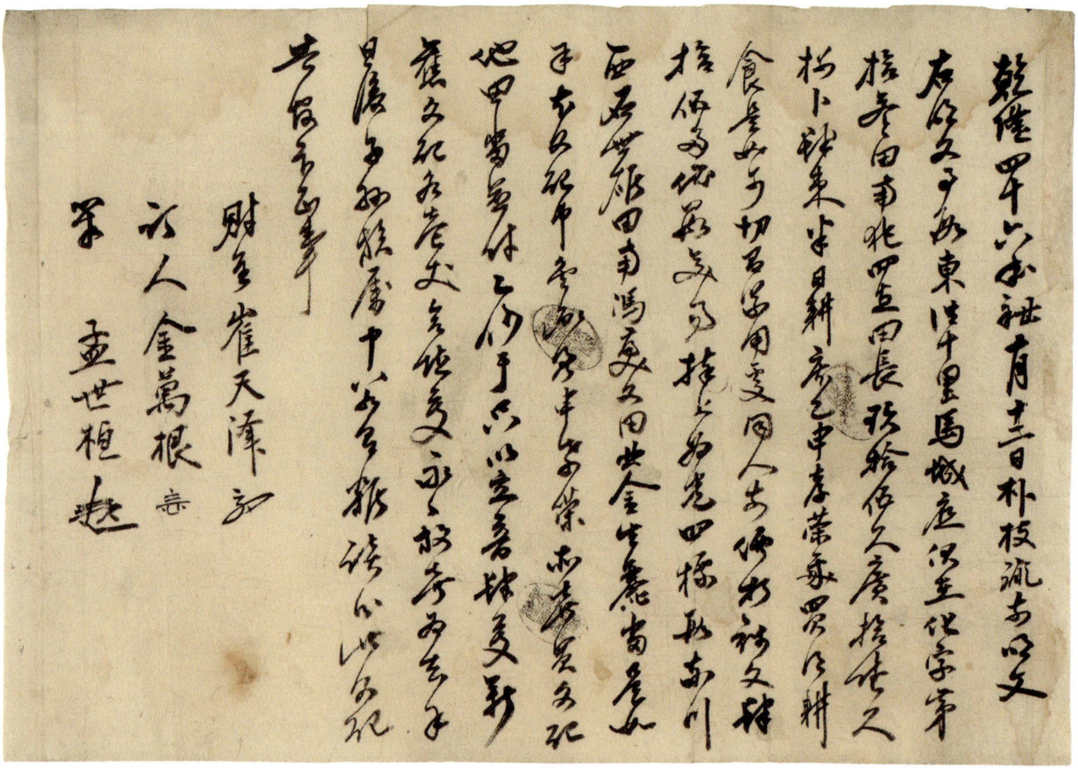

006-03

1781년 최천택 명문

35.9×52.4

1781년(정조 5) 10월 12일에 최천택이 박지윤에게 토지를 매도하면서 작성하여 준 명문이다. 최천택은 1780년(정조 4) 신효영에게서 매득하여 경작해온 토지를 긴히 사용할 곳이 있어 전문 45냥에 매도하였다. 매물은 동왕십리 마성 밑에 있는 화자化字 제13번 밭이다. 양전 방향은 남범이고, 품등은 4등이며, 직사각형 모양의 밭으로 길이가 95척, 너비가 16척이다. 면적은 8부 4속, 반일경이다. 매물의 사표는 동쪽이 개천, 서쪽이 석세웅石世雄 밭, 남쪽이 풍경보馮慶父의 밭, 북쪽이 김생려의 논이다. 본문기 중에서 김필선, 신효영 등의 매매문기(명문)는 다른 전답이 함께 기재되어 있으므로 제외하고, 입지 4장과 신문기 1장, 구문기 1장, 총 6장을 양도하였다. 김만근金萬根이 증인으로, 맹세환孟世桓이 필집으로 참여하였다.

(01) 乾隆四十六年辛丑十月十二日 朴枝胤前 明文
(02) 右明文事段 東往十里 馬城底伏在 化字 苐
(03) 拾參田 南犯·四·直田·長玖拾伍尺廣拾陸尺·
(04) 捌卜肆東·半日耕庫乙 申孝榮處 買得耕
(05) 食是如可 切有緊用處 同人前 價折錢文肆
(06) 拾伍兩 依數交易捧上爲遣 四標段 東川
(07) 西石世雄田 南馮慶父田 北金生麗畓是如
(08) 乎 本文記中 金弼善申孝榮等賣買文記
(09) 他田畓並付乙仍于 只以立旨肆度 新
(10) 舊文記各壹丈 合陸度 永永放賣爲去乎
(11) 日後 子孫族屬中 若有雜談 則此文記
(12) 告官卞正事
(13) 財主 崔天澤(着名)
(14) 訂人 金萬根(着名)
(15) 筆 孟世桓(着名)

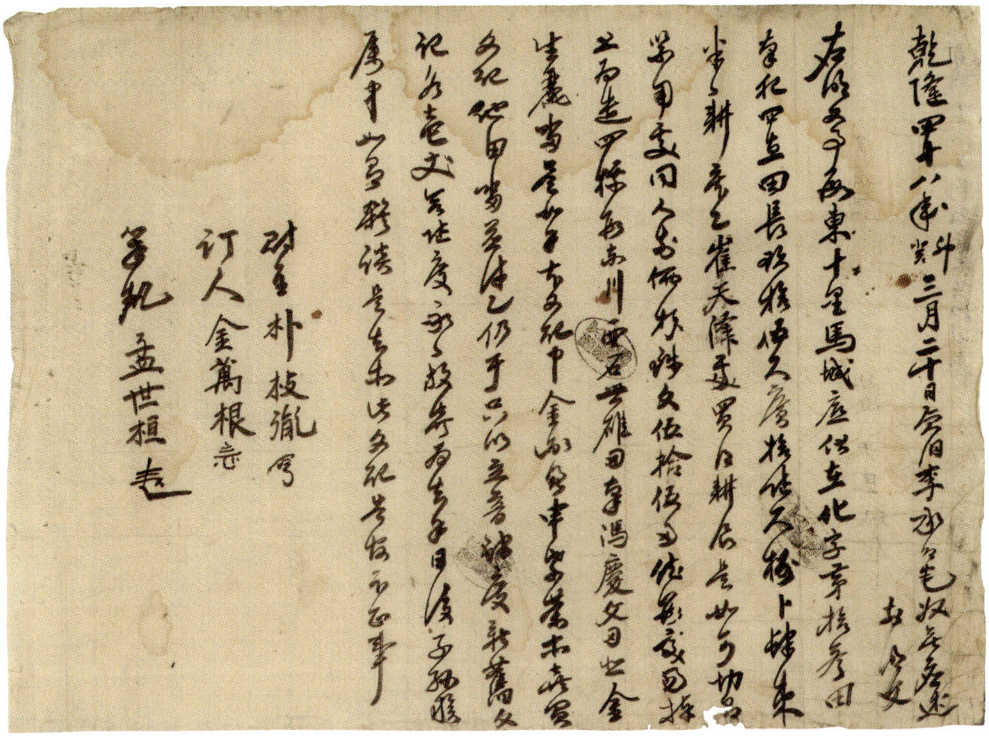

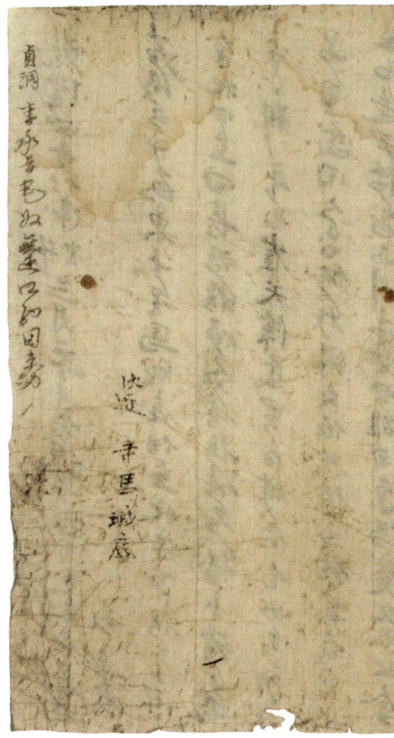

006-04

1783년 박지윤 명문

37.5×51.6

1783년(정조 7) 3월 20일에 박지윤이 정동貞洞 이李 승지承旨 댁 노 무응술無應述에게 토지를 매도하면서 작성하여 준 명문이다. 박지윤은 1781년(정조 5) 최천택으로부터 매득하여 경작해온 토지를 긴히 사용할 곳이 있어서 전문 55냥에 매도하였다. 매물은 동십리 마성 밑에 있는 화자化字 제13번 밭이다. 양전 방향은 남범이고, 품등은 4등이며, 직사각형 모양의 받으로 길이가 95척, 너비가 16척이다. 면적은 8부 4속, 반일경이다. 매물의 사표는 동쪽이 개천, 서쪽이 석세웅의 밭, 남쪽이 풍경보의 밭, 북쪽이 김생려의 논이다. 본문기 중에서 김필선, 신효영 등의 매매문기(명문)는 다른 전답이 함께 기재되어 있으므로 제외하고, 입지 4장과 신문기 1장, 구문기 1장, 총 6장을 양도하였다. 김만근이 증인으로, 맹세환이 필집으로 참여하였는데 1781년 최천택 명문의 증인 및 필집과 동일하다.

(01) 乾隆四十八年癸卯三月二十日 貞洞 李承旨宅奴 無應述
(02) 前 明文
(03) 右明文事段 東十里 馬城底伏在 化字 苐拾參田
(04) 南犯·四·直田·長玖拾伍尺廣拾陸尺·捌卜肆束·
(05) 半日耕庫乙 崔天澤處 買得耕食是如可 切有
(06) 緊用處 同人前 價折錢文伍拾伍兩 依數交易捧
(07) 上爲遣 四標段 東川 西石世雄田 南馮慶父田 北金
(08) 生麗畓是如乎 本文記中 金弼善申孝榮等賣買
(09) 文記 他田畓並付乙仍于 只以立旨肆度 新舊文
(10) 記各壹丈 合陸度 永永放賣爲去乎 日後 子孫族
(11) 屬中 如有雜談是去等 此文記 告官卞正事
(12) 財主 朴枝胤(着名)
(13) 訂人 金萬根(着名)
(14) 筆執 孟世桓(着名)

(背面)

沙近 寺馬城底

貞洞 李承旨宅 奴 無述 口納田卷

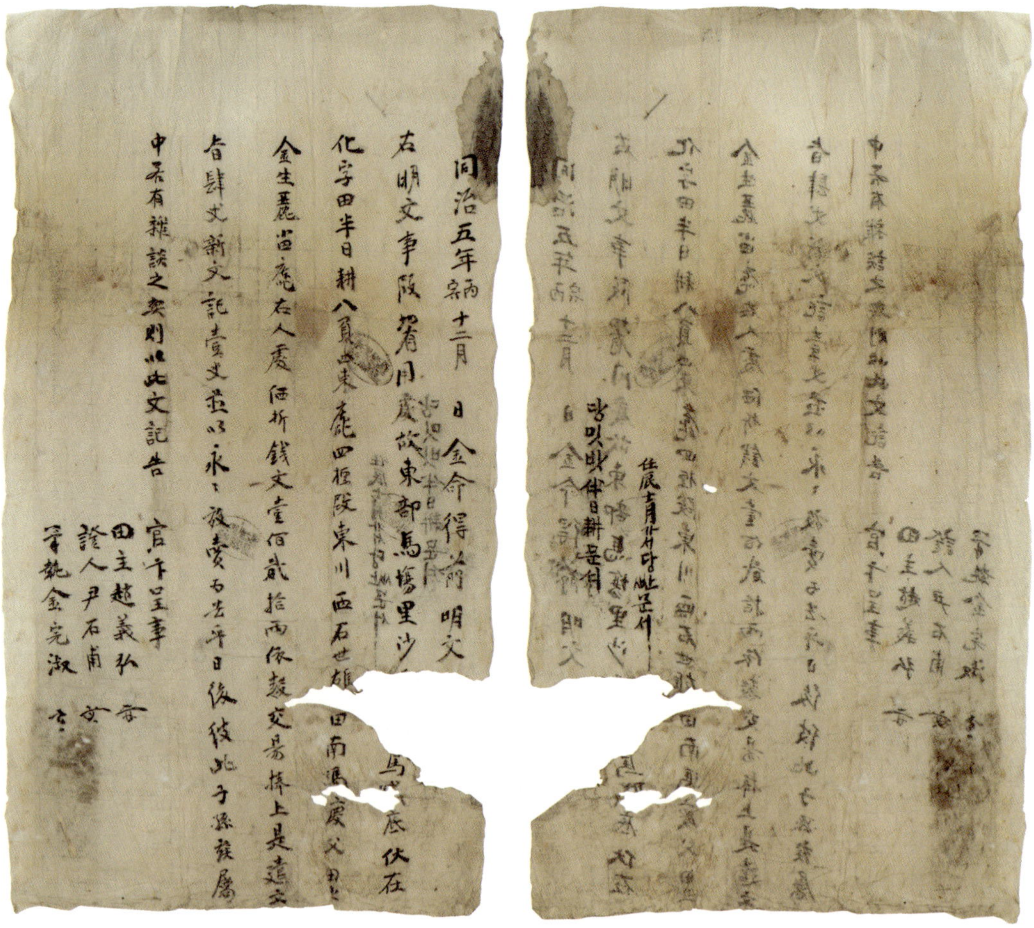

006-05

1866년 조의홍 명문

56.7×30.8

1866년(고종 3) 12월에 조의홍趙義弘이 김명득金命得에게 토지를 매도하면서 작성하여 준 명문이다. 매물은 동부 마장리馬場里 사근사沙近寺 마성 밑에 있는 화자化字 밭이고, 면적은 반일경, 8부 4속이며, 매매금액은 전문 120냥이다. 매물의 사표는 동쪽이 개천, 서쪽이 석세웅의 밭, 남쪽이 풍경보의 밭, 북쪽이 김생려의 논이다. 매물과 함께 입지 4장과 신문기 1장을 양도하였다. 윤석보尹石甫가 증인으로, 김완숙金完淑이 필집으로 참여하였다.

(01) 同治五年丙寅十二月 日 金命得前 明文
(02) 右明文事段 切有用處 故東部 馬場里 沙■■(近寺) 馬城底伏在
(03) 化字田 半日耕·八負四束𢉖 四標段 東川 西石世雄田 南馮慶父田 北
(04) 金生麗畓𢉖 右人處 價折錢文壹佰貳拾兩 依數交易捧上是遣 立
(05) 旨肆丈 新文記壹丈並以 永永放賣爲去乎 日後 彼此子孫族屬
(06) 中 若有雜談之弊 則以此文記 告 官卞呈事
(07) 田主 趙義弘(着名)
(08) 證人 尹石甫(着名)
(09) 筆執 金完淑(着名)

(背面)

任[壬]辰十一月가서당싼문서
당밋밧半日耕문셔

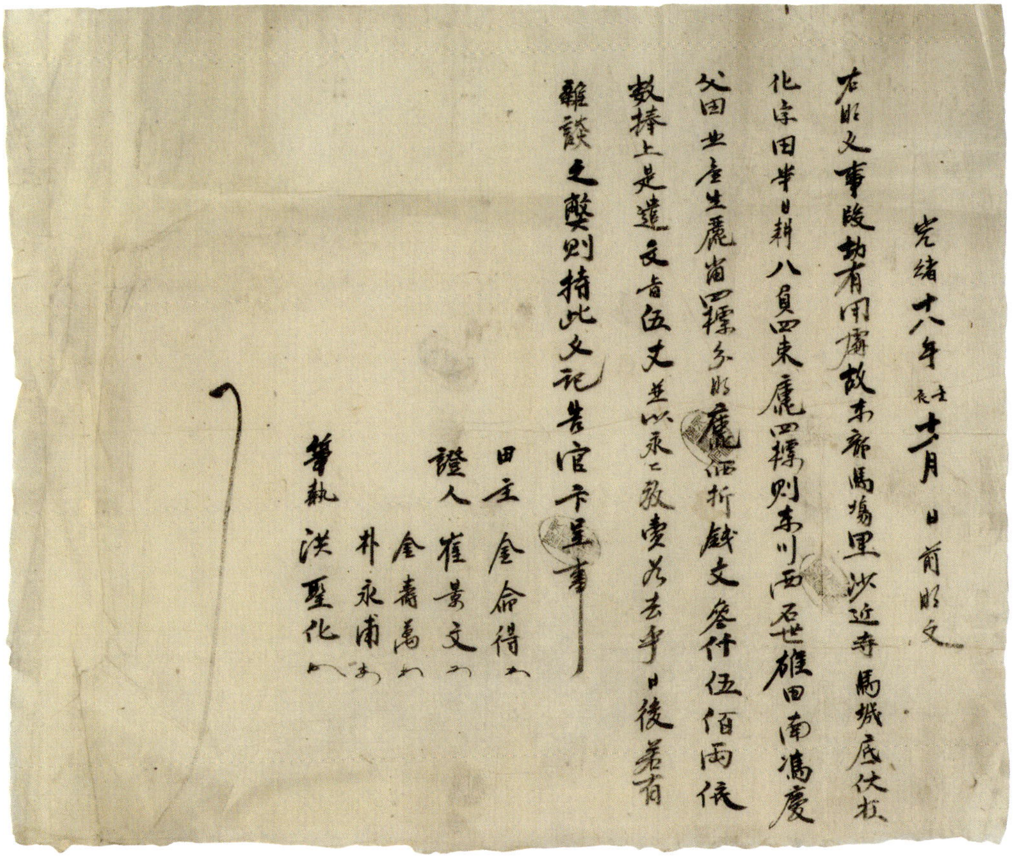

006-06

1892년 김명득 명문

48.3×58.0

1892년(고종 29) 11월에 김명득이 미상의 매수인에게 토지를 매도하면서 작성하여 준 명문이다. 매물은 동부 마장리 사근사 마성 밑에 있는 화자化字 밭이고, 면적은 반일경, 8부 4속이며, 매매금액은 전문 3,500냥이다. 매물의 사표는 동쪽이 개천, 서쪽이 석세웅의 밭, 남쪽이 풍경보의 밭, 북쪽이 김생려의 논이다. 매물과 함께 입지 5장을 양도하였다. 최경문崔景文, 김수만金壽萬, 박영보朴永甫가 증인으로, 홍성화洪聖化가 필집으로 참여하였다.

(01) 光緒十八年壬辰十一月 日 前 明文
(02) 右明文事段 切有用處 故東部 馬場里 沙近寺 馬城底伏在
(03) 化字田 半日耕·八負四束庳 四標 則東川 西石世雄田 南馮慶
(04) 父田 北金生麗畓 四標分明庳 價折錢文參仟伍佰兩 依
(05) 數捧上是遣 文[立]旨伍丈並以 永永放賣爲去乎 日後 若有
(06) 雜談之弊 則持此文記 告官卞呈事
(07) 田主 金命得(着名)
(08) 證人 崔景文(着名)
(09) 金壽萬(着名)
(10) 朴永甫(着名)
(11) 筆執 洪聖化(着名)
(12) 際

007

1793년 상전 김 패자 등 마장리 토지매매문서

1793년 | 70.6×143.3

1793년 10월에 김 영춘 댁의 노 일돌이 한성부 동부 동대문 밖 마장리에 있는 채전을 신대철에게 매도한 명문과 관련 문서 3점이 연결된 점련문서이다. 첫 번째 문서인 패자는 상전 김이 노 일돌에게 채전의 매매 권한을 위임하기 위해 작성한 것이고, 두 번째 문서인 명문은 패자의 내용에 따라 노 일돌이 신대철에게 채전을 매도하기 위해 작성한 것이다. 채전의 소유 경위가 기재된 본문기를 병술년에 소실하여 매수인에게 지급할 수 없었기에, 매수인 신대철이 매매 계약의 완료 전에 관의 입지 발급을 매도인 측에 요청한 것으로 보인다. 일돌은 11월에 한성부에 입지 발급을 신청하였고, 관의 처분에 따라 다시 동부에서 입지를 발급받아 명문에 점련하였다. 채전이 소재한 마장리는 현재의 서울특별시 성동구 마장동 일대에 해당한다.

순서	문서명	매매가격	내용
1	1793년 상전 김 패자	-	노 일돌에게 토지 매도 권한을 위임 - 동대문 밖 마장리 대촌전평 정거리 채전 반일경
2	1793년 김 영춘 댁 노 일돌 명문	전문 65냥	신대철에게 토지 매도 - 동대문 밖 마장리 대촌전평 정거리 채전 반일경
3	1793년 사노 일돌 소지(한성부)	-	한성부에 서실문기 입지 신청
4	1793년 사노 일돌 소지(동부)	-	한성부 동부에 서실문기 입지 신청

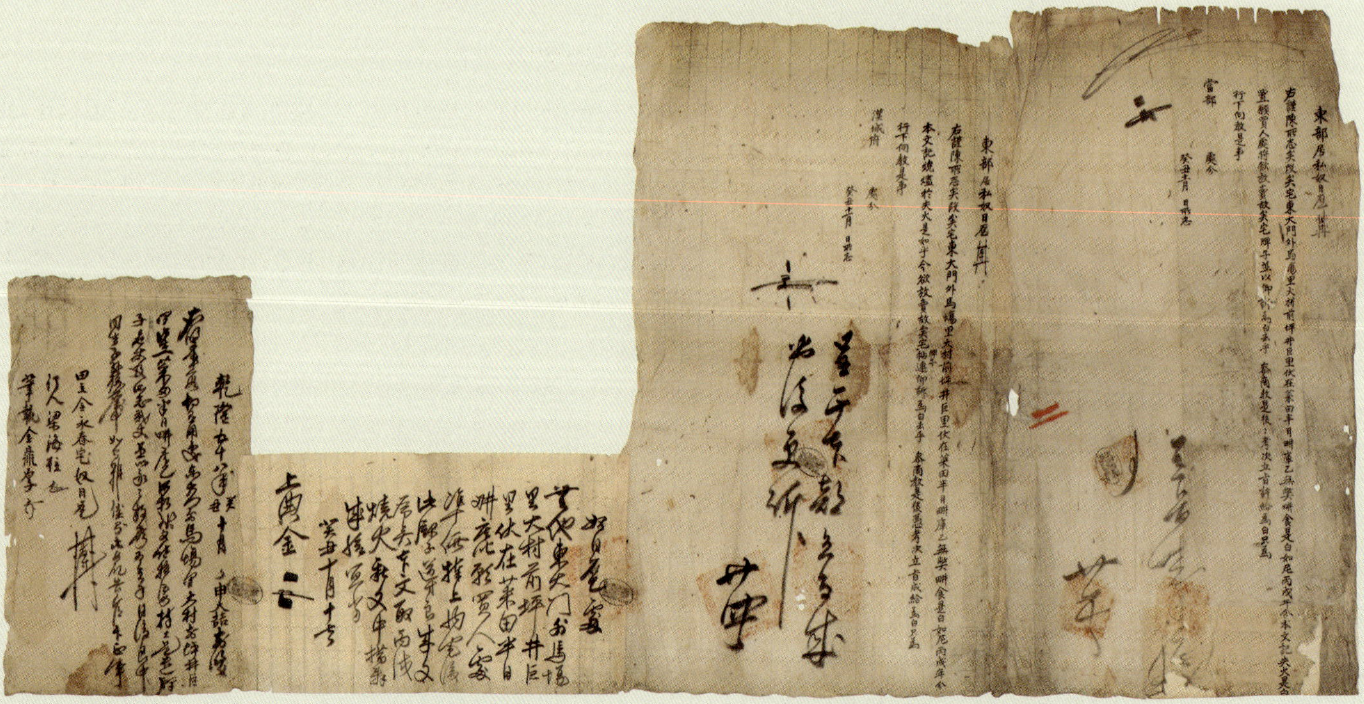

2 1 3 4

007-01

1793년 상전 김 패자

24.0×41.1

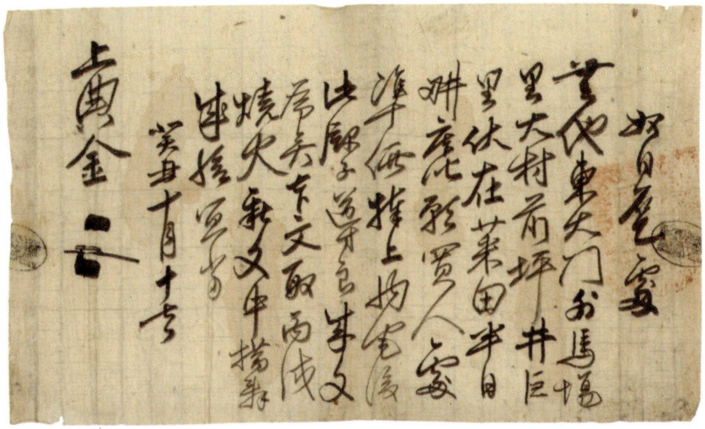

1793년(정조 17) 10월 17일에 상전 김金이 노 일돌日乭에게 토지의 매도를 위임하기 위해 작성하여 준 패자이다. 매물은 동대문 밖 마장리 대촌전평大村前坪 정거리井巨里에 있는 채소밭 반일경이다. 매수를 원하는 사람에게 값을 받아 상전댁에 납부하고, 패자와 함께 명문을 작성하여 지급하라고 하였다. 다만 본문기는 병술년에 불에 타버렸으므로 새로 작성할 명문에 내용을 기재하라고 하였다.

(01) 奴 日乭處
(02) 無他 東大門外 馬場
(03) 里 大村前坪 井巨
(04) 里伏在 菜田 半日
(05) 畊庫 願買人處
(06) 準價捧上納宅後
(07) 此牌子導良 成文
(08) 爲矣 本文段 丙戌
(09) 燒火 新文中措辭
(11) 成給宜當
(12) 癸丑十月十七日
(13) 上典 金(着押)

007-02

1793년 김 영춘 댁 노 일돌 명문

42.6×25.3

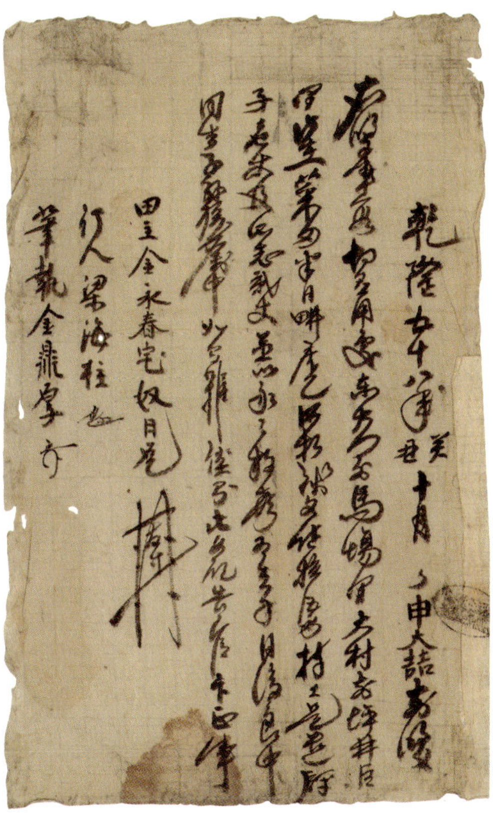

1793년(정조 17) 10월에 김 영춘永春 댁의 노 일돌이 신대철申大喆에게 토지를 매도하면서 작성하여 준 명문이다. 노 일돌은 긴요하게 쓸 곳이 있어서 동대문 밖 마장리 대촌전평 정거리에 있는 채소밭 반일경을 신대철에게 전문 65냥에 매도하였다. 일돌은 명문과 함께 패자 1장, 소지 2장을 양도하였다. 양해주梁海柱가 증인으로, 김정후金鼎厚가 필집으로 참여하였다.

(01) 乾隆五十八年癸丑十月 日 申大喆前 明文
(02) 右明文事段 切有用處 東大門外 馬場里 大村前坪 井巨
(03) 里伏在 菜田 半日畊庫乙 價折錢文陸拾伍兩捧上是遣 牌
(04) 子壹丈 及所志貳丈並以 永永放賣爲去乎 日後良中
(05) 同生子孫族屬中 如有雜談 則此文記 告官卞正事
(06) 田主 金永春宅奴 日乭(左寸)
(07) 訂人 梁海柱(着名)
(08) 筆執 金鼎厚(着名)

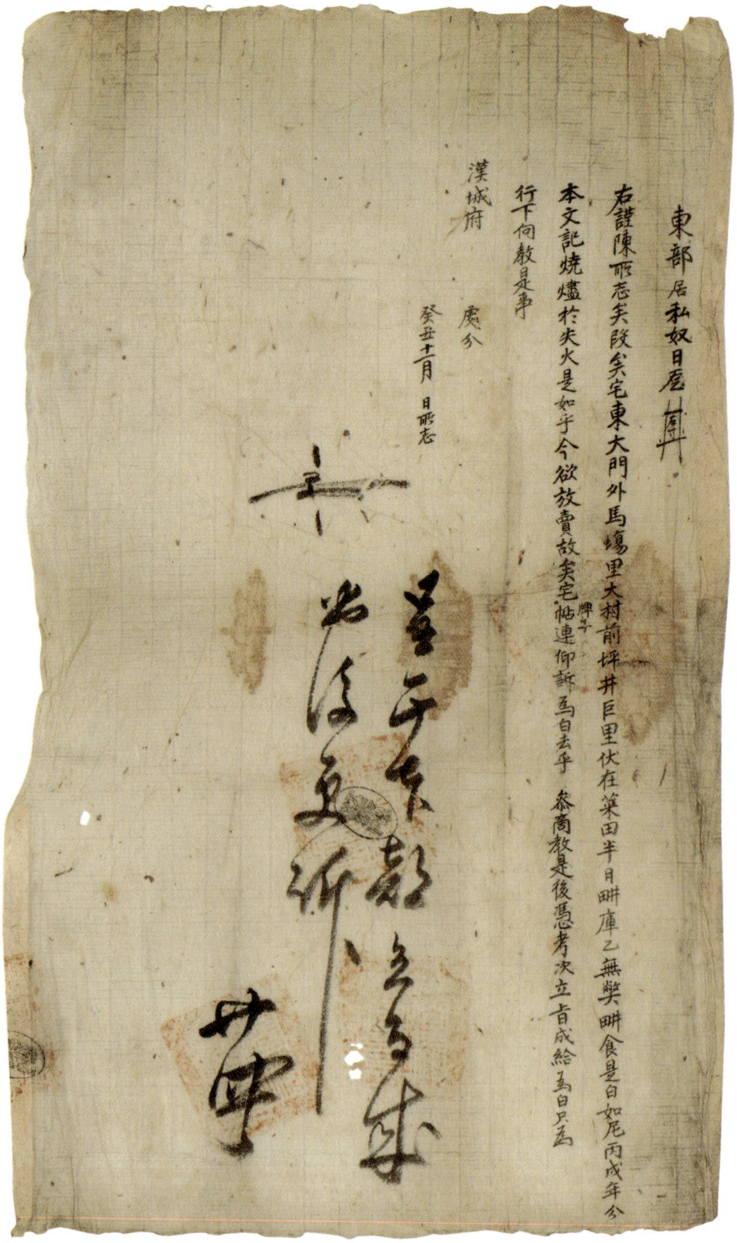

007-03

1793년 사노 일돌 소지(한성부)

70.6×38.5

1793년(정조 17) 11월에 사노 일돌이 한성부에 올린 소지이다. 상전댁에서 이번에 매도하려고 하는 토지의 본문기를 병술년에 소실하였으므로 토지의 소유권을 증빙하기 위한 목적으로 입지 발급을 신청한 문서이다. 해당 토지는 동대문 밖 마장리 대촌전평 정거리에 있는 반일경 면적의 채소밭이며, 입지 신청을 위해 소지와 함께 상전댁의 패자를 첨부하였다. 한성부에서는 동부에 소지를 올려 입지를 발급받은 후에 다시 고하라는 처분을 24일에 내렸다.

(01) 東部居 私奴日乭(左寸)
(02) 右謹陳所志矣段 矣宅 東大門外 馬場里 大村前坪 井巨里伏在 菜田 半日畊庫乙 無弊畊食是白如尼 丙戌年分
(03) 本文記燒燼於失火是如乎 今欲放賣 故矣宅牌子帖連 仰訴爲白去乎 參商教是後 憑考次 立旨成給爲白只爲
(04) 行下向教是事
(05) 漢城府 處分
(06) 癸丑十一月 日 所志
(07) 呈于本部 立旨成
(08) 出後 更訴
(09) 卄四日
(10) (着押)
[漢城府印]

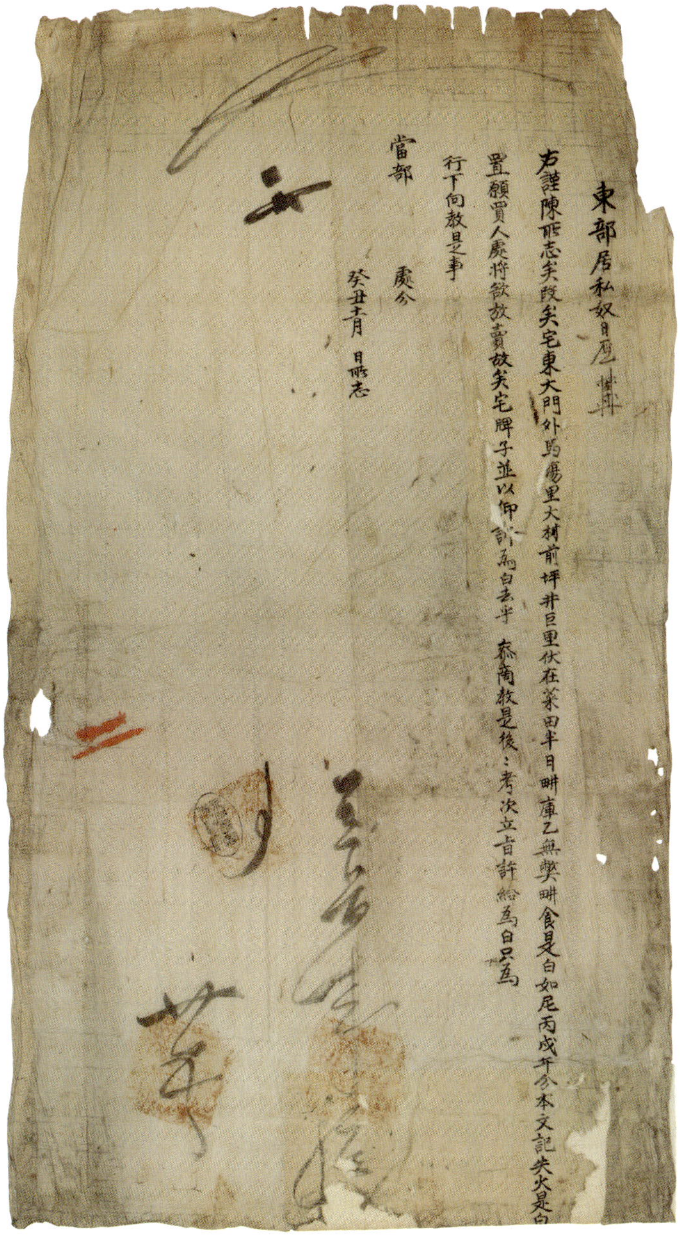

007-04

1793년 사노 일돌 소지(동부)

68.5×41.9

1793년(정조 17) 11월에 사노 일돌이 한성부 동부에 올린 소지이다. 매도하려는 토지의 본문기를 병술년에 소실하였으므로 토지의 소유권을 증빙하기 위한 목적으로 입지 발급을 신청한 문서이다. 토지는 동대문 밖 마장리 대촌전평 정거리에 소재한 반일경 면적의 채소밭이며, 입지 신청을 위해 소지와 함께 상전댁의 패자를 첨부하였다. 한성부 동부에서는 25일에 입지를 발급한다는 처분을 내렸다. 입지는 입안과 같은 별도의 단독문서가 아니라, 소지의 말미에 입지를 발급한다는 관의 처분을 기재하여 청원자에게 돌려주는 방식으로 교부하였다. 그러므로 이 문서는 일돌이 올린 소지이면서 동시에 한성부 동부에서 발급한 입지가 된다.

(01) 東部居 私奴日乭(左寸)

(02) 右謹陳所志矣段 矣宅 東大門外 馬場里 大村前坪 井巨里伏在 菜田 半日畊庫乙 無弊畊食是白如尼 丙戌年分 本文記失火是白

(03) 置 願買人處 將欲放賣 故矣宅牌子並以 仰訴爲白去乎 參商教是後 後考次 立旨許給爲白只爲

(04) 行下向教是事

(05) 當部 處分

(06) 癸丑十一月 日 所志

(07) 立旨成給

(08) 事

(09) 廿五日

(10) 堂上(着押)

[東部之印]

008

1705년 상전 정 패자 등 영도교 토지매매문서

1705~1745년 | 52.7×318.5

1705년부터 1745년까지 영도교 건너편에 소재한 목화밭을 거래한 명문과 사급입안 등 11점의 문서로 구성된 점련문서이다. 40년간 두 번의 거래가 이루어졌는데, 거래와 관련한 문서들인 패자, 명문, 소지, 초사, 입안 등이 온전하게 남아있다.

첫 번째 소유주인 정 생원으로부터 토지 매도 권한을 위임받은 노 이남은 1705년에 최말상에게 3부 4속 규모의 목화밭을 매도하였다. 이후 1739년에 변 조이가 자신의 남편이 매수했던 목화밭을 김세한에게 매도하였다. 변 조이와 김세한은 1739년에 거래하고 명문을 작성하였으나 입안을 신청하여 발급받은 것은 1745년이었다. 목화밭의 매매금액은 1705년에 전문 20냥이었으며, 1739년에 27냥으로 상승하였다. 영도교는 현재의 서울특별시 종로구 숭인동 청계천에 있는 영도교에 해당한다.

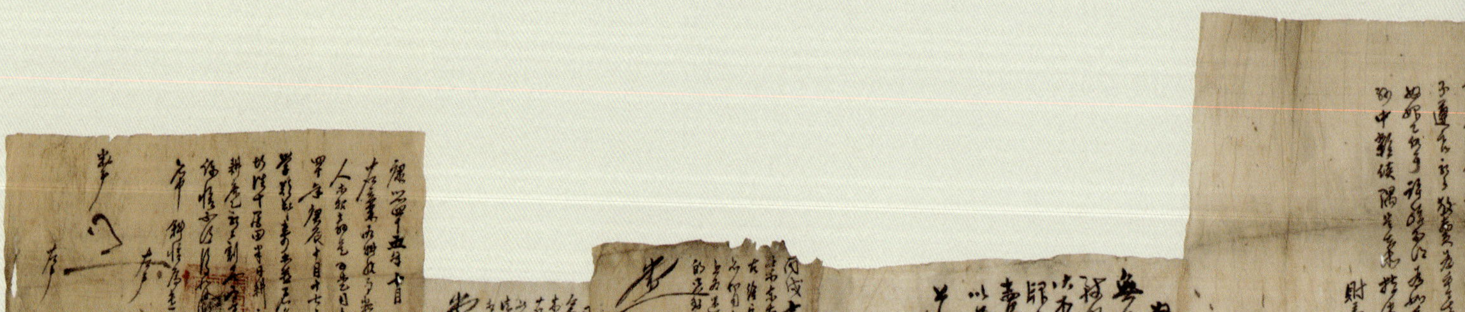

6 5 4 1 2

순서	문서명	매매가격	내용
1	1705년 상전 정 패자	-	노 이남에게 토지 매도 권한을 위임 - 영도교 건너편 목화전 반일경
2	1705년 정 생원 노 이남 명문	전문 20냥	금위군 최말상에게 토지 매도 - 영도교 건너편 고개 목화전 상자 3부 4속
3	1706년 최말상 소지	-	한성부에 입안 신청
4	1706년 정 생원 노 이남 초사	-	한성부에 매매 사실 진술
5	1706년 증인 이인만 등 초사	-	한성부에 매매 사실 진술
6	1706년 한성부 입안	-	최말상에게 매매 사실을 공증하는 입안 발급
7	1739년 변 조이 명문	전문 27냥	김세한에게 토지 매도 - 영도교 건너편 율원산 근처 목화전 상자 3부 4속
8	1745년 김세한 소지	-	한성부에 입안 신청
9	1745년 변 조이 초사	-	한성부에 매매 사실 진술
10	1745년 증인 이지건 등 초사	-	한성부에 매매 사실 진술
11	1745년 한성부 입안	-	김세한에게 매매 사실을 공증하는 입안 발급

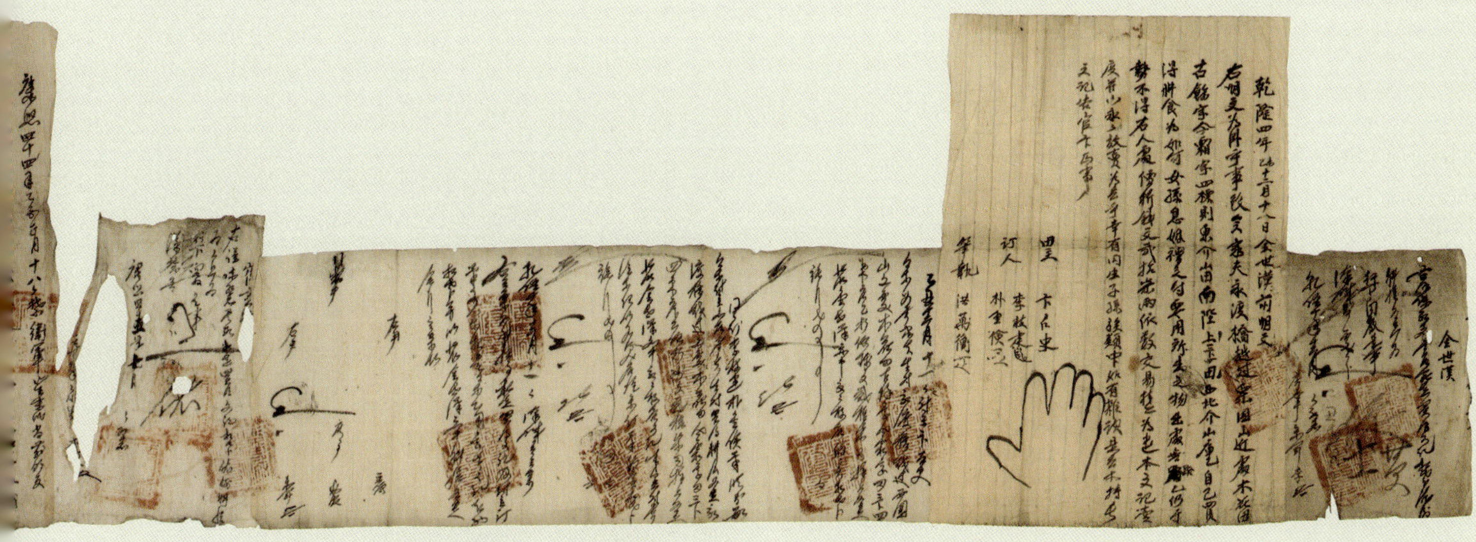

3 | 11 | 10 | 9 | 7 | 8

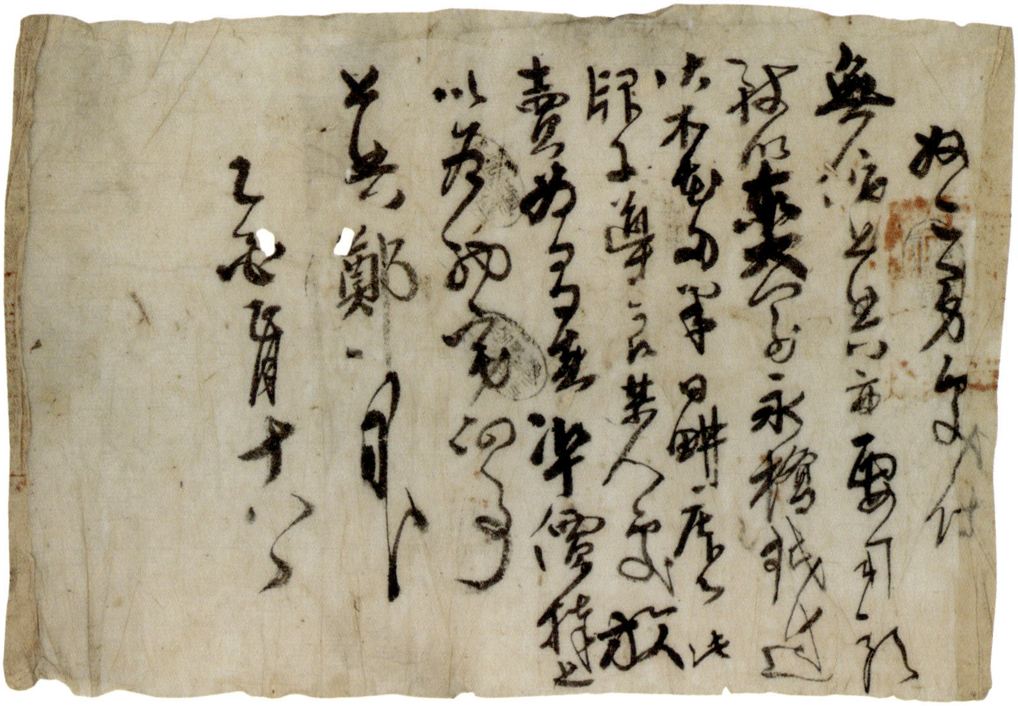

008-01

1705년 상전 정 패자

27.2×40.0

1705년(숙종 31) 1월 18일에 상전 정鄭이 자신의 노 이남二男에게 목화밭의 매도를 위임하기 위해 발급한 패자이다. 매물은 한성부 동대문 밖 영도교永渡橋 건너편에 있는 목화밭 반일경이다. 이 패자에 따라서 토지를 매수인에게 매도하고 값을 상전댁에 납부하라고 하였다.

(01)　奴 二男處付
(02)　無他 上典亦 要用所
(03)　致以 東大門外 永橋越邊
(04)　伏 木花田 半日耕庫乙 此
(05)　牌子導良 某人處 放
(06)　賣爲有在 準價捧上
(07)　以爲納宅向事
(08)　上典 鄭(着名)
(09)　乙酉正月十八日

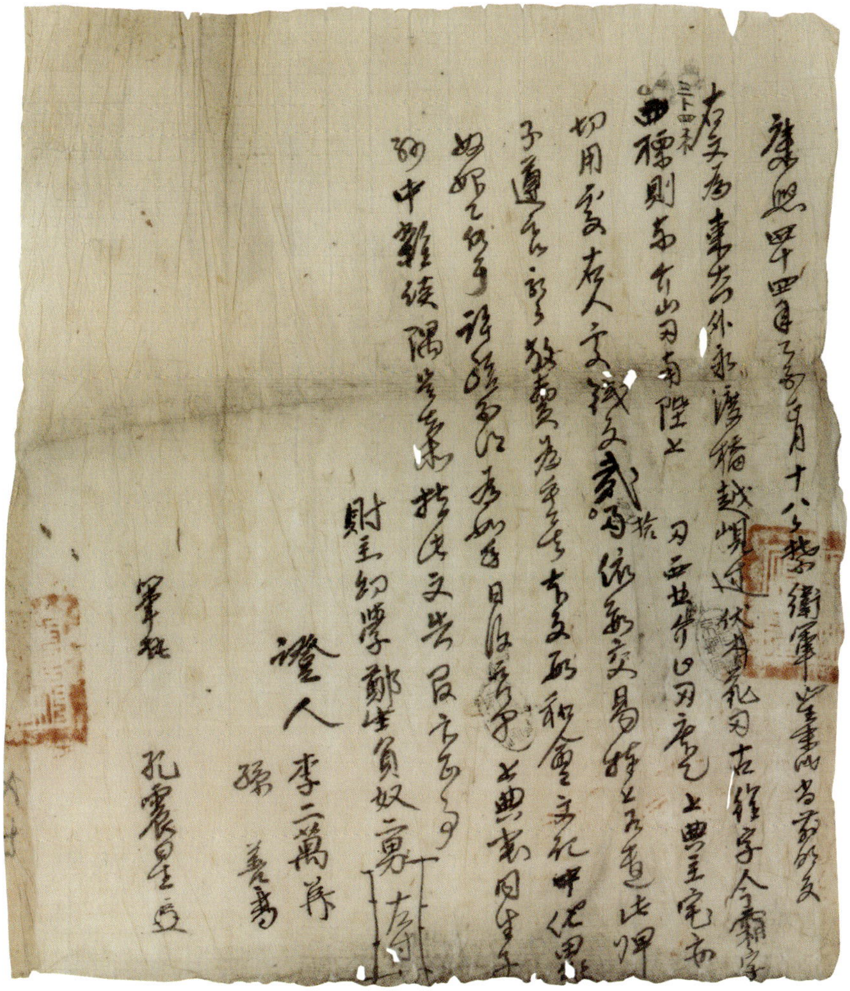

008-02

1705년 정 생원 노 이남 명문

51.0×44.4

1705년(숙종 31) 1월 18일에 정 생원의 노 이남이 금위군禁衛軍 최말상崔唜尙에게 토지를 매도하면서 작성하여 준 명문이다. 이남은 자신의 상전이 긴요하게 쓸 곳이 있어서 최말상으로부터 전문 20냥을 받고 토지를 매도하였다. 매도한 토지는 한성부 동대문 밖 영도교 건너편 고개에 있는 상자霜字 3부 4속 면적의 목화밭이다. 토지의 사표는 동쪽, 서쪽, 북쪽이 개산介山 밭이고, 남쪽이 폐상陛上 밭이다. 본문기는 화회문기로서 매도 대상이 아닌 토지와 노비 내역이 기재되어 있으므로 매수인에게 양도할 수 없다고 하였다. 이이만李二萬과 손선孫善이 증인으로, 공진성孔震星이 필집으로 참여하였다.

(01) 康熙四十四年乙酉正月十八日 禁衛軍 崔唜尙前 明文
(02) 右文爲 東大門外 永渡橋 越峴邊伏 木花田 古維字 今霜字
(03) 三卜四束 四標則 東介山田 南陛上田 西北介山田庫乙 上典主宅亦
(04) 切用處 右人處 錢文貳拾兩 依數交易捧上爲遣 此牌
(05) 子導良 永永放賣爲乎矣 本文段 和會文記中 他田民
(06) 奴婢乙仍于 許給不得爲如乎 日後良中 上典宅同生子
(07) 孫中 雜談隅是去等 持此文 告官卞正事
(08) 財主 幼學鄭生員奴 二男(左寸)
(09) 證人 李二萬(着名)
(10) 孫　善(着名)
(11) 筆執　孔震星(着名)

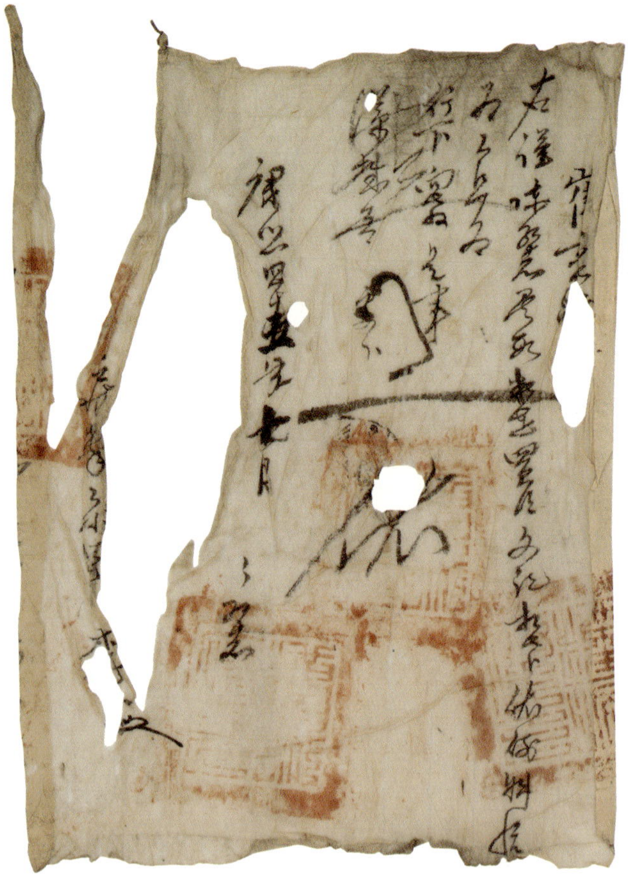

008-03

1706년 최말상 소지

31.6×22.6

1706년(숙종 32) 7월에 최말상이 한성부에 올린 입안신청 소지이다. 소지와 함께 점련하여 제출하는 명문을 검토하여 이에 대한 사급입안을 발급해줄 것을 요청하였다. 한성부 판윤判尹이 '그대로 시행하라(依)'는 처결을 내렸고, 담당 방장인 참군 이李가 입안 발급을 처리하였다.

(01) 崔㖙■(尙)
(02) 右謹陳所志矣段 粘連買得文記相考 依例斜給
(03) 爲白只爲
(04) 行下向敎是事
(05) 漢城府 處分
(06) 康熙四十五年七月 日 所志
(07) 依
(08) 堂上(着押)
(09) 房掌 參軍 李(着押)
[漢城府印]

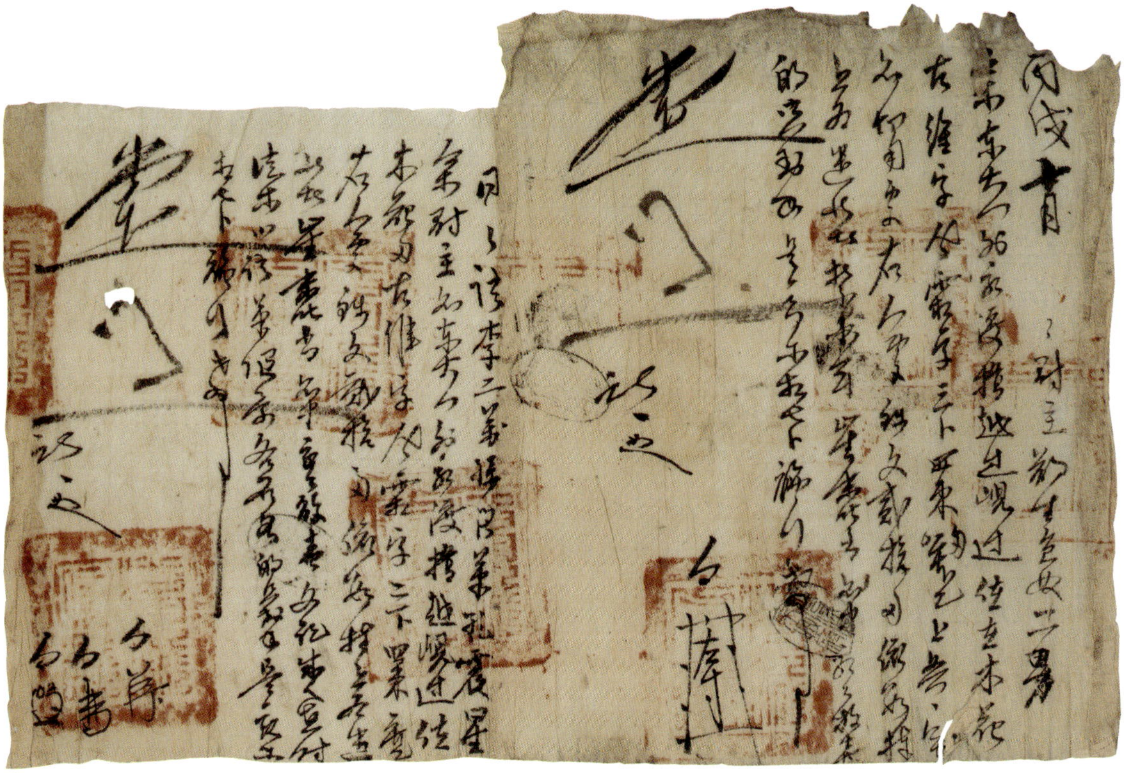

008-05

1706년 증인 이이만 등 초사

25.6×20.0

(01) 同日 證 李二萬 孫善 筆 孔震星
(02) 白等 財主亦 東大門外 永渡橋 越峴邊伏
(03) 木花田 古維字 今霜字 三卜四束庫乙
(04) 右人處 錢文貳拾兩 依數捧上爲遣
(05) 狀者崔悳尙亦中 永永放賣文記成置時
(06) 徒等 以證筆隨參各着名 的只臥乎是良尒
(07) 相考施行敎事
(08) 白(着名)
(09) 白(着名)
(10) 白(着名)
(11) 堂上(着押) 郎廳(着押)
[漢城府印]

008-04

1706년 정 생원 노 이남 초사

29.6×25.7

(01) 丙戌十月 日 財主 鄭生員奴 二男
(02) 白等 東大門外 永渡橋 越邊峴邊伏在 木花
(03) 古維字 今霜字 三卜四束田庫乙 上典宅
(04) 亦 切用處 右人處 錢文貳拾兩 依數捧
(05) 上爲遣 狀者禁衛軍崔悳尙亦中 永永放賣
(06) 的只臥乎是良尒 相考施行敎事
(07) 白(左寸)
(08) 堂上(着押) 郎廳(着押)
[漢城府印]

1706년(숙종 32) 10월에 재주 정 생원 댁 노 이남과 증인 이이만 등이 토지의 방매 사실을 진술한 초사이다. 이남은 동대문 밖 영도교 건너편 고개에 있는 목화밭을 최말상에게 전문 20냥을 받고 매도한 것이 사실임을 진술하였다. 이이만, 손선, 공진성은 이남과 최말상의 거래에 증인과 필집으로 참여하여 명문을 작성한 것이 사실임을 진술하였다.

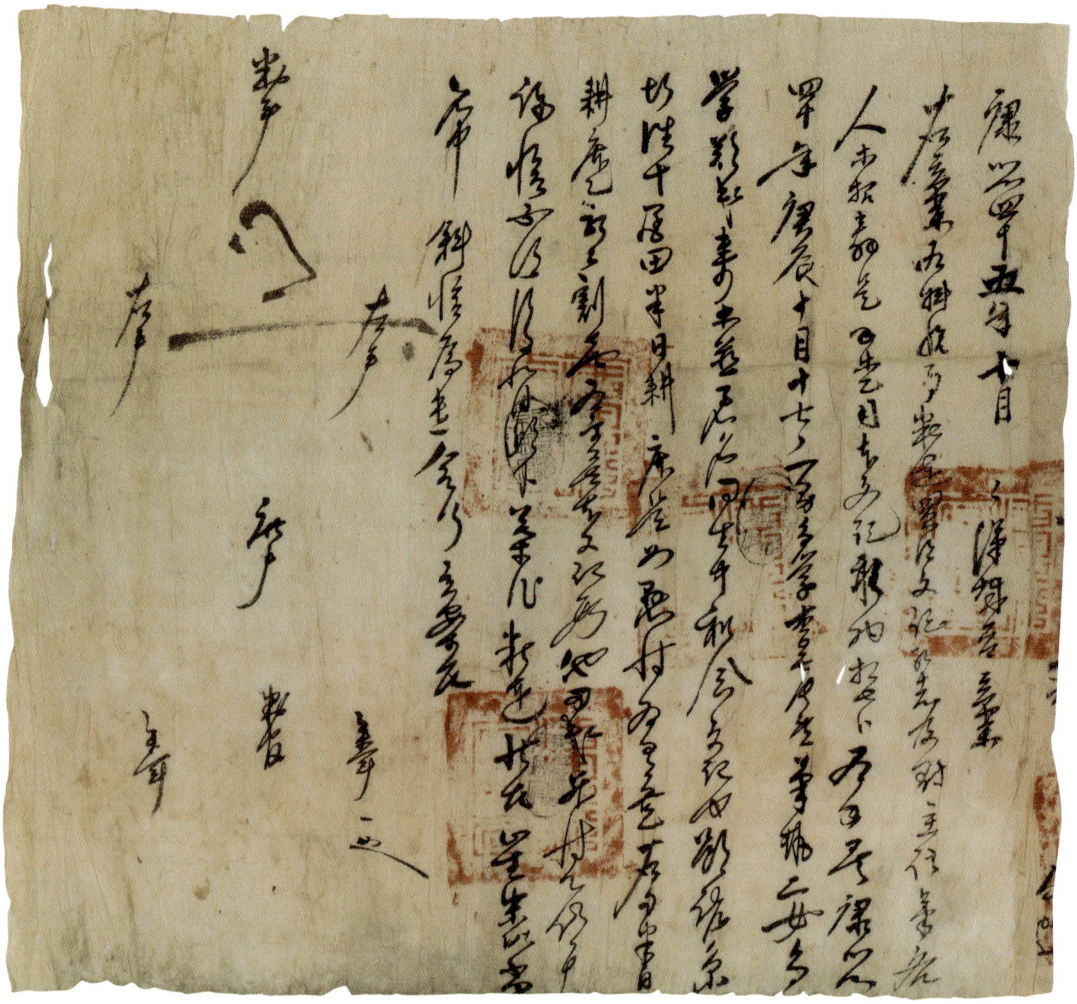

008-06

1706년 한성부 입안

40.4×44.5

1706년(숙종 32) 10월에 한성부에서 최말상에게 토지매매 사실을 공증하여 발급한 입안이다. 한성부는 최말상의 입안신청 소지에 함께 점련된 매매명문과 재주 및 증인 등의 초사를 검토하였다. 또한 본문기로 관에 납부한 1700년(숙종 26) 화회문기의 내용을 확인하여 해당 논의 전래 경위를 파악한 후 입안을 발급하였다. 본문기는 화회문기로서 매매 대상이 아닌 다른 재산도 기재되어 있으므로 매수자인 최말상에게 지급할 수 없음을 인정하였다. 대신 매매와 관련된 내용은 본문기의 후면에 배탈하고, 최종적으로 최말상에게 사급 입안을 발급하였다.

(01) 康熙四十五年十月 日 漢城府立案
(02) 右立案爲斜給事 粘連買得文記所志 及財主證筆各
(03) 人等招辭是乎等乙用 本文記取納相考爲乎矣 康熙
(04) 四十年庚辰十月十七日 一男幼學李震望 筆執二女幼
(05) 學鄭民壽等 並着名 同生中和會文記內 節該 京
(06) 圻往十里 田半日耕庫是如 懸付爲有在 右田 半日
(07) 耕庫乙 永永割賣爲乎矣 本文記段 他田民幷付乙仍于
(08) 許給不得 後背頉下 葉作粘連 狀者崔唜尙
(09) 亦中 斜給爲遣 合行立案者
(10) 左尹 參軍(着押)
(11) 判尹(着押) 庶尹 判官
(12) 右尹 參軍
[漢城府印]

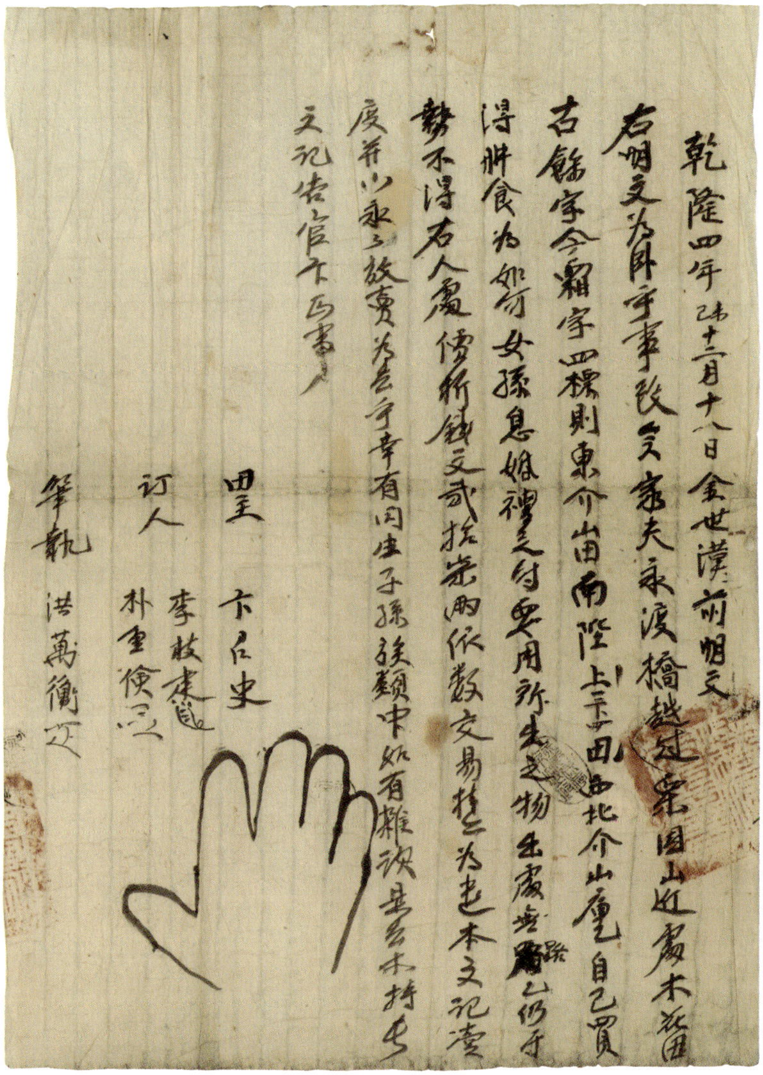

008-07

1739년 변 조이 명문

52.7×38.5

1739년(영조 15) 12월 18일에 변卞 조이가 김세한金世漢에게 토지를 매도하면서 작성하여 준 명문이다. 변 조이는 손녀의 혼례 비용에 사용하기 위해 남편이 매수하여 경작하던 토지를 전문 27냥에 매도하였다. 매물은 영도교 건너편 율원산栗園山 인근에 소재한 목화밭으로 상자霜字 3부 4속의 면적이다. 토지의 사표는 동쪽, 서쪽, 북쪽이 개산 밭이고, 남쪽이 폐상 밭이다. 명문과 함께 본문기 1장을 양도하였는데, 본문기는 1705년(숙종 31) 거래 관련 문서와 입안을 말한다. 이지건李枝建과 박중검朴重儉이 증인으로, 홍만형洪萬衡이 필집으로 참여하였다. 여성인 변 조이는 서명 대신 수장手掌, 즉 오른쪽 손바닥을 그렸다.

(01) 乾隆四年己未十二月十八日 金世漢前 明文
(02) 右明文爲臥乎事段 矣家夫 永渡橋越过 栗園山近處 木花田
(03) 古餘字 今霜字 四標則 東介山田 南陞上田 三卜四 西北介山庫乙 自己買
(04) 得耕食爲如可 女孫息婚禮之時 要用所出之物 出處無路乙仍于
(05) 勢不得 右人處 價折錢文貳拾柒兩 依數交易捧上爲遣 本文記壹
(06) 度幷以 永永放賣爲去乎 幸有同生子孫族類中 如有雜談是去等 持此
(07) 文記 告官卞正事
(08) 田主 卞召史(手掌)
(09) 訂人 李枝建(着名)
(10) 朴重儉(着名)
(11) 筆執 洪萬衡(着名)

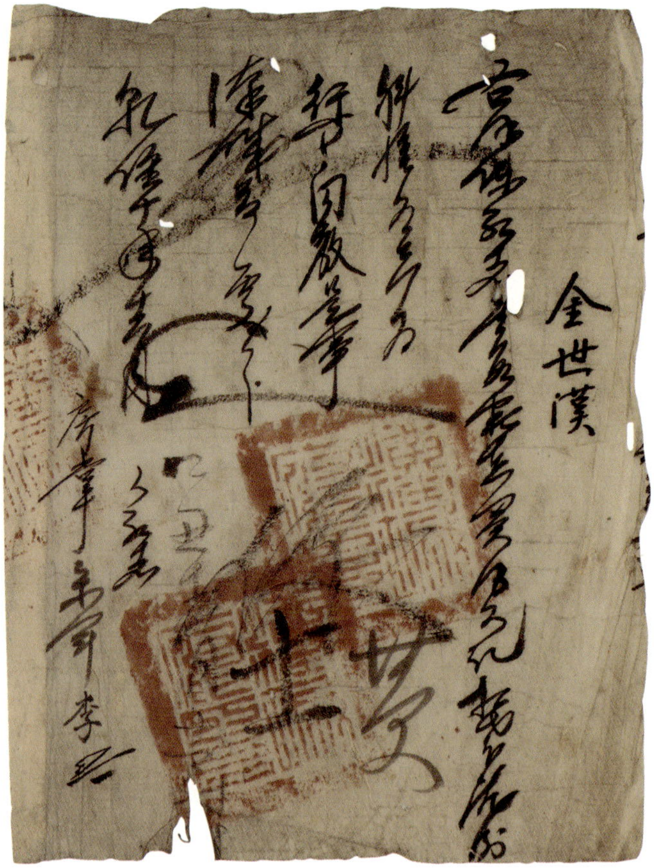

008-08

1745년 김세한 소지

27.6×20.9

1745년(영조 21) 12월 김세한이 한성부에 올린 입안신청 소지이다. 소지에 점련하여 제출하는 매매명문을 검토하여 이에 대한 사급입안을 발급해줄 것을 요청하였다. 소지의 접수일은 11일이고, 병방에서 입안 발급을 담당하였다. 한성부 당상관은 '그대로 시행하라(施)'는 처분을 하였고, 담당 방장 참군 이李가 같은 날 입안 발급을 처리하였다.

(01) 金世漢
(02) 右謹陳所志矣段 粘連買得文記相考 依例
(03) 斜給爲只爲
(04) 行下向教是事
(05) 漢城府 處分
(06) 乾隆十年十二月 日 所志
(07) 施 十一 黃
(08) 堂上(着押)
(09) 乙丑十二月十一日 斜付
(10) 房掌 參軍 李(着押)
[漢城府印]

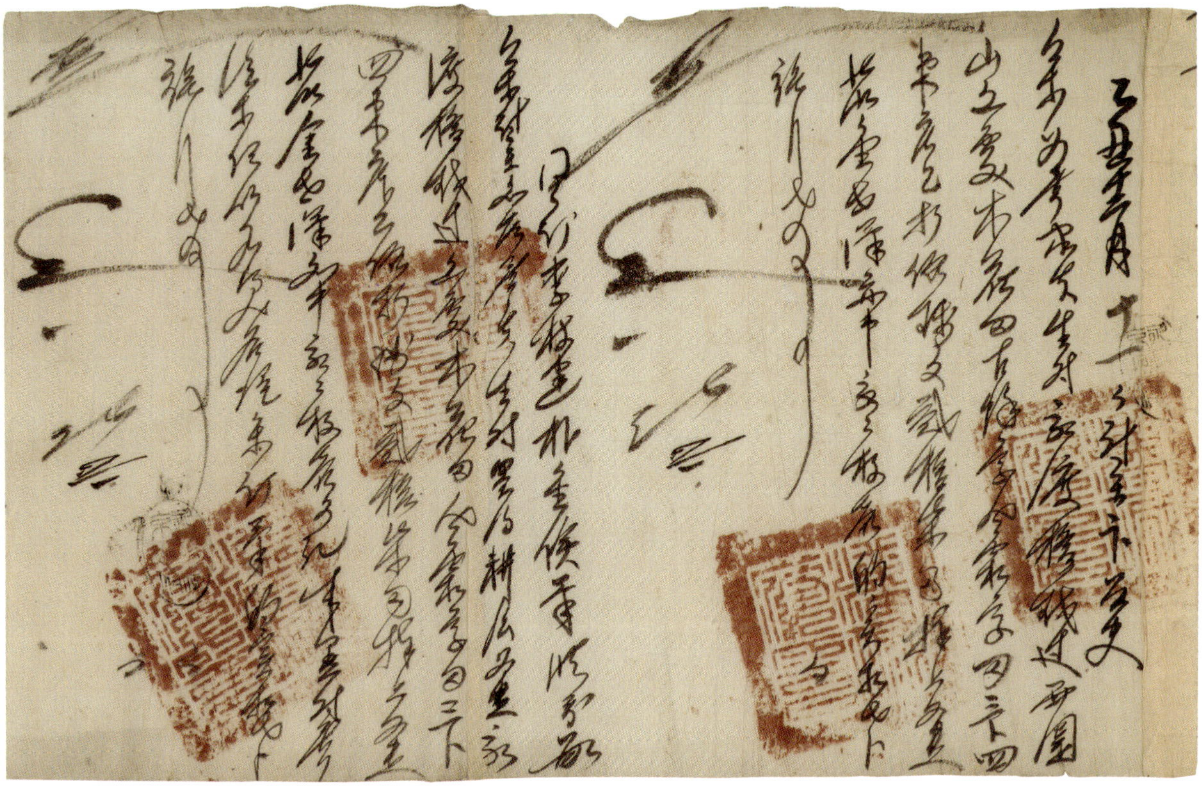

008-10

1745년 증인 이지건 등 초사

28.3×20.8

(01) 同日 訂 李枝建 朴重儉 筆 洪萬衡
(02) 白等 財主亦 其矣夫生時 買得耕食爲在 永
(03) 渡橋越邊近處 木花田 今霜字田 三卜
(04) 四束庫乙 價折錢文貳拾柒兩 捧上爲遣
(05) 狀者金世漢亦中 永永放賣 文記成置時 矣
(06) 徒等 俱以各着名隨參訂筆的實 相考
(07) 施行敎事
(08) 白
(09) 白
(10) 堂上(着押) 郎廳(着押)
[漢城府印]

008-09

1745년 변 조이 초사

28.1×21.8

(01) 乙丑十二月十一日 財主 卞召史
(02) 白等 女矣家夫生時 永渡橋越邊 西[栗]園
(03) 山近處 木花田 古餘字 今霜字田 三卜四
(04) 束庫乙 折價錢文貳拾柒兩 捧上爲遣
(05) 狀者金世漢亦中 永永放賣的實 相考
(06) 施行敎事
(07) 白
(08) 堂上(着押) 郎廳(着押)
[漢城府印]

1745년(영조 21) 12월 11일에 재주 변 조이와 증인 이지건 등이 토지매매 사실을 진술한 초사이다. 이들은 재주 변 조이의 남편이 생전에 매수하여 농사를 짓고 생활하던 영도교 건너편에 있는 목화밭을 김세한에게 전문 27냥을 받고 매도한 것이 사실임을 진술하였다.

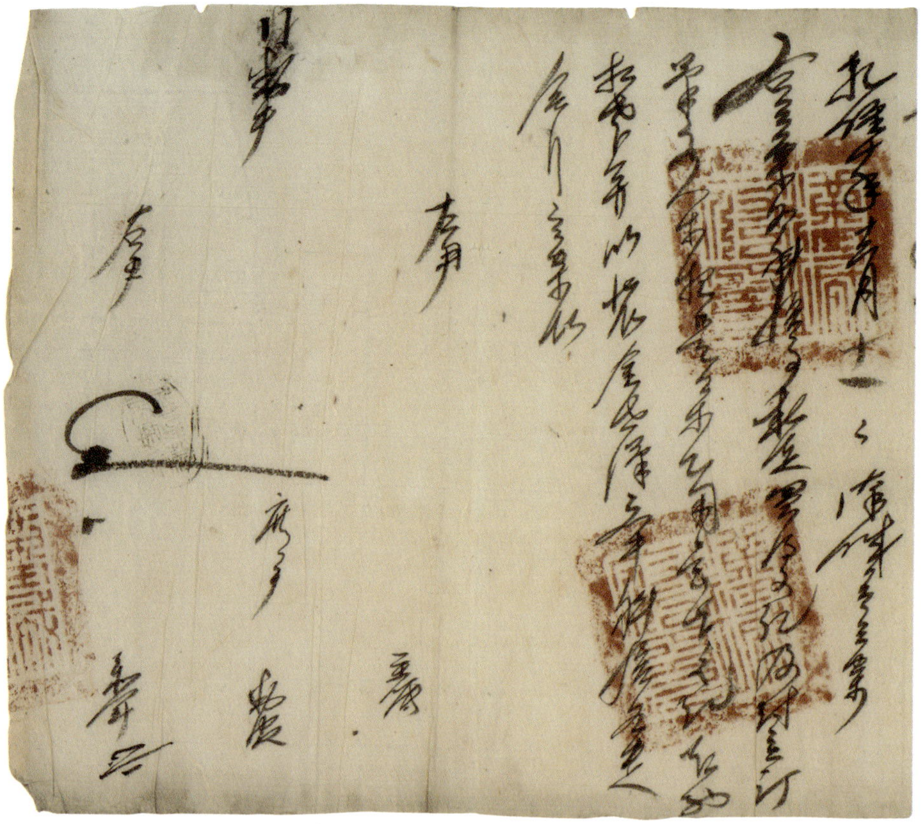

008-11

1745년 한성부 입안

28.2×31.3

1745년(영조 21) 12월 11일에 한성부에서 김세한에게 토지매매 사실을 공증하여 발급한 입안이다. 한성부는 김세한의 입안신청 소지에 함께 점련된 매매명문과 재주 및 증인과 필집의 초사를 확인하고, 관에 제출한 본문기의 내용을 검토하여 해당 토지의 전래 경위를 파악한 후 입안을 발급하였다.

(01) 乾隆十年十二月十一日 漢城府立案
(02) 右立案爲斜給事 粘連買得文記 及財主訂
(03) 筆各人等招是白等乙用良 本文記取納
(04) 相考并以 狀者金世漢亦中 斜給爲遣
(05) 合行立案者
(06) 左尹 主簿
(07) 行判尹 庶尹 判官
(08) 右尹(着押) 參軍(着押)
[漢城府印]

009

1726년 가선대부 전 첨사 최두만 명문 등 영도교 토지매매문서

1726~1767년 | 60.0×283.9

1726년부터 1767년까지 동대문 밖 영도교 근처의 미나리논 등을 거래한 3건의 명문과 사급입안 등 7점의 문서가 연결된 점련문서이다. 1726년 최두만과 홍오명 사이에 이루어진 거래는 명문, 소지, 초사, 입안이 모두 남아있고, 나머지는 명문만 있다. 문서로 남아있는 것은 1726년의 거래가 최초이지만, 명문과 입안의 내용을 통해 1707년부터의 거래 내역을 확인할 수 있다.

1707년 당시 해당 토지의 소유주는 정부인 최씨였고, 매물은 본래 세 개의 필지로 구성된 24두락지 면적의 토지였다. 최씨는 이 중에서 8두락지를 임원군방에 빼앗기고 나머지 16두락지를 1707년에 최두만에게 분할 매도하였다. 최두만은 1708년에 이 중 8두락지를 홍오명에게 분할 매도하였고, 1726년에 남은 8두락지 중 4두락지를 다시 홍오명에게 분할 매도하여, 홍오명은 전체 12두락지의 토지를 소유하게 되었다. 이후 시기를 알 수 없으나 홍오명은 그의 형으로 추정되는 홍사명에게 4두락지의 토지를 매도한 것으로 보인다. 1766년 홍사명의 손자인 홍창해는 홍오명의 아들인 홍치하에게 4두락지의 토지를 매도하는데, 이 토지는 본래 최두만이 홍오명에게 매도한 토지 중 일부였을 것이다. 즉, 홍치하는 부친 홍오명이 최두만으로부터 매득한 12두락지의 토지를 1766년에 모두 소유하게 된 것이다. 다음 해인 1767년 홍치하는 이 12두락지의 토지를 미상의 인물에게 모두 매도하였다.

1726년에 최두만이 홍오명에게 매도한 4두락지의 매매금액은 전문 47냥 5전이었고, 1766년 홍창해가 홍치하에게 매도한 미나리논 4두락지의 매매금액은 전문 50냥이었다. 1767년 홍치하는 12두락지의 토지를 전문 120냥에 매도하였다. 영도교는 현재의 서울특별시 종로구 숭인동 청계천에 있는 영도교에 해당한다.

순서	문서명	매매가격	내용
1	1726년 가선대부 전 첨사 최두만 명문	전문 47냥 5전	홍오명에게 토지 매도 - 동대문 밖 영도교 위 남변 추자 4두락지, 4부 2속
2	1728년 홍오명 소지	-	한성부에 입안 신청
3	1728년 최두만 초사	-	한성부에 매매 사실 진술
4	1728년 증인 조순만 등 초사	-	한성부에 매매 사실 진술
5	1728년 한성부 입안	-	홍오명에게 매매 사실을 공증하는 입안 발급
6	1766년 홍사명 장손 홍창해 명문	전문 50냥	홍치하에게 토지 매도 - 왕십리 영도교 추자 수근답 4두락지, 4부 2속
7	1767년 홍치하 명문	전문 120냥	미상의 매수인에게 토지 매도 - 동대문 밖 영도교 위 추자 수근답 4두락지, 4부 2속 - 추자 답 4두락지, 4부 2속 - 추자 답 4두락지, 4부 2속 - 합 12두락지, 12부 6속

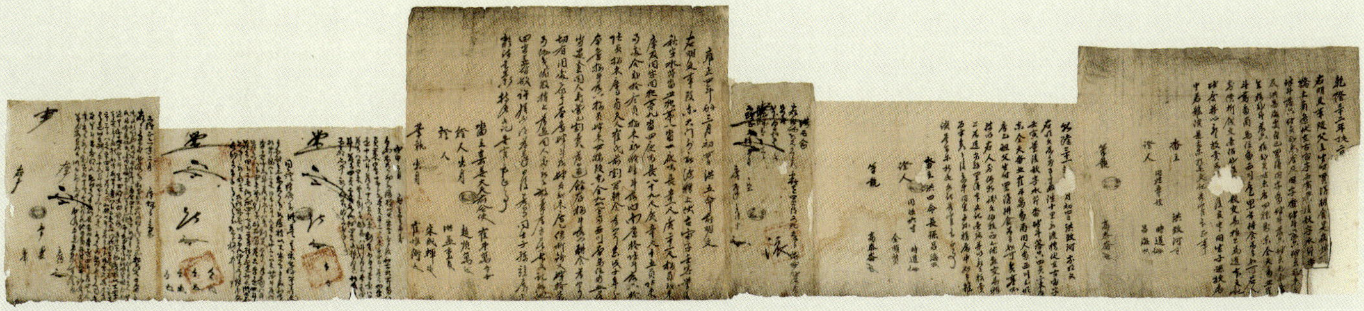

5 | 4 | 3 | 1 | 2 | 6 | 7

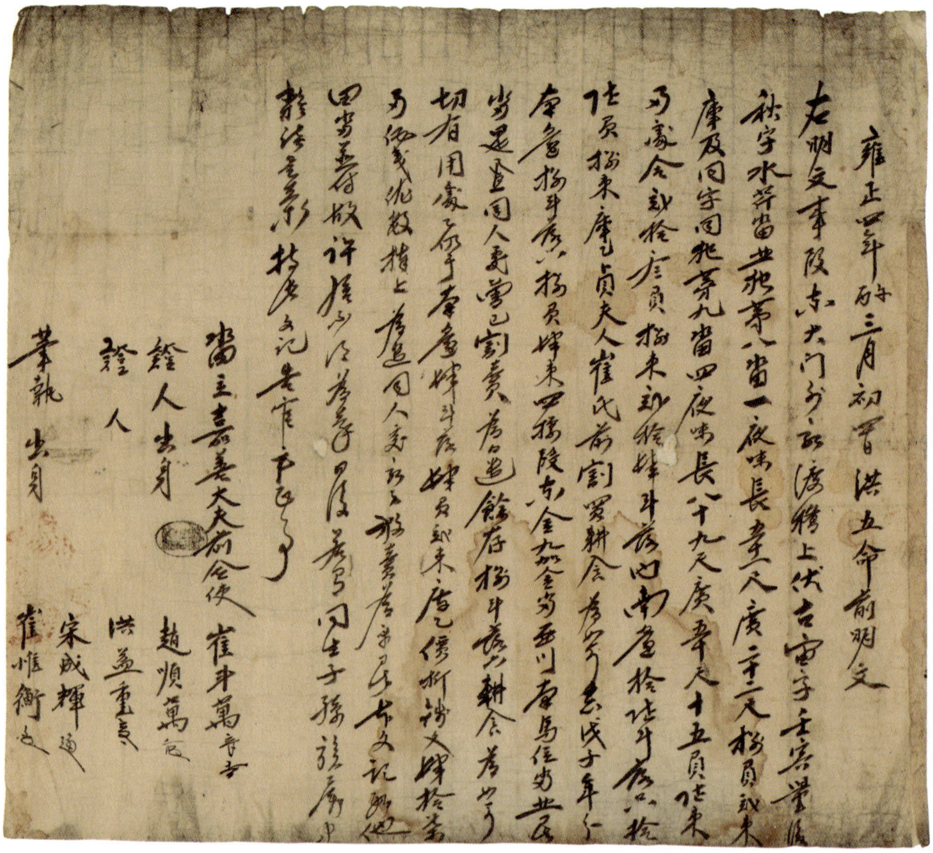

009-01

1726년 가선대부 전 첨사 최두만 명문

60.0×67.3

1726년(영조 2) 3월 4일에 가선대부嘉善大夫 전前 첨사 최두만崔斗萬이 홍오명洪五命에게 토지를 매도하면서 작성하여 준 명문이다. 매물은 동대문 밖 영도교 위쪽에 소재한 추자秋字 4두락지, 4부 2속 규모의 논이며, 매매 금액은 전문 47냥 5전이다. 해당 토지의 자호는 본래 주자宙字였으나 임인년 양전 후에 추자로 변경되었고, 2곳의 논으로 구성되어 있었다. 첫 번째 미나리논은 양전 방향이 북범北犯인 제8번 논 1야미였으며, 길이 51척, 너비 22척, 면적 8부 2속 규모였다. 두 번째 논은 같은 자호, 같은 양전 방향의 제9번 논 4야미였으며, 길이 89척, 너비 50척, 면적 15부 6속 규모였다. 두 토지는 합계 23부 8속, 24두락지 면적이었는데, 이 중에서 최두만이 남쪽의 16두락지, 16부 8속 규모의 논을 정부인貞夫人 최씨崔氏로부터 분할 매수하여 경작하였다. 1708년(숙종 34) 최두만은 경작하던 토지 가운데 남변南邊 8두락지, 8부 4속을 홍오명에게 1차로 매도하였다. 토지의 사표는 동쪽이 김구가금金九加金의 논, 서쪽이 개천, 남쪽이 마위답馬位畓, 북쪽이 최두만의 논이다. 최두만은 나머지 논을 경작하다가 1726년에 다시 남쪽 절반인 4두락지, 4부 2속을 홍오명에게 매도하면서 이 명문을 작성하였다. 본문기에는 다른 토지 내역이 기재되어 있어 양도할 수 없다고 하였다. 출신出身 조순만趙順萬, 홍익중洪益重, 송성휘宋成輝가 증인으로, 출신 최유형崔惟衡이 필집으로 참여하였다.

(01) 雍正四年丙午三月初四日 洪五命前 明文
(02) 右明文事段 東大門外 永渡橋上伏 古宙字 壬寅量後
(03) 秋字 水芹畓 北犯·第八畓·一夜味·長五十一尺廣二十二尺·捌負貳束
(04) 庫 及同字 同犯·第九畓·四夜味·長八十九尺廣五十尺·十五負陸束
(05) 兩處 合貳拾參負捌束·貳拾肆斗落內 南邊拾陸斗落只·拾
(06) 陸負捌束庫乙 貞夫人崔氏前 割買耕食爲如可 去戊子年分
(07) 南邊捌斗落只·捌負肆束 四標段 東金九加金畓 西川 南馬位畓 北矣
(08) 畓是置 同人處 曾已割賣爲白遣 餘存捌斗落只 耕食爲如可
(09) 切有用處乙仍于 南邊肆斗落·肆負貳束庫乙 價折錢文肆拾柒
(10) 兩伍錢 依數捧上爲遣 同人處 永永放賣爲乎矣 本文記段 他
(11) 田畓並付 故許給不得爲去乎 日後若有同生子孫族屬中
(12) 雜談是去等 持此文記 告官卞正事
(13) 畓主 嘉善大夫·前僉使 崔斗萬(着名)(着押)
(14) 證人 出身 趙順萬(着名)
(15) 證人 洪益重(着名)
(16) 宋成輝(着名)
(17) 筆執 出身 崔惟衡(着名)

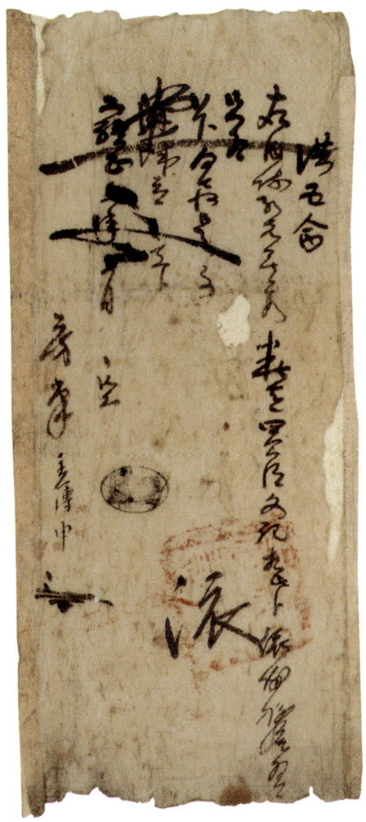

009-02

1728년 홍오명 소지

43.1×19.8

1728년(영조 4) 2월에 홍오명이 한성부에 올린 입안신청 소지이다. 소지와 함께 점련하여 제출한 토지매매명문을 검토하여 이에 대한 사급입안을 발급해줄 것을 요청하였다. 한성부 당상이 '그대로 시행하라(依)'는 처결을 내렸고, 담당 방장 주부 신申이 입안 발급을 처리하였다. 최두만과 홍오명 사이의 토지매매명문은 1726년(영조 2)에 작성되었으나, 이에 대한 입안 신청과 발급은 2년 후인 1728년에 이루어졌다.

(01) 洪五命
(02) 右謹陳所志矣段 粘連買得文記相考 依例斜給爲白
(03) 只爲
(04) 行下向敎是事
(05) 漢城府 處分
(06) 雍正■(六)年■(二)月 日 所志
(07) 依
(08) 堂上(着押)
(09) 房掌 主簿 申(着押)
[漢城府印]

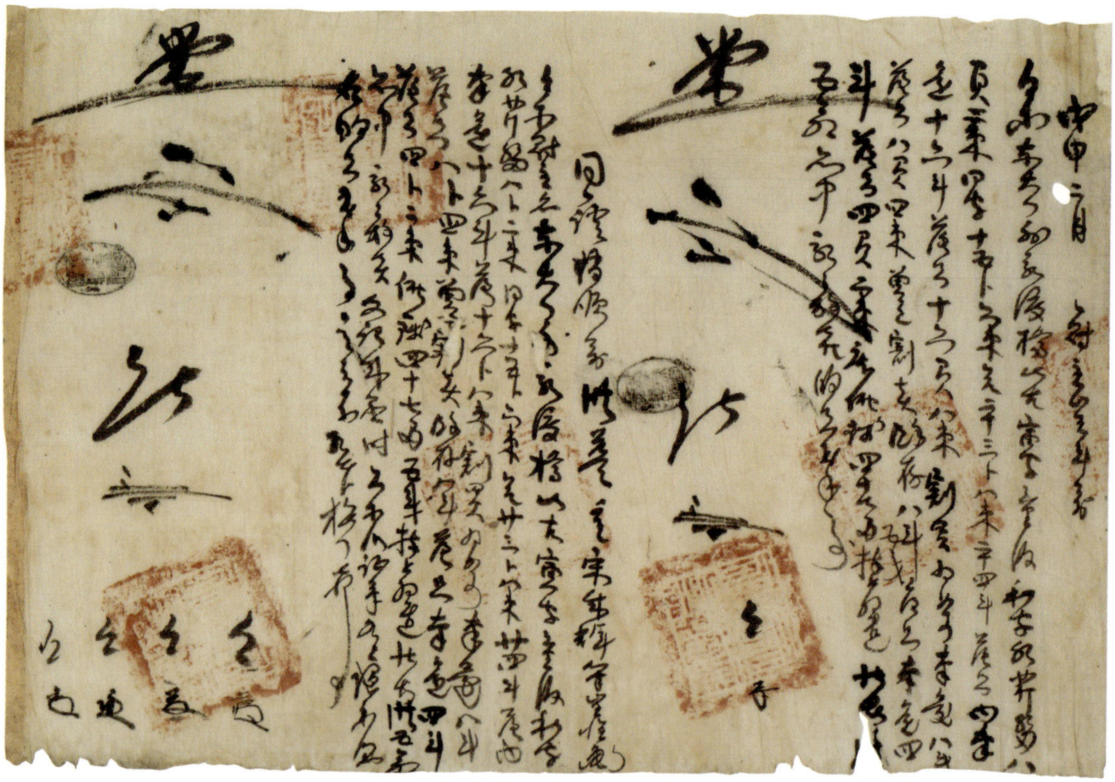

009-04

1728년 증인 조순만 등 초사

36.3×29.6

(01) 同日 證 趙順萬 洪益重 宋成輝 筆 崔惟衡
(02) 白等 財主亦 東大門外 永渡橋伏 古宙字量後 秋字
(03) 水芹畓 八卜二束 同字 十五卜六束 合卄三卜八束·卄四斗落內
(04) 南邊 十六斗落·十六卜八束 割買爲如可 南邊八斗
(05) 落只·八卜四束 曾已割賣 餘存八斗落只 南邊四斗
(06) 落只·四卜二束 價錢四十七兩五戔 捧上爲遣 狀者洪五命
(07) 亦中 永永放賣 文記成置時 矣等以 証筆各各隨參着
(08) 名 的只臥乎事是良永 相考施行敎事
(09) 白(着名)
(10) 白(着名)
(11) 白(着名)
(12) 白(着名)
(13) 堂上(着押) 郎廳(着押)
[漢城府印]

009-03

1728년 최두만 초사

36.3×24.2

(01) 戊申二月 日 財主 崔斗萬
(02) 白等 東大門外 永渡橋伏 古宙字 量後秋字 水芹畓 八
(03) 負二束 同字 十五卜六束 合二十三卜八束·二十四斗落只內 南
(04) 邊十六斗落只·十六負八束 割買爲如可 南邊八斗
(05) 落只·八負四束 曾已割賣 餘存八斗落只 南邊四
(06) 斗落只·四負二束庫 價錢四十七兩五戔 捧上爲遣 狀者■(洪)
(07) 五命亦中 永永放賣 的只敎事
(08) 白(着名)
(09) 堂上(着押) 郎廳(着押)
[漢城府印]

1728년(영조 4) 2월에 재주 최두만과 증인 조순만 등이 토지의 방매 사실을 진술한 초사이다. 최두만은 한성부 동대문 밖 영도교에 소재한 추자秋字 토지 중 16두락지를 매수하였다가 그중 남쪽의 8두락지를 이전에 분할 매도하고, 남은 8두락지 중 4두락지를 이번에 다시 홍오명에게 매도한 것이 사실임을 진술하였다. 조순만, 홍익중, 송성휘, 최유형은 최두만과 홍오명의 거래에 증인과 필집으로 참여한 것이 사실임을 진술하였다.

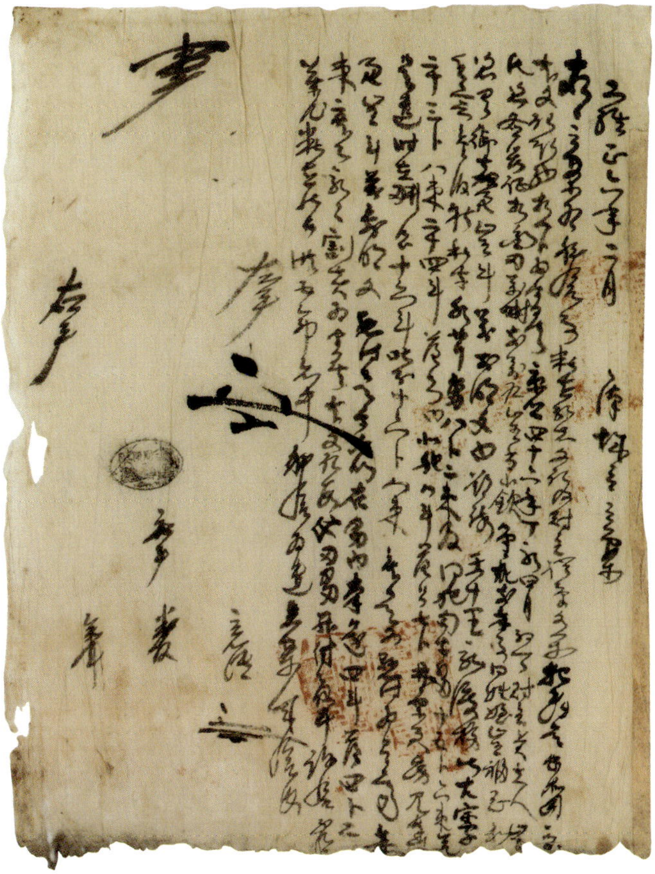

009-05

1728년 한성부 입안

43.3×33.4

1728년(영조 4) 2월에 한성부에서 홍오명에게 토지매매 사실을 공증하여 발급한 입안이다. 한성부는 홍오명의 입안신청 소지, 1726년(영조 2) 최두만 토지매매명문, 재주 및 증인 등의 초사를 확인하고, 관에 제출한 본문기의 내용을 검토하여 해당 논의 전래 경위를 파악한 후 입안을 발급하였다. 이 입안은 본문기에 해당하는 1707년(숙종 33) 정부인 최씨 명문의 내용을 일부 인용하고 있어 주목된다. 1707년 4월 1일 최씨가 최두만에게 작성해준 토지매매명문은 전만주田萬疇와 최상금崔尙嶔이 증인으로, 최복옥崔福玉이 필집으로 참여하여 작성하였다. 매물은 왕십리 영도교에 있는 추자秋字 미나리논 8부 2속 및 같은 자호의 논 15부 6속을 합한 23부 8속, 24두락지 면적의 토지 중 일부이다. 최씨는 24두락지의 토지 중 8두락지, 7부를 임원군방林原君房에 빼앗겼다고 하였으며, 남은 16두락지, 16부 8속의 토지를 최두만에게 매도한 것으로 보인다. 한성부에서는 최씨 명문에 기재된 토지 정보와 매수인 최두만의 이름을 확인하고 본 입안을 발급하였다. 다만 해당 토지는 1708년(숙종 34)과 1726년 2차에 걸쳐 홍오명에게 매도되었는데 이러한 내용은 입안에 수록하지 않았고, 본문기에 다른 전답 내역이 기재되어 있어 양도할 수 없음을 확인하였다.

(01) 雍正六年二月 日 漢城府立案
(02) 右立案爲斜給事 粘連所志文記 及財主證筆各人等招辭是乎等用良
(03) 本文記取納相考爲乎矣 康熙四十六年丁亥四月初一日 財主貞夫人崔
(04) 氏着圖署 証折衝田萬疇 前萬戶崔尙嶔 筆執前奉事同姓姪崔福玉等
(05) 着具銜 嘉善崔斗萬前明文內 節該 王十里 永渡橋伏 古宙字
(06) 壬寅量後 新秋字 水芹畓 八卜二束 及同犯 同字畓 十五卜六束 合
(07) 二十三卜八束·二十四斗落只內 北犯八斗落只·七卜 林原君房見奪
(08) 是遣 時在耕食 十六斗落·十六卜八束庫是如 懸付爲有齊 嘉
(09) 善崔斗萬前明文 懸付是乎等以 右畓內 南邊 四斗落·四卜二
(10) 束庫乙 永永割賣爲乎矣 本文記段 他田畓幷付乙仍于 許給不得
(11) 粘作粘連 狀者洪五命亦中 斜給爲遣 立案成給者
(12) 左尹(着押) 主簿(着押)
(13) 判尹 庶尹 判官
(14) 右尹 參軍
[漢城府印]

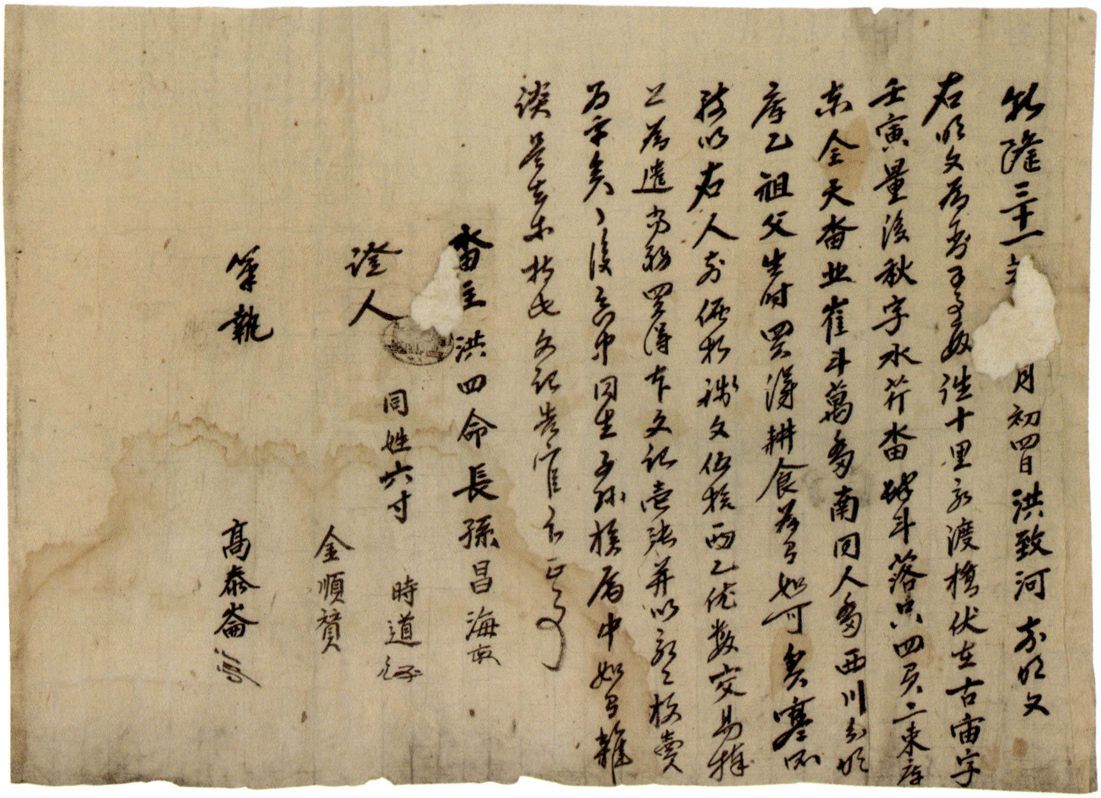

009-06

1766년 홍사명 장손 홍창해 명문

39.2×57.1

1766년(영조 42)에 홍사명洪四命의 장손 홍창해洪昌海가 홍치하洪致河에게 토지를 매도하면서 작성하여 준 명문이다. 홍창해는 가난 때문에 조부가 생전에 매득하여 경작하던 논을 전문 50냥에 매도하였다. 매물은 한성부 왕십리 영도교에 있는 미나리논이다. 자호는 이전에 주자宙字였으나, 임인년 양전 후 추자秋字로 변경되었고, 면적은 4두락지, 4부 2속이다. 사표는 동쪽이 전천全天의 논, 북쪽이 최두만의 논, 남쪽이 홍치하의 논, 서쪽이 개천이다. 매매명문과 함께 본문기 1장을 함께 양도하였다. 6촌 홍시도洪時道와 김순찬金順贊이 증인으로, 고태륜高泰崙이 필집으로 참여하였다.

(01) 乾隆三十一■(年)■月初四日 洪致河前 明文
(02) 右明文爲臥乎事段 往十里 永渡橋伏在 古宙字
(03) 壬寅量後秋字 水芹畓 肆斗落只·四負二束庫
(04) 東全天畓 北崔斗萬畓 南同人畓 西川 分明
(05) 庫乙 祖父生時 買得耕食爲有如可 貧寒所
(06) 致以 右人前 價折錢文伍拾兩乙 依數交易捧
(07) 上爲遣 當初買得本文記壹張幷以 永永放賣
(08) 爲乎矣 日後良中 同生子孫族屬中 如有雜
(09) 談是去等 持此文記 告官卞正事
(10) 畓主 洪四命 長孫 昌海(着名)
(11) 證人 同姓六村 時道(着名)
(12) 金順贊
(13) 筆執 高泰崙(着名)

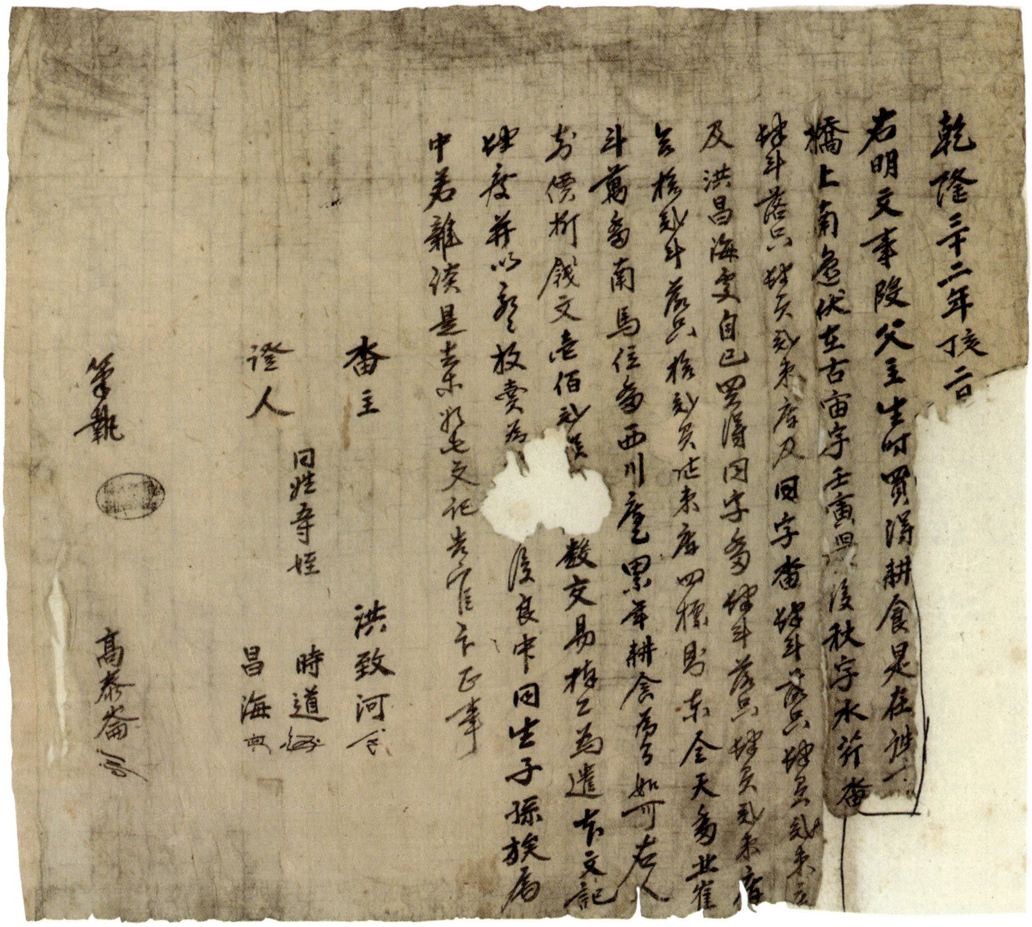

009-07

1767년 홍치하 명문

50.5×57.4

1767년(영조 43) 2월에 홍치하가 토지를 매도하면서 작성하여 준 명문이다. 매수자를 기입하는 부분은 결락되었다. 홍치하는 부친이 생전에 매수하여 경작하던 토지와 본인이 홍창해로부터 매수한 논을 전문 120냥에 매도하였다. 매물은 한성부 왕십리 영도교 근처에 소재한 토지이며 자호는 이전에 주자宙字였으나 양전 후 추자秋字로 변경되었다. 부친이 매수한 토지는 4두락지, 4부 2속 규모의 미나리 논과 같은 면적의 논이다. 홍치하가 매수한 토지 역시 같은 면적의 논이다. 세 토지의 면적 합계는 12두락지, 12부 6속이다. 사표는 동쪽이 전천의 논, 북쪽이 최두만의 논, 남쪽이 마위답馬位畓, 서쪽이 개천이다. 홍치하는 본문기 4장을 함께 양도하였다. 5촌 조카 홍시도와 홍창해가 증인으로, 고태륜이 필집으로 참여하였다.

(01) 乾隆三十二年丁亥二月■…■(■…明文)
(02) 右明文事段 父主生時 買得耕食是在 往十■(里)…■(永渡)
(03) 橋上南邊伏在 古宙字 壬寅■(量)後秋字 水芹畓■…■
(04) 肆斗落只·肆負貳束庫 及同字畓 肆斗落只·肆負貳束庫
(05) 及洪昌海處 自己買得 同字畓 肆斗落只·肆負貳束庫
(06) 合拾貳斗落只·拾貳負陸束庫 四標則 東全天畓 北崔
(07) 斗萬畓 南馬位畓 西川庫乙 累年耕食爲有如可 右人
(08) 前 價折錢文壹佰貳拾■(兩) ■(依)數交易捧上爲遣 本文記
(09) 肆度幷以 永永放賣爲■ ■後良中 同生子孫族屬
(10) 中 若雜談是去等 將此文記 告官卞正事
(11) 畓主 洪致河(着名)
(12) 證人 同生五寸姪 時道(着名)
(13) 昌海(着名)
(14) 筆執 高泰崙(着名)

010

1776년 한삼창 명문 등 영도교 토지매매문서

1776~1899년

1776년부터 1899년까지 동대문 밖 영도교 냇가 인근에 소재한 토지의 매매와 관련한 문서들이다. 이 문서들에서 거래된 토지는 세 곳이다. 하나는 11번 밭 3두락지, 5부 2속이고, 두 번째는 8두락지, 8부 2속이며, 세 번째 토지는 3부 3속이다.

첫 번째 토지(A)는 1776년에 한삼창이 한수택에게 동전 50냥에 처음 매도하였다. 두 번째 토지(B)는 영도교 남변 근처에 있는 논 2야미와 채마전 2무를 합한 것으로서 1786년에 최윤행이 김태룡에게 동전 180냥을 받고 처음 매도하였다. 세 번째 토지(C)는 1794년 매매 당시 미나리논이었으나, 1828년 거래 이전 어느 시점에 채마전으로 변경되었다. 매매금액은 두 차례 모두 전문 150냥이었다.

세 곳의 토지는 1868년 전덕관 명문부터 일괄 매도되기 시작했다. 전덕관은 세 곳의 토지를 모두 미상의 매수인에게 매도하였다. 이때 매매금액은 550냥이었는데, 세 토지가 각각 매도되었을 때의 가격을 단순 합산한 것보다 높다. 1899년 의신계 김명호 등 명문은 토지 규모가 구체적으로 기입되어 있지 않아서 1878년 유철근 명문을 잇는 문서인지는 분명하지 않다. 다만 1899년 의신계 김명호 등 명문에서 거래된 영도교 남변 인근의 채마전의 사표와 1878년 명문에 명시된 사표는 동쪽이 대로, 서쪽과 북쪽이 축, 남쪽이 한도문의 밭으로 대체로 일치한다. 또한 1878년 유철근 명문의 뒷면에 '의신계'라고 기재되어 있어 관련문서로 추정된다. 영도교는 현재의 서울특별시 종로구 숭인동 청계천에 있는 영도교에 해당한다.

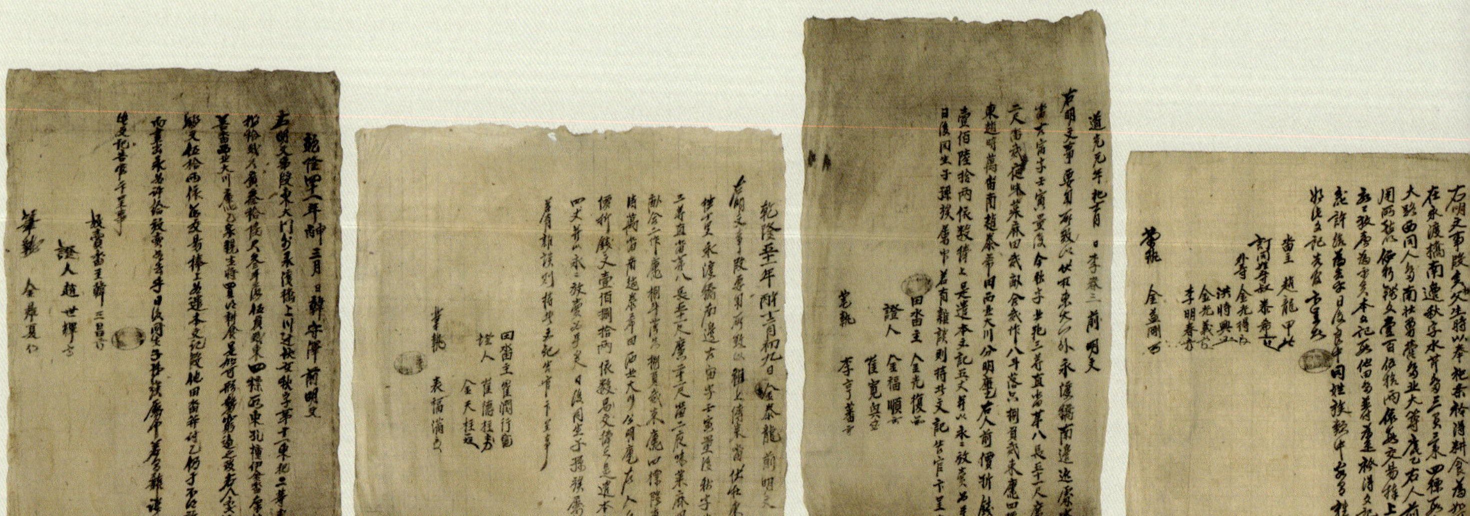

1	2	3	4
A	B1	B2	C1

거래	순서	문서명	매매가격	내용
A	1	1776년 한삼창 명문	전문 50냥	한수택에게 토지 매도 - 영도교 천변 추자 제11번 답 3두락지, 5부 2속
B1	2	1786년 최윤행 명문	전문 180냥	김태룡에게 토지 매도 - 영도교 남변 추자 제8번 답 8두락지, 8부 2속
B2	3	1821년 김광복 명문	전문 160냥	이춘삼에게 토지 매도 - 영도교 남변 수근답 추자 제8번 답 8두락지, 8부 2속
C1	4	1794년 조용갑 명문	전문 150냥	홍천린에게 토지 매도 - 영도교 남변 추자 수근답 3부 3속
C2	5	1828년 김복재 명문	전문 150냥	이춘삼에게 토지 매도 - 영도교 남변 추자 채마전 3부 3속
D1	6	1868년 전덕관 명문	전문 550냥	미상의 매수인에게 토지 매도 - 영도교 남변 수근답 추자 제8번 답 8두락지, 8부 2속 - 영도교 남변 추자 채마전 3부 3속 - 영도교 남변 추자 제11번 답 3두락지, 5부 2속
D2	7	1878년 유철근 명문	전문 550냥	미상의 매수인에게 토지 매도 - 영도교 남변 수근답 추자 제8번 답 8두락지, 8부 2속 - 영도교 남변 추자 채마전 3부 3속 - 영도교 남변 추자 제11번 답 3두락지, 5부 2속
	8	1899년 의신계 김명호 등 명문	전문 3,800냥	류복만에게 토지 매도 - 영도교 남변 채마전 4판

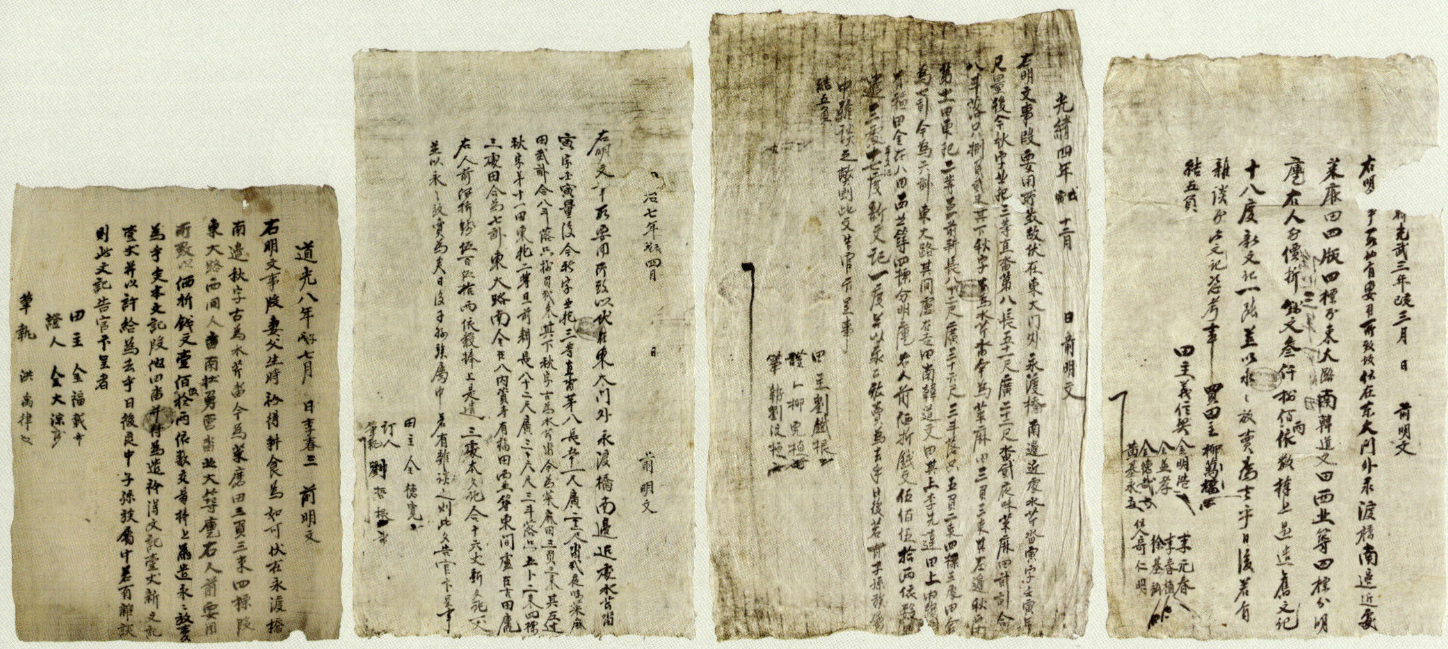

5 C2 | 6 D1 | 7 D2 | 8

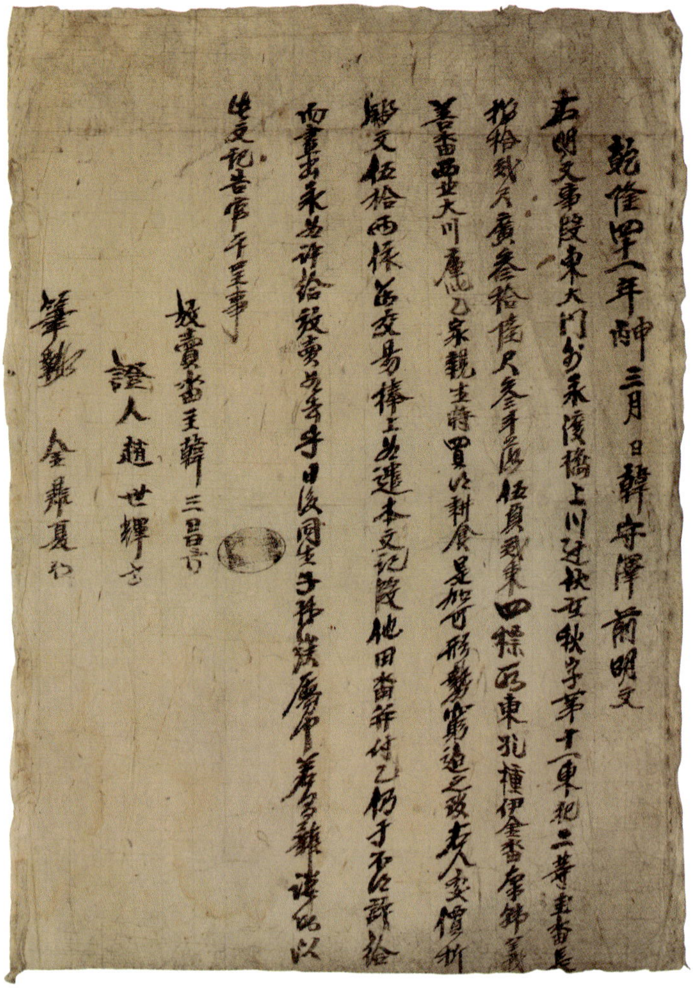

010-01

1776년 한삼창 명문

54.6×37.5

1776년(영조 52) 3월에 한삼창韓三昌이 한수택韓守澤에게 토지를 매도하면서 작성하여 준 명문이다. 한삼창은 부친이 생전에 매수하여 경작해온 토지를 형편이 궁핍하여 전문 50냥에 매도하였다. 매물은 동대문 밖 영도교 천변에 소재한 논이다. 논의 정보는 토지의 자호, 지번, 양전 방향, 토지의 품등, 토지의 형태, 토지의 길이, 면적結負, 사표 등이 자세히 기재되어 있어 일반적인 양안量案의 수록 정보와 유사하다. 논의 자호는 추자秋字 11번이며, 품등은 2등이고, 양전 방향은 동범東犯이다. 토지 형태는 이등변삼각형 모양이다. 논의 길이는 82척이고 너비는 36척이다. 면적은 3두락지, 5부 2속이다. 사표는 동쪽이 공종이금孔種伊金의 논, 남쪽이 한의선韓義善의 논, 서쪽과 북쪽이 큰 하천이다. 본문기는 다른 전답의 정보가 함께 기재되어 있어 양도하지 않고, 매도하는 전답 부분을 삭제 표시하였다. 조세휘趙世輝가 증인으로, 김정하金鼎夏가 필집으로 참여하였다.

(01) 乾隆四十一年丙申三月 日 韓守澤前 明文
(02) 右明文事段 東大門外 永渡橋上川邊伏在 秋字 第十一·東犯·二等·圭畓·長
(03) 捌拾貳尺廣參拾陸尺·參斗落·伍負貳束 四標段 東孔種伊金畓 南韓義
(04) 善畓 西北大川䧺乙 家親生時 買得耕食是如可 形勢窮迫之致 右人處 價折
(05) 錢文伍拾兩 依數交易捧上爲遣 本文記段 他田畓并付乙仍于 不得許給
(06) 而畫出 永爲許給放賣爲去乎 日後同生子孫族屬中 若有雜談 則以
(07) 此文記 告官卞呈事
(08) 放賣畓主 韓三昌(着名)
(09) 證人 趙世輝(着名)
(10) 筆執 金鼎夏(着名)

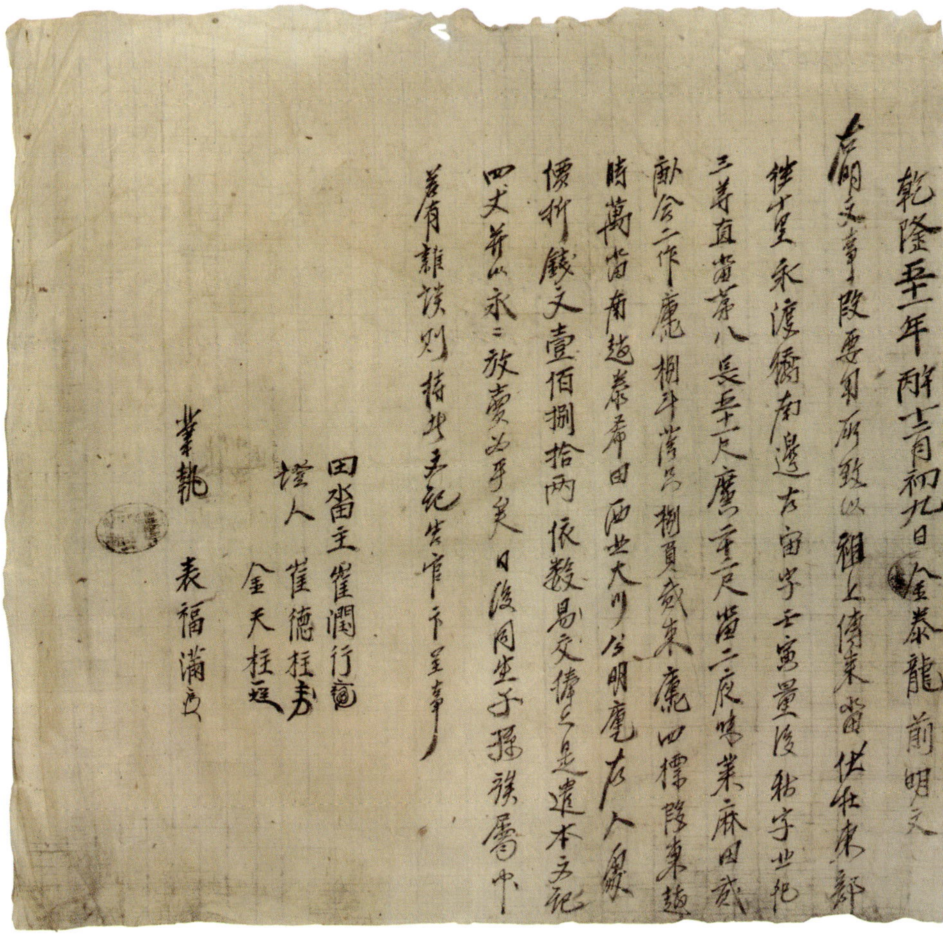

010-02

1786년 최윤행 명문

47.6×49.2

1786년(정조 10) 12월에 최윤행崔潤行이 김태룡金泰龍에게 토지를 매도하면서 작성하여 준 명문이다. 최윤행은 조상으로부터 전래받은 동부 왕십리 영도교 남쪽 소재 전답을 전문 180냥에 매도하였다. 토지의 자호는 예전에 주자宙字였으나 임인년 양전 후에 추자秋字로 변경되었다. 양전의 방향은 북범이고, 토지의 품등은 3등이며, 직사각형 모양으로 길이가 51척, 너비가 22척이다. 논이 2야미, 채마밭菜麻田이 2무이며 두 곳의 면적 합계는 8두락지, 8부 2속이다. 사표는 동쪽이 조시만趙時萬의 논, 남쪽이 조태희趙泰希의 밭, 서쪽과 북쪽이 큰 하천이다. 명문의 발급과 함께 본문기 4장을 양도하였다. 최덕주崔德柱, 김천주金天柱가 증인으로, 표복만表福滿이 필집으로 참여하였다.

(01) 乾隆五十一年丙午十二月初九日 金泰龍前 明文
(02) 右明文事段 要用所致以 祖上傳來畓伏在 東部
(03) 往十里 永渡橋南邊 古宙字 壬寅量後 秋字 北犯·
(04) 三等·直畓·第八·長五十一尺廣二十二尺·畓二夜味 菜麻田貳
(05) 畝 合二作庳 捌斗落只·捌負貳束庳 四標段 東趙
(06) 時萬畓 南趙泰希田 西北大川 分明庫乙 右人處
(07) 價折錢文壹佰捌拾兩 依數交易捧上是遣 本文記
(08) 四丈幷以 永永放賣爲乎矣 日後同生子孫族屬中
(09) 若有雜談 則持此文記 告官卞呈事
(10) 田畓主 崔潤行(着名)
(11) 證人 崔德柱(着名)
(12) 金天柱(着名)
(13) 筆執 表福滿(着名)

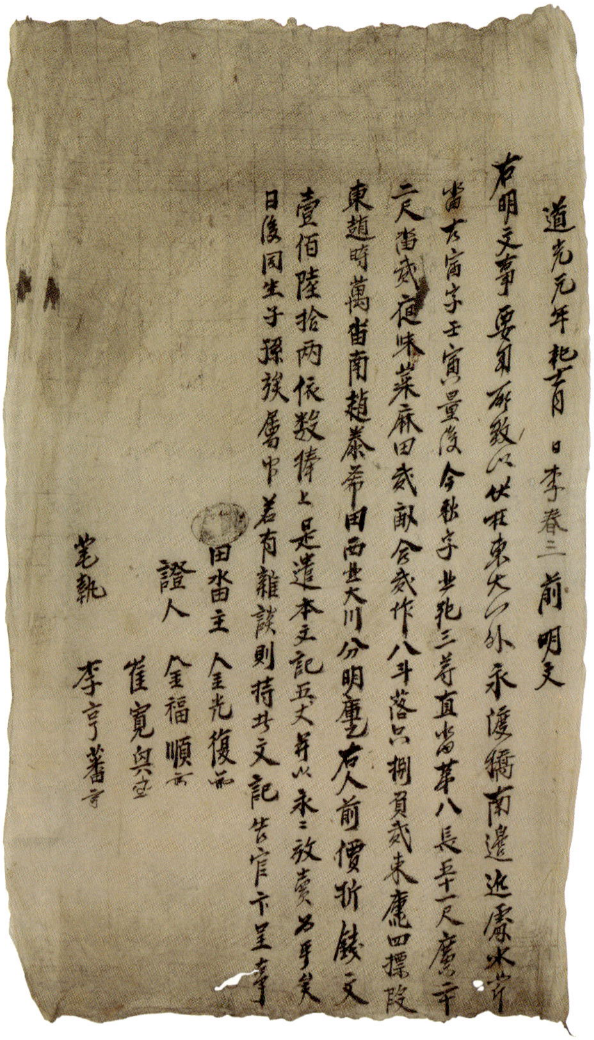

010-03

1821년 김광복 명문

62.9×37.0

1821년(순조 21) 11월에 김광복金光復이 이춘삼李春三에게 토지를 매도하면서 작성하여 준 명문이다. 김광복은 동대문 밖 영도교 남변 근처에 있는 미나리논을 전문 160냥에 매도하였다. 토지의 자호는 예전에 주자宙字였으나 임인년 양전 후에 추자秋字로 변경되었고, 지번은 8번이다. 양전의 방향은 북범이고, 토지의 품등은 3등이며, 직사각형 모양이며 길이가 51척, 너비가 22척이다. 논이 2야미, 채마밭이 2무이며 두 곳의 면적 합계는 8두락지, 8부 2속이다. 사표는 동쪽이 조시만의 논, 남쪽이 조태희의 밭, 서쪽과 북쪽이 큰 하천이다. 명문의 발급과 함께 본문기 5장을 양도하였다. 김복순金福順과 최관흥崔寬興이 증인으로, 이형번李亨蕃이 필집으로 참여하였다.

(01) 道光元年辛巳十一月 李春三前 明文
(02) 右明文事 要用所致以 伏在東大門外 永渡橋南邊近處 水芹
(03) 畓 古宙字 壬寅量後 今秋字 北犯·三等·直畓·第八·長五十一尺廣二十
(04) 二尺·畓貳夜味 菜麻田 貳畝 合貳作八斗落只·捌負貳束麀 四標段
(05) 東趙時萬畓 南趙泰希田 西北大川 分明庫乙 右人前 價折錢文
(06) 壹佰陸拾兩 依數捧上是遣 本文記五丈幷以 永永放賣爲乎矣
(07) 日後同生子孫族屬中 若有雜談 則持此文記 告官卞呈事
(08) 田畓主 金光復(着名)
(09) 證人 金福順(着名)
(10) 崔寬興(着名)
(11) 筆執 李亨蕃(着名)

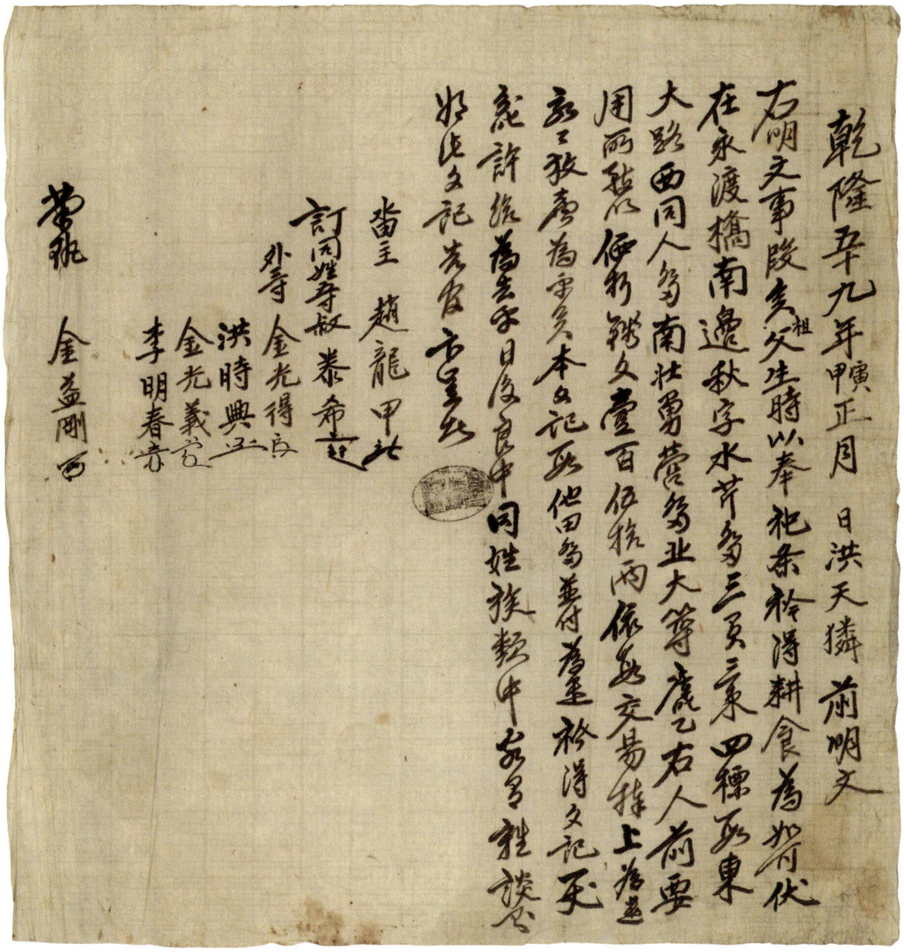

010-04

1794년 조용갑 명문

43.9×42.0

1794년(정조 18) 1월에 조용갑趙龍甲이 홍천린洪天獜에게 토지를 매도하면서 작성하여 준 명문이다. 조용갑은 조부가 살아계실 때 봉사조奉祀條로 물려받아 경작해온 미나리논을 전문 150냥에 매도하였다. 매물은 영도교 남변에 소재한 추자秋字 미나리논으로 면적은 3부 3속이다. 사표는 동쪽이 대로, 서쪽이 동일인의 논, 남쪽이 장용영壯勇營 논, 북쪽이 대축大築이다. 본문기는 다른 전답 내역이 함께 기재되어 있어서 지급하지 않고, 깃득문기 1장만 매수인에게 양도하였다. 조태희, 김광득金光得, 홍시흥洪時興, 김광의金光義, 이명춘李明春이 증인으로, 김익강金益剛이 필집으로 참여하였다.

(01)　乾隆五十九年甲寅正月 日 洪天獜前 明文
(02) 右明文事段 矣祖父生時 以奉祀條 衿得耕食爲如可 伏
(03) 在永渡橋南邊 秋字 水芹畓 三負三束 四標段 東
(04) 大路 西同人畓 南壯勇營畓 北大築應乙 右人前 要
(05) 用所致以 價折錢文壹百伍拾兩 依數交易捧上爲遣
(06) 永永放賣爲乎矣 本文記段 他田畓並付爲遣 衿得文記一丈
(07) 乙許給爲去乎 日後良中 同姓族類中 若有雜談 則
(08) 將此文記告官卞呈者
(09) 　　　畓主 趙龍甲(着名)
(10) 　　　訂 同姓五寸叔 泰希(着名)
(11) 　　　　外三寸 金光得(着名)
(12) 　　　　　　洪時興(着名)
(13) 　　　　　　金光義(着名)
(14) 　　　　　　李明春(着名)
(15) 　　　筆執　　金益剛(着名)

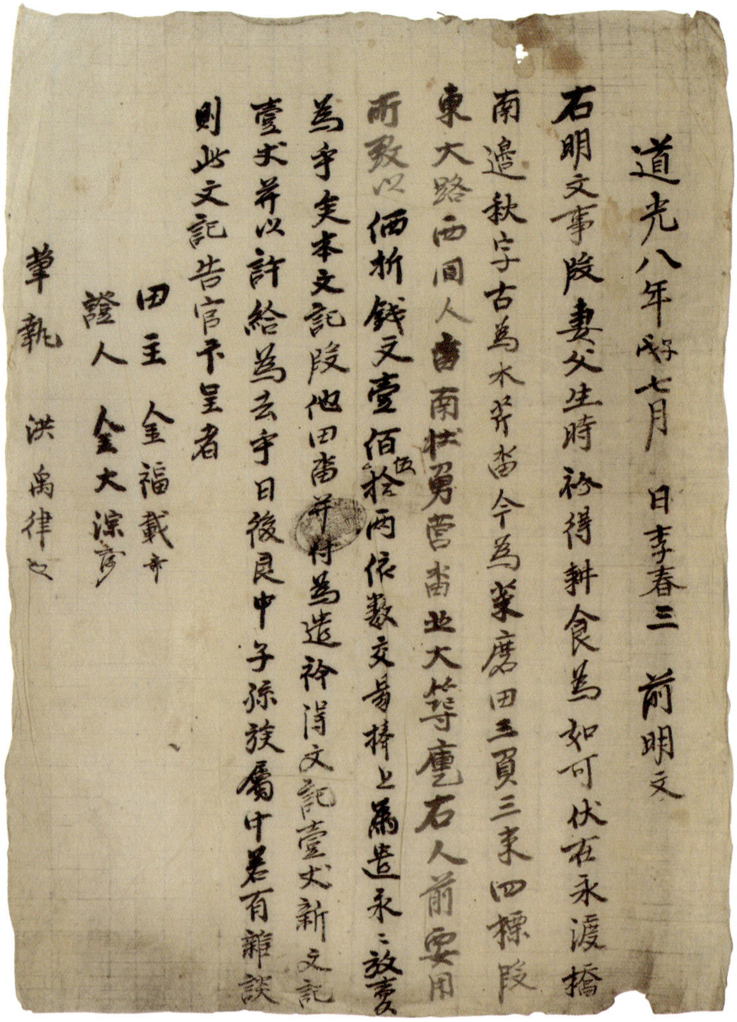

010-05

1828년 김복재 명문

49.6×37.2

1828년(순조 28) 7월에 김복재金福載가 이춘삼에게 토지를 매도하면서 작성하여 준 명문이다. 김복재는 장인이 살아계실 때 몫으로 물려받아 경작해온 영도교 남변의 추자秋字 채마전을 전문 150냥에 매도하였다. 이 토지는 본래 미나리논이었으나, 지금 채마전이 되었고 면적은 3부 3속이었다. 사표는 동쪽이 대로, 서쪽이 동일인의 논, 남쪽이 장용영의 논, 북쪽이 대축이다. 본문기는 다른 전답 내역이 함께 기재되어 있어서 양도하지 않고, 깃득문기 1장과 신문기 1장을 함께 지급하였다. 김대종金大淙이 증인으로, 홍우율洪禹律이 필집으로 참여하였다.

(01) 道光八年戊子七月 日 李春三前 明文
(02) 右明文事段 妻父生時 衿得耕食爲如可 伏在永渡橋
(03) 南邊 秋字 古爲水芹畓 今爲菜磨田 三負三束 四標段
(04) 東大路 西同人畓 南壯勇營畓 北大築庫乙 右人前 要用
(05) 所致以 價折錢文壹佰伍拾兩 依數交易捧上爲遣 永永放賣
(06) 爲乎矣 本文記段 他田畓幷付爲遣 衿得文記壹丈 新文記
(07) 壹丈幷以 許給爲去乎 日後良中 子孫族屬中 若有雜談
(08) 則此文記告官卞呈者
(09) 田主 金福載(着名)
(10) 證人 金大淙(着名)
(11) 筆執 洪禹律(着名)

010-06

1868년 전덕관 명문

69.1×41.1

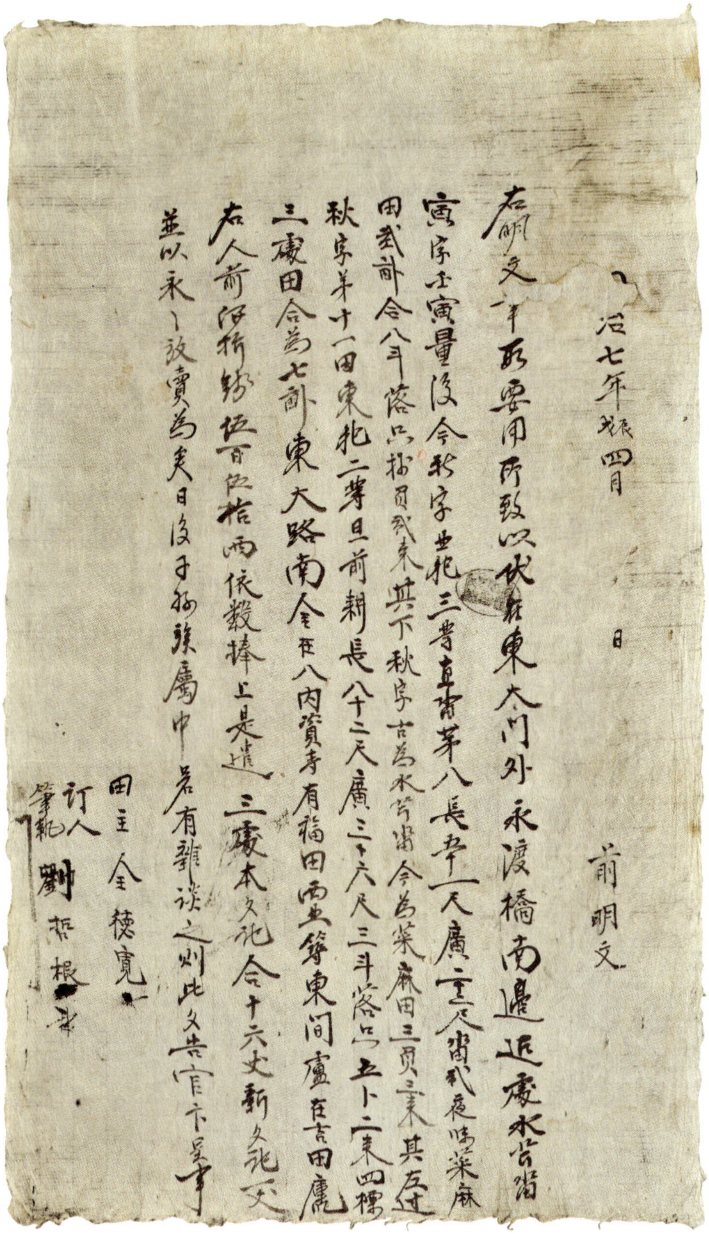

1868년(고종 5) 4월에 전덕관全德寬이 토지를 매도하면서 작성한 명문이다. 전덕관은 한성부 동대문 밖 영도교 남변 근처에 있는 3곳의 토지를 전문 550냥에 매도하였다. 첫 번째 토지의 자호는 이전에 주자宙字였으나 임인년 양전 후 추자秋字로 변경되었으며, 양전 방향은 북범, 토지의 품등은 3등, 직사각형 모양으로 길이가 51척, 너비가 22척이었다. 논 2야미와 채마전 2무를 합하여 8두락지, 8부 2속의 면적이다. 두 번째는 그 아래에 있는 추자 토지로 예전에 미나리논이었으나 지금은 채마전으로 바뀌었으며 면적은 3부 3속이다. 세 번째 토지는 그 왼쪽에 있는 추자 제11번 밭으로, 양전 방향은 동범, 토지의 품등은 2등이며, 길이가 82척 너비가 36척이다. 면적은 단전경旦前耕, 3두락지, 5부 2속이다. 3곳 토지는 합하여 7무의 면적이다. 사표의 내용을 보면 동쪽에 대로가 있고, 남쪽에 김재팔金在八과 내자시內資寺 유복有福의 밭이 있으며, 서쪽과 북쪽에는 축대, 동쪽 사이에 노재길盧在吉의 밭이 있다. 명문을 발급하면서 세 곳의 본문기 16장과 신문기 1장을 양도하였다. 매수인과 증인은 기재되어 있지 않고, 유철근劉哲根이 필집으로 참여하였다.

(01) ■(同)治七年戊辰四月 日 前 明文
(02) 右明文事段 要用所致以 伏在東大門外 永渡橋南邊近處 水芹畓
(03) 寅[宙]字 壬寅量後 今秋字 北犯·三等·直畓·第八·長五十一尺廣二十二尺·畓貳夜味 菜麻
(04) 田 貳畝 合八斗落只·捌負貳束 其下秋字 古爲水芹畓 今爲菜麻田 三負三束 其左邊
(05) 秋字 第十一田·東犯·二等·旦前耕·長八十二尺廣三十六尺·三斗落只·五卜二束 四標
(06) 三處田 合爲七畝 東大路 南金在八內資寺有福田 西北築 東間盧在吉田廛
(07) 右人前 價折錢伍百伍拾兩 依數捧上是遣 三處本文記 合十六丈 新文記一丈
(08) 並以 永永放賣爲矣 日後子孫族屬中 若有雜談之 則此文告官卞呈事
(09) 田主 全德寬(着名)
(10) 訂人
(11) 筆執 劉哲根(着名)
(12) 際

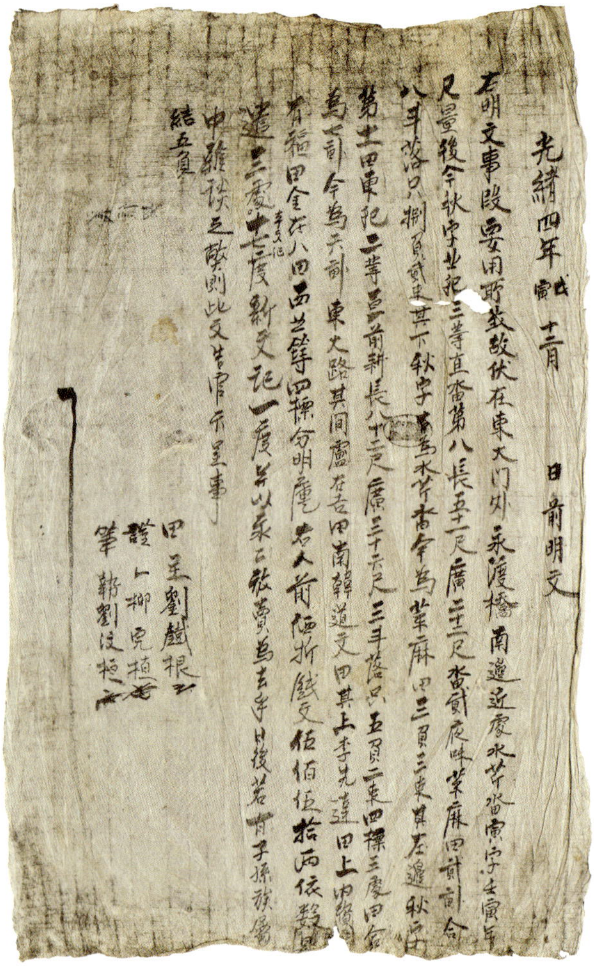

010-07

1878년 유철근 명문

76.0×48.0

1878년(고종 5) 12월에 유철근이 토지를 매도하면서 작성하여 준 명문이다. 유철근은 한성부 동대문 밖 영도교 남변 근처에 있는 3곳의 토지를 전문 550냥에 매도하였다. 첫 번째 토지의 자호는 이전에 주자宙字였으나 임인년 양전 후 추자秋字로 변경되었으며, 양전 방향은 북범, 토지의 품등은 3등, 직사각형 모양으로 길이가 51척, 너비가 22척이었다. 논 2야미와 채마전 2무를 합하여 8두락지, 8부 2속의 면적이다. 두 번째 토지는 그 아래에 있는 추자 토지로 예전에 미나리논이었으나 지금은 채마전으로 바뀌었으며 면적은 3부 3속이다. 세 번째 토지는 그 왼쪽에 있는 추자 제11번 밭으로, 양전 방향은 동범, 토지의 품등은 2등이며, 길이가 82척 너비가 36척이다. 면적은 단전경, 3두락지, 5부 2속이다. 3곳의 토지는 합하여 7무의 면적이었으나 현재는 6무이다. 사표의 내용을 보면 동쪽에 대로가 있고, 그 사이에 노재길의 밭이 있다. 남쪽에는 한도문韓道文의 밭이 있고 그 위에 이선달李先達의 밭, 그 위에 내자시 유복의 밭, 김재팔의 밭이 있다. 서쪽과 북쪽에는 축대가 있다. 세 곳의 본문기 17장과 신문기 1장을 양도하였다. 매수인이 기재되지 않았으며, 류완식柳完植이 증인으로, 유문환劉汶桓이 필집으로 참여하였다.

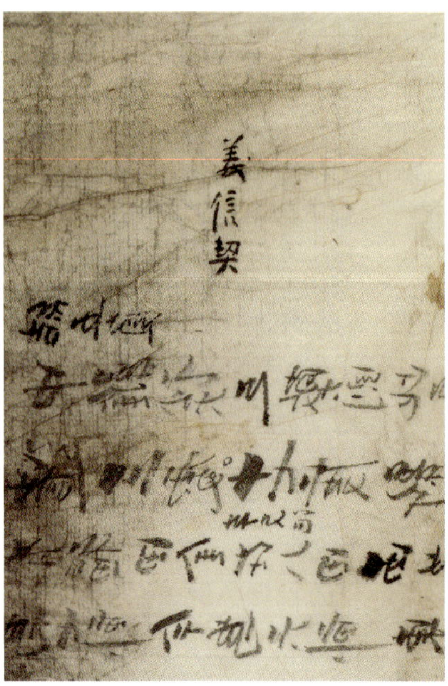

(01) 光緒四年戊寅十二月 日 前 明文
(02) 右明文事段 要用所致 故伏在東大門外 永渡橋南邊近處 水芹畓 寅[宙]字 壬寅年
(03) 尺量後 今秋字 北犯·三等·直畓·第八·長五十一尺廣二十二尺·畓貳夜味 菜麻田 貳畝 合
(04) 八斗落只·捌負貳束 其下秋字 古爲水芹畓 今爲菜麻田 三負三束 其左邊秋字
(05) 第十一田·東犯·二等·旦[朝]前耕·長八十二尺廣三十六尺·三斗落只·五負二束 四標三處田 合
(06) 爲七畝 今爲六畝 東大路 其間盧在吉田 南韓道文田 其上李先達田 上內資■(寺)
(07) 有福田 金在八田 西北築 四標分明庫乙 右人前 價折錢文伍佰伍拾兩 依數■■■(捧上是)
(08) 遣 三處本文記十七度 新文記一度幷以 永永放賣爲去乎 日後若有子孫族屬
(09) 中 雜談之弊 則此文告官卞呈事
(10) 結五負
(11) 田主 劉鐵根(着名)
(12) 證人 柳完植(着名)
(13) 筆執 劉汶桓(着名)
(14) 際

(背面)
義信契

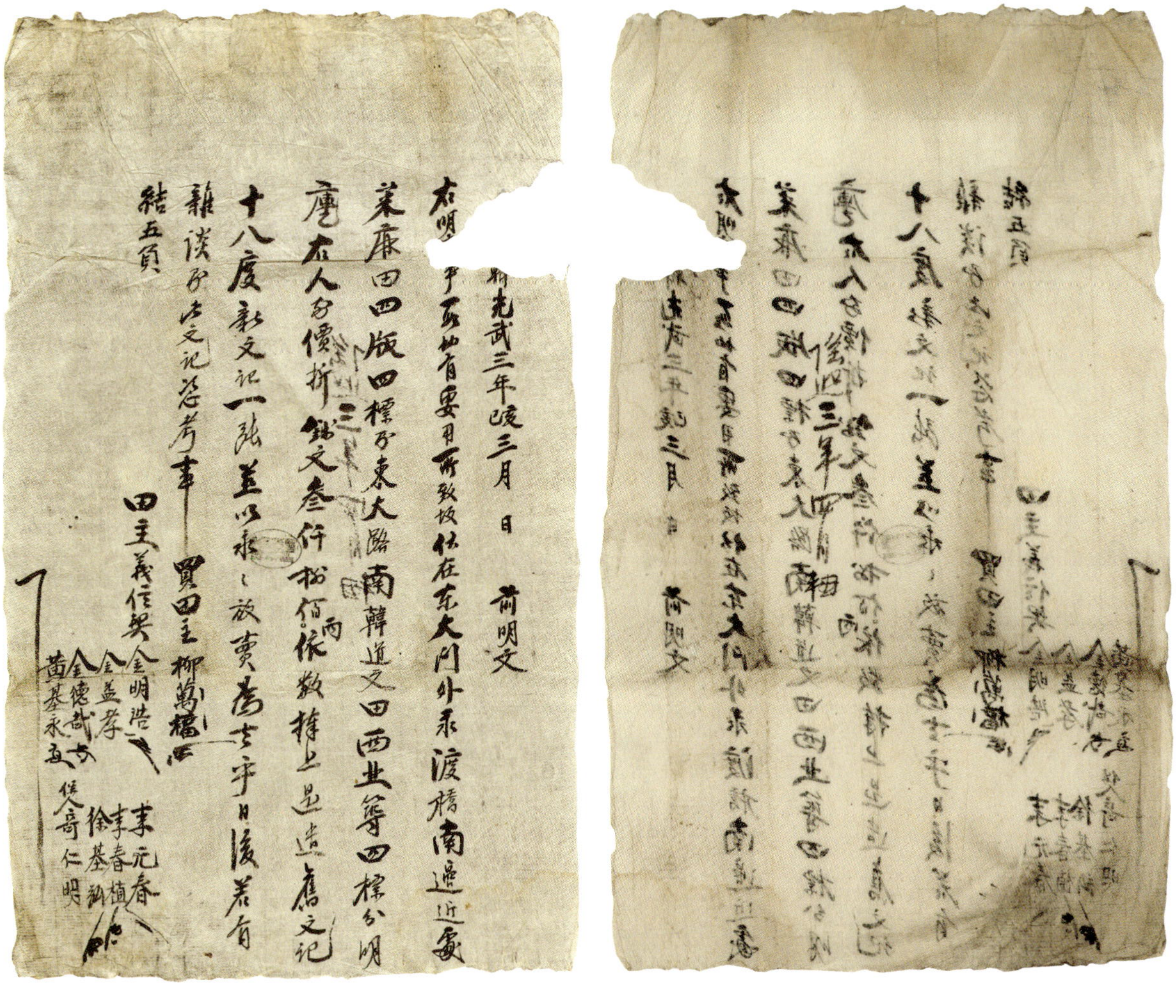

010-08

1899년 의신계 김명호 등 명문

64.0×38.2

1899년(고종 36) 3월에 의신계義信契 김명호金明浩 등이 류복만柳福萬에게 토지를 매도하면서 작성하여 준 명문이다. 김명호 등은 류복만에게 한성부 동대문 밖 영도교 남변 근처에 있는 채마전 4판版을 전문 3,800냥에 매도하였다. 사표의 내용을 보면 동쪽에 대로가 있고, 남쪽에 한도문의 밭이 있으며, 서쪽과 북쪽에는 축대가 있다. 구문기 18장과 신문기 1장을 함께 양도하였다. 전주田主에는 김명호를 포함한 7인의 이름이 기재되어 있으며, 기인명奇仁明이 보인, 곧 보증인으로 참여하였다.

(01) ■■(大韓)光武三年己亥三月 日　　前 明文
(02) 右明■(文)事段 切有要用所致 故伏在東大門外 永渡橋南邊近處
(03) 菜麻田 四版 四標則 東大路 南韓道文田 西北築 四標分明
(04) 庫乙 右人前 價折錢文參仟捌佰兩 依數捧上是遣 舊文記
(05) 十八度 新文記一張並以 永永放賣爲去乎 日後若有
(06) 雜談 則此文記憑考事　　買田主 柳福萬(着名)
(07) 結五負　　　　　田主 義信契 金明浩(着名)　李元春(着名)
(08)　　　　　　　　　　　金益孝　　　　李春植(着名)
(09)　　　　　　　　　　　金德哉(着名)　徐基弘(着名)
(10)　　　　　　　　　　　黃基永(着名) 保人 奇仁明
(11)　　　　　　　　際

(背面)
隆熙三年四月 軸

011

1679년 출신 이태호 명문 등 안암동 토지매매문서

1679~1896년 | 점련 ① 49.5×245.4, 점련 ② 50.1×96.9

1679년부터 1896년까지 안암동에 소재한 토지의 매매와 관련한 문서 11점이다. 1679년의 명문부터 1749년 한성부 입안까지 6점의 문서가 하나로 점련되어 있고, 1779년 패자와 명문이 점련되어 있다. 나머지 1787년과 1812년, 1896년 명문은 분리되어 있다. 해당 토지는 6번 이상 거래가 이루어졌는데, 1729년 거래의 경우 1749년에 한성부에서 입안을 발급받았고 관련 문서가 함께 남아있으나 나머지 거래는 명문 및 패자만 있다.

1679년 이태호는 조상으로부터 물려받은 토지 3곳을 김세장에게 정은자 80냥에 매도하였다. 이 토지는 김세장의 조카인 이정엽에게 상속되었고, 이정엽은 1729년 논 8부 6속을 밀창군방에 전문 80냥을 받고 매도하였다. 밀창군방 댁에서는 토지 거래 후 20년이 지난 1749년에 한성부로부터 입안을 발급받았다. 1779년 이 참판 댁에서 동일한 토지를 전문 100냥에 고세기에게 매도하였는데 이 참판 댁은 밀창군방 댁과 동일한 곳으로 추정된다. 이후 고세기는 다시 고도완에게 토지를 매도하였으나 관련 명문은 남아있지 않다. 고도완은 다시 1787년 박문창에게 전문 100냥을 받고 토지를 매도하였으며, 박문창은 같은 토지를 다시 1812년 임춘복에게 전문 100냥에 매도하였다. 이후 1896년에 당시 소유주였던 김수장이 최운선에게 이 토지를 포함한 2곳의 토지를 매도하였다. 매물은 이전에 논이었으나 농사를 짓지 않고 묵혀서 매도 당시에는 6판의 밭으로 변경되었다. 매물이 소재한 안암동은 현재의 서울특별시 성북구 안암동 일대에 해당한다.

점련 ①

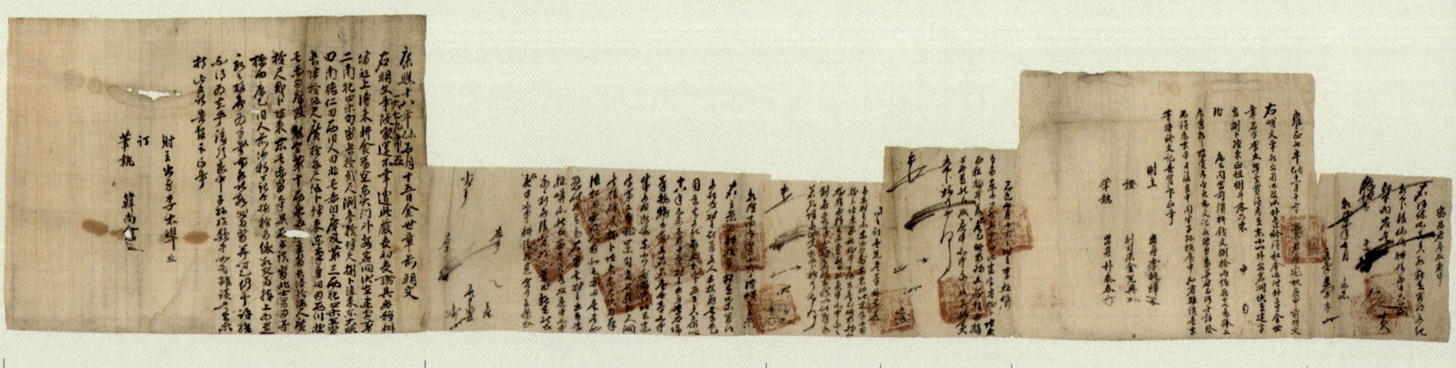

1 6 5 4 2 3

순서	문서명	매매가격	내용
1	1679년 출신 이태호 명문	정은자 80냥	김세장에게 토지 매도 - 동대문 밖 안암동 건자 제2번 구답 8부 6속 - 건자 제3번 직답 5부 4속 - 극자 제10번 직답 2부 6속
2	1729년 출신 이정엽 명문	전문 80냥	밀창군방 댁 노 경신에게 토지 매도 - 동소문 밖 안암동 건자 답 8부 6속, 정조 8두락지
3	1749년 밀창군방 댁 노 경신 소지	-	한성부에 입안 신청
4	1749년 이정엽 초사	-	한성부에 매매 사실 진술
5	1749년 증인 김태흥 등 초사	-	한성부에 매매 사실 진술
6	1749년 한성부 입안	-	밀창군방 댁 노 경신에게 매매 사실을 공증하는 입안 발급
7	1779년 상전 이 패자	-	노 칠동에게 토지 매도 권한을 위임 - 안암동 건자 답 8두락지, 8부 6속
8	1779년 이 참판 댁 노 칠동 명문	전문 100냥	고세기에게 토지 매도 - 동소문 밖 안암동 건자 답 8두락지, 8부 6속
9	1787년 고도완 명문	전문 100냥	박문창에게 토지 매도 - 동소문 밖 안암동 건자 답 8두락지, 8부 6속
10	1812년 박문창 명문	전문 100냥	임춘복에게 토지 매도 - 동소문 밖 안암동 건자 답 8두락지, 8부 6속
11	1896년 김수장 명문	전문 1,500냥	최운선에게 토지 매도 - 동소문 밖 안암동 전 6판(건자 답 8두락지, 8부 6속)과 답 1두락지

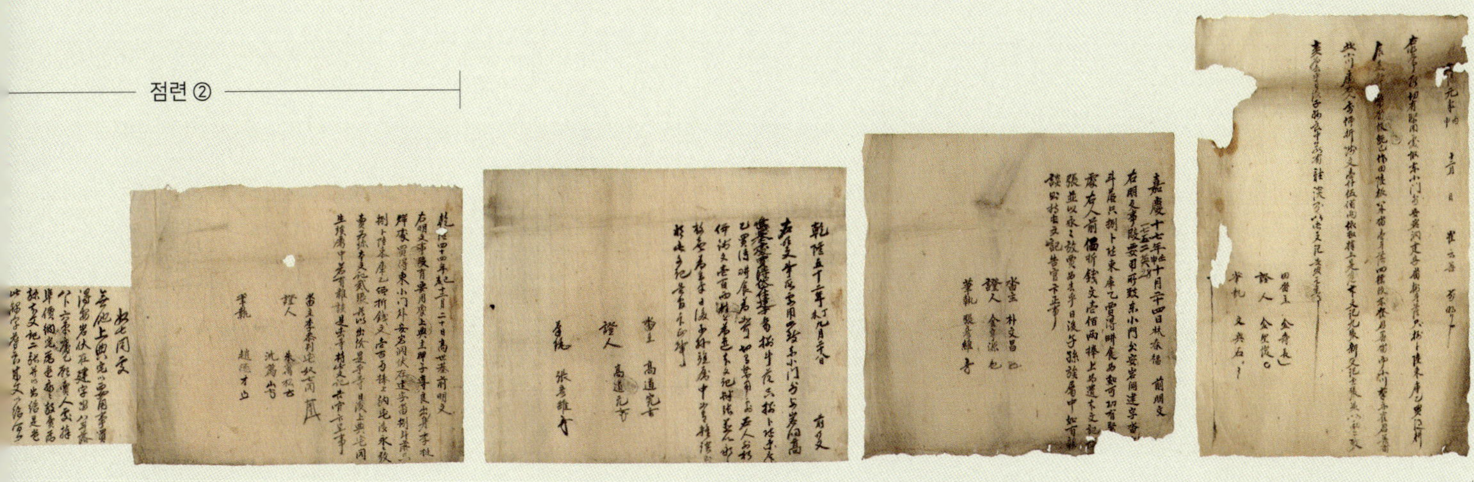

점련 ②

7 | 8 | 9 | 10 | 11

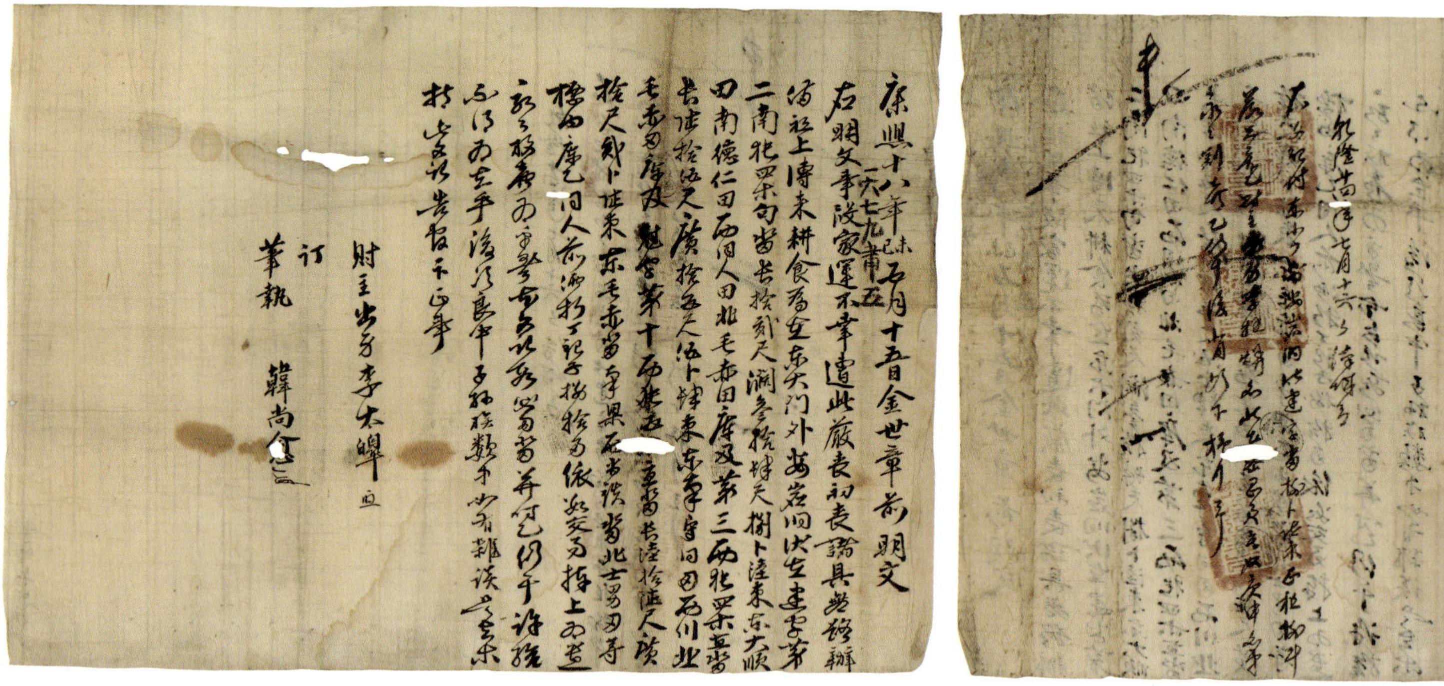

011-01

1679년 출신 이태호 명문

49.5×71.2

1679년(숙종 5) 5월 15일에 출신 이태호李太皥가 김세장金世章에게 토지를 매도하면서 작성하여 준 명문이다. 이태호는 부친의 장례에 필요한 물품을 마련할 방도가 없어서 조상으로부터 물려받아 경작해온 동대문 밖 안암동 소재 토지 3곳을 정은자 80냥에 매도하였다.

첫 번째 토지의 자호는 건자建字 2번이고 양전 방향은 남범, 토지의 품등은 4등이다. 직삼각형 모양의 논으로 길이는 12척, 밑변은 34척이고, 면적은 8부 6속이다. 사표는 동쪽이 대순大順의 밭, 남쪽이 덕인德仁의 밭, 서쪽이 김세장의 밭, 북쪽이 모적毛赤의 밭이다. 두 번째 토지의 자호는 건자 3번이고 양전 방향은 서범西犯, 토지의 품등은 4등이다. 직사각형 모양의 논으로 길이는 65척, 너비는 15척이며, 면적은 5부 4속이다. 사표는 동쪽과 남쪽이 수동守同의 밭, 서쪽이 개천, 북쪽이 모적의 밭이다. 세 번째 토지의 자호는 극자克字 10번이고 양전 방향은 서범, 토지의 품등은 5등이다. 직사각형 모양의 논으로 길이는 66척, 너비는 10척이며, 면적은 2부 6속이다. 사표는 동쪽이 모적의 논, 남쪽이 다리, 서쪽이 상철尙鉄의 논, 북쪽이 사남士男의 논이다. 본문기에는 다른 토지 내역이 함께 기재되어 있으므로 양도하지 못한다고 하였다. 한상유韓尙愈가 필집으로 참여하였다.

뒷면에는 1749년(영조 25) 7월에 한성부에서 발급한 배탈사급입안이 기재되어 있다. 1729년(영조 5)에 당시 소유주인 이정엽李挺燁이 본 문서의 앞면에 기재된 3곳의 토지 중 건자 논 8부 6속을 밀창군방密昌君房에 분할하여 매도하였음을 공증한 것이다.

(01) 康熙十八年己未五月十五日 金世章前 明文
(02) 右明文事段 家運不幸 遭此嚴喪 初喪諸具 無路辯
(03) 備 祖上傳來耕食爲在 東大門外 安岩洞伏在 建字 第
(04) 二·南犯·四等·句畓·長拾貳尺濶參拾肆尺·捌卜陸束 東大順
(05) 田 南德仁田 西同人田 北毛赤田庫 及第三·西犯·四等·直畓·
(06) 長陸拾伍尺廣拾五尺·伍卜肆束 東南守同田 西川 北
(07) 毛赤田庫 及剋字 第十·西犯·五■(等)·直畓·長陸拾陸尺廣
(08) 拾尺·貳卜陸束 東毛赤畓 南梁 西尙鉄畓 北士男田等
(09) 標內庫乙 同人前 價折丁銀子捌拾兩 依數交易捧上爲遣
(10) 永永放賣爲乎矣 本文記段 他田畓幷付乙仍于 許給
(11) 不得爲去乎 後次良中 子孫族類中 如有雜談是去等
(12) 持此文記 告官卞正事
(13) 財主 出身 李太皥(着名)
(14) 訂
(15) 筆執 韓尙愈(着名)

(背面)
乾隆十四年七月十六日 漢城府
右文記付 東小門外 安岩洞伏 建字畓 捌卜陸束·正租捌斗
落只庫乙 財主出身李挺燁亦 狀者密昌君房奴庚申亦中
永永割賣乙仍于 後背頉下施行事
堂上(着押) 郎廳(着押)
[漢城府印]

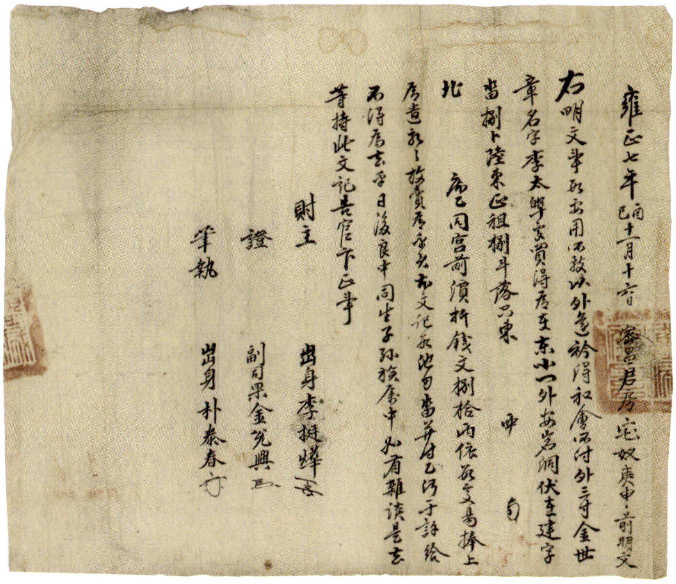

011-02

1729년 출신 이정엽 명문

43.5×50.4

1729년(영조 5) 11월 16일에 이정엽이 밀창군방 댁 노 경신庚申에게 토지를 매도하면서 작성하여 준 명문이다. 이정엽이 외가에서 물려받은 동소문東小門 밖 안암동 소재의 논을 밀창군방 댁 노 경신에게 전문 80냥을 받고 매도하였다. 매물은 1679년(숙종 5) 외삼촌 김세장이 이태호로부터 매수한 건자建字 논으로 면적은 8부 6속, 정조正租 8두락지 규모였다. 사표는 기재되지 않았고, 본문기에는 다른 전답이 함께 기재되어 있어 양도할 수 없다고 하였다. 부사과副司果 김태흥金兌興과 출신 박태춘朴泰春이 각각 증인과 필집으로 참여하였다.

(01)　雍正七年己酉十一月十六日 密昌君房宅奴 庚申前 明文
(02) 右明文事段 要用所致以 外邊衿得 和會所付 外三寸金世
(03) 章名字 李太皡處買得爲在 東小門外 安岩洞伏在 建字
(04) 畓 捌卜陸束·正租捌斗落只 東　　　　西　　　南
(05) 北　　　庫乙 同宮前 價折錢文捌拾兩 依數交易捧上
(06) 爲遣 永永放賣爲乎矣 本文記段 他田畓幷付乙仍于 許給
(07) 不得爲去乎 日後良中 同生子孫族屬中 如有雜談是去
(08) 等 持此文記 告官卞正事
(09)　　　　　　財主 出身 李挺燁(着名)
(10)　　　　　　證　副司果 金兌興(着名)
(11)　　　　　　筆執 出身 朴泰春(着名)

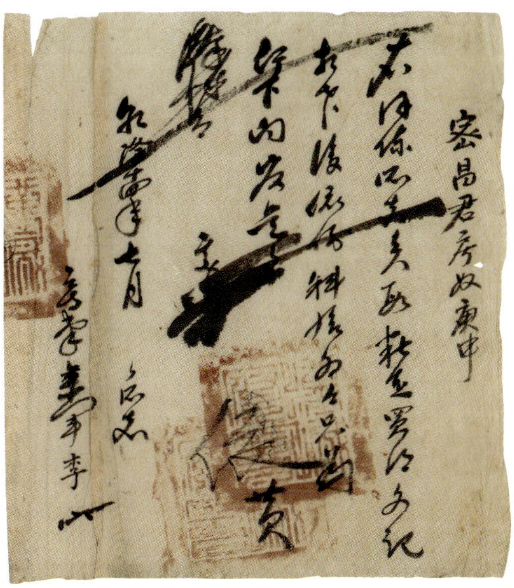

011-03

1749년 밀창군방 댁 노 경신 소지

27.0×20.3

1749년(영조 25) 7월에 밀창군방의 노 경신이 한성부에 올린 입안신청 소지이다. 소지와 함께 점련하여 제출하는 매매명문을 검토하여 이에 대한 사급입안을 발급해줄 것을 요청하였다. 한성부 당상이 '그대로 시행하라(依)'는 처분을 하였고, 입안 발급을 담당한 병방의 방장 참군 이李가 서명하였다.

(01) 密昌君房奴 庚申
(02) 右謹陳所志矣段 粘連買得文記
(03) 相考後 依例斜給爲白只爲
(04) 行下向敎是事
(05) 漢城府 處分
(06)　　乾隆十四年七月 日 所志
(07)　　　　　　　　依 黃
(08) 堂上(着押)
(09)　　　　　房掌 參軍 李(着押)
[漢城府印]

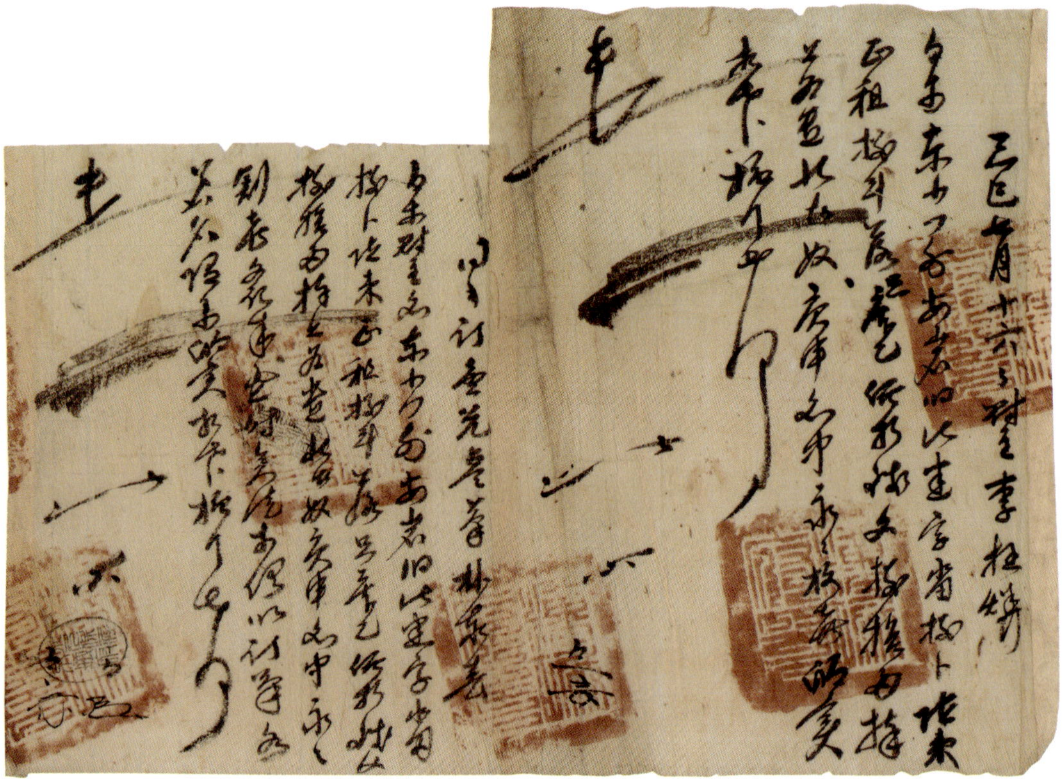

011-05

1749년 증인 김태홍 등 초사

25.7×20.3

01)　　同日 訂 金兌興 筆 朴泰春
(02) 白等 財主亦 東小門外 安岩洞伏 建字畓
(03) 捌卜陸束·正租捌斗落只庫乙 價折錢文
(04) 捌拾兩捧上爲遣 狀者奴庚申亦中 永永
(05) 割賣 文記成置時 矣徒等 俱以訂筆各
(06) 着名隨參的實 相考施行敎事
(07)　　　　　　　　　　白(着名)
(08)　　　　　　　　　　白(着名)
(09) 堂上(着押)　郎廳(着押)
[漢城府印]

011-04

1749년 이정엽 초사

31.3×22.3

(01)　　己巳七月十六日 財主 李挺燁
(02) 白等 東小門外 安岩洞伏 建字畓 捌卜陸束·
(03) 正租 捌斗落只庫乙 價折錢文捌拾兩 捧
(04) 上爲遣 狀者奴庚申亦中 永永放賣的實
(05) 相考施行敎事
(06)　　　　　　　　　　白(着名)
(07) 堂上(着押)　郎廳(着押)
[漢城府印]

1749년(영조 25) 7월 16일에 재주 이정엽과 증인 김태홍 등이 토지매매 사실을 진술한 초사이다. 이정엽은 한성부 동소문 밖 안암동의 건자建字 8부 6속, 8두락지의 논을 노 경신에게 전문 80냥에 방매한 것이 사실임을 진술하였다. 김태홍과 박태춘은 이정엽이 토지를 매도할 때 자신들이 각각 증인과 필집으로 참여한 것이 사실임을 진술하였다.

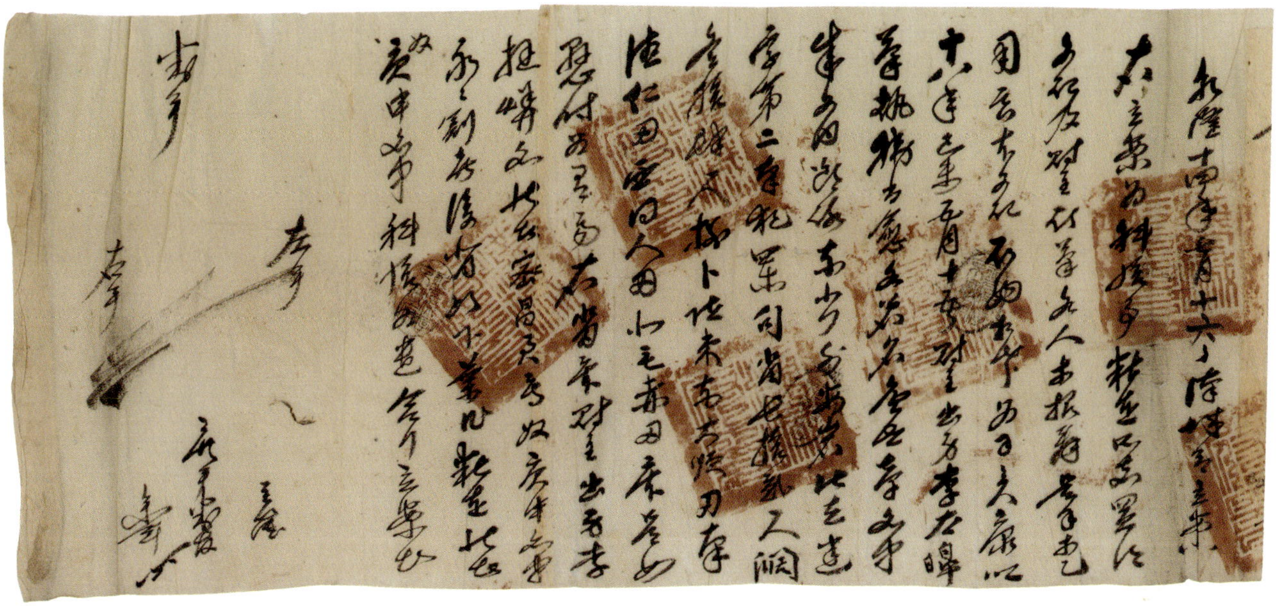

011-06

1749년 한성부 입안

27.3×60.4

1749년(영조 25) 7월 16일에 한성부에서 노 경신에게 토지매매 사실을 공증하여 발급한 입안이다. 한성부는 경신의 입안신청 소지와 매매명문, 재주와 증인 및 필집의 초사를 확인하고, 관에 제출한 본문기의 내용을 검토하여 해당 논의 전래 경위를 파악한 후 입안을 발급하였다. 특히 1679년(숙종 5) 명문에 기재된 토지 중 경신에게 매도한 토지 내역을 배탈하였음을 밝혔다.

(01) 乾隆十四年七月十六日 漢城府立案
(02) 右立案爲斜給事 粘連所志買得
(03) 文記 及財主訂筆各人等招辭是乎等乙
(04) 用良 本文記取納相考爲乎矣 康熙
(05) 十八年己未五月十五日 財主出身李太皥
(06) 筆執韓尙愈 各着名 金世章亦中
(07) 成文內 節該 東小門外 安岩伏在 建
(08) 字 第二·南犯·四等·句畓·長拾貳尺濶
(09) 參拾肆尺·捌卜陸束 東大順田 南
(10) 德仁田 西同人田 北毛赤田庫是如
(11) 懸付爲有齊 右畓庫 財主出身李
(12) 挺熚亦 狀者密昌君房奴庚申亦中
(13) 永永割賣 後背頉下 棄作粘連 狀者
(14) 奴庚申亦中 斜給爲遣 合行立案者
(15) 左尹 主簿
(16) 判尹 庶尹 判官
(17) 右尹(着押) 參軍(着押)
[漢城府印]

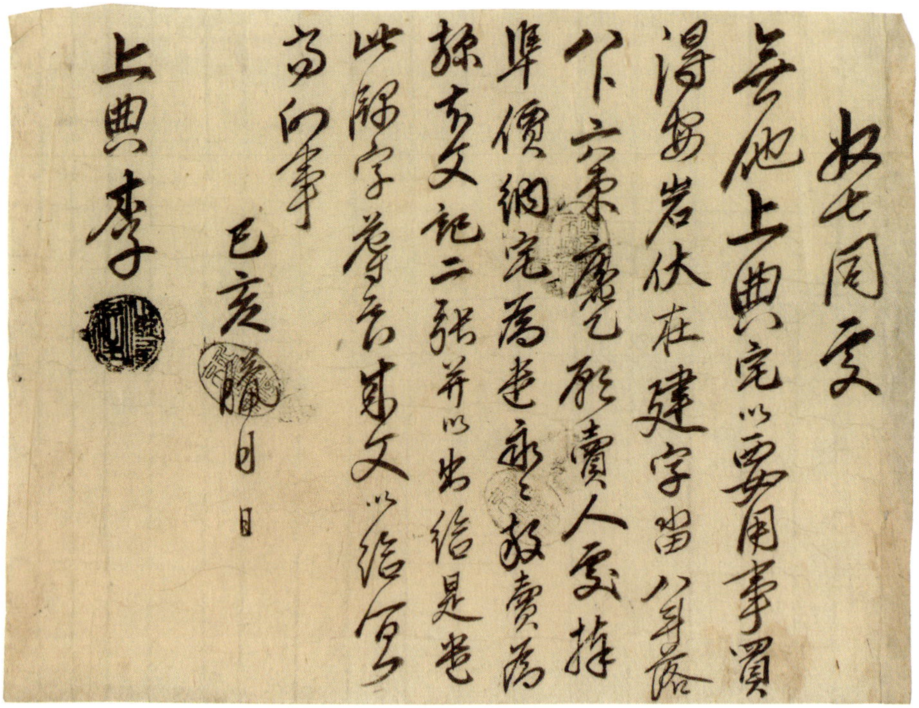

011-07

1779년 상전 이 패자

28.6×38.0

1779년(정조 3) 12월에 상전 이李가 노 칠동七同에게 토지의 매도를 위임하기 위해 발급한 패자이다. 매물은 이전에 매득한 한성부 안암동 소재 건자建字 논 8두락지, 8부 6속이다. 매수를 희망하는 자에게 값을 받아 매도하되, 본문기 2장을 함께 양도하며, 이 패자의 내용에 따라 명문을 작성하여 지급하라고 하였다.

(01)　奴 七同處
(02) 無他 上典宅 以要用事 買
(03) 得安岩伏在 建字畓 八斗落·
(04) 八卜六束庬乙 願賣[買]人處 捧
(05) 準價納宅爲遣 永永放賣爲
(06) 旀 本文記二張幷以 出給是遣
(07) 此牌字導良 成文以給 宜
(08) 當向事
(09)　　　　己亥臘月　日
(10) 上典 李(印)

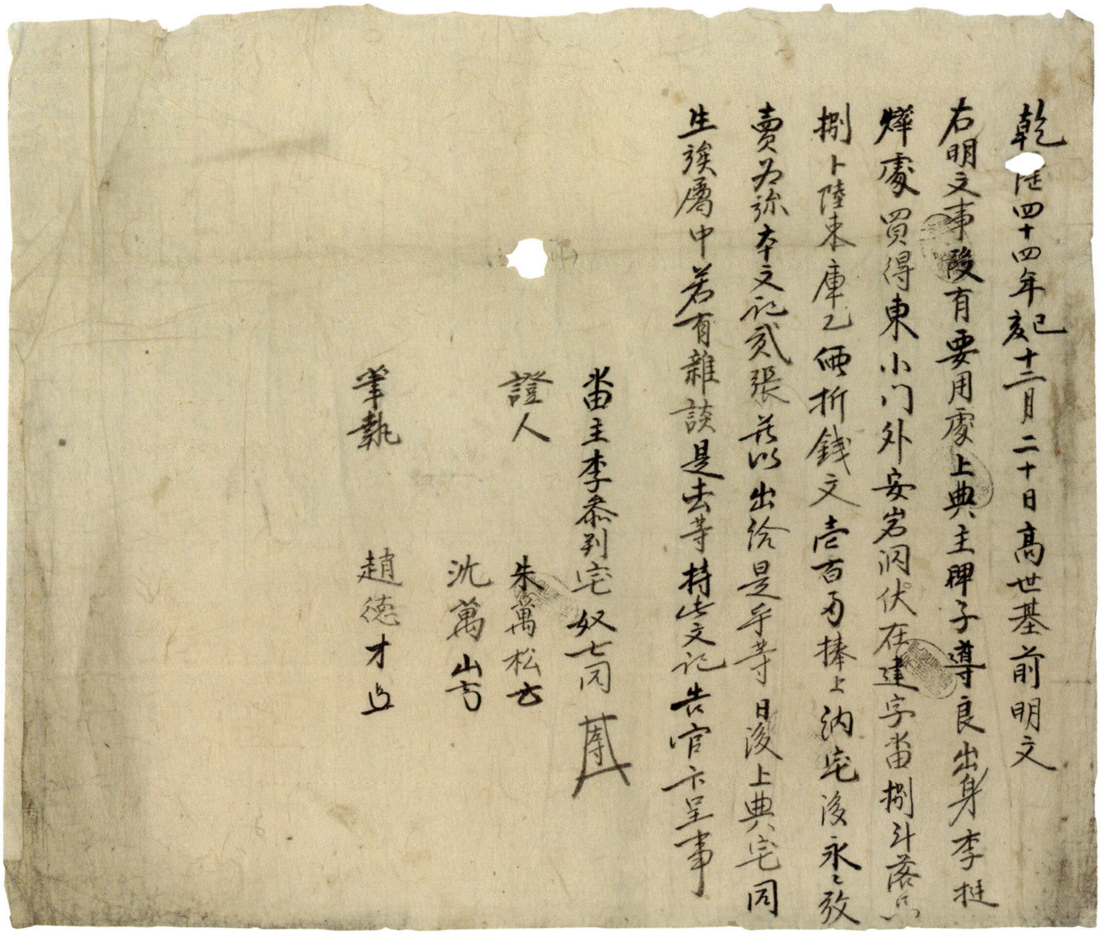

011-08

1779년 이 참판 댁 노 칠동 명문

50.1×60.3

1779년(정조 3) 12월 20일에 이 참판叅判 댁의 노 칠동이 고세기高世基에게 토지를 매도하면서 작성하여 준 명문이다. 칠동은 상전댁이 이정엽으로부터 매입한 토지를 고세기에게 전문 100냥을 받고 매도하였다. 매물은 동소문 밖 안암동에 소재한 건자建字 논으로 면적은 8두락지, 8부 6속 규모이다. 패자의 내용에 따라서 본문기 2장을 함께 지급하였다. 주만송朱萬松과 심만산沈萬山이 증인으로 참여하고, 조덕재朝德才가 필집으로서 문서를 작성하였다.

(01) 乾隆四十四年己亥十二月二十日 高世基前 明文
(02) 右明文事段 有要用處 上典主牌子導良 出身李挺
(03) 燁處買得 東小門外 安岩洞伏在 建字畓 捌斗落只·
(04) 捌卜陸束庫乙 價折錢文壹百兩 捧上納宅後 永永放
(05) 賣爲於 本文記貳張幷以 出給是乎等 日後 上典宅同
(06) 生族屬中 若有雜談是去等 持此文記 告官卞呈事
(07) 畓主 李叅判宅奴 七同(左寸)
(08) 證人 朱萬松(着名)
(09) 沈萬山(着名)
(10) 筆執 趙德才(着名)

011-09

1787년 고도완 명문

45.3×56.6

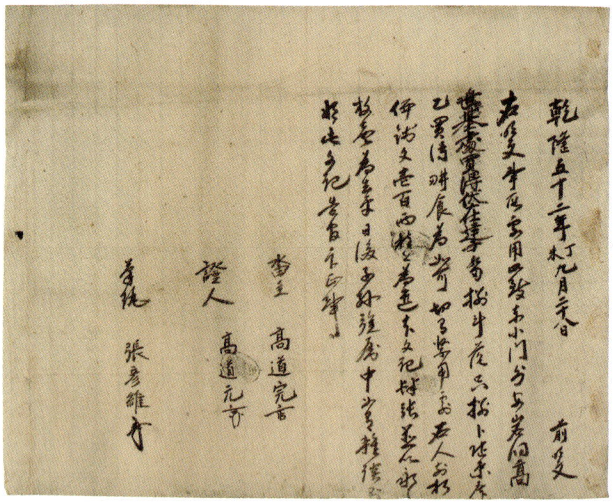

1787년(정조 11) 9월 28일에 고도완高道完이 토지를 매도하면서 작성하여 준 명문이다. 고도완은 고세기로부터 논을 매수하여 경작하다가 전문 100냥을 받고 매도하였다. 매물은 동소문 밖 안암동 소재의 건자建字 논으로 면적은 8두락지, 8부 6속 규모이다. 매수인에게 본문기 4장을 함께 양도하였다. 고도원高道元과 장언유張彦維가 각각 증인과 필집으로 참여하였다. 문서의 수취자가 기재되지 않았으나, 동일한 매물을 거래한 1812년 박문창朴文昌 명문이 있으므로 이 문서의 토지 매수인은 박문창으로 추정된다. 1787년 고도완 명문의 본문기가 4장이고, 1812년 박문창 명문의 본문기가 5장이므로 그 외의 거래 사실은 없는 것으로 보인다.

(01) 乾隆五十二年丁未九月二十八日　　前 明文
(02) 右明文事段 要用所致 東小門外 安岩洞 高
(03) 世基處買得伏在 建子[字]畓 捌斗落只·捌卜陸束庫
(04) 乙 買得畊食爲如可 切有緊用處 右人前 折
(05) 價錢文壹百兩 捧上爲遣 本文記肆張幷以 永永
(06) 放賣爲去乎 日後子孫族屬中 如有雜談 則
(07) 將此文記 告官卞正事
(08) 　　　畓主 高道完(着名)
(09) 　　　證人 高道元(着名)
(10) 　　　筆執 張彦維(着名)

011-10

1812년 박문창 명문

55.1×53.8

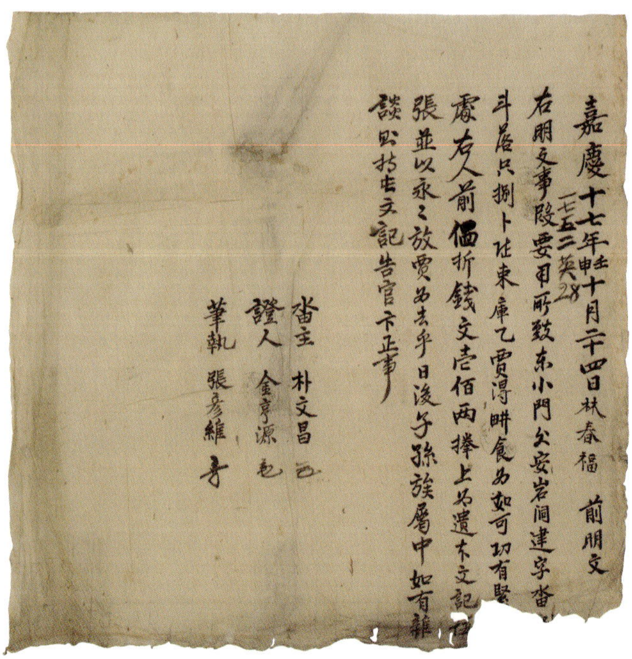

1812년(순조 12) 10월 24일에 박문창이 임춘복林春福에게 토지를 매도하면서 작성하여 준 명문이다. 박문창은 매입하여 경작해온 논을 임춘복에게 전문 100냥을 받고 매도하였다. 매물은 동소문 밖 안암동에 소재한 건자建字 논으로 면적은 8두락지, 8부 6속 규모이다. 임춘복에게 본문기 5장을 함께 양도하였다. 김형원金亨源과 장언유가 각각 증인과 필집으로 참여하였다.

(01) 嘉慶十七年壬申十月二十四日 林春福前 明文
(02) 右明文事段 要用所致 東小門外 安巖洞 建字畓 ■(捌)
(03) 斗落只·捌卜陸束庫乙 買得畊食爲如可 切有緊■(用)
(04) 處 右人前 價折錢文壱伯兩 捧上爲遣 本文記伍
(05) 張幷以 永永放賣爲去乎 日後子孫族屬中 如有雜
(06) 談 則持此文記 告官卞正事
(07) 　　　畓主 朴文昌(着名)
(08) 　　　證人 金亨源(着名)
(09) 　　　筆執 張彦維(着名)

011-11

1896년 김수장 명문

64.7×38.4

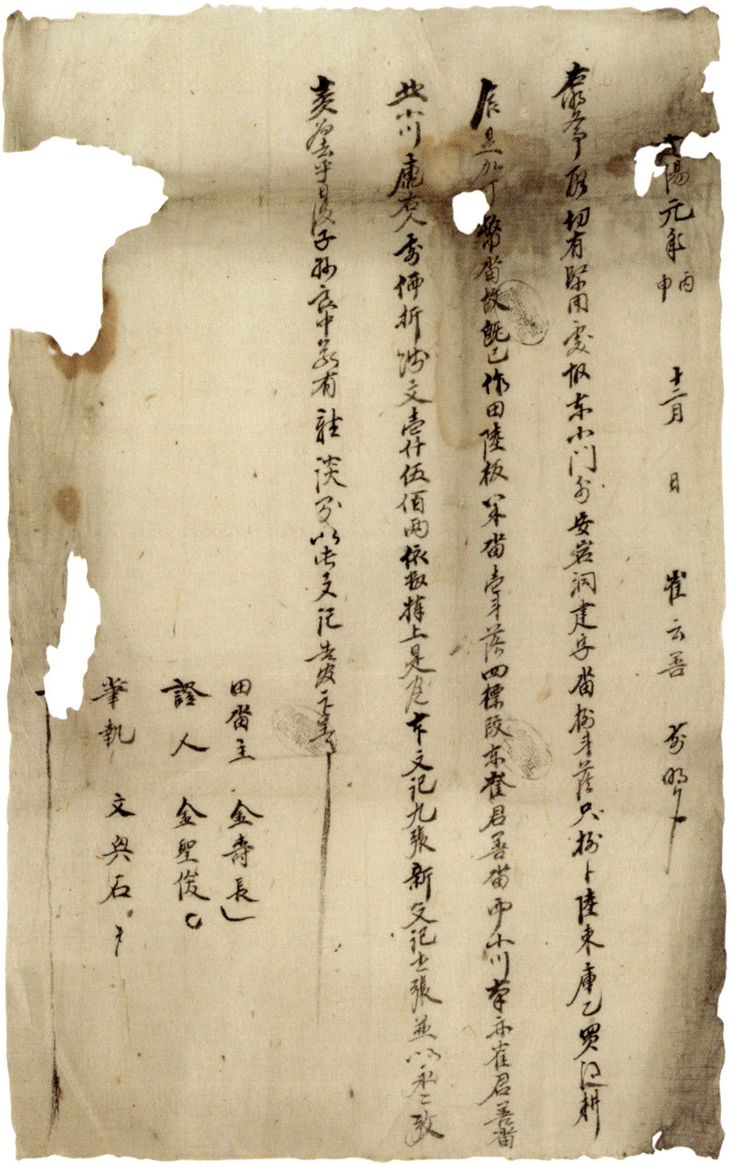

1896년(건양 1) 12월에 김수장金壽長이 최운선崔云善에게 토지를 매도하면서 작성하여 준 명문이다. 매물은 동소문 밖 안암동에 있는 두 곳의 토지이고, 매매금액은 전문 1,500냥이다. 첫 번째 토지는 본래 건자建字 자호의 논으로, 면적은 8두락지, 8부 6속 규모였으나 더 이상 농사를 짓지 않고 묵혀서 6판 규모의 밭이 되었다. 두 번째 토지는 논 1두락지이다. 사표는 동쪽이 최군선崔君善의 논, 서쪽이 작은 개천, 남쪽도 최군선의 논, 북쪽이 작은 개천이다. 매물과 함께 본문기 9장과 신문기 1장을 양도하였다. 김성준金聖俊이 증인으로 참여하고, 필집 문흥석文興石이 문서를 작성하였다.

(01) 建陽元年丙申 十二月 日 崔云善前 明文
(02) 右明文事段 切有緊用處 故東小門外 安岩洞 建字畓 捌斗落只·捌卜陸束庫乙 買得耕
(03) 食是加可 幣[廢]畓 故旣已作田 陸板果 畓壹斗落 四標段 東崔君善畓 西小川 南亦崔君善畓
(04) 北小川廛 右人前 價折錢文壹仟伍佰兩 依數捧上是遣 本文記九張 新文記壹張幷以 永永放
(05) 賣爲去乎 日後子孫良中 若有雜談 則以此文記 告官卞呈事
(06) 田畓主 金壽長(着名)
(07) 證人 金聖俊(着名)
(08) 筆執 文興石(着名)
(09) 際

012

1727년 상전 홍 패자 등 안암동 토지매매문서

1727~1769년 | 53.3×245.9

1727년부터 1769년까지 안암동에 소재한 토지를 거래한 매매명문과 한성부에서 발급한 사급입안 등 8점으로 구성된 점련문서이다. 41년간 두 번의 거래가 이루어졌는데, 그중 1768년에 이루어진 두 번째 거래는 패자, 명문, 소지, 초사, 입안 등 매매 관련 문서가 온전하게 남아있다. 거래한 토지는 암답 7두락지이고, 매매금액은 1727년에 은자 53냥이었으나, 1768년에는 전문 140냥에 거래되었다. 안암동은 현재의 서울특별시 성북구 안암동 일대에 해당한다.

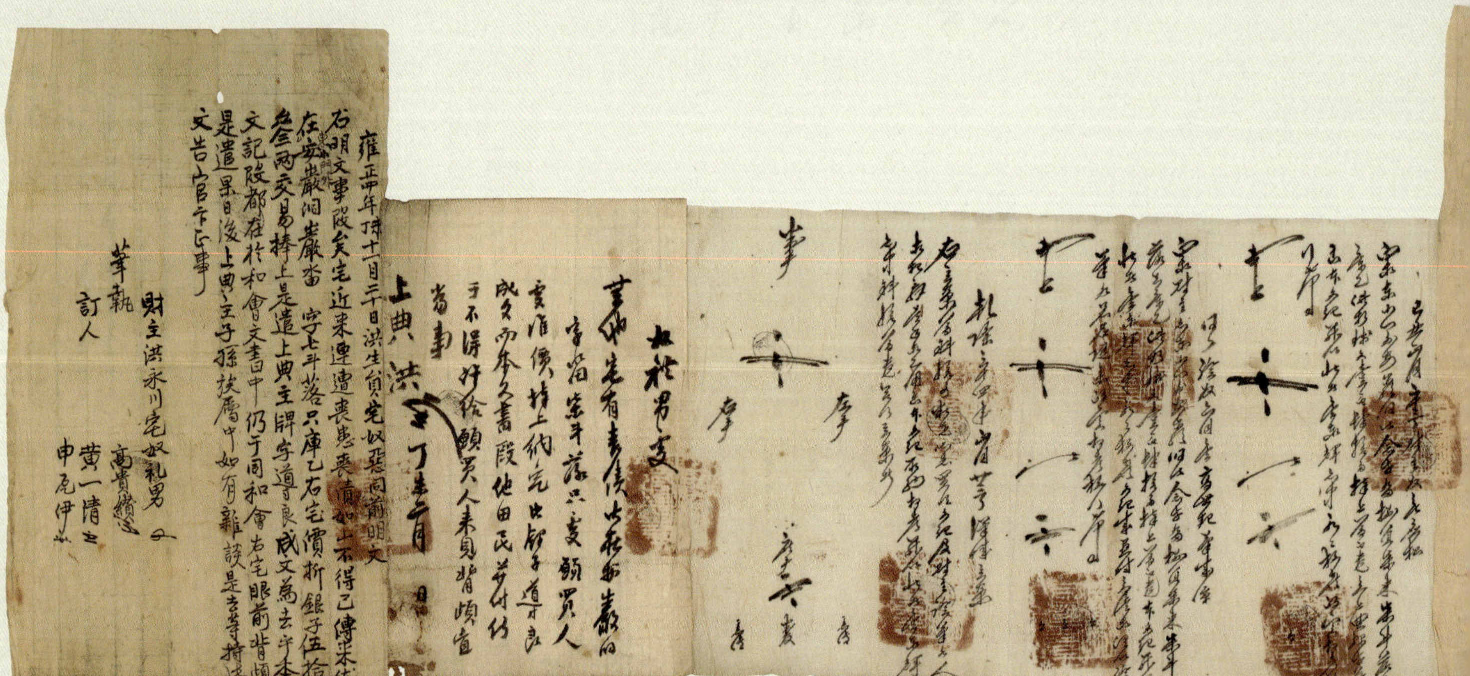

2 | 1 | 8 | 7 | 6

순서	문서명	매매가격	내용
1	1727년 상전 홍 패자	-	노 예남에게 토지 매도 권한을 위임 - 안암동 ○답 7두락지
2	1727년 홍 영천 댁 노 예남 명문	은자 53냥	홍 생원 댁 노 악동에게 토지 매도 - 안암동 암답 ○자 7두락지
3	1768년 상전 홍 패자	-	노 무응송에게 토지 매도 권한을 위임 - 안암동 암답 ○자 7두락지
4	1768년 홍 생원 노 무응송 명문	전문 140냥	김태휘에게 토지 매도 - 안암동 암답 염자 제84번 8부 7속, 7두락지
5	1769년 김태휘 소지	-	한성부에 입안 신청
6	1769년 노 무응송 초사	-	한성부에 매매 사실 진술
7	1769년 증인 노 유월금 초사	-	한성부에 매매 사실 진술
8	1769년 한성부 입안	-	김태휘에게 매매 사실을 공증하는 입안 발급

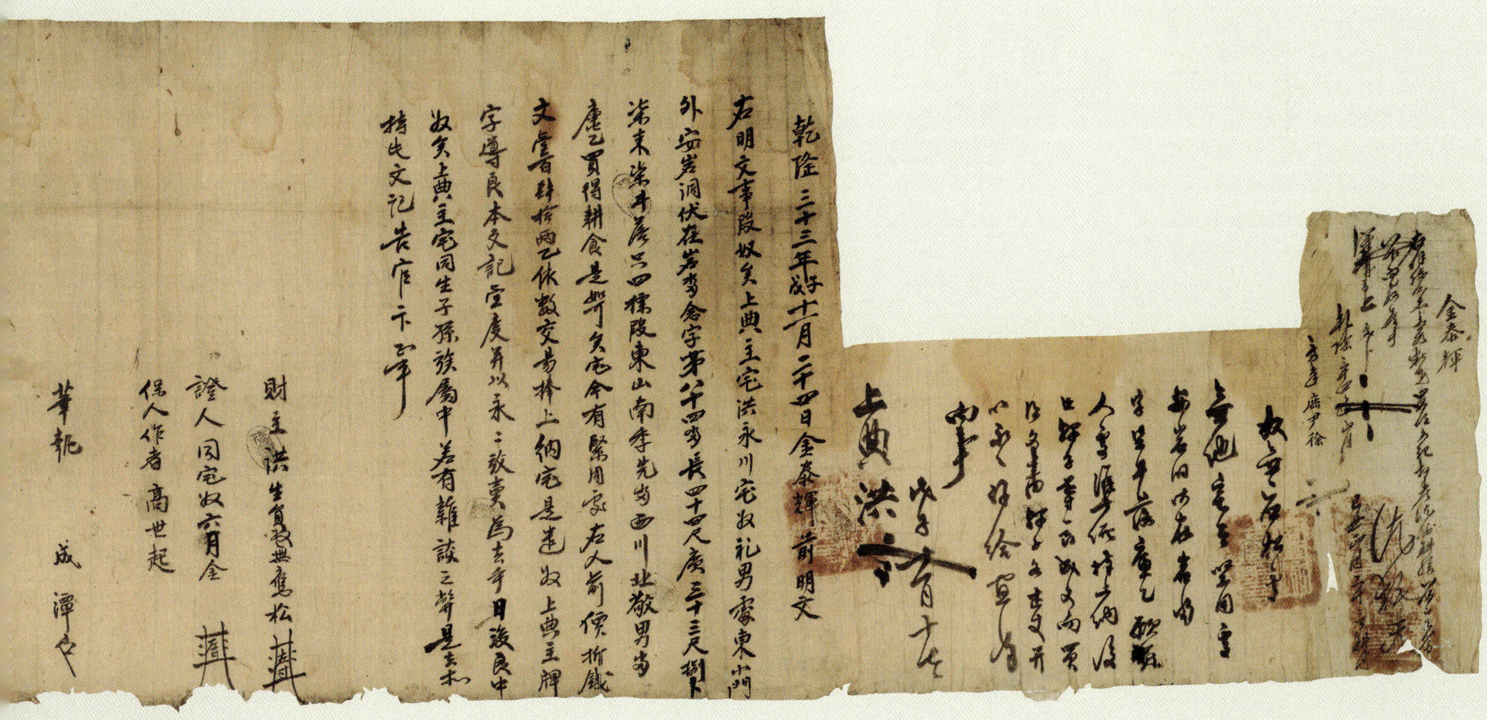

4 | 3 | 5

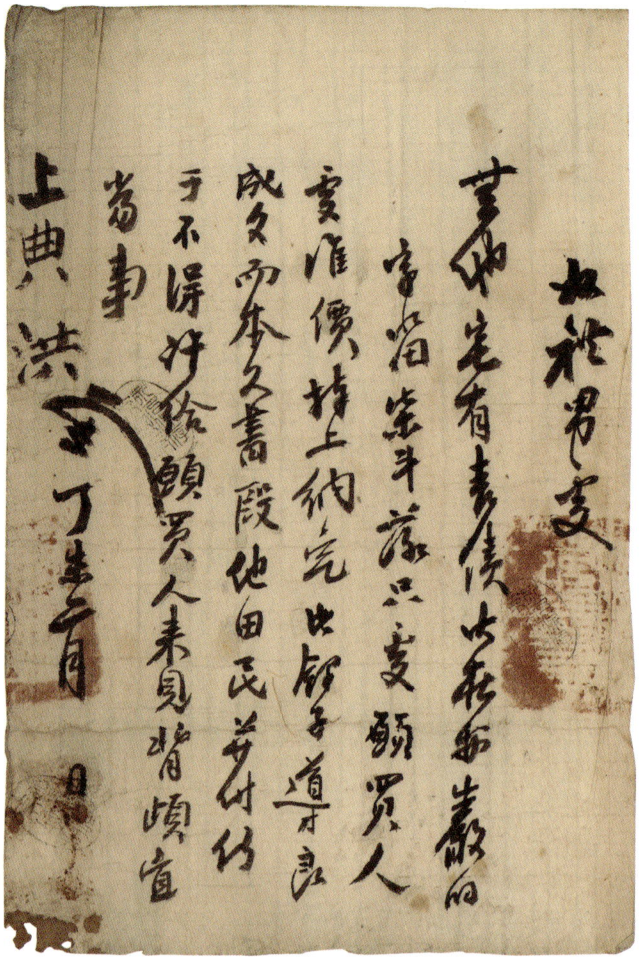

012-01

1727년 상전 홍 패자

38.1×25.0

1727년(영조 3) 2월에 상전 홍洪이 자신의 노 예남禮男에게 논의 매도를 위임하기 위해 발급한 패자이다. 매물은 한성부 안암동에 있는 논 7두락지이다. 본문기는 다른 재산 내역이 함께 기재되어 있으므로 매수자에게 양도하지 말고, 뒷면에 매매 내역을 표시하는 '배탈'을 하라고 하였다. 조선시대에는 매매 계약이 성립한 후 새롭게 작성한 매매명문인 신문기와 해당 재산의 전래 경위가 적힌 구문기를 매수인에게 함께 양도해야 했다. 구문기는 본문기라고 불리기도 하며, 주로 재산 상속 문서인 분재기와 이전의 명문이 구문기에 해당한다. 만약 구문기에 매매 대상 외의 다른 재산이 함께 기재되어 매수인에게 양도할 수 없는 경우, 구문기 뒷면에 매도한 재산의 내역을 기재하여 이에 대한 관의 입안을 받았는데, 이를 배탈사급입안이라고 한다.

(01) 　奴 禮男處
(02) 無他 宅有喪債 伏在安巖洞
(03) 　字畓 柒斗落只處 願買人
(04) 處 准價捧上納宅 此牌子導良
(05) 成文 而本文書段 他田民幷付仍
(06) 于 不得許給 願買人來見 背頉宜
(07) 當事
(08) 　　　　丁未二月 日
(09) 上典 洪(着押)

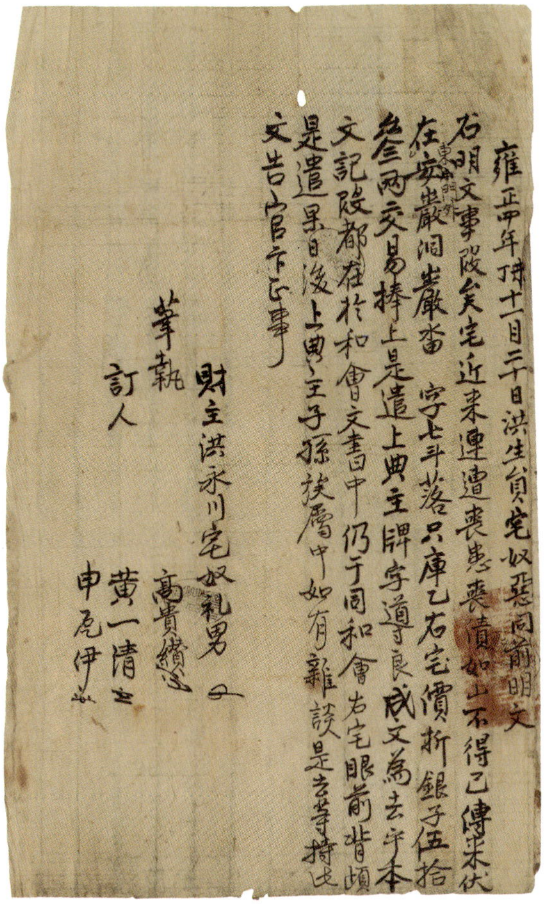

012-02

1727년 홍 영천 댁 노 예남 명문

51.8×31.0

1727년(영조 3) 11월 20일에 홍 영천永川 댁의 노 예남이 홍洪 생원의 노 악동惡同에게 토지를 매도하면서 작성하여 준 명문이다. 예남은 상전댁의 잇따른 초상으로 인해 부채가 쌓여 토지를 매도한다고 하였다. 매물은 한성부 동소문 밖 안암동에 있는 논 7두락지이며, 매도금액은 은자 53냥이다. 본문기는 화회문기이므로 양도할 수 없으니 배탈하라고 하였다. 화회문기는 분재기의 한 종류로 재주가 사망한 후 자녀들이 합의하여 재산을 분배할 때 작성하는 문서이다. 황일청黃一淸과 신돌이申乭伊가 증인으로, 고귀찬高貴纘이 필집으로 참여하였다.

(01) 雍正四年丁未十一月二十日 洪生員宅奴 惡同前 明文
(02) 右明文事段 矣宅 近來連遭喪患 喪債如山 不得已 傳來伏
(03) 在東小門外 安巖洞 巖畓 字 七斗落只庫乙 右宅 價折銀子伍拾
(04) 參兩 交易捧上是遣 上典主牌字導良 成文爲去乎 本
(05) 文記段 都在於和會文書中仍于 同和會 右宅眼前背頉
(06) 是遣果 日後 上典主子孫族屬中 如有雜談是去等 持此
(07) 文 告官卞正事
(08) 財主 洪永川宅奴 禮男(着名)
(09) 筆執 高貴纘(着名)
(10) 訂人 黃一淸(着名)
(11) 申乭伊(着名)

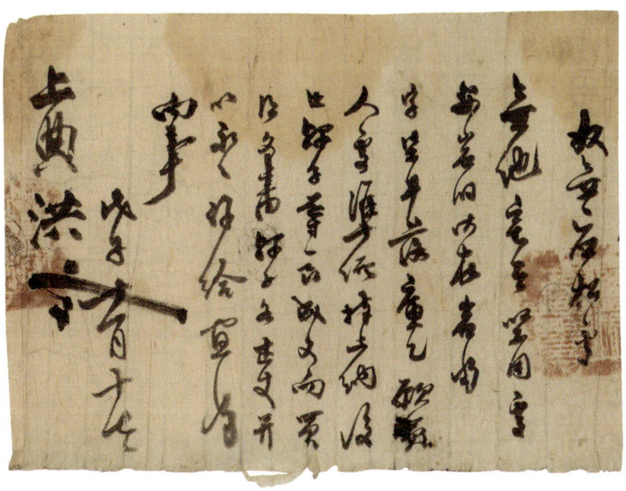

012-03

1768년 상전 홍 패자

27.7×37.4

1768년(영조 44) 11월 17일에 상전 홍이 자신의 노 무응송無應松에게 논의 방매를 위임하기 위해 발급한 패자이다. 매물은 한성부 안암동에 있는 암답岩畓 7두락지이며, 자호는 기재되지 않았다. 매수인에게 값을 받아 상전댁에 납부하고, 이 패자의 내용에 따라서 명문을 작성하여 지급하되 이전의 매득문서 및 패자를 함께 지급하라고 하였다.

(01) 奴 無應松處
(02) 無他 宅有緊用處
(03) 安岩洞伏在 岩畓
(04) 字 柒斗落庫乙 願買
(05) 人處 準價捧上納後
(06) 此牌子導良成文 而買
(07) 得文書牌子各壹丈幷
(08) 以 永永許給宜當
(09) 向事
(10) 戊子十一月十七日
(11) 上典 洪(着押)

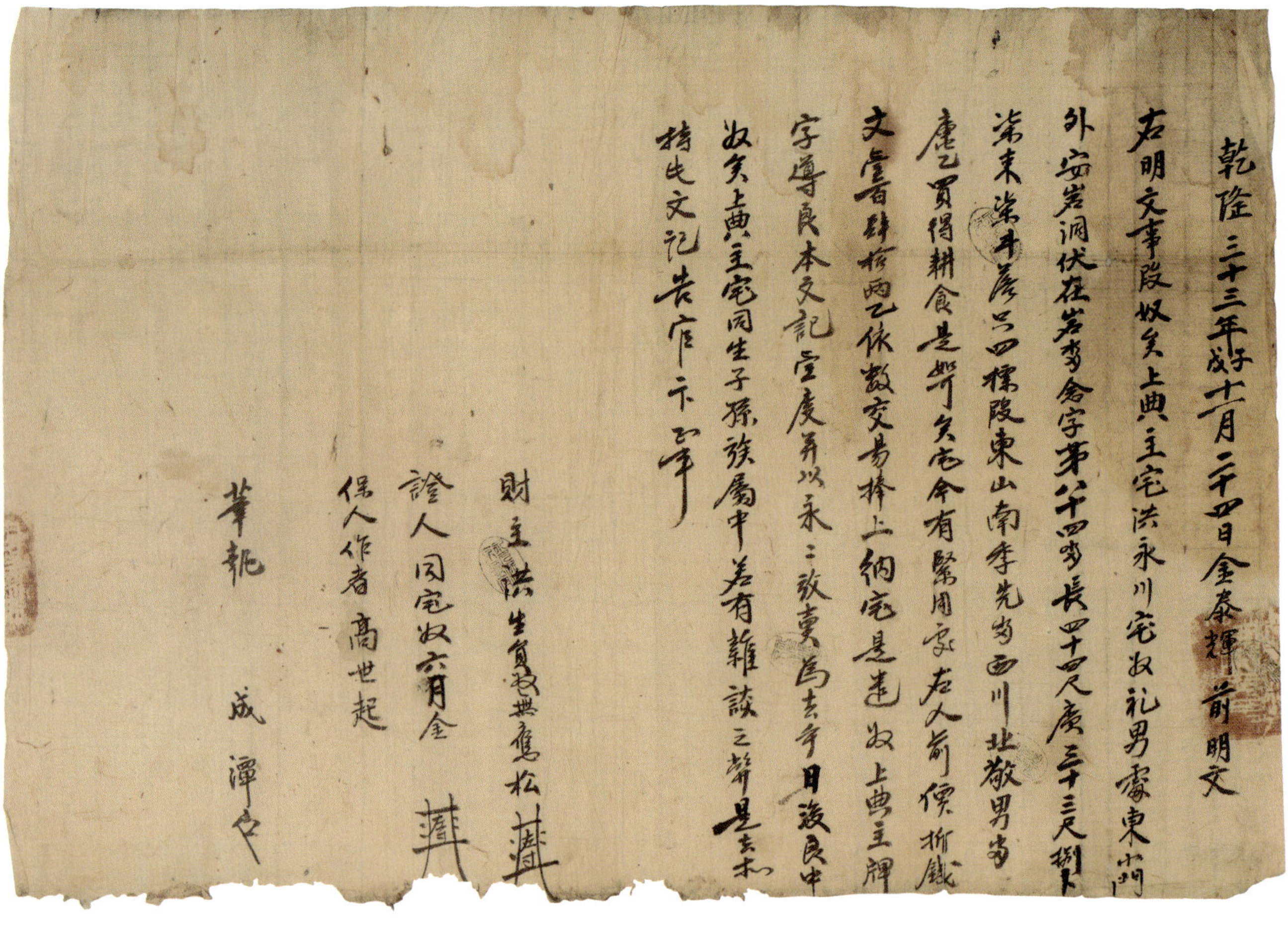

012-04

1768년 홍 생원 노 무응송 명문

53.3×79.0

1768년(영조 44) 11월 24일에 홍 생원의 노 무응송이 김태휘金泰輝에게 토지를 매도하면서 작성하여 준 명문이다. 무응송은 자신의 상전이 홍 영천 댁 노 예남으로부터 매수했던 논을 전문 140냥에 매도하였다. 매물은 한성부 동소문 밖 안암동에 있는 염자念字 제84번 논이다. 면적은 8부 7속, 7두락지이며, 길이는 44척, 너비가 33척이다. 사표는 동쪽 산, 남쪽 계선季先의 논, 서쪽 개천, 북쪽 경남敬男의 논이다. 상전의 패자 내용에 따라 본문기 1장을 함께 양도하였다. 홍 생원 댁 노 유월금六月金과 고세기高世起가 증인으로, 성담成潭이 필집으로 참여하였다.

(01) 乾隆三十三年戊子十一月二十四日 金泰輝前 明文
(02) 右明文事段 奴矣上典主宅 洪永川宅奴禮男處 東小門
(03) 外 安岩洞伏在 岩畓 念字 第八十四畓 長四十四尺廣三十三尺·捌卜
(04) 柒束·柒斗落只 四標段 東山 南季先畓 西川 北敬男畓
(05) 庱乙 買得耕食是如可 矣宅 今有緊用處 右人前 價折錢
(06) 文壹百肆拾兩乙 依數交易捧上 納宅是遣 奴上典主牌
(07) 字導良 本文記壹度幷以 永永放賣爲去乎 日後良中
(08) 奴矣上典主宅同生子孫族屬中 若有雜談之弊是去等
(09) 持此文記 告官卞正事
(10) 財主 洪生員奴 無應松(左寸)
(11) 證人 同宅奴 六月金(左寸)
(12) 保人 作者 高世起
(13) 筆執 成潭(着名)

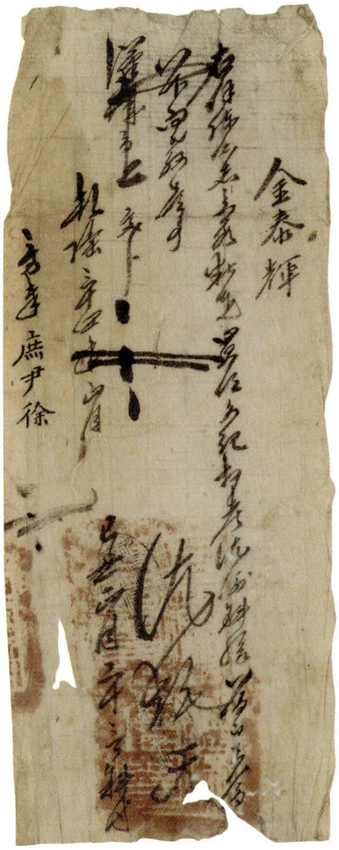

012-05

1769년 김태휘 소지

36.9×14.8

1769년(영조 45) 1월 김태휘가 한성부에 올린 입안신청 소지이다. 소지와 함께 점련하여 제출하는 매매명문을 검토하여 이에 대한 사급 입안을 발급해줄 것을 요청하였다. 한성부 당상관은 '그대로 시행하라(依施)'는 처결을 내렸다. 입안 발급은 이방에서 담당하였으며, 이방의 방장인 한성부 서윤 서徐가 1월 23일 입안 발급을 처리하였다.

(01) 金泰輝
(02) 右謹陳所志矣段 粘連買得文記相考 依例斜給爲白只爲
(03) 行下向敎是事
(04) 漢城府 處分
(05) 乾隆三十四年正月 日
(06) 依施 天
(07) 堂上(着押)
(08) 己丑正月二十三日 斜付
(09) 房掌 庶尹 徐(着押)
[漢城府印]

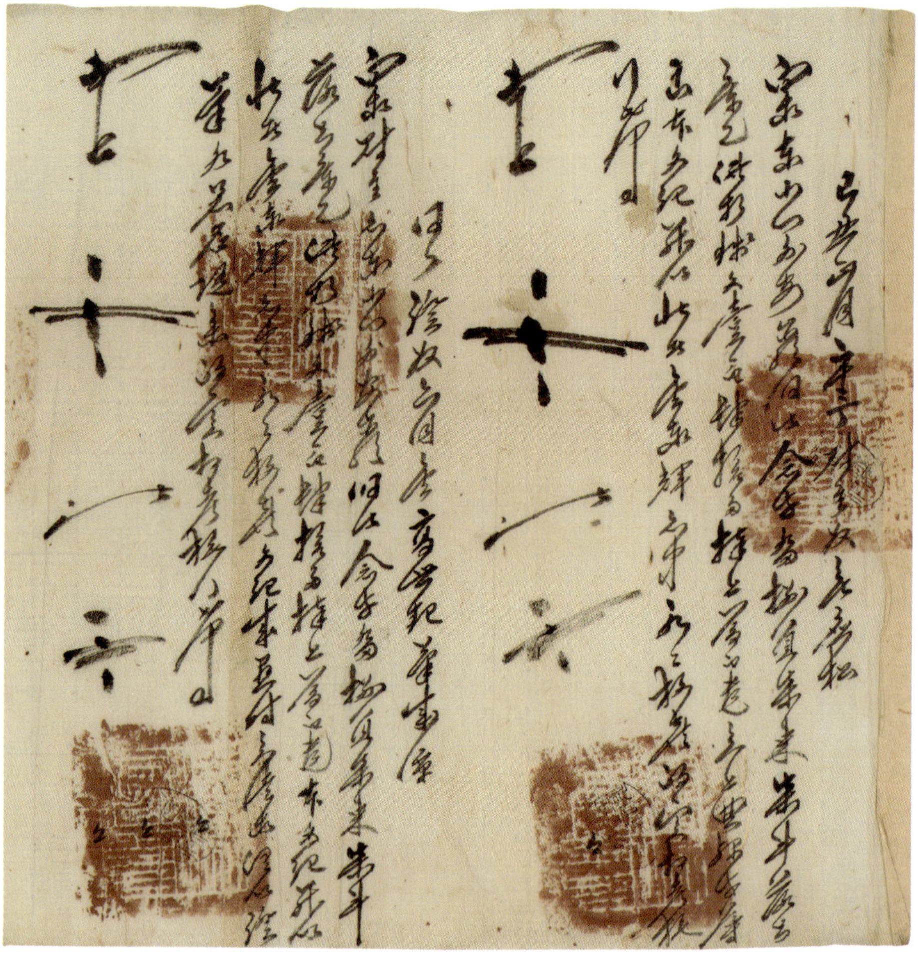

012-07

1769년 증인 노 유월금 등 초사

37.0×18.0

(01) 同日 證 奴 六月金 高世起 筆 成潭
(02) 白等 財主亦 東小門外 安巖洞伏 念字畓 捌負柒束·柒斗
(03) 落只庫乙 價折錢文壹百肆拾兩 捧上爲白遣 本文記幷以
(04) 狀者金泰輝亦中 永永放賣 文記成置時 矣徒等 俱以證
(05) 筆各着名隨參的實 相考施行敎事
(06) 白
(07) 白
(08) 白
(09) 堂上(着押) 郎廳(着押)
[漢城府印]

012-06

1769년 노 무응송 초사

37.0×18.3

(01) 己丑正月二十三日 財主 奴 無應松
(02) 白等 東小門外 安巖洞伏 念字畓 捌負柒束·柒斗落只
(03) 庫乙 價折錢文壹百肆拾兩 捧上爲白遣 矣上典牌子導
(04) 良 本文記幷以 狀者金泰輝亦中 永永放賣的實 相考施
(05) 行敎事
(06) 白
(07) 堂上(着押) 郎廳(着押)
[漢城府印]

1769년(영조 45) 1월 23일에 노 무응송과 증인 노 유월금 등이 토지매매 사실을 한성부에 진술한 초사이다. 무응송은 한성부 동소문 밖 안암동의 염자念字 8부 7속, 7두락지의 논을 김태휘에게 전문 140냥에 매도하고, 패자와 본문기를 함께 양도한 것이 사실임을 진술하였다. 유월금, 고세기, 성담은 무응송과 김태휘의 거래에 증인과 필집으로 참여하여 명문을 작성한 것이 사실임을 진술하였다.

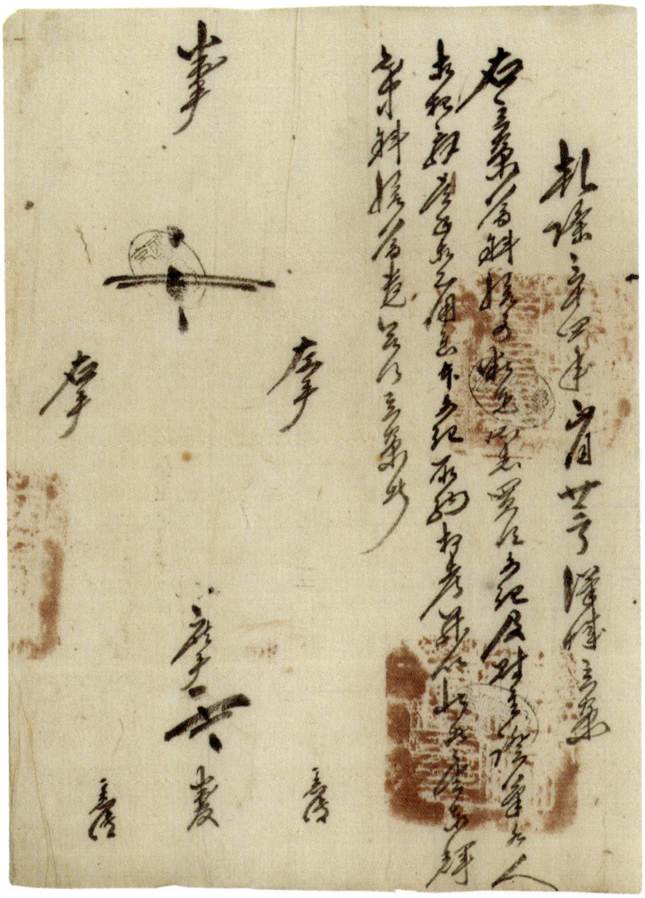

012-08

1769년 한성부 입안

37.0×26.0

1769년(영조 45) 1월 23일에 한성부에서 김태휘에게 토지매매 사실을 공증하여 발급한 입안이다. 한성부에서는 김태휘의 입안 신청 소지에 함께 점련된 매매명문과 재주 및 증인과 필집의 초사를 확인하고, 관에 제출한 본문기의 내용을 검토하여 해당 논의 전래 경위를 파악한 후 입안을 발급하였다.

(01) 乾隆三十四年正月卄三日 漢城立案
(02) 右立案爲斜給事 粘連所志買得文記 及財主證筆各人
(03) 等招辭是乎等乙用良 本文記取納相考幷以 狀者金泰輝
(04) 亦中 斜給爲遣 合行立案者
(05) 左尹 主簿
(06) 判尹(着押) 庶尹(着押) 判官
(07) 右尹 主簿
[漢城府印]

013

1728년 양익천 명문 등 안암동 토지매매문서

1728~1895년

1728년부터 1895년까지 동부 안암동 소재 토지를 거래한 명문 11점이다. 이 문서들에서 거래되는 매물은 총 4곳이다. 첫 번째 거래를 기준으로 각 토지 정보는 다음과 같다.

매물A: 건자(建字) 논, 7두락지, 10부
매물B: 건자(建字) 밭, 1일경, 6무, 8부 3속
매물C: 건자(建字) 밭, 1일경, 4무, 8부 3속
매물D: 개자(芥字) 밭, 반일경, 7부

매물D는 1728년 양익천이 김두영에게 전문 210냥에 매도한 이후 오랫동안 거래 이력이 없으나, 100여 년이 지난 1855년과 1859년에 이르러 다른 매물들과 함께 거래된 사실을 확인할 수 있다. 1859년 김준기 명문의 배탈 기록에 따르면 매물D는 1887년에 최군선에게 부분 매도되었으나, 실제 거래된 명문은 남아있지 않다.
매물A와 매물B는 1779년에 함께 거래되어 주만송의 소유가 되었는데, 1783년에 매물B만 임봉우에게 매도되었고, 이후 윤광섬, 신풍손, 주범언 등으로 소유주가 변경되었다. 매물A는 이후 거래 여부를 알 수 없으나, 1832년 주수길 명문에서 매물B와 함께 거래되는 것이 확인된다. 1779년의 매수인 주만송과 1832년 매도자 주수길의 성이 같으므로 같은 집안에서 매물A가 전래되었을 가능성이 있다. 주수길이 1832년에 매물A · B를 모두 매도하여 이후 두 토지는 김 조이의 소유가 되었다. 1841년 김 조이는 매물A · B에 추가로 매물C를 김한성에게 매도하였다. 1855년 김한성은 매물A · B · C에 매물D를 추가하여 매도하였고, 1859년 김준기도 매물 A · B · C · D를 모두 매도하였다. 이후 1887년 매물D는 최군선의 소유가 되었고, 매물A · B · C는 이치선에게서 백은만에게로 매도되었다. 백은만은 1895년에 매물A · B · C를 최운선에게 매도하였다.
매물B의 거래 이력에는 특이한 점이 있다. 1783년 주만송이 임봉우에게 매물B를 전문 80냥에 매도하였는데, 이후 1818년 윤광섬 명문에서 매물B의 매매금액은 전문 40냥으로 절반이나 낮아졌다. 또한 윤광섬이 신풍손에게 매도하고 9일 후인 2월 10일 신풍손은 다시 주범언에게 매물B를 전문 50냥에 매도하였다. 거래 후 10일도 지나지 않아 다시 토지를 매도하고, 금액이 10냥이나 상승한 것은 일반적이지 않은 사례로 보인다.

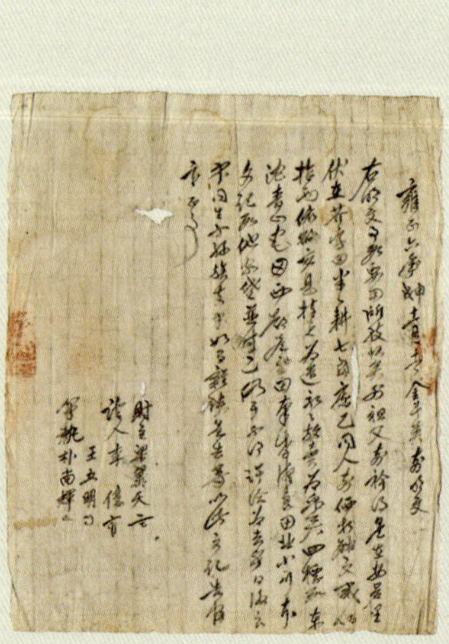
1

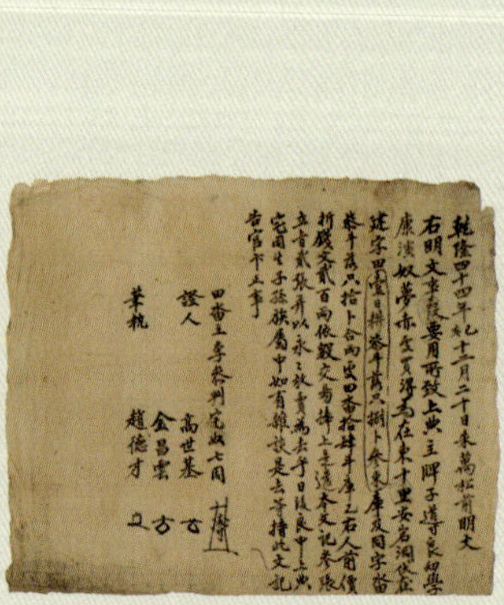
2

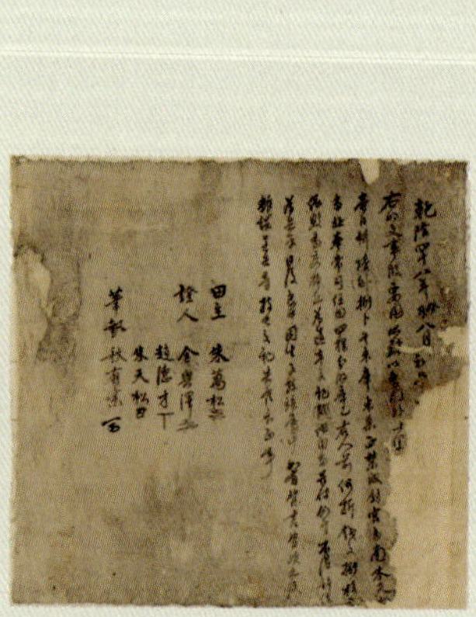
3

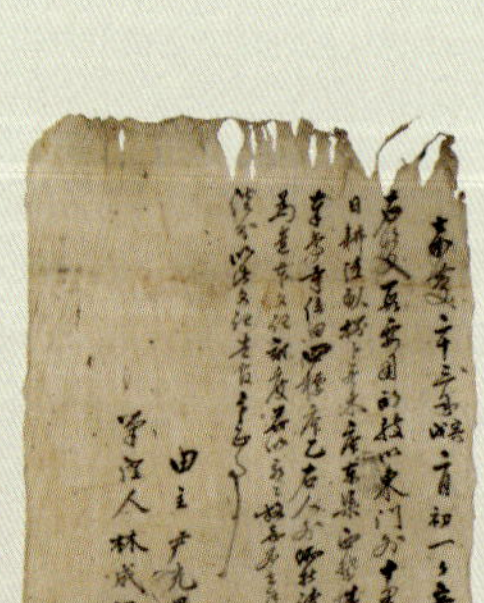
4

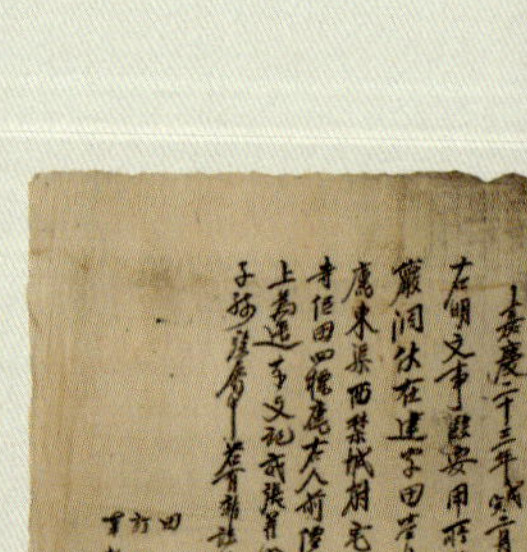
5

순서	문서명	매매가격	내용
1	1728년 양익천 명문	전문 210냥	김두영에게 토지 매도 - 안암리 개자 전 반일경, 7부(매물D)
2	1779년 이 참판 댁 노 칠동 명문	전문 200냥	주만송에게 토지 매도 - 동십리 안암동 건자 전 1일경, 7두락지, 8부 3속(매물B) - 건자 답 7두락지, 10부(매물A) * 배탈: 1783년 임봉우에게 부분 매도(매물B)
3	1783년 주만송 명문	전문 80냥	임봉우에게 토지 매도 - 동문 밖 10리 1일경, 6무, 8부 3속(매물B)
4	1818년 윤광섬 명문	전문 40냥	신풍손에게 토지 매도 - 동문 밖 10리 안암동 건자 전 1일경, 6무, 8부 3속(매물B)
5	1818년 신풍손 명문	전문 50냥	주범언에게 토지 매도 - 동문 밖 10리 안암동 건자 전 1일경, 6무, 8부 3속(매물B)
6	1832년 주수길 명문	전문 270냥	미상의 매수인에게 토지 매도 - 동부 숭신방 안암동리 건자 전 1일경(매물B) - 건자 답 7두락지(매물A)
7	1841년 김 조이 명문	전문 200냥	김한성에게 토지 매도 - 동문 밖 안암동 건자 답 7두락지, 10부(매물A) - 건자 전 1일경, 6무, 8부 3속(매물B) - 건자 전 1일경, 4무, 8부 3속(매물C)
8	1855년 김한성 명문	전문 400냥	미상의 매수인에게 토지 매도 - 동문 밖 안암동 건자 답 7두락지, 10부(매물A) - 건자 전 1일경, 6무, 8부 3속(매물B) - 건자 전 1일경, 4무, 8부 3속(매물C) - 개자 전 반일경, 7부(매물D)
9	1859년 김준기 명문	전문 620냥	미상의 매수인에게 토지 매도 - 동부 안암동 건자 답 7두락지, 10부(매물A) - 건자 전 1일경, 6무, 8부 1속(매물B) - 건자 전 1일경, 4무, 6부 2속(매물C) - 개자 전 반일경, 3무, 7부(매물D) * 배탈: 1887년 최군선에게 부분 매도(매물D)
10	1887년 이치선 명문	전문 520냥	백은만에게 토지 매도 - 동부 안암동 건자 답 4두락지, 10부(매물A) - 건자 전 1일경, 6무, 8부 3속(매물B) - 건자 전 1일경, 4무, 8부 3속(매물C)
11	1895년 백은만 명문	전문 4,200냥	최운선에게 토지 매도 - 동부 안암동 건자 답 4두락지, 10부(매물A) - 건자 전 1일경, 6무, 8부 3속(매물B) - 건자 전 1일경, 4무, 8부 3속(매물C)

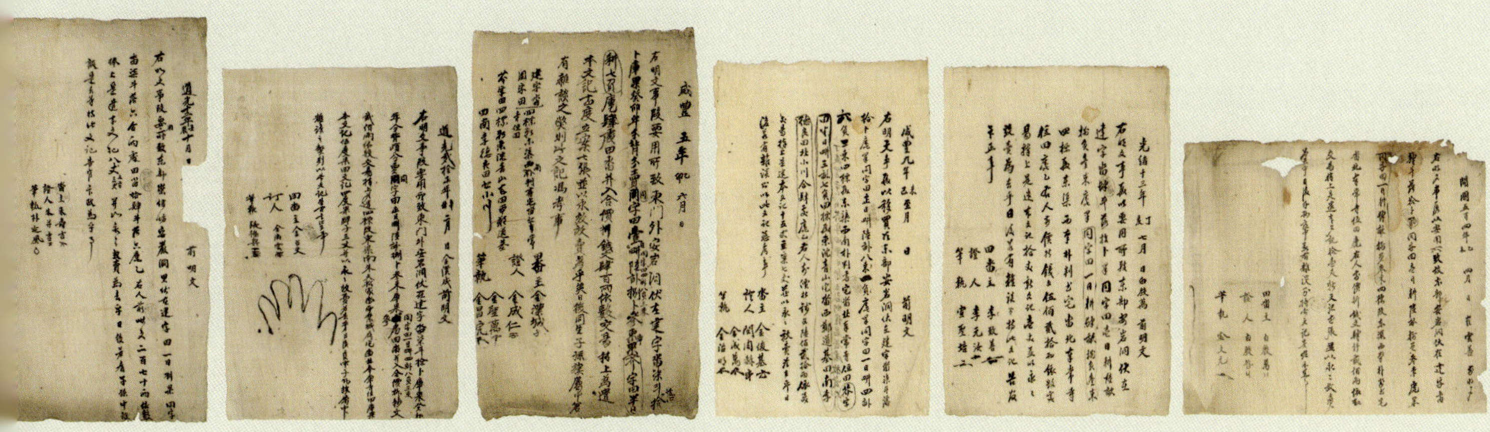

6 | 7 | 8 | 9 | 10 | 11

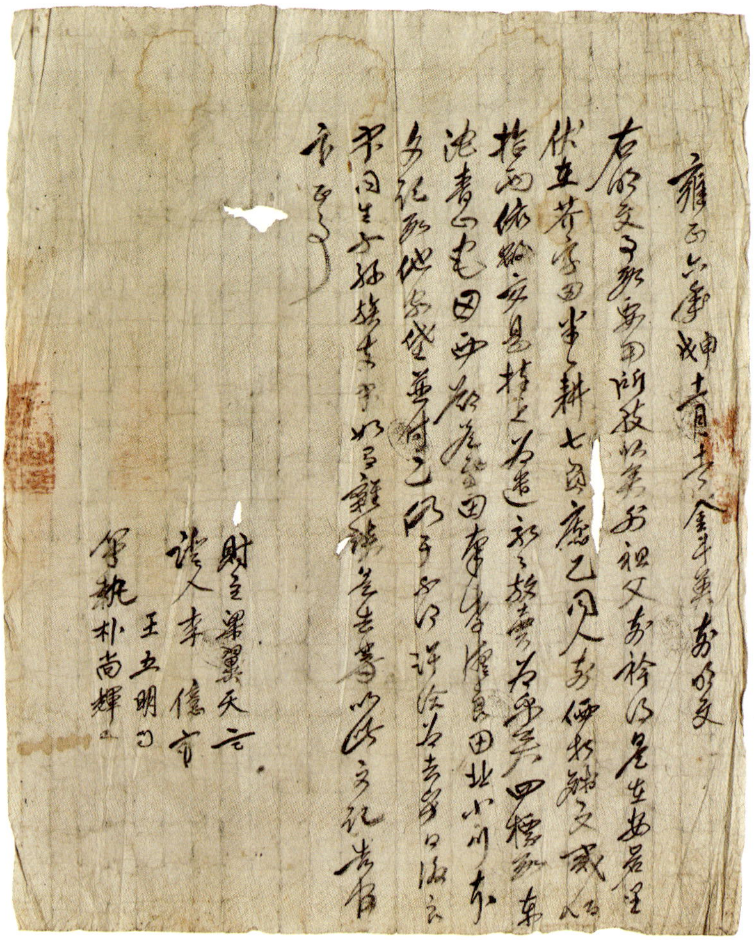

013-01

1728년 양익천 명문

65.4×52.8

1728년(영조 4) 11월 11일에 양익천梁翼天이 김두영金斗英에게 토지를 매도하면서 작성해 준 명문이다. 양익천은 외조부로부터 물려받은 안암리 소재의 토지를 전문 210냥에 매도하였다. 매물은 개자芥字 자호의 밭이고 면적은 반일경, 7부 규모였다. 사표는 동쪽이 심沈 청산靑山 댁 밭, 서쪽이 정도기鄭道基 밭, 남쪽이 이덕양李德良 밭, 북쪽이 작은 개천이었다. 본문기는 다른 가대가 함께 기재되어 있어 양도하지 않았다. 이억李億과 왕오명王五明이 증인으로 참여하고, 박상휘朴尙輝가 명문을 작성하였다.

(01)　　雍正六年戊申十一月十一日 金斗英前 明文
(02)　右明文事段 要用所致以 矣外祖父前 衿得是在 安岩里
(03)　伏在 芥字田 半日耕·七負廳乙 同人前 價折錢文貳佰
(04)　拾兩 依數交易捧上爲遣 永永放賣爲乎矣 四標段 東
(05)　沈靑山宅田 西鄭道基田 南李德良田 北小川 本
(06)　文記段 他家垈並付乙仍于 不得許給爲去乎 日後良
(07)　中 同生子孫族支中 如有雜談是去等 以此文記 告官
(08)　卞正事
(09)　　　　　　　　　　財主 梁翼天(着名)
(10)　　　　　　　　　　證人 李　億(着名)
(11)　　　　　　　　　　　　 王五明(着名)
(12)　　　　　　　　　　筆執 朴尙輝(着名)

(背面)
압방죽문셔

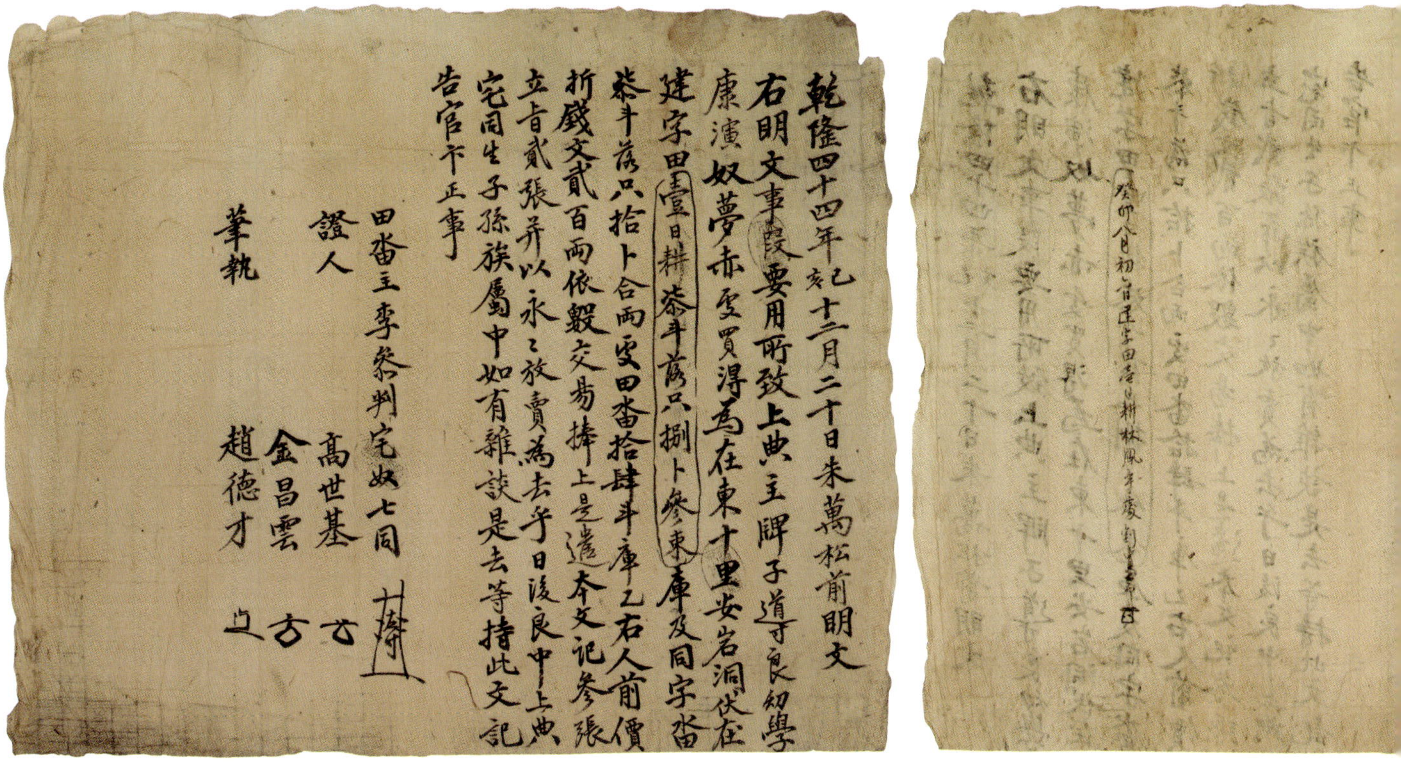

013-02

1779년 이 참판 댁 노 칠동 명문

45.4×55.3

1779년(정조 3) 12월 20일에 이 참판 댁 노 칠동이 주만송에게 토지를 매도하면서 작성하여 준 명문이다. 칠동은 유학 강연康演의 노 몽적夢赤으로부터 매득한 토지를 주만송에게 전문 200냥을 받고 매도하였으며, 본문기 3장과 입지 2장 및 상전의 패자를 함께 지급하였다. 매도한 토지는 동십리 안암동에 있는 건자建字 자호의 밭 1곳과 논 1곳이다. 밭의 면적은 1일경, 7두락지, 8부 3속이고, 논의 면적은 7두락지, 10부이다. 두 전답의 합계는 14두락지이다. 칠동과 증인 고세기, 김창운金昌雲이 서명하고 조덕재趙德才가 필집으로서 문서를 작성하였다.

문서 뒷면에는 계묘년 8월 6일에 이 명문에 있는 토지 중 건자 밭 1일경을 임봉우林鳳宇에게 부분 매도한 사실을 기재하여 배탈하였다. 계묘년은 주만송 명문을 통해 1783년(정조 7)으로 추정할 수 있다. 명문에 기입된 토지 중 일부의 소유주가 변경된 것이므로 본문에 기재된 건자 밭 1일경, 7두락지, 8부 3속 부분을 효주하여 말소하였다.

(01) 乾隆四十四年己亥十二月二十日 朱萬松前 明文
(02) 右明文事段 要用所致 上典主牌子導良 幼學
(03) 康演奴夢赤處 買得爲在 東十里安岩洞伏在
(04) 建字田 壹日耕·柒斗落只·捌卜參束庫 及同字畓
(05) 柒斗落只·拾卜 合兩處田畓 拾肆斗庫乙 右人前 價
(06) 折錢文貳百兩 依數交易捧上是遣 本文記參張
(07) 立旨貳張幷以 永永放賣爲去乎 日後良中 上典
(08) 宅同生子孫族屬中 如有雜談是去等 持此文記
(09) 告官卞正事
(10) 田畓主 李叅判宅奴 七同(左寸)
(11) 證人 高世基(着名)
(12) 金昌雲(着名)
(13) 筆執 趙德才(着名)

(背面)
癸卯八月初六日 建字田 壹日耕 林鳳宇處 割賣 印(着名)

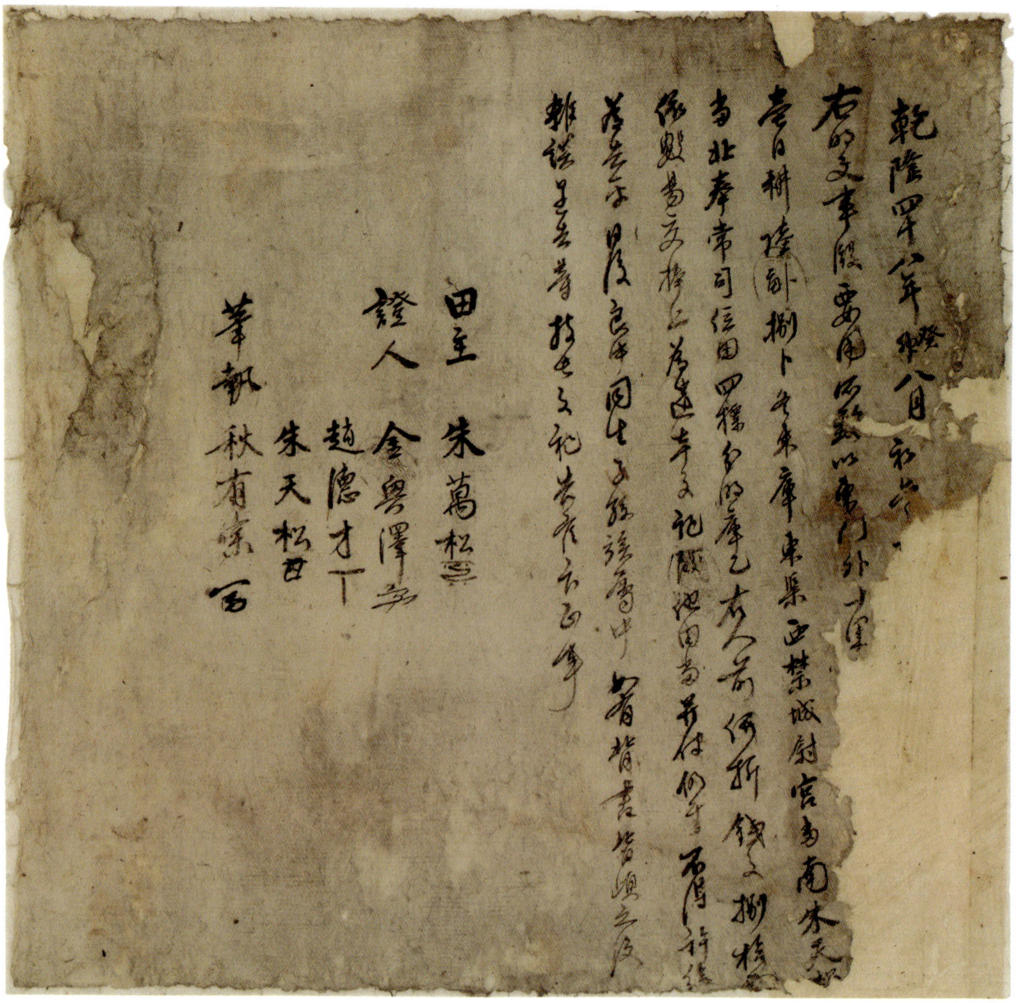

013-03

1783년 주만송 명문

50.8×52.3

1783년(정조 7) 8월 6일에 주만송이 토지를 매도하면서 작성한 명문이다. 주만송은 1779년(정조 3) 노 칠동으로부터 매득한 토지 중에서 밭 1곳을 매도하였다. 매물은 동문 밖 10리 지역에 소재한 밭으로 면적은 1일경, 6무, 8부 3속이고, 매매금액은 전문 80냥이다. 사표는 동쪽이 도랑, 서쪽이 금성위궁錦城尉宮의 논, 남쪽이 주천송朱天松의 논, 북쪽이 봉상사奉常司의 위전位田이다. 본문기는 다른 전답 내역이 함께 기재되어 있어 양도할 수 없다고 하였다. 1779년 이 참판 댁 노 칠동 명문이 본문기에 해당하는데, 본 거래의 매물인 밭 외에도 7두락지 면적의 논이 기재되어 있으므로 매수인에게 지급하지 못한 것이다. 증인으로 김흥택金興澤, 조덕재, 주천송이 참여하고, 필집 추유실秋有實이 문서를 작성하였다. 1779년 이 참판 댁 노 칠동 명문의 배탈 내용을 통해 이 거래의 매수인이 임봉우임을 알 수 있다.

(01) 乾隆四十八年癸卯八月初六日■…■
(02) 右明文事段 要用所致以 東門外十里■…■
(03) 壱日耕·陸畝·捌卜參束庫 東渠 西禁城尉宮畓 南朱天■(松)
(04) 畓 北奉常司位田 四標分明庫乙 右人前 價折錢文捌拾兩
(05) 依數易交[交易]捧上爲遣 本文記段 他田畓幷付仍于 不得許給
(06) 爲去乎 日後良中 同生子孫族屬中 如有背書背頉之後
(07) 雜談是去等 持此文記 告官卞正事
(08) 田主 朱萬松(着名)
(09) 證人 金興澤(着名)
(10) 趙德才(着名)
(11) 朱天松(着名)
(12) 筆執 秋有實(着名)

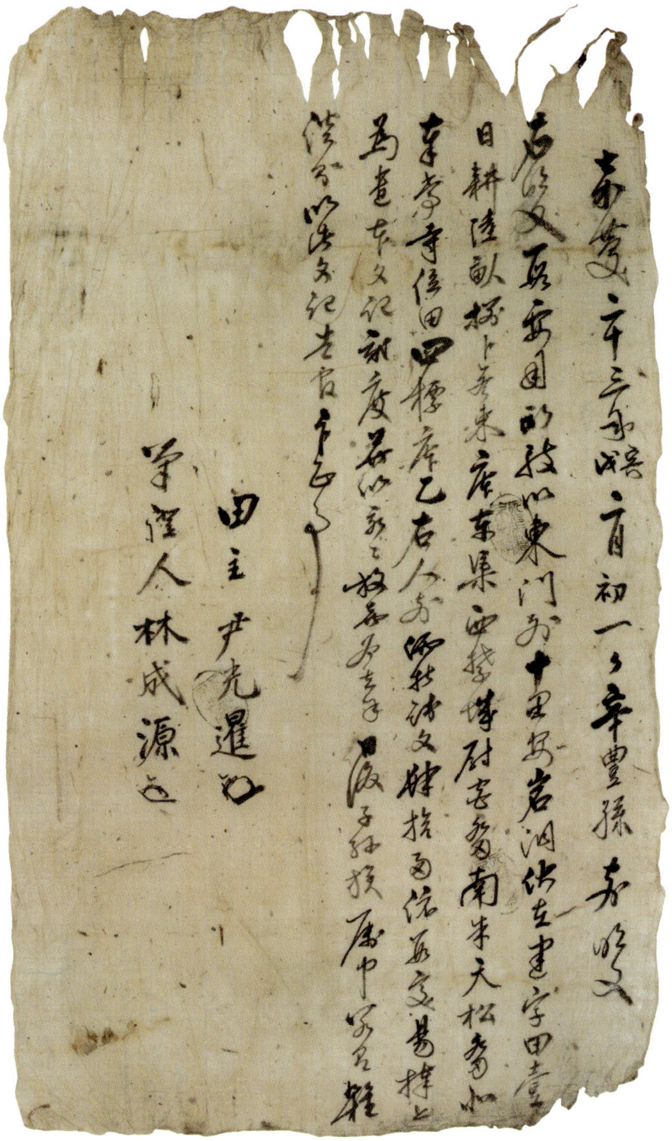

013-04

1818년 윤광섬 명문

61.9×36.4

1818년(순조 18) 2월 1일에 윤광섬尹光暹이 신풍손辛豐孫에게 토지를 매도하면서 작성하여 준 명문이다. 매물은 동문 밖 10리 안암동에 있는 건자建字 밭이고, 매매금액은 전문 40냥이다. 밭의 면적은 1일경, 6무, 8부 3속이다. 사표는 동쪽이 도랑, 서쪽이 금성위궁 논, 남쪽이 주천송의 논, 북쪽이 봉상시奉常寺의 위전이다. 매물과 함께 본문기 2장을 양도하였다. 필집과 증인을 겸한 임성원林成源이 문서를 작성하였다.

(01) 嘉慶二十三年戊寅二月初一日 辛豊孫前 明文
(02) 右明文段 要用所致以 東門外十里 安岩洞伏在 建字田 壹
(03) 日耕·陸畝·捌卜參束庫 東渠 西禁城尉宮畓 南朱天松畓 北
(04) 奉常寺位田 四標庫乙 右人前 價折錢文肆拾兩 依數交易捧上
(05) 爲遣 本文記貳度幷以 永永放賣爲去乎 日後子孫族屬中 若有雜
(06) 談 則以此文記 告官卞正事
(07) 田主 尹光暹(着名)
(08) 筆證人 林成源(着名)

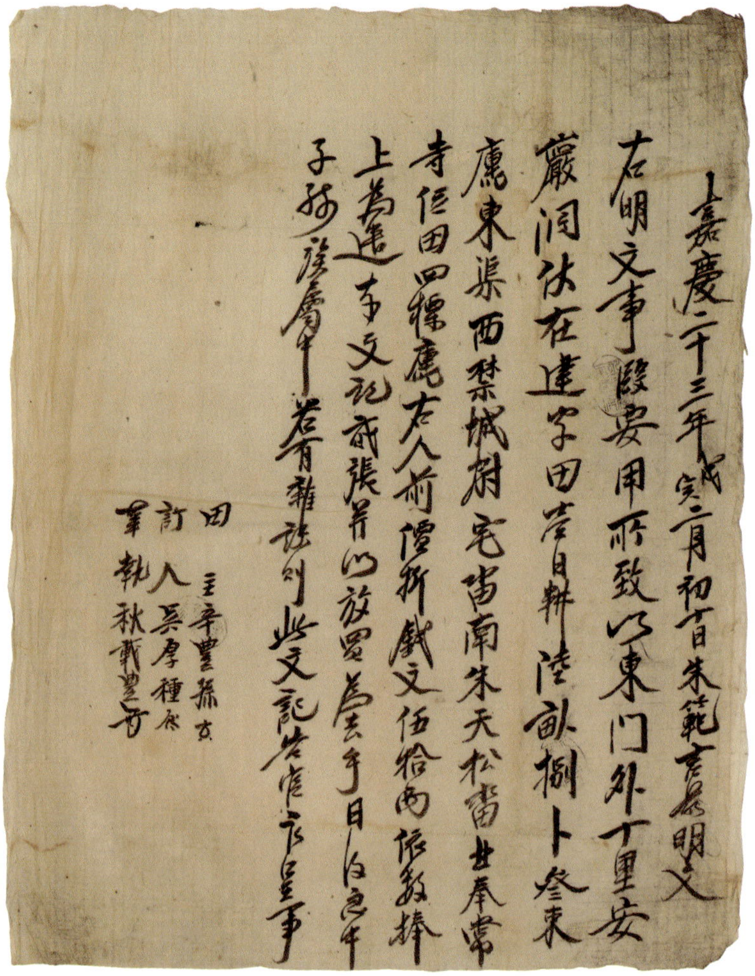

013-05

1818년 신풍손 명문

58.0×45.3

1818년(순조 18) 2월 10일에 신풍손이 주범언朱範言에게 토지를 매도하면서 작성하여 준 명문이다. 매물은 동문 밖 10리 안암동에 있는 건자建字 밭이고, 매매금액은 전문 50냥이다. 밭의 면적은 1일경, 6무, 8부 3속이다. 사표는 동쪽이 도랑, 서쪽이 금성위 댁의 논, 남쪽이 주천송의 논, 북쪽이 봉상시의 위전이다. 매물과 함께 본문기 2장을 양도하였다. 오후종吳厚種이 증인으로, 추재풍秋載豊이 필집으로 참여하여 문서를 작성하였다. 신풍손은 2월 1일에 윤광섬으로부터 밭을 매득하고, 9일 후인 2월 10일에 주범언에게 다시 매도하였는데, 매매금액은 전문 40냥에서 50냥으로 상승하였다.

(01) 嘉慶二十三年戊寅二月初十日 朱範言前 明文
(02) 右明文事段 要用所致以 東門外十里 安
(03) 巖洞伏在 建字田 壹日耕·陸畝·捌卜參束
(04) 庫 東渠 西禁城尉宅畓 南朱天松畓 北奉常
(05) 寺位田 四標庫 右人前 價折錢文伍拾兩 依數捧
(06) 上爲遣 本文記貳張幷以 放賣爲去乎 日後良中
(07) 子孫族屬中 若有雜談 則此文記 告官卞呈事
(08) 田主 辛豊孫(着名)
(09) 證人 吳厚種(着名)
(10) 筆執 秋載豊(着名)

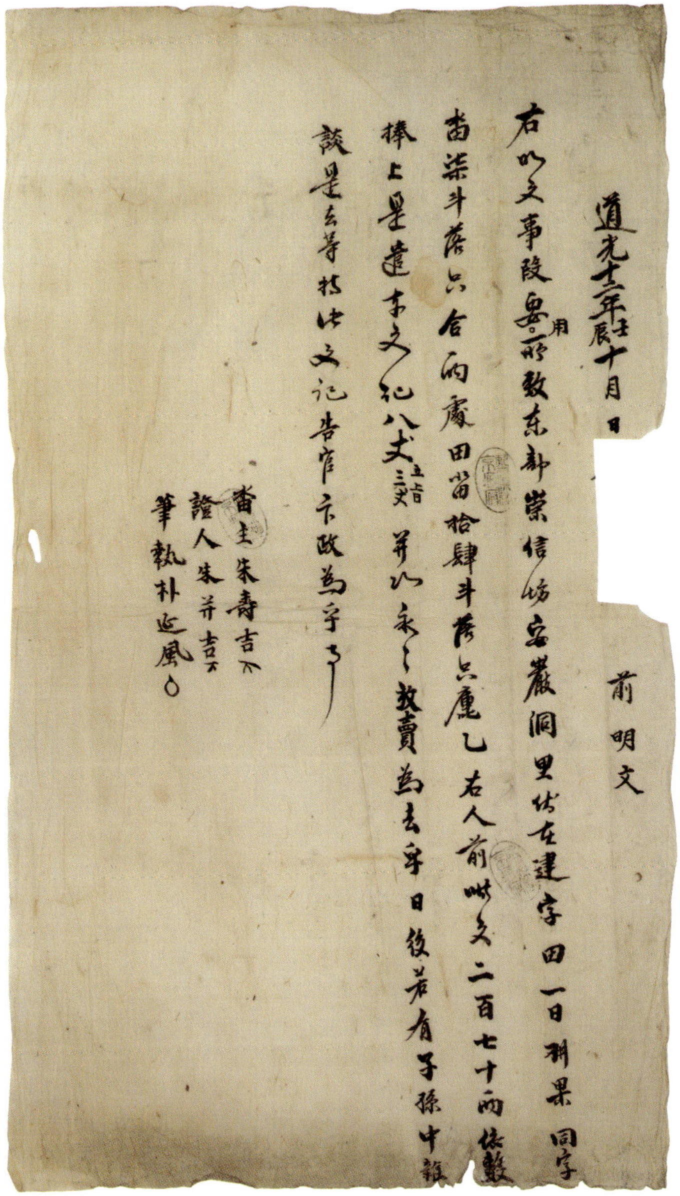

013-06

1832년 주수길 명문

70.1×38.9

1832년(순조 32) 10월에 주수길朱壽吉이 토지를 매도하면서 작성한 명문이다. 매수인을 기재하는 부분이 잘려 있다. 매물은 동부 숭신방崇信坊 안암동리安巖洞里에 있는 건자建字 밭 1일경과 논 7두락지로서 면적의 합계는 14두락지이다. 매매금액은 전문 270냥이다. 매물과 함께 본문기 8장, 입지 3장을 함께 양도하였다. 주수길과 증인 주병길朱幷吉, 필집 박연풍朴延風이 거래에 참여하고 문서를 작성하였다.

(01) 道光十二年壬辰十月日■…■ 前 明文
(02) 右明文事段 要用所致 東部 崇信坊 安巖洞里伏在 建字田 一日耕果 同字
(03) 畓 七斗落只 合兩處田畓 拾肆斗落只庫乙 右人前 錢文二百七十兩 依數
(04) 捧上是遣 本文記八丈 立旨三丈幷以 永永放賣爲去乎 日後 若有子孫族屬中雜
(05) 談是去等 持此文記 告官卞政[正]爲乎事
(06) 畓主 朱壽吉(着名)
(07) 證人 朱幷吉(着名)
(08) 筆執 朴延風(着名)

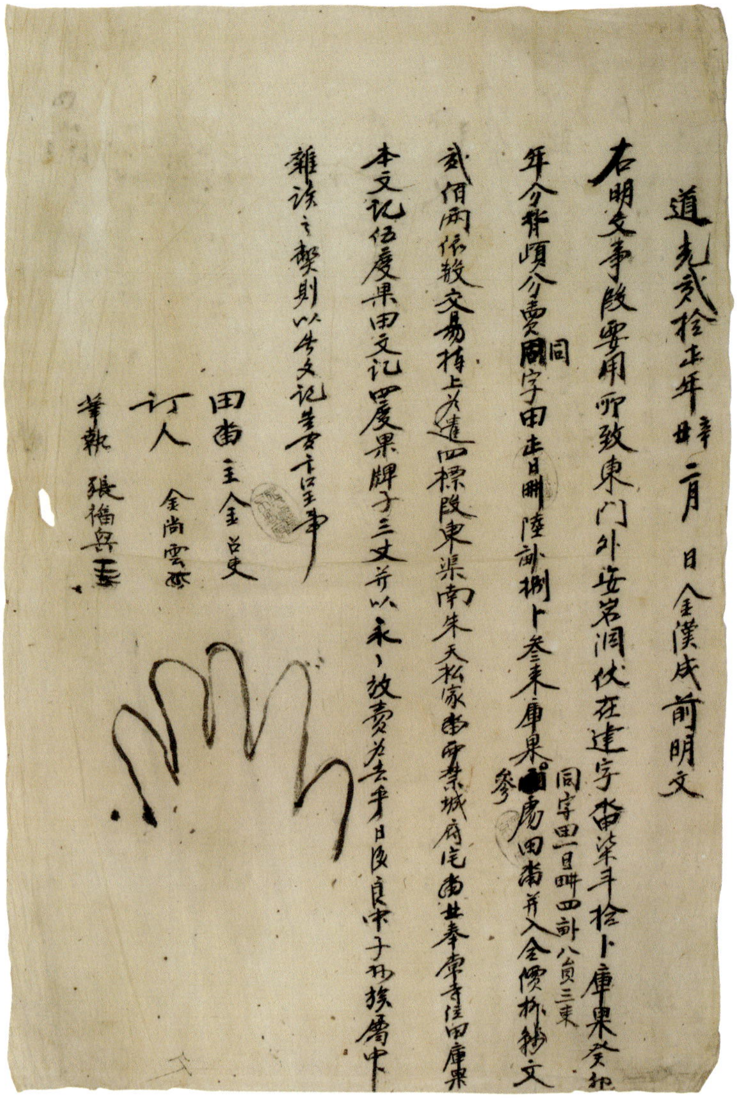

013-07

1841년 김 조이 명문

62.9×42.3

1841년(헌종 7) 2월에 김金 조이가 김한성金漢成에게 토지를 매도하면서 작성하여 준 명문이다. 매물은 동문 밖 안암동에 있는 토지 세 곳이고, 매매금액은 전문 200냥이다. 첫 번째 토지는 건자建字 논으로 면적은 7두락지, 10부이다. 두 번째 토지는 계묘년(1783)에 분할 매도한 동일 자호의 밭으로 면적은 1일경, 6무, 8부 3속이다. 세 번째 토지도 같은 자호의 밭 1일경, 4무, 8부 3속이다. 사표는 동쪽이 도랑, 남쪽이 주천송 가의 논, 서쪽이 금성부禁城府 댁의 논, 북쪽이 봉상시 위전이다. 매물과 함께 본문기 5장, 전문기田文記 4장, 패자 3장을 양도하였다. 김상운金尙雲이 증인으로 참여하였으며, 장복흥張福興이 문서를 작성하였다.

(01) 道光貳拾壹年辛丑二月 日 金漢成前 明文
(02) 右明文事段 要用所致 東門外 安岩洞伏在 建字畓 柒斗·拾卜庫果 癸卯
(03) 年分 背頉分賣 同字田 壹日畊·陸畝·捌卜參束庫果 同字田 一日畊·四畝·八負三束 參處田畓幷入 合價折錢文
(04) 貳佰兩 依數交易捧上爲遣 四標段 東渠 南朱天松家畓 西禁城府宅畓 北奉常寺位田庫果
(05) 本文記伍度果 田文記四度果 牌子三丈幷以 永永放賣爲去乎 日後良中 子孫族屬中
(06) 雜談之弊 則以此文記 告官卞呈事
(07) 田畓主 金召史(手掌)
(08) 訂人 金尙雲(着名)
(09) 筆執 張福興(着名)

013-08

1855년 김한성 명문

73.9×42.8

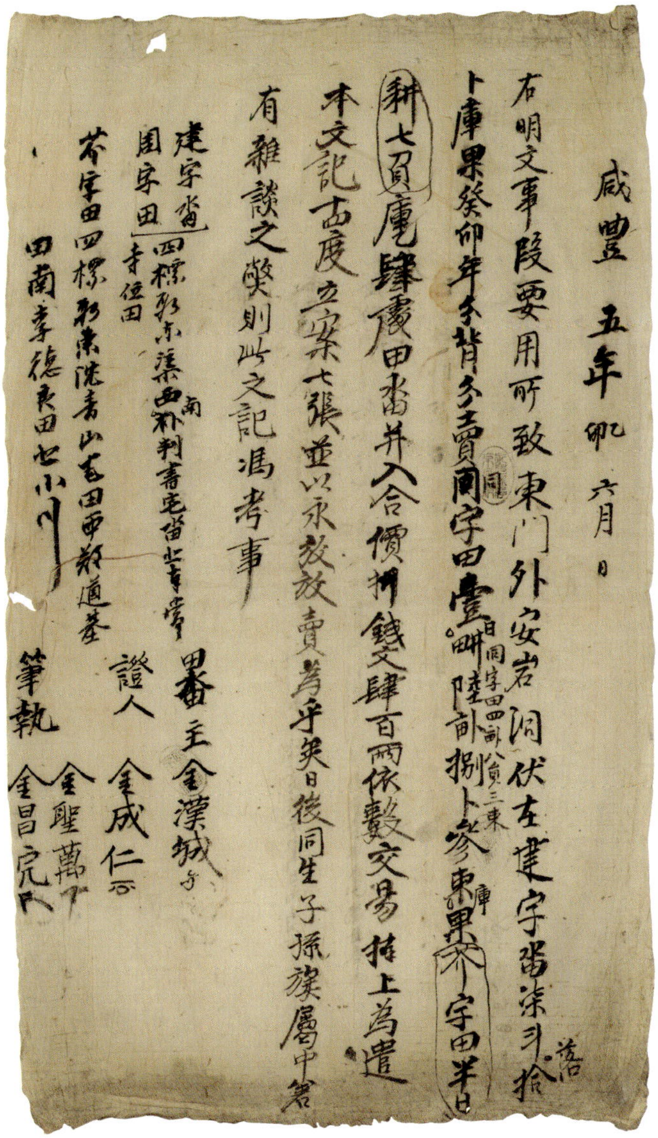

1855년(철종 6) 6월에 김한성이 토지를 매도하면서 작성한 명문이다. 매물은 동문 밖 안암동에 있는 네 곳의 토지이고, 매매금액은 전문 400냥이다. 첫 번째 토지는 건자建字 논이고 면적은 7두락지, 10부이다. 두 번째 토지는 계묘년(1783)에 분할 매도한 같은 자호의 밭으로 면적은 1일경, 6무, 8부 3속이다. 세 번째 토지도 같은 자호의 밭이고 면적은 4무, 8부 3속이다. 네 번째 토지는 개자芥字 자호의 밭이고 면적은 반일경, 7부이다. 건자 논밭의 사표는 동쪽이 도랑, 서쪽과 남쪽이 박朴 판서判書 댁 논, 북쪽이 봉상시 위전이다. 개자 밭의 사표는 동쪽이 심 청산 댁 밭, 서쪽이 정도기 밭, 남쪽이 이덕양 밭, 북쪽이 작은 개천이다. 김성인金成仁과 김성만金聖萬이 증인으로 서명하고, 김창완金昌完이 문서를 작성하였다. 본문에 기재된 개자 밭은 효주하여 삭제하였다.

(01) 咸豊五年乙卯六月 日
(02) 右明文事段 要用所致 東門外 安岩洞伏在 建字畓 柒斗落·拾
(03) 卜庫果 癸卯年 分背分賣 ■同字田 壹日耕·陸畝·捌卜參束庫果 同字田 四畝·八負三束 (芥字田 半日
(04) 耕·七負)庫乙 肆處田畓幷入 合價折錢文肆百兩 依數交易捧上爲遣
(05) 本文記十四度 立案七張幷以 永放[永]放賣爲乎矣 日後 同生子孫族屬中 若
(06) 有雜談之弊 則此文記憑考事
(07) 建字畓 | 四標段 東渠 西南朴判書宅畓 北奉常
(08) 周[同]字田 | 寺位田
(09) 芥子田 四標段 東沈青山宅田 西鄭道基
(10) 田 南李德良田 北小川
(11) 田畓主 金漢城(着名)
(12) 證人 金成仁(着名)
(13) 金聖萬(着名)
(14) 筆執 金昌完(着名)

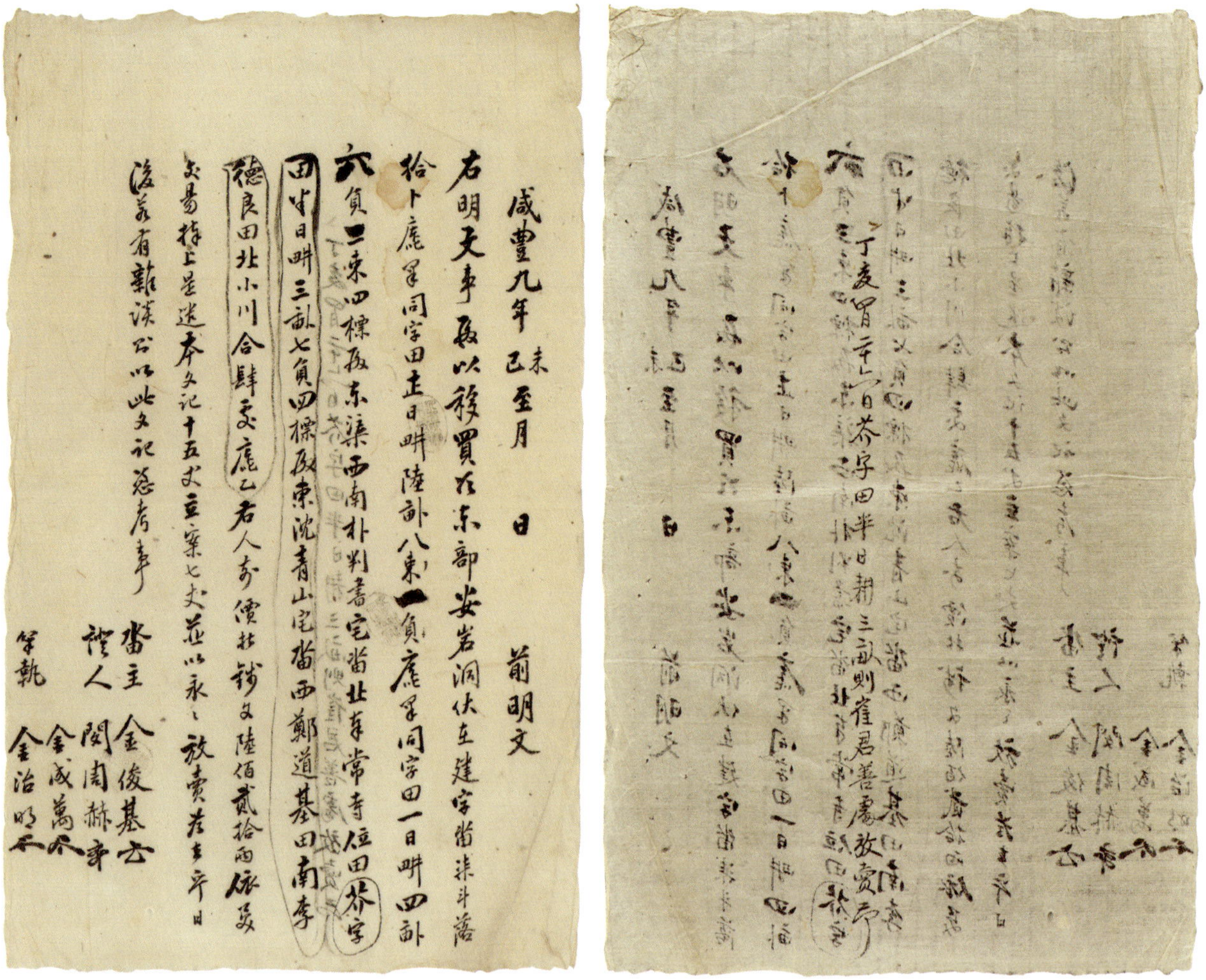

013-09

1859년 김준기 명문

62.1×38.7

1859년(철종 10) 11월에 김준기金俊基가 토지를 매도하면서 작성한 명문이다. 매수인의 정보는 기재하지 않았다. 김준기는 다른 곳의 매물을 사기 위해 소유한 4곳의 토지를 전문 620냥에 매도하였다. 4곳 토지의 자호는 건자建字가 3곳이고, 개자芥字가 1곳이다. 건자 자호의 첫 번째 토지는 동부 안암동에 있는 논으로 면적은 7두락지, 10부이다. 두 번째 토지는 밭이고, 면적은 1일경, 6무, 8부 1속이다. 세 번째 토지도 밭이고 면적은 1일경, 4무, 6부 2속이다. 건자 토지의 사표는 동쪽이 도랑, 서쪽과 남쪽이 박 판서 댁 논, 북쪽이 봉상시 위전이다. 개자 토지는 밭이고 면적은 반일경, 3무, 7부이다. 개자 토지의 사표는 동쪽이 심 청산 댁 논, 서쪽이 정도기의 밭, 남쪽이 이덕양의 밭, 북쪽이 작은 개천이다. 김준기는 4곳의 토지를 매도하면서 본문기 15장과 입안 7장을 함께 양도하였다. 민주혁閔周赫과 김성만金成萬이 증인으로 참여하고 필집 김치명金治明이 문서를 작성하였다. 문서 뒷면에 정해년(1887) 4월 26일에 개자 밭을 최군선崔君善에게 매도한 배탈 기록이 있다. 배탈을 하면서 명문 본문의 개자 밭 내역을 삭제하였다.

(01) 咸豊九年己未至月 日 前 明文
(02) 右明文事段 以移買次 東部 安岩洞伏在 建字畓 柒斗落·
(03) 拾卜廳果 同字田 壹日畊·陸畝·八負一束廳果 同字田 一日畊·四畝·
(04) 六負二束 四標段 東渠 西南朴判書宅畓 北奉常寺位田 芥字
(05) 田 半日畊·三畝·七負 四標段 東沈青山宅畓 西鄭道基田 南李
(06) 德良田 北小川 合肆處廳乙 右人前 價折錢文陸佰貳拾兩 依受[數]
(07) 交易捧上是遣 本文記十五丈 立案七丈幷以 永永放賣爲去乎 日
(08) 後若有雜談 則以此文記憑考事
(09) 畓主 金俊基(着名)
(10) 證人 閔周赫(着名)
(11) 金成萬(着名)
(12) 筆執 金治明(着名)

(背面)

丁亥四月二十六日 芥字田 半日耕·三畝 則崔君善處 放賣 印

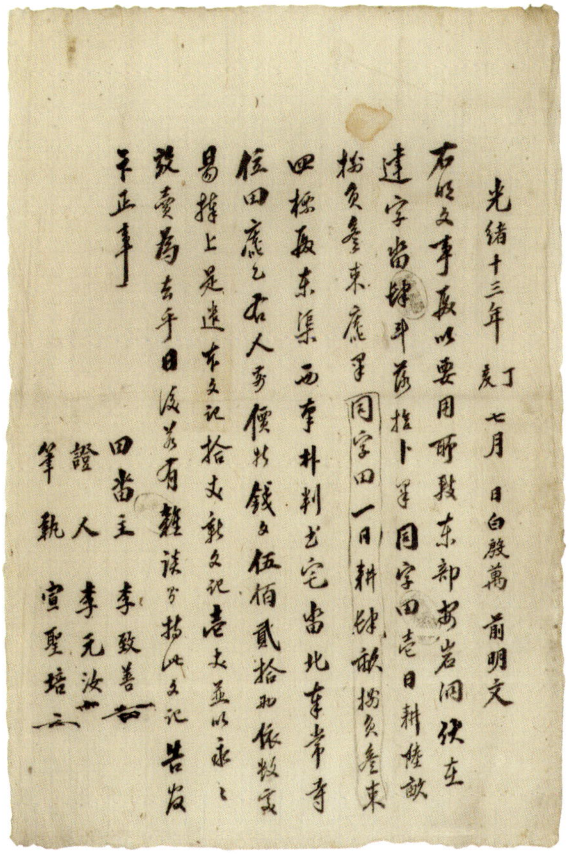

013-10

1887년 이치선 명문

62.8×41.6

1887년(고종 24) 7월에 이치선李致善이 백은만白殷萬에게 토지를 매도하면서 작성한 명문이다. 매물은 동부 안암동에 있는 건자建字 토지 3곳이며 매매금액은 전문 520냥이다. 첫 번째 토지는 논으로 면적은 4두락지, 10부이다. 두 번째 토지는 밭이고 면적은 1일경, 6무, 8부 3속이다. 세 번째 토지도 밭이고, 면적은 1일경, 4무, 8부 3속이다. 사표는 동쪽이 도랑, 서쪽과 남쪽이 박 판서 댁 논, 북쪽이 봉상시 위전이다. 매물과 함께 본문기 10장, 신문기 1장을 매수인에게 양도하였다. 증인으로 이원여李元汝가 참여하였고, 선성배宣聖培가 문서를 작성하였다.

(01)　光緖十三年丁亥七月日 白殷萬前 明文
(02) 右明文事段 以要用所致 東部 安岩洞伏在
(03) 建字畓肆斗落·拾卜果 同字田 壹日耕·陸畝·
(04) 捌負參束麑果 同字田 一日耕·肆畝·捌負參束
(05) 四標段 東渠 西南朴判書宅畓 北奉常寺
(06) 位田麑乙 右人前 價折錢文伍佰貳拾兩 依數交
(07) 易捧上是遣 本文記拾丈 新文記壱丈幷以 永永
(08) 放賣爲去乎 日後若有雜談 則持此文記 告官
(09) 卞正事
(10)　　田畓主 李致善(着名)
(11)　　證人　李元汝(着名)
(12)　　筆執　宣聖培(着名)

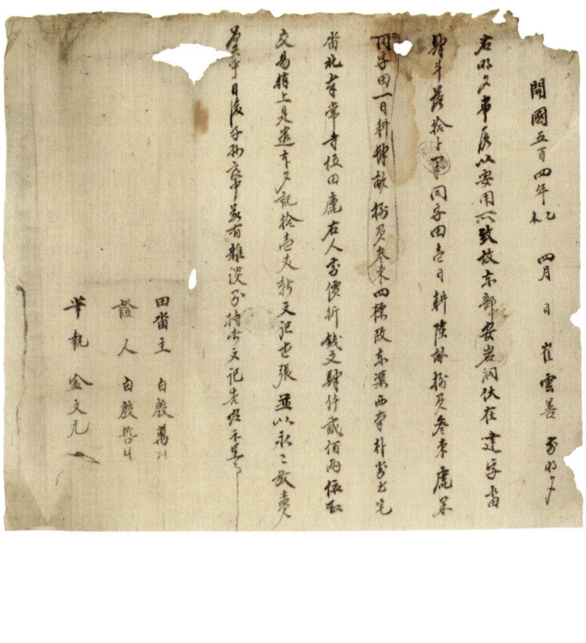

013-11

1895년 백은만 명문

50.9×56.5

1895년(고종 32) 4월에 백은만이 최운선崔雲善에게 토지를 매도하면서 작성한 명문이다. 매물은 동부 안암동에 있는 건자建字 자호의 토지 3곳이고, 매매금액은 전문 4,200냥이다. 첫 번째 토지는 논으로 면적은 4두락지, 10부이다. 두 번째 토지는 밭이고 면적은 1일경, 6무, 8부 3속이다. 세 번째 토지도 밭이고, 면적은 1일경, 4무, 8부 3속이다. 사표는 동쪽이 도랑, 서쪽과 남쪽이 박 판서 댁 논, 북쪽이 봉상시 위전이다. 매물과 함께 본문기 11장, 신문기 1장을 매수인에게 양도하였다. 증인으로 백은철白殷哲이 참여하고, 김문원金文元이 문서를 작성하였다.

(01)　開國五百四年乙未　四月　日 崔雲善前 明文
(02) 右明文事段 以要用所致 故東部 安岩洞伏在 建字畓
(03) 肆斗落·拾卜果 同字田 壹日耕·陸畝·捌負參束麑果
(04) 同字田 一日耕·肆畝·捌負參束 四標段 東渠 西南朴判書宅
(05) 畓 北奉常寺位田麑 右人前 價折錢文肆仟貳佰兩 依數
(06) 交易捧上是遣 本文記拾壱丈 新文記壹張幷以 永永放賣
(07) 爲去乎 日後子孫良中 若有雜談 則持此文記 告官卞呈事
(08)　　田畓主 白殷萬(着名)
(09)　　證人　白殷哲(着名)
(10)　　筆執　金文元(着名)

014

1718년 홍상최 명문 등 건덕방 가옥매매문서

1718~1757년

1718년부터 1757년까지 동부 건덕방 호동에 소재한 가옥을 거래한 매매 명문 6점과 패자 1점이다. 주로 거래된 매물은 가대 70칸, 와가 22칸, 초가 2칸이지만, 매매 시마다 약간의 변동이 있었다. 1718년에는 가대 70칸, 와가 22칸, 초가 2칸이 정은자 180냥에 거래되었는데 이후 1720년과 1736년의 거래에서는 초가 2칸이 없어지고 가대 70칸, 와가 22칸이 전문 400냥에 매매되었다. 1737년 거래에서는 가대 70칸, 와가 22칸과 초가 반 칸이 전문 305냥에 매도되었다. 1년 후인 1738년에 상전 이에게 매도를 위임받은 노 일은금이 다시 가대 70칸 중 와가 22칸을 전문 270냥을 받고 매도하였다. 마지막 1757년 거래에서는 와가 22칸이 없어지고 가대 70칸만 매매되었으며 매매금액은 전문 15냥이었다. 매물이 위치한 동부 건덕방 호동은 현재의 서울특별시 종로구 원남동 일대에 해당한다.

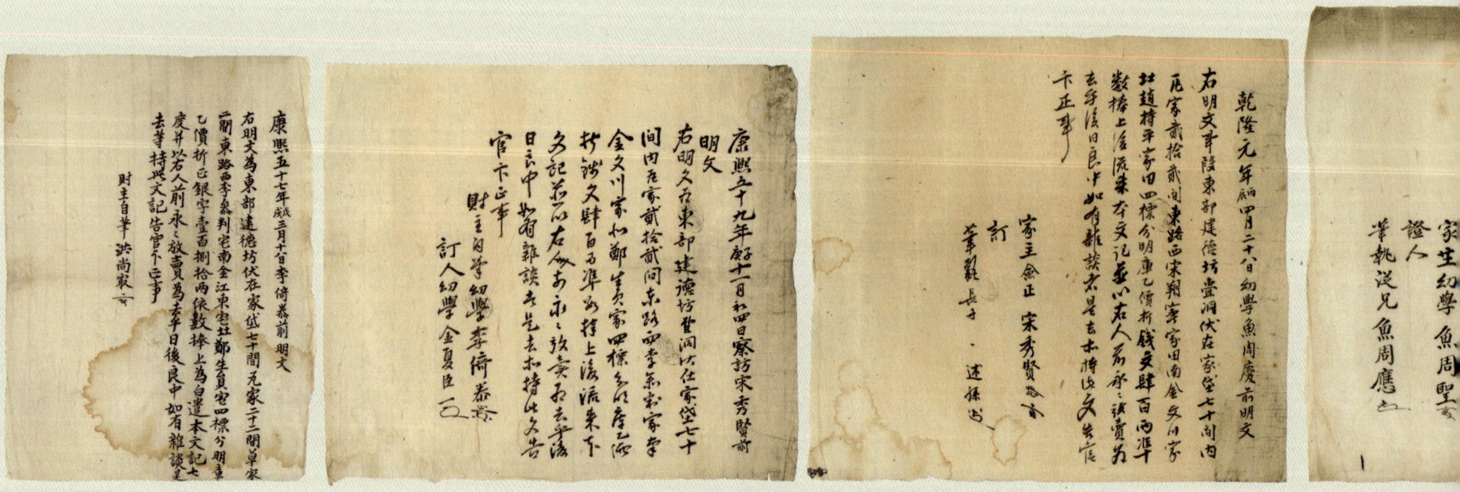

1　　2　　3

순서	문서명	매매가격	내용
1	1718년 홍상최 명문	정은자 180냥	이의태에게 가옥 매도 - 동부 건덕방 가대 70칸, 와가 22칸, 초가 2칸
2	1720년 유학 이의태 명문	전문 400냥	찰방 송수현에게 가옥 매도 - 동부 건덕방 호동 가대 70칸 중 와가 22칸
3	1736년 첨정 송수현 명문	전문 400냥	유학 어주경에게 가옥 매도 - 동부 건덕방 호동 가대 70칸 중 와가 22칸
4	1737년 유학 어주성 명문	전문 305냥	이회수에게 가옥 매도 - 동부 건덕방 호동 가대 70칸 중 와가 22칸, 초가 반 칸
5	1738년 상전 상인 이 패자	-	노 일은금에게 가옥 매도 권한을 위임 - 동부 건덕방 호동 가대 70칸 중 와가 22칸
6	1738년 이 상인 댁 노 일은금 명문	전문 270냥	이춘억에게 가옥 매도 - 동부 건덕방 호동 가대 70칸 중 와가 22칸
7	1757년 이춘억 명문	전문 15냥	이 의주 댁 노 개자이에게 가옥 메도 - 동부 건덕방 호동 가대 70칸

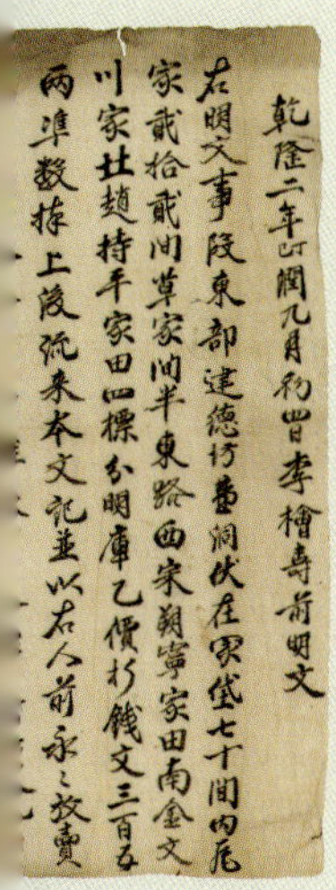

4

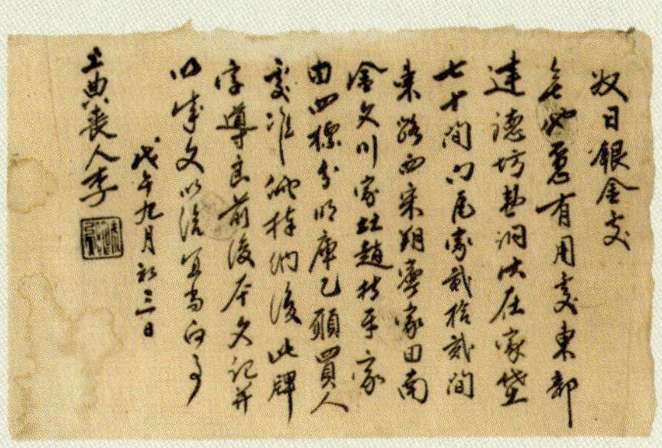

5

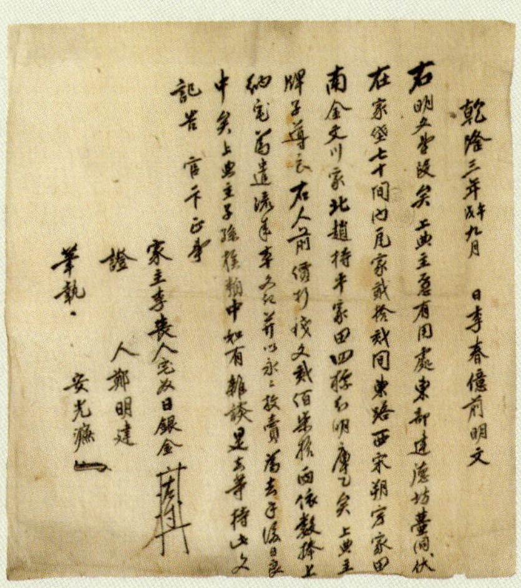

6

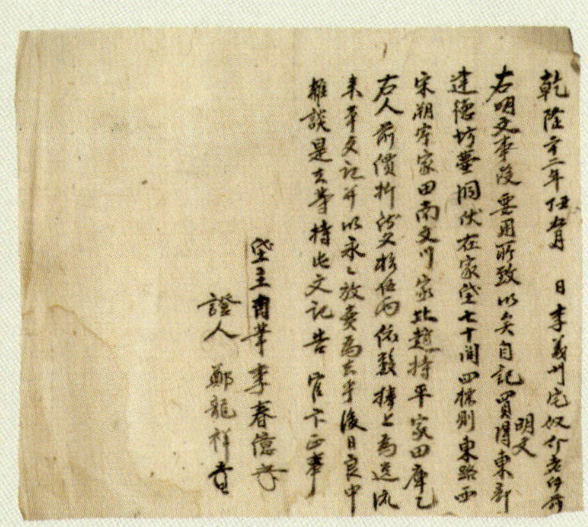

7

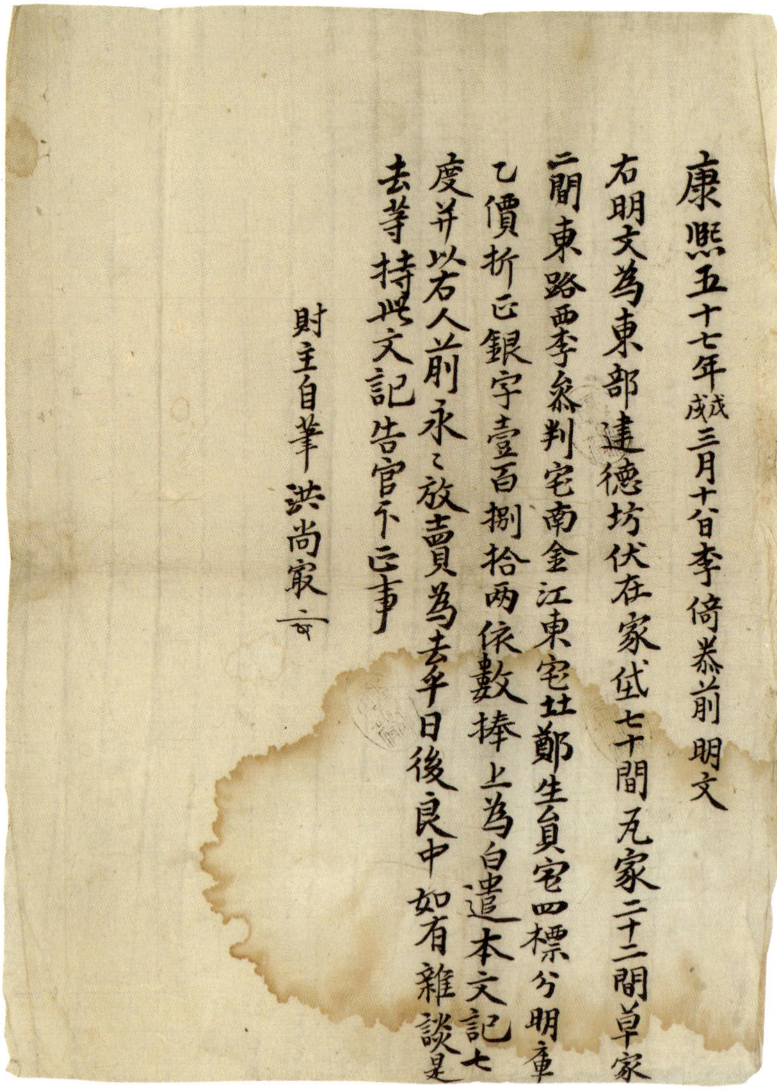

014-01

1718년 홍상최 명문

46.2×33.9

1718년(숙종 44) 3월 18일에 재주 홍상최洪尙寂가 이의태李倚泰에게 가옥을 매도하면서 작성하여 준 명문이다. 매물은 동부 건덕방建德坊에 있는 가대 70칸과 와가 22칸, 초가 2칸이며, 매매금액은 정은자 180냥이다. 사표는 동쪽이 길, 서쪽이 이李 참판 댁, 남쪽이 김金 강동江東 댁, 북쪽이 정鄭 생원 댁이다. 홍상최는 가옥을 매도하면서 본문기 7장을 함께 양도하였고, 증인 없이 본인이 직접 명문을 작성하였다.

(01) 康熙五十七年戊戌三月十八日 李倚泰前 明文
(02) 右明文爲 東部 建德坊伏在 家垈七十間 瓦家二十二間 草家
(03) 二間 東路 西李參判宅 南金江東宅 北鄭生員宅 四標分明庫
(04) 乙 價折正銀字壹百捌拾兩 依數捧上爲白遣 本文記七
(05) 度幷以 右人前 永永放賣爲去乎 日後良中 如有雜談是
(06) 去等 持此文記 告官卞正事
(07) 財主 自筆 洪尙寂(着名)

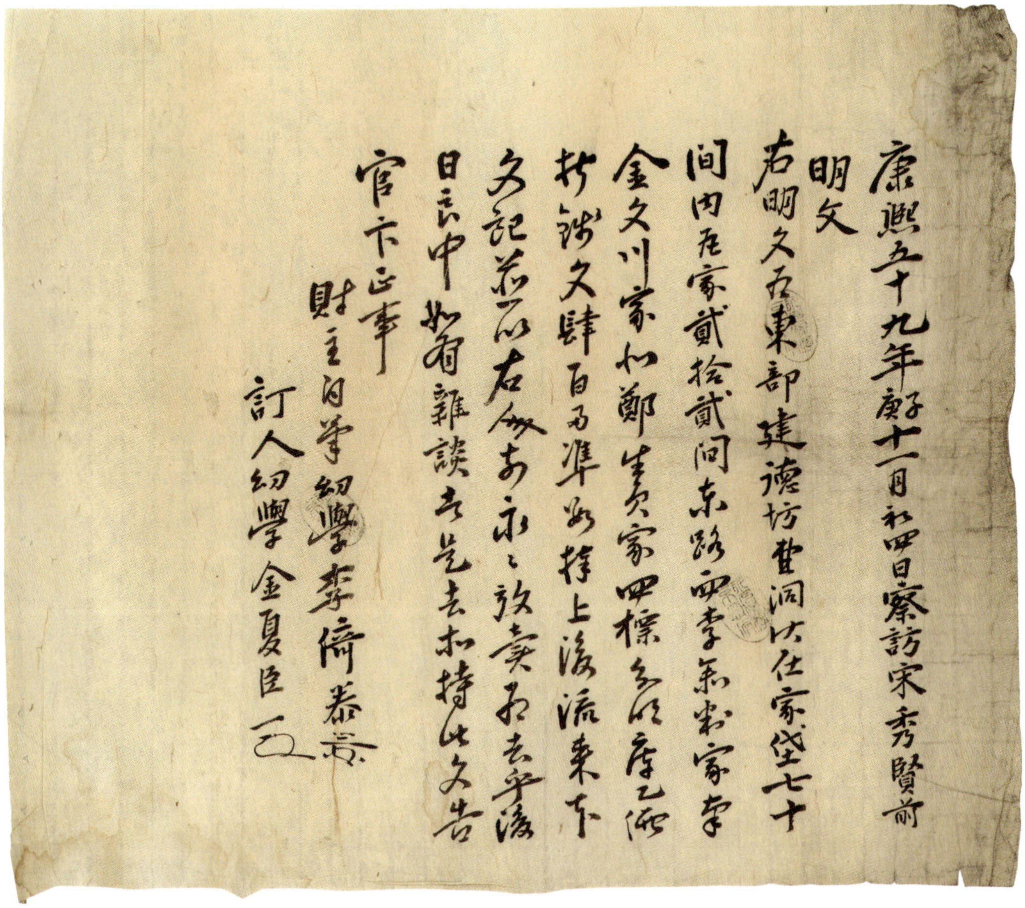

014-02

1720년 유학 이의태 명문

45.0×52.3

1720년(숙종 46) 11월 4일에 유학 이의태가 찰방察訪 송수현宋秀賢에게 가옥을 매도하면서 작성하여 준 명문이다. 매물은 동부 건덕방 호동壺洞에 있는 가대 70칸과 와가 22칸이며, 매매금액은 전문 400냥이다. 1718년(숙종 44) 거래 시와 달리 초가 2칸이 매물에서 빠졌다. 매물의 사표는 동쪽이 길, 서쪽이 이 참판 댁, 남쪽이 김金 문천文川의 집, 북쪽이 정 생원 댁이다. 이의태는 가옥을 매도하면서 전래해온 본문기를 함께 양도한다고 하였는데 수량은 기재하지 않았다. 재주 이의태가 문서를 자필로 작성하고, 김하신金夏臣이 증인으로 참여하였다.

(01) 康熙五十九年庚子十一月初四日 察訪 宋秀賢前
(02) 明文
(03) 右明文爲 東部 建德坊 壺洞伏在 家垈七十
(04) 間內 瓦家貳拾貳間 東路 西李參判家 南
(05) 金文川家 北鄭生員家 四標分明庫乙 價
(06) 折錢文肆百兩 準數捧上後 流來本
(07) 文記並以 右人前 永永放賣爲去乎 後
(08) 日良中 如有雜談者是去等 持此文 告
(09) 官卞正事
(10) 財主 自筆 幼學 李倚泰(着名)
(11) 訂人 幼學 金夏臣(着名)

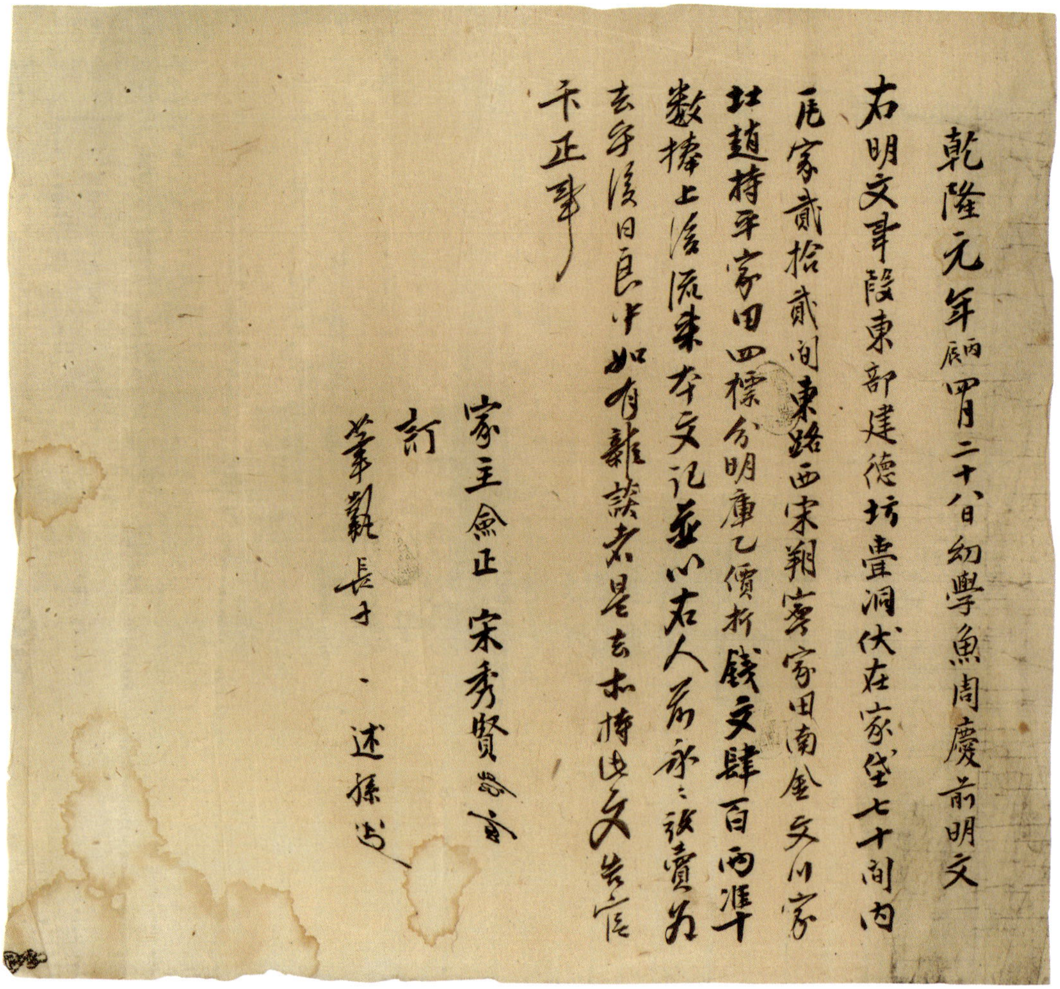

014-03

1736년 첨정 송수현 명문

50.6×55.6

1736년(영조 12) 4월 28일에 첨정僉正 송수현이 유학 어주경魚周慶에게 가옥을 매도하면서 작성하여 준 명문이다. 매물은 동부 건덕방 호동에 있는 가대 70칸과 와가 22칸이며, 매매금액은 전문 400냥이다. 매물의 사표는 동쪽이 길, 서쪽이 송宋 삭녕朔寧 가의 밭, 남쪽이 김 문천의 집, 북쪽이 조趙 지평持平 가의 밭이다. 송수현은 가옥을 매도하면서 전래해온 본문기를 함께 양도한다고 하였으나 수량은 기재하지 않았다. 증인은 없고, 장자 송술손宋述孫이 필집으로 참여하였다.

(01) 　乾隆元年丙辰四月二十八日 幼學 魚周慶前 明文
(02) 右明文事段 東部 建德坊 壺洞伏在 家垈七十間內
(03) 瓦家貳拾貳間 東路 西宋朔寧家田 南金文川家
(04) 北趙持平家田 四標分明庫乙 價折錢文肆百兩 準
(05) 數捧上後 流來本文記並以 右人前 永永放賣爲
(06) 去乎 後日良中 如有雜談者是去等 持此文 告官
(07) 卞正事
(08) 　　　　　家主 僉正 宋秀賢(着名)(着押)
(09) 　　　　　訂
(10) 　　　　　筆執 長子 　述孫(着名)

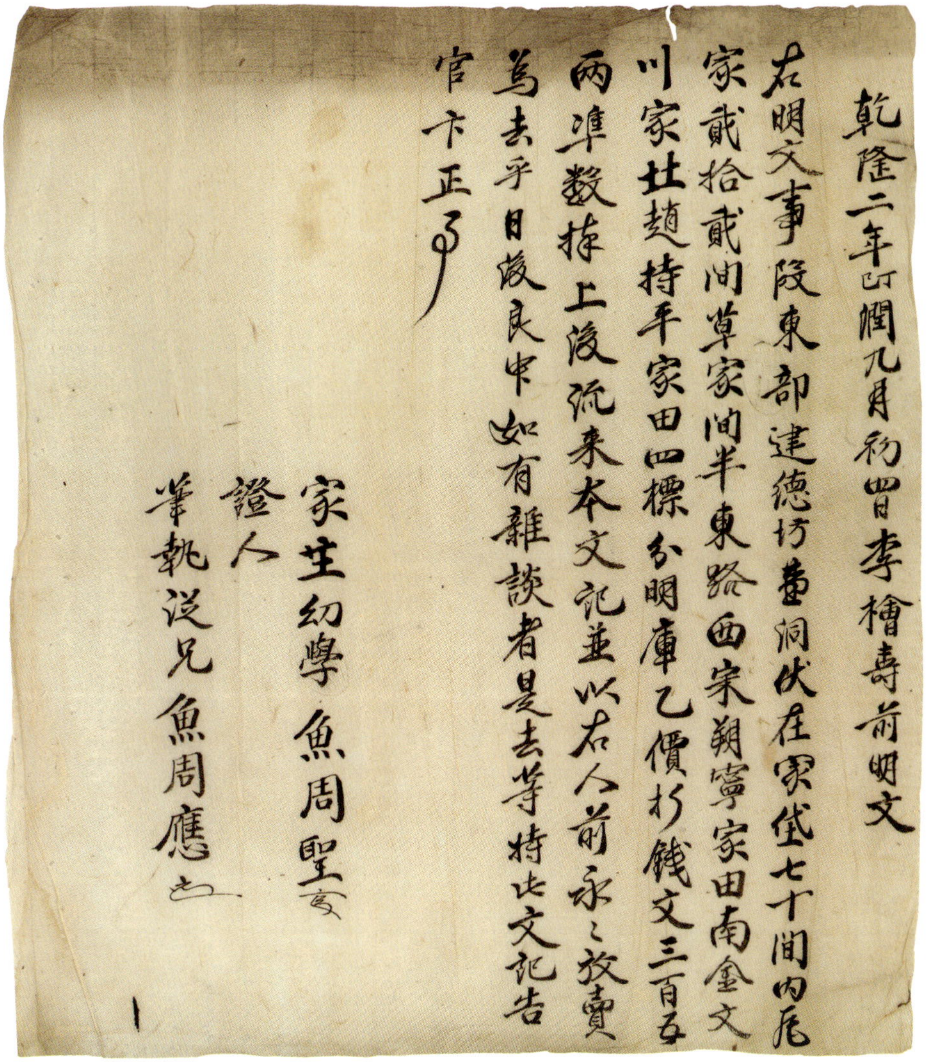

014-04

1737년 유학 어주성 명문

55.4×49.3

1737년(영조 13) 윤9월 4일에 유학 어주성魚周聖이 이회수李檜壽에게 가옥을 매도하면서 작성하여 준 명문이다. 매물은 동부 건덕방 호동에 있는 가대 70칸과 와가 22칸, 초가 반 칸이며, 매매금액은 전문 305냥이다. 매물의 사표는 동쪽이 길, 서쪽이 송 삭녕 가의 밭, 남쪽이 김 문천의 집, 북쪽이 조 지평 가의 밭이다. 어주성은 가옥을 매도하면서 전래해 온 본문기를 함께 양도한다고 하였으나 수량은 기재하지 않았다. 증인은 없고, 종형從兄 어주응魚周應이 필집으로 참여하였다. 매도자인 집주인이 1736년(영조 12) 매수자인 어주경이 아닌 어주성으로 기재되어 있는데, 어주경이 개명한 것인지 어주경과 형제 관계인지 불분명하다.

(01) 乾隆二年丁巳潤九月初四日 李檜壽前 明文
(02) 右明文事段 東部 建德坊 壺洞伏在 家垈七十間內 瓦
(03) 家貳拾貳間 草家間半 東路 西宋朔寧家田 南金文
(04) 川家 北趙持平家田 四標分明庫乙 價折錢文三百五
(05) 兩 準數捧上後 流來本文記並以 右人前 永永放賣
(06) 爲去乎 日後良中 如有雜談者是去等 持此文記 告
(07) 官下正事
(08) 家主 幼學 魚周聖(着名)
(09) 證人
(10) 筆執 從兄 魚周應(着名)

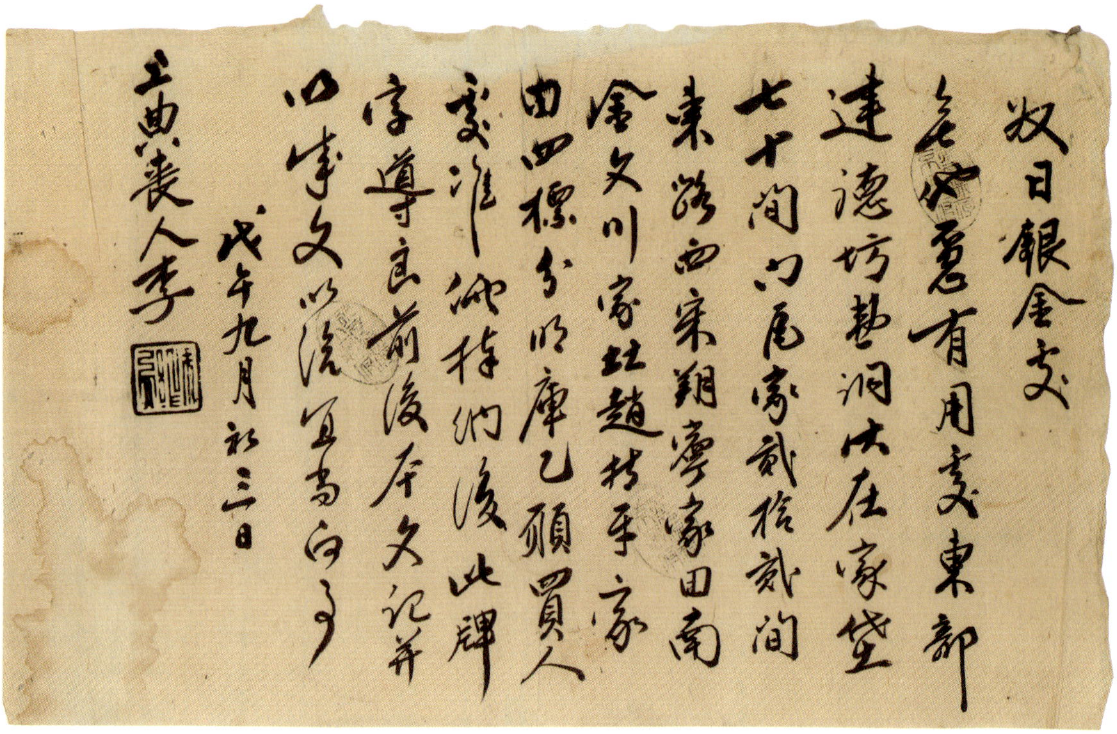

014-05

1738년 상전 상인 이 패자

26.8×43.3

1738년(영조 14) 9월 3일에 상전 이李가 노 일은금日銀金에게 가옥의 매도를 위임하면서 작성하여 준 패자이다. 상전 이는 급히 사용할 곳이 있어 동부 건덕방 호동에 있는 가대 70칸과 와가 22칸을 매도하고자 하였다. 이에 노 일은금에게 가옥을 사고자 하는 사람으로부터 값을 받아 매도하되, 전후의 본문기를 함께 지급하고 패자에 따라 명문을 작성하여 지급하라고 하였다. 매물의 사표는 동쪽이 길, 서쪽이 송 삭녕 가의 밭, 남쪽이 김 문천의 집, 북쪽이 조 지평 가의 밭이다.

(01) 奴 日銀金處
(02) 無他 急有用處 東部
(03) 建德坊 壺洞伏在 家垈
(04) 七十間內 瓦家貳拾貳間
(05) 東路 西宋朔寧家田 南
(06) 金文川家 北趙持平家
(07) 田 四標分明庫乙 願買人
(08) 處 準價捧納後 此牌
(09) 字導良 前後本文記幷
(10) 以 成文以給 宜當向事
(11) 戊午九月初三日
(12) 上典 喪人 李(印)

014-06

1738년 이 상인 댁 노 일은금 명문

51.6×39.2

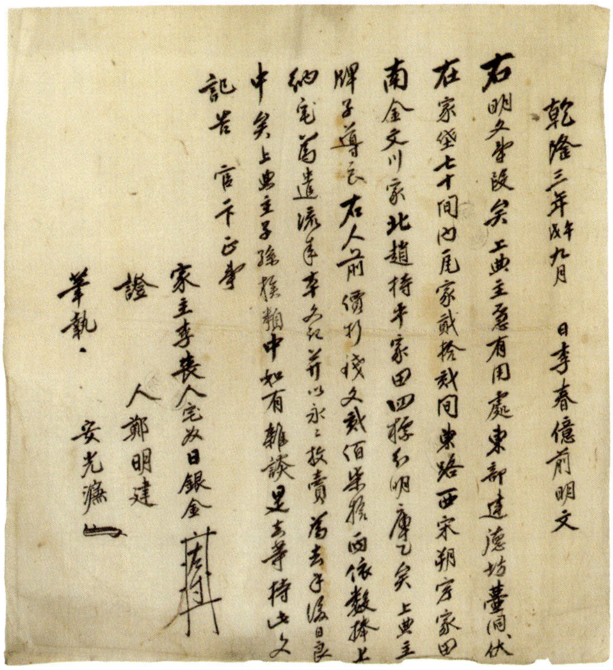

1738년(영조 14) 9월에 이 상인喪人 댁의 노 일은금이 이춘억李春億에게 가옥을 매도하면서 작성하여 준 명문이다. 일은금은 상전댁에 급히 사용할 곳이 있어서 동부 건덕방 호동에 있는 가대 70칸과 와가 22칸을 전문 270냥에 이춘억에게 매도하였다. 매물의 사표는 동쪽이 길, 서쪽이 송 삭녕 가의 밭, 남쪽이 김 문천의 집, 북쪽이 조 지평 가의 밭이다. 일은금은 가옥을 매도하면서 전해받은 본문기를 함께 양도하였으나 수량은 기재하지 않았다. 정명건鄭明建이 증인으로, 안광렴安光濂이 필집으로 참여하였는데 정명건의 착명이 없다. '상인'이라는 표현을 통해 상전 이가 당시 상중에 있었음을 알 수 있다.

(01) 乾隆三年戊午九月 日 李春億前 明文
(02) 右明文事段 矣上典主 急有用處 東部 建德坊 壺洞伏
(03) 在 家垈七十間內 瓦家貳拾貳間 東路 西宋朔寧家田
(04) 南金文川家 北趙持平家田 四標分明庫乙 矣上典主
(05) 牌子導良 右人前 價折錢文貳佰柒拾兩 依數捧上
(06) 納宅爲遣 流來本文記幷以 永永放賣爲去乎 後日良
(07) 中 矣上典主子孫族類中 如有雜談是去等 持此文
(08) 記 告官卞正事
(09) 家主 李喪人宅奴 日銀金(左寸)
(10) 證人 鄭明建
(11) 筆執 安光濂(着名)

014-07

1757년 이춘억 명문

43.3×50.3

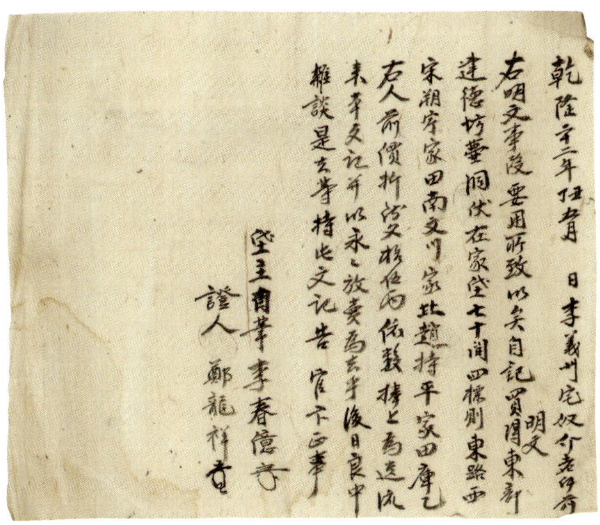

1757년(영조 33) 5월에 이춘억이 이李 의주義州 댁 노 개자이介者伊에게 가옥을 매도하면서 작성하여 준 명문이다. 이춘억은 자신이 매득한 동부 건덕방 호동 소재의 가대 70칸을 전문 15냥에 매도하였다. 매물의 사표는 동쪽이 길, 서쪽이 송 삭녕 가의 밭, 남쪽이 (김) 문천의 집, 북쪽이 조 지평 가의 밭이다. 이춘억은 가옥을 매도하면서 전래해온 본문기를 함께 양도하였다. 매도자인 이춘억이 자필로 작성하였으며, 정용상鄭龍祥이 증인으로 참여하였다.

(01) 乾隆二十二年丁丑五月 日 李義州宅奴 介者伊 前
(02) 明文
(03) 右明文事段 要用所致以 矣自己買得 東部
(04) 建德坊 壺洞伏在 家垈七十間 四標 則東路 西
(05) 宋朔寧家田 南文川家 北趙持平家田庫乙
(06) 右人前 價折錢文拾伍兩 依數捧上爲遣 流
(07) 來本文記幷以 永永放賣爲去乎 後日良中
(08) 雜談是去等 持此文記 告官卞正事
(09) 垈主 自筆 李春億(着名)
(10) 證人 鄭龍祥(着名)

015

1734년 상전 정경부인 이씨 패자 등 건덕방 대전매매문서

1734~1815년 | 49.3×296.2

1734년부터 1815년까지 동부 건덕방 소재 집터를 거래한 매매명문과 패자 등 6점으로 구성된 점련문서이다. 패자와 명문이 각 3점으로, 1734년과 1768년의 패자 및 명문은 각각 같은 거래에서 작성된 것이며, 을묘년 상전 이 패자와 1815년 한유묵 명문은 별개의 거래에서 작성된 것이다. 내용상 을묘년 패자의 매수인이 한유묵으로 추정되며 을묘년은 1795년일 것이다.

이 점련문서에서 거래된 매물은 빈 집터를 의미하는 공대 370칸이다. 문서상 첫 번째 소유주는 정경부인 이씨이다. 이씨는 1734년에 노 오장을 통해 전문 70냥을 받고 공대를 김 용안 댁에 매도하였다. 생가로부터 공대를 물려받은 김 생원 댁에서는 1768년 전문 70냥을 받고 정 생원 댁에 매도하였다. 이후 대전을 소유한 상전 이씨(이 삼등 댁)는 1795년 한 동지 가(한유묵)에 환퇴를 조건으로 120냥을 받고 대전을 매도하였다. 한유묵은 다시 1815년에 미상의 매수인에게 역시 환퇴를 조건으로 120냥을 받고 대전을 매도하였다.

매물이 위치한 동부 건덕방 과목동은 현재의 서울특별시 종로구 연건동 일대에 해당한다.

순서	문서명	매매가격	내용
1	1734년 상전 정경부인 이씨 패자	-	노 오장에게 대전 매도 권한을 위임 - 동부 건덕방 공대 370칸
2	1734년 정경부인 이씨 대노 오장 명문	전문 70냥	김 용안 댁 노 지복에게 대전 매도 - 동부 건덕방 공대 370칸
3	1768년 상전 김 패자	-	노 문득에게 대전 매도 권한을 위임 - 동부 건덕방 공대전 370칸
4	1768년 김 생원 댁 노 문득 명문	전문 70냥	정 생원 댁 노 사만에게 대전 매도 - 동부 건덕방 공대전 370칸
5	을묘년 상전 이 패자	120냥	노 노동에게 대전 매도 권한을 위임 - 남장 밖 공대전 370칸
6	1815년 한유묵 명문	전문 120냥	미상의 매수인에게 환퇴를 조건으로 대전 매도 - 동부 건덕방 과목동 대전 370칸

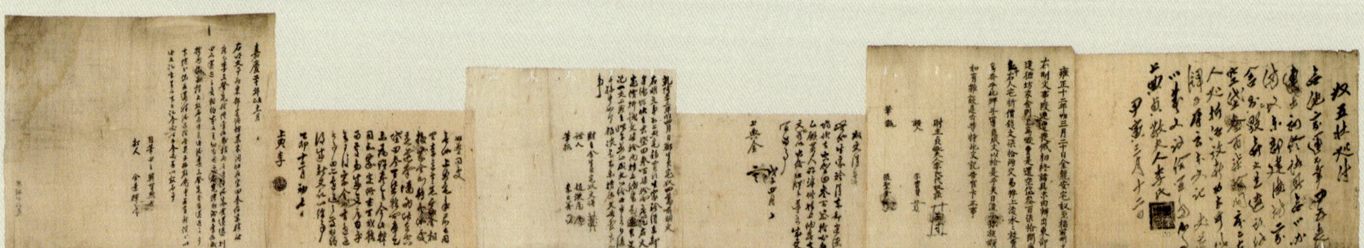

6 | 5 | 4 | 3 | 2 | 1

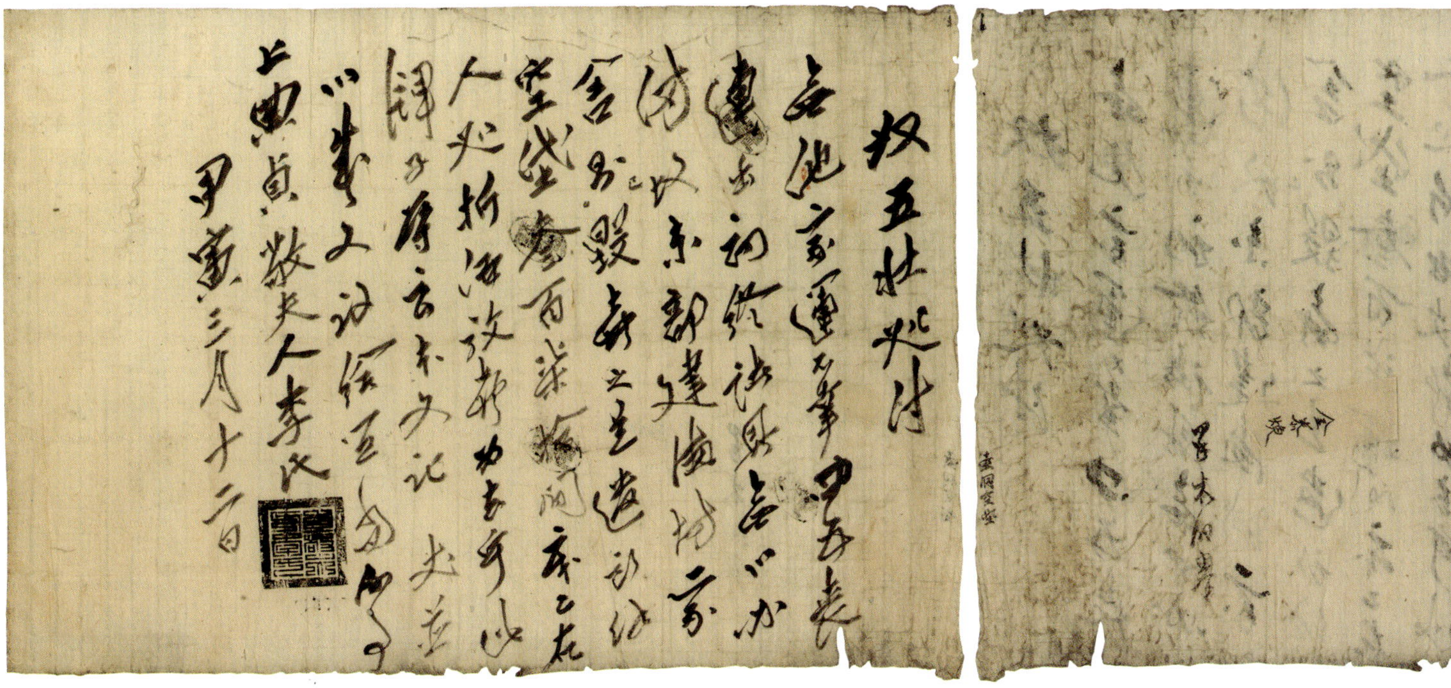

015-01

1734년 상전 정경부인 이씨 패자

42.2×62.0

1734년(영조 10) 3월 12일에 상전 정경부인貞敬夫人 이씨李氏가 노 오장五壯에게 공대의 매도를 위임하면서 작성해 준 패자이다. 이씨는 가운家運이 불행하여 4~5차례 연달아 상을 당하였으니, 장례 물품을 마련할 수 없어서 매도하게 되었다고 사유를 밝혔다. 동부 건덕방에 있던 가옥을 헐어서 전에 매도하였고, 남은 빈터 370칸을 이번에 매물로 내놓았다. 이씨는 매수인에게 값을 정하여 매도하되, 이 패자의 내용에 따라서 본문기와 함께 명문을 작성해 지급할 것을 지시하였으나, 본문기의 수량은 기재되지 않았다.

(01)　　奴 五壯處付
(02)　無他 家運不幸 四五喪
(03)　連出 初終諸具 無以辦
(04)　備 故東部建德坊家
(05)　舍 則已毁賣之是遣 所餘
(06)　空垈參百柒拾間庫乙 右
(07)　人處 折價放賣爲去乎 此
(08)　牌子導良 本文記 丈並
(09)　以 成文許給 宜當向事
(10)　上典 貞敬夫人 李氏[貞敬夫人李氏]
(11)　　　　甲寅三月十二日

(背面)
壺洞空垈 / 果木洞界 / 金泰煥

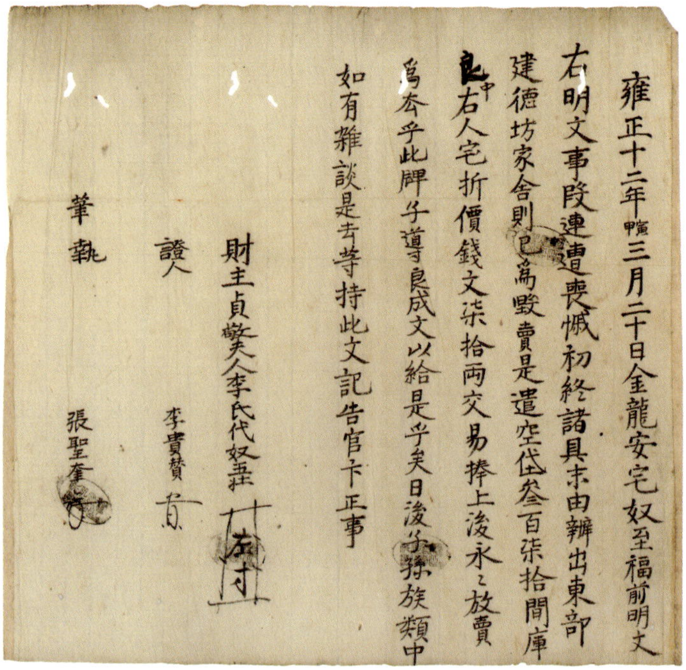

015-02

1734년 정경부인 이씨 대노 오장 명문

43.3×45.3

1734년(영조 10) 3월 20일에 정경부인 이씨의 노 오장이 김 용안龍安 댁 노 지복至福에게 공대를 매도하면서 작성하여 준 명문이다. 오장은 상전댁이 연이어 상을 당하여 장례 물품을 마련할 방도가 없어 매도하게 되었다고 사유를 밝혔다. 동부 건덕방에 있던 가옥을 헐어서 전에 이미 매도하였고, 남은 빈터 370칸을 이번에 매도하는 것인데, 매매금액은 전문 70냥이었다. 오장은 상전의 패자에 따라서 명문을 작성하여 지급하였으나 본문기의 지급 여부는 기재하지 않았다. 이귀찬李貴贊이 증인으로, 장성규張聖奎가 필집으로 참여하였다.

(01) 雍正十二年甲寅三月二十日 金龍安宅奴 至福前 明文
(02) 右明文事段 連遭喪慽 初終諸具 末由辦出 東部
(03) 建德坊家舍 則已爲毁賣是遣 空垈參百柒拾間庫
(04) 良中 右人宅 折價錢文柒拾兩 交易捧上後 永永放賣
(05) 爲去乎 此牌子導良 成文以給是乎矣 日後 子孫族類中
(06) 如有雜談是去等 持此文記 告官卞正事
(07) 財主 貞敬夫人 李氏 代奴 五壯(左寸)
(08) 證人 李貴贊(着名)
(09) 筆執 張聖奎(着名)

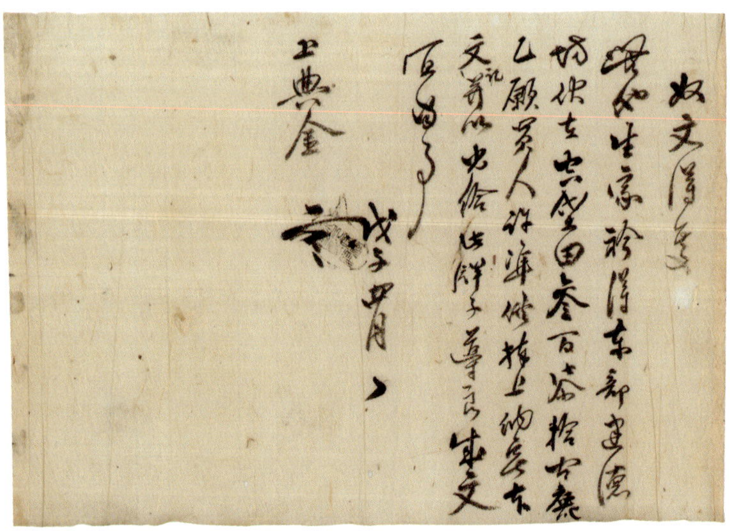

015-03

1768년 상전 김 패자

29.0×41.5

1768년(영조 44) 4월에 상전 김金이 노 문득文得에게 공대전空垈田의 매도를 위임하면서 작성해 준 패자이다. 매물은 동부 건덕방에 있는 공대전 370칸이다. 상전은 매수를 원하는 사람에게 정해진 값을 받아 상전댁에 납부하고, 본 패자의 내용에 따라 명문을 작성하여 본문기와 함께 지급할 것을 지시하였다. 매물을 공대전이라고 표현하였으나, 농지는 아니고 여전히 집터였던 것으로 보인다.

(01) 奴 文得處
(02) 無他 生家衿得 東部 建德
(03) 坊伏在 空垈田參百柒拾間庫
(04) 乙 願買人許 準價捧上納宅 本
(05) 文記幷以出給 此牌子導良 成文
(06) 宜當事
(07) 戊子四月 日
(08) 上典 金(着名)

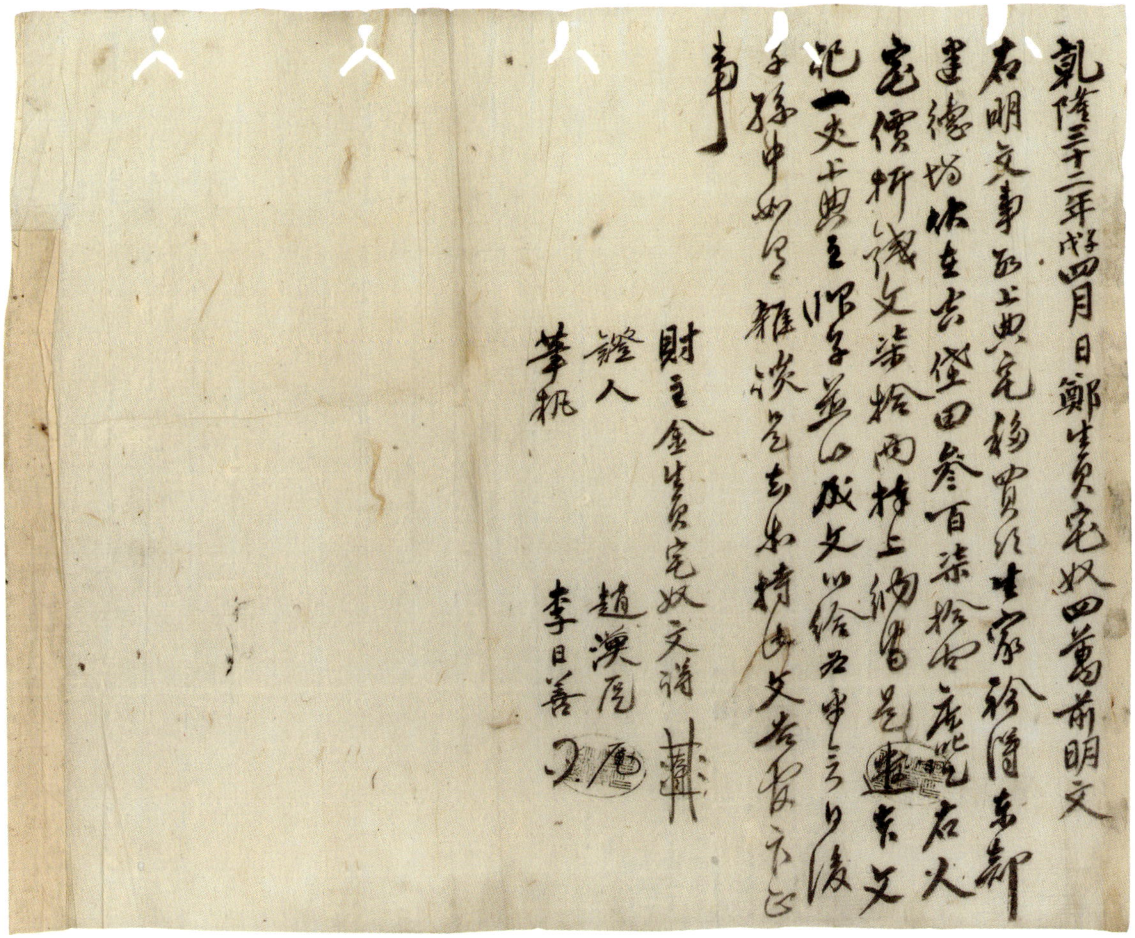

015-04

1768년 김 생원 댁 노 문득 명문

38.3×47.0

1768년(영조 44) 4월에 김 생원 댁 노 문득이 정鄭 생원 댁 노 사만四萬에게 공대전을 매도하면서 작성하여 준 명문이다. 문득은 상전댁이 다른 매물을 구매하기 위해 생가에서 상속받은 동부 건덕방 소재 공대전 370칸을 전문 70냥에 매도한다고 하였다. 문득은 명문을 작성하여 사만에게 지급하면서 본문기 1장과 상전의 패자를 함께 양도하였다. 조영돌趙漢乭이 증인으로, 이일선李日善이 필집으로 참여하였다.

(01) 乾隆三十二年戊子四月 日 鄭生員宅奴 四萬前 明文
(02) 右明文事段 上典宅 移買次 生家衿得 東部
(03) 建德坊伏在 空垈田參百柒拾間庳乙 右人
(04) 宅 價折錢文柒拾兩 捧上納宅是遣 本文
(05) 記一丈 上典主牌子並以 成文以給爲乎矣 日後
(06) 子孫中 如有雜談是去等 持此文 告官卞正
(07) 事
(08) 財主 金生員宅奴 文得(左寸)
(09) 證人 趙漢乭(着名)
(10) 筆執 李日善(着名)

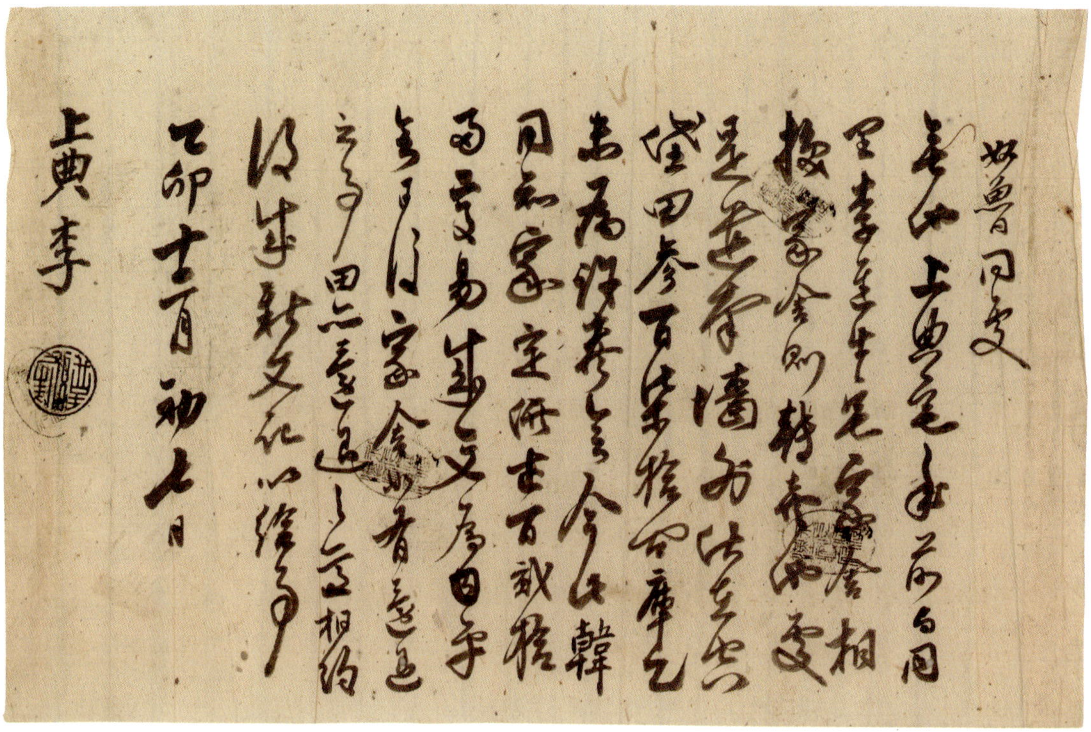

015-05

을묘년 상전 이 패자

29.3×44.9

을묘년 12월 7일에 상전 이李가 노 노동魯同에게 공대전의 매도를 위임하면서 작성해 준 패자이다. 상전댁에서는 몇 해 전 같은 마을의 이李 진사댁과 가옥을 서로 교환하였다가, 교환한 가옥을 다른 곳에 매도하였고, 남쪽 담장 밖에 있는 공대전 370칸은 아직까지 매도하지 못하였다고 하였다. 이번에 공대전의 값을 120냥으로 정하여 한韓 동지 집안에 매도하되, 훗날 가옥을 환퇴하게 되면, 공대전 또한 환퇴하기로 서로 약속하고 명문을 작성할 것을 지시하였다. 상전댁에서 앞서 매도한 가옥과 이번에 매도하려는 공대전은 같은 지역에 있거나 연결된 성격의 매물이었던 것으로 보인다. 환퇴에 관한 내용은 1815년 한유묵韓有默 명문에서도 이어지는데, 매수인 한 동지가 곧 한유묵인 것으로 추정되며, 패자를 발급한 을묘년은 1795년(정조 19)일 가능성이 높다.

(01)　奴 魯同處
(02) 無他 上典宅 年前 與同
(03) 里李進士宅 家舍相
(04) 換 家舍則轉賣他處
(05) 是遣 南墻外伏在 空
(06) 垈田參百柒拾間庫乙
(07) 未爲許賣矣 今此韓
(08) 同知家 定價壹百貳拾
(09) 兩 交易成文爲白乎
(10) 矣 日後 家舍如有還退
(11) 之事 田亦還退之意 相約
(12) 後 成新文記以給事
(13) 乙卯十二月初七日
(14) 上典 李(印)

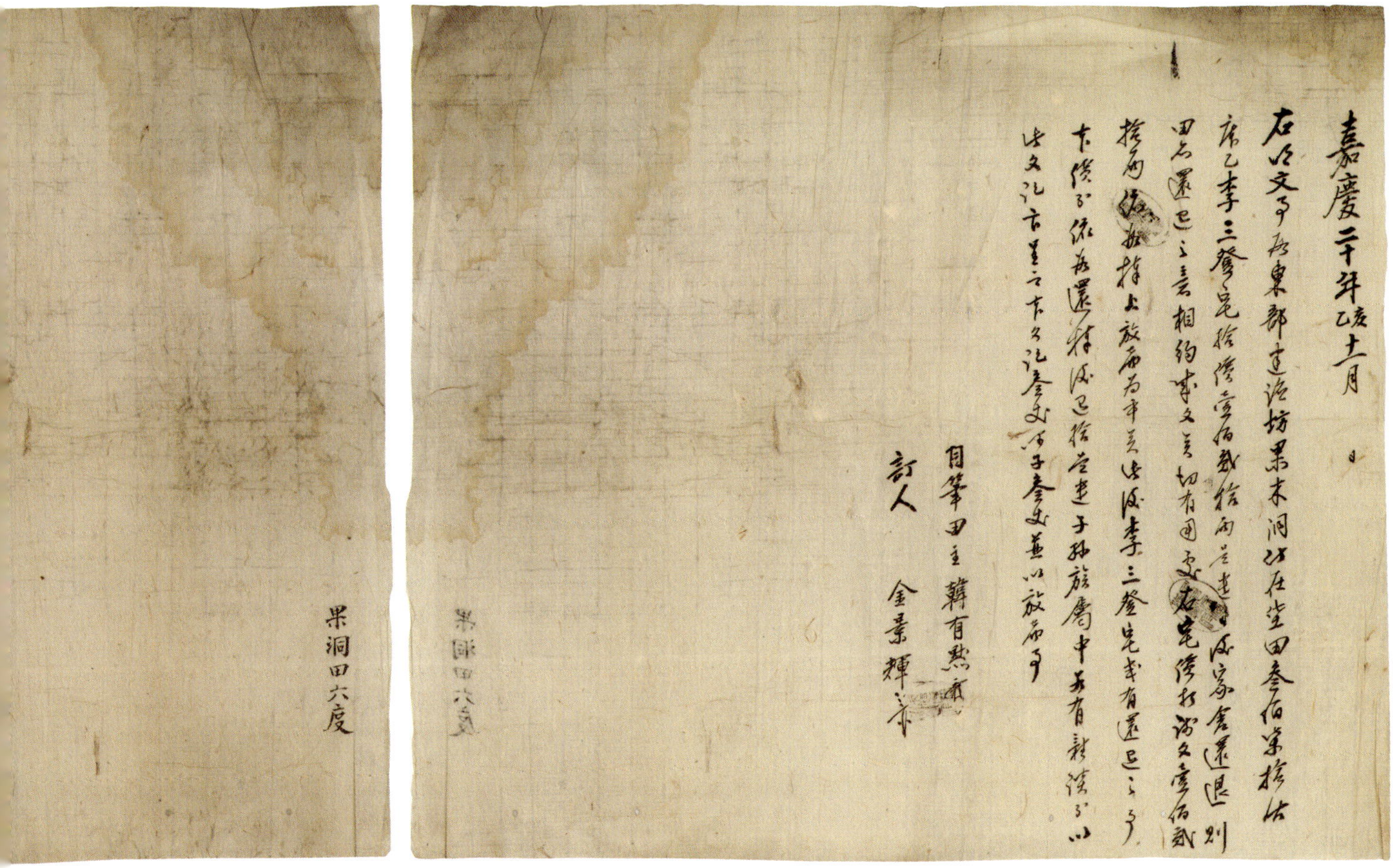

015-06

1815년 한유묵 명문

49.3×58.0

1815년(순조 15) 11월에 한유묵이 대전을 매도하면서 작성한 명문이다. 매수인은 기재되어 있지 않다. 매물은 동부 건덕방 과목동果木洞에 있는 대전 370칸이며 매물을 돌려받는 환퇴에 관한 조건을 명시하였다. 대전 370칸은 본래 이李 삼등三登 댁의 소유였는데 한유묵이 120냥에 매수하였고, 매수 당시 이 삼등 댁에서 가옥을 환퇴하게 되면 대전 또한 환퇴하기로 약속하고 명문을 작성하였다. 한유묵이 절박한 사유로 이번에 해당 대전을 다시 전문 120냥에 모某 댁에 매도하게 되었는데, 이전의 이 삼등 댁 환퇴조건을 유지하도록 하였다. 즉, 추후 이 삼등 댁이 환퇴를 요구하면, 본래의 값을 받고 대전을 물려주어야 한다는 내용을 명문에 기재한 것이다. 한유묵은 매수인과 거래하면서 본문기 3장과 패자 3장을 함께 양도하였다. 명문은 대전의 주인인 한유묵이 자필로 작성하고, 김경휘金景輝가 증인으로 참여하였다.

한유묵과 이 삼등 댁 사이의 거래 내용을 기재한 명문은 없으나, 그 내용은 을묘년 상전 이 패자에서 확인할 수 있다. 패자의 작성자인 상전 이가 이 삼등 댁이며, 매수인으로 기재된 한 동지가 한유묵인 것으로 추정된다.

(01) 嘉慶二十年乙亥十一月 日
(02) 右明文事段 東部 建德坊 果木洞伏在 垈田參佰柒拾間
(03) 庫乙 李三登宅 拾[折]價壹佰貳拾兩是遣 日後 家舍還退 則
(04) 田亦還退之意 相約成文矣 切有用處 右宅 價折錢文壹佰貳
(05) 拾兩 依數捧上放賣爲乎矣 此後 李三登宅 或有還退之事
(06) 本價則依數還捧後 退給是遣 子孫族屬中 若有雜談 則以
(07) 此文記卞呈 而本文記參丈 牌子參丈並以 放賣事
(08) 自筆 田主 韓有黙(着名)
(09) 訂人 金景輝(着名)

(背面)

果洞田 六度

016

1742년 김태화 명문 등 숭신방 토지매매문서

1742~1877년 | 51.4×348.3

1742년부터 1877년까지 동대문 밖 숭신방 대로 남쪽에 소재한 밭의 매매와 관련한 문서 9점이다. 8점은 점련되어 있고, 1877년 함우구 명문은 종이끈으로 연결되어 있다. 각 문서의 우측 상단에 주묵으로 쓴 "을호일"부터 "을호구"의 글씨가 우에서 좌의 순서로 기입되어 있는데, 이는 후대에 쓴 것으로 보인다. 매물인 밭의 면적은 밭 2부 8속이다. 매물의 위치는 1782년 조세문 명문에 대로 동변으로 기재되어 있으나, 다른 문서들은 모두 대로 남변으로 기재되어 있으므로 오기로 추정된다.

135년간 7번의 거래가 이루어졌으며, 매물인 밭의 가격은 점차 상승하였다. 첫 번째 거래인 1742년에는 동전 45냥에 거래되었으며, 1761년과 1776년에는 50냥에 매도되었다. 1782년 거래에서 가격이 3배 상승한 150냥이 되었으며, 이후에도 180냥과 250냥으로 계속해서 매매금액이 상승했다. 숭신방은 현재의 서울특별시 종로구 혜화동과 명륜동 2가 각 일부와 동숭동과 이화동 각 일원에 해당한다.

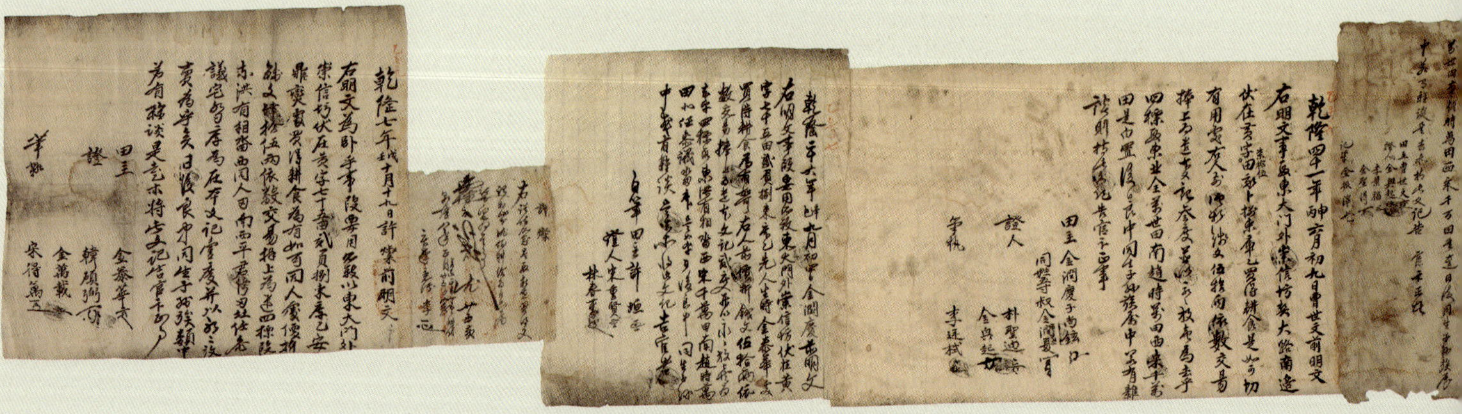

1 2 3 4 5

순서	문서명	매매가격	내용
1	1742년 김태화 명문	전문 45냥	허찬에게 토지 매도 - 숭신방 황자 제75번 전 2부 8속
2	1743년 허찬 소지	-	한성부에 입안 신청
3	1761년 허환 명문	전문 50냥	김윤경에게 토지 매도 - 숭신방 황자 제75번 전 2부 8속
4	1776년 김윤경 자 김상현 등 명문	전문 50냥	조세문에게 토지 매도 - 숭신방계 대로 남변 황자 제75번 전 2부 8속
5	1782년 조세문 명문	전문 150냥	홍 생원 댁 노 재돌에게 토지 매도 - 숭신방계 대로 동변 황자 제75번 전 2부 8속
6	1801년 상전 홍 패자	-	노 순흥에게 토지 매도 권한을 위임 - 숭신방계 대로 남변 황자 전 2부 8속
7	1801년 홍 생원 댁 노 순흥 명문	전문 180냥	함대복에게 토지 매도 - 숭신방 대로 남변 황자 제75번 전 2부 8속
8	1867년 함우정 명문	전문 180냥	함우구에게 토지 매도 - 숭신방계 대로 남변 황자 제75번 전 2부 8속
9	1877년 함우구 명문	전문 250냥	이대길에게 토지 매도 - 숭신방계 대로 남변 황자 제75번 전 2부 8속

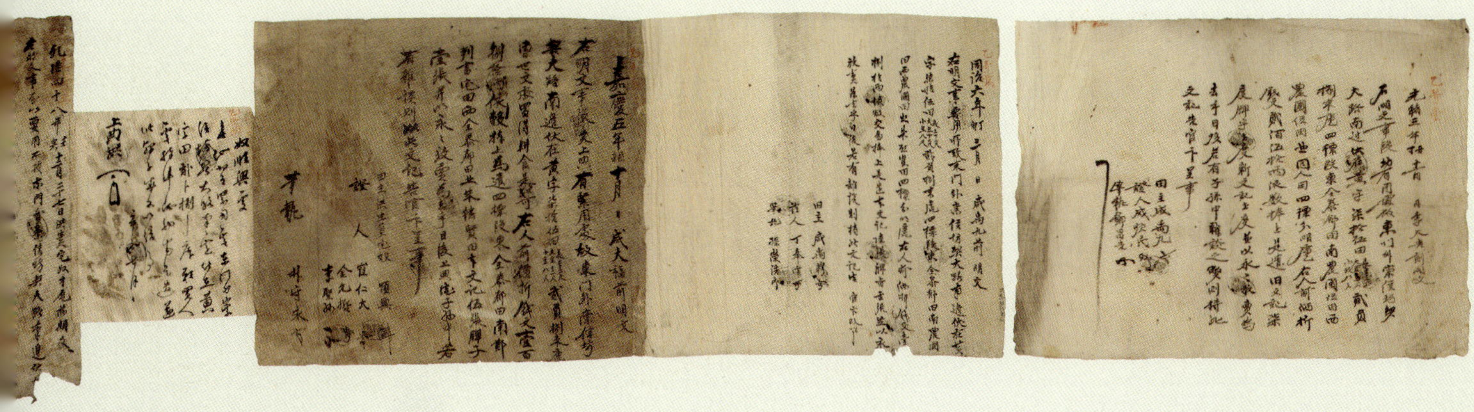

6 | 7 | 8 | 9

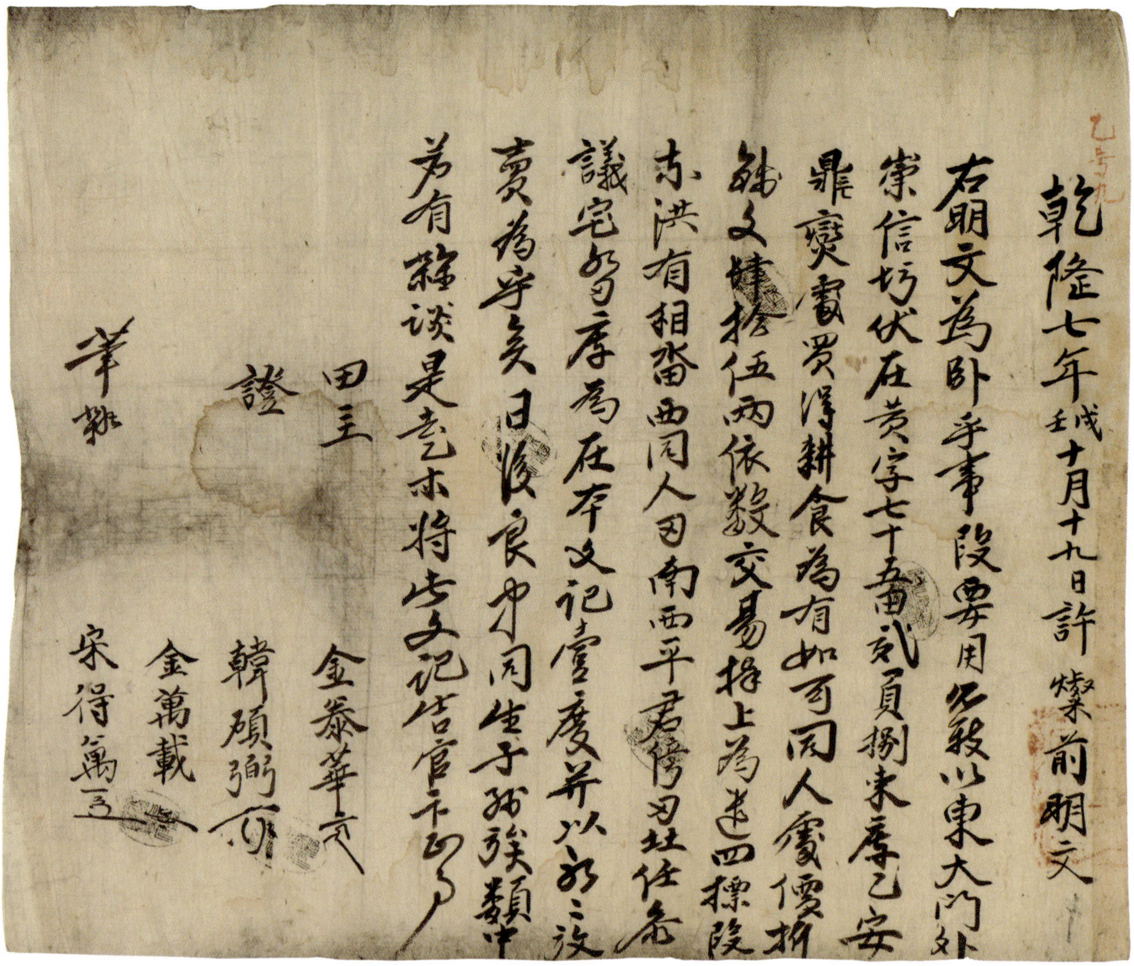

016-01

1742년 김태화 명문

46.2×55.4

1742년(영조 18) 10월 19일에 김태화金泰華가 허찬許燦에게 토지를 매도하면서 작성하여 준 명문이다. 김태화는 긴요하게 쓸 곳이 있어서 안정섭安鼎燮으로부터 매수하여 경작해온 토지를 전문 45냥에 매도하였다. 매물은 동대문 밖 숭신방에 소재한 황자黃字 제75번 밭이며 면적은 2부 8속이다. 토지의 사표를 살펴보면 동쪽과 서쪽은 홍유상洪有相의 논밭과 닿아있고, 남쪽에는 서평군방西平君房의 밭이 있으며, 북쪽은 임任 참의 댁 논과 이어졌다. 명문을 발급하면서 본문기 1장을 함께 양도하였다. 한석필韓碩弼과 김만재金萬載가 증인으로, 송득만宋得萬이 필집으로 참여하였다.

(01) 乾隆七年壬戌十月十九日 許燦前 明文
(02) 右明文爲臥乎事段 要用所致以 東大門外
(03) 崇信坊伏在 黃字 七十五田 貳負捌束庫乙 安
(04) 鼎燮處 買得耕食爲有如可 同人處 價折
(05) 錢文肆拾伍兩 依數交易 捧上爲遣 四標段
(06) 東洪有相畓 西同人田 南西平君傍[房]田 北任參
(07) 議宅畓庫爲在 本文記壹度幷以 永永放
(08) 賣爲乎矣 日後良中 同生子孫族類中
(09) 若有雜談是去乙等 將此文記 告官卞正事
(10) 田主 金泰華(着名)
(11) 證 韓碩弼(着名)
(12) 金萬載(着名)
(13) 筆執 宋得萬(着名)

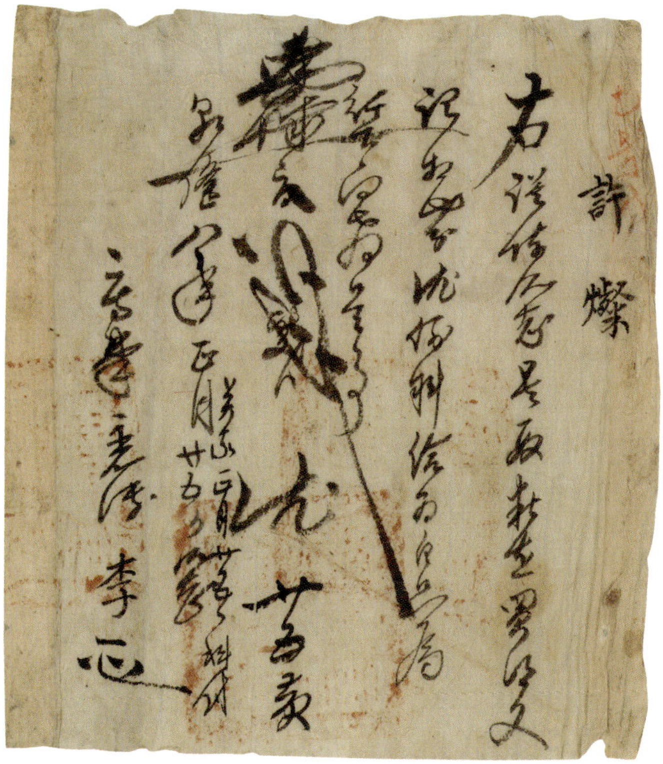

016-02

1743년 허찬 소지

24.0×22.0

1743년(영조 19) 1월에 허찬이 한성부에 올린 입안신청 소지이다. 소지와 함께 점련하여 제출하는 명문을 검토하여 이에 대한 사급입안을 발급해줄 것을 요청하였다. 소지의 접수일은 25일이고, 병방에서 입안 발급을 담당하였다. 한성부 당상관은 '그대로 시행하라(依)'는 처분을 하였고, 담당 방장 주부 이李가 같은 날 입안 발급을 처리하였다.

(01) 許 燦
(02) 右謹陳所志矣段 粘連買得文
(03) 記相考 依例斜給爲白只爲
(04) 行下向教是事
(05) 漢城府 處分
(06) 乾隆八年正月卄五日 所志
(07) 依 卄五 黃
(08) 堂上(着押)
(09) 癸亥正月卄五日 斜付
(10) 房掌 主簿 李(着押)
[漢城府印]

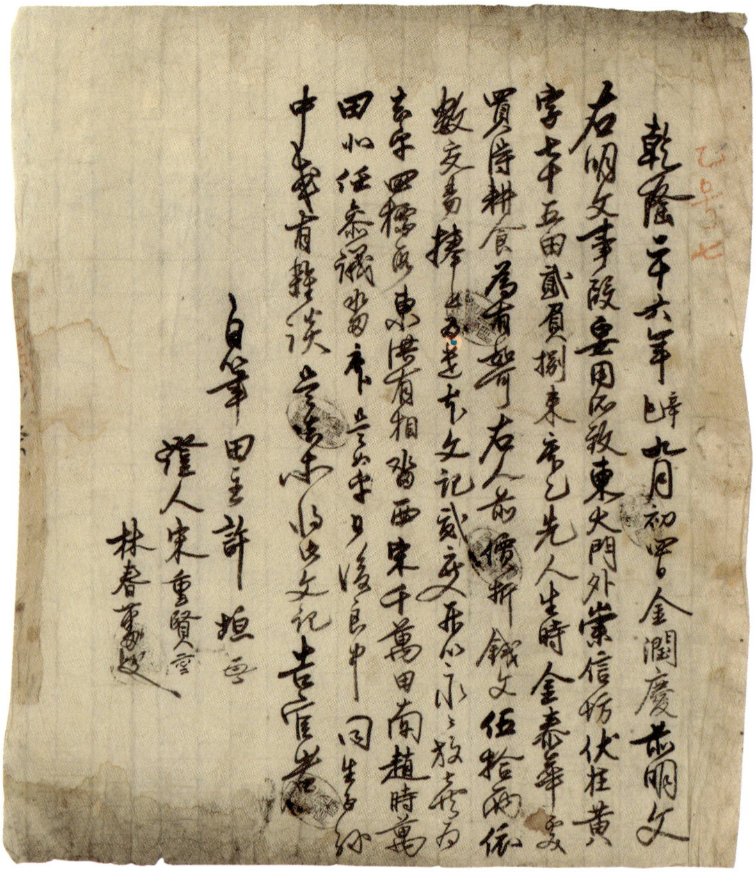

016-03

1761년 허환 명문

47.9×42.0

1761년(영조 37) 9월 4일에 허환許桓이 김윤경金潤慶에게 토지를 매도하면서 작성하여 준 명문이다. 허환은 긴요하게 쓸 곳이 있어서 아버지 허찬이 생전인 1742년(영조 18)에 김태화로부터 매수하여 경작해온 토지를 전문 50냥에 매도하였다. 매물은 동대문 밖 숭신방에 있는 황자黃字 제75번 밭이며 면적은 2부 8속이다. 명문과 함께 본문기 2장을 양도하였다. 사표의 내용을 보면 동쪽에 홍유상의 논이 있고, 서쪽에는 송천만宋千萬의 논이 있으며, 남쪽으로 조시만趙時萬의 밭이 있고, 북쪽으로 임 참의 댁 논과 이어졌다. 송중현宋重賢과 임춘번林春蕃이 증인으로 참여하였으며, 허환이 직접 명문을 작성하였다.

(01) 乾隆二十六年辛巳九月初四日 金潤慶前 明文
(02) 右明文事段 要用所致 東大門外 崇信坊伏在 黃
(03) 字 七十五田 貳負捌束庫乙 先人生時 金泰華處
(04) 買得耕食爲有如可 右人前 價折錢文伍拾兩 依
(05) 數交易捧上爲遣 本文記貳度幷以 永永放賣爲
(06) 去乎 四標段 東洪有相畓 西宋千萬田 南趙時萬
(07) 田 北任參議畓庫是如乎 日後良中 同生子孫
(08) 中 或有雜談是去等 將此文記 告官者
(09) 自筆 田主 許 桓(着名)
(10) 證人 宋重賢(着名)
(11) 林春蕃(着名)

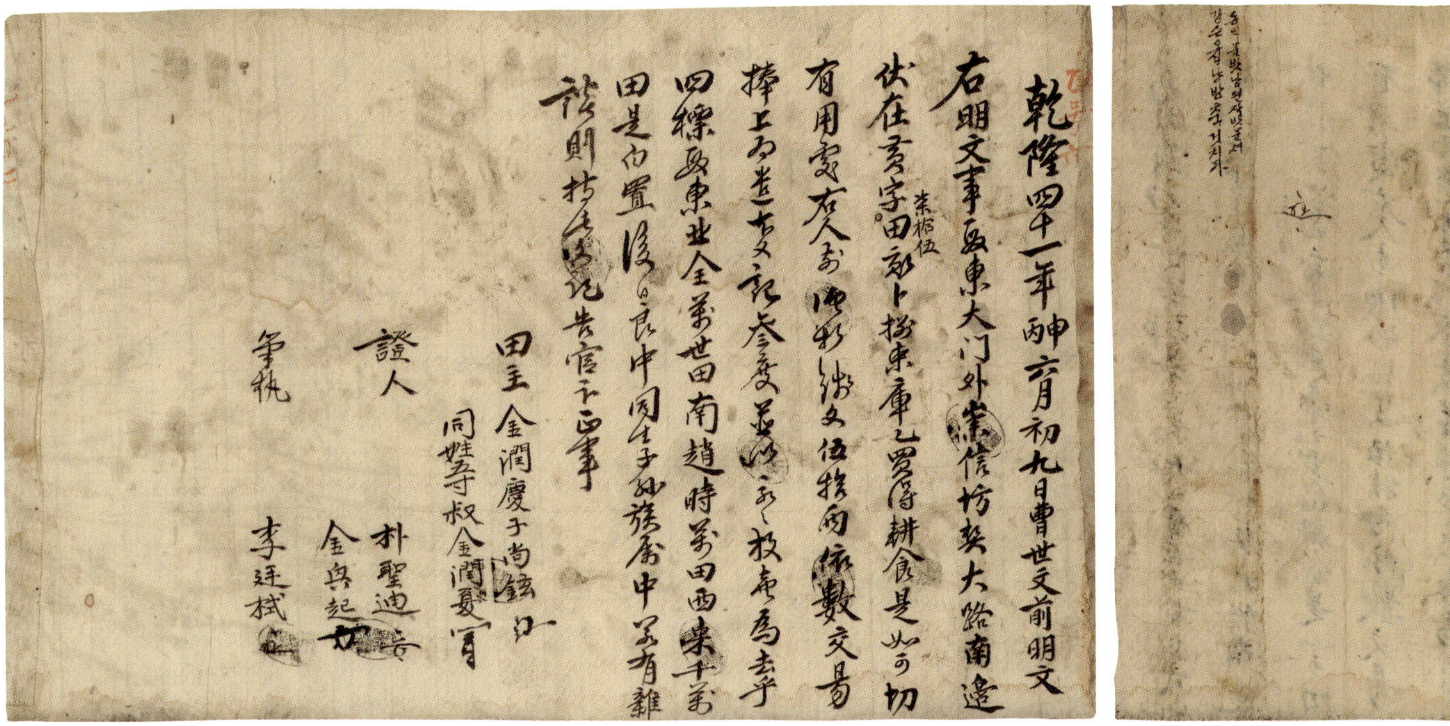

016-04

1776년 김윤경 자 김상현 등 명문

45.0×69.2

1776년(영조 52) 6월 9일에 김윤경의 아들 김상현金尙玄이 조세문曺世文에게 토지를 매도하면서 작성하여 준 명문이다. 김상현은 긴요하게 쓸 곳이 있어서 아버지가 1761년(영조 37)에 허환으로부터 매수하여 경작해온 토지를 전문 50냥에 매도하였다. 매물은 동대문 밖 숭신방계崇信坊契 대로 남쪽에 있는 황자黃字 제75번 밭이며 면적은 2부 8속이다. 사표의 내용을 보면 동쪽과 북쪽에 전만세全萬世의 밭이 있고, 남쪽에는 조시만의 밭이 있으며, 서쪽은 송천만의 밭이 있다. 명문을 발급하면서 본문기 3장을 함께 양도하였다. 박성적朴聖迪과 김흥기金興起가 증인으로, 이정식李廷栻이 필집으로 참여하였다.

(01) 乾隆四十一年丙申六月初九日 曺世文前 明文
(02) 右明文事段 東大門外 崇信坊契大路南邊
(03) 伏在 黃字 柒拾伍田 貳卜捌束庫乙 買得耕食是如可 切
(04) 有用處 右人前 價折錢文伍拾兩 依數交易
(05) 捧上爲遣 本文記參度並以 永永放賣爲去乎
(06) 四標段 東北全萬世田 南趙時萬田 西宋千萬
(07) 田是白置 後日良中 同生子孫族屬中 若有雜
(08) 談 則持此文記 告官卞正事
(09) 田主 金潤慶子 尙鉉(着名)
(10) 同姓五寸叔 金潤夏(着名)
(11) 證人 朴聖迪(着名)
(12) 金興起(着名)
(13) 筆執 李廷栻(着名)

(背面)
동딕문밧남편작밧문셔
갑슨오십냥방축것치라

016-05

1782년 조세문 명문

51.4×38.8

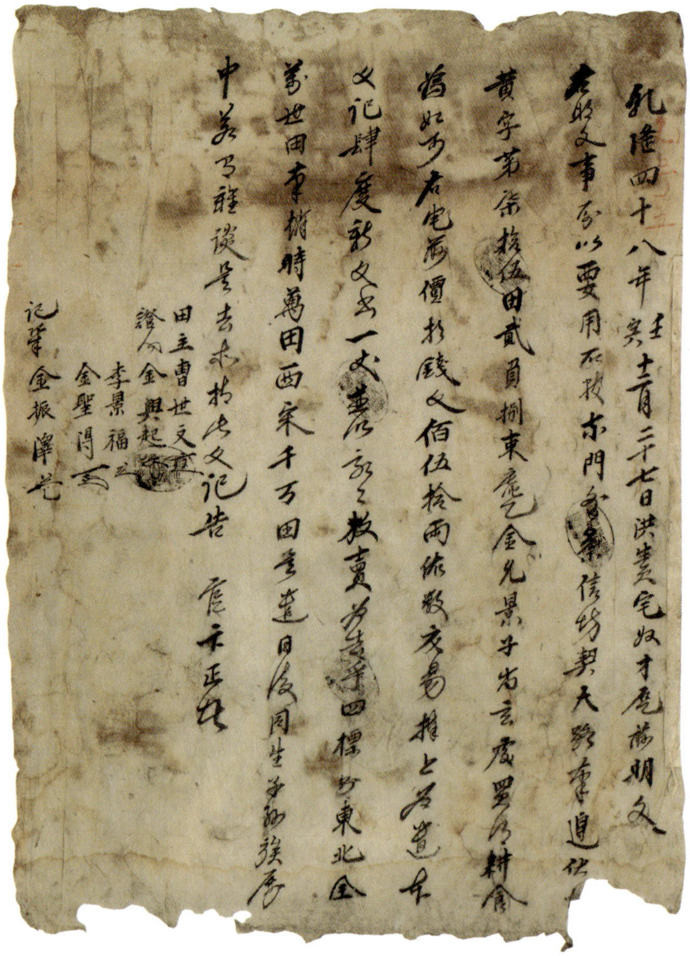

1782년(정조 6) 12월 27일에 조세문이 홍洪 생원 댁 노 재돌才乭에게 토지를 매도하면서 작성하여 준 명문이다. 조세문은 긴요하게 쓸 곳이 있어서 1776년(영조 52)에 김윤경의 아들 김상현으로부터 매수하여 경작해온 토지를 전문 150냥에 매도하였다. 매물은 동대문 밖 숭신방계 대로 동쪽에 있는 황자黃字 제75번 밭이며 면적은 2부 8속이다. 토지의 사표는 동쪽과 북쪽이 전만세의 밭, 남쪽이 조시만의 밭, 서쪽이 송천만의 밭이다. 조세문은 명문을 발급하면서 본문기 4장을 함께 양도하였다. 김흥기, 이경복李景福, 김성득金聖得이 증인으로, 김진택金振澤이 필집으로 참여하였다.

(01)　乾隆四十八年壬寅十二月二十七日 洪生員宅奴 才乭前 明文
(02)　右明文事段 以要用所致 東門外 崇信坊契 大路東邊伏■(在)
(03)　黃字 第柒拾伍田 貳負捌束廛乙 金允景子尙玄處 買得耕食
(04)　爲如可 右宅前 價折錢文佰伍拾兩 依數交易 捧上爲遣 本
(05)　文記肆度 新文書一丈並以 永永放賣爲去乎 四標段 東北全
(06)　萬世田 南趙時萬田 西宋千萬田是遣 日後同生子孫族屬
(07)　中 若有雜談是去等 持此文記 告官卞正者
(08)　　　　　　田主 曺世文(着名)
(09)　　　　　　證人 金興起(着名)
(10)　　　　　　　　李景福(着名)
(11)　　　　　　　　金聖得(着名)
(12)　　　　　　記筆 金振澤(着名)

016-06

1801년 상전 홍 패자

28.1×25.5

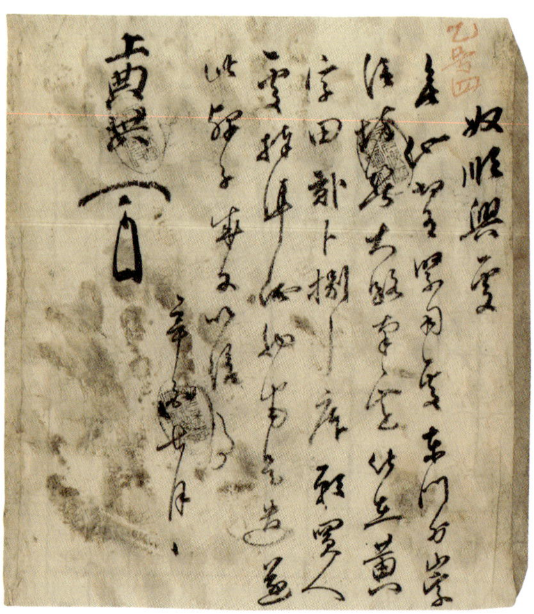

1801년(순조 1) 7월에 상전 홍이 노 순흥順興에게 토지의 매도를 위임하기 위해 발급한 패자이다. 방매를 지시한 토지는 동대문 밖 숭신방의 대로 남쪽에 있는 황자黃字 밭 2부 8속이다. 밭의 매수를 원하는 사람에게 방매하되 값을 상전댁에 납부하고 본 패자의 내용에 따라 문서를 작성해 줄 것을 지시하였다.

(01)　　奴順興處
(02)　無他 切有緊用處 東門外 崇
(03)　信坊契 大路南邊伏在 黃
(04)　字田 貳卜捌束庫 願買人
(05)　處 捧準價納宅是遣 遂
(06)　此牌子 成文以給事
(07)　　　　　辛酉七月 日
(08)　上典 洪(着名)

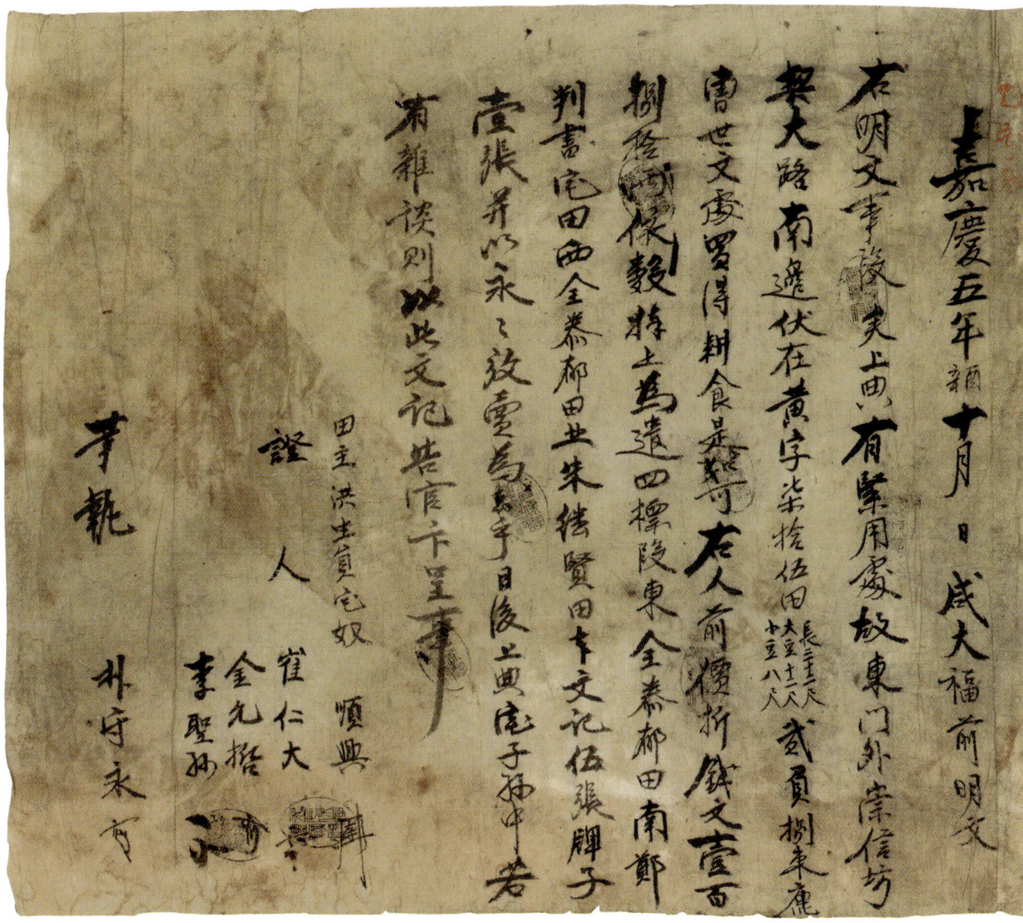

016-07

1801년 홍 생원 댁 노 순흥 명문

46.4×53.8

1801년(순조 1) 10월에 홍 생원 댁 노 순흥이 함대복咸大福에게 토지를 매도하면서 작성하여 준 명문이다. 순흥은 자신의 상전이 1782년(정조 6)에 조세문으로부터 매수하여 경작해온 토지를 전문 180냥에 매도하였다. 매물은 동대문 밖 숭신방계 대로 남쪽에 있는 황자黃字 제75번 밭이며 면적은 2부 8속이다. 밭의 지번 아래에 토지의 외변 길이가 기재되어 있는데, 길이는 32척이고, 긴 변大豆은 12척, 짧은 변小豆은 8척이므로 사다리꼴 모양으로 추정된다. 사표의 내용을 보면 동쪽과 서쪽에 전태욱全泰郁의 밭이 있고, 남쪽에는 정 판서 댁의 밭이 있으며, 북쪽으로 주계현朱繼賢의 밭을 접하고 있다. 순흥은 명문을 발급하면서 패자 1장 및 본문기 5장을 함대복에게 양도하였다. 최인대崔仁大, 김윤철金允哲, 이성손李聖孫이 증인으로, 박수영朴守永이 필집으로 참여하였다.

(01)　　嘉慶五年辛酉十月 日 咸大福前 明文
(02) 右明文事段 矣上典 有緊用處 故東門外 崇信坊
(03) 契 大路南邊伏在 黃字 柒拾伍田 長三十二尺大豆十二尺小豆八尺·貳負捌束應
(04) 曺世文處 買得耕食是如可 右人前 價折錢文壹百
(05) 捌拾兩 依數捧上爲遣 四標段 東全泰郁田 南鄭
(06) 判書宅田 西全泰郁田 北朱繼賢田 本文記伍張 牌子
(07) 壹張幷以 永永放賣爲去乎 日後上典宅子孫中 若
(08) 有雜談 則以此文記 告官卞呈事
(09)　　　　　　田主 洪生員宅奴 順興(左寸)
(10)　　　　　　證　　人　崔仁大(着名)
(11)　　　　　　　　　　　金允哲(着名)
(12)　　　　　　　　　　　李聖孫(着名)
(13)　　　　　　筆執　　　朴守永(着名)

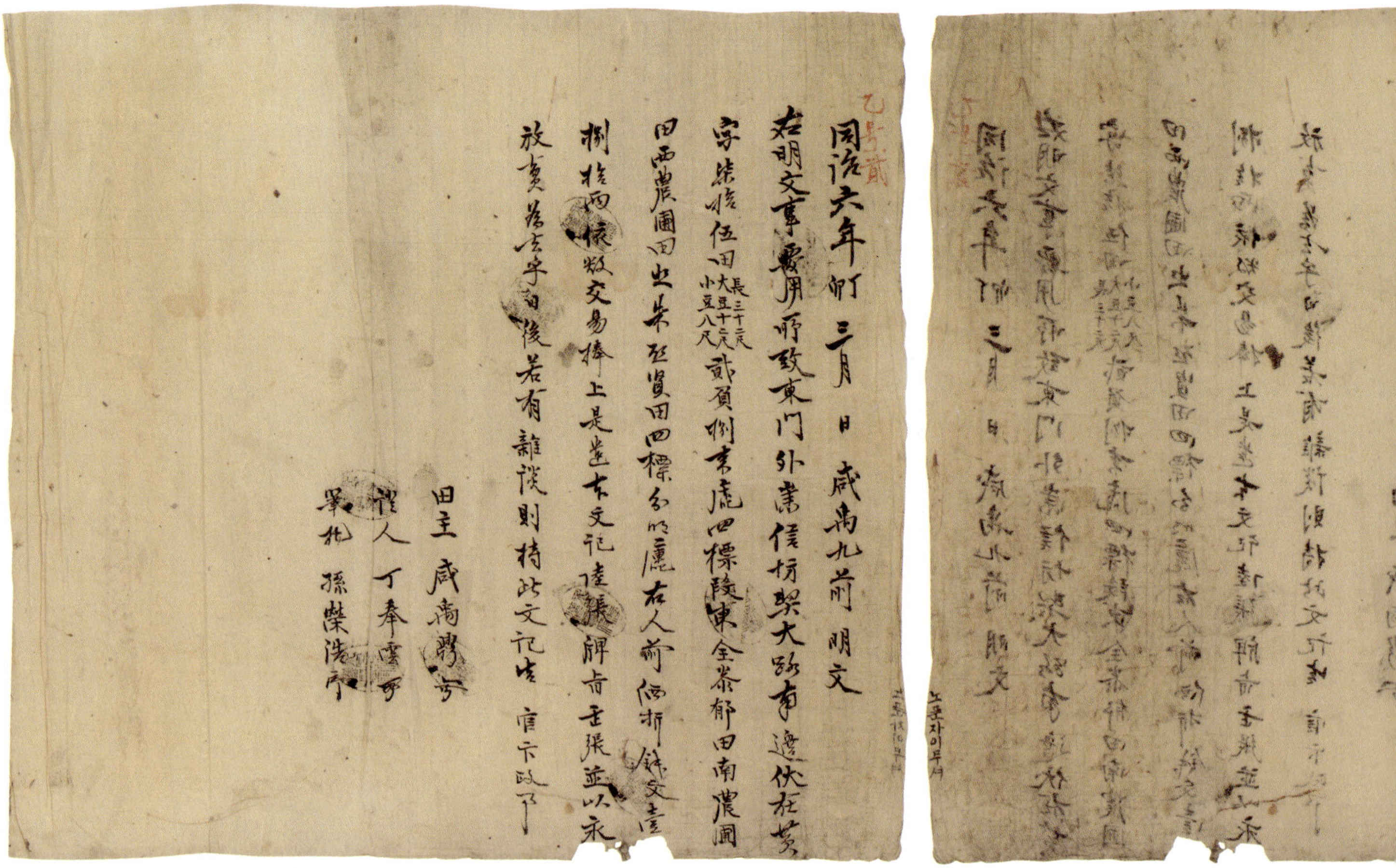

016-08

1867년 함우정 명문

45.4×48.5

1867년(고종 4) 3월에 함우정咸禹鼎이 함우구咸禹九에게 토지를 매도하면서 작성하여 준 명문이다. 매물은 동대문 밖 숭신방계 대로 남쪽에 있는 황자黃字 제75번 밭이고 면적은 2부 8속이다. 토지의 길이는 32척, 긴 변은 12척, 짧은 변은 8척이다. 사표의 내용을 보면 동쪽에 전태욱의 밭이 있고, 남쪽과 서쪽에 농포전農圃田이 있으며 북쪽으로 주계현朱啓賢의 밭을 접하고 있다. 함우정은 이 토지를 전문 180냥에 함우구에게 매도하였고, 본문기 6장 및 패자 1장을 함께 양도하였다. 정봉운丁奉雲이 증인으로, 손영호孫榮浩가 필집으로 참여하였다.

(01) 同治六年丁卯三月 日 咸禹九前 明文

(02) 右明文事 要用所致 東門外 崇信坊契 大路南邊伏在 黃

(03) 字 柒拾伍田 長三十二尺大豆十二尺小豆八尺·貳負捌束廛 四標段 東全泰郁田 南農圃

(04) 田 西農圃田 北朱啓賢田 四標分明廛 右人前 價折錢文壹■(百)

(05) 捌拾兩 依數交易 捧上是遣 本文記陸張 牌旨壹張並以 永■(永)

(06) 放賣爲去乎 日後若有雜談 則持此文記 告官卞政[正]事

(07) 田主 咸禹鼎(着名)

(08) 證人 丁奉雲(着名)

(09) 筆執 孫榮浩(着名)

(背面)

노푼자이무셔

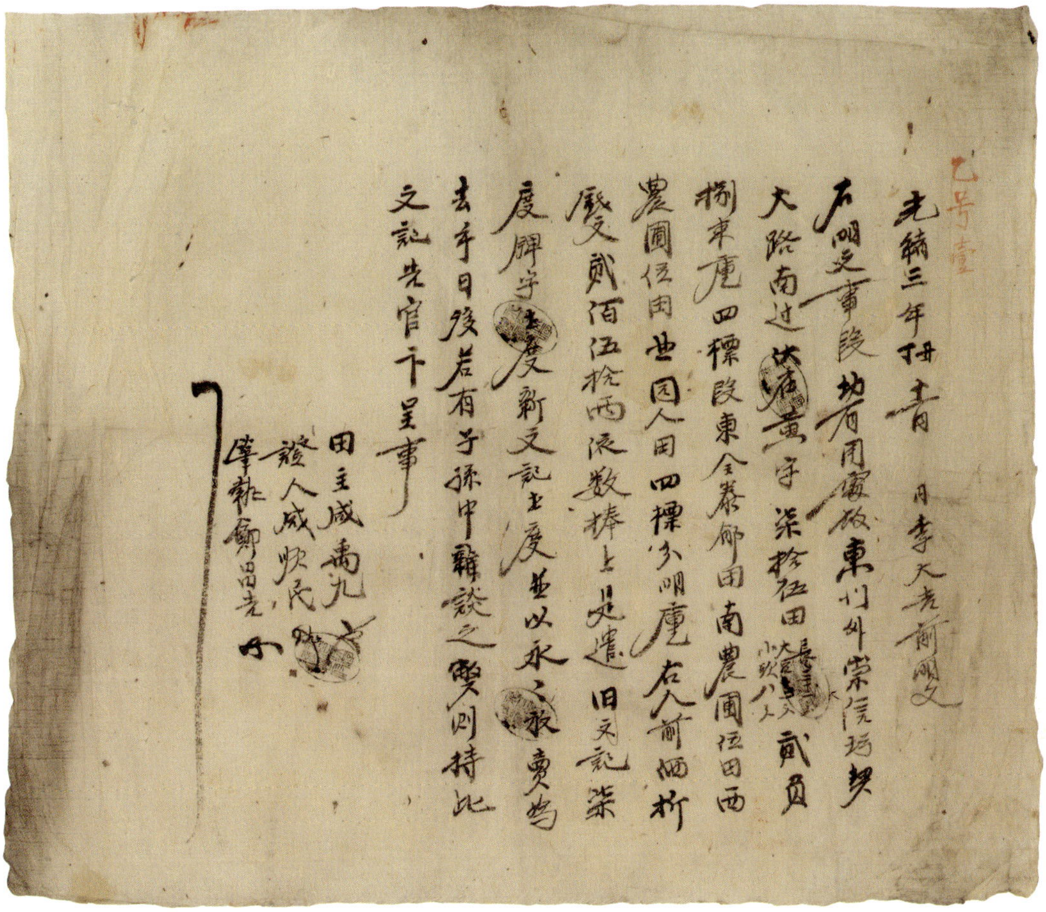

016-09

1877년 함우구 명문

48.6×56.9

1877년(고종 14) 11월에 함우구가 이대길李大吉에게 토지를 매도하면서 작성하여 준 명문이다. 매물은 동대문 밖 숭신방계 대로 남쪽에 있는 황자 제75번 밭이고 면적은 2부 8속이다. 토지의 길이는 32척, 긴 변은 12척, 짧은 변은 8척이다. 사표의 내용을 보면 동쪽에 전태욱의 밭이 있고, 남쪽과 서쪽에 농포農圃의 위전位田이 있으며 북쪽에는 동일인의 밭이 있다. 함우구는 이 토지를 전문 250냥에 이대길에게 매도하였고, 본문기 7장과 패자 1장을 함께 양도하였다. 함순민咸順民이 증인으로, 정창길鄭昌吉이 필집으로 참여하였다.

(01) 光緖三年丁丑十一月 日 李大吉前 明文
(02) 右明文事段 切有用處 故東門外 崇信坊契
(03) 大路南邊伏在 黃字 柒拾伍田 長三十二尺大豆十二尺小頭八尺 貳負
(04) 捌束庫乙 四標段 東全泰郁田 南農圃位田 西
(05) 農圃伍田 北同人田 四標分明庫乙 右人前 價折
(06) 錢文貳佰伍拾兩 依數捧上是遣 舊文記柒
(07) 度 牌字壹度 新文記壹度並以 永永放賣爲
(08) 去乎 日後若有子孫中 雜談之弊 則持此
(09) 文記 告官卞呈事
(10) 田主 咸禹九(着名)
(11) 證人 咸順民(着名)
(12) 筆執 鄭昌吉(着名)
(13) 際

017

1759년 심성진 소지 등 상가오리 토지매매문서

1759~1762년 | 54.3×105.3

동부 상가오리에 소재한 토지의 매매와 관련한 소지, 초사, 입안 등 4점의 문서로 구성된 점련문서이다. 해당 토지는 심성진이 제위답으로 물려받은 곳인데, 서부 용산방으로 이주하면서 분재기를 분실하여 1759년 한성부에 소지를 올려 입지를 발급받았다. 입지는 소지에 관의 처결을 기재하여 교부하는 것으로 효력을 갖게 되므로 1759년 심성진 소지는 곧 한성부 입지이기도 하다. 이후 심성진이 1762년 신관하에게 해당 토지를 매도할 때 분실한 분재기 대신 1759년 심성진 소지가 본문기의 기능을 하였다. 신관하는 거래에 대한 공증을 위해 한성부에 사급입안 발급을 청원하였고 매도자인 심성진과 증인 심성휘 등이 초사를 올려 최종적으로 한성부 입안을 발급받았다. 그러나 실제 매매문서와 신관하의 입안신청 소지는 남아있지 않다.

순서	문서명	매매가격	내용
1	1759년 심성진 소지	-	한성부에 서실문기 입지 신청 - 동부 상가오리 영자 제1번 답 8두락지, 14야미
2	1762년 심성진 초사	전문 100냥	한성부에 매매 사실 진술
3	1762년 증인 심성휘 등 초사	-	한성부에 매매 사실 진술
4	1762년 한성부 입안		신관하에게 매매 사실을 공증하는 입안 발급

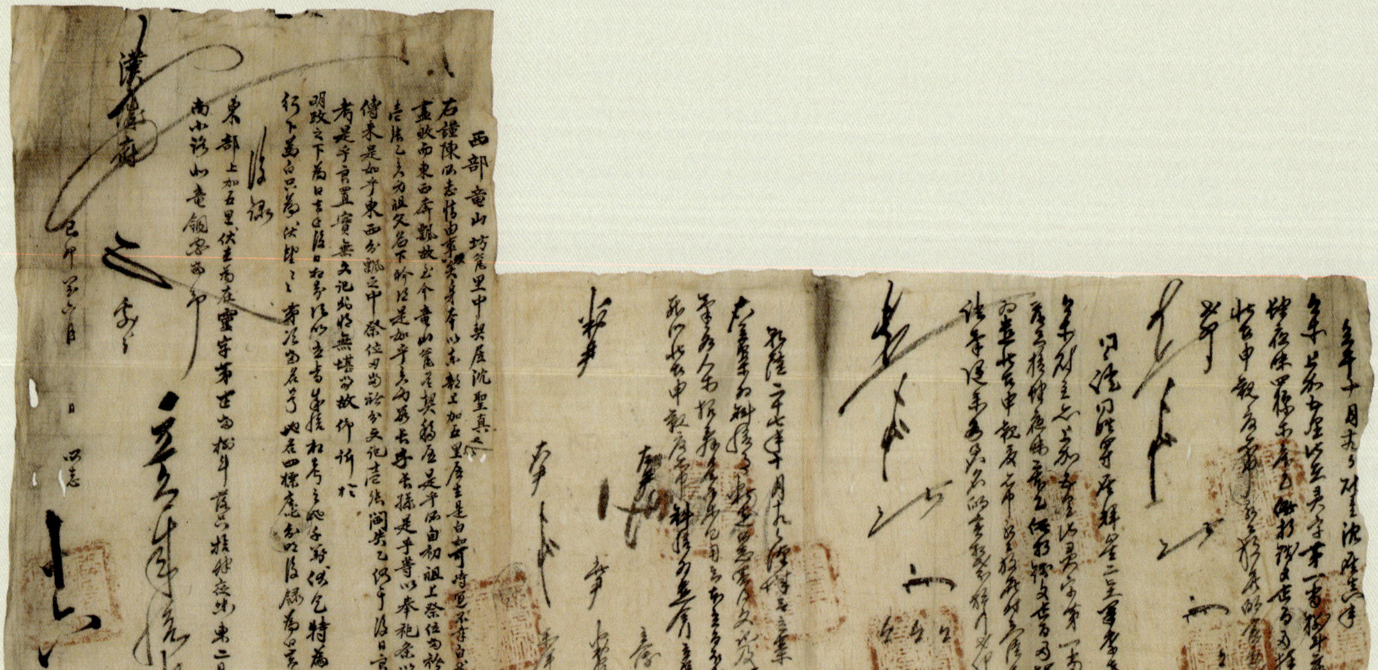

1 4 3 2

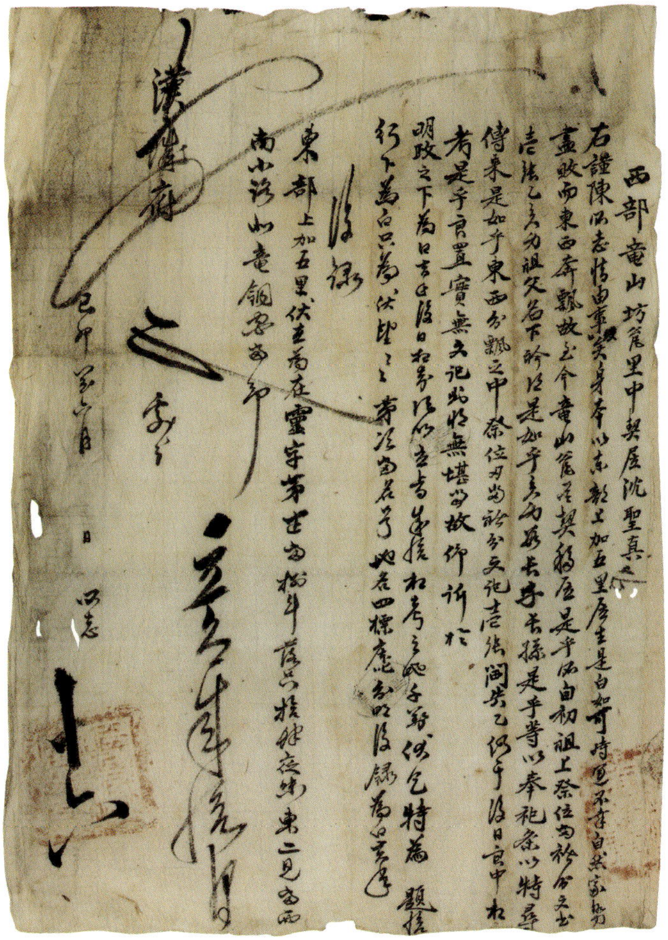

017-01

1759년 심성진 소지

54.3×39.1

1759년(영조 35) 윤6월에 서부 용산방龍山坊 옹리중계瓮里中契에 거주하는 심성진沈聖眞이 한성부에 입지 발급을 청원하기 위해 올린 소지이다. 심성진은 본래 한성부 동부 상가오리上加五里에 거주하다가 가세가 기울어서 용산 옹리계로 이주하였다. 조부가 제위답祭位畓으로 상속받은 내역이 기재된 분재기를 자신이 물려받았는데, 이주하는 동안 분실하였으므로 훗날 증빙을 위해 입지를 발급해달라고 청원하였다. 제위답은 동부 상가오리 소재의 영자靈字 제1번 논으로 면적은 8두락지, 14야미이다. 사표는 동쪽이 이현二見의 논, 서쪽과 남쪽이 작은 길, 북쪽이 용동궁龍銅宮의 논이다. 한성부에서는 입지 발급 처분을 내렸다.

(01) 西部竜山坊瓮里中契居 沈聖眞(着名)
(02) 右謹陳所志情由事段 矣身 本以東部上加五里居生是白如可 時運不幸 自然家勢
(03) 盡敗 而東西奔飄 故至今竜山瓮里契移居是乎所 自初祖上祭位畓衿分文書
(04) 壱張乙 矣身祖父名下衿得是如乎 矣身段 長子長孫是乎等以 奉祀條以 特尋
(05) 傳來是如乎 東西分飄之中 祭位田畓衿分文記壱張 闕失乙仍于 後日良中 相
(06) 考是乎良置 實無文記 則將無堪當 故仰訴於
(07) 明政之下爲白去乎 後日相考次以 立旨成給相考之地 千萬伏乞特爲題給
(08) 行下爲白只爲 伏望伏望 第次畓名号地名四標廛分明後錄爲白去乎
(09) 後錄
(10) 東部上加五里伏在爲在 靈字 第壹畓 捌斗落只·拾肆夜味 東二見畓 西
(11) 南小路 北竜銅宮畓 印
(12) 漢城府 處分
(13) 己卯閏六月 日 所志
(14) 立旨成給事
(15) 十六
(16) 官 (着押)
[漢城府印]

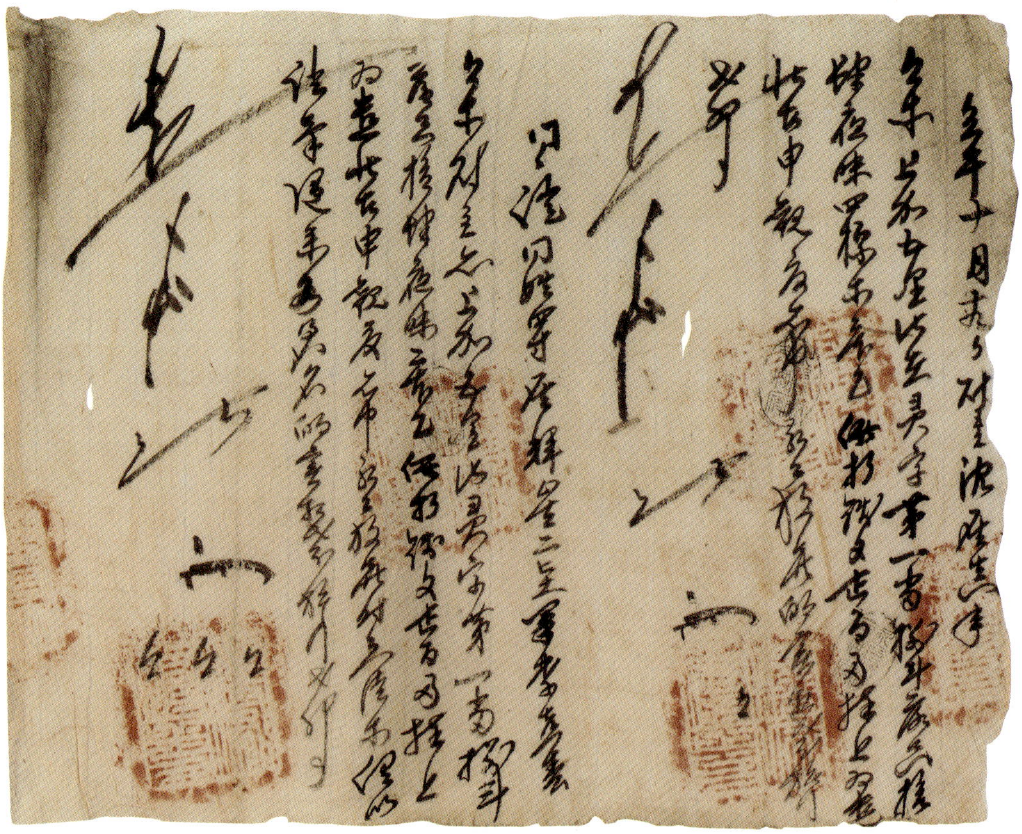

017-03

1762년 증인 심성휘 등 초사

34.5×24.6

(01)　同日 證 同姓四寸 聖輝 崔二□ 筆 李喜春
(02) 白等 財主亦 上加五里伏 灵字 第一畓 捌斗
(03) 落只·拾肆夜味庫乙 價折錢文壹百兩 捧上
(04) 爲遣 狀者申觀夏亦中 永永放賣時 矣徒等 俱以
(05) 證筆隨參各着名的實 相考施行教事
(06)　　　　　　　　白
(07)　　　　　　　　白
(08)　　　　　　　　白
(09) 堂上(着押) 郎廳(着押)
[漢城府印]

017-02

1762년 심성진 초사

34.5×19.9

(01)　壬午十月十九日 財主 沈聖眞年
(02) 白等 上加五里伏在 灵字 第一畓 捌斗落只·拾
(03) 肆夜味 四標等庫乙 價折錢文壹百兩 捧上爲遣
(04) 狀者申觀夏亦中 永永放賣的實 相考施行
(05) 教事　　　　　　　白
(06) 堂上(着押) 郎廳(着押)
[漢城府印]

1762년(영조 38) 10월 19일에 심성진과 증인 심성휘沈聖輝 등이 토지매매 사실을 한성부에 진술한 초사이다. 심성진은 상가오리에 있는 8두락지, 14야미 규모의 영자靈字 제1번 논을 전문 100냥에 신관하申觀夏에게 매도한 것이 사실임을 진술하였다. 증인 심성휘 등과 필집 이희춘李喜春은 심성진과 신관하의 거래에 자신들이 증인과 필집으로 참여한 것이 사실임을 진술하였다.

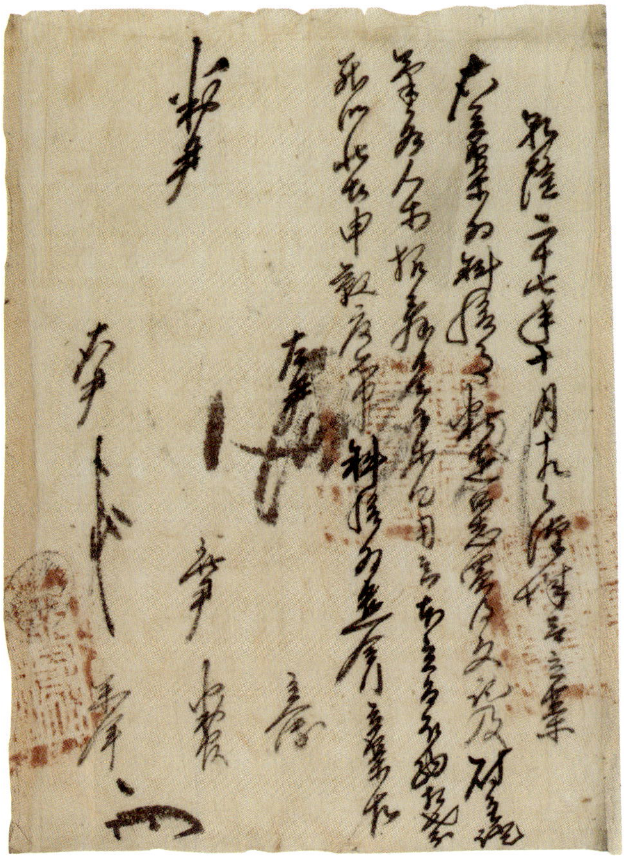 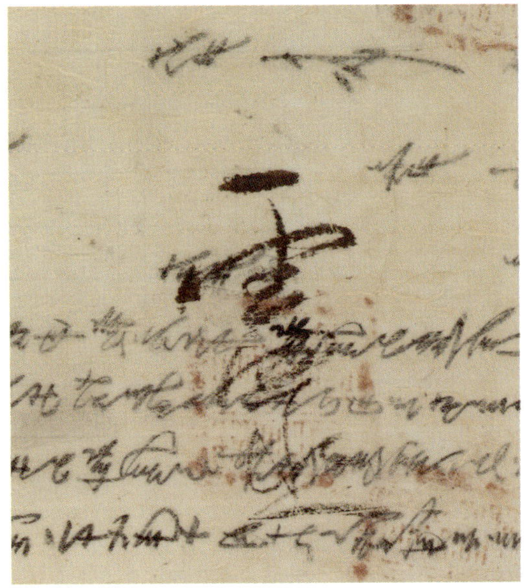

017-04

1762년 한성부 입안

34.5×25.7

1762년(영조 38) 10월 19일에 한성부에서 신관하에게 토지매매 사실을 공증하여 발급한 입안이다. 한성부에서는 신관하의 소지와 매득문기, 재주 및 증인 등의 초사를 검토하여 매매 사실을 확인하고, 본입지本立旨를 받아 해당 토지의 전래 경위와 진위를 확인한 후 신관하에게 입안을 발급하였다. '본입지'는 분실한 본문기 대신 한성부에서 발급한 입지로서, 1759년 심성진 소지에 기재된 한성부의 처결을 가리킨다.

(01) 乾隆二十七年十月十九日 漢城府立案
(02) 右立案爲斜給事 粘連所志買得文記 及財主證
(03) 筆各人等招辭是乎等乙用良 本立旨取納相考
(04) 幷以 狀者申觀夏亦中 斜給爲遣 合行立案者
(05) 左尹 主簿
(06) 判尹 庶尹 判官
(07) 右尹(着押) 參軍(着押)
[漢城府印]

(背面)
壹

018

1762년 상전 송 패자 등 창선방일리 가대매매문서

1762년 | 52.6×96.8

1762년 송 모 댁과 김 성주 댁 사이의 가대매매에 관한 패자와 명문이 연결된 문서이다. 노 복상은 상전 송의 위임을 받아 김 성주 댁의 노 복남에게 세 곳의 가대를 매도하였다. 세 곳의 토지는 각각 창선방일리에 있는 가대 600칸, 건덕방에 있는 가대 58칸, 창선방이리에 있는 가대 270칸이다. 이 가대매매는 상전의 위임을 받아 노비 간에 거래가 이루어졌는데, 세 토지의 이전 거래 역시 전주인이 노비에게 위임하여 거래되었음을 확인할 수 있다.

순서	문서명	매매가격	내용
1	1762년 상전 송 패자	-	노 복상에게 가대 매도 권한을 위임 - 동부 어의동 창선방일리 가대 600칸, 건덕방 가대 58칸, 창선방 공대 270칸
2	1762년 송 서방 댁 노 복상 명문	전문 225냥	김 성주 댁 노 복남에게 가대 매도 - 동부 창선방일리 가대전 600칸, 건덕방 가대전 58칸, 창선방이리 가대전 270칸, 합 928칸

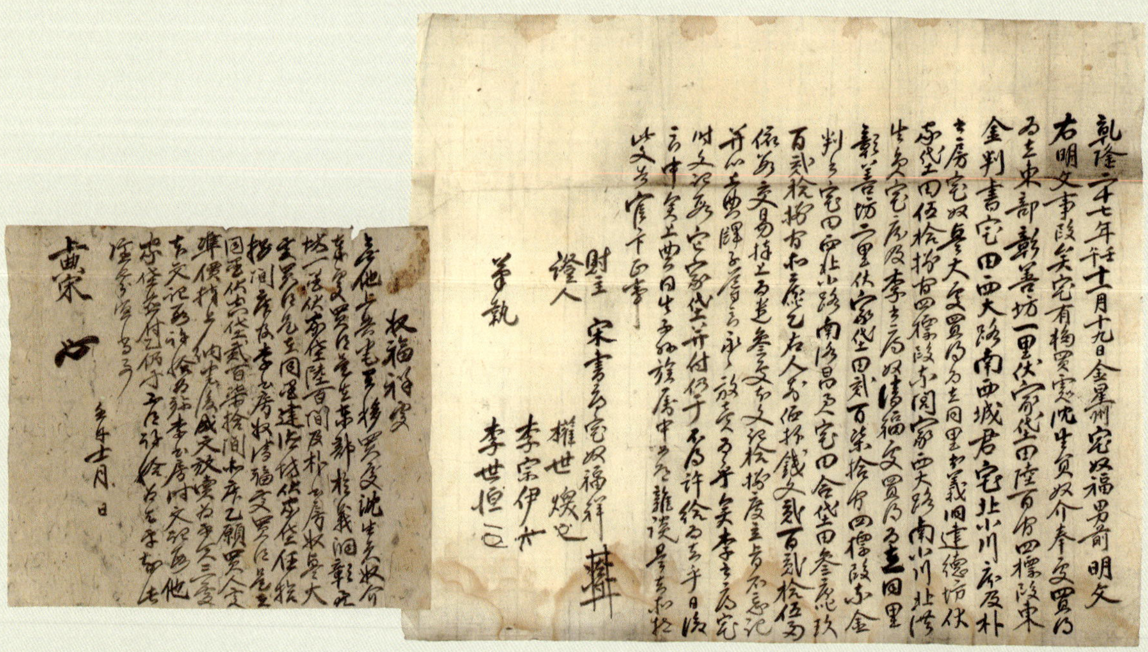

1 | 2

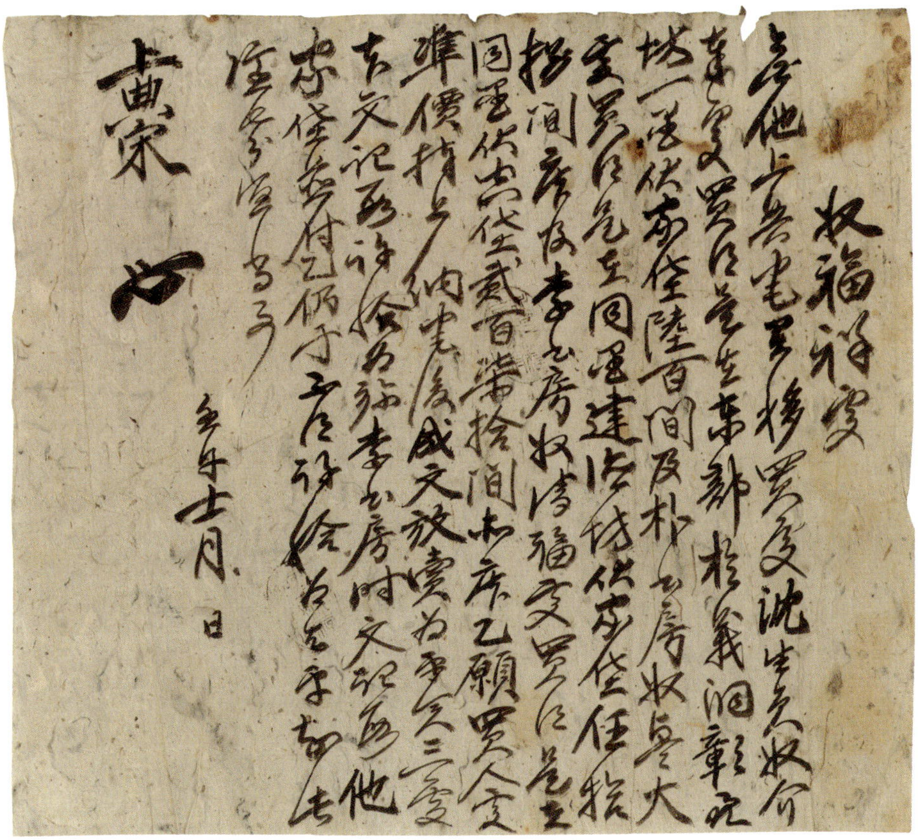

018-01

1762년 상전 송 패자

32.1×36.7

1762년(영조 38) 11월에 상전 송宋이 노 복상福祥에게 가대의 매도를 위임하면서 작성해 준 패자이다. 상전 송은 다른 곳의 매물을 구입하기 위해 세 곳의 가대를 매도하고자 하였다. 첫 번째는 심沈 생원의 노 개봉介奉에게서 매득한 동부 어의동於義洞 창선방일리彰善坊一里 소재의 가대 600칸이다. 두 번째는 박朴 서방書房 댁 노 흥대興大에게서 매득한 어의동 건덕방 소재의 가대 58칸이다. 세 번째는 이李 서방의 노 청복淸福에게서 매입한 같은 지역의 공대 270칸이다. 상전 송은 매수를 원하는 사람에게 값을 정하여 받고 명문을 작성하여 매도하며, 세 곳의 본문기도 함께 지급하라고 하였다. 다만 이 서방 댁 토지의 시문기時文記는 다른 토지가 함께 기록되어 있으므로 지급할 수 없다고 하였다.

(01) 奴 福祥處
(02) 無他 上典宅有移買處 沈生員奴介
(03) 奉處買得是在 東部 於義洞 彰善
(04) 坊一里伏 家垈陸百間 及朴書房奴興大
(05) 處買得是在 同里建德坊伏 家垈伍拾
(06) 捌間庫 及李書房奴清福處買得是在
(07) 同里伏 空垈貳百柒拾間等庫乙 願買人處
(08) 準價捧上納宅後 成文放賣爲乎矣 三處
(09) 本文記段 許給爲旀 李書房時文記段 他
(10) 家垈幷付乙仍于 不得許給爲去乎 知此
(11) 憑考宜當事
(12) 壬午十一月 日
(13) 上典 宋(着名)

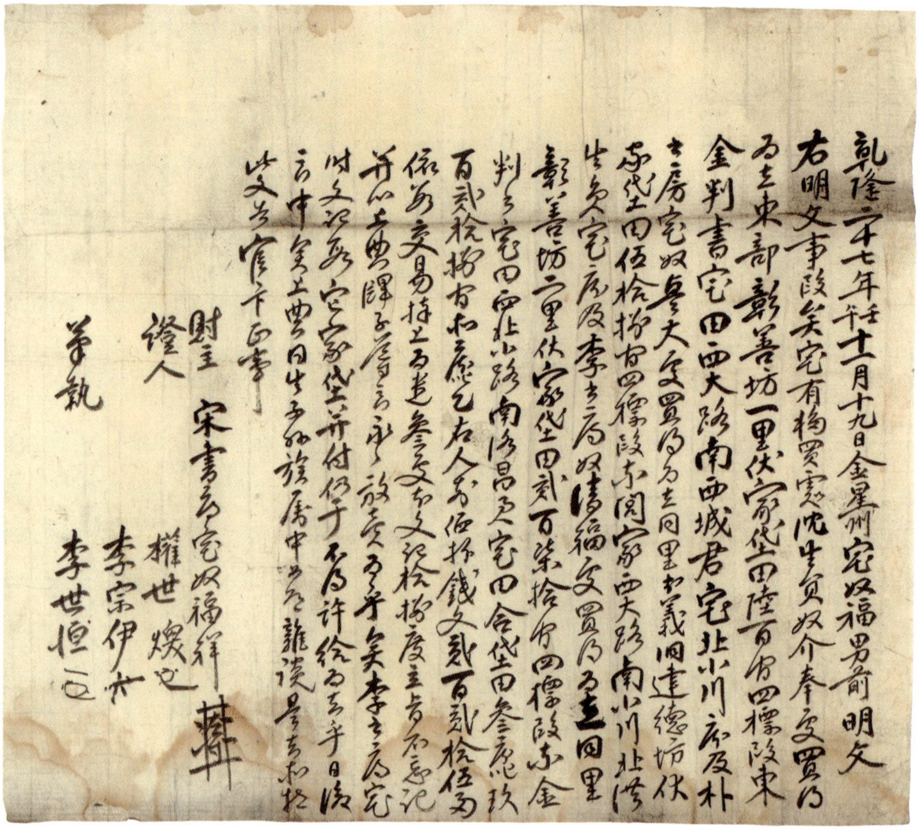

018-02

1762년 송 서방 댁 노 복상 명문

52.6×62.8

1762년(영조 38) 11월 19일에 송 서방 댁의 노 복상이 김金 성주星州 댁의 노 복남福男에게 가대를 매도하면서 작성하여 준 명문이다. 송 서방 댁에서 다른 곳의 매물을 구입하기 위해 소유하고 있는 세 곳의 가대전家垈田 928칸을 전문 225냥에 매도하였다. 첫 번째는 심 생원의 노 개봉에게서 매득한 동부 창선방일리 소재의 가대전 600칸으로, 사표는 동쪽이 김 판서 댁 밭, 서쪽이 대로, 남쪽이 서성군西城君 댁, 북쪽이 작은 개천이다. 두 번째는 박 서방 댁 노 홍대에게서 매득한 어의동 건덕방 소재 가대전 58칸으로, 사표는 동쪽이 민가, 서쪽이 대로, 남쪽이 작은 개천, 북쪽이 홍洪 생원 댁이다. 세 번째는 이 서방의 노 청복에게서 매득한 창선방이리二里 소재 가대전 270칸으로, 사표는 동쪽이 김 판서 댁 밭, 서쪽과 북쪽이 작은 길, 남쪽이 낙창군洛昌君 댁 밭이다. 복상은 상전의 패자에 따라서 세 곳의 본문기 18장과 입지, 불망기不忘記를 함께 양도하고, 이 서방 댁의 시문기는 다른 가대가 함께 기재되어 있어 지급할 수 없다고 하였다. 노 복상과 노 복남은 각각 상전의 대리인으로서 실질적인 매도인과 매수인은 송 서방 댁과 김 성주 댁이며, 세 토지의 원소유주 역시 각 노비의 상전이 된다. 증인으로 권세환權世煥, 이종이李宗伊가 참여하였고, 필집 이세항李世恒이 문서를 작성하였다.

(01) 乾隆二十七年 壬午十一月十九日 金星州宅奴 福男前 明文
(02) 右明文事段 矣宅有移買處 沈生員奴介奉處買得
(03) 爲在 東部 彰善坊一里伏 家垈田陸百間 四標段 東
(04) 金判書宅田 西大路 南西城君宅 北小川庫 及朴
(05) 書房宅奴興大處買得爲在 同里於義洞建德坊伏
(06) 家垈田伍拾捌間 四標段 東閭家 西大路 南小川 北洪
(07) 生員宅庫 及李書房奴淸福處買得爲在 同里
(08) 彰善坊二里伏 家垈田貳百柒拾間 四標段 東金
(09) 判書宅田 西北小路 南洛昌君宅田 合垈田參麤玖
(10) 百貳拾捌間等麤乙 右人前 價折錢文貳百貳拾伍兩
(11) 依數交易捧上爲遣 參處本文記拾捌度 立旨不忘記
(12) 幷以 上典牌子導良 永永放賣爲乎矣 李書房宅
(13) 時文記段 它家垈幷付仍于 不得許給爲去乎 日後
(14) 良中 矣上典同生子孫族屬中 如有雜談是去等 持
(15) 此文 告官卞正事
(16) 財主 宋書房宅奴 福祥(左寸)
(17) 證人 權世煥(着名)
(18) 李宗伊(着名)
(19) 筆執 李世恒(着名)

019

1774년 한만근 자 한상오 명문 등 창선방계 가옥매매문서

1774~1859년

1774년부터 1859년까지 창선방계 소재 가옥의 거래에 관한 명문 6점이다. 이 문서들은 점련되어 있지 않고, 이전 거래의 매수인과 다음 거래의 매도인이 일치하지 않아서 같은 매물을 거래한 명문들로 확신할 수는 없다. 그러나 매물의 소재 지역이 창선방계로 같고, 가옥 구성이 와가 20여 칸을 중심으로 초가 및 공대로 구성되어 유사한 점이 있다. 또한 2번, 3번, 4번 문서의 매수인이 각각 다음 거래인 3번, 4번, 5번 문서의 매도인과 이름은 다르나 성이 같아서 자손에게 전래된 것으로 볼 여지가 있다. 같은 매물의 거래라고 볼 때, 매매 가격은 1774년 전문 350냥에서 1859년 1,500냥으로 변화가 큰 편이다.

순서	문서명	매매가격	내용
1	1774년 한만근 자 한상오 명문	전문 350냥	길 조이에게 가옥 매도 - 동부 창선방계 와가 21.5칸, 공대 28.5칸, 합 50칸
2	1797년 최태제 명문	전문 500냥	강복봉에게 기옥 매도 - 동부 창선방 와가 21칸, 초가 3칸, 공대 18칸
3	1832년 강도완 명문	전문 800냥	강치혁에게 가옥 매도 - 동부 창선방계 와가 21칸, 초가 3칸, 공대 18칸
4	1844년 강세린 명문	전문 900냥	박완석에게 가옥 매도 - 동부 창선방계 와가 23칸, 초가 3칸, 공대 20칸
5	1852년 박도춘 명문	전문 1,000냥	미상의 매수인에게 가옥 매도 - 동부 창선방계 와가 25.5칸, 공대 20칸
6	1859년 천수관 명문	전문 1,500냥	미상의 매수인에게 가옥 매도 - 동부 창선방계 와가 27칸, 공대 12칸

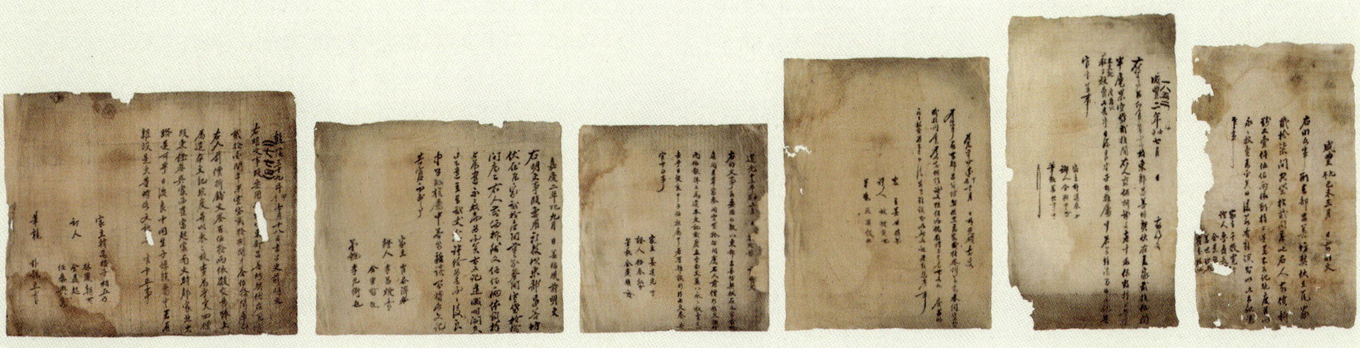

1 2 3 4 5 6

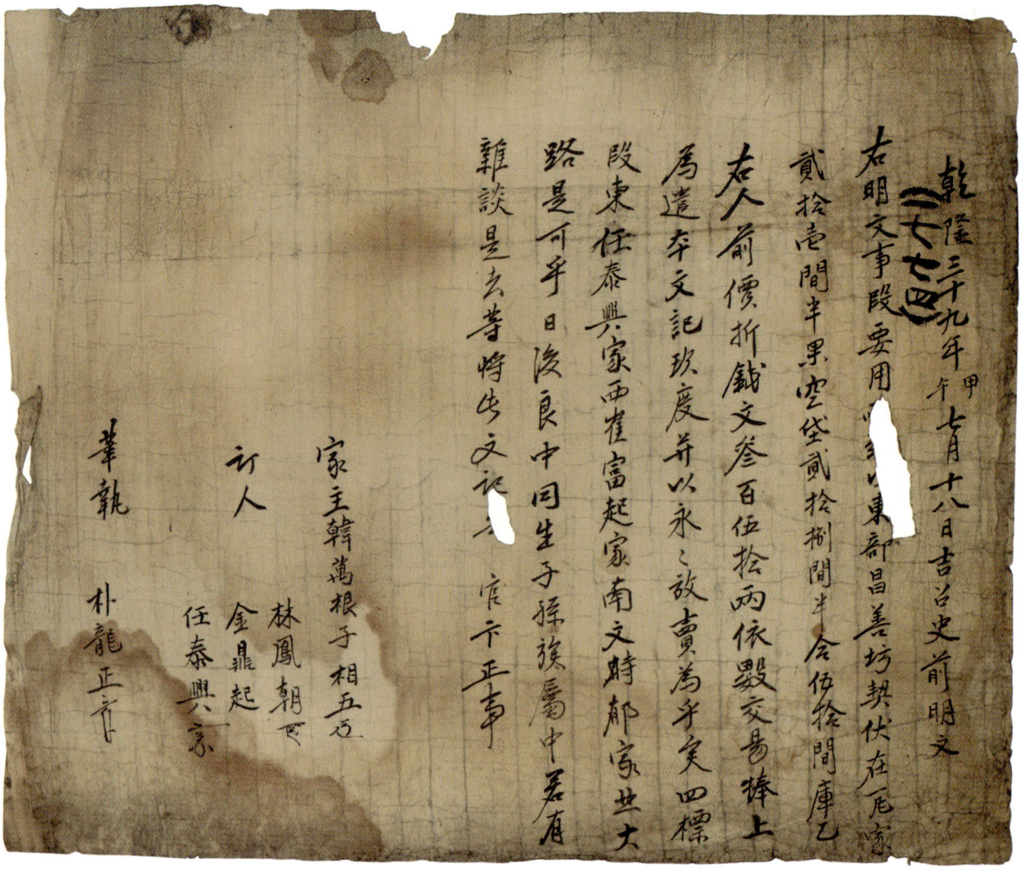

019-01

1774년 한만근 자 한상오 명문

55.8×66.7

1774년(영조 50) 7월 18일에 한만근韓萬根의 아들 한상오韓相五가 길吉조이에게 가옥을 매도하면서 작성하여 준 명문이다. 매물은 동부 창선방계昌善坊契에 있는 와가 21.5칸과 공대 28.5칸으로 도합 50칸이고, 매매 가격은 전문 350냥이다. 사표는 동쪽이 임태흥任泰興 집, 서쪽이 최부기崔富起 집, 남쪽이 문시욱文時郁 집, 북쪽이 대로이다. 매물과 함께 본문기 9장을 양도하였다. 증인으로 임봉조林鳳朝, 김정기金鼎起, 임태흥이 참여하였으며, 박용정朴龍正이 문서를 작성하였다.

(01) 乾隆三十九年甲午七月十八日 吉召史前 明文
(02) 右明文事段 要用所致以 東部 昌善坊契伏在 瓦家
(03) 貳拾壹間半果 空垈貳拾捌間半 合伍拾間庫乙
(04) 右人前 價折錢文參百伍拾兩 依數交易捧上
(05) 爲遣 本文記玖度幷以 永永放賣爲乎矣 四標
(06) 段 東任泰興家 西崔富起家 南文時郁家 北大
(07) 路是可乎 日後良中 同生子孫族屬中 若有
(08) 雜談是去等 將此文記 告官卞正事
(09) 家主 韓萬根子 相五(着名)
(10) 證人 林鳳朝(着名)
(11) 金鼎起
(12) 任泰興(着名)
(13) 筆執 朴龍正(着名)

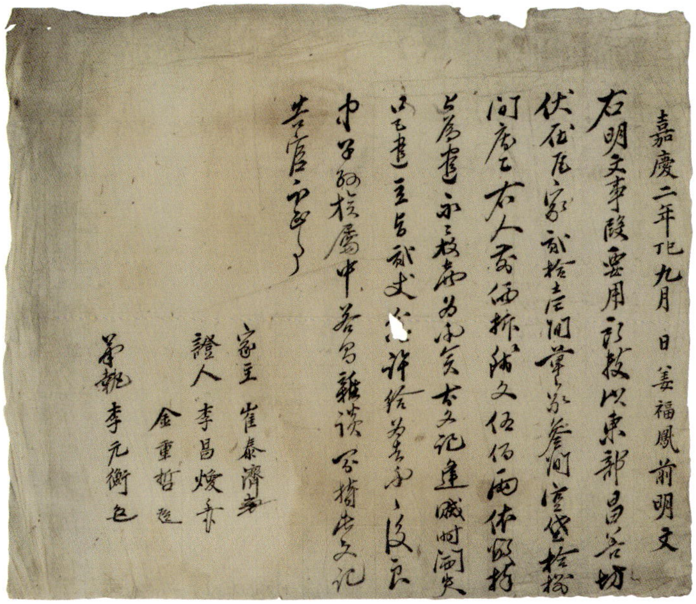

019-02

1797년 최태제 명문

46.5×53.5

1797년(정조 21) 9월에 최태제崔泰濟가 강복봉姜福鳳에게 가옥을 매도하면서 작성하여 준 명문이다. 매물은 동부 창선방에 있는 와가 21칸, 초가 3칸, 공대 18칸이고 매매가격은 전문 500냥이다. 본문기는 도둑맞아서 입지 2장만 지급하였다. 증인으로 이창환李昌煥과 김중철金重哲이 참여하였고, 이원형李元衡이 문서를 작성하였다.

(01) 嘉慶二年丁巳九月 日 姜福鳳前 明文
(02) 右明文事段 要用所致以 東部 昌善坊
(03) 伏在 瓦家貳拾壹間 草家參間 空垈拾捌
(04) 間庫乙 右人前 価折錢文伍佰兩 依數捧
(05) 上爲遣 永永放賣爲乎矣 本文記 逢賊時闖失
(06) 是遣 立旨貳丈㐌 許給爲去乎 日後良
(07) 中 子孫族屬中 若有雜談 則持此文記
(08) 告官卞正事
(09) 家主 崔泰濟(着名)
(10) 證人 李昌煥(着名)
(11) 金重哲(着名)
(12) 筆執 李元衡(着名)

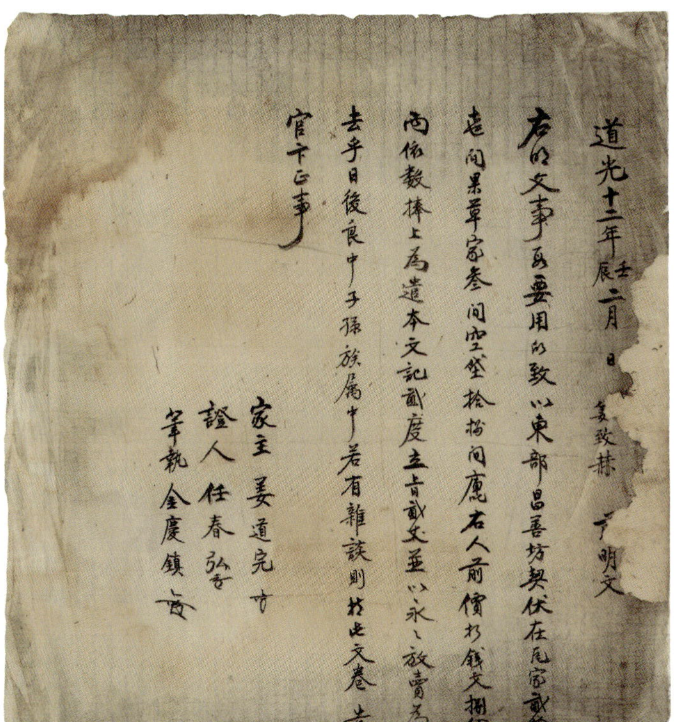

019-03

1832년 강도완 명문

62.6×58.9

1832년(순조 32) 2월에 강도완姜道完이 강치혁姜致赫에게 가옥을 매도하면서 작성하여 준 명문이다. 매물은 동부 창선방계에 있는 와가 21칸, 초가 3칸, 공대 18칸이고, 매매금액은 전문 800냥이다. 매물과 함께 본문기 2장, 입지 2장을 양도하였다. 증인으로 임춘홍任春弘이 참여하고, 김경진金慶鎭이 문서를 작성하였다.

(01) 道光十二年壬辰二月 日 姜致赫前 明文
(02) 右明文事段 要用所致以 東部 昌善坊契伏在 瓦家貳拾
(03) 壹間果 草家參間 空垈拾捌間䧺 右人前 價折錢文捌佰
(04) 兩 依數捧上爲遣 本文記貳度 立旨貳丈幷以 永永放賣爲
(05) 去乎 日後良中 子孫族屬中 若有雜談 則持此文卷 告
(06) 官卞正事
(07) 家主 姜道完(着名)
(08) 證人 任春弘(着名)
(09) 筆執 金慶鎭(着名)

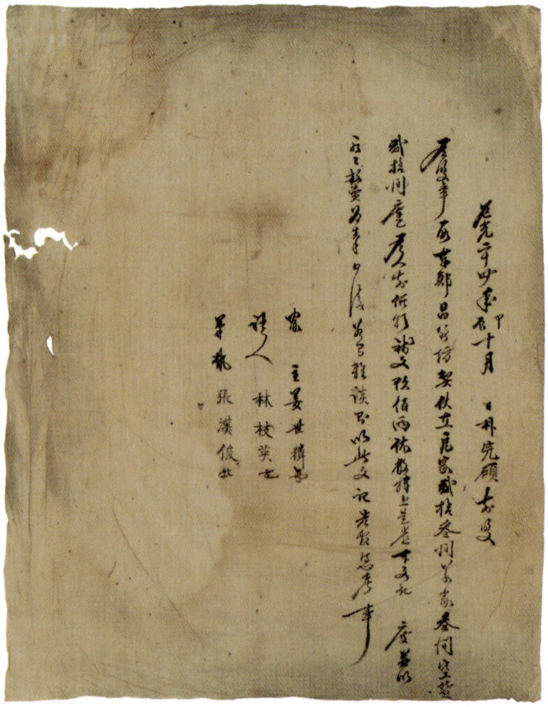

019-04

1844년 강세린 명문

65.3×52.5

1844년(헌종 10) 10월에 강세린姜世獜이 박완석朴完碩에게 가옥을 매도하면서 작성하여 준 명문이다. 매물은 동부 창선방계에 있는 와가 23칸, 초가 3칸, 공대 20칸이고, 매매금액은 전문 900냥이다. 매물과 함께 본문기를 양도하였으나 수량은 기재하지 않았다. 증인으로 임지영林枝英이 참여하고, 장한준張漢俊이 문서를 작성하였다.

(01) 道光二十四年甲辰十月 日 朴完碩前 明文
(02) 右明文事段 東部 昌善坊契伏在 瓦家貳拾參間 草家三間 空垈
(03) 貳拾間庫乙 右人前 價折錢文玖佰兩 依數捧上是遣 本文記 度并以
(04) 永永放賣爲去乎 日後若有雜談 則以此文記 告官憑考事
(05) 家主 姜世獜(着名)
(06) 證人 林枝英(着名)
(07) 筆執 張漢俊(着名)

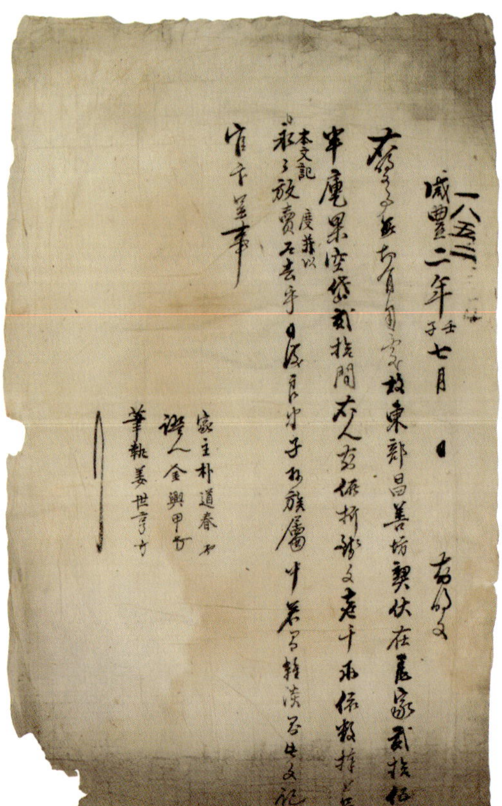

019-05

1852년 박도춘 명문

72.9×44.9

1852년(철종 3) 7월에 박도춘朴道春이 가옥을 매도하면서 작성한 명문이다. 매물은 동부 창선방계에 있는 와가 25.5칸과 공대 20칸이고 매매금액은 전문 1,000냥이다. 매물과 함께 본문기를 양도하였으나 수량은 기재하지 않았다. 매수인의 정보도 기재하지 않았다. 증인으로 김흥갑金興甲이 참여하고, 박세형姜世亨이 문서를 작성하였다.

(01) 咸豊二年壬子七月 日 前 明文
(02) 右明文事段 切有用處 故東部 昌善坊契伏在 瓦家貳拾伍間
(03) 半廛果 空垈貳拾間 右人前 價折錢文壹千兩 依數捧上是遣
(04) 本文記 度并以 永永放賣爲去乎 日後良中 子孫族屬中 若有雜談 則此文記 告
(05) 官卞呈事
(06) 家主 朴道春(着名)
(07) 證人 金興甲(着名)
(08) 筆執 姜世亨(着名)
(09) 際

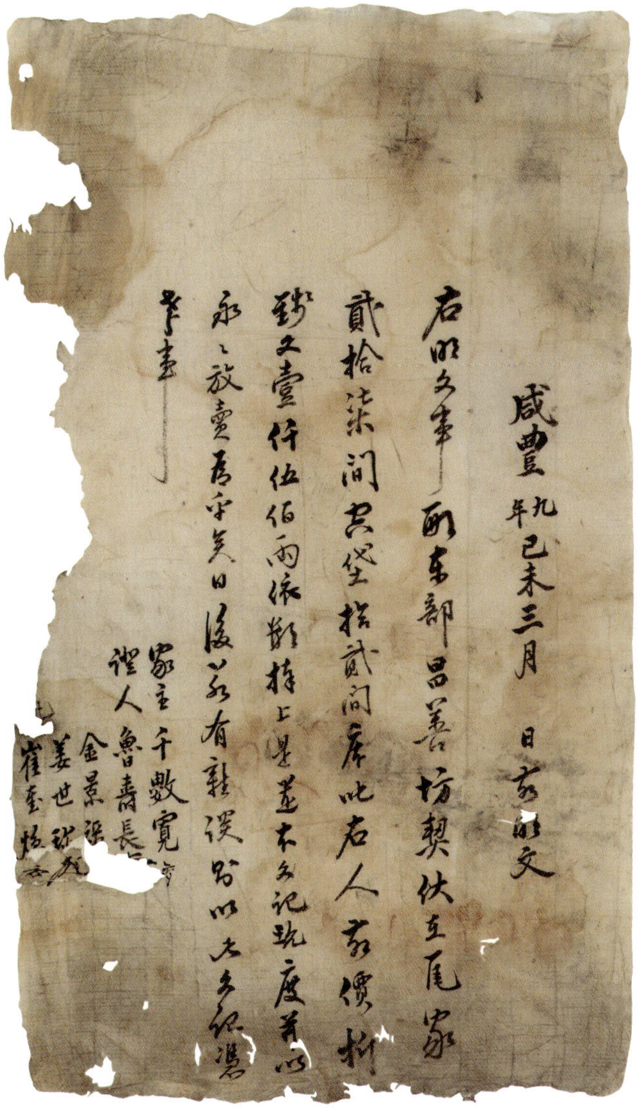

019-06

1859년 천수관 명문

66.0×38.1

1859년(철종 10) 3월에 천수관千數寬이 가옥을 배도하면서 작성한 명문이다. 매물은 동부 창선방계에 있는 와가 27칸과 공대 12칸이고 매매금액은 전문 1,500냥이다. 매물과 함께 본문기 9장을 양도하였다. 매수인의 정보는 기재하지 않았다. 증인으로 노수장魯壽長, 김경록金景祿, 강세진姜世珎이 참여하고, 필집 최규환崔奎煥이 문서를 작성하였다.

(01) 咸豊九年己未三月 日 前 明文
(02) 右明文事段 東部 昌善坊契伏在 瓦家
(03) 貳拾柒間 空垈拾貳間庫叱 右人前 價折
(04) 錢文壹仟伍佰兩 依數捧上是遣 本文記玖度幷以
(05) 永永放賣爲乎矣 日後若有雜談 則以此文記憑
(06) 考事
(07) 家主 千數寬(着名)
(08) 證人 魯壽長(着名)
(09) 金景祿■
(10) 姜世珎(着名)
(11) ■■(筆執) 崔奎煥(着名)

020

1828년 김익항 명문 등 경모궁이계 가옥 및 토지매매문서

1828~1900년

1828년부터 1900년까지 동부 경모궁이계에 소재한 가옥과 토지 등을 거래한 매매명문 9점과 패자 5점이다. 패자 4점의 정확한 발급 시기는 미상이다. 당시 거래한 명문과 패자 중 일부만 남아있어서 문서의 전래 경위나 매물의 변화를 온전히 파악하기는 어렵다. 그럼에도 전체 문서가 본래 지끈으로 묶여있었으며, 매물이 모두 경모궁이계에 소재한 가옥과 토지이므로 같은 매물의 매매문서로 추정된다. 와가 12.5칸과 초가 6칸을 비롯한 공대, 채마전 등이 주로 거래되었으나 거래 시마다 매물의 종류와 규모 등이 조금씩 변경되었다. 매매금액은 전문 500냥에서 600냥 사이에서 거래되었다. 1864년 유재선 명문의 매매금액이 다른 문서보다 적은 전문 160냥인 것은, 가옥을 철거한 후 집터만을 매도하였기 때문이다. 매물이 위치한 동부 경모궁이계는 현재의 서울특별시 종로구 와룡동 일대에 해당한다.

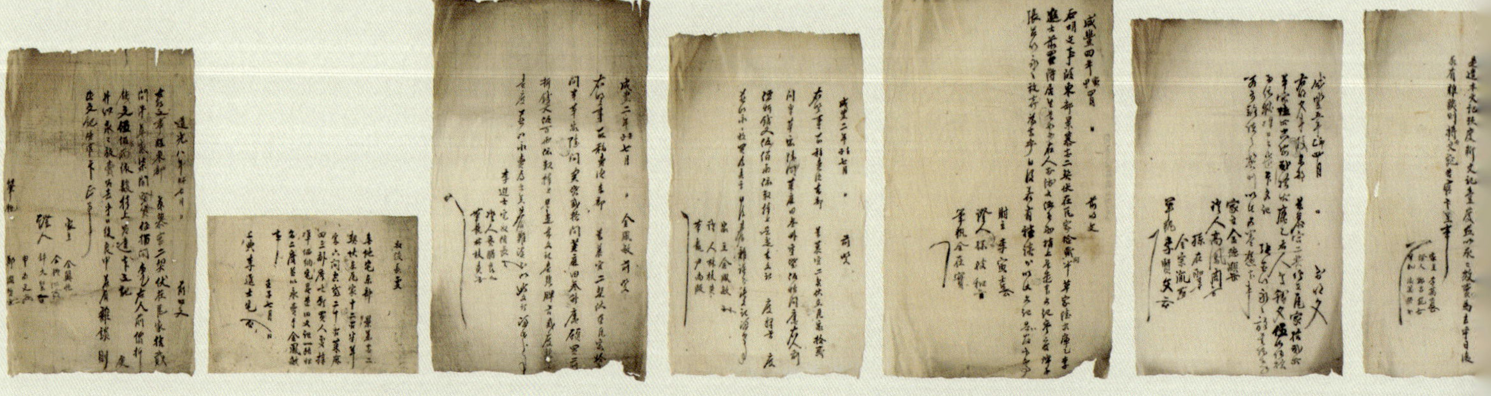

1 2 3 4 5 6 7

순서	문서명	매매가격	내용
1	1828년 김익항 등 명문	전문 500냥	미상의 매수인에게 가옥 매도 - 동부 경모궁이계 와가 12.5칸, 초가 7칸, 공대 500칸
2	1852년 상전 이 진사 댁 패자	-	노 준장에게 가옥과 토지 매도 권한을 위임 - 동부 경모궁이계 와가 12.5칸, 초가 6칸, 공대 20칸, 채마전 3무
3	1852년 이 진사 댁 노 준장 명문	전문 500냥	김봉민에게 가옥과 토지 매도 - 동부 경모궁이계 와가 12.5칸, 초가 6칸, 공대 20칸, 채마전 3무
4	1852년 김봉민 명문	전문 500냥	미상의 매수인에게 가옥과 토지 매도 - 동부 경모궁이계 와가 12.5칸, 초가 6칸, 공대 50칸, 채마전 3무
5	1854년 이인길 명문	전문 500냥	미상의 매수인에게 가옥 매도 - 동부 경모궁이계 와가 12.5칸, 초가 6칸
6	1855년 김덕현 명문	전문 550냥	미상의 매수인에게 가옥 매도 - 동부 경모궁이계 와가 12칸, 초가 6칸, 공대 20칸
7	1857년 이만길 명문	전문 550냥	미상의 매수인에게 가옥 매도 - 동부 경모궁이계 와가 12.5칸, 초가 6칸, 공대 50칸
8	경신년 상전 이 패자	전문 500냥	노 원길에게 가옥과 토지 매도 권한을 위임 - 동부 어의동 건덕방 경모궁이계 와가 12.5칸, 초가 4칸, 채마전 2경
9	1863년 김춘식 명문	전문 600냥	미상의 매수인에게 가옥과 토지 매도 - 동부 경모궁이계 와가 12.5칸, 채마전 2판, 공대 20칸
10	1864년 유재선 명문	전문 160냥	미상의 매수인에게 집터 매도 - 동부 경모궁이계 공대, 기지 반일경
11	1900년 이 도사 댁 명문	전문 560냥	최광옥에게 토지 매도 - 동서 경모궁이계 채마전 1시경
12	신축년 조 문의 댁 패자	전문 600냥	노 태산에게 가옥 매도 권한을 위임
13	을해년 상전 오 패자	-	노 돌이에게 가옥 매도 권한을 위임 - 동부 경모궁방이계 기지 2,000칸
14	갑진년 상전 박 패자	-	노 대금에게 토지 매도 권한을 위임 - 동부 경모궁이계 채전 1일경

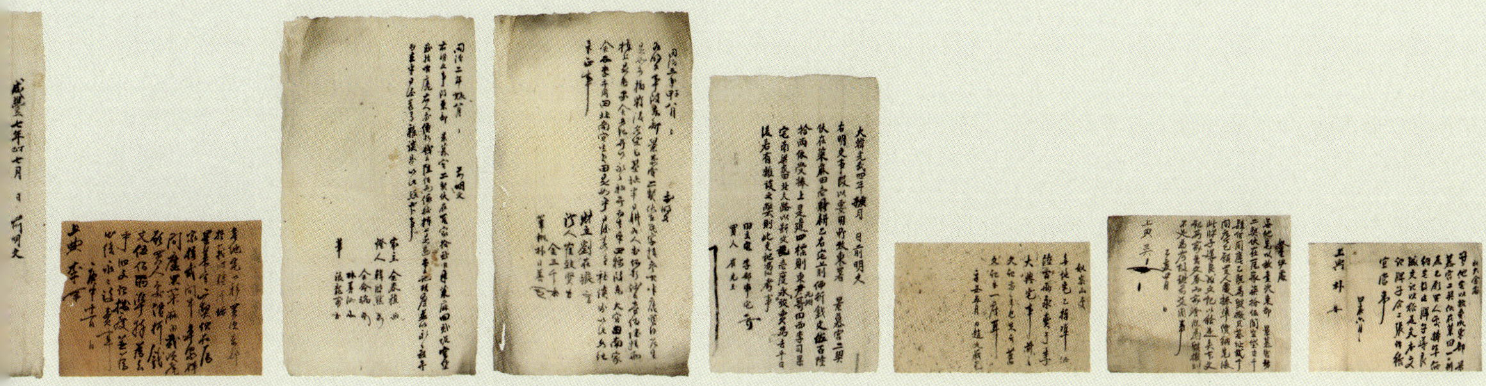

8 | 9 | 10 | 11 | 12 | 13 | 14

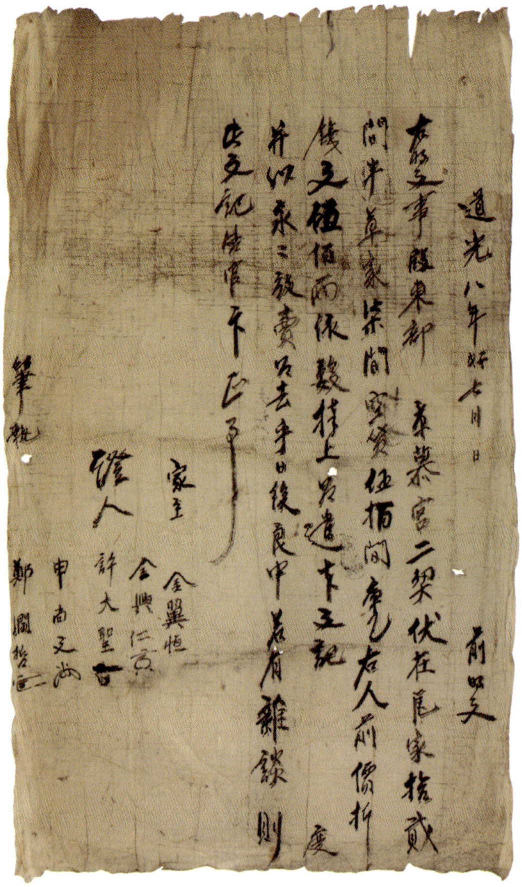

020-01

1828년 김익항 등 명문

67.8×40.2

1828년(순조 28) 7월에 김익항金翼恒과 김흥인金興仁이 가옥을 매도하면서 작성한 명문이다. 매수인은 명시되지 않았다. 매물은 경모궁이계景慕宮二契에 있는 와가 12.5칸, 초가 7칸, 공대 500칸이며 매매 금액은 전문 500냥이다. 가옥을 매도하면서 본문기를 함께 양도한다고 하였으나 수량은 기재하지 않았다. 허대성許大聖과 신상문申尙文이 증인으로, 정윤철鄭潤哲이 필집으로 참여하였다. 김익항은 착명하지 않았다.

(01) 道光八年戊子七月 日 前 明文
(02) 右明文事段 東部 景慕宮二契伏在 瓦家拾貳
(03) 間半 草家柒間 空垈伍佰間庫乙 右人前 價折
(04) 錢文伍佰兩 依數捧上爲遣 本文記 度
(05) 幷以 永永放賣爲去乎 日後良中 若有雜談 則
(06) 此文記告官卞正事
(07) 家主 金翼恒
(08) 金興仁(着名)
(09) 證人 許大聖(着名)
(10) 申尙文(着名)
(11) 筆執 鄭潤哲(着名)

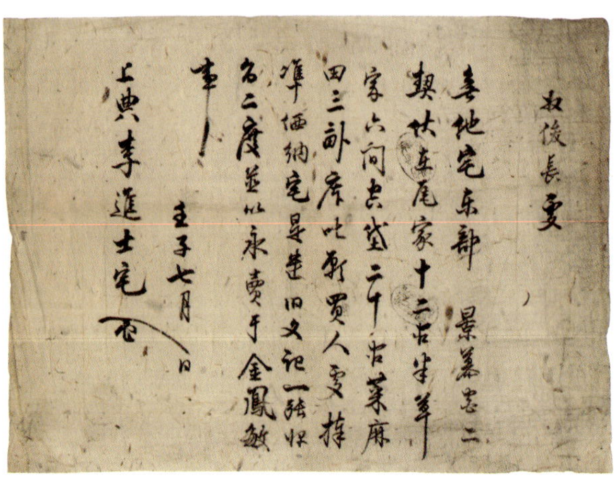

020-02

1852년 상전 이 진사 댁 패자

33.0×45.0

1852년(철종 3) 7월에 상전 이 진사 댁이 노 준장俊長에게 가옥과 토지의 매도를 위임하기 위해 작성하여 준 패자이다. 매물은 동부 경모궁이계에 있는 와가 12.5칸, 초가 6칸, 공대 20칸, 채마전 3무이다. 매수를 원하는 자에게 값을 받아 상전댁에 납부하고 구문기 1장과 패자 2장을 함께 양도할 것을 지시하였다. 노 준장은 이 패자에 따라 김봉민金鳳敏과 매매 계약을 체결하였다.

(01) 奴 俊長處
(02) 無他 宅 東部 景慕宮二
(03) 契伏在 瓦家十二間半 草
(04) 家六間 空垈二十間 菜麻
(05) 田三畝庫叱 願買人處 捧
(06) 準價納宅是遣 旧文記一張 牌
(07) 旨二度並以 永賣于金鳳敏
(08) 事
(09) 壬子七月 日
(10) 上典 李進士宅(着名)

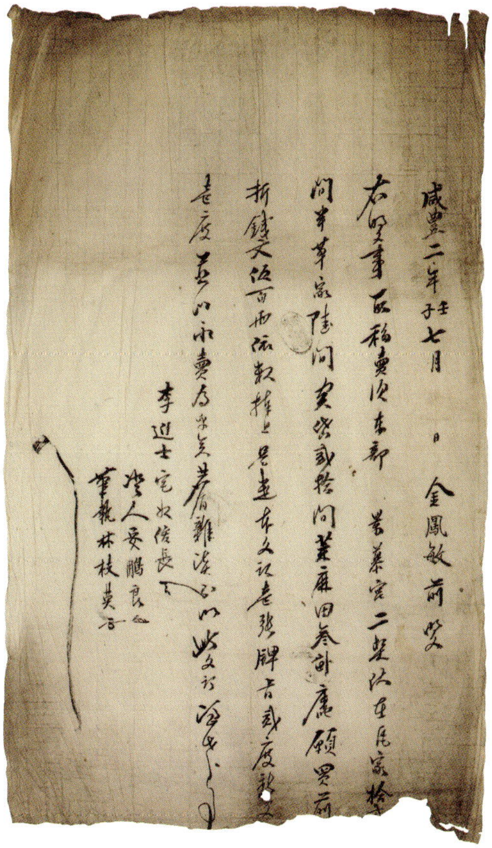

020-03

1852년 이 진사 댁 노 준장 명문

75.9×43.3

1852년(철종 3) 7월에 이 진사 댁 노 준장이 김봉민에게 가옥과 토지를 매도하면서 작성하여 준 명문이다. 매물은 동부 경모궁이계에 있는 와가 12.5칸, 초가 6칸, 공대 20칸, 채마전 3무이며 매매금액은 전문 500냥이다. 매매사유는 다른 매물을 구입하기 위해서라고 하였다. 매물과 함께 본문기 1장, 패자 2장, 신문기 1장을 양도하였다. 안붕량安鵬良이 증인으로, 임지영林枝英이 필집으로 참여하였다. 준장은 노비 신분임에도 수결手決을 하였다.

(01) 咸豐二年壬子七月 日 金鳳敏前 明文
(02) 右明文事段 移買次 東部 景慕宮二契伏在 瓦家拾貳
(03) 間半 草家陸間 空垈貳拾間 菜麻田參畝庫 願買前■(價)
(04) 折錢文伍百兩 依數捧上是遣 本文記壹張 牌旨貳度 新文■(記)
(05) 壹度並以 永賣爲乎矣 若有雜談 則以此文記憑考事
(06) 李進士宅奴 俊長(着名)
(07) 證人 安鵬良(着名)
(08) 筆執 林枝英(着名)
(09) 際

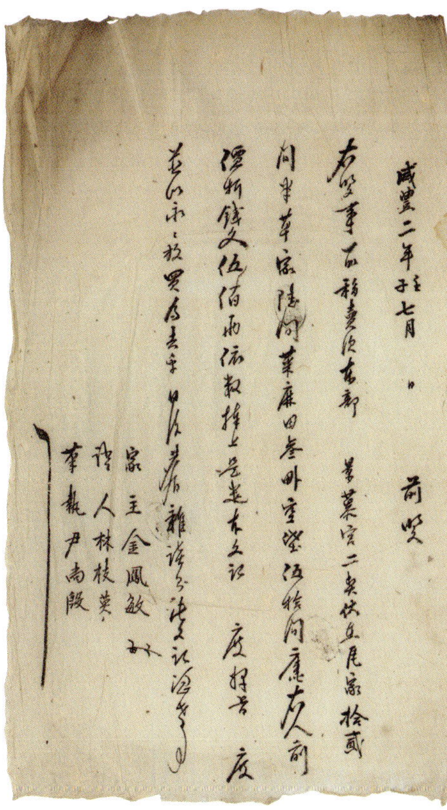

020-04

1852년 김봉민 명문

65.7×39.3

1852년(철종 3) 7월에 김봉민이 가옥과 토지를 매도하면서 작성하여 준 명문이다. 매수인은 기재하지 않았다. 매물은 동부 경모궁이계에 있는 와가 12.5칸, 초가 6칸, 채마전 3무, 공대 50칸이며 매매금액은 전문 500냥이다. 매매사유는 다른 매물을 구입하기 위해서라고 하였다. 매물과 함께 본문기와 패자를 양도하였으나 수량은 기재하지 않았다. 임지영이 증인으로, 윤상은尹尙殷이 필집으로 참여하였다.

(01) 咸豐二年壬子七月 日 前 明文
(02) 右明文事段 移買次 東部 景慕宮二契伏在 瓦家拾貳
(03) 間半 草家陸間 菜麻田參畝 空垈伍拾間庫 右人前
(04) 價折錢文伍佰兩 依數捧上是遣 本文記 度 牌旨 度
(05) 並以 永永放賣爲去乎 日後 若有雜談 則此文記憑考事
(06) 家主 金鳳敏(着名)
(07) 證人 林枝英
(08) 筆執 尹尙殷
(09) 際

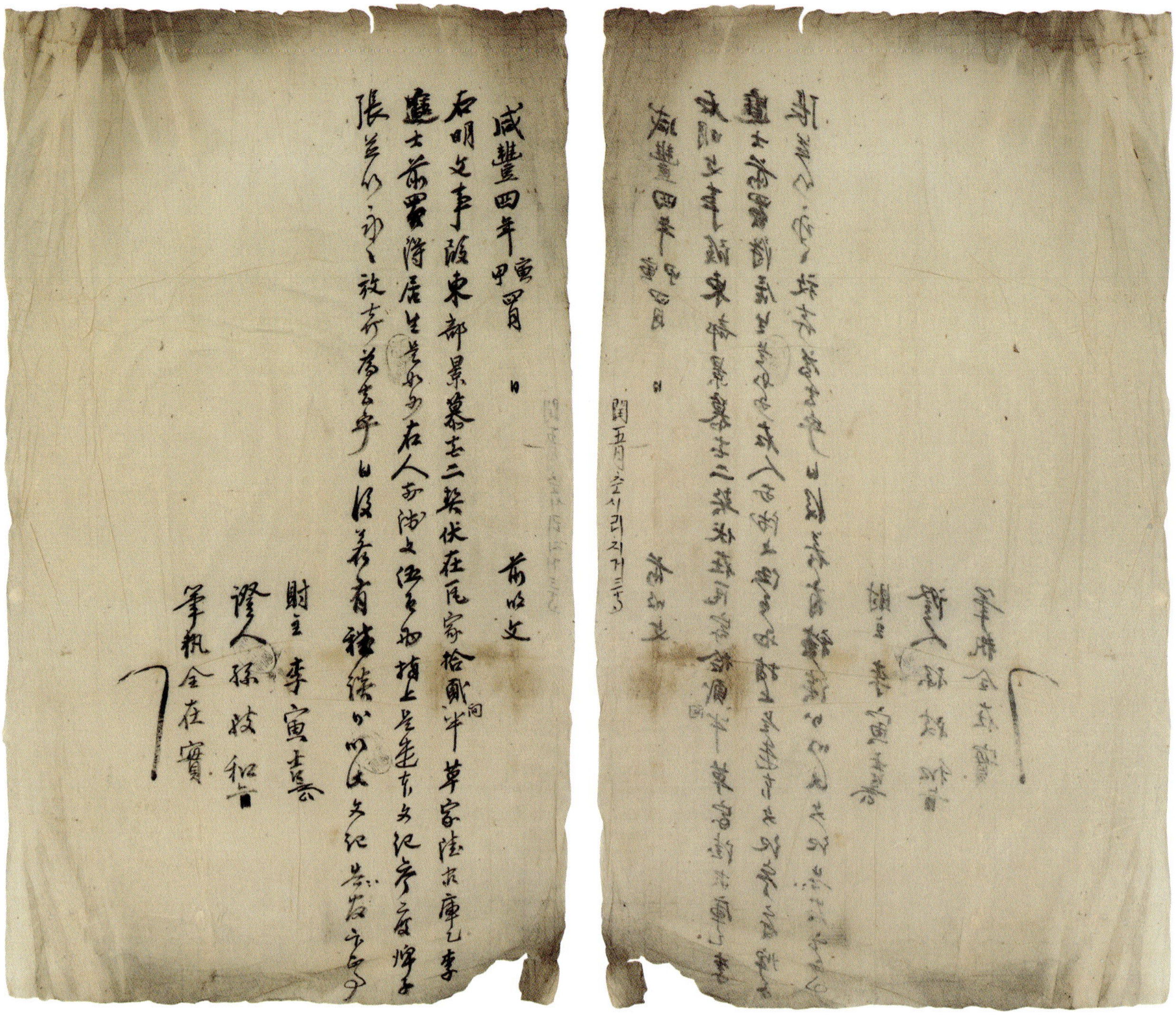

020-05

1854년 이인길 명문

74.3×43.3

1854년(철종 5) 4월에 이인길李寅吉이 가옥을 매도하면서 작성한 명문이다. 매수인은 기재하지 않았다. 이인길은 동부 경모궁이계에 있는 와가 12.5칸, 초가 6칸을 이 진사로부터 매수하여 거주하다가 전문 500냥에 매도한다고 하였다. 매물과 함께 본문기 3장과 패자를 양도하였는데 패자의 수량은 기재하지 않았다. 손치화孫致和가 증인으로, 전재실全在實이 필집으로 참여하였다.

(01) 咸豐四年甲寅四月 日 前 明文
(02) 右明文事段 東部 景慕宮二契伏在 瓦家拾貳間半 草家陸間庫乙 李
(03) 進士前 買得居生是如可 右人前 錢文伍佰兩 捧上是遣 本文記參度 牌子
(04) 張並以 永永放賣爲去乎 日後 若有雜談 則以此文記 告官卞正事
(05) 財主 李寅吉(着名)
(06) 證人 孫致和(着名)
(07) 筆執 全在實(着名)
(08) 際

(背面)
閏五月춘시리지거三兩

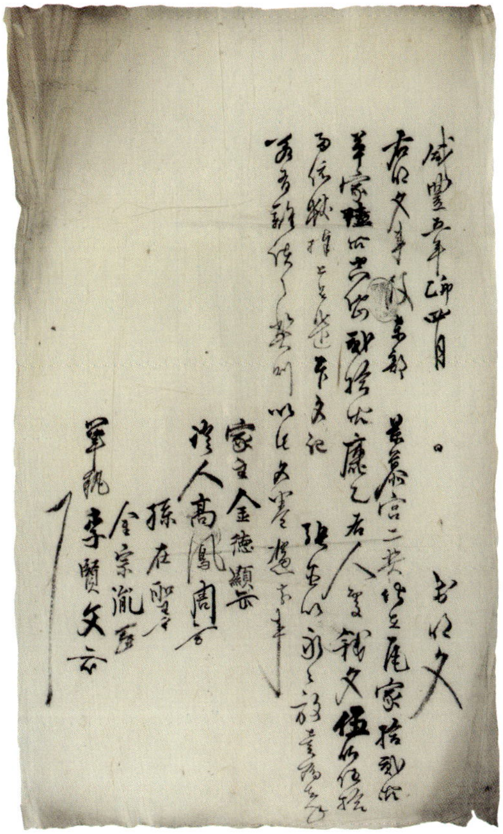

020-06

1855년 김덕현 명문

68.6×41.1

1855년(철종 6) 4월에 김덕현金德顯이 가옥을 매도하면서 작성한 명문이다. 매수인은 기재하지 않았다. 매물은 동부 경모궁이계에 있는 와가 12칸, 초가 6칸, 공대 20칸이고 매매금액은 전문 550냥이다. 매물과 함께 본문기를 양도하였으나 수량은 기재하지 않았다. 고봉주高鳳周, 손재성孫在聖, 김종윤金宗胤이 증인으로, 이현문李賢文이 필집으로 참여하였다.

(01) 咸豐五年乙卯四月 日 前 明文
(02) 右明文事段 東部 景慕宮二契伏在 瓦家拾貳間
(03) 草家陸間 空垈貳拾間廳乙 右人處 錢文伍佰伍拾
(04) 兩 依數捧上是遣 本文記 張並以 永永放賣爲去乎
(05) 若有雜談之弊 則以此文券憑考事
(06) 家主 金德顯(着名)
(07) 證人 高鳳周(着名)
(08) 孫在聖(着名)
(09) 金宗胤(着名)
(10) 筆執 李賢文(着名)
(11) 際

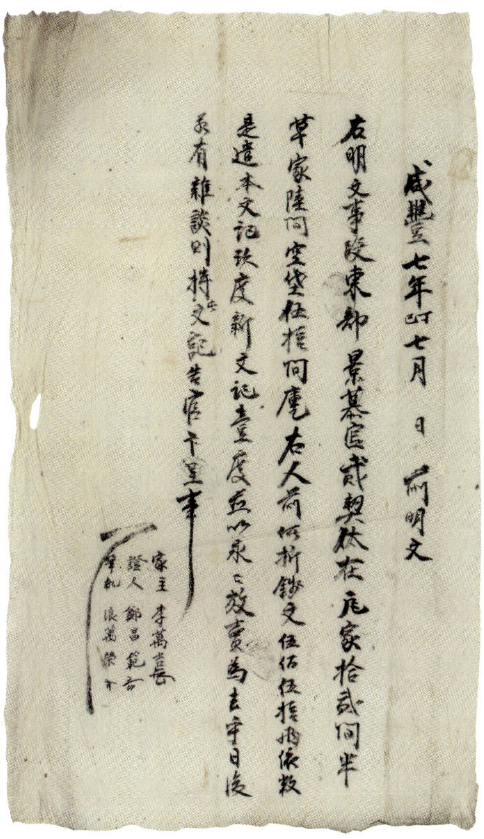

020-07

1857년 이만길 명문

66.6×38.3

1857년(철종 8) 7월에 이만길李萬吉이 가옥을 매도하면서 작성한 명문이다. 매수인은 기재하지 않았다. 매물은 동부 경모궁이계에 있는 와가 12.5칸, 초가 6칸, 공대 50칸이고 매매금액은 전문 550냥이다. 매물과 함께 본문기 9장, 신문기 1장을 양도하였다. 정창범鄭昌範이 증인으로, 낭만영浪萬榮이 필집으로 참여하였다.

(01) 咸豐七年丁巳七月 日 前 明文
(02) 右明文事段 東部 景慕宮貳契伏在 瓦家拾貳間半
(03) 草家陸間 空垈伍拾間廛 右人前 價折錢文伍佰伍拾兩 依數
(04) 是遣 本文記玖度 新文記壹度並以 永永放賣爲去乎 日後
(05) 若有雜談 則持此文記 告官卞呈事
(06) 家主 李萬吉(着名)
(07) 證人 鄭昌範(着名)
(08) 筆執 浪萬榮(着名)

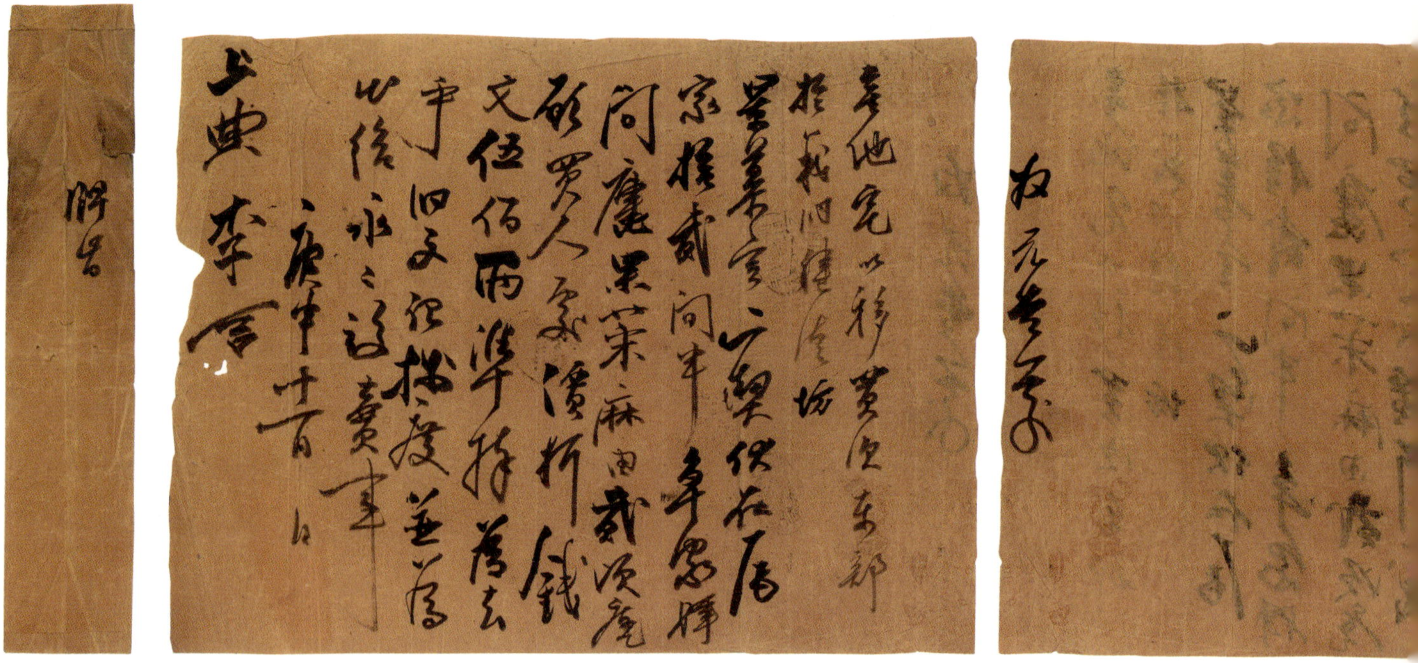

020-08

경신년 상전 이 패자

27.5×36.7, 봉투 28.8×5.8

경신년 11월에 상전 이가 노 원길元吉에게 가옥과 토지의 매도를 위임하면서 작성해 준 패자이다. 봉투가 함께 남아 있다. 매물은 동부 어의동 건덕방 경모궁이계에 있는 와가 12.5칸, 초가 4칸과 채마전 2경이다. 매수를 원하는 사람에게 전문 500냥에 매도하고 구문기 8장을 함께 양도하도록 지시하였다. 이 문서는 다른 패자와 마찬가지로 간지만 기재되어 있으므로 정확한 발급 시기를 알 수 없다. 다만 매물 내역을 고려하면 경신년은 1860년(철종11)일 것으로 보인다.

(01) 無他 宅以移買次 東部
(02) 於義洞 建德坊
(03) 景慕宮二契伏在 瓦
(04) 家拾貳間半 草家肆
(05) 間慶果 菜麻田貳頃庫
(06) 願買人處 價折錢
(07) 文伍佰兩 準捧爲去
(08) 乎 旧文記捌度 並爲
(09) 出給 永永放賣事
(10) 　　庚申十一月 日
(11) 上典 李(着名)

(背面)
奴 元吉處

(皮封)
牌旨

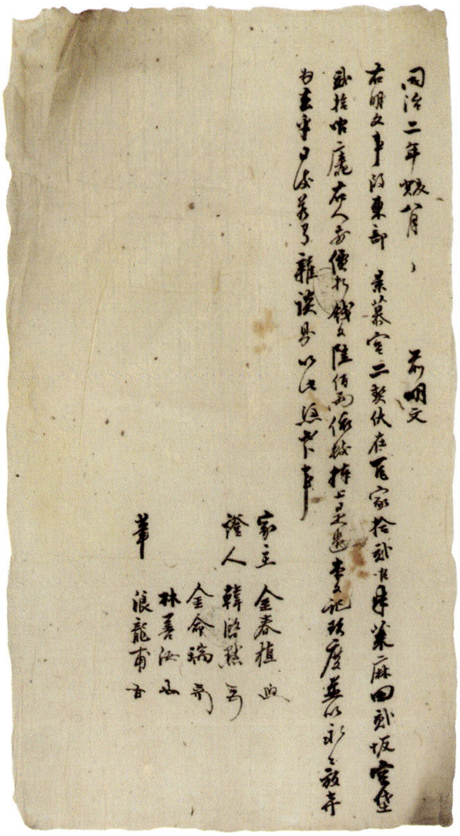

020-09

1863년 김춘식 명문

67.2×36.9

1863년(철종 14) 8월에 김춘식이 가옥과 토지를 매도하면서 작성한 명문이다. 매수인은 기재하지 않았다. 매물은 동부 경모궁이계에 있는 와가 12.5칸, 채마전 2판, 공대 20칸이고 매매금액은 전문 600냥이었다. 매물과 함께 본문기 9장을 양도하였다. 한계묵韓啓黙, 김명서金命瑞, 임선여林善汝가 증인으로, 낭용보浪龍甫가 필집으로 참여하였다.

(01) 同治二年癸亥八月 日　　前 明文
(02) 右明文事段 東部 景慕宮二契伏在 瓦家拾貳間半 菜麻田貳坂 空垈
(03) 貳拾間廛 右人前 價折錢文陸佰兩 依數捧上是遣 本文記玖度並以 永永放賣
(04) 爲去乎 日後 若有雜談 則以此憑考事
(05) 家主 金春植(着名)
(06) 證人 韓啓黙(着名)
(07) 金命瑞(着名)
(08) 林善汝(着名)
(09) 筆 浪龍甫(着名)

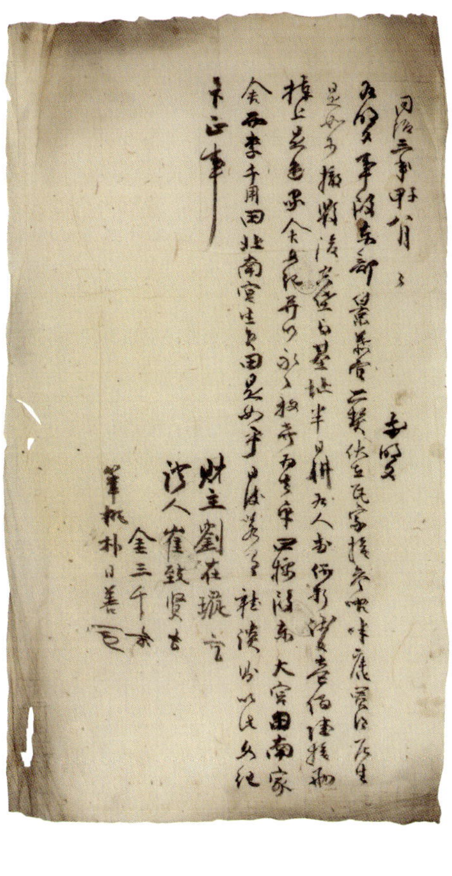

020-10

1864년 유재선 명문

69.2×39.1

1864년(고종 1) 8월에 유재선劉在璇이 집터를 매도하면서 작성한 명문이다. 매수인은 기재하지 않았다. 유재선은 동부 경모궁이계에 있는 와가 13.5칸을 매입하여 거주하다가 철거한 후 공대와 집터 반일경을 전문 160냥에 매도하였다. 사표는 동쪽이 대궁大宮 밭, 서쪽이 이천용李千用 밭, 남쪽이 집, 북쪽이 남궁南宮 생원의 밭이다. 매물과 함께 가사문기家舍文記를 양도한다고 하였는데, 본문기를 의미하는 것으로 보인다. 최치현崔致賢과 김삼천金三千이 증인으로, 박일선朴日善이 필집으로 참여하였다.

(01) 同治三年甲子八月 日　　處 明文
(02) 右明文事段 東部 景慕宮二契伏在 瓦家拾參間半廛 買得居生
(03) 是如可 撤毁後 空垈與基址半日耕 右人前 價折錢文壹佰陸拾兩
(04) 捧上是遣 家舍文記幷以 永永放賣爲去乎 四標段 東大宮田 南家
(05) 舍 西李千用田 北南宮生員田是如乎 日後 若有雜談 則以此文記
(06) 卞正事
(07) 財主 劉在璇(着名)
(08) 訂人 崔致賢(着名)
(09) 金三千(着名)
(10) 筆執 朴日善(着名)

020-11

1900년 이 도사 댁 명문

56.4×33.3

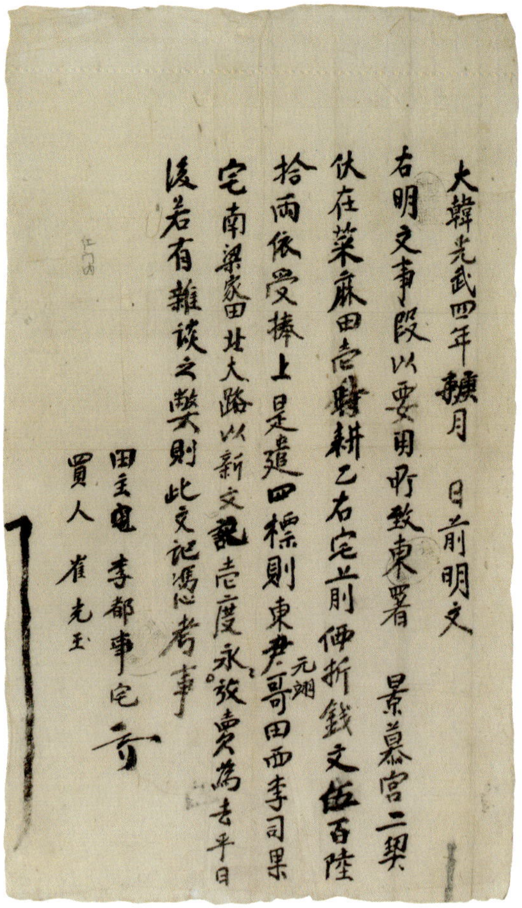

1900년(광무 4)에 이 도사 댁에서 최광옥崔光玉에게 토지를 매도하면서 작성한 명문이다. 매물은 한성부 동서東署 경모궁이계에 있는 채마전으로 면적은 1시경時耕이고, 매매금액은 전문 560냥이다. 매물의 사표는 동쪽이 윤원익尹元翊의 밭, 서쪽이 이 사과司果 댁, 남쪽이 양가梁家의 밭, 북쪽이 큰길이다. 매물과 함께 신문기, 즉 이 명문을 양도하였다. 일반적으로 매수인은 명문의 첫 줄에 기재하는데, 이 명문에서는 문서의 마지막에 전주와 함께 나란히 기재하였고, 증인과 필집은 따로 기재하지 않았다. 또한 전주만 착명을 하고 매수인은 착명을 하지 않았다. 1894년(고종 31) 갑오개혁으로 조선시대 한성부 행정구역인 오부를 오서로 고치면서 동부가 동서로 변경되었다.

(01) 大韓光武四年庚子 月 日前 明文
(02) 右明文事段 以要用所致 東署 景慕宮二契
(03) 伏在 菜麻田 壹時耕乙 右宅前 價折錢文伍百陸
(04) 拾兩 依受[數]捧上是遣 四標 則東尹元翊哥田 西李司果
(05) 宅 南梁家田 北大路以 新文記壹度 永永放賣爲去乎 日
(06) 後 若有雜談之弊 則此文記憑考事
(07) 田主 李都事宅(着名)
(08) 買人 崔光玉(着名)
(09) 際

020-12

신축년 조 문의 댁 패자

26.7×42.0

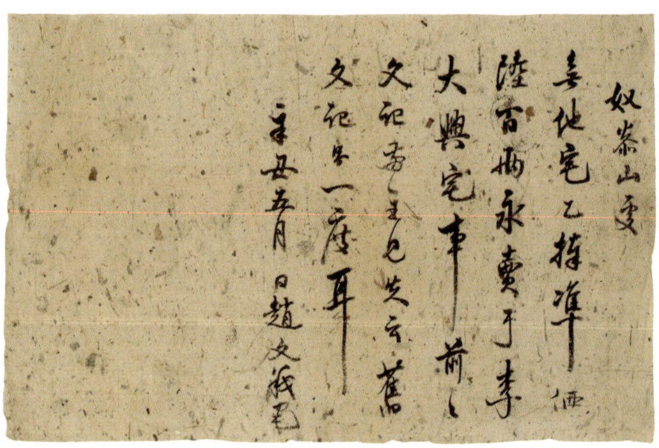

신축년 5월에 조 문의文義 댁이 노 태산泰山에게 가옥의 매도를 위임하기 위해 작성하여 준 패자이다. 가옥을 600냥을 받고 이 대흥大興 댁에 매도하라고 하였는데, 가옥의 정보는 기재하지 않았다. 또한, 전전문기前前文記는 전 주인이 분실하여 구문기가 1장이라고 하였다. 즉, 매물의 이력을 확인할 수 있는 문서 1장을 분실하여 1장만 매수인에게 양도한다는 것이다. 이 문서는 간지만 기재되어 있으므로 정확한 발급 시기를 알 수 없다.

(01) 奴 泰山處
(02) 無他 宅乙捧準価
(03) 陸百兩 永賣于李
(04) 大興宅事 前前
(05) 文記 前主見失云 舊
(06) 文記則一度耳
(07) 辛丑五月 日 趙文義宅

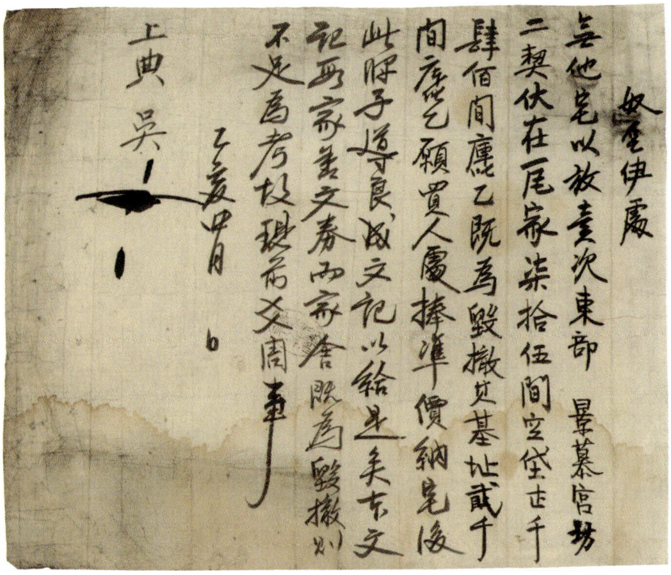

020-13

을해년 상전 오 패자

35.4×41.6

을해년 4월에 상전 오吳가 노 돌이乭伊에게 집터의 매도를 위임하면서 작성해 준 패자이다. 매물은 동부 경모궁이계에 있는 와가 75칸과 공대 1,400칸을 철거한 집터 2,000칸이다. 매수를 원하는 사람에게 값을 받고 이 패자에 따라서 명문을 작성하여 지급하라고 지시하였다. 본문기는 가옥매매문서인데 가옥을 이미 철거하여 참고할 수 없으므로 매수인 앞에서 효주하여 지우라고 하였다. 이 문서는 간지만 기재되어 있으므로 정확한 발급 시기를 알 수 없다.

(01) 奴 乭伊處
(02) 無他 宅以放賣次 東部 景慕宮坊
(03) 二契伏在 瓦家柒拾伍間 空垈壹千
(04) 肆佰間麐乙 旣爲毁撤 其基址貳千
(05) 間麐乙 願買人處 捧準價納宅後
(06) 此牌子導良 成文記以給是矣 本文
(07) 記段 家舍文券 而家舍旣爲毁撤 則
(08) 不足爲考 故現前爻周事
(09) 乙亥四月 日
(10) 上典 吳(着名)

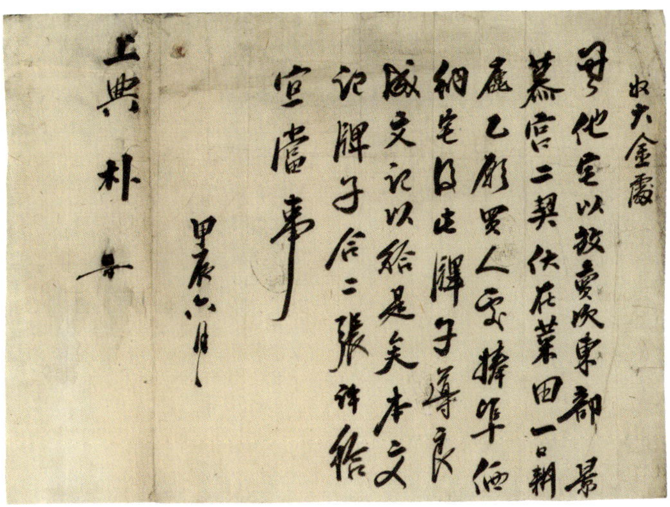

020-14

갑진년 상전 박 패자

33.4×45.1

갑진년 6월에 상전 박朴이 노 대금大金에게 토지 매도를 위임하면서 작성해 준 패자이다. 매물은 동부 경모궁이계에 있는 채전 1일경이다. 매수를 원하는 사람에게 값을 받은 뒤에 이 패자에 따라서 문서를 작성하여 지급하고, 본문기와 패자 합계 2장을 양도하라고 지시하였다. 이 문서는 간지만 기재되어 있으므로 정확한 발급 시기를 알 수 없다.

(01) 奴 大金處
(02) 無他 宅以放賣次 東部 景
(03) 慕宮二契伏在 菜田 一日耕
(04) 麐乙 願買人處 捧準價
(05) 納宅後 此牌子導良
(06) 成文記以給是矣 本文
(07) 記牌子 合二張許給
(08) 宜當事
(09) 甲辰六月 日
(10) 上典 朴(着名)

021

기타 문서

순서	문서명	매매가격	내용
1	1899년 김화승 명문	전문 250냥	손흥엽에게 토지 매도 - 동문 밖 안암동 염자 전 2식경, 2부

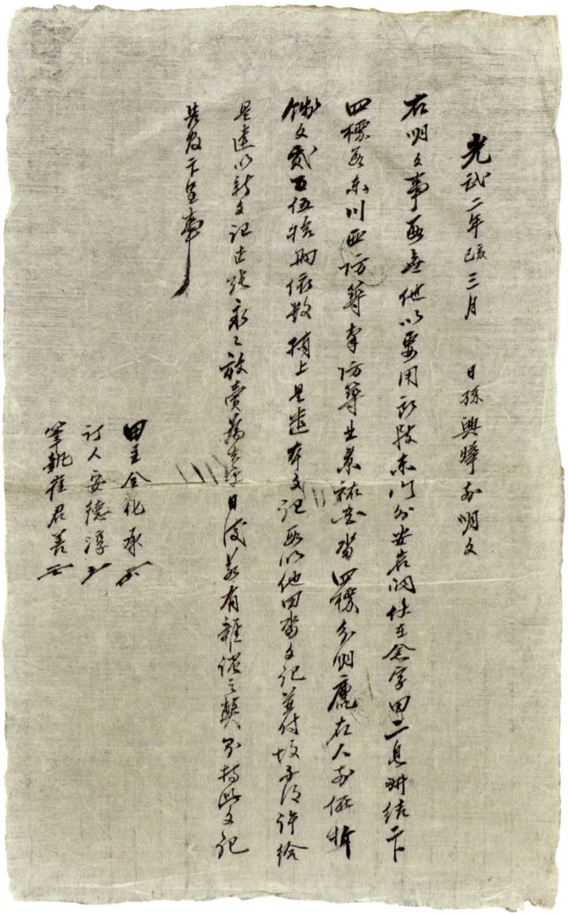

021-01

1899년 김화승 명문

49.3×37.6

1899년(광무 3) 3월에 김화승金化承이 손흥엽孫興燁에게 토지를 매도하면서 작성하여 준 명문이다. 매물은 동문 밖 안암동에 있는 염자念字 밭이고, 면적은 2식경息耕, 2부이며 매매금액은 전문 250냥이다. 사표는 동쪽이 개천, 서쪽과 남쪽이 방축防築, 북쪽이 경우궁景祐宮 논이다. 안덕순安德淳이 증인으로, 최군선崔君善이 필집으로 거래에 참여하였다.

(01) 光武二年己亥三月 日 孫興燁前 明文
(02) 右明文事段 無他 以要用所致 東門外 安岩洞伏在 念字田 二息畊·結二卜
(03) 四標段 東川 西防築 南防築 北景祐宮畓 四標分明𢈔 右人前 價折
(04) 錢文貳百伍拾兩 依數捧上是遣 本文記段 以他田畓文記並付 故不得許給
(05) 是遣 以新文記壹張 永永放賣爲去乎 日後 若有雜談之弊 則持此文記
(06) 告官卞呈事
(07) 田主 金化承(着名)
(08) 訂人 安德淳(着名)
(09) 筆執 崔君善(着名)

순서	문서명	매매가격	내용
1	1906년 최상식 명문	-	윤상목에게 토지 매도 - 동서 건덕방 영희전이계 장경교 남장동 채전 1시경

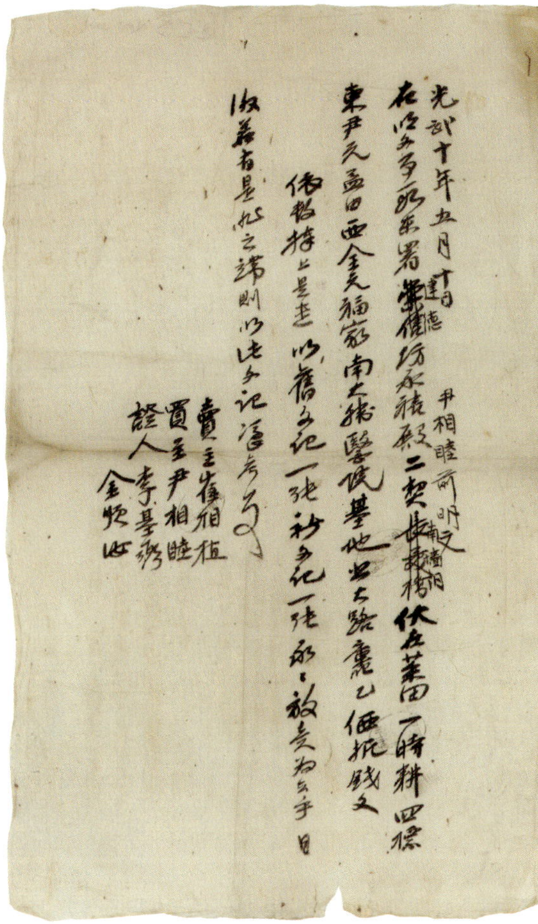

021-02

1906년 최상식 명문

58.6×34.8

1906년(광무 10) 5월 10일에 최상식崔相植이 윤상목尹相睦에게 토지를 매도하면서 작성하여 준 명문이다. 매물은 동서 건덕방 영희전이계永禧殿二契 남장동南墻洞에 있는 채소밭이고, 면적은 1시경이다. 매매금액은 기재하지 않았다. 사표는 동쪽이 윤원익尹元益 밭, 서쪽이 전원복全元福 집, 남쪽이 대한의원大韓醫院 터, 북쪽이 대로이다. 매물과 함께 구문기 1장과 신문기 1장을 양도하였다. 매도자인 매주賣主와 매수자인 매주買主를 말미에 기재하였고, 증인으로 이기필李基弼과 김순여金順汝가 참여하였으나 모두 서명하지 않았다.

(01) 光武十年五月十日 尹相睦前 明文
(02) 右明文事段 東署 ■■(崇信)建德坊 永禧殿二契 ■■■(長慶橋)南墻洞伏在 菜田 一時耕 四標
(03) 東尹元益田 西全元福家 南大韓醫院基地 北大路庵乙 價折錢文
(04) 依數捧上是遣 以舊文記一張 新文記一張 永永放賣爲去乎 日
(05) 後 若有是非之端 則以此文記憑考事
(06) 賣主 崔相植
(07) 買主 尹相睦
(08) 證人 李基弼
(09) 金順汝

同治十二年癸酉十一月 日 洪基永前明文

右明文事段以移買次傳得畓東部社東里前川字伏

第九田十一日耕字畓四斗落四標則東路西邊

路北路當價錢伍佰兩依數捧上是遣

他九度新文記一張乙幷以許給爲淨給永放賣爲去乎日

後若雜乙〃之肆以此文告官事

田主 金在浩

證人 朴春三

筆執 宋在爕

論考

논고

17~19세기 한성부 부동산매매 실태와 지역적 특성

- 서울역사박물관 소장 자료를 중심으로

유 승 희 연세대 법학연구원 연구교수

17~19세기 한성부 부동산매매 실태와 지역적 특성
- 서울역사박물관 소장 자료를 중심으로

유 승 희 연세대 법학연구원 연구교수

1. 머리말

조선시대 고문서 자료의 수집과 정리는 기관별로 꾸준히 진행되었다. 대표적으로 한국학중앙연구원 장서각에서는 왕실과 각 지역 문중의 고문서를 수록한 『고문서집성』을 지금까지 128권 출판하였다. 규장각한국학연구원 또한 소장하고 있는 각종 고문서를 문서형태별로 수록하여 61권의 『고문서』를 발간하는 등 고문서 자료의 기반 확충에 노력하고 있다. 최근에는 한국학 자료센터를 통해 국내외에 산재한 각종 고문서를 체계적으로 수집, 정리, 분석하고 표준화된 형식으로 가공, 집적하여 한국학 지식콘텐츠를 구축하는 작업을 진행하고 있다. 문중 고문서를 비롯해 간찰, 향약·향교·서원 자료 등 고서, 고문서를 중심으로 호남, 영남, 충청, 강원, 해외 등 권역별 자료센터를 구축하여 고문서 자료의 통합적 관리가 이루어지고 있다.

이처럼 권역별 자료센터가 구축되고 각 지방의 고문서에 대한 체계적인 작업이 이루어지는 것에 비해, 왕도(王都)라는 한성부의 중요성에도 불구하고 정작 서울 지역 관련 고문서 자료의 구축은 제대로 이루어지지 않았다. 그런 면에서 이번 서울역사박물관에서 소장하고 있는 가옥, 토지 등 부동산 관련 고문서의 정리, 출판 작업은 조선시대 한성부 고문서 자료의 구축이라는 점에서 그 의미가 있다고 할 수 있다.

그동안 한성부 관련 고문서에 관한 연구는 크게 세 가지 측면에서 이루어졌다. 첫째, 한성부 호구 및 호적자료의 파악이다. 조선 후기 호구 자료에 나타난 작성자, 작성 과정의 변화, 담당자 등에 관한 실증적 검토 및 주거 양상과[1] 광무 연간 호적자료 분석을 통한 자료의 특성, 20세기 초 한성부 거주 계층의 존재 양상, 특징 등을 살펴보았다.[2] 둘째, 한성부 가옥 및 토지 명문(明文)의 검토이다. 토지매매의 경우 규장각 소장 145건의 명문과 관련 문서를 토대로 남부 두모포 소재 토지 거래 양상과,[3] 일본에 반출된 고문서 중 도성 외곽 소재 전답의 매매 사례를 분석하였다.[4] 가옥과 관련해서는 규장각 소장 가옥매매 명문을 토대로 중부 장통방(長通坊) 정만석계(丁萬石契) 소재 가옥의 거래양상과 특징을 검토했으며,[5] 주택가격의 변동과 그 의미에 대해 고찰하였다.[6] 셋째, 한성부 소지 및 입안 자료에 대한 검토이다. 이에 관해서 먼저 한성부에 제출된 입안신청 소지의 제사(題辭)에 기재된 천(天), 지(地), 현(玄), 황(黃), 우(宇), 주(宙)의 천자문 자호(字號)와 한성부 6방과의 관계를 파악하였다.[7] 또한 조선후기 전반에 걸쳐 구문기(舊文記)의 분실 사실을

1) 林學成, 「조선 후기 漢城府民의 戶籍자료에 보이는 '時入'의 성격 - 漢城府 주민의 주거 양상을 구명하기 위한 一試論 -」, 『古文書研究』 24, 2004; 「1910년 3월 大韓帝國 度支部에서 活字로 간행한 "1663년 漢城府 北部戶籍" - 최초의 활자 인쇄본 戶籍大帳 『開國二百七十二年癸卯式年北部帳戶籍』의 소개 -」, 『古文書研究』 58, 2021; 權奇重, 「조선후기 서울의 호구 변동과 인구기록의 특성 - 한성부 호구 자료를 중심으로 -」, 『韓國學論叢』 47, 2017.

2) 조성윤·조은, 「한말의 가족과 신분 - 한성부 호적 분석」, 『한국사회사학회논문집』 (현『사회와 역사』) 50, 1996; 「한말 서울 지역 첩의 존재 양식 - 한성부 호적을 중심으로」, 『사회와 역사』 65, 2004; 차인배, 「광무년간 한성부 호적을 통해 본 근대 경찰간부의 실태 - 경무청의 칙임 및 주임관을 중심으로 -」, 『鄕土서울』 91, 2015; 이정선, 「한국 근대 호적의 호주 및 가족 구성 - 1906년 한성부 호적을 중심으로 -」, 『서울과 역사』 92, 2016; 김현진, 「1900년대 近代 都市의 주변과 거주민의 삶 - 光武 7년(1903) 漢城府 城外 戶籍을 중심으로」, 『한국학연구』 44, 2017; 「근대 초기 도시가족 구성에서 보이는 여성의 존재와 경계 - 光武 7년 漢城府 戶籍에 기재된 여성호주를 중심으로 -」, 『한국학연구』 50, 2018; 「근대 초기 漢城府 商人의 계층적 존재양상과 가족 특성 - 1903·1906년 漢城府 戶籍을 중심으로 -」, 『한국학연구』 53, 2019; 「1903~1906년 漢城府 軍人 계층의 거주 특성과 성격 - 光武 7~10년 漢城府 戶籍을 중심으로 -」, 『서울과 역사』 110, 2022.

증빙한 한성부 발급 서실입안(闕失立案)의 사례를 통해 문서 유실 시 관의 서실문기 공증 절차를 살펴보았다.[8] 한성부 결송입안(決訟立案)도 분석해 1638년(인조 16) 가대(家垈) 소송의 양상과 소송 이후 소유권의 확립 과정을 살펴보았다.[9]

이상에서 보듯이 한성부 고문서와 관련한 연구는 최근 다양하게 이루어지고 있다. 이 글에서는 선행 연구성과들을 토대로 서울역사박물관에 소장된 전답, 대전(垈田), 가옥 등 부동산 관련 매매 문서의 실태를 살펴보고자 한다. 부동산 관련 고문서의 경우 한성부 지역의 특징, 방민(坊民)의 거래양상을 살펴보는 데 최적의 자료이기 때문에 이를 통해 조선후기 한성부 부동산매매 실태와 거래가 이루어지고 있는 지역의 특성을 파악해보고자 한다. 현재 서울역사박물관에서 소장한 한성부 부동산 관련 고문서는 550점이다. 그 가운데 20세기에 작성된 근대문서 등 17점을 제외하고 17~19세기로 시기를 한정해 533점의 자료를 검토하고자 한다.

2. 부동산매매 관련 문서의 현황

서울역사박물관에서 소장하고 있는 17~19세기 한성부의 부동산매매 관련 문서는 점련(粘連) 문서가 38점, 낱장으로 이루어진 것이 145점이다. 그 가운데 점련문서의 현황은 다음의 [표 1]과 같다. 문서명은 점련된 고문서 가운데 가장 나중 시기의 것으로 하였다. 토지매매 관련 점련문서는 30점이며, 가옥매매와 관련된 문서는 8점이다.

조선시대에는 가옥, 토지, 노비 등을 매매할 경우 신문기(新文記)의 작성과 함께 매도할 물건의 유래, 즉 상속이나 과거 매매 과정을 알 수 있는 본문기(本文記 또는 구문기)를 매수자에게 양도해야 했다. 그 이유는 매물의 전래경위를 파악해 그것이 적법하게 거래되었으며, 분쟁 소지가 없는 것임을 증빙하기 위해서이다. 매매 이후 매수자는 안전한 재산권 확보를 위해 관으로부터 공증을 받는 사급입안(斜給立案)의 발급 절차를 진행했다. 이때 매수자는 매도자에게 받은 본문기를 관에 제출했으며, 관에서는 매물의 권원(權原)을 확인하기 위해 매도자와 증인·필집의 진술서인 초사(招辭)를 받아 입안을 발급해주었다. 이 입안 발급과정에서 관련 문서를 이어 붙이는 점련의 형태를 띠므로 매매문기 가운데 점련문서가 많았다.

[표 1]에서 보면 문서는 최소 2점에서 최대 39점까지 점련되어 있다. 점련문서는 대체로 매매 과정에서 작성된 명문, 노비에게 매매를 위임하는 상전의 패자(牌子), 입안을 받기 위한 입안신청 소지, 재주 및 증인·필집의 초사, 해당 관의 입안 등으로 이루어져 있다. 이러한 구성 외에 명문과 패자, 명문과 초사가 점련되거나 상전의 패자 혹은 명문만 점련된 경우가 있다. 이와 관련된 11점을 제외하면 모두 관의 입안을 발급받기 위한 문서가 점련되었다. 그러나 이 가운데에도 입안신청 소지와 초사는 있는데 발급 입안이 없거나, 초사만 있거나, 소지만 있는 문서도 있다. 1803년(순조 3) 문광익(文光益) 명문을 비롯한 한성부 북부 연서(延曙) 불광리(佛光里) 지역의 토지매매 관련 문서의 경우 130여 년간 토지매매 거래를 증빙할 수 있는 문서 39점이 소실되지 않은 채 점련되어 있다. 1671년(현종 12) 문천립(文天立)을 시작으로 김예방(金禮邦), 문태만(文泰萬), 임유석(林維石), 연수완(延壽完), 김 조이(金召史), 임봉산(林奉山), 차도현(車道顯), 문광익 등의 매매 명문 11점과 패자 1점, 입안을 신청하는 소지 7점, 재주 및 증인·필집 등의 초사 13점, 한성부 입안 6점, 첩정(牒呈) 1점 등 관련 문서 39점이다. 이 문서의 경우 17세기부터 19세기까지 장기간에 걸친 토지매매 명문이 점련되어 있고 그 안에 매매 이유, 매물의 위치 및 지목(地目), 규모, 사표(四標), 가격 등이 기재되어 매매 현황과 추이를 파악하는 데 적절하다고 할 수 있다.

[표 1]에서 알 수 있듯이 점련문서 안에는 총 388점의 문서가 파악된다. 종류별로는 매매 명문이 146점, 패자 29점, 소지 55점, 초사 105점, 입안 49점, 기타 4점이다. 기타는 분재기, 첩정 등이다.

3)
양진석, 「조선후기 매매문서를 통해 본 漢城府 南部 豆毛浦 소재 토지거래 양상」, 『古文書研究』 35, 2009.

4)
문숙자, 「조선후기 한성부 지역 토지의 매매와 그 특징」, 『고문서연구』 63, 2023.

5)
양진석, 「조선후기 漢城府 中部 長通坊 丁萬石契 소재 가옥의 매매와 그 특징」, 『奎章閣』 32, 2008.

6)
유현재·김현우, 「조선후기 서울 주택가격 변동과 의미」, 『조선시대사학보』 95, 2020.

7)
박하늘, 「조선시대 한성부 所志 題辭에 기재된 千字文 字號와 六房의 업무 분담」, 『장서각』 43, 2020.

8)
박하늘, 「조선후기 한성부의 闕失文記 공증 절차」, 『서울과 역사』 113, 2023.

9)
권이선, 「17세기 한성부 決訟立案을 통해 본 家垈訟 요인과 판결 이후 소유권 확보의 과정」, 『法史學研究』 61, 2020.

[표 1] 17~19세기 한성부의 부동산매매 관련 점련문서

연번		문서명	명문	패자	소지	초사	입안	기타	합계
1	토지(전답)	1705년 증인 박태인 등 초사	1	-	-	2	-	-	3
2		1711년 한성부 입안	2	1	2	4	2	1	12
3		1713년 고양군 입안	3	1	1	4	2	-	11
4		1721년 한성부 입안	5	-	2	4	2	-	13
5		1722년 한성부 입안	2	1	1	2	1	-	7
6		1728년 한성부 입안	1	1	1	2	1	-	6
7		1730년 한성부 입안	1	-	1	2	1	-	5
8		1743년 한성부 입안	6	-	3	8	4	-	21
9		1745년 한성부 입안	2	1	2	4	2	-	11
10		1749년 한성부 입안	2	-	1	2	1	-	6
11		1753년 한성부 입안	1	-	1	2	1	-	5
12		1754년 내시 임대수 명문	2	-	1	2	1	-	6
13		1754년 윤 생원 댁 노 지복 명문	2	-	1	2	1	-	6
14		1757년 한성부 입안	3	1	1	4	2	-	11
15		1762년 한성부 입안	-	-	1	2	1	-	4
16		1765년 상전 이 패자	11	1	6	12	5	1	36
17		1767년 홍치하 명문	3	-	1	2	1	-	7
18		1769년 한성부 입안	2	2	1	2	1	-	8
19		1769년 김의추 명문	3	1	1	2	-	-	7
20		1779년 이 참판 댁 노 칠동 명문	1	1	-	-	-	-	2
21		1791년 박상욱 명문	6	-	-	-	-	-	6
22		1792년 한성부 입안	4	-	3	4	2	-	13
23		1793년 사노 일돌 소지	1	1	2	-	-	-	4
24		1803년 문광익 명문	11	1	7	13	6	1	39
25		1821년 김광복 명문	3	-	-	-	-	-	3
26		1828년 김복재 명문	2	-	-	-	-	-	2
27		1830년 김도원 명문	6	-	-	-	-	-	6
28		1844년 최완신 명문	4	-	-	2	1	-	7
29		1877년 함우구 명문	7	1	1	-	-	-	9
30		경술년 출신 이의환 소지	-	-	4	-	-	-	4
31	가옥 및 가대	1732년 한성부 입안	7	-	6	12	6	-	31
32		계유년 상전 조 패자	4	3	4	8	4	-	23
33		1762년 송 서방 댁 노 복상 명문	1	1	-	-	-	-	2
34		1782년 권 수사 댁 노 대선 명문	3	5	-	-	-	-	8
35		1802년 이 조이 명문	12	-	-	-	-	-	12
36		1815년 한유묵 명문	3	3	-	-	-	-	6
37		1893년 김 조이 명문	19	-	-	2	1	1	23
38		을묘년 상전 이 패자	-	3	-	-	-	-	3
합계			146	29	55	105	49	4	388

따라서 서울역사박물관에서 소장하고 있는 17~19세기 한성부의 부동산매매 관련 문서는 145점의 낱장문서와 388점의 점련문서 안 관련 문서 총 533점으로 파악된다. 그 가운데 토지매매와 관련된 문서가 390점, 가옥 및 가대매매와 관련된 것이 143점이다. 이들의 현황은 다음의 [표 2]와 같다.

[표 2] 17~19세기 한성부의 부동산매매 관련 문서의 현황

구분	매매 시기	명문	패자	소지	초사	입안	기타	합계
토지(전답)	17세기	25	3	11	18	7	3	67
	18세기	96	14	30	65	31	1	237
	19세기	77	2	0	0	0	1	80
	미상	1	1	4	0	0	0	6
	합계	199	20	45	83	38	5	390
가옥 및 가대	17세기	7	0	7	14	7	0	35
	18세기	39	12	3	8	4	1	67
	19세기	30	1	3	0	0	0	34
	미상	0	7	0	0	0	0	7
	합계	76	20	13	22	11	1	143
합계		**275**	**40**	**58**	**105**	**49**	**6**	**533**

먼저 토지매매와 관련해서는 매매 명문이 199점, 매매를 위임한 패자가 20점, 소지 45점, 초사 83점, 입안 38점, 기타 5점 등 총 390점이다. 시기적으로는 18세기 문서가 237점으로 가장 많았고, 19세기가 80점, 17세기가 67점이다. 시기를 알 수 없는 경우는 6점이다. 이러한 양상은 가옥매매 문서에서도 마찬가지였다. 명문이 76점으로 가장 많았으며, 패자 20점, 소지 13점, 초사 22점, 입안 11점, 기타 1점이다. 18세기 문서가 67점으로 가장 많았고, 17세기가 35점, 19세기가 34점이다. 시기를 알 수 없는 경우는 7점이다.

이처럼 17~19세기 한성부의 부동산매매 관련 문서는 매매 명문이 가장 많았다. 소지, 초사, 입안은 토지매매 후 한성부의 사급입안을 받기 위한 관련 문서이므로 비슷한 수치를 보였다. 초사의 경우 재주와 증인·필집의 초사를 합친 수이므로 거래 건별로 보면 소지, 입안의 수와 비슷했다. 기타에 해당하는 것은 매매대상 토지의 분재기, 부(部)의 첩정, 불망기 등이다.

이 가운데 소지는 매매 이후 재산권을 확보하기 위해 사급입안을 신청하는 것과 본문기의 유실 및 훼손으로 인해 이를 증명할 서실입안을 신청하는 것으로 크게 나뉜다. 문서의 서실 이유는 화재, 도적, 이사, 전쟁, 단순 분실 등이다. 사례를 보면, 1637년(인조 15) 나인(內人) 오씨(吳氏)는 양주 서십리(西十里)에 있는 밭 2일경(日耕)을 양녀 현옥(賢玉)에게서 매수하여 경작했는데, 병자호란으로 토지 문기를 분실하자 북부에 소지를 올려 입지(立旨) 발급을 요청하였다.[10] 1759년(영조 35) 용산방(龍山坊) 옹리중계(甕里中契)에 사는 심성진(沈聖眞) 역시 제위전답(祭位田畓)의 몫을 나눈 깃분문기(衿分文記)를 잃어버려 훗날 증빙을 위해 입지를 발급해 달라고 한성부에 청원하였다.[11]

1793년(정조 17) 사노 일돌(日乭)은 화재로 동대문 밖 마장리(馬場里)에 있는 토지의 내력이 적힌 본문기를 잃어버리자 입지를 발급해달라고 한성부에 소지를 올렸다. 그러자 한성부에서는

10)
1637년 나인 오씨 소지.

11)
1759년 심성진 소지.

토지의 소재지 부(部)인 동부에 정소(呈訴)하여 입지를 발급받은 후 다시 소지를 올리라는 처분을 하였다. 이에 사노 일돌은 다음날 동부에 소지를 올려 입지를 성급받았다.[12]

도적으로 인한 분실은 1888년(고종 25) 9월 김응종(金應鍾)의 사례에서 알 수 있다. 서부에 거주하는 김응종은 반송방(盤松坊) 경구계(京口契)에 있는 기와집 3칸과 공대(空垈) 70칸을 매입하여 거주하고 있는데, 집문서를 도둑맞아 잃어버렸으므로 추후 매도 시 증빙을 위해 입지를 발급해 달라고 청원하였다. 3년 뒤인 1891년(고종 28) 9월에 김응종은 이를 1,700냥에 이인장에게 매도하면서 구문기를 분실하여 관에서 발급받은 입지 1장과 신문기 1장을 함께 양도하였다.[13]

남부에 사는 출신 이의환(李宜桓) 소지는 집을 이사한 후 문기를 분실한 사례를 보여준다. 이 경우 한성부, 남부를 비롯해 포도청에까지 소지를 올려 입지발급을 요청한 점이 특이하다고 할 수 있다. 이의환은 광희문 밖 남벌원(南伐院) 근처에 있는 반일경(半日耕)의 밭을 40냥에 매입하였다. 그런데 집을 이사하고 나서 본문기를 잃어버리자 매매할 때 시비가 생길까 걱정해 이를 증빙하는 입지를 남부, 한성부, 포도청에 요청하여 발급받았다. 이의환은 경술년 1월 24일 포도청에 입지를 요청하는 소지를 올려 발급해준다는 제사를 받았으며, 4일 뒤인 28일 남부와 한성부에 소지를 올려 입지를 발급받았다. 그런 후 다음날 다시 포도청에 입지신청 소지를 올렸으나 포도청에서 "이런 입지는 본래 해당 부가 담당하는 것이니 정소할 필요가 없다"라는 제사를 내렸다.[14]

이처럼 소지, 초사, 입안은 부동산매매 후 재산의 소유권 변동에 대한 공증을 위한 것이다. 관에서 발급한 사급입안은 17세기부터 18세기까지 가장 성행했는데 서울역사박물관 소장 매매문서를 통해서도 이를 확인할 수 있다. 토지매매문서의 경우 17세기에는 25건 가운데 7건이, 18세기에는 96건 가운데 31건이 사급입안을 받아 소유권을 안정적으로 확보하였다. 가옥의 경우, 17세기에는 가옥매매 7건 모두 매매 이후 한성부의 사급입안을 받았다. 18세기에는 39건 가운데 4건이었으며, 19세기에는 사급입안을 받은 사례가 없다. 한성부의 부동산 거래에서 사급입안을 받는 사례가 지방에 비해 많다는 점이 특징적이라 할 수 있다. 일본에 반출된 고문서 중 도성 외곽 소재 전답의 매매 사례를 분석한 연구에서도 현재 서울 성북구 석관동, 종암동 및 중랑구 노원구 지역의 토지거래 중 사급입안을 받은 경관매매는 전체 34건 가운데 18건이었으며, 용산구인 남부 청파의 경우 17건 중 7건으로 많았다.[15] 서울 주민들이 한성부의 사급입안을 발급받아 부동산 매매 사실을 입증하고자 했음을 알 수 있다.

서울 거주민 개개인 간에 이루어진 법률행위, 즉 토지 및 가옥, 주인권, 공물권 등에 대해 매매 사실을 공증하는 입안은 한성부에서 발급해주었다. 입안의 발급은 한성부 낭청(郎廳) 4인의 공동 업무였다. 이는 18세기 한성부에서 발급한 입안문서를 통해서 확인할 수 있다. 박물관에 소장된 한성부 관련 고문서를 통해 실례를 살펴보면, 1673년(현종 14) 한상세(韓祥世)는 김계남(金繼男)의 처 김씨(金氏)에게 백채전(白菜田) 4무(畝)를 정은자(正銀子) 15냥에 매수한 사항을 공증받기 위해 한성부에 입안을 신청했다. 이 소지는 방장(房掌)인 겸참군(兼參軍)이 담당하여 처리했으며, 우윤(右尹)의 결재를 받아 사급입안이 발급되었다.[16]

조선전기 한성부의 낭청은 서윤(庶尹) 1원, 판관(判官) 2원, 겸참군 1원, 참군(參軍) 2원 총 6명으로 구성되었다. 이러한 낭청의 구성은 17세기 이후 대대적으로 개편되어 1686년(숙종 12) 그 수가 조정되었다. 기존 6명의 관원 중 판관 1원을 줄이고, 겸참군을 폐지하여 4명으로 축소하였다. 박물관 소장 문서 가운데 소지를 처리하여 입안을 발급해준 겸참군의 존재로 한성부 조직 변화 이전의 모습을 확인할 수 있다.

이후 1725년(영조 1) 한성부의 낭청은 서윤(1), 판관(1), 참군(1), 주부(主簿)(1)의 체제로 바뀌었으며, 1764년(영조 40)에는 7품의 한성부 참군을 없애고 주부 1인을 6품으로 올리는 조처를 시행하였다. 그리하여 한성부 낭청의 조직은 서윤(1), 판관(1), 주부(2)의 체제를 이루며, 19세기 중반까지 유지되었다.[17]

1728년(영조 4)에 동대문 영도교(永渡橋) 소재 전답을 전문(錢文) 47냥에 최두만(崔斗萬)에게

12) 1793년 사노 일돌 소지(한성부); 1793년 사노 일돌 소지(동부).

13) 1888년 김응종 발괄; 1891년 김응종 명문.

14) 경술년 출신 이의환 소지 4점.

15) 문숙자, 앞의 논문, 2023, 34쪽.

16) 1673년 고 절충 김계남 처 김씨 명문; 1673년 한상세 소지; 1673년 한성부 입안.

17) 유승희, 「18~19세기 한성부(漢城府)의 사법 행정과 역할」, 『역사민속학』 58, 2020, 41~42쪽.

매수한 홍오명(洪五命)이 입안을 신청했는데, 방장인 주부가 담당하여 좌윤(左尹)의 결재를 받아 사급입안을 발급해주었다.[18] 1730년(영조 6)에는 연수완이 이씨(李氏)에게 북부 불광리 석리촌(席里村)에 있는 두 곳의 논을 매수한 후 한성부에 입안을 신청했는데 방장인 판관이 담당하여 처리하였다.[19] 또한 1745년(영조 21) 김세한(金世漢)은 왕십리 영도교 주변 목화밭을 전문 27냥을 주고 매수한 사실에 대해 참군이 담당하여 소지를 처리하고 우윤의 결재로 사급입안을 발급받았다.[20] 1769년(영조 45) 김태휘(金泰輝)의 경우 동소문 밖 안암동의 전답을 매수하고 입안을 신청했는데 서윤이 담당하여 처리하였다.[21]

이처럼 한성부의 입안업무는 낭청 전원이 수행했으며, 19세기에도 마찬가지였다. 낭청들이 좌기(坐起)하는 날에 접수된 소지는 오는 대로 각 방에서 한꺼번에 청리(聽理)했으며, 좌기하지 않은 날의 소지는 형방(刑房)에서 담당하였다. 토지와 가옥의 사출 입안에 사용되는 작지(作紙)는 호방(戶房)에서 수납하였다. 전답은 5부(負)에 1권, 와가(瓦家)는 1칸에 1권인데 20권을 초과하지 않았다. 1권의 값은 3전 5푼으로 책정하였다. 하지만 19세기 중반 작지는 전답 1부에 5푼, 와가 1칸에 5푼, 초가 2칸에 5푼, 공대지(空垈地)는 4칸에 5푼씩을 받았으며, 2냥을 초과하지 못해 이전보다 비용이 감소했음을 알 수 있다.[22]

매수인이 입안을 신청하는 기한은 『경국대전』에 따르면 노비, 전답, 가옥을 상속받았을 경우 1년 이내에, 토지나 가옥을 매매한 경우는 15일을 기한으로 하되 변경시키지 못하며 모두 100일 이내에 입안을 받도록 하였다.[23] 박물관 소장 49건의 사급입안의 시기를 살펴보면, 15일 이하가 2건, 15~100일 이하가 16건, 100일~5개월 이하가 9건, 6개월~1년 이하가 9건, 1~3년 이하가 7건, 3년 이상이 3건, 10년 이상이 3건이다. 49건 가운데 법전의 입안 기일인 100일을 지킨 것은 18건으로 37%에 지나지 않으며, 1년 이내가 총 36건으로 73%를 차지하였다. 1792년(정조 16) 양성기(梁成起)는 동부 왕십리 앞 천변의 밭을 매득한 후 사급입안을 신청했는데, 이는 토지를 매입한 지 20여 년이 지난 후에 한 것이다. 한성부 판관이 입안 처리를 담당하여 사급입안을 발급해주었다.[24]

이상과 같이 서울역사박물관에 소장된 부동산매매 관련 문서는 17세기부터 19세기까지 장기간에 걸쳐 나타나고 있다. 특히 고문서의 약 73%에 해당하는 388점의 문서가 점련의 형태로 나타나고 있어, 한 구역에 대한 토지매매 계약의 추이와 입안발급 현황을 파악하기에 용이한 장점이 있다. 점련된 문서를 통해 한성부의 경우 18세기까지 부동산매매 후 사급입안 발급이 활발하게 이루어지고 있음을 확인할 수 있었다.

3. 가옥매매 실태

17~19세기 한성부 가옥 및 가대매매는 76건이다. 거래 대상 가옥은 북부를 제외한 동부, 중부, 서부, 남부의 일부 지역에 분포해 있다. 중부가 46건으로 가장 많으며, 동부가 28건, 남부 1건, 서부 1건이다. 동부는 건덕방(建德坊) 호동(壺洞), 창선방(昌善坊) 창선방계(昌善坊契), 남부는 명철방(明哲坊) 남소동계(南小洞契), 서부는 반송방 경구계, 중부는 장통방 흑립전계(黑笠廛契), 관인방(寬仁坊) 대사동1패계(大寺洞一牌契), 견평방(堅平坊) 전의감동계(典醫監洞契) 회화정동(檜花井洞) 등이다. 이들 지역은 다음의 [그림 1]을 통해서 그 위치를 파악할 수 있다.

[그림 1]에서 보듯이 매매 가옥들은 종묘를 중심으로 한 좌우 지역과 시전 주변에 분포해 있다. 특히 중부 정선방(貞善坊), 장통방 등지는 시전이 늘어선 지역으로 한성부 내에서도 가옥 거래 가격이 높은 곳이다. 한성부 가옥 거래 가격은 오늘날과 마찬가지로 지방보다 2배 이상의 차이를 보였으며, 1860년대 이후 그 폭은 더욱 커졌다. 한성부 내에서도 오부마다 격차가 있어 중부의 가옥가격이 동부, 서부, 남부보다 2배 이상의 차이를 보이며 가장 높았다.[25]

18) 1726년 가선대부 전 첨사 최두만 명문; 1728년 홍오명 소지; 1728년 한성부 입안.

19) 1730년 이씨 명문; 1730년 연수완 소지; 1730년 한성부 입안.

20) 1739년 변 조이 명문; 1745년 김세한 소지; 1745년 한성부 입안.

21) 1768년 홍 생원 노 무응송 명문; 1769년 김태휘 소지; 1769년 한성부 입안.

22) 유승희, 앞의 논문, 2020, 48쪽.

23) 박하늘, 「조선시대 斜給立案의 양식과 발급 절차」, 『古文書研究』 54, 2019, 137쪽.

24) 1770년 이도성 명문; 1792년 양성기 소지; 1792년 한성부 입안.

25) 유현재·김현우, 앞의 논문, 2020, 325~329쪽.

[그림 1] 한성부 가옥매매 지역 분포(출처: 「도성대지도」, 서울역사박물관 소장)

매매대상은 와가·초가·공대의 혼재, 와가, 와가와 초가, 와가와 공대, 초가와 공대 등 다양하다. 와가·초가·공대가 혼재된 사례는 동부 호동의 가옥매매에서 잘 살펴볼 수 있다. 동부 건덕방 호동은 [그림 1]에서 보듯이 종묘와 함춘원(含春苑) 담장 밖에 있으며, 아래로는 황참교(黃參橋: 황참의 다리)가 있다. 마을의 형태가 호리병과 비슷해서 붙여진 이름이다.[26] 1718년(숙종 44) 홍상최(洪尙寂)는 다른 가옥을 사려는지 이매(移買)를 이유로 이의태(李倚泰)에게 가대 70칸, 와가 22칸, 초가 2칸을 정은자 180냥을 받고 매도하면서 관련 본문기 7장도 함께 양도하였다. 이 매물의 사방 경계는 동쪽은 길, 서쪽은 이 참판 댁(李參判宅), 남쪽은 김 강동 댁(金江東宅), 북쪽은 정 생원 댁(鄭生員宅)이다.[27] 이의태는 2년 뒤 다시 찰방 송수현(宋秀賢)에게 전문 400냥에 매도하였다.[28] 이 가옥은 매수한 송수현이 16년을 거주하다 1736년(영조 12) 유학 어주경(魚周慶)에게 판 뒤 1738년(영조 14)까지 두 번의 소유주 변동이 있었다. 이때 가옥의 매매가는 점점 하락하는 경향을 보였다. 전문 400냥에서 305냥으로 내렸다가 1738년(영조 14) 이 상인 댁(李喪人宅) 노(奴) 일은금(日銀金)이 급매로 이춘억(李春億)에게 매도할 때에는 전문 270냥으로 낮춰 거래되었다.[29] 동부 호동의 경우 1730년(영조 6) 동지의금부사 김취로(金取魯)가 "호동은 대부분 새집이다."[30]라고 언급할 정도로 18세기 전반 새로 조성되는 가옥이 많은 지역이었다.

와가와 공대의 매매는 중부 장통방 흑립전계의 사례에서 알 수 있다. 이 지역은 종루 시전 주변으로 시전 가옥의 거래양상을 살펴볼 수 있다. 1798년(정조 22) 오국선(吳國善)은 중부 장통방 흑립전계에 있는 와가 13칸과 새로 조성한 와가 4칸, 공대 3칸을 이씨(李氏)에게 전문 400냥에 방매하였다. 이 매물의 첫 거래는 1730년(영조 6)으로 행랑 2칸, 초가 11칸, 개조 와가 4칸이었다. 김차명(金次明)의 처 박씨(朴氏)가 소유했다가 이수장(李守章)에게 정은자(丁銀子) 60냥에 매도하였다. 이때 매수인인 이수장에게 본문기 10장도 함께 양도하였다.[31] 2년 뒤인 1732년(영조 8) 이수장은 김진택(金振澤)에게 5냥을 올린 정은자 65냥에 팔았으며, 김진택은 매수한 뒤 바로 초가 11칸을 허물고 와가 9칸을 새로 지은 후 다시 1년 뒤 최씨(崔氏)에게 정은자 140냥에 팔았다.[32] 이후 이 가옥은 행랑 와가 13칸과 공대 7칸을 매물로 1736년(영조 12)부터 김이장(金二章), 이정윤(李廷潤), 박춘성(朴春盛), 홍시석(洪時碩), 전씨(全氏), 정덕화(鄭德和), 오귀재(吳貴載) 등으로 소유주가 변동되었고, 전체적으로 72년간 12차례 거래되었다.[33] 매매가격 또한

26) 서울역사편찬원, 「호동」, 『서울지명사전』, 2009.

27) 1718년 홍상최 명문.

28) 1720년 유학 이의태 명문.

29) 1738년 이 상인 댁 노 일은금 명문.

30) 『승정원일기』 705책, 영조 6년 4월 20일.

31) 1730년 김차명 처 박씨 명문.

32) 1732년 이수장 명문; 1733년 김진택 명문.

33) 1738년 김이장 명문; 1741년 이정윤 명문; 1746년 박춘성 명문; 1748년 홍시석 명문; 1758년 전성도 명문; 1764년 정덕화 명문.

별다른 변동이 없다가 오국선에 이르러서 공대 7칸 가운데 4칸에 새로 와가를 조성하여 매매가가 전문 200냥에서 400냥으로 상승하기도 했다.[34] 1802년(순조 2) 오국선에게 해당 가옥 및 가대를 매수하여 거주하던 이 조이(李召史)는 원흥손(元興孫)에게 450냥을 받고 파는 등[35] 중부 흑립전계 매물은 초가를 헐거나 공대에 와가를 새로 조성하여 매매가를 올리는 경향을 보였다. 중부 견평방 전의감동계의 경우도 매물의 형태가 와가와 공대이며, 관인방계(寬仁坊契) 대사동1패계는 초가와 공대이다.

이렇게 매물에 딸린 공대에는 가옥이 조성되기도 했다. 1774년(영조 50) 7월 한상오(韓相五)는 동부 창선방의 와가 21.5칸과 공대 28.5칸을 길 조이(吉召史)에게 전문 350냥을 받고 매도했다.[36] 이 가옥을 매수했던 최태제(崔泰濟)가 매물로 내놓은 1797년(정조 21)에는 공대에 초가 3칸이 건설되어 거래 가옥의 규모는 와가 21칸, 초가 3칸, 공대 18칸이 되었다. 초가 3칸이 건설됨에 따라 매매가격도 350냥에서 500냥으로 상승하였다.[37] 이후 35년 뒤인 1832년(순조 32) 소유주 강도완(姜道完)이 전문 800냥을 받고 강치혁(姜致赫)에게 팔았으며, 1844년(헌종 10)에는 와가가 2칸, 공대가 2칸 늘어나 900냥에 거래되었다.[38] 부동산 가격은 계속 증가하여 1852년(철종 3) 소유주 박도춘(朴道春)은 1,000냥에 가옥과 공대를 팔았으며,[39] 1859년(철종 10) 와가 23칸, 초가 3칸, 공대 20칸의 매물은 초가 3칸이 없어지고 공대가 8칸 줄었지만 와가가 27칸으로 증가해 와가 건축을 위해 이용되었음을 알 수 있다. 소유주인 천수관(千數寬)은 이 가옥과 공대를 전문 1,500냥에 매도하였다.[40]

공대가 채마전(菜麻田)으로 운영되기도 하였다. 1828년(순조 28) 7월에 김익항(金翼恒)과 김흥인(金興仁)은 동부 경모궁2계(景慕宮二契)에 있는 와가 12.5칸, 초가 7칸, 빈터 500칸을 500냥에 팔았으며,[41] 1852년(철종 3) 이 진사가 다른 부동산을 사기 위해 이 가옥과 가대를 다시 김봉민(金鳳敏)에게 전문 500냥에 매도했는데 이때 빈터 500칸이 빈터 20칸과 채마전 3무로 바뀌었다. 이 진사가 공대를 채마전으로 운영했음을 알 수 있다.[42]

이 진사의 가옥과 가대를 매수한 김봉민은 즉시 다른 사람에게 다시 양도하는 것이 특이한데, 매매 사유가 이매, 즉 다른 곳의 가옥이나 토지를 사기 위해서이다. 이 가옥을 매수한 이유가 오늘날처럼 투기 목적이었다면 매매가격을 조금이라도 올려야 하는데 자기가 매수한 금액에 다시 되팔고 있다.[43] 아마도 이 부동산을 매수하고 보니 마음에 들지 않았던 것으로 보인다. 이 가옥 및 가대는 이인길(李寅吉)이 매입해 살다가 1854년(철종 5) 4월에 와가 12.5칸, 초가 6칸을 500냥을 받고 김덕현(金德顯)에게 매도하였다.[44] 김덕현은 1년 뒤 다시 매물로 내놓아 이만길(李萬吉)에게 팔았으며,[45] 2년 뒤 이만길이 다시 매물로 내놓는 등[46] 짧은 기간에 여러 차례 매매가 이루어지고 있었다. 이후 이 지역은 김춘식(金春植)의 소유가 되었으며, 그는 1863년(철종 14) 8월에 와가 12.5칸, 채마전 2판(坂), 빈터 20칸을 600냥에 유재선(劉在璇)에게 방매하였다.[47] 이 땅은 이듬해인 1864년(고종 1) 소유주 유재선이 거주하고 살다가 와가 13.5칸을 헐어버리고 그 빈터와 기지(基址) 반일경의 땅을 160냥에 팔면서 가사문기(家舍文記)도 함께 양도하였다.[48]

이처럼 가옥을 헐고 그 터를 매매할 경우 본문기인 가사문기는 효주(爻周)하였다. 을해년 상전 오씨(吳氏)가 노 돌이(乭伊)에게 매매를 위임한 토지의 사례를 보면, 노 돌이는 와가 75칸과 공대 1,400칸이었던 곳에 가옥을 헐어버린 후 기지 2,000칸을 매매하려고 하였다. 이때 상전은 가옥이 이미 철거되어 본문기인 가사문기로는 이를 확인할 수 없으므로 매매 후 즉시 그 문서를 효주하도록 노 돌이에게 지시하였다.[49]

가옥매매의 사유로는 긴요하게 쓸 데가 있어서라는 의미의 '요용소치(要用所致)', '절유용처(切有用處)'가 많았으며, 이매, 장례비용 마련, 병의 치료, 상채(喪債), 이사 등도 있었다. 그 가운데에서도 한성부 가옥매매 사유로 이매가 많은 것이 특징이다. 중요한 일로, 혹은 급하게 쓸 돈이 필요해서 가옥을 매매하는 경우보다 다른 가옥이나 토지 등을 사기 위해 파는 경우가 많은 것

34) 1798년 오국선 명문.

35) 1802년 이 조이 명문.

36) 1774년 한만근 자 한상오 명문.

37) 1797년 최태제 명문.

38) 1832년 강도완 명문; 1844년 강세린 명문.

39) 1852년 박도춘 명문.

40) 1859년 천수관 명문.

41) 1828년 김익항 등 명문.

42) 1852년 상전 이 진사 댁 패자; 1852년 이 진사 댁 노 준장 명문.

43) 1852년 김봉민 명문.

44) 1854년 이인길 명문.

45) 1855년 김덕현 명문.

46) 1857년 이만길 명문.

47) 1863년 김춘식 명문.

48) 1864년 유재선 명문.

49) 을해년 상전 오 패자.

이다. 특히 이매를 하려는 경우 가옥의 보유 기간이 짧은 현상을 보이기도 한다. 1852년(철종 3) 7월 이 진사에게 건덕방 경모궁2계에 있는 와가 12.5칸, 초가 6칸, 공대 20칸, 채마전 3무를 전문 500냥에 매수한 김봉민은 바로 그달 이매를 이유로 김덕현에게 동일 가격으로 매도하였다.[50] 중부 정선방 대묘동계(大廟洞契)에 있는 가옥매매의 경우는 이매를 이유로 3년마다 매매가 이루어졌다. 1894년(고종 31) 이덕요(李德堯)는 이사를 위해 잠시 전세를 살아야 하므로 관인방계에 있는 초가집 3칸과 빈터 5칸을 900냥에 방매하기도 하였다.[51]

가옥과 공대를 분할 매매하고 명문을 작성하기도 했다. 을묘년 동부 건덕방에 사는 노 노동(魯同)은 상전의 위임을 받아 이 진사 댁(李進士宅)과 서로 바꾼 가옥 및 가대를 분할 매매하였다. 가옥은 매수 후 바로 팔았으며, 가대 370칸은 120냥을 받고 한 동지 가(韓同知家)에 매도하였다. 이때 한 동지 가와의 매매문서에 차후 가옥을 매수한 사람이 환퇴(還退)할 경우 이 가대도 물리기로 조건을 걸고 계약을 체결하였다.[52] 이러한 거래 조건은 훗날 이 가대를 사는 사람에게도 동일하게 적용되었다. 한 동지 가가 소유한 대전은 1815년(순조 15) 11월에 매도되는데 이때 소유주가 한유묵(韓有黙)이다. 한 동지와 서로 동일인물인지는 파악할 수 없지만 같은 집안사람임을 알 수 있다. 한유묵은 절실하게 쓸 데가 있어서 동부 건덕방 과목동(果木洞)에 있는 대전 370칸을 120냥에 방매했으며, 후일 집을 물리게 되면 밭도 물리기로 약속하고 문서를 작성하였다. 이 삼등 댁에서 환퇴할 경우 가격은 거래한 매매가로 약속하고, 본문기 3장과 패자 3장을 함께 양도하였다.[53]

박물관 소장 17~19세기 한성부 매매 가옥의 규모는 와가, 초가의 구분 없이 칸수만을 보면 가장 작은 것이 2칸이며, 가장 큰 것이 44.5칸이다. 평균적으로 21칸 규모의 가옥이 거래되고 있다. 가장 작은 규모는 중부 관인방 대사동1패계에 있는 초가 2칸 및 공대로, 전문 500냥에 거래되었다. 정선방 대묘동계 이 삼화 댁(李三和宅) 노 노미(老味)가 매수한 와가 40.5칸, 초가 4칸, 공대 229칸이 가장 규모가 크다고 할 수 있다.[54] 이 가옥은 매수한 소유주가 모두 관직자들이라는 공통적인 특징을 가지고 있다. 가대의 규모는 최소 3칸에서 최대 928칸이다.

이처럼 박물관 소장 가옥매매 명문은 그 수가 적어 전반적인 한성부 가옥 거래양상을 살펴보는 데에는 제한적이었다. 하지만 매매대상 가옥을 통해 도성 안 가옥은 규모가 그리 크지 않았으며, 와가·초가·공대가 혼재하거나 와가·초가, 와가·공대, 초가·공대 등 다양하게 구성되었음을 알 수 있다. 보유하고 있는 공대에는 와가나 초가 등 가옥을 조성해 가격 상승을 유도하거나 채소밭을 운영하는 모습을 살펴볼 수 있었다.

4. 토지매매 실태와 특성

1) 토지매매의 실태

토지매매는 총 199건이다. 토지매매가 이루어진 실태를 살펴보면, 먼저 거래 대상 토지의 지역이다. 이들을 지역별로 보면 한성부 오부 가운데 중부를 제외한 동부, 서부, 남부, 북부에서 나타나고 있다. 동부가 76건, 서부 12건, 남부 58건, 북부 53건이다. 동부의 경우 동대문과 동소문 밖 주변 지역에서 토지매매가 이루어졌다. 세부적으로는 왕십리 영도교 주변, 오간수문(五間水門) 및 이간수문(二間水門) 근처, 숭신방계(崇信坊契), 마장리, 안암동, 세부지역 없이 동문 밖이라고 지칭한 곳이다. 남부의 경우 이태원 어은동(於隱洞), 남벌원 주변이며, 서부는 서강방(西江坊) 신수철리(新水鐵里), 용산방 공덕리(孔德里) 등이다. 북부의 경우 연서, 불광리, 말흘산(末屹山), 양철리(梁哲里), 성산리(城山里) 등이다.[55] 모두 도성 밖 지역으로 연강산저(沿江山底)에 해당하는 곳이다.

50) 1852년 김봉민 명문.

51) 1894년 이덕요 명문.

52) 을묘년(1795) 상전 이 패자.

53) 1815년 한유묵 명문.

54) 1782년 권 수사 댁 노 대선 명문.

55) 북부의 경우 1663년(현종 4) 작성된 『강희2년계묘식년북부장호적(康熙貳年癸卯式年北部帳戶籍)』을 통해 주민 구성과 특징을 알 수 있다. 먼저 17세기 연서계의 경우 전체 96호 가운데 무관 및 군병이 33호로 전체 호수의 34%를 차지하고 있었으며, 역리가 32호로 약 33%였다. 군병 가운데 절반 이상이 훈련도감 군병으로 포수가 11호, 마병이 8호이며, 그 밖에 호위군관, 우림위, 별무사 등이다. 연서계의 경우 역리가 많았던 이유는 이곳에 연서역(延曙驛)이 있었기 때문이다. 연서역 바로 옆 마을인 양철리계에는 양반 및 종친 6호, 무관 및 군병 3호, 역리 2호, 총 11호가 거주하였다. 특히 양철리계에는 양반호 6호 가운데 5호가 종친이었다. 이들은 중종의 후손인 해안군(海安君) 이기(李峀+希)의 자손들로, 해안군의 아들인 오천군(烏川君) 이굉(李鍧)의 아들 해성부수(海城副守) 이원충(李元忠)과 손자 이철순(李哲純), 이순성(李純聖), 이철명(李哲明), 이순현(李純賢)이다. 양반 6호를 제외하면 훈련도감 마병과 역리가 모여 살았다. 은평구 응암동과 서대문구 홍은동에 걸쳐 있는 백련산 서쪽 성 밖 마을인 말흘산계에는 20호가 모여 사는데, 양반 및 종친이 8호, 노비 3호, 무관 및 군병이 8호, 기타가 1호이다. 이 지역의 경우 내시가 2호 살고 있으며, 노비 3호가 내시들의 농막지기이다. 특히 이 일대 지역은 훈련도감의 교장이 있어 당대 사람들은 '포수촌(砲手村)'이라고 불렀다. 17세기 20호에 불과하던 말흘산 지역은 "묘를 조성하기 위해 가호 44호를 이전시키려 했다"라는 말을 통해서 1794년(정조 18) 44호 이상으로 인구가 증가한 듯 보인다. 이 과정에서 이 지역에 거주하는 훈련도감 포수들과 대립하는 일이 있어 훈련도감의 장교가 내왕하기까지 하였다.(유승희, 「조선시대 한성부 城底十里의 지역적 특성과 城底民의 실태」, 『조선시대 다스림으로 본 성저십리』, 서울역사편찬원, 2019, 131~133쪽)

토지매매 지역이 도성 밖으로 한정된 이유는 한성부 도성 안에서는 벼나 보리, 기장 등의 경작을 금지하고 있어 전답을 운영할 수 없었기 때문이다.[56] 도성 내 경작의 금지가 금령으로 시행되었지만, 한성부 방민들은 이를 무시한 채 조그만 땅이라도 있으면 개간하여 밭을 일구려고 하였다. 따라서 1709년(숙종 35) 한성 판윤 유득일(兪得一)은 방민들이 궁성이나 성균관 가까운 지역의 땅을 개간하여 논밭을 이루는 상황을 숙종에게 아뢰어 대책을 논의하기도 하였다. 그에 따르면 성균관 옆 흥덕동(興德洞)에는 논이 조성되었는데, 규모가 5, 6석(石)을 뿌릴만한 정도로 컸다. 도성 안팎의 소나무를 기르는 지역에는 충해로 잎이 말라버리자 이곳에 벼와 곡식을 심어 경작하는 사람들도 다수 등장했다. 이에 한성부에서는 도성 내 경작을 금단하고 이를 어긴 자를 송금(松禁)을 어긴 율(律)로 적용하여 장 1백과 도 3년에 처하도록 주장하였다. 다만 목화밭을 경작한 사람은 벼나 기장을 심은 것과는 차이를 두어 금단에서 제외하도록 하였다. 숙종은 한성부의 주장에 따라 동대문 안의 미나리밭[芹畓]을 제외하고 도성 내 경작자에게 '장 1백'의 형에 처하도록 하였다.[57] 이후 이 조목은 목화밭과 내농포(內農圃)의 미나리밭은 제외된 채 『속대전』에 규정되었다.[58]

거래 대상 토지는 일부 상속받은 곳을 제외하면, 대부분 매매를 통해 얻은 것이다. 토지 매수자들은 자신이 소유한 전답 주변의 토지를 사서 농지 규모를 확대하였다. 1714년(숙종 40) 정준영(鄭俊英)은 남부 이태원 어은동의 토지를 매매하는 과정에서 자신의 전답 주변 토지를 매수하였다. 정준영이 양제웅(梁濟雄)에게 매수한 토지는 김기영(金起英)에게 구입한 6두락지(斗落只) 5야미(夜味) 22복(卜) 논과 고수동(高守同)에게 구입한 고양 부원면(富原面) 상동도(上東道) 이태원에 있는 5두락지 4복 2속(束) 3야미 논이다. 그 가운데 고수동에게 구입한 논의 남측이 자기 소유의 논이었다.[59] 양제웅 역시 1711년(숙종 37) 고수동에게 매수한 논의 남측 토지가 자신의 논이었다.[60] 1719년(숙종 45) 정득상(鄭得相)이 정필흥(鄭弼興)에게 매득한 논 역시 동쪽 변이 본인 소유의 밭이었다.[61]

북부나 서부도 마찬가지였다. 1703년(숙종 29) 북부 불광리 석리촌의 논을 전문 78냥을 받고 문태만에게 매수한 임유석은 매수한 논의 남쪽과 서쪽에 자신의 밭이 있었다.[62] 1809년(순조 9) 김재택(金載澤) 또한 서십리 구산리원(龜山里員)에 있는 매수 토지의 북쪽이 본인 소유의 밭이었으며,[63] 1767년(영조 43) 서부 서강 신수철리에 있는 논을 전익훈(全益勛)에게 매수한 조영태(趙榮泰) 역시 자신의 밭 옆의 논을 사서 농지 규모를 확대하였다.[64]

전답을 상호교환하기도 하였다. 1897년(광무 1) 윤기학(尹夔學)은 그의 6촌 동생 윤명학(尹命學)과 서로 토지를 바꾸었다. 상호 교환한 토지는 윤기학의 고양면(高陽面) 둔지산(屯地山) 대촌(大村) 뒤에 있는 5복 8속의 밭과 가대와 윤명학의 갈월곡(葛月谷) 진가전(辰家田) 반일경의 밭이다. 윤기학이 소유한 밭의 위치가 동쪽은 7촌 윤영원(尹永源)의 집이고, 서쪽과 북쪽은 작은 길, 남쪽은 가대였기 때문에 농지경영보다는 가대로 사용해 집을 짓는 편이 이로울 것 같다고 서로 판단한 것으로 보인다. 윤기학은 전문 300냥을 더 주고 윤명학의 밭과 서로 바꾸는 매매 명문을 작성하였다.[65]

매도자가 자신의 토지를 내놓는 이유는 '요용소치' 외에 이매, 부모나 남편의 장례비용, 혼수 마련, 환자[還上] 및 빚의 상환, 흉년으로 인한 호구 마련, 환퇴 비용 마련 때문이었다. 그 가운데 환퇴 비용 마련은 가난 때문에 팔았던 노비를 다시 찾아오기 위해 전답을 판 사례이다. 1711년(숙종 37) 김기영은 가난을 이유로 자신의 여종 차렬(次烈)을 팔았다가 다시 물릴 때에 돈을 마련할 방법이 없어 상속받은 남부 이태원에 있는 논을 정은자 34냥을 받고 전 만호 양시준(梁時俊)에게 매도하였다.[66]

이러한 토지의 매매 시기는 1월~3월, 10월~12월 사이가 138건으로 69%를 차지했다. 이 시기 평균 23건의 매매 건수를 보였고, 11월이 32건으로 가장 많았다. 매매 건수가 가장 적은 달은 6월 5건으로 나타났으며, 7월 7건, 4월 9건, 5월 11건으로 적었다. 이를 통해 일반적으로 농사 전이나

56)
『續大典』 戶典 田宅, "京城內起耕者 杖一百 木花田及內農圃芹田 勿禁"; 『六典條例』 卷4, 戶典 漢城府 家舍·田土, "城內, 禁耕禾穀"

57)
『승정원일기』 448책, 숙종 35년 5월 5일; 『숙종실록』 47권, 숙종 35년 5월 5일.

58)
『續大典』 戶典 田宅.

59)
1714년 출신 양제웅 명문.

60)
1711년 고수동 명문.

61)
1719년 정필흥 명문.

62)
1703년 별파진 문태만 명문.

63)
1809년 박말중 명문.

64)
1767년 전익훈 명문.

65)
1897년 윤기학 명문.

66)
1711년 출신 김기영 명문.

추수 이후에 토지매매가 이루어지고 있음을 알 수 있다.

거래토지의 매매가는 토지 등급이나 규모, 소출 등이 토지마다 다르고, 은자와 전문 등 거래 화폐의 차이, 해당 시기의 물가 등과도 연관이 있으므로 가격의 변동 상황을 지속적으로 살피기에는 어려움이 있다. 동전을 법화로 거래하던 시기인 18세기부터 19세기 전반을 중심으로 살펴보면, 대체로 동일 필지에서 어느 정도 매매가 상승 양상을 파악할 수 있다.

동대문 바로 앞인 숭신방계의 경우 동일 필지에서 시기가 지날수록 토지가가 상승하는 경향을 보였다. 1742년(영조 18) 김태화(金泰華)는 안정섭(安鼎燮)에게 매수한 동대문 밖 숭신방의 밭 2부 8속을 허찬(許燦)에게 전문 45냥을 받고 팔았다. 이후 1761년(영조 37) 허찬의 아들 허환(許桓)이 50냥에 김윤경(金潤慶)에게 팔았으며, 15년 뒤 김윤경의 아들 김상현(金尙玄)은 이를 다시 조세문(曺世文)에게 매도하였다. 해당 토지는 6년 뒤인 1782년(정조 6)에 이르러 3배의 가격 상승을 보인다. 1782년 조세문은 홍 생원 댁(洪生員宅)에 토지를 전문 150냥에 팔았으며, 1801년(순조 1)에 홍 생원은 이 토지를 함대복(咸大福)에게 180냥에 방매하였다. 이후 1877년(고종 14) 함우정(咸禹鼎)에게 토지를 매수한 함우구(咸禹九)는 이대길(李大吉)과 전문 250냥에 거래를 성사시켰다.[67]

왕십리 영도교 위의 논 4두락 4부 2속의 경우 1726년(영조 2) 최두만이 홍오명에게 전문 47냥 5전에 팔았으며, 이후 1766년(영조 42) 홍창해는 50냥을 받고 홍치하에게, 홍치하는 1년 뒤인 1767년(영조 43) 120냥을 받고 매도하였다.[68] 영도교 지역 목화밭 3복 4속도 1705년(숙종 31) 전문 20냥에서 1739년(영조 15) 27냥으로 거래되었다.[69] 동왕십리 마성(馬城) 밑 8복 4속 반일경의 밭도 1780년(정조 4) 40냥, 1781년(정조 5) 45냥, 1783년(정조 7) 55냥 등 매년 조금씩 오른 가격에 거래되었다.[70]

안암동의 경우 10일 만에 다시 토지를 거래해 매매가를 올린 사례도 있다. 1818년(순조 18) 2월 1일 윤광섬(尹光暹)은 신풍손(辛豊孫)에게 동문 밖 10리 안암동에 있는 건자전(建字田) 1일경 6무 8복 3속을 전문 40냥에 방매하였다.[71] 이후 신풍손은 9일 만에 매수한 토지를 다시 주범언(朱範言)에게 10냥을 올려서 전문 50냥에 방매하였다. 서부의 경우 서강방 신수철리에 있는 15두락지 15복 6속의 논이 1720년(숙종 46) 전문 170냥에서 1738년(영조 14) 175냥, 1769년(영조 45) 240냥에 매매되었다가 1777년(정조 1)에는 약 2배 정도 뛴 425냥에 거래되었다.[72]

거래된 토지의 이용은 논밭 경영이 일반적이었다. 그 가운데 동부의 경우 북부, 서부와 달리 수근답(水芹畓:미나리밭), 백채전(배추밭), 목화밭, 채마전 등 상품 작물을 재배하는 토지가 많았다. 특히 수근답의 경우 영도교 아래, 왕십리 주변에 많았는데, 채마전으로 밭이 바뀌기도 하였다. 1794년(정조 18) 조용갑(趙龍甲)은 할아버지가 생전에 봉사조(奉祀條)로 상속받아 경작하던 영도교 남변의 수근답을 홍천린(洪天獜)에게 전문 150냥을 받고 팔았다. 홍천린은 이 수근답을 채마전으로 바꾸어 경작했고, 1828년(순조 28) 이 토지를 상속받은 김복재(金福載)가 수근답에서 채마전으로 바뀐 토지 내력을 매매 명문에 써서 이춘삼(李春三)에게 팔았다.[73]

조선후기 동대문 부근 수근답이 채마전으로 변경되는 이유 중 하나는 도성 수축과 관련이 있다. 미나리는 제사에 많이 사용되는 채소였으므로 도성 밖 인근에서 많이 재배되었다. 특히 동대문 밖 주변으로 미나리밭이 많은 이유는 이 지역의 토질이 벼농사에는 적합하지 않지만, 미나리는 잘 자라기 때문이었다.[74] 그런데 영조대 도성을 수축하는 과정에서 광희문 이북으로 6개의 치성을 증축하게 되면서 성곽 주변의 수근답은 모두 흙으로 메워졌다. 수근답에 대놓은 물이 성지(城址)를 해치기 때문이었다.[75] 청계천 준설 과정에서 나온 토사 역시 동대문 밖 미나리밭에 쌓아 놓아 밭이 메워지는 원인이 되기도 하였다.[76]

이러한 동대문 밖 지역의 특성을 유만주(兪晩柱)는 "산도 빼어나지 않고 물도 빼어나지 않으며 서울도 아니고 시골도 아닌데, 긴 둑길을 따라 버드나무가 우거지고 멀리 봄날의 밭두둑이 구불구불 이어져 있어 한적하게 탁 트이고 아스라한 느낌이다."[77]라고 표현하였다. 즉, 동대문 밖의

67) 1742년 김태화 명문; 1761년 허환 명문; 1776년 김윤경 자 김상현 등 명문; 1782년 조세문 명문; 1801년 홍 생원 댁 노 순홍 명문; 1867년 함우정 명문; 1877년 함우구 명문.

68) 1726년 가선대부 전 첨사 최두만 명문; 1766년 홍사명 장손 홍창해 명문; 1767년 홍치하 명문.

69) 1705년 정 생원 노 이남 명문; 1739년 변 조이 명문.

70) 1781년 최천택 명문; 1783년 박지윤 명문; 1780년 신효영 명문.

71) 1818년 윤광섬 명문; 1818년 신풍손 명문.

72) 1720년 신 상인 노 득현 명문; 1738년 이정진 명문; 1769년 김의추 명문; 1777년 오상정 명문.

73) 1794년 조용갑 명문; 1828년 김복재 명문.

74) 『승정원일기』 1281책, 영조 44년 6월 1일.

75) 『승정원일기』 1091책, 영조 29년 2월 13일.

76) 『승정원일기』 1181책, 영조 36년 5월 12일.

77) 『흠영』 1779년 8월 29일; 김하라 역, 『일기를 쓰다 2』, 돌베개, 2015, 176쪽.

경우 도성 밖 인근이지만 도성 안처럼 도시 풍경이 아닌 도시와 시골의 중간 정도로 한적한 모습이었음을 말하고 있다. 봄날의 밭두둑이 이이져 있다는 지적에서 이 지역에 전답이 많았음을 알 수 있다. 유만주는 또한 안암에서 동관왕묘로 가는 길에 미나리밭이 많아 4월이면 마을 사람들이 무리 지어 미나리를 뜯는 모습을 일기로 기록하였다.『동국여지비고』에는 답십리, 제기동, 중화동, 청량리 일대가 채소밭으로 유명했다고 한다. 답십리 일대에서는 미나리와 배추, 중화동과 청량리 일대에서는 미나리, 제기동 일대에서는 토란과 배추 등이 유명하였다.[78] 또한 안암동, 제기리, 청량리, 고암(鼓巖), 석관(石串) 등의 마을은 장원서(掌苑署) 및 내국(內局)의 율원(栗園)이 되기도 하였다.[79]

이처럼 토지매매문서에 나타난 지역들은 국왕이 사관과 선전관을 보내 교외 지역 농사의 풍흉을 살핀 곳이다. 1810년(순조 10) 5월 순조는 동서남북 교외의 농형을 살폈는데, 동교(東郊)의 경우 종암(鍾巖), 석관에서부터 노원 및 평리(坪里), 미아리 등 혜화문 밖 지역과 왕십리, 신촌(新村), 살곶이 다리[箭串橋], 좌마장(座馬場), 신천평(新川坪) 등지였다. 남교(南郊)는 노량 및 과천, 흑석리, 시흥 등이었으며, 서교(西郊)는 홍제원, 양철평, 박석현(礡石峴), 검암(黔巖) 및 고양, 원당(元堂), 신원(新院) 등지였다. 북교(北郊)는 누원, 해등촌(海等村), 둔야면(芚夜面) 등이었다. 이 시기 왕십리, 살곶이 등지에서는 보리와 벼를 비롯해 밭작물로 조서(早黍), 조, 목면, 조두(早豆), 태(太)가 재배되었다. 홍제원 등지에서는 보리와 귀밀이가 경작되었고, 청파, 당현(堂峴), 노량 등지 역시 보리농사가 한창이었다.[80]

2) 토지매매 지역의 특성

토지매매에 나타난 지역적 특성은 거래 대상이 도성 밖 성저십리라는 점이다. 성저십리는 도성 밖에서 10리에 이르는 지역을 의미한다. 이러한 도성 밖 지역에는 국가 주도로 구역을 표시하는 표석이 세워져 있었다. 실제 1929년 '성저5리'의 경계를 알리는 표석인 '성저오리정계표(城底五里定界標)'가 동소문 밖 만세교(萬世橋) 서북 방향에서 발견되었다. 표석의 크기는 높이 2척 5촌, 넓이 1척 4촌, 두께 8촌 정도였다. 성저10리나 5리의 경계표로 현재 남아 있는 것은 동소문 밖 정릉동에 세워졌던 것이 유일하다. 비석에는 "경□ 3월 일(庚□三月日)"이라고 새겨져 있으며, 앞부분이 깨어져 글자가 없어졌는데 당시 이를 본 주민들은 결락된 글자가 '청룡'이었다고 했다.[81] 이를 토대로 보면 이 비석의 경우 동쪽 성저 5리의 경계를 표시한 것이라고 할 수 있다.

한성부 토지매매 문서에서 나타나는 특징 가운데 하나는 성저십리로 얘기되는 남부, 서부, 북부의 지역 표기가 한성부와 경기도의 이중 기재로 나타난다는 점이다. 남부 성저십리의 경우 둔지방(屯地坊) 지역을 '고양 상동도 부원면 남부 둔지방(高陽 上東道 富原面 南部 屯地坊)', '고양 부원면 남부 둔지방 서빙고1계(高陽 富原面 南部 屯之方 西氷庫一契)', '고양 부원 남부 둔지산(高陽 富原 南部 屯芝山)' 등으로 표기했다. 서부의 경우는 서강방을 '고양 부원면 서강 신수철리(高陽 富原面 西江 新水鐵里)', '고양 부원면 서부 서강방 신수철리(高陽 富原面 西部 西江坊 新水鐵里)'로 표기하였다. 모두 경기도 고양 부원면과 한성부 오부-방을 함께 기재하였다. 북부의 경우는 '양주 서십리 북부 연서 구산리(楊州 西十里 北部 延曙 龜山里)', '양주 서십리 북부 불광리(楊州 西十里 北部 佛光里)', '양주 서십리 북부 말흘산 황토동(楊州 西十里 北部 末屹山 黃土洞)', '양주읍 서거50리 북부 연은방(楊州邑 西距五十里 北部 延恩坊)' 등으로 표기하여 양주 서십리와 한성부 오부-방을 이중으로 기재하였다.

이 같은 지역 표기의 특성은 국가의 성저십리 운영과 관계가 깊다. 조선 초 한양으로 천도한 후 도성을 보호하는 배후지로의 역할을 강화하기 위해서 도성 주변의 군현이나 촌락을 예속시켜 성저십리를 만들었다. 이때 성저십리로 예속된 군현 중 하나가 부원현(富原縣)이다. 부원현은

78) 이민우, 「조선시대 성저십리의 농업」, 『조선시대 다스림으로 본 성저십리』, 서울역사편찬원, 2019, 449~450쪽.

79) 『경종실록』 권6, 경종 2년 3월 26일.

80) 『일성록』 순조 10년 5월 12일.

81) 『매일신보』 1929년 2월 10일.

1284년(충렬왕 10) 광주목의 과주(果州) 용산처(龍山處)가 승격된 것으로, 1394년(태조 3) 행주(幸州)에 소속되었다가 한성부로 편입되었다. 『신증동국여지승람』에는 부원현을 폐현(廢縣)으로 기록하며, "지금은 성저십리로 한성부에 속하였다."라고 부연설명을 하고 있다.[82]
국가에 의한 성저십리의 운영은 조선 초부터 도성 안과는 다른 양상을 보였다. 성저십리를 인접해 있는 한성부 5부에 각각 분속시켜 5부 행정체제로 흡수했지만, 그곳 주민은 한성부의 방역뿐 아니라 경기도 고양, 양주의 역도 지게 되는 상황이 발생했다. 역제(役制) 운영에서 보인 성저십리의 이중성은 17세기에도 계속되었다. 유형원(柳馨遠)은 한강진과 용산 민의 호구파악에 따른 방역 수취는 한성부 5부가 담당한 데 반해, 전세 징수는 한강은 양주군에서, 용산은 고양군에서 담당한다고 지적하였다.[83] 즉 인호(人戶)와 전세(田稅)를 한성부와 경기도에서 분담하고 있음을 지적한 것이다.
이러한 양상은 18세기 중반 고양 군수 유증양(柳曾養)이 고양군의 폐해를 정조에게 아뢰는 과정에서도 드러난다.

고양 군수 유증양이 아뢰기를, "한강에서 현석(玄石)과 저강(渚江), 숭례문과 소의문 두 문밖에 이르기까지는 모두가 고양군의 옛날 부원면입니다. 땅은 본군에 소속되어 있고 백성은 한성부에 소속되어 있는데, 특히 도하(都下)에 있다고 하여 그들의 삼세(三稅)를 면해주어, 단지 결전(結錢)과 초미(草米)만 바칩니다. 세 명의 서원(書員)을 차출하여 수납을 나누어 관장하도록 하였으나, 강민(江民)들이 게을러서 갖추어 납부하지 않고 관리들을 내쫓아 발을 붙일 수가 없습니다. … (중략) … 부원면을 한성부에 소속시켜 해당 각 부로 하여금 경사(京司)로 수납하게 하면, 일이 매우 편리하고 마땅하겠으므로 감히 이에 말씀드립니다."라고 하였다.[84]

유증양은 조선 초 성저십리로 편입된 부원현이 경기 고양군의 부원면이며, 숭례문과 서소문 밖에서부터 서강, 흑석리, 용산, 한강진에 이르는 지역이라고 하였다. 위 사료에 따르면 한강진에서 현석리, 저강에 이르는 지역과 숭례문과 소의문 밖의 경우 토지는 고양군에 소속된 데 반해, 호구는 한성부에 소속되어 주민들은 결전과 초미를 고양군에 납부하였다. 그러나 이 시기에 이르면 경강(京江)의 주민들은 한성부 방민이라는 인식이 강했기 때문에 결전과 초미를 제때에 납부하지 않는 경우가 많았다. 고양군에서는 이러한 폐를 시정하기 위해 옛 부원현 지역인 한강진에서 현석리에 이르는 지역과 숭례문과 소의문 밖의 지역을 한성부로 소속시켜 부세 수취를 일원화하도록 정조에게 요청하였다.
하지만 이 폐해는 시정되지 않은 채 19세기 말까지 계속되었다. 고양군은 관하 부원면결(富原面結)에 대해 매년 색리(色吏)를 보내 세금을 징수해오게 했지만, 1895년(고종 32)에 이르기까지 경강의 주민들은 대부분 책임을 전가하면서 납부하려고 하지 않았다. 이 시기 부원면의 결수는 모두 600결 92부 5속이었으며, 결전은 매 결당 20냥으로 적지 않았다. 그러나 고양군의 경우 이를 수납할 방법이 없자, 탁지부는 한성부에 공문을 보내 별도의 사람을 보내 결전을 받아 상납하도록 하였다.[85] 양주 역시 양주 서십리결(西十里結)의 결전을 징수하는데, 이에 해당하는 지역은 북부 양철리계(梁哲里契), 역계(驛契), 불광리계(佛光里契), 갈고개계(葛古介契), 말흘산계(末屹山契) 등의 연은방(延恩坊)과 세교리계(細橋里契), 연희궁계(延禧宮契), 성산리계(城山里契), 증산리계(甑山里契), 망원정계(望遠亭契) 등의 연희방(延禧坊) 일대이다.
한성부 토지매매 문서 가운데 이 지역 전답에만 경기도와 한성부 부·방(部坊)의 이중 기재를 한 이유는 해당 토지가 고양군 부원면결과 양주 서십리결에 포함되었기 때문이다. 한성부 성저십리 지역의 이원적 운영이 토지문서의 지역명 표기로도 나타나고 있음을 알 수 있다.

82)
유승희, 앞의 책, 2019, 94쪽.

83)
『磻溪隧錄補遺』 권1, 郡縣制 歷代制 漢城府.

84)
『일성록』 정조 10년 2월 25일, "高陽郡守柳曾養啓言 自漢江至玄石渚江及崇禮昭義兩門外 皆是本郡舊日富原面也 地屬本郡 民屬京兆 而特以都下之 故免其三稅 只納結錢與草米矣 差出三書員 分掌收納 而江民輩慢不備納 歐逐官吏 ... 富原一面屬之京兆 使該各部 收納京司 事甚便當 故敢此仰達矣."

85)
『公文編案』 권9, 1895년 11월 9일 훈령 한성부.

5. 맺음말

이상과 같이 서울역사박물관 소장 17~19세기 한성부 부동산매매 관련 고문서 533점을 검토해 전답 및 가옥의 매매실태와 지역적 특성을 살펴보았다. 이를 통해 알 수 있었던 사실들을 정리하면 다음과 같다.

첫째, 17~19세기 한성부 부동산매매 관련 고문서 가운데 73%에 해당하는 388점의 문서가 점련의 형태로 나타났다. 이는 대개 부동산매매에 대한 관의 공증을 받기 위한 입안 관련 문서가 점련된 것으로, 한성부의 경우 18세기까지 부동산매매 후 사급입안 발급이 활발하게 이루어지고 있는 양상을 확인할 수 있었다.

둘째, 한성부 토지매매 명문에 나타난 지역 표기 방식의 특징이다. 한성부에서 거래되었던 전답은 모두 도성 밖 성저십리 지역에 해당하며 한성부의 부·방과 경기도의 이중 기재로 지역을 표기했다는 점이다. 남부 둔지방은 '고양 상동도 부원면 남부 둔지방'으로, 서부 서강방은 '고양 부원면 서부 서강방 신수철리'로, 북부는 '양주 서십리 북부 연서 구산리' 등으로 표기하였다. 이 같은 지역 표기의 특성은 국가의 성저십리 운영과 관련이 있다. 조선 초 성저십리를 조성하는 과정에서 한성부 주변의 군현이 한성부 5부 행정체제로 편입되었는데, 이곳 주민에 대해 호구파악에 따른 방역 수취는 한성부 5부가, 전세 징수는 경기도에서 담당하는 이원성을 띠었다. 토지매매 대상 전답이 한성부 5부에 해당하는 지역이었지만, 고양군 및 양주 관하의 부원면결과 서십리결이었기 때문에 토지 명문에 이를 표기한 것이다. 성저십리 지역의 이원적 운영이 토지문서의 지역명 표기로도 나타나고 있었다.

셋째, 한성부 주민의 부동산 운영 방식이다. 한성부는 제한적 공간에 많은 인구가 살고 있었으므로 좁은 땅이라도 실용적 토지경영을 하는 양상들을 살펴볼 수 있었다. 도성 안 가옥은 큰 규모가 아니었지만 보유하고 있는 공대에 와가나 초가를 조성해 가격 상승을 유도하거나 채소밭을 운영하였다. 전답의 경우 상속보다는 매매를 통해 토지를 소유했으며, 소유 전답 주변의 토지를 매수하여 농지 규모를 확대하였다. 매매는 농사에 해를 끼치지 않는 이앙 전이나 추수 이후에 주로 이루어졌으며, 매매가는 시기가 지날수록 동일 필지에서 상승하는 경향을 확인할 수 있었다. 또한, 벼농사 이외에 미나리, 배추, 각종 채소 등을 경작해 도성 근교에서 상품 작물이 집약적으로 재배되고 있는 상황을 토지이용을 통해 살펴볼 수 있었다.

이처럼 17~19세기 한성부 부동산매매 관련 문서는 해당 시기를 살았던 한성부 방민의 토지 집적과정, 토지운영 방식, 규모, 지목, 매매가, 거래자와의 관계 등 다양한 정보를 제공하고 있다. 이러한 공간 정보는 한성부 소속 부·방·계 등의 지역적 특성과 더불어 한성부와 다른 지역의 공간적 차이를 보여주는 데 도움을 주고 있다. 그러나 현재 왕도라는 공간적 특수성을 가졌음에도 불구하고 한성부민의 각종 정보를 제공할 수 있는 고문서 자료의 체계화 작업은 진행되지 않았다. 이번 서울역사박물관 한성부 부동산매매 관련 고문서의 집성을 계기로 지속적인 한성부 관련 고문서의 수집·정리, 발굴이 이루어지기를 기대한다.

소장유물자료집 14

조선후기 한성부 토지·가옥 매매문서 1

중부·동부 편

Land and House Transaction Records of Hanseong-bu Prefecture in the Late Joseon Period (1)

Central and Eastern Districts

발행인

서울역사박물관장

발행일

2023년 12월

발행처

서울역사박물관 유물관리과

03177 서울특별시 종로구 새문안로 55

www.museum.seoul.kr

T. 02-724-0274~6

행정간행물 등록번호 51-6110569-000358-01

ISBN 979-11-90480-91-8(94600)
979-11-86324-33-2(세트)

값 30,000원

94600

9 791190 480918

ISBN 979-11-90480-91-8
ISBN 979-11-86324-33-2 (세트)